Frank Wigglesworth Clarke

A Table of specific Gravity for Solids and Liquids

Frank Wigglesworth Clarke

A Table of specific Gravity for Solids and Liquids

ISBN/EAN: 9783743330016

Manufactured in Europe, USA, Canada, Australia, Japa

Cover: Foto ©ninafisch / pixelio.de

Manufactured and distributed by brebook publishing software (www.brebook.com)

Frank Wigglesworth Clarke

A Table of specific Gravity for Solids and Liquids

A TABLE OF SPECIFIC GRAVITY

FOR

SOLIDS AND LIQUIDS.

[CONSTANTS OF NATURE: PART I.]

NEW EDITION, REVISED AND ENLARGED.

BY

FRANK WIGGLESWORTH CLARKE,
Chief Chemist, U. S. Geological Survey.

PUBLISHED BY THE SMITHSONIAN INSTITUTION.

London
MACMILLAN AND CO.
AND NEW YORK.
1888.

TABLE OF CONTENTS.

		Page.
Introduction		vii
Explanatory Notes		ix
I.	Elements	1
II.	Inorganic fluorides	16
III.	Inorganic chlorides	19
	1st. Simple chlorides	19
	2d. Double chlorides	27
	3d. Oxy- and sulpho-chlorides	29
IV.	Inorganic bromides	31
	1st. Simple bromides	31
	2d. Double, oxy-, and sulpho-bromides	33
V.	Inorganic iodides	34
	1st. Simple iodides	34
	2d. Double and oxy-iodides	36
VI.	Chlorobromides, chloriodides, and bromiodides	37
VII.	Ammonio-chlorides, ammonio-bromides, and ammonio-iodides	38
VIII.	Inorganic oxides	39
	1st. Simple oxides	39
	2d. Double and triple oxides	55
IX.	Inorganic sulphides	56
	1st. Simple sulphides	56
	2d. Sulpho-salts of arsenic, antimony, and bismuth	61
	3d. Miscellaneous double and oxy-sulphides	64
X.	Selenides	65
XI.	Tellurides	66
XII.	Phosphides	66
XIII.	Arsenides	67
XIV.	Antimonides	68
XV.	Sulphides with arsenides or antimonides	69
XVI.	Hydrides, borides, carbides, silicides, and nitrides	69
XVII.	Hydroxides	70
XVIII.	Chlorates and perchlorates	72
XIX.	Bromates	73
XX.	Iodates and periodates	74
XXI.	Thiosulphates (hyposulphites), sulphites, and dithionates	74
XXII.	Sulphates	75
	1st. Simple sulphates	75
	2d. Double and triple sulphates	88
	3d. Basic and ammonio-sulphates	96
XXIII.	Selenites and selenates	98
XXIV.	Tellurates	102

TABLE OF CONTENTS.

		Page.
XXV.	Chromates	102
XXVI.	Manganites, manganates, and permanganates	105
XXVII.	Molybdates	105
XXVIII.	Tungstates	106
XXIX.	Borates	107
XXX.	Nitrates	108
	1st. Simple nitrates	108
	2d. Basic and ammonio-nitrates	112
XXXI.	Hypophosphites and phosphites	113
XXXII.	Hypophosphates	113
XXXIII.	Phosphates	114
	1st. Normal orthophosphates	114
	2d. Basic orthophosphates	117
	3d. Meta- and pyro-phosphates	118
XXXIV.	Vanadates	120
XXXV.	Arsenites and arsenates	121
	1st. Normal orthoarsenates	121
	2d. Basic orthoarsenates	122
	3d. Pyroarsenates and arsenites	123
XXXVI.	Phosphates, vanadates, and arsenates, combined with haloids	124
XXXVII.	Antimonites and antimonates	125
XXXVIII.	Columbates and tantalates	125
XXXIX.	Carbonates	126
	1st. Simple carbonates	126
	2d. Double carbonates	129
	3d. Basic carbonates	130
XL.	Silicates	131
	1st. Silicates containing but one metal	131
	2d. Silicates containing more than one metal	134
	3d. Boro-, fluo-, and other mixed silicates	140
XLI.	Titanates and stannates	141
XLII.	Cyanogen compounds	142
	1st. General division	142
	2d. Cyanides, cyanates, and sulphocyanates	143
XLIII.	Miscellaneous inorganic compounds	144
XLIV.	Alloys	145
XLV.	Hydrocarbons	157
	1st. Paraffins	157
	2d. Olefines	164
	3d. Acetylene series	167
	4th. Benzene series	169
	5th. Miscellaneous aromatic hydrocarbons	176
	6th. Terpenes	179
	7th. Unclassified	186
XLVI.	Compounds containing C, H, and O	187
	1st. Alcohols of the paraffin series	187
	2d. Oxides of the paraffin series	196
	3d. The fatty acids	199
	4th. Anhydrides of the fatty acids	204

		Page.
	5th. Ethers of the series $C_nH_{2n}O_2$	205
	6th. Aldehydes of the acetic series	216
	7th. Ketones of the paraffin series	219
	8th. Oxides, alcohols, and ethers of the olefines	222
	9th. Ethers of carbonic acid	225
	10th. Acids and ethers of the oxalic series	226
	11th. Acids and ethers of the glycollic series	230
	12th. Acids and ethers of the pyruvic series	232
	13th. Acids and ethers of the acrylic series	234
	14th. Derivatives of the acrylic series	235
	15th. Acids and ethers, malic-tartaric group	236
	16th. Acids and ethers, citric acid group	237
	17th. Glycerin and its derivatives	239
	18th. The allyl group	240
	19th. Erythrite, mannite, and the carbohydrates	243
	20th. Miscellaneous non-aromatic compounds	245
	21st. Phenols	249
	22d. Aromatic alcohols	251
	23d. Aromatic oxides	252
	24th. Aromatic acids and their paraffin ethers	256
	25th. Ethers of aromatic radicles	260
	26th. Aromatic aldehydes	261
	27th. Aromatic ketones	262
	28th. Camphors, essential oils, etc.	262
	29th. Miscellaneous compounds	265
XLVII.	Compounds containing C, H, and N	268
	1st. Cyanides and carbamines of the paraffin series	268
	2d. Amines of the paraffin series	269
	3d. The aniline series	271
	4th. The pyridine series	274
	5th. Miscellaneous compounds	278
XLVIII.	Compounds containing C, H, N, and O	281
	1st. Nitrites and nitrates of the paraffin series	281
	2d. Nitro-derivatives of the paraffin series	282
	3d. Aromatic nitro-compounds	283
	4th. Miscellaneous nitrates, nitrites, and nitro-compounds	286
	5th. Miscellaneous amido-compounds	287
	6th. Miscellaneous cyanogen compounds	289
	7th. Miscellaneous compounds	290
XLIX.	Chlorides, bromides, and iodides of carbon	291
L.	Compounds containing C, Cl, and O	292
LI.	Compounds containing C, H, and Cl	293
	1st. Chlorides of the paraffin series	293
	2d. Chlorides of the series $C_nH_{2n}Cl_2$	296
	3d. Miscellaneous non-aromatic chlorides	298
	4th. Aromatic compounds	301
LII,	Compounds containing C, H, O, and Cl	305
LIII.	Compounds containing C, Cl, N, or C, H, Cl, N	314
LIV.	Compounds containing C, Cl, N, O, or C, H, Cl, N, O	315

TABLE OF CONTENTS.

		Page.
LV.	Compounds containing C, H, and Br	316
	1st. Bromides of the paraffin series	316
	2d. Bromides of the series $C_n H_{2n} Br_2$	318
	3d. Miscellaneous non-aromatic bromides	321
	4th. Aromatic compounds	324
LVI.	Compounds containing C, H, O, and Br	325
LVII.	Bromine compounds containing nitrogen	328
LVIII.	Compounds containing C, H, and I	329
	1st. Iodides of the paraffin series	329
	2d. Miscellaneous compounds	334
LIX.	Compounds containing C, H, I, O, or C, H, I, N	335
LX.	Compounds containing two or more halogens	336
LXI.	Organic compounds of fluorine	339
LXII.	Organic compounds of sulphur	339
	1st. Compounds containing C, H, and S	339
	2d. Compounds containing C, H, S, and O	342
	3d. Sulphur compounds containing nitrogen	344
	4th. Sulphur compounds containing halogens	346
LXIII.	Organic compounds of boron	347
XLIV.	Organic compounds of phosphorus	348
LXV.	Organic compounds of vanadium, arsenic, antimony, and bismuth	350
LXVI.	Organic compounds of silicon	351
LXVII.	Organic compounds of tin	353
LXVIII.	Organic compounds of aluminum	354
LXIX.	Organic compounds of zinc, mercury, thallium, and lead	355
LXX.	Metallic salts of organic acids	356
LXXI.	Salts of organic bases with inorganic acids	365
LXXII.	Miscellaneous organic compounds	366
APPENDIX.	Note on the specific gravity of woods	367
INDEX		369

INTRODUCTION.

Early in 1872 I submitted to the Secretary of the Smithsonian Institution, the late Joseph Henry, a manuscript entitled "A Table of Specific Gravities, Boiling Points, and Melting Points for Solids and Liquids." It was accepted for publication, and in February, 1874, the printed copies were ready for distribution. For years previously Professor Henry had had in mind the publication of a series of similar tables somewhat upon the plan long before suggested by Babbage, and accordingly my modest work was given the somewhat ambitious title of "The Constants of Nature" and made the first part of the proposed undertaking. Subsequently Parts II, III, and V were furnished by myself and Part IV by Professor G. F. Becker, and in 1876 I also published a supplement to Part I.

The following tables form, in effect, a new edition of Part I, completely revised, rearranged, and brought down as nearly as possible to the date of printing. They are, however, modified by the omission of boiling and melting points, except when such data seemed essential to the proper identification of a compound, on the ground that the magnificent tables of Professor Carnelley already supply that want. I have limited myself to specific gravity alone, following in the main the plan of arrangement adopted in my earlier work, with such changes as were made necessary by the later developements of chemical thought. Constitutional formulæ have been used, not according to any fixed rule, but according to convenience, and their adoption has been governed, to some extent, by the limitations of the octavo page. All other details have been subject to the same limitations, and it is hoped that their absence will be compensated for by the almost uniformly full references to literature. Some data could not be traced back to their original sources, at least not without unwarrantable labor, and most of these formed part of an early table prepared nearly twenty years ago for my own private use. A few determinations are accredited to standard works of reference, such as Watts' Dictionary, Dana's Mineralogy, and the like, and many have been drawn from the Jahresbericht. Absolute completeness cannot, of course, be claimed, and in some directions it has not even been attempted. Among minerals, only those having approximately definite formulæ are given, and indefinite substances have been excluded altogether. The tables aim at reasonable completeness only as regards *artificial substances of definite constitution*, and all else is gratuitous. A good many determinations of specific gravity have been unearthed from doctoral dissertations, school programmes, and similar foes of the bibliographer, and doubtless other data so printed have escaped my notice altogether. There is a weakness of human nature which, masquerading as patriotism, sometimes leads men of science to bury valuable researches in obscure local publications, and a compiler may never flatter himself that no such paper has eluded his vigilance. I shall be glad to receive notice of all omissions, and will try to rectify such or other errors in future supplements or appendices.

A word in conclusion as to the extent of the table. They contain the specific gravities of 5,227 distinct substances and 14,465 separate determinations. The original edition gave only 2,263 substances, to which nearly 700 were added in the supplement. The increase is a noteworthy indication of existing chemical activity.

F. W. CLARKE.

WASHINGTON, *June* 20, 1888.

EXPLANATORY NOTES.

In references to literature the following abbreviations have been used. In each case, as far as practicable, series, volume, and page are indicated, the page reference signifying, according to circumstances, either the first page of the paper cited, or else the actual page upon which the determination is given. The former rule applies to pages containing many data; the latter to cases in which the specific gravity datum is merely incidental.

A. C. J.—American Chemical Journal.
A. C. P.—Annalen der Chemie und Pharmacie.
A. J. S.—American Journal of Science.
Am. Chem.—American Chemist.
Am. J. P.—American Journal of Pharmacy.
Am. Phil. Soc.—American Philosophical Society.
Ann.—Annales de Chimie et de Physique.
Ann. Phil.—Annals of Philosophy.
Arch. Pharm.—Archiv für Pharmacie.

B. D. Z.—Die Beziehungen zwischen Dichte und Zusammensetzung bei festen und liquiden Stoffen. Leipzig, 1860.
Bei.—Beiblätter zu den Annalen der Physik und Chemie.
Ber.—Berichte der Deutschen Chemischen Gesellschaft.
B. H. Ztg.—Berg-und hüttenmännische Zeitung.
B. J.—Berzelius' Jahresbericht.
Böttger.—Tabellarische Uebersicht der specifischen Gewichte der Körper. Frankfort, 1837.
B. S. C.—Bulletin de la Société Chimique.
B. S. M.—Bulletin de la Société Française de Minéralogie.
Bull. Acad. Belg.—Bulletins, Academie Royale de Belgique.
Bull. Geol.—Bulletin de la Société Géologique.
Bull. Heb.—Bulletin Hebdomadaire de l'Association Scientifique de France.
Bull. U. S. G. S.—Bulletin of the U. S. Geological Survey.

C. C.—Chemisches Centralblatt.
C. G.—Chemical Gazette.
C. N.—Chemical News.
C. R.—Comptes Rendus.

D. J.—Dingler's Polytechnisches Journal.
Dm.—Schröder's "Dichtigkeitsmessungen." Heidelberg, 1873.

Erd. J.—Erdmann's Journal.

EXPLANATORY NOTES.

F. W. C.—This abbreviation indicates the work of students under the direction of F. W. Clarke.

G. C. I.—Gazzetta Chimica Italiana.
Geol. Mag.—Geological Magazine.
G. F. F.—Geologiska Föreningar Förhandlingar.
Gilb. Ann.—Gilbert's Annalen.
Gm. H.—Gmelin's Handbook of Chemistry. Cavendish Society edition.

In. Diss. or Inaug. Diss.—Inaugural or Doctoral Dissertation. Always prefixed by the name of the university from which the dissertation was published.

J.—Jahresbericht über die Fortschritte der Chemie.
J. A. C.—Journal of Analytical Chemistry.
J. C. S.—Journal of the Chemical Society.
J. P. C.—Journal für Praktische Chemie.
J. Ph. Ch.—Journal de Pharmacie et de Chimie.
J. R. C.—Jahresbericht über die Fortschritte * * * der reinen Chemie.

M. C.—Monatshefte für Chemie.
M. C. S.—Memoirs of the Chemical Society.
Mem. Acad. Belg.—Mémoires, Academie Royale de Belgique.
Min. Mag.—Mineralogical Magazine.
M. P. M.—Mineralogische Petrographische Mittheilungen.
M. St. P. Sav. Et.—Mémoires de Savants Etrangers, St. Petersburg Academy.

N. J.—Neues Jahrbuch für Mineralogie, etc.
Nich. J.—Nicholson's Journal.

Öf. Ak. St.—Öfversigt af K. Vet. Akad. Förhandlingar, Stockholm.

P. A.—Poggendorff's Annalen. For convenience, the second series under Wiedemann is covered by the same abbreviation.
P. des C.—Pesanteur Spécifique des Corps. Brisson, Paris, 1787. A German edition by Blumhof appeared at Leipzig in 1795.
P. M.—Philosophical Magazine. London, Edinburgh, and Dublin.
Proc. Amer. Acad.—Proceedings of the American Academy, Boston.
Proc. Amer. Asso.—Proceedings of the American Association for the Advancement of Science.
P. R. S.—Proceedings of the Royal Society. London.
P. R. S. E.—Proceedings of the Royal Society. Edinburgh.
P. R. S. G.—Proceedings of the Royal Society. Glasgow.
P. T.—Philosophical Transactions.

Q. J. S.—Quarterly Journal of Science.

R. T. C.—Recueil des Travaux Chimiques.

Schw. J.—Schweigger's Journal.

S. W. A.—Sitzungsberichte der K. K. Akademie der Wissenschaften. Wien.

Thurston's Report.—Report of the Board on Testing Iron, Steel, and other Metals. Washington, 1881.

U. N. A.—Upsala, Nova Acta.

V. H. V.—Verhandlungen des naturhistorisches Vereines. Bonn.

Watts' Dict.—Watts' Dictionary of Chemistry.

Z. A. C.—Zeitschrift für analytische Chemie.
Z. C.—Zeitschrift für Chemie.
Z. G. S.—Zeitschrift der Deutschen Geologischen Gesellschaft.
Z. K. M.—Zeitschrift für Krystallographie und Mineralogie.

A TABLE OF SPECIFIC GRAVITIES

FOR

SOLIDS AND LIQUIDS.

I. THE ELEMENTS.

NAME.	SPECIFIC GRAVITY.	AUTHORITY.
Hydrogen. Liquefied	.025 } 0°	Cailletet and Hautefeuille. C. R. 92, 1086.
" "	.026 }	
" "	.032 } −23°	
" "	.033 }	
" (Occluded by palladium.)	.620 to .623	Dewar. P. M. (4), 47, 334.
Lithium	.578 }	Bunsen. J. 8, 324.
"	.589 }	
Sodium	.9348	Davy. P. T. 1808, 21.
"	.97223, 15°	Gay Lussac and Thénard. See Böttger.
"	.985	Schröder. J. 12, 12.
"	.97	Troost and Hautefeuille. C. R. 78, 970.
"	.9743, 10° }	Baumhauer. Ber. 6, 655.
"	.9735, 13°.5 }	
"	.972	Quincke. P. A. 135, 642.
"	.7414, at boiling point	Ramsay. Ber. 13, 2145.
"	.9725, 0°	
"	.9086, 16°.9, m. of 3 }	Hagen. P. A. (2), 19, 436.
"	.9287, 97°.6, fused }	
Potassium	.865, 15°	Gay Lussac and Thénard. Ann. 66, 205.
"	.874	Sementini. See Böttger.
"	.8427, fused	Playfair and Joule. M. C. S. 3, 76.
"	.8750, 13° }	Baumhauer. Ber. 6, 655.
"	.8766, 18° }	
"	.8642, 0° }	Hagen. P. A. (2), 19, 436.
"	.8298, 62°.1, fused }	
Rubidium	1.52	Bunsen. J. 16, 185.
Cæsium	1.872 }	Setterberg. A. C. P. 211, 215.
"	1.884 } 15°	
"	1.886 }	
Glucinum	2.1	Debray. J. 7, 336. [384.
"	1.64 (Cor. for impurities)	Nilson and Petterson. Ber. 11,
"	1.83, 20°	Humpidge. P. R. S. 39, 1.
Magnesium	2.24, m. of 2	Playfair and Joule. M. C. S. 3, 73.
"	1.7430, 5°	Bunsen. J. 5, 363.
"	1.69 } 17°	Kopp.
"	1.71 }	
"	1.75	Deville and Caron. J. 10, 148.
"	1.77, 0°	H. Wurtz. Am. Chem., Mar. 1876.

TABLE OF SPECIFIC GRAVITIES

Name.	Specific Gravity.	Authority.
Zinc	6.861	Brisson. P. des C.
"	6.862	Berzelius. See Böttger.
"	6.9154	Karsten. Schw. J. 65, 394.
"	6.939, m. of 3	Playfair and Joule. M. C. S. 3, 67.
"	7.03 to 7.20	Bolley. J. 8, 387.
"	6.966 } 12°	Schiff. A. C. P. 107, 59.
"	6.975 }	
"	7.21	Daniell.
"	7.146	Wertheim.
"	6.895	Mallet. D. J. 85, 378. [817.
"	7.2	Roberts and Wrightson. Bei. 5,
" Ordinary	7.1812 } 0°	Kalischer. Ber. 14, 2750.
" Crystalline	7.1841 }	
" Fused	6.512, m. of 3	Playfair and Joule. M. C. S. 3, 76.
" "	6.48 } Two methods	Roberts and Wrightson. Ann. (5),
" "	6.55 }	30, 181.
" "	6.900 }	
" Solid	7.119, 0° }	Quincke. P. A. 135, 642.
" Not pressed	7.142, 16°	
" Once "	7.153, 16° }	Spring. Ber. 16, 2724.
" Twice "	7.150, 16°	
Cadmium. Cast	8.6040 }	Stromeyer. Schw. J. 22, 365.
" Hammered	8.6944 }	
"	8.670	Children. See Böttger.
"	8.650	Herapath. P. M. 64 (1824), 321.
"	8.6355	Karsten. Schw. J. 65, 394.
" Wire	8.6689	Baudrimont. J. P. C. 7, 278.
" Pure	8.540	
" "	8.566 }	Schröder. P. A. 107, 113.
" "	8.667 }	
" Commercial	8.648	
"	8.655, 11°	Matthiessen. J. 13, 112.
"	8.627, 0° }	Quincke. P. A. 135, 642.
" Fused	8.394 }	
" Not pressed	8.642, 17°	
" Once "	8.667, 16° }	Spring. Ber. 16, 2724.
" Twice "	8.667, 16°	
"	8.6681, 0°	
"	8.3665, 318°, solid }	Vicentini and Omodei. Bei. 11,
"	7.989, 318°, molten }	769.
Mercury. Solid	14.391	Schulze.
" "	14.333, −40° }	Hällström. Gilb. Ann. 20, 403.
" "	15.745 }	
" "	14.485, −60°	Biddle. P. M. 30, 153.
" "	14.0, about	Kupffer and Cavallo.
" "	15.19	Joule. J. 16, 283.
" "	14.1932	Mallet. J. C. S. 34, 275.
" Liquid	13.5681	Brisson. P. des C.
" "	13.575	Fahrenheit. See Böttger.
" "	13.550	Muschenbrock. " "
" "	13.568, 15°.5	Crichton. P. M. 16, 48.
" "	13.613, 10°	Biddle. P. M. 30, 152.
" "	13.6078, 0° }	Hällström. Gilb. Ann. 20, 397.
" "	12.810, boiling }	
" "	13.586	Scholz. See Böttger.
" "	13.567	Kummer. " "
" "	13.5986, 4° }	Kupffer. Ann. (2), 40, 285.
" "	13.535, 26° }	

FOR SOLIDS AND LIQUIDS.

Name.	Specific Gravity.	Authority.
Mercury. Liquid	13.588597	Biot and Arago. Biot's "Traité de Physique."
" "	13.5592	Karsten. Schw. J. 65, 394.
" "	13.582, 5°—10° 13.570, 10°—15° 13.558, 15°—20°	Regnault. P. A. 62, 50.
" "	13.59599 13.59602 }0° 13.59378	Regnault. Ann. (3), 14, 236.
" "	13.595, 0°	Kopp. J. 1, 445.
" "	13.573, 15°	Holzmann. J. 13, 112.
" "	13.603, 12°	Schiff.
" "	13.584, 16°.6	Stewart. P. T. 1863, 430.
" "	13.5953, 0°	Volkmann. Ber. 14, 1708.
Calcium	1.566 1.584 1.584	Matthiessen. J. 8, 324.
"	1.55	Liés-Bodart and Jobin. J. 11, [126.
"	1.6 to 1.8	Caron. J. 13, 119.
Strontium	2.504 2.580	Matthiessen. J. 8, 324.
"	2.4	Franz. J. P. C. 107, 253.
Barium	4.00, about	Clarke. Gilb. Ann. 55, 28.
"	3.75	Kern. C. N. 31, 243. [52, 63.
Boron.* Cryst.	2.68	Wöhler and Deville. Ann. (3),
" Al B$_{12}$	2.5345, 17°.2, m. of 2 2.618, 13° 2.611, 20°	Hampe. A. C. P. 183, 85 and 96.
" C$_2$Al$_3$B$_{48}$		
" " "		
Aluminum. Cast	2.50 2.67	Wöhler. J. 7, 327.
" Hammered		
"	2.583, 4°	Mallet. P. T. 1880, 1025.
"	2.688	Barlow. J. C. S. April, 1883.
" Com'l wire	2.8067	A. P. Corbit. Communicated
" " foil	2.8075	W. Bishop. } by R. B. Warder.
Gallium	5.935, 23° 5.956, 24°.45	Boisbaudran. C. R. 83, 611.
"		
Indium. In grains	7.110 7.147 } 20°.4	Reich and Richter. J. 17, 241.
" "		
" Laminæ	7.277	
"	7.362, 15°	Winkler. J. 18, 233.
"	7.421, 16°.8	" J. 20, 262.
Lanthanum	6.049 6.163	Hillebrand and Norton. P. A. 156, 473.
"		
Cerium	6.628 6.728	Hillebrand and Norton. P. A. 156, 471.
" After fusion		
Didymium	6.544	Hillebrand and Norton. P. A. 156, 474.
Thallium	11.862	Lamy. J. 15, 180.
" Wire	11.808 11.853 } 11°	De la Rive. J. 16, 248.
" Cast		
"	11.777 11.900	Werther. J. 17, 247.
"		
" Cast	11.81 11.88 11.91	Crookes. J. C. S. 1864, 112.
" Pressed		
" Wire		

* According to Hampe, the so-called "crystallized boron" is never pure. Its composition is shown in the formulæ given above.

TABLE OF SPECIFIC GRAVITIES

Name.		Specific Gravity.	Authority.
Carbon.	Diamond	3.550	Brisson. P. des C.
"	"	3.402	Grailich. Bull. Geol. (2), 13, 542.
"	"	3.520	Mohs. Min. 2, 306.
"	"	3.334	Shepard.
"	"	3.5	Berzelius. A. C. P. 49, 247.
"	"	3.55	Pelouze. Watts' Dict.
"	"	3.5295	Thomson. Min. 1, 46.
"	"	3.53	Schafarik. P. A. 139, 188.
"	"	3.51432, 18°.1	Schrötter. J. 24, 257.
"	"	3.5143	Schrauf. J. 24, 257.
"	"	3.529, 15°	Dufrenoy. J. 24, 258.
"	"	3.51835, m. of 5	Baumhauer. J. C. S. 32, 849.
"	Graphite	2.144	Breithaupt. See Böttger.
"	"	2.229	Kenngott. S. W. A. 13, 469.
"	"	2.273	Regnault. Gm. H.
"	"	2.14	Fuchs. J. P. C. 7, 353.
"	"	2.5	Berzelius. A. C. P. 49, 247.
"	"	2.3285	Karsten. Schw. J. 65, 394.
"	"	2.3162	Poggendorff. P. A. Erganz. Bd. 1848, 363.
"	"	2.25 / 2.26 } Purified	Brodie. J. 12, 68.
"	"	2.105 / 2.585 }	Mené.* J. 20, 972.
"	"	1.802 / 1.844 } 20°, purified	Löwe. J. 8, 297.
"	Gas carbon	2.35	Graham.
"	"	2.08	Baudrimont.
"	"	1.885	Mené. J. 20, 972.
"	"	1.723, 1.821, 1.982 } {	From different parts of the retort.
"	"	2.056, 2556, 18° } {	Meyn. J. P. C. 26, 482.
"	Sugar charcoal	1.81 / 1.85 }	Monier. Bull. Heb. 14, 13.
"	Charcoal	1.76	Colquhoun.
"	"	2.10 from alcohol	Scholz. See Böttger.
"	"	1.84	Griffith. " " [4, 241.
"	"	1.80	Playfair. Proc. Roy. Soc. Edin.
"	Lamp-black	1.78	Baudrimont.
"	"	1.723 from kerosene	
"	"	1.780 from coal-tar naphtha	Hallock. Bull. 42, U. S. G. S.
"	"	1.752 from natural gas	
"	"	1.773 from dead oil	
Silicon.	Graphitoidal	2.49, 10°	Wöhler. J. 9, 347.
"	"	2.493	Harmening. P. A. 97, 487.
"	"	2.004 / 2.194 / 2.197 }	Winkler. J. 17, 208, 209.
"	"	2.337	Miller. Proc. Roy. Soc. Edin. 4, 241.
"	Adamantine	2.48, m. of 6	Playfair. Proc. Roy. Soc. Edin. 4, 241.
Germanium		5.469, 20°.4	Winkler. J. P. C. (2), 34, 201.
Zirconium		4.15	Troost. J. 18, 183.
Tin		7.291	Brisson. P. des C.
"		7.295	Muschenbroek. See Böttger.

*The extremes of 29 determinations made on specimens from different localities.

FOR SOLIDS AND LIQUIDS.

Name.	Specific Gravity.	Authority.
Tin	7.2914	Guyton. Nich. J. (1), 1, 110.
"	7.278, 15°.5	Crichton. P. M. 16, 48.
"	7.2911, 17°	Kupffer. Ann. (2), 40, 285.
"	7.285	
"	7.600 }	Herapath. P. M. 64, 321.
"	7.5565	
"	7.2905	Karsten. Schw. J. 65, 394.
" Wire	7.3395	Baudrimont. J. P. C. 7, 278.
"	7.306, m. of 4	Playfair and Joule. M. C. S. 3, 68.
" Crystallized	7.178 }	W. H. Miller. P. M. (3), 22, 263.
" Cast	7.293	
"	7.3043	Kopp. A. C. P. 93, 129.
" Cooled slowly	7.373 }	{ St. Claire Deville. P. M. (4), 11,
" " quickly	7.239	144.
"	7.294, 18°	Matthiessen. J. 13, 112.
"	7.291	Mallet. D. J. 85, 378.
" Reduced by H. from } Sn Cl$_2$.	{ 7.143 7.166 }	
" Precipitated	7.195	Rammelsberg. Ber. 3, 725.
" Remelted	7.310	[817.
"	7.5	Roberts and Wrightson. Bei. 5,
"	7.267, 0°	Quincke. P. A. 135, 642.
"	7.25	E. Wiedemann. P. A. (2), 20, 232.
" Allotropic	{ 5.809, 5.781, 19° 5.802, 19.5	
" Allotropic converted by heating.	{ 7.280, 15° 7.304, 19°	
" Allotropic	6.020, 6.002, 19° 5.930, 12°.5	} Two lots. Schertel. J. P. C. (2), 19, 322.
" Allotropic after reconversion.	7.24 — 7.27	
" Rhombic cryst.	6.52 }	Trechmann. Z. K. M. 5, 625.
" " "	6.56	
" Ordinary	7.387 }	{ Richards. Tr. Amer. Inst. Min.
" Allotropic	6.175	Eng. 11, 235.
" Not pressed	7.286, 10°	
" Once "	7.292, 10°.25 }	Spring. Ber. 16, 2724.
" Twice "	7.296, 11°	
"	7.3006, 0°	
"	7.1835, 226°, solid }	Vicentini and Omodei. Bei. 11,
"	6.988, 226°, molten	769.
" Fused	6.934, m. of 3.	Playfair and Joule. M. C. S. 3, 75.
" "	7.025 } Two methods {	Roberts and Wrightson. Ann.
" "	6.974	(5), 30, 181.
" "	7.144	Quincke. P. A. 135, 642.
Lead	11.445	Muschenbroek. See Böttger.
"	11.352	Brisson. P. des C.
"	11.207	Böckmann. See Böttger.
"	11.1603	Guyton. Ann. 21, 3.
"	11.3303	Kupffer. Ann. (2), 40, 292.
"	11.346, 15°.5	Crichton. P. M. 16, 48.
" Wire	11.3775	Baudrimont. J. P. C. 7, 278.
"	11.352	Herapath. P. M. 64, 321.
"	11.3888	Karsten. Schw. J. 65, 394.
"	11.231, m. of 4	Playfair and Joule. M. C. S. 3, 68.
"	11.370, 0° }	Reich. J. P. C. 78, 328.
"	11.3525, 18°	
"	11.395, 4°	Streng. J. 13, 187.

TABLE OF SPECIFIC GRAVITIES

Name.	Specific Gravity.	Authority.
Lead	11.361, 70°	Mallet. A. J. S. (3), 8, 212.
" Cooled slowly from fusion.	11.254 ⎫	
" Cooled quickly from fusion.	11.363 ⎪	St. Claire Deville. P. M. (4), 11, 144.
" Electrolytic	11.542 ⎬	
" Electrolytic, fused and cooled quickly.	11.225 ⎭	
"	11.376, 14°	Holzmann. J. 18, 112.
"	11.344, 4° ⎫ Extremes	Schweitzer. Am. Chem. 7, 174.
"	11.377, 4° ⎭	
"	11.335, 0°	Quincke. P. A. 97, 396. [817.
"	11.4	Roberts and Wrightson. Bei. 5,
" Not pressed	11.350, 14° ⎫	
" Once "	11.501, 14° ⎬	Spring. Ber. 16, 2724.
" Twice "	11.492, 16° ⎭	
"	11.359, 0°	
"	11.005, 325°, solid ⎫	Vicentini and Omodei. Bei. 11,769.
"	10.645, 325°, molten ⎭	
" Molten	10.509, m. of 3	Playfair and Joule. M. C. S. 3, 74.
" "	11.07	Mallet. A. J. S. (3), 8, 212.
" "	10.37 ⎫ Two methods	Roberts and Wrightson. Ann. (5), 30, 181.
" "	10.65 ⎭	
" "	10.952	Quincke. P. A. 135, 642.
Thorium*	7.657 ⎫	Chydenius. J. 16, 194.
"	7.795 ⎭	
" Crystallized	11.230 ⎫	Nilson. Ber. 16, 160. Compare earlier paper, Ber. 15, 2544.
" Non-crystallized	10.968 ⎭	
Nitrogen. Liquefied	.41 to .44, —23° ⎫	Cailletet and Hautefeuille. C. R. 92, 1086.
" "	.37 to .38, 0° ⎭	
" "	.4552, —146°.6 ⎫	
" "	.5842, —153°.7 ⎪	
" "	.83, —193° ⎬	Wroblevsky. C. R. 102, 1010.
" "	.866, —202° ⎭	
" "	.859 ⎫	
" "	.886 ⎪ —194°.4, boiling	Olszewski. P. A. (2), 31, 73.
" "	.891 ⎬ point.	
" "	.905 ⎭	
Phosphorus. Common	1.77	Berzelius. See Böttger.
" "	2.09	Böttger. Watts' Dict.
" "	1.800	Playfair and Joule. M. C. S. 3, 69.
" "	1.826 ⎫ 10°	Schrötter. J. 1, 336.
" "	1.840 ⎭	
" "	1.8262 ⎫ 10°	Kopp. A. C. P. 93, 129.
" "	1.8265 ⎭	
" "	1.823, 35°	Gladstone and Dale. J. 12, 73.
" "	1.83676, 0°	
" "	1.82321, 20° ⎬	Pisati and De Franchis. Ber. 8, 70
" "	1.80681, 44° ⎭	
" Red	1.964, 10°	Schrötter. J. 1, 336.
" "	2.089 ⎫ 17°	Schrötter. J. 3, 262.
" "	2.106 ⎭	
" " Cryst.	2.14 ⎫	Two preparations. Brodie. [330. J. 5,
" " "	2.23 ⎭	
" " "	2.34, 15°.5	Hittorf. J. 18, 180.

* Nilson's determinations are the only ones having any present value. Chydenius' work has merely historical interest.

FOR SOLIDS AND LIQUIDS.

Name.	Specific Gravity.	Authority.
Phosphorus. Red. Cryst.	2.34, 0°	
" "	2.148, 0°, prep. at 265°	Troost and Hautefeuille. Ber. 7, 482.
" "	2.19, 0° " 360°	
" "	2.293, 0° " 500°	
" Molten	1.744	Playfair and Joule. M. C. S. 3, 76.
" "	1.88, 45°	Schrötter. J. 1, 336.
" "	1.763	Gladstone and Dale. J. 12, 73.
" "	1.74924, 40°	
" "	1.6949, 100°	Boils at 278°.3. Pisati and De Franchis. Ber. 8, 70.
" "	1.6027, 200°	
" "	1.52867, 280°	
" "	1.4850, at boiling point.	Ramsay and Masson. Ber 13, 2147.
" "	1.833	Quincke. P. A. 135, 642.
Vanadium	5.5, 15°	Roscoe. P. T. 1869, 679.
"	5.866 } 15°	Setterberg. Of. Ak. St. 1862, 10, 18.
"	5.875	
Arsenic	5.7633	Brisson. P. des C.
"	5.766	Mohs. See Böttger.
"	5.7633	Stromeyer. " "
"	5.884	Turner.
"	5.700 }	Guibourt. B. J. 7, 128.
"	5.959	
"	5.672	Herapath. P. M. 64, 821.
"	5.6281	Karsten. Schw. J. 65, 394.
" Native	5.766	Breithaupt. J. P. C. 16, 475.
" "	5.722 }	Breithaupt. J. P. C. 11, 151.
" "	5.734	
"	5.230	Playfair and Joule. M. C. S. 3, 72.
"	5.395, 12°.5	Ludwig. J. 12, 183.
"	5.726 } 14°	Bettendorff. J. 20, 253.
"	5.728	
" After fusion	5.709, 19°	Mallet. B. S. C. 18, 438.
" Allotropic	4.710 } 14°	Bettendorff. J. 20, 253.
" "	4.716	
" "	4.6 to 4.7	Engel. C. R. 96, 498.
" Compressed	4.91	Spring. Ber. 16, 326.
" Allotropic	3.7002 to 3.7100, 15°	Rückoldt. A. C. P. 240, 215.
Antimony	6.702	Brisson. P. des C.
"	6.712	Hatchett. See Böttger.
"	6.733	Böckmann. " "
"	6.852	Muschenbroek. " "
"	6.860	Bergmann. " "
"	6.646	Mohs. " "
"	6.6101	Breithaupt. " "
"	6.7006	Karsten. Schw. J. 65, 394.
"	6.715	Marchand and Scheerer. J. P. C. [27, 193.
"	6.705, 8°.75, m. of 3 }	Dexter. P. A. 100, 567.
"	6.6987 } Extremes	
"	6.7102	
"	6.713, 14°	Matthiessen. J. 13, 112.
"	6.697	Schröder. P. A. 107, 113.
"	6.7022, m. of 6 }	Cooke. Proc. Amer. Acad. 1877
"	6.6957 } Extremes	
"	6.7070	
"	6.620, 0°	Quincke. P. A. 135, 642.
" Not pressed	6.675, 15°.5 }	Spring. Ber. 16, 2724.
" Once "	6.753, 15°	
" Twice "	6.740, 16°	

TABLE OF SPECIFIC GRAVITIES

Name.	Specific Gravity.	Authority.
Antimony. Amorphous	5.74 } 5.83 }	Gore. J. 13, 172.
" "	6.046 } 6.529 }	Playfair and Joule. M. C. S. 3, 77.
" " Molten	6.528	Quincke. P. A. 135, 642.
Bismuth	9.67	Muschenbroek. See Böttger.
"	9.822	Brisson. P. des C.
"	9.800	Leonhard. See Böttger.
"	9.8827	Thénard. " "
"	9.8827	Berzelius.
"	9.831	Herapath. P. M. 64, 321.
"	9.6542	Karsten. Schw. J. 65, 394.
" Pure	9.799, 19° }	
" Commercial	9.783 }	Marchand and Scheerer. J. P. C. 27, 193.
" Compressed	9.556 }	
" Crystallized	9.935 }	
" Quickly cooled from fusion.	9.677 }	C. St. Claire Deville. J. 8, 15.
"	9.823, 12°	Holzmann. J. 13, 112.
"	9.713, m. of 3	Schröder. P. A. 107, 113.
"	9.82	Roberts and Wrightson. Bei. 5, 817.
"	9.819, 0°	Quincke. P. A. 135, 642.
" Not pressed	9.804, 13°.5 }	
" Once "	9.856, 15° }	Spring. Ber. 16, 2724.
" Twice "	9.863, 15° }	
"	9.787, 0°.	
"	9.673, 270°.9 s. }	Vicentini and Omodei. Bei. 11, 769.
"	10.004, 270°.9 l. }	
" Molten	9.798	Playfair and Joule. M. C. S. 3, 75.
" "	10.039 }	Roberts and Wrightson. By two methods. Nature, 22, 448.
" "	10.055 }	
" "	9.709	Quincke. P. A. 135, 642.
Columbium. (Niobium)	6.0 to 7.37 *	Marignac. J. 21, 214.
"	7.06, 15°.5	Roscoe. C. N. 37, 26.
Tantalum	10.08 to 10.78	Rose. J. 9, 366.
Oxygen. Liquified	.9787	By two methods. Pictet. Ann. (5), 13, 193.
" "	.9883, m. of 4 }	
" "	.8402 }	Pictet, recalculated by Offret. Ann. (5), 19, 271.
" "	.8655 }	
" "	.58, .65, .70, 0° }	Cailletet and Hautefeuille. C. R. 92, 1086.
" "	.84, .88, .89,—23° }	
" "	.895	Wroblevsky. C. R. 97, 166.
" "	.899—130°, m. of 12	Wroblevsky. P. A. (2), 20, 867.
" "	.7555—129°.57 }	
" "	.806—134°.43 }	Olszewski. Ber. 17, ref. 198.
" "	.877—139°.3 }	
" "	1.110 to 1.137 } —181°.4, boiling point. }	Olszewski. P. A. (2), 31, 73.
" "	.6,—118° }	
" "	1.24—200° }	Wroblevsky. C. R. 102, 1010.
Sulphur. Roll	1.9907	Brisson. P. des C.

* Probably the hydride, Cb H.

Name.		Specific Gravity.	Authority.
Sulphur.	Roll	1.868	Böckmann.
"	Flowers	2.086	Gehler.
"	Cryst.	1.898	Fontenelle.
"	From solution	1.927	Bischof. Quoted by Marchand and Scheerer. J. P. C. 24, 129.
"	Cryst.	1.989	Breithaupt.
"	Roll	1.9777 } 2.0000 }	Thomson.
"	Prismatic	2.072	Mohs.
"	Native	2.086	Dumas and Roget.
"	Soft	2.027	Osann.
"	Native	2.0500 } 1.9889 }	Karsten. Schw. J. 65, 394.
"	From fusion		
"	Prismatic	1.982	
"	Native	2.066	Marchand and Scheerer. J. P. C. 24, 129.
"	From solution	2.0318	
"	Soft	1.957	
"	Native	2.069	Kopp. A. C. P. 93, 129.
"	Soft	1.919	
"	"	1.928	
"	Prismatic	1.958	C. St. Claire Deville. J. 1, 365.
"	Native	2.070	
"	From solution	2.063	
"	Crystallized	2.010	
"	Flowers	1.913	Playfair and Joule. M. C. S. 3, 79.
"	Waxy	1.921	
"	Native, cryst.	2.0757	Brame. C. R. 35, 748.
"	Soft	1.87 to 1.9319	
"	Amorphous. Yellow.	1.87	Müller. J. 19, 118.
"	Amorphous. Brown.	1.91 —1.93	
"	Crystallized	2.0748, 0°	Pisati. Ber. 7, 361.
"	Insoluble	1.9556, 0°	
"	"	1.9496, 20°	
"	"	1.9041, 40°	Spring. Bei. 5, 853.
"	"	1.9438, 60°	
"	"	1.9559, 80°	
"	"	1.9643, 100°	
"	Cryst. from CS_2.	2.0477, 0°	
"	" "	2.0370, 20°	
"	" "	2.0283, 40°	
"	" "	2.0182, 60°	
"	" "	2.0014, 80°	
"	" "	1.9756, 100°	Spring. Bei. 5, 854. From Bulletin de l'Acad. Roy. de Belg. (3), 2, 83–110, 1881.
"	From Sicily	2.0788, 0°	
"	"	2.0688, 20°	
"	"	2.0583, 40°	
"	"	2.0479, 60°	
"	"	2.0373, 80°	
"	"	2.0220, 100°	
"	Lamellæ	2.041—2.049	Maquenne. Ber. 17, ref. 199.
"	Sicilian	2.06663, 16°.75	Schrauf. Z. K. M. 12, 325.
"	Molten	1.801 } Extremes of 5 1.815 } determinat'ns	Playfair and Joule. M. C. S. 3, 76.
"	"	1.4794. m. of 5	At the boiling point, 446°. Ramsay. J. C. S. 35, 471.
"	"	1.4578 } Extremes 1.5130 }	
Selenium		4.3 to 4.32	Berzelius. See Böttger.

TABLE OF SPECIFIC GRAVITIES

Name.	Specific Gravity.	Authority.
Selenium	4.310	Boullay. See Böttger.
"	4.808, 15°	Hittorf. J. 4, 319.
" Cryst. fr. fusion	4.805 ⎫	
" " "	4.796 ⎭	
" Amorphous	4.276 ⎫ 20°	Schaffgotsch. J. 6, 329.
" "	4.286 ⎭	
" Precip. Red	4.245 ⎫	
" " "	4.275	
" Precip. after heat'g to 50°.	4.250 ⎬	Schaffgotsch. J. 6, 329.
	4.297 ⎭	
" Crystallized	4.460 ⎫	
" "	4.509	
" "	4.700	
" " from solution.	4.760 ⎬ 15°	Mitscherlich. J. 8, 814.
" " "	4.788 ⎭	
" Crystallized	4.406, 21°	Neumann. P. A. 126, 138.
" Black	4.80 ⎫	
" "	4.81	
" Precip. Red	4.26 ⎬	Rathke. J. P. C. 108, 235.
" " "	4.28 ⎭	
" Gray	4.495 ⎫	
" " Granular	4.514	
" Laminated, from alkaline selenides.	4.77	
	4.79	
	4.86	
" Cryst. from C S$_2$	4.418	
" " " "	4.54 ⎬	Rammelsberg. P. A. 152, 154.
" " " "	4.59	
" Amorphous	4.27	
" "	4.34	
" Melted	4.29	
" "	4.36	
" Compressed	4.7994, 0° ⎫	
" "	4.7869, 20°	
" "	4.7699, 40°	
" "	4.7526, 60°	
" "	4.7351, 80°	
" "	4.7167, 100° ⎬	Spring. Bei. 5, 854. From Bull. de l'Acad. Roy. de Belg. (3), 2, 88–110, 1881.
" Uncompressed	4.7312, 0°	
" "	4.7176, 20°	
" "	4.7010, 40°	
" "	4.6826, 60°	
" "	4.6623, 80°	
" "	4.6390, 100° ⎭	
" Fused	4.2	Quincke. P. A. 135, 642.
Tellurium	6.115	Klaproth. Ann. 25, 278.
"	6.1379	Magnus. See Böttger.
"	6.2445, m. of 5	Berzelius. P. A. 28, 392.
"	6.180	Löwe. J. P. C. 60, 103.
"	6.343	Reichenstein. See Böttger.
" Compressed	6.2549, 0° ⎫	
" "	6.2419, 20°	
" "	6.2294, 40° ⎬	Spring. Bei. 5, 854. From Bull. de l'Acad. Roy. de Belg. (3), 2, 88–110, 1881.
" "	6.2170, 60°	
" "	6.2030, 80°	
" "	6.1891, 100° ⎭	

NAME.	SPECIFIC GRAVITY.	AUTHORITY.
Tellurium. Uncompressed.	6.2322, 0°	
" "	6.2194, 20°	
" "	6.2052, 40°	Spring. Bei. 5, 854. From Bull. de l'Acad. Roy. de Belg. (3), 2, 88–110, 1881.
" "	6.1500, 60°	
" "	6.1366, 80°	
" "	6.1640, 100°	
"	6.204	Klein and Morel. Ann. (6), 5, 61.
"	6.215	
Chromium	7.3	Bunsen. Watts' Dict.
" Crystallized	6.81, 25°	Wöhler. J. 12, 169.
" Red. by K Cy.	6.20	Loughlin. J. 21, 220.
Molybdenum	8.490	
"	8.615	Bucholz. Nich. J. 20, 121.
"	8.636	
"	8.60	Debray. J. 11, 157.
" Red. by K Cy.	8.56	Loughlin. J. 21, 220.
Tungsten	17.60	D'Elhuyart. See Böttger.
"	17.22	Allan and Aiken. " "
"	17.4	Bucholz. Schw. J. 3, 1.
"	16.54	
"	17.50	Uslar. J. 8, 372.
"	18.26	
" Reduced by H.	17.1 to 17.3	Bernoulli. J. 13, 152.
" " C.	17.9 to 18.12	
"	16.6	
"	17.2	Prepared by three methods. Zettnow. J. 20, 218.
"	18.447, 17°	
"	19.261, 12°	Roscoe. C. N. 25, 61.
"	18.25	Waddell. A. C. J. 8, 287.
"	18.77	
Uranium	18.40	Peligot. J. 9, 380.
"	18.33	Peligot. A. C. P. 149, 128.
"	18.685, 4°, m. of 3	Zimmermann. Ber. 15, 851.
Chlorine. Liquefied	1.33, 15°.5	Faraday. P. T. 1823, 164.
Bromine	2.966	Balard. Ann. (2), 32, 337.
"	2.98 } 15°	Löwig. See Böttger.
"	2.99	
"	3.18718, 0°	Pierre. Ann. (3), 20, 5.
"	3.18828, 0°	Thorpe. J. C. S. 37, 172.
"	2.98218, 59°.27	
"	2.9483, m. of 4	Taken at the boiling point. Ramsay. Ber. 13, 2146.
"	2.9471 } Extremes	
"	2.9503	
"	3.1875, 0°	Van der Plaats. J. C. S. 50, 849.
Iodine	4.948	Gay Lussac. Ann. 91, 5.
" Solid	4.9173, 40°.3	
" "	4.886, 60°	
" "	4.857, 79°.6	
" "	4.841, 89°.8	
" "	4.825, 107°	
" Molten	4.004, 107°	Billet. J. 8, 46.
" "	3.988, 111°.7	
" "	3.944, 124°.3	
" "	3.918, 133°.5	
" "	3.866, 151°	
" "	3.796, 170°	[4, 241.
" Solid	5.030	Playfair. Proc. Roy. Soc. Edin.

TABLE OF SPECIFIC GRAVITIES

Name.	Specific Gravity.	Authority.
Manganese	6.861 ⎫ 7.10 ⎭	Bergmann.
"	8.03	Bachmann. See Böttger.
"	8.013	John. P. M. 2, 176.
"	7.138 ⎫ 7.206 ⎭	Brunner. J. 10, 202.
Iron	7.788	Brisson. P. des C.
" Wrought	7.790	Karsten. Schw. J. 65, 394.
" Wire in several different conditions.	7.6305 ⎫ 7.6000 7.7169 ⎬ 7.7312 7.7433 ⎭	Baudrimont. J. P. C. 7, 268.
" Hammered		
" Bar	7.4839	Bröling. See Percy's Metallurgy.
"	7.8707 ⎫ 7.865 ⎭	Berzelius. " " "
" Reduced by zinc vapor.	7.50 ⎫ 7.84 ⎭	Poumarède. J. 2, 281.
" Reduced by C.	7.130	Playfair and Joule. M. C. S. 3, 72.
" Electrolytic	8.1393, 15°.5	Smith. See Percy's Metallurgy.
" Fused in H., not forged.	7.880, 16°	
" Fused in H., forged	7.868, 16°	
" Fused in H., wire	7.847, 16°	Caron. C. R. 70, 1263.
" Fused in crucible	7.833, 16°	
" Good commercial	7.852, 16°	
" Reduced by H.	7.998 ⎫ 8.007 ⎭ 10°	Schiff.
" "	6.03	Stahlschmidt. J. 18, 255.
" Molten	6.88	Roberts and Wrightson. Bei. 5, 817. [6, 145.
" Molten steel	8.05	Petruschewsky and Alexejeff. Bei.
Nickel	7.807	Brisson. P. des C.
"	8.279, cast ⎫ 8.666, forged ⎭	Richter. Ann. 53, 164.
" Cast	8.380 ⎫	
" Forged	8.820 ⎭ 12°.5	Tupputi. Ann. 78, 133.
"	8.932, 12°.5	Tourte. Ann. 71, 103.
"	8.477 ⎫ 8.713 ⎭	Baumgartner. See Böttger.
"	8.637	Brunner. " "
"	9.000	Bergmann. " "
" Reduced by H.	7.861 ⎫ 7.803 ⎭	Playfair and Joule. M. C. S. 3, 71.
" Wire	8.88, 4°	Arndtsen.
" Reduced by H.	8.975 ⎫ 9.261 ⎭	Rammelsberg. J. 2, 282.
"	8.900	Schröder. P. A. 107, 113.
Cobalt	8.710	Lampadius. Erd. J. (1), 5, 390.
"	8.485	Brunner. See Böttger.
"	9.152	Gehler. " "
"	8.500	Mitscherlich. " "
"	8.5131	Berzelius. " "
"	8.5384	Haüy and Tassaert. See Böttger.
"	8.558	T. H. Henry. M. C. S. 3, 59.
" Reduced by H.	7.718 ⎫ 8.260 ⎭	Playfair and Joule. M. C. S. 3, 71.
" "	8.957, m. of 5	Rammelsberg. J. 2, 232.

FOR SOLIDS AND LIQUIDS.

Name.	Specific Gravity.	Authority.
Copper	8.895	Hatchett. P. T. 1803, 88.
" Rolled	8.878 ⎫	Brisson. P. des C.
" Cast	8.788 ⎭	
" "	8.83	
" Drawn	8.9463	Berzelius. See Böttger.
" Hammered	8.9587	
"	8.78	Kupffer. Ann. (2), 25, 356.
"	8.900	Hernpath. P. M. 64, 821.
"	8.721	Karsten. Schw. J. 65. 394.
" Wire in several different conditions.	8.6225 8.2912 8.7059 8.8787	Baudrimont. J. P. C. 7, 287.
" Hammered	8.8803	
" Cast, slowly cooled	8.4525	
" Crystallized	8.940	
" Cast	8.921	
" Various sorts of wire.	8.939 8.949 8.930 8.951	[27, 198. Marchand and Scheerer. J. P. C.
" Sheet	8.952	
" Pressed	8.931	
" Electrolytic	8.914	
"	8.667	Mallet. D. J. 85, 378.
" Finely divided	8.428	
" "	8.483	
" "	8.360	
" Electrolytic	8.884	Playfair and Joule. M. C. S. 3, 57.
" "	8.941	
" "	8.934	
" Finely divided	8.367 ⎫ 4°	Playfair and Joule. J. C. S. 1, 121.
" "	8.41613 ⎭	
" Hammered	8.855	
" "	8.878	
" Rolled	8.879	
" "	8.898	O'Neill. Memoirs Manchester Philosophical Society, (3), 1, 243.
" Annealed	8.884	
" "	8.896	
"	8.902, 12°	Schiff.
" Native	8.839	Whitney. J. 12, 769.
"	8.952 ⎫	Schröder. P. A. 107, 113.
"	8.958 ⎭	
" Electrolytic, cast	8.916	
" "	8.958	
" " wire	8.853	Dick. P. M. (4), 11, 409.
" " "	8.733	
" Plate	8.902, 0°	Quincke. P. A. 97, 396.
"	8.945, 0° (in vacuo) ⎫	Hampe. C. C. 6, 379.
"	8.9565, 17° ⎭	[817.
"	8.8	Roberts and Wrightson. Bei. 5,
" Allotropic	8.0 to 8.2	Schutzenberger. J. Ph. Ch. (4), 28, 366.
" Molten	7.272	Playfair and Joule. M. C. S. 3, 77.
"	8.217	Roberts and Wrightson. Bei. 5, 817.
Silver	10.472	Brisson. P. des C.
"	10,362, 10°	Biddle. P. M. 30, 152.

Name.	Specific Gravity.	Authority.
Silver	10.43 } 10.47 }	Lengsdorf.
"	10.4282	Karsten. Schw. J. 65, 394.
" Cast, slowly cooled	10.1053	
" Same mass, rolled	10.5513	
" Hammered	10.4476	
" Brittle	9.8463	Baudrimont. J. P. C. 7, 287.
" Granulated	9.6323	
" Cryst. in laminæ	9.5538	
" Wire	10.4913	
"	10.434	Breithaupt. J. P. C. 11, 151.
"	10.482	Karmarsch. J. P. C. 43, 193.
"	10.522 } 10.537 }	Playfair and Joule. M. C. S. 3, 66.
" Cast	10.505	
" Pressed	10.5665	
" Precip. powdery	10.5582	
" " "	10.6191	G. Rose. P. A. 73, 1.
"	10.5287, m. of 13	
"	10.5237, m. of 4	
"	10.5288, m. of 8	
"	10.468, 13°	Holzmann. J. 13, 112.
"	10.575	Christomanos. J. 21, 272.
" After heating in vacuo.	10.512	Dumas. C. N. 37, 82.
"	10.412, 4°	Zimmermann. Ber. 15, 850.
"	10.57	Roberts. C. N. 31, 143.
"	10.621, 0°	Quincke. P. A. 135, 642.
" Molten	9.131 } 9.281 }	Playfair and Joule. M. C. S. 3, 78.
" "	9.4612	Roberts. C. N. 31, 143.
" "	9.51 } 9.40 } Two methods	Roberts and Wrightson. Ann. (5), 30, 181.
" "	10.002	Quincke. P. A. 135, 642.
Gold	19.258	Brisson. P. des C.
" Hammered	19.207	Elliot. Quoted by Rose.
"	19.3 to 19.4	Lewis. " " "
" Pressed	19.3336, 17°.5	
" Ppt. by oxalic acid	19.2981, 17°.5	
" Cast and pressed, 16 samples differently prepared.	19.2881, 17°.5, m. of 37 19.2680, 17°.5 } Extremes. 19.3296, 17°.5 }	G. Rose. P. A. 73, 1.
" Ppt. by oxalic acid	19.4941	G. Rose. P. A. 75, 403.
"	19.265, 13°	Holzmann. J. 13, 112.
" Before rolling	19.2945 }	Roberts and Rigg. J. C. S. (2), 12, 203.
" Once rolled	19.2982 }	
" Molten	17.009	Quincke. P. A. 135, 642.
Ruthenium	11.0 } 11.4 }	Deville and Debray. J. 12, 234.
"	12.261, 0°	Deville and Debray. C. R. 83, 928.
Rhodium	11.0+	Wollaston. P. T. 1804, 426.
"	11.2	Cloud. Schw. J. 43, 316.
"	11.0	Hare. A. J. S. (2), 2, 365.
"	12.1	Deville and Debray. J. 12, 240.
Palladium	11.3 } 11.8 }	Wollaston. See Böttger.
"	12.148	Lowry. " "
"	11.852	Lampadius. Watts' Dict.

FOR SOLIDS AND LIQUIDS.

NAME.	SPECIFIC GRAVITY.	AUTHORITY.
Palladium	11.8	Vauquelin. Ann. 88, 167.
"	11.041, 18°	Cloud. Schw. J. 1, 362.
"	10.923	Breithaupt. See Böttger.
"	11.628	Benneke and Reinecker. See Böttger.
"	11.30 }	Cock. M. C. S. 1, 161.
" Hammered	11.80 }	
"	11.752	Breithaupt. J. P. C. 11, 151.
"	11.4, 22°.5	Deville and Debray. J. 12, 237.
"	12.0	Troost and Hautefeuille. C. R. 78, 970.
"	12.104	Lisenko. Ber. 5, 29.
" Molten	10.8	Quincke. P. A. 135, 642.
Osmium	21.40	Deville and Debray. J. 12, 232.
"	22.477	Deville and Debray. C. R. 82, 1076.
Iridium. Porous globule	18.680	Children. See Böttger.
"	21.78 }	Eckfeldt and Boyé, for Hare. A. J. S. (2), 365.
"	21.83 }	
" Black	18.6088	G. Rose. P. A. 75, 403.
"	21.15	Deville and Debray. J. 12, 242.
"	22.421, 17°.5	Deville and Debray. P. M. (4), 50, 561.
"	22.38	Matthey. C. N. 40, 240.
Platinum	20.85 }	
"	20.98 }	Borda. Quoted by Marchand. J. P. C. 33, 385.
"	21.06 }	
" Cast	19.5 }	
" Hammered	20.3 }	Brisson. P. des C.
" Wire	21.0 }	
" "	21.7	Klaproth. Quoted by Marchand.
"	21.061	Sickingen. " " "
"	21.45	Berzelius. " " "
"	21.47 }	Berthier. " " "
"	21.58 }	
" Cast	17.7	Prechtl. " " "
"	21.3	Faraday. " " "
" Hammered	20.9	E. D. Clarke. " " "
" Spongy	21.47	Thomson. " " "
"	21.343	Scholz. See Böttger.
"	21.359	Meissner. " "
" Wire	21.16 }	
" "	21.40 }	Wollaston. P. A. 16, 158.
" "	21.58 }	
" Hammered	21.25 }	
" Spongy	17.572 }	
" "	15.780 }	Liebig. P. A. 17, 101.
" "	16.319 }	
" Black	17.894	Scholz. See Böttger.
"	21.2668 } 0°	Marchand. J. P. C. 33, 385.
"	21.3092 }	
" Hammered	21.31 }	
" "	21.16 }	Hare. A. J. S. (2), 2, 365.
" "	21.23 }	
" Spongy	16.634 }	
" Precip. black	20.9815 }	Rose. P. A. 75, 403.
" " "	20.7782 }	
" " "	22.8926 }	

TABLE OF SPECIFIC GRAVITIES

Name.	Specific Gravity.	Authority.
Platinum. Precip. black	22.0845	Rose. P. A. 75, 403.
" Black	26.1418, 15°.7 ?	
" "	17.766	
" Spongy	21.169	Playfair and Joule. M. C. S. 3, 57.
" "	21.243	
"	21.15	Deville and Caron. J. 10, 259.
"	21.15	Deville and Debray. J. 12, 240.
" Very pure	21.504, 17°.6	Deville and Debray. P. M. (4), 50, 500.
" Molten	18.915	Quincke. P. A. 135, 642.

II. INORGANIC FLUORIDES.

Name.	Formula.	Sp. Gravity.	Authority.
Hydrogen fluoride or hydrofluoric acid, liquid.	H F	1.0609	Davy. P. T. 1818, 263.
" "	"	.9922, 11°	
" "	"	.9879, 12°.7	Gore. P. T. 1869, 173.
" "	"	.9885, 13°.6	
" "	"	1.036, 15°.5	
Lithium fluoride	Li F	2.582	
" "	"	2.608	Schröder. Dm. 1873.
" "	"	2.612	
" "	"	2.295, 21°.5	Clarke. A. J. S. (3), 13, 292.
Sodium fluoride	Na F	2.713, m. of 7	
" "	"	2.601 Ex-	Schröder. Dm. 1873.
" "	"	2.772 tremes	
" "	"	2.558, 14°.5	Clarke. A. J. S. (3), 13, 292.
Potassium fluoride	K F	2.454, 12°	Bödeker. B. D. Z.
" "	"	2.459	
" "	"	2.476	Schröder. Dm. 1873.
" "	"	2.507	
" "	"	2.096, 21°.5	Clarke. A. J. S. (3), 13, 292.
" "	"	2.350, m. of 3	Schröder. Ber. 11, 2018.
Rubidium fluoride	Rb F	3.202, 16°.5	Clarke. A. J. S. (3), 13, 293.
Ammonium hydrogen fluoride.	Am H F$_2$	1.211, 12°	Bödeker. B. D. Z.
Silver fluoride	Ag F	5.852, 15°.5	Gore. C. N. 21, 28.
Magnesium fluoride	Mg F$_2$	2.472	Schröder. Dm. 1873.
" "	"	2.856, 12°	Cossa. Ber. 10, 295.
" " Sellaite.	"	2.972	Strüver. Dana's Min., 2d App.
Zinc fluoride	Zn F$_2$	4.612, 12°	
" "	"	4.556, 17°	
" "	Zn F$_2$. 4 H$_2$O	2.567, 10°	Clarke. A. J. S. (3), 13, 291.
" "	" "	2.585, 12°	

FOR SOLIDS AND LIQUIDS.

Name.	Formula.	Sp. Gravity.	Authority.
Cadmium fluoride	$Cd\ F_2$	5.994, 22°, m. of 7.	Kebler. A. C. J. 5, 241.
Calcium fluoride	$Ca\ F_2$	3.183, m. of 60	Kenngott. J. 6, 853.
" "	"	3.150	Smith. J. 8, 976.
" "	"	3.188	Schiff. A. C. P. 108, 21.
" "	"	3.162	Luca. J. 13, 98.
" " Precip.	"	3.080 }	Schröder. Dm. 1873.
" " Ignited	"	3.150 }	
Strontium fluoride	$Sr\ F_2$	4.202 }	" "
" "	"	4.236 }	
" "	"	4.210	Schröder. P. A. 6 Erganz. Bd. 622.
Barium fluoride	$Ba\ F_2$	4.58, 13°	Bödeker. B. D. Z.
" "	"	4.824 }	Schröder. Dm. 1873.
" "	"	4.833 }	
Lead fluoride	$Pb\ F_2$	8.241	" "
Nickel fluoride	$Ni\ F^2$	2.855, 14° }	Clarke. A. J. S. (3), 13, 291.
" "	$Ni\ F_2.\ 3\ H_2\ O$	2.014, 19° }	
Aluminum fluoride	$Al\ F_3$	3.065 } 12°	Bödeker. B. D. Z.
" "	"	3.13 }	
Arsenic trifluoride, l	$As\ F_3$	2.73	Unverdorben. P. A. 7, 316.
" "	"	2.66	MacIvor. C. N. 80, 169.
" "	"	2.6659, 0° }	Thorpe. J. C. S. 87, 372. [874.
" "	"	2.4497, 60°.4 }	
" "	"	2.784	Moissan. C. R. 99,
Bismuth fluoride	$Bi\ F_3$	5.32, 20° }	Gott and Muir. J. C. S. 53, 137.
" oxyfluoride	$Bi\ O\ F$	7.5, 20° }	
Cryolite. Greenland	$Na_3\ Al\ F_6$	2.9—3.077	Dana's Mineralogy.
" Siberia	"	2.95	Durnew. J. 4, 820.
" Colorado	"	2.972, 24°	Hillebrand and Cross. A. J. S. (3), 26, 271.
Chiolite	$Na_5\ Al_3\ F_{14}$	2.72	Hermann. J. P. C. 37, 188.
"	"	2.90	Kokscharow. J. 4, 820.
"	"	2.842—2.898	Rammelsberg. P. A. 74, 314.
Chodneffite	$Na_2\ Al\ F_5$	3.008 } {	Rammelsberg. P. A. 74, 314.
"	"	3.077 }	
"	"	2.62—2.77	Wörth. Dana's Mineralogy.
Pachnolite.* Colorado	$Na\ Ca\ Al\ F_6.\ H_2\ O$	2.965, 17°, m. of 4. }	Hillebrand and Cross. A. J. S. (3), 26, 271.
" "	"	2.962, 22° }	
Prosopite. Altenberg	$Ca\ Al_2\ (F.\ O\ H)_8$	2.890 } {	Scheerer. Dana's Mineralogy.
" "	"	2.898 }	
" Colorado	"	2.880, 23°	Hillebrand and Cross. A. J. S. (3), 26, 271.
Ralstonite	$NaMgAl_4F_{15}.\ 3H_2O$	2.4	Brush. A. J. S. (3), 2, 30.

*According to Brandl, pachnolite and thomsenolite are distinct species, but Hillebrand and Cross show them to be identical.

TABLE OF SPECIFIC GRAVITIES

Name.	Formula.	Sp. Gravity.	Authority.
Ralstonite	$NaMgAl_4F_{15} \cdot 3H_2O$	2.62	Nordenskiöld. Dana's Min., 3d App.
"	$(MgNa_2)Al_3(F.OH)_{11} \cdot 2H_2O$	2.560	Penfield and Harper. A. J. S. (3), 32, 381.
Fluocerite	$Ce F_3$, ?	4.7	Berzelius. Dana's Mineralogy.
Tysonite	$4 Ce F_3 \cdot 3 La F_3$	6.13, in mean	Allen and Comstock. A.J.S.(3), 19, 391.
Yttrocerite	?	3.447	Berzelius. Dana's Mineralogy.
Potassium borofluoride	$K B F_4$	2.5 } 2.6	Stolba. B. S. C. 18, 309.
Lithium silicofluoride	$Li_2 Si F_6 \cdot 2 H_2 O$	2.33	Stolba. J. 17, 213.
" "	"	2.244	Topsoë. C. C. 4, 76.
Sodium silicofluoride	$Na_2 Si F_6$	2.7547, 17°.5	Stolba. J. P. C. 97, 503.
" "	"	2.680, m. of 4 } 2.671 Ex. } 2.691 tremes }	Schröder. Dm. 1873.
Potassium silicofluoride	$K_2 Si F_6$	2.6655 } 2.6049 } 17°.5	Stolba. J. P. C. 97, 503.
" "	"	2.655 } 2.698 } 2.704 }	Schröder. Dm. 1873.
Rubidium silicofluoride	$Rb_2 Si F_6$	3.3383, 20°	Stolba. J. 20, 186.
Cæsium silicofluoride	$Cs_2 Si F_6$	3.3756, 17°	Preis. J. 21, 195.
Ammonium silicofluoride	$Am_2 Si F_6$	1.970	Topsoë. C. C. 4, 76.
" "	"	2.056, m. of 5 } 2.035 Ex. } 2.071 tremer }	Schröder. Dm. 1873.
Calcium silicofluoride	$Ca Si F_6$. ?	2.649 } 2.675 } 17°.5	Stolba. J. 33, 239.
" "	$Ca Si F_6 \cdot 2 H_2 O$	2.254	Topsoë. C. C. 4, 76.
Strontium silicofluoride	$Sr Si F_6 \cdot 2 H_2 O$	2.988 } 2.999 }	Stolba. J. 34, 285.
Barium silicofluoride	$Ba Si F_6$	4.2794, 21°	Stolba. J. 18, 170.
" "	"	4.2380, 22°	Schweitzer. Univ. of Missouri, special pub. 1876.
Magnesium silicofluoride	$Mg Si F_6 \cdot 6 H_2 O$	1.761 }	Topsoë. C. C. 4, 76.
Zinc silicofluoride	$Zn Si F_6 \cdot 6 H_2 O$	2.104 }	
" "	" "	2.121 } 2.1448 } 17°.5	Stolba. J. R. C. 5, 72.
Manganese silicofluoride	$Mn Si F_6 \cdot 6 H_2 O$	1.858	Topsoë. C. C. 4, 76.
Iron silicofluoride*	$Fe Si F_6 \cdot 6 H_2 O$	1.96115, 17°.5	Stolba. B. S. C. 26, 155.
Nickel silicofluoride	$Ni Si F_6 \cdot 6 H_2 O$	2.109 }	Topsoë. C. C. 4, 76.
Cobalt silicofluoride *	$Co Si F_6 \cdot 6 H_2 O$	2.067 }	
" "	" "	2.1211 } 2.1135 } 19°	Stolba. B. S. C. 26, 155.
Copper silicofluoride*	$Cu Si F_6 \cdot 4 H_2 O$	2.535	Topsoë. C. C. 4, 76.
" "	$Cu Si F_6 \cdot 6 H_2 O$	2.1576, 19°	Stolba. J. 20, 299.
" "	" "	2.207	Topsoë. C. C. 4, 76.
" "	" "	2.182	Topsoë and Christiansen.

*According to Stolba, these salts contain 6½ molecules of water.

FOR SOLIDS AND LIQUIDS.

Name.	Formula.	Sp. Gravity.	Authority.
Potassium titanofluoride	$K_2 Ti F_6$	2.0797, 12°	Bödeker. B. D. Z.
" "	$K_2 Ti F_6 . H_2 O$	2.992	Topsoë. C. C. 4, 76.
Copper titanofluoride	$Cu Ti F_6 . 4 H_2 O$	2.529	" "
Potassium zircofluoride	$K_2 Zr F_6$	3.582	" "
Zinc zircofluoride	$Zn Zr F_6 . 6 H_2 O$	2.255	" "
Nickel zircofluoride	$Ni Zr F_6 . 6 H_2 O$	2.227	" "
Potassium stannifluoride	$K_2 Sn F_6 . H_2 O$	3.053	" "
Ammonium stannifluoride	$Am_2 Sn F_6$	2.887	" "
Manganese stannifluoride	$Mn Sn F_6 . 6 H_2 O$	2.307	" "
Cobalt stannifluoride	$Co Sn F_6 . 6 H_2 O$	2.604	" "
Potassium columboxyfluoride	$K_2 Cb O F_5 . H_2 O$	2.813	" "
Copper columboxyfluoride	$Cu Cb O F_5 . 4 H_2 O$	2.750	" "
Potassium tantalofluoride	$K_2 Ta F_7$	4.056	" "
Potassium uranoxyfluoride	$3 K F . U O_2 F_2$	4.263, 20°	Baker. J. C. S. 35, 760.
" "	$5 K F . 2 U O_2 F_2$	4.379, 20°	" "
" "	$3 K F . 2 U O_2 F_2 . 2 H_2 O$	4.108, 20°	" "
Ammonium uranoxyfluoride.	$3 Am F . U O_2 F_2$	3.186, 20°	" "

III. INORGANIC CHLORIDES.

1st. Simple Chlorides.

Name.	Formula.	Sp. Gravity.	Authority.
Hydrogen chloride or hydrochloric acid, liquef'd	H Cl	.908, 0°	Ansdell. C. N. 41, 76. Critical temperature, 51°.25.
" "	"	.873, 7°.5	
" "	"	.854, 11°.7	
" "	"	.835, 15°.8	
" "	"	.808, 22°.7	
" "	"	.748, 33°	
" "	"	.678, 41°.6	
" "	"	.619, 47°.8	
Lithium chloride	Li Cl	1.998	Kremers. J. 10, 67.
" "	"	2.074	Schröder. P. A. 107, 113.
" " Fused	"	1.515	Quincke. P. A. 138, 141.
Sodium chloride	Na Cl	2.2001	Hassenfratz. Ann. 28, 3.
" "	"	2.15	Leslie. See Böttger.
" "	"	2.26	Mohs.
" "	"	2.078	Karsten. Schw. J. 65, 394.
" "	"	2.030	Unger. See Böttger.
" "	"	2.150	Kopp. A. C. P. 36, 1.
" "	"	2.011, m. of 3	Playfair and Joule. M. C. S. 2, 401.
" "	"	2.24	Filhol. Ann. (3), 21, 415.

TABLE OF SPECIFIC GRAVITIES

Name.	Formula.	Sp. Gravity.	Authority.
Sodium chloride	Na Cl	2.155, 15°.5	Holker. P. M. (3), 27, 213.
" " Cryst.	"	2.195 ⎫	Deville. J. 8, 15.
" " After fusion.	"	2.204 ⎭	
" "	"	2.142 ⎫	Grassi. J. 1, 39.
" "	"	2.207 ⎭	
" " Halite	"	2.135	Hunt. J. 8, 976.
" "	"	2.148	Schiff. A. C. P. 108, 21.
" "	"	2.153 ⎫	Schröder. P. A. 106, 226.
" "	"	2.161 ⎭	
" "	"	2.145	Buignet. J. 15, 14.
" "	"	2.1629, 15°	Stolba. J. P. C. 97, 503.
" "	"	2.1543	Hangen. P. A. 131, 117.
" "	"	2.06—2.08	Page and Keightley. J. C. S. (2), 10, 566.
" "	"	2.145	Stas.
" " Natural	"	2.137	Rüdorff. Ber. 12, 251.
" "	"	2.1641, 15°	Bedson and Williams. Ber. 14, 2552.
" " Cryst. at 20°.	"	2.16171 ⎫	Nicol. P. M. (5), 15, 94.
" " Cryst. at 108°.	"	2.15494 ⎭	
" "	"	1.612, at the melting point.	Braun. J. C. S. (2), 13, 31.
" "	"	2.23	Brügelmann. Ber. [17, 2359.
" "	"	2.1653, 10° ⎫	
" "	"	2.1615, 20°	
" "	"	2.1594, 30° ⎬	Andreae. J. P. C. (2), 30, 315.
" "	"	2.15665, 40°	
" "	"	2.15435, 50° ⎭	
" "	"	2.1881 ⎫	Zehnder. P. A. (2), 29, 259.
" "	"	2.1887 ⎭	
" "	"	2.092, 0° ⎫	Quincke. P. A. 135, 642.
" " Fused	"	2.04 ⎭	
Potassium chloride	K Cl	1.9367	Hassenfratz. Ann. 28, 3.
" "	"	1.836	Kirwan. See Böttger.
" "	"	1.9153	Karsten. Schw. J. 65, 394.
" "	"	1.945	Kopp. A. C. P. 36, 1.
" "	"	1.900	Playfair and Joule. M. C. S. 2, 401.
" "	"	1.97756, 4°	Playfair and Joule. J. C. S. 1, 137.
" "	"	1.994	Filhol. Ann. (3), 21, 415.
" "	"	1.995	Schiff. A. C. P. 108, 21.
" "	"	1.918, 15°.5	Holker. P. M. (3), 27, 213.

FOR SOLIDS AND LIQUIDS. 21

NAME.	FORMULA.	SP. GRAVITY.	AUTHORITY.
Potassium chloride	K Cl	1.995	Schröder. P. A. 106, 226.
" "	"	1.986	Buignet. J. 14, 15.
" "	"	1.94526, 15°	Stolba. J. P. C. 97, 503.
" "	"	1.90—1.91	Page and Keightley. J. C. S. (2), 10, 566.
" "	"	1.612, at the melting p't.	Braun. J. C. S. (2), 13, 31.
" " Not pressed.	"	1.980, 22°	
" " Once pressed.	"	2.071, 20°	Spring. Ber. 16, 2724.
" " Twice pressed.	"	2.068, 21°	
" "	"	1.93	Brügelmann. Ber. 17, 2359.
" "	"	1.932, 0°	Quincke. P. A. 135, 642.
" " Fused	"	1.870	
Rubidium chloride	Rb Cl	2.807	Setterberg. Öf. Ak. St. 1882, 6, 23.
Cæsium chloride	Cs Cl	3.992	" "
Ammonium chloride	Am Cl	1.450	Wattson. See Böttger.
" "	"	1.54425	Hassenfratz. Ann. 28, 3.
" "	"	1.528	Mohs. See Böttger.
" "	"	1.578, m. of 3	Playfair and Joule. M. C. S. 2, 401.
" "	"	1.5333, 4°	Playfair and Joule. J. C. S. 1, 137.
" "	"	1.52, 15°.5	Holker. P. M. (3), 27, 214.
" "	"	1.500	Kopp. A. C. P. 36, 1.
" "	"	1.522	Schiff. A. C. P. 108, 21.
" "	"	1.550	Buignet. J. 14, 15.
" "	"	1.5033	
" "	"	1.5191, 15°	Stolba. J. P. C. 97, 503.
" "	"	1.5209	
" "	"	1.456	W. C. Smith. Am. J. P. 53, 145.
Silver chloride	Ag Cl	5.4548	Proust.
" " Unfused	"	5.501	
" " Black'd	"	5.5671	Karsten. Schw. J. 65, 394.
" " After fusion.	"	5.4582	
" "	"	5.129	Herapath. P. M. 64, 321.
" "	"	5.548	Boullay. Ann. (2), 48, 266.
" "	"	5.55	Gmelin.
" " Native	"	5.31	Domeyko. Dana's Min.
" " "	"	5.48	
" "	"	5.517	Schiff. A. C. P. 108, 21. [226.
" "	"	5.5943	Schröder. P. A. 106,

TABLE OF SPECIFIC GRAVITIES

Name.	Formula.	Sp. Gravity.	Authority.
Silver chloride	Ag Cl	5.505, 0°	Rodwell. P. T. 1882, 1125.
" " Molten	"	4.919, 451°	
" " "	"	5.5	Quincke. P. A. 135, 642.
" " "	"	5.3	Quincke. P. A. 138, 141.
Thallium chloride	Tl Cl	7.00	Willm.
" "	"	7.02	Lamy. J. 15, 184.
Thallium trichloride	$Tl_2 Cl_3$	5.9	" "
Magnesium chloride	$Mg Cl_2$	2.177, m. of 2.	Playfair and Joule. M. C. S. 2, 401.
" "	$Mg Cl_2$. $6 H_2 O$	1.562, m. of 4.	" "
" "	"	1.558	Filhol. Ann. (3), 21, 415.
" " Bischofite.	"	1.65	Ochsenius. B. S. M. 1, 128.
Zinc chloride	$Zn Cl_2$	2.753, 13°	Bödeker. B. D. Z.
Cadmium chloride	$Cd Cl_2$	3.6254, 12°	" "
" "	"	3.655, 16°.9.	P. Knight. F.W.C.
" "	$Cd Cl_2$. $2 H_2 O$	3,824, m. of 3.	W. Knight. F.W.C.
Mercurous chloride	Hg Cl	7.1758	Hassenfratz. Ann. 28, 3.
" "	"	7.14	Boullay. Ann. (2), 43, 266.
" "	"	6.9925	Karsten. Schw. J. 65, 394.
" "	"	6.7107	Herapath. P. M. 64, 321.
" " Native.	"	6.482	Haidinger. Dana's Min.
" "	"	7.178	Playfair and Joule. M. C. S. 2, 401.
" "	"	6.56	Schiff. A. C. P. 108, 21.
Mercuric chloride	$Hg Cl_2$	5.1398	Hassenfratz. Ann. 28, 3.
" "	"	5.14	Gmelin.
" "	"	5.42	Boullay. Ann. (2), 43, 266.
" "	"	5.4032	Karsten. Schw. J. 65, 394.
" "	"	6.223	Playfair and Joule. M. C. S. 2, 401.
" "	"	5.448, m. of 3.	Schröder. P. A. 107, 113.
Calcium chloride	$Ca Cl_2$	2.214	Boullay. Ann. (2), 43, 266.
" "	"	2.269	
" "	"	2.0401	Karsten. Schw. J. 65, 394.
" "	"	2.480	Playfair and Joule. M. C. S. 2, 401.
" "	"	2.240	Filhol. Ann. (3), 21, 415. [21.
" "	"	2.205	Schiff. A. C. P. 108,
" "	"	2.160, 27°	Favre and Valson. C. R. 77, 579.
" "	"	2.219, 0°	Quincke. P. A. 135, 642.
" " Fused	"	2.15	

FOR SOLIDS AND LIQUIDS.

Name.	Formula.	Sp. Gravity.	Authority.
Calcium chloride. Fused	$CaCl_2$	2.120	Quincke. P. A. 138, 141.
" "	$CaCl_2 \cdot 6H_2O$	1.680, m. of 2	Playfair and Joule. M. C. S. 2, 401.
" "	"	1.635	Filhol. Ann. (3), 21, 415.
" "	"	1.612, 10°	Kopp. J. 8, 44.
" "	"	1.701, 17°.1	Favre and Valson. C. R. 77, 579.
" "	"	1.654, m. of 4 ⎫	
" "	"	1.642 Ex- ⎬	Schröder. Dm. 1873.
" "	"	1.671 tremes ⎭	
Strontium chloride	$SrCl_2$	2.8033	Karsten. Schw. J. 65, 394.
" "	"	2.960	Filhol. Ann. (3), 21, 415.
" "	"	3.035, 17°.2	Favre and Valson. C. R. 77, 579.
" "	"	3.054	Schröder. A. C. P. 174, 249.
" "	"	2.770, at the melting point.	Braun. J. C. S. (2), 13, 31.
" " Fused	"	2.770	Quincke. P. A. 138, 141.
" "	$SrCl_2 \cdot 6H_2O$	2.015, m. of 2	Playfair and Joule. M. C. S. 2, 401.
" "	"	1.603	Filhol. Ann. (3), 21, 415.
" "	"	1.921	Buignet. J. 14, 15.
" "	"	1.932, 17°.2	Favre and Valson. C. R. 77, 579.
" "	"	1.954	Schröder. Dm. 1873.
" "	"	1.964, 16°.7	Mühlberg. F. W. C.
Barium chloride	$BaCl_2$	3.860 ⎫	Boullay. Ann. (2), 43, 266.
" "	"	4.156 ⎭	
" "	"	8.8	Richter. Watts' Dict.
" "	"	3.7037	Karsten. Schw. J. 65, 394.
" "	"	3.750	Filhol. Ann. (3), 21, 415.
" "	"	3.820	Schiff. A. C. P. 108, 21.
" "	"	3.872 ⎫	Schröder. P. A. 107, 113.
" "	"	3.886 ⎭	
" "	"	3.7, 17°.5	Kremers. P. A. 85, 42.
" "	"	3.844, 16°.8	Favre and Valson. C. R. 77, 579.
" "	"	3.92	Brügelmann. Ber. 17, 2359.
" " Molten	"	3.700	Quincke. P. A. 138, 141.
" "	$BaCl_2 \cdot 2H_2O$	3.144, m. of 2	Playfair and Joule. M. C. S. 2, 401.
" "	"	2.664	Filhol. Ann. (3), 21, 415.
" "	"	3,05435, 4°	Playfair and Joule. J. C. S. 1, 137.

Name.	Formula.	Sp. Gravity.	Authority.
Barium chloride	$BaCl_2 \cdot 2H_2O$	3.052	Schiff. A. C. P. 108, 21.
" "	"	3.081	Buignet. J. 14, 15.
" "	"	3.054, 15°.5	Favre and Valson. C. R. 77, 579.
" "	"	3.045	Schröder. Dm. 1873.
Lead chloride	$PbCl_2$	5.29	Monro.
" " Native	"	5.238	Dana's Min.
" " Unfused	"	5.8022	Karsten. Schw. J. 65, 394.
" " After fusion	"	5.6824	
" " Cryst.	"	5.802	Schabus. J. 3, 322.
" "	"	5.78	Schiff. J. 11, 11.
" "	"	5.80534, 15°	Stolba. J. P. C. 97, 503.
" "	"	5.88	Brügelmann. Ber. 17, 2359.
Chromous chloride	$CrCl_2$	2.751, 14°	Grabfield. F. W. C.
Chromic chloride	Cr_2Cl_6	3.03, 17°	Schafarik. J. P. C. 90, 12.
" "	"	2.757, 15°, m. of 13.	Grabfield. F. W. C.
Manganous chloride	$MnCl_2$	2.478	Schröder. A. C. P. 174, 249.
" "	$MnCl_2 \cdot 4H_2O$	1.898	
" "	"	1.913	Schröder. Dm. 1873.
" "	"	1.928	
" "	"	2.01, 10°	Bödeker. B. D. Z.
Ferrous chloride	$FeCl_2$	2.528	Filhol. Ann. (3), 21, 415.
" "	"	2.988, 17°.9	Grabfield. F. W. C.
" "	$FeCl_2 \cdot 4H_2O$	1.926	Filhol. Ann. (3), 21, 415.
" "	"	1.937	Schabus. J. 3, 327.
Ferric chloride	Fe_2Cl_6	2.804, 10°.8	Grabfield. F. W. C.
Nickel chloride	$NiCl_2$	2.56	Schiff. A. C. P. 108, 21.
Cobalt chloride	$CoCl_2$	2.937, m. of 3	Playfair and Joule. M. C. S. 2, 401.
" "	$CoCl_2 \cdot 6H_2O$	1.84, 13°	Bödeker and Ehlers. B. D. Z.
Cuprous chloride	$CuCl$	3.6777	Karsten. Schw. J. 65, 394.
" "	"	3.376	Playfair and Joule. M. C. S. 2, 401.
" " Nantoquite	"	3.930	Breithaupt. J. 25, 1145.
Cupric chloride	$CuCl_2$	3.054	Playfair and Joule. M. C. S. 2, 401.
" "	$CuCl_2 \cdot 2H_2O$	2.535, m. of 2	" "
" "	"	2.47, 18°	Bödeker. B. D. Z.
Boron trichloride, l.	BCl_3	1.35	Wöhler and Deville. J. 10, 931.
Gallium chloride. Molten.	$GaCl_3$	2.36, 80°	Boisbaudran. C. N. 44, 166.
Cerium chloride	$CeCl_3$	3.88, 15°.5	Robinson. C. N. 50, 251.
Didymium chloride	$DiCl_3 \cdot 6H_2O$	2.286 } 15°.8	Cleve. U. N. A. 1885.
" "	"	2.287	

FOR SOLIDS AND LIQUIDS.

Name.	Formula.	Sp. Gravity.	Authority.
Samarium chloride	$SmCl_3 \cdot 6H_2O$	$\left.\begin{array}{l}2.375\\2.392\end{array}\right\}15°$	Cleve. U. N. A. 1885.
Carbon chloride.*			
Silicon tetrachloride	$SiCl_4$	1.52371, 0°	Pierre. Ann. (3), 20, 26.
" "	"	1.5083, 5°–10°	$\left.\begin{array}{l}\\\\\end{array}\right\}$ Regnault. P. A. 62, 50.
" "	"	1.4983, 10°–15°	
" "	"	1.4884, 15°–20°	
" "	"	1.4878, 20°	Haagen. P. A. 131, 117.
" "	"	1.49276	Mendelejeff. C. R. 51, 97.
" "	"	1.522, 0°	Friedel and Crafts. A. J. S. (2), 43, 162.
" "	"	1.52408, 0°	$\left.\begin{array}{l}\\\end{array}\right\}$ Thorpe. J. C. S. 37, 372.
" "	"	1.40294, 57°.57	
Silicon hexchloride	Si_2Cl_6	1.58, 0°	Troost and Hautefeuille. Z. C. 14, 331.
Titanium tetrachloride	$TiCl_4$	1.76088, 0°	Pierre. Ann. (3), 20, 21.
" "	"	1.7487, 5°–10°	$\left.\begin{array}{l}\\\\\end{array}\right\}$ Regnault. P. A. 62, 50.
" "	"	1.7403, 10°–15°	
" "	"	1.7322, 15°–20°	
" "	"	1.76041, 0°	$\left.\begin{array}{l}\\\end{array}\right\}$ Thorpe. J. C. S. 37, 371.
" "	"	1.52223, 136°.41	
Germanium tetrachloride	$GeCl_4$	1.887, 18°	Winkler. Ber. 19, ref. 655.
Tin dichloride	$SnCl_2 \cdot 2H_2O$	2.759	Playfair and Joule. M. C. S. 2, 401.
" "	" "	2.71, 15°.5, s	$\left.\begin{array}{l}\\\end{array}\right\}$ Penny. J. C. S. 4, 239.
" "	" "	2.5876, 37°.7, l	
" "	" "	2.634, 24°	Bishop. F. W. C.
Tin tetrachloride	$SnCl_4$	2.26712, 0°	Pierre. Ann. (3), 20, 19.
" "	"	2.2618, 5°–10°	$\left.\begin{array}{l}\\\\\end{array}\right\}$ Regnault. P. A. 62, 50.
" "	"	2.2492, 10°–15°	
" "	"	2.2368, 15°–20°	
" "	"	2.234, 15°	Gerlach. J. 18, 237.
" "	"	2.2328, 20°	Haagen. P. A. 131, 117.
" "	"	2.27875, 0°	$\left.\begin{array}{l}\\\end{array}\right\}$ Thorpe. J. C. S. 37, 372.
" "	"	1.97813, 118°.89	
Nitrogen trichloride	NCl_3 ?	1.653	Watts' Dictionary.
Phosphorus trichloride	PCl_3	1.45	Davy. Watts' Dict.
" "	"	1.61616, 0°	Pierre. Ann. (3), 20, 9.
" "	"	1.6091, 5°–10°	$\left.\begin{array}{l}\\\\\end{array}\right\}$ Regnault. P. A. 62, 50.
" "	"	1.6001, 10°–15°	
" "	"	1.5911, 15°–20°	
" "	"	1.6119, 0°, m. of 2.	$\left.\begin{array}{l}\\\\\end{array}\right\}$ Buff. A. C. P. 4 Supp. Bd. 129. Boiling point, 76°.
" "	"	1.59708, 10°	
" "	"	1.47124, 76°	

* The chlorides, bromides, and iodides of carbon are assigned to a special division among organic compounds.

TABLE OF SPECIFIC GRAVITIES

Name.	Formula.	Sp. Gravity.	Authority.
Phosphorus trichloride	PCl_3	1.5774, 20°	Haagen. P. A. 131, 117.
" "	"	1.61275, 0°	} Thorpe. J. C. S.
" "	"	1.46845, 75°.95	} 37, 372.
Vanadium dichloride	VCl_2	3.23, 18°, s	Roscoe. P. T. 1869, 679.
Vanadium trichloride	VCl_3	3.00, 18°, s	" "
Vanadium tetrachloride	VCl_4	1.8584, 0°	
" "	"	1.8363, 8°	} " "
" "	"	1.8159, 32°	
Arsenic trichloride	$AsCl_3$	2.20495, 0°	Pierre. Ann. (3), 20, [15.
" "	"	2.1766	Penny and Wallace. J. 5, 382.
" "	"	2.1668, 20°	Haagen. P. A. 131, 117.
" "	"	2.20500, 0°	} Thorpe. J. C. S.
" "	"	1.91813, 130°.21	} 37, 372.
Antimony trichloride	$SbCl_3$	3.064, 26°, s	Cooke. Proc. Amer. Acad. 1877.
" "	"	2.6766) liquid	
" "	"	2.6758 } at	} Kopp. A. C. P. 95, 348.
" "	"	2.6750) 73°.2	
Antimony pentachloride	$SbCl_5$	2.3461, 20°	Haagen. P. A. 131. 117.
Bismuth trichloride	$BiCl_3$	4.56, 11°	Bödeker. B. D. Z.
Sulphur chloride	S_2Cl_2	1.687	Dumas. Ann. (2), 49, 204.
" "	"	1.686	Marchand. J. P. C. 22, 507.
" "	"	1.6970, 5°–10°	
" "	"	1.6882, 10°–15°	} Regnault. P. A. 62, 50.
" "	"	1.6793, 15°–20°	
" "	"	1.7055, 0°	Kopp. A. C. P. 95, 355.
" "	"	1.6802, 16°.7	
" "	"	1.6828, 20°	Haagen. P. A. 131, 117.
" "	"	1.4848, 138°	Ramsay. J. C. S. 35, 463.
" "	"	1.70941, 0°	} Thorpe. J. C. S.
" "	"	1.49201, 138°.12	} 37, 356.
Selenium chloride	Se_2Cl_2	2.906, 17°.5	Divers and Shimose. Ber. 17, 866.
Iodine monochloride	ICl	3.263, 0°	
" "	"	3.222, 16°.5	
" "	"	3.206, 18°.2	
" "	"	3.180, 30°	
" "	"	3.176, 32°	
" "	"	3.132, 45°	
" "	"	3.127, 48°	
" "	"	3.084, 60°	Hannay. J. C. S.(2),
" "	"	3.032, 72°	11, 818. Melts at
" "	"	3.036, 75°	24°.7. Boils at
" "	"	2.988, 80°	100°.5 to 101°.5.
" "	"	2.984, 90°	
" "	"	2.964, 95°	
" "	"	2.958, 98°	
" "	"	3.18223, 0°	} Thorpe. J. C. S.
" "	"	2.88196, 101°.3	} 37, 371.

FOR SOLIDS AND LIQUIDS. 27

Name.	Formula.	Sp. Gravity.	Authority.
Iodine trichloride	ICl_3	3.1107	Christomanos. Ber. 10, 789.
Platinum dichloride	$PtCl_2$	5.8696, 11°	Bödeker. B. D. Z.
Platinum tetrachloride	$PtCl_4 \cdot 8H_2O$	2.431, 15°	" "

2d. Double Chlorides.

Name.	Formula.	Sp. Gravity.	Authority.
Ammonium magnesium chloride.	$Am_2MgCl_4 \cdot 6H_2O$	1.456, 10°	Bödeker. B. D. Z.
Potassium zinc chloride	K_2ZnCl_4	2.297	Schiff. A. C. P. 112, 88.
Ammonium zinc chloride	Am_2ZnCl_4	1.879	" "
" " "	"	1.72 } 10° -- {	Bödeker and Ehlers.
" " "	"	1.77	B. D. Z.
" " "	"	1.77	Romanis. C. N. 49, 273.
Barium zinc chloride	$Ba_2ZnCl_6 \cdot 4H_2O$	2.845	Warner. C. N. 27, 271.
Potassium cadmium chloride.	K_2CdCl_4	2.500	Schröder. Dm. 1873.
Strontium cadmium chloride.	$SrCd_2Cl_6 \cdot 7H_2O$	2.708, 24°, m. of 3.	W. Knight. F.W.C.
Barium cadmium chloride	$BaCdCl_4 \cdot 4H_2O$	2.968	Topsöe. C. C. 4, 76.
" " "	"	2.952, 24°.5 }	W. Knight. F.W.C.
" " "	"	2.966, 25°.2 }	
Sodium mercury chloride.	$NaHgCl_3 \cdot 2H_2O$	3.011	Playfair and Joule. M. C. S. 2, 401.
Potassium mercury chloride.	$KHgCl_3 \cdot H_2O$	3.735, m. of 3.	" "
Ammonium mercury chloride.	$Am_2Hg_2Cl_6 \cdot H_2O$	3.822	" "
" " "	$Am_2HgCl_4 \cdot H_2O$	2.938	" "
Potassium iron chloride	$K_2FeCl_4 \cdot 2H_2O$	2.162	Schabus. J. 3, 327.
Potassium copper chloride	$K_2CuCl_4 \cdot 2H_2O$	2.426	Playfair and Joule. M. C. S. 2, 401.
" " "	"	2.400	Schiff. A. C. P. 112, 88.
" " "	"	2.359	Kopp. J. 11, 10.
" " "	"	2.410	Tschermak. S. W. A. 45, 603.
" " "	"	2.358)	
" " "	"	2.392 }	Schröder. Dm. 1873.
" " "	"	2.425)	
Rubidium copper chloride	$Rb_2CuCl_4 \cdot 2H_2O$	2.895	Wyrouboff. B. S. M. 10, 127.
Ammonium copper chloride.	$Am_2CuCl_4 \cdot 2H_2O$	2.018	Playfair and Joule. M. C. S. 2, 401.
" " "	"	1.963	Schiff. A. C. P. 112, 88.
" " "	"	1.977	Kopp. J. 11, 10.
" " "	"	2.066	Tschermak. S. W. A. 45, 603.

TABLE OF SPECIFIC GRAVITIES

Name.	Formula.	Sp. Gravity.	Authority.
Ammonium copper chloride.	$Am_2 Cu Cl_4 . 2 H_2 O$	1.984, 24°	Evans. F. W. C.
Potassium palladiochloride.	$K_2 Pd Cl_6$	2.806	Topsoë. C. C. 4, 76.
Ammonium palladiochloride.	$Am_2 Pd Cl_6$	2.418	" "
Magnesium palladiochloride.	$Mg Pd Cl_6 . 6 H_2 O$	2.124	" "
Zinc palladiochloride	$Zn Pd Cl_6 . 6 H_2 O$	2.359	" "
Nickel palladiochloride	$Ni Pd Cl_6 . 6 H_2 O$	2.353	" "
Potassium iridichloride	$K_2 Ir Cl_6$	3.546, 15°	Bödeker. B. D. Z.
Ammonium iridichloride	$Am_2 Ir Cl_6$	2.856, 15°	" "
Potassium platosochloride	$K_2 Pt Cl_4$	3.3056, 20°.3 } 3.2909, 21° }	Clarke. A. J. S. (3), 16, 206.
" "	"		
Ammonium platosochloride.	$Am_2 Pt Cl_4$	2.84	Romanis. C. N. 49, 273.
Sodium platinchloride	$Na_2 Pt Cl_6 . 6 H_2 O$	2.500	Topsoë. C. C. 4, 76.
Potassium platinchloride.	$K_2 Pt Cl_6$	3.586, 15°	Bödeker. B. D. Z.
" "	"	3.694	Tschermak. S. W. A. 45, 603.
" "	"	3.3, 17° } 3.32, 17°.2 }	Pettersson. U. N. A. 1874.
" "	"		
" "	"	3.344	Schröder. Dm. 1873.
Rubidium platinchloride.	$Rb_2 Pt Cl_6$	3.96, 17°.4 } 3.94, 17°.5 }	Pettersson. U. N. A. 1874.
" "	"		
Ammonium platinchloride.	$Am_2 Pt Cl_6$	2.955 } 3.009 } 15°	Bödeker. B. D. Z.
" "	"		
" "	"	2.960	Tschermak. S. W. A. 45, 603.
" "	"	3.0, 17°.2	Pettersson. U. N. A. 1874.
" "	"	2.936	Schröder. Dm. 1873.
" "	"	3.065	Topsoë. C. C. 4, 76.
Thallium platinchloride	$Tl_2 Pt Cl_6$	5.76, 17°	Pettersson. U. N. A. 1874.
Magnesium platinchloride.	$Mg Pt Cl_6 . 6 H_2 O$	2.437	Topsoë. C. C. 4, 76.
" "	$Mg Pt Cl_6 . 12 H_2 O$	2.060	" "
Cadmium platinchloride	$Cd Pt Cl_6 . 6 H_2 O$	2.882	" "
Barium platinchloride	$Ba Pt Cl_6 . 4 H_2 O$	2.868	" "
Lead platinchloride	$Pb Pt Cl_6 . 3 H_2 O$	3.681	" "
Manganese platinchloride	$Mn Pt Cl_6 . 6 H_2 O$	2.692	" "
" "	$Mn Pt Cl_6 . 12 H_2 O$	2.112	" "
Iron platinchloride	$Fe Pt Cl_6 . 6 H_2 O$	2.714	" "
Copper platinchloride	$Cu Pt Cl_6 . 6 H_2 O$	2.734	" "
Didymium platinchloride	$Di Pt Cl_7 . 10\frac{1}{2} H_2 O$	2.683 } 2.696 } 21°.2	Cleve. U. N. A. 1885.
" "	"		
Samarium platinchloride	$Sm Pt Cl_7 . 10\frac{1}{2} H_2 O$	2.709 } 2.714 } 21°.8	" "
" "	"		
Didymium aurichloride	$Di Au Cl_6 . 10 H_2 O$	2.662 } 2.664 } 18°	" "
" "	"		
Samarium aurichloride	$Sm Au Cl_6 . 10 H_2 O$	2.739 } 2.744 } 16°.5	" "
" "	"		
Potassium stannochloride	$K_2 Sn Cl_4 . 3 H_2 O$	2.514	Playfair and Joule. M. C. S. 2, 401.
Ammonium stannochloride.	$Am_2 Sn Cl_4 . 3 H_2 O$	2.104	" "

FOR SOLIDS AND LIQUIDS.

Name.	Formula.	Sp. Gravity.	Authority.
Potassium stannichloride.	$K_2 Sn Cl_6$	2.686 } 2.688 }	Schröder. Dm. 1873.
" "	"	2.700	Joergensen.
" "	"	2.948	Romanis. C. N. 49, 273.
Cæsium stannichloride	$Cs_2 Sn Cl_6$	3.3308, 20°.5	Stolba. D. J. 198, 225.
Ammonium stannichloride.	$Am_2 Sn Cl_6$	2.387, m. of 4 } 2.381 } Ex- 2.396 } tremes.	Schröder. Dm. 1873.
" "	"	2.511	Romanis. C. N. 49, 273.
Magnesium stannichloride.	$Mg Sn Cl_6 . 6 H_2 O$	2.080	Topsoë and Christiansen.
Potassium antimony chloride.	$K_3 Sb Cl_6 . 2 H_2 O$	2.42	Romanis. C. N. 49, 273.

3d. Oxy- and Sulpho-Chlorides.

Name.	Formula.	Sp. Gravity.	Authority.
Matlockite	$Pb_2 O Cl_2$	7.21	Greg. J. 4, 821.
Mendipite	$Pb_3 O_2 Cl_2$	7.0—7.1	Dana's Mineralogy.
Atacamite	$Cu_2 Cl (OH)_3$	3.898	Zepharovich. J. 24, 1186.
"	"	3.757	Tschermak. J. 26, 1201.
"	"	3.7688	Zepharovich. J. 26, 1201.
Botallackite	$Cu_4 Cl_2 (OH)_6 . 3 H_2 O$	3.6	Church. J. C. S. 18, 213.
Tallingite	$Cu_5 Cl_2 (OH)_8$	3.5	Church. J. C. S. 18, 78.
Mercuric oxychloride	$Hg_3 O_2 Cl_2$	8.63	Blaas. Z. K. M. 5, 283.
Didymium oxychloride	$Di O Cl$	5.725 } 21°.2 5.735 }	Cleve. U. N. A. 1885.
" \ "	"	5.793, 21°.5	
Samarium oxychloride	$Sm O Cl$	6.987 } 21° 7.047 }	" "
Nitroxyl chloride	$N O_2 Cl$	1.3677, 8°	Baudrimont. J. P. C. 31, 478.
" "	"	1.32, 14°	Müller. A. C. P. 122, 1.
Phosphorus oxychloride	$P O Cl_3$	1.673, 14°	Cahours. J. P. C. 45, 129.
" "	"	1.70, 12°	Wurtz. J. 1, 365.
" "	"	1.662, 19°.5	Mendelejeff. J. 13, 7.
" "	"	1.69371, 10°	
" "	"	1.69106, 14°	
" "	"	1.68626, 15°	} Buff. A. C. P. 4 Supp. Bd., 129.
" "	"	1.64945, 51°	
" "	"	1.509116, 110°	

TABLE OF SPECIFIC GRAVITIES

Name.	Formula.	Sp. Gravity.	Authority.
Phosphorus oxychloride	$POCl_3$	1.66	Wichelhaus. J. 20, 149.
" "	"	1.71163, 0°	} Thorpe. J. C. S.
" "	"	1.50967, 107°.23	} 37, 337.
" "	"	1.5142, 106°.7	Schall. Ber. 17, 2204.
Pyrophosphoric chloride	$P_2O_3Cl_4$	1.58, 7°	Geuther and Michaelis. B. S. C. 16, 231.
Vanadyl dichloride	$VOCl_2$	2.88, 13°, s	Roscoe. P.T. 1868, 1.
Vanadyl trichloride	$VOCl_3$	1.764, 20	Schafarik. J. P. C. 76, 142.
" "	"	1.841, 14°.5	⎫
" "	"	1.836, 17°.5	⎬ Roscoe. P.T. 1868, 1.
" "	"	1.828, 24°	⎭
" "	"	1.86534, 0°	} Thorpe. J. C. S.
" "	"	1.63073, 127°.19	} 37, 348.
" "	"	1.854, 18°	L'Hôte. C. R. 101, 1151.
Antimony oxychloride	$Sb_4O_5Cl_2$	5.014, s	Cooke. Proc. Am. Acad. 1877.
Bismuth oxychloride	$BiOCl$	7.2, 20°, s	Muir, Hoffmeister, and Robbs. J. C. S. 39, 37. [922.
Daubreite	$Bi_5O_6Cl_3$	6.4—6.5	Domeyko. C. R. 82,
Sulphur oxychloride	S_2OCl_4	1.656, 0°	Ogier. Ber. 15, 922.
Thionyl chloride	$SOCl_2$	1.675, 0°	Wurtz. J. P. C. 99, 255.
" "	"	1.67673, 0°	} Thorpe. J. C. S.
" "	"	1.52143, 78°.8	} 37, 354.
" "	"	1.6554, 10°.4	Nasini. Bei. 9, 324.
Sulphuryl chloride	SO_2Cl_2	1.661, 21°	Behrends. J. 30, 210.
" "	"	1.70814, 0°	} Thorpe. J. C. S.
" "	"	1.56025, 69°.95	} 37, 359.
Disulphuryl chloride	$S_2O_5Cl_2$	1.818, 16°	H. Rose. P. A. 44, 291. [121.
" "	"	1.762	Rosenstiehl. J. 14,
" "	"	1.819, 18°	Michaelis.
" "	"	1.85846, 0°	} Thorpe. J. C. S.
" "	"	1.60610, 139°.59	} 37, 360.
Chlorosulphonic acid	$SO_2 \cdot OH \cdot Cl$	1.78474, 0°	} Thorpe. J. C. S.
" "	"	1.54874, 155°.3	} 37, 358.
" "	"	1.7633, 14°	Nasini. Bei. 9, 324.
Selenyl chloride	$SeOCl_2$	2.44	Weber. J. 12, 91.
" "	"	2.443, 13°	Michaelis. Z. C. 13, 460.
Chromyl dichloride	CrO_2Cl_2	1.9134, 10°	Thomson. P. T. 1827, 159.
" "	"	1.71, 21°	Walter. Ann. (2), 66, 387.
" "	"	1.92, 25°	Thorpe. J. 21, 296.
" "	"	1.7538, 117°	Ramsay. J. C. S. 35, 463.
" "	"	1.96101, 0°	} Thorpe. J. C. S.
" "	"	1.75780, 115°.9	} 37, 372. [115.
Phosphorus sulphochloride	$PSCl_3$	1.631, 22°	Baudrimont. J. 14,
" "	"	1.66820, 0°	} Thorpe. J. C. S.
" "	"	1.45599, 125°.12	} 37, 341.

IV. INORGANIC BROMIDES.
1st. Simple Bromides.

NAME.	FORMULA.	SP. GRAVITY.	AUTHORITY.
Lithium bromide	Li Br	3.102, 17°	Clarke. A. J. S. (3), 13, 293.
Sodium bromide	Na Br	2.952	Schiff. A. C. P. 108, 21.
" "	"	3.079, 17°.5	Kremers. J. 10, 67.
" "	"	3.011	Tschermak. S. W. A. 45, 603.
" "	"	3.198, 17°.3	Favre and Valson. C. R. 77, 579.
" " Fused	"	2.448	Quincke. P. A. 138, 141.
" "	Na Br. 4 H$_2$O	2.34	Playfair and Joule. M. C. S. 2, 401.
" "	"	2.165, 16°.8	Favre and Valson. C. R. 77, 579.
Potassium bromide	K Br	2.415	Karsten. Schw. J. 65, 394.
" "	"	2.672	Playfair and Joule. M. C. S. 2, 401.
" "	"	2.690, m. of 6	Schröder. P. A. 106, 226.
" "	"	2.712, 12°.7	Beamer. F. W. C.
" " Fused	"	2.199	Quincke. P. A. 138, 141.
" " Not pressed	"	2.505 ⎫	
" " Once "	"	2.704 ⎬ 18°	Spring. Ber. 16, 2724.
" " Twice "	"	2.700 ⎭	
Rubidium bromide	Rb Br	3.358	Setterberg. Of. Ak. St. 1882, 6, 23.
Cæsium bromide	Cs Br	4.463	" "
Ammonium bromide	Am Br	2.379	Schröder. P. A. 106, 226.
" "	"	2.266, 10°	Bödeker. B. D. Z.
" " Cryst.	"	2.327 ⎫	Eder. Ber. 14, 511.
" " Sublimed	"	2.3394 ⎭	
" "	"	2.456	Stas. Mem. Acad. Belg. 43, 1.
Silver bromide	Ag Br	6.3534	Karsten. Schw. J. 65, 394.
" "	"	6.425, m. of 7	Schröder. P. A. 106, 226.
" "	"	6.215, 17°	Clarke. A. J. S. (3), 13, 294.
" "	"	6.245, 0° ⎫	Rodwell. P. T. 1882, 1125.
" " Molten	"	5.595, 427° ⎭	
" " "	"	6.2	Quincke. P. A. 138, 141.
Thallium bromide. Precip.	Tl Br	7.540, 21°.7 ⎫	Keck. F. W. C.
" " After fusion.	"	7.557, 17°.3 ⎭	
Zinc bromide	Zn Br$_2$	3.643, 10°	Bödeker. B. D. Z.
Cadmium bromide	Cd Br$_2$	4.712 ⎫ 14°	Bödeker and Giesecke. B. D. Z.
" "	"	4.910 ⎭	

Name.	Formula.	Sp. Gravity.	Authority.
Cadmium bromide	$Cd\ Br_2$	4.794, 19°.9	Knight. F. W. C.
Mercurous bromide	$Hg\ Br$	7.307	Karsten. Schw. J. 65, 394.
Mercuric bromide	$Hg\ Br_2$	5.9202	"
" "	"	5.7298, 16° ⎫	Beamer. F. W. C.
" "	"	5.7461, 18° ⎭	
Calcium bromide	$Ca\ Br_2$	3.32, 11°	Bödeker. B. D. Z.
Strontium bromide	$Sr\ Br_2$	3.962, 12°	" "
" "	"	3.985, 20°.5	Favre and Valson. C. R. 77, 579.
" "	$Sr\ Br_2.\ 6\ H_2O$	2.358, 18°	" "
Barium bromide	$Ba\ Br_2$	4.23	Schiff. A. C. P. 108, 21.
" "	$Ba\ Br_2.\ 2\ H_2O$	3.690	" "
" " Cryst.	"	3.710 ⎫	Schröder. Dm. 1873.
" " Pulv.	"	3.588 ⎭	
" "	"	3.679, 24°.3	Harper. F. W. C.
Lead bromide	$Pb\ Br_2$	6.6302	Karsten. Schw. J. 65, 394.
" "	"	6.611, 17°.5	Kremers. J. 5, 397.
" " Ppt.	"	6.572, 19°.2	Keck. F. W. C.
Cuprous bromide	$Cu\ Br$	4.72, 12°	Bödeker. B. D. Z.
Boron tribromide	$B\ Br_3$	2.69, 1	Wöhler and Deville. J. 10, 94.
Aluminum bromide	$Al\ Br_3$	2.54	Deville and Troost. J. 12, 26.
Didymium bromide	$Di\ Br_3.\ 6\ H_2O$	2.803 ⎫ 20°.7	Cleve. U. N. A. 1885.
" "	"	2.817 ⎭	
Samarium bromide	$Sm\ Br_3.\ 6\ H_2O$	2.969 ⎫ 21°.8	" "
" "	"	2.973 ⎭	
Silicon tetrabromide	$Si\ Br_4$	2.8128, 0°	Pierre. Ann. (3), 20, 28.
Titanium tetrabromide	$Ti\ Br_4$	2.6	Duppa. J. 9, 365.
Tin dibromide	$Sn\ Br_2$	5.117, 17°	Raymann and Preis. A. C. P. 223, 323.
Tin tetrabromide	$Sn\ Br_4$	3.322, 39°, 1	Bödeker. B. D. Z.
" "	"	3.349, 35°	Raymann and Preis. A. C. P. 223, 323.
Phosphorus tribromide	$P\ Br_3$	2.92489, 0°	Pierre. Ann. (3), 20, 11.
" "	"	2.92311, 0°	⎫ Thorpe. J. C. S.
" "	"	2.49541, 172°.9	⎭ 37, 335.
Arsenic tribromide	$As\ Br_3$	3.66, 15°	Bödeker. B. D. Z.
Antimony tribromide	$Sb\ Br_3$	3.641, 90°, 1	Kopp. A. C. P. 95, 352.
" "	"	3.473, 96°, 1	Mac Ivor. C. N. 29, 179.
" "	"	4.148, 23°, s	Cooke. Proc. Am. Acad. 1877.
Bismuth tribromide	$Bi\ Br_3$	5.6041	Bödeker. B. D. Z.
" "	"	5.4, 20°	Muir, Hoffmeister, and Robbs. J. C. S. 39, 37.
Sulphur bromide	$S_2\ Br_2$	2.628, 4°	Hannay. J. C. S. 33, 288.
Selenium bromide	$Se_2\ Br_2$	3.604, 15°	Schneider. P. A. 128, 327.

2d. Double, Oxy-, and Sulpho-Bromides.

Name.	Formula.	Sp. Gravity.	Authority.
Ammonium zinc bromide	$Am_2 Zn Br_4$	2.625, 13°	Bödeker. B. D. Z.
Barium cadmium bromide	$Ba Cd Br_4 . 4 H_2 O$	3.687	Topsoë. C. C. 4, 76.
" " "	"	3.665, 24°	Harper. F. W. C.
Hydrogen mercury bromide.	$H Hg Br_3 . 4 H_2 O$	3.17, fused	Thomsen. J. P. C. (2), 11, 283.
Potassium mercury bromide.	$K Hg Br_3$	4.410, m. of 3.	Beamer. F. W. C.
" " "	$K Hg Br_3 . H_2 O$	3.865, 22°	" "
Potassium stannibromide	$K_2 Sn Br_6$	3.783	Topsoë. C. C. 4, 76.
Ammonium stannibromide.	$Am_2 Sn Br_6$	3.505	" "
Sodium platinbromide	$Na_2 Pt Br_6 . 6 H_2 O$	3.323	" "
Potassium platinbromide	$K_2 Pt Br_6$	4.68, 14°	Bödeker. B. D. Z.
" "	"	4.541	Topsoë. C. C. 4, 76.
Ammonium platinbromide	$Am_2 Pt Br_6$	4.200	" "
Magnesium platinbromide	$Mg Pt Br_6 . 12 H_2 O$	2.802	" "
Zinc platinbromide	$Zn Pt Br_6 . 12 H_2 O$	2.877	" "
Strontium platinbromide	$Sr Pt Br_6 . 9 H_2 O$	2.923	" "
Barium platinbromide	$Ba Pt Br_6 . 10 H_2 O$	3.713	" "
Lead platinbromide	$Pb Pt Br_6$	6.025	" "
Manganese platinbromide	$Mn Pt Br_6 . 12 H_2 O$	2.759	" "
Nickel platinbromide	$Ni Pt Br_6 . 6 H_2 O$	3.715	" "
Cobalt platinbromide	$Co Pt Br_6 . 12 H_2 O$	2.762 } 2.634 }	Two samples. Topsoë. C. C. 4, 76
" "	"		
Didymium auribromide	$Di Au Br_6 . 10 H_2 O$	3.297 } 3.311 } 21°.2	Cleve. U.N.A.1885.
" "	"		
Samarium auribromide	$Sm Au Br_6 . 10 H_2 O$	3.383 } 3.398 } 21°.2	" "
" "	"		
Nitrosyl tribromide	$N O Br_3$	2.628, 22°.6	Landolt. J. 13, 104.
Phosphoryl tribromide	$P O Br_3$	2.822	Ritter. J. 8, 301.
Vanadyl tribromide	$V O Br_3$	2.9673, 0° } 2.9325, 14°.5 }	Roscoe. A. C. P. 8 Supp. Bd. 95.
" "	"		
Bismuth oxybromide	$Bi O Br$	6.70, 20°	Muir, Hoffmeister, and Robbs. J. C. S. 39, 37.
Phosphorus sulphobromide.	$P S Br_3$	2.85, 17°	Michaelis. A. C. P. 164, 9.
" "	"	2.87	Mac Ivor. C. N. 29, 116.
" "	$P S Br_3 . H_2 O$	2.7937, 18°	Michaelis. A. C. P. 164, 9.
" "	$P_2 S_3 Br_4$	2.2021, 17°	" "
Arsenic sulphobromide	$As S_2 Br_3$	2.789	Hannay. J. C. S. 33, 291.

V. INORGANIC IODIDES.

1st. Simple Iodides.

Name.	Formula.	Sp. Gravity.	Authority.
Lithium iodide	Li I	3.485, 23°	Clarke. A. J. S. (3), 13, 293.
Sodium iodide	Na I	3.450	Filhol. Ann. (3), 21, 415.
" "	"	3.654, 18°.2	Favre and Valson. C. R. 77, 579.
" "	Na I. 4 H$_2$O	2.448, 20°.8	" "
Potassium iodide	K I	3.078 ⎫ 3.104 ⎭	Boullay. Ann. (2), 43, 266.
" "	"	2.9084	Karsten. Schw. J. 65, 394.
" "	"	3.059	Playfair and Joule. M. C. S. 2, 401.
" "	"	3.056	Filhol. Ann. (3), 21, 415.
" "	"	2.850	Schiff. A. C. P. 108, 21.
" "	"	2.970	Buignet. J. 14, 15.
" "	"	3.081 ⎫ 3.077 ⎭	Schröder. P. A. 106, 226.
" "	"	2.497 at the melting p't.	Braun. J. C. S. (2), 13, 31.
" " Fused	"	2.497	Quincke. P. A. 138, 141.
" " Not press'd	"	3.012, 20° ⎫	
" " Once "	"	3.110, 22° ⎬	Spring. Ber. 16, 2724.
" " Twice "	"	3.112, 20° ⎭	
Potassium triiodide	K I$_3$	3.498	Johnson. C. N. 34, 256.
Rubidium iodide	Rb I	3.567	Setterberg. Of. Ak. St. 1882, 6, 23.
Cæsium iodide	Cs I	4.537	" "
Ammonium iodide	Am I	2.498 11°	Bödeker. B. D. Z.
" "	"	2.448	Schröder. Dm. 1873.
Ammonium triiodide	Am I$_3$	3.749	Johnson. C. N. 37, 246.
Iodammonium iodide	N H$_3$ I$_2$	2.46, 15°	Seamon. C. N. 44, 189.
Silver iodide	Ag I	5.614	Boullay. Ann. (2), 43, 266.
" "	"	5.0262	Karsten. Schw. J. 65, 394.
" "	"	5.500	Filhol. Ann. (3), 21, 415.
" "	"	5.35	Schiff. A. C. P. 108, 21.
" "	"	5.650 ⎫ 5.718 ⎭	Schröder. P. A. 106, 226.
" " Cryst.	"	5.069, 14°	Damour. Quoted, C. R. 64, 314.

FOR SOLIDS AND LIQUIDS.

Name.	Formula.	Sp. Gravity.	Authority.
Silver iodide. Cryst.	Ag I	5.470, 0°	H. St. Claire Deville.
" " "	"	5.544, 0°	P. A. 132, 307. C.
" " After fusion	"	5.687	R. 64, 825.
" " Precipitated	"	5.807, 0°	
" " Ppt compressed.	"	5.569	Fizeau.
" " After rep. fusion.	"	5.675, 0°	
" " After one fusion.	"	5.660, 0°	
" " From Ag in H I.	"	5.812, 0°	
" " Ppt. after fusion.	"	5.681, 0°	Rodwell. P. T. 1882,
" " At max. density	"	5.771, 163°	1125.
" " At min. density.	"	5.673,	
" " Molten	"	5.522, 527°	
" " Iodyrite	"	5.64—5.67	Breithaupt. Dana's Min.
" " "	"	5.504	Domeyko. Dana's Min.
" " "	"	5.707	Damour. J. 7, 870.
" " "	"	5.366	J. L. Smith. J. 7, 870.
" " "	"	5.677, 14°	Damour. Quoted, C. R. 64, 314.
Thallium iodide. Precip.	Tl I	7.072, 15°.5	Twitchell. F. W. C.
" " Cast	"	7.0975, 14°.7	
Zinc iodide	Zn I$_2$	4.696, 10°	Bödeker and Giesecke. B. D. Z.
" "	"	4.666, 14°.2	Kebler. F. W. C.
Cadmium iodide. α variety.	Cd I$_2$	5.543, m. of 8	Kebler. A. C. J. 5,
" " "	"	5.622, m. of 8	235. Six samples,
" " "	"	5.660, m. of 7	prepared by different methods. Temperatures of weighing, 10°.5 to 20°.4.
" " "	"	5.729, m. of 6	
" " "	"	5.610, m. of 3	
" " "	"	5.675, m. of 4	
" " "	"	5.701, m. of 4	Twitchell. A. C. J. 5, 235.
" " β variety.	"	4.576, 10°	Bödeker. B. D. Z.
" " "	"	4.612, m. of 7	Kebler. A. C. J. 5, 235. Two lots, 14° to 15°.4.
" " "	"	4.596, m. of 7	
" " "	"	4.688, m. of 5	Twitchell. A. C. J. 5, 235.
Mercurous iodide	Hg I	7.75	Boullay. Ann. (2), 43, 266.
" "	"	7.6445	Karsten. Schw. J. 65, 394.
Mercuric iodide	Hg I$_2$	6.32	Boullay. Ann. (2), 43, 266.
" "	"	6.2009	Karsten. Schw. J. 65, 394.
" "	"	6.250	Filhol. Ann. (3), 21, 415.
" "	"	5.91	Schiff. A. C. P. 108, 21.
" "	"	6.27	Tschermak. S. W. A. 45, 603.
" " Red	"	6.231, m. of 7	Owens. F. W. C.
" " "	"	6.2941, 0°	
" " "	"	6.3004, 0°	Rodwell and Elder.
" " "	"	6.276, 126°	P. T. 1882, 1143.
" " Yellow	"	6.225, 126°	

Name.	Formula.	Sp. Gravity.	Authority.
Mercuric iodide. Solid	$Hg I_2$	6.179, 200°	Rodwell and Elder. P. T. 1882, 1143.
" " Molten	"	5.286, 200°	
Strontium iodide	$Sr I_2$	4.415, 10°	Bödeker. B. D. Z.
Barium iodide	$Ba I_2$	4.917	Filhol. Ann. (3), 21, 415.
" "	$Ba I_2 . 7 H_2 O$	2.673, 20°.3	Leonard. F. W. C.
Lead iodide	$Pb I_2$	6.11	Boullay. Ann. (2), 43, 266.
" "	"	6.0212	Karsten. Schw. J. 65, 394.
" "	"	6.384	Filhol. Ann. (3), 21, 415.
" "	"	6.07	Schiff. A. C. P. 108, 21.
" "	"	6.207	Schröder. P. A. 107, 113.
" "	"	6.12	Rodwell. P. T. 1882, 1144.
" " Molten	"	5.6247, 383°	
Iron iodide	$Fe I_2 . 4 H_2 O$	2.873, 12°	Bödeker. B. D. Z.
Cuprous iodide	$Cu I$	4.410	Schiff. A. C. P. 108, 21.
" "	"	5.6936	Rodwell. P. T. 1882, 1153.
Aluminum iodide	$Al I_3$	2.63	Deville and Troost. J. 12, 26.
Tin tetriodide	$Sn I_4$	4.696, 11°	Bödeker. B. D. Z.
Arsenic triiodide	$As I_3$	4.39, 13°	" "
" "	"	4.374	Schröder. Dm. 1873.
Arsenic pentiodide	$As I_5$	3.93, approx.	Sloan. C. N. 46, 194.
Antimony triiodide	$Sb I_3$	5.01, 10°	Bödeker. B. D. Z.
" "	"	4.676	Schröder. Dm. 1873.
" " Hexagonal	"	4.848, 24°, m. of 5.	Cooke. Proc. Am. Acad. 1877.
" " Monoclinic	"	4.768, 22°, m. of 2.	
Bismuth triiodide	$Bi I_3$	5.652, 10°	Bödeker. B. D. Z.
" "	"	5.544, 18°.4	Kebler. A. C. J. 5, 235.
" "	"	5.64 } 20°	Gott and Muir. J.
" "	"	5.65 }	C. S. 53, 137.

2d. **Double and Oxy-Iodides.**

Name.	Formula.	Sp. Gravity.	Authority.
Potassium cadmium iodide	$K_2 Cd I_4 . 2 H_2 O$	3.359, m. of 4.	Leonard. F. W. C.
Potassium mercury iodide	$K_2 Hg_2 I_6 . 3 H_2 O$	4.254, 22°	Owens. F. W. C.
" " "	"	4.280, 23°.5	
Silver mercury iodide	$2 Ag I . Hg I_2$	5.9984, 0°	Bellati and Romanese. Bei. 5, 179.
" " "	$3 Ag I . Hg I_2$	5.9302, 0°	" "
Copper mercury iodide	$2 Cu I . Hg I_2$	6.0956, 0°	" "
" " "	$2 Cu I . 2 Hg I_2$	6.1507, 14°	Heighway. F. W. C.

Name.	Formula.	Sp. Gravity.	Authority.
Silver copper iodide	2 Cu I. Ag I	5.7302	Rodwell. P. T. 1882, 1160.
" " "	2 Cu I. 2 Ag I	5.7225	" "
" " "	2 Cu I. 3 Ag I	5.7160	" "
" " "	2 Cu I. 4 Ag I	5.7064	" "
" " "	2 Cu I. 12 Ag I	5.6950	" "
Silver lead iodide	Pb I_2. Ag I	5.923, 0°	" "
Sodium platiniodide	Na_2 Pt I_6. 6 H_2O	3.707	Topsoë. C. C. 4, 76.
Potassium platiniodide	K_2 Pt I_6	5.154 } 12°	Bödeker. B. D. Z.
" "	"	5.198 }	
" "	"	5.031	Topsoë. C. C. 4, 76.
Ammonium platiniodide	Am_2 Pt I_6	4.610	" "
Magnesium platiniodide	Mg Pt I_6. 9 H_2 O	3.458	" "
Zinc platiniodide	Zn Pt I_6. 9 H_2 O	3.680	" "
Manganese platiniodide	Mn Pt I_6. 9 H_2 O	3.604	" "
Iron platiniodide	Fe Pt I_6. 9 H_2 O	3.455	" "
Nickel platiniodide	Ni Pt I_6. 6 H_2 O	3.976	" "
" "	Ni Pt I_6. 9 H_2 O	3.549	" "
Cobalt platiniodide	Co Pt I_6. 9 H_2 O	3.618	" "
" "	Co Pt I_6. 12 H_2 O	3.048	" "
Schwartzembergite	Pb_3 I_2 O_2	6.3	Liebe. J. 20, 1008.
"	"	5.7	Schwartzemberg. Dana's Min.
Lead oxyiodide	Pb_{11} I_4 O_{10}	7.81	Cross and Sugiura. J. C. S. 33, 406.

VI. CHLOROBROMIDES, CHLORIODIDES, AND BROMIODIDES.

Name.	Formula.	Sp. Gravity.	Authority.
Embolite	Ag (Cl Br)	5.31—5.43	Domeyko. Dana's Min.
"	"	5.806	Breithaupt. J. 2, 781.
" (Cl_2 Br_2)	"	5.53	Yorke. J. C. S. 4, 150.
Lead chlorobromide	Pb Cl Br	5.741	Iles. A. C. J. 3, 52.
Silicon chlorobromide	Si Cl Br_3	2.432	Reynolds. C. N. 55, 223.
Tin chlorobromide	Sn Cl Br_3	3.349, 35°	Reis and Raymann. J. C. S. 44, 424.
Phosphorus oxychlorobromide.	P O Cl_2 Br	2.059, 0°	Menschutkin. J. P. C. 98, 485.
" "	"	2.12065, 0°	} Thorpe. J. C. S. 37, 372.
" "	"	1.83844, 137°.6	}
Silver chlorobromiodide*	AgI. 2AgBr. 2AgCl	6.152, 0° }	Rodwell. P.T. 1882, 1140.
" "	"	5.5118, 383° }	
" " (Iodobromite)	"	5.713, 18°	Lasaulx. J. C. S. 36, 366.
" "	AgI. Ag Br. Ag Cl	6.1197, 0° }	Rodwell. P. T. 1882, 1140.
" "	"	5.5673, 331° }	

* Rodwell's chlorobromiodides may be regarded as alloys. For each of these the higher temperature is the melting point.

Name.	Formula.	Sp. Gravity.	Authority.
Silver chlorobromiodide	2 Ag I. Ag Br. Ag Cl	6.503, 0° } 5.6971, 326° }	Rodwell. P.T.1882, 1140.
" "	"		
" "	3 Ag I. Ag Br. Ag Cl	5.9717, 0° } 5.6430, 354° }	" "
" "	"		
" "	4 Ag I. Ag Br. Ag Cl	5.907, 0° } 5.680, 380° }	" "
" "	"		

VII. AMMONIO–CHLORIDES, AMMONIO–BROMIDES, AMMONIO–IODIDES.

Name.	Formula.	Sp. Gravity.	Authority.
Cadmammonium chloride	$N_2 H_6 Cd. Cl_2$	2.632	Topsoë. C. C. 4, 76.
Cadmammonium bromide	$N_2 H_6 Cd. Br_2$	3.366	" "
Dimercurosammonium chloride.	$N_2 H_2 Hg'_2. Cl$	6.858, m. of 2.	Playfair and Joule. M. C. S. 2, 401.
Dimercurammonium chloride.	$N_2 H_4 Hg''_2. Cl_2$	5.700	" "
Tetramercurammonium chloride.	$N_2 Hg''_4 Cl_2. 2 H_2 O$	7.176, m. of 2.	" "
Cuprammonium chloride	$N_2 H_6 Cu. Cl_2$	2.194	" "
Copper ammonio-chloride	$Cu Cl_2. 4 N H_3. H_2 O$	1.672	" "
Nickel ammonio-bromide	$Ni Br_2. 6 N H_3$	1.887	Topsoë. C. C. 4, 76.
Nickel ammonio-iodide	$Ni I_2. 6 N H_3$	2.101	" "
Purpureo-cobalt hexchloride.	$Co_2 (N H_3)_{10}. Cl_6$	1.802, 23°	Gibbs and Genth. A. J. S. (2), 23, 234.
" " "	"	1.802 } 15° 1.808 }	Jörgensen. J. P. C. (2), 19, 49.
" " "	"		
Purpureo-cobalt hexbromide.	$Co_2 (N H_3)_{10}. Br_6$	2.488, 17°.8	" "
Purpureo-cobalt chlorobromide.	$Co_2 (N H_3)_{10}. Cl_4 Br_2$	2.095, 16°.8	" "
Purpureo-cobalt bromochloride. " "	$Co_2 (N H_3)_{10}. Cl_2 Br_4$ "	2.161 } 17° 2.165 }	" "
Luteo-cobalt hexchloride.	$Co_2 (N H_3)_{12}. Cl_6$	1.7016, 20°	Gibbs and Genth. A. J. S. (2), 23, 319.
Purpureo-chromium hexchloride.	$Cr_2 (N H_3)_{10}. Cl_6$	1.687, 15°.5	Jörgensen. J. P. C. (2), 20, 105.
Purpureo-chromium chlorobromide.	$Cr_2 (N H_3)_{10}. Cl_2 Br_4$	2.075, 13°.8	" "
Purpureo-rhodium hexchloride. " "	$Rh_2 (N H_3)_{10}. Cl_6$ "	2.072, 16°.4 } 2.079, 16° }	Jörgensen. J. P. C. (2), 27, 442.
Purpureo-rhodium hexbromide. " "	$Rh_2 (N H_3)_{10}. Br_6$ "	2.643 } 17°.5 2.650 }	Jörgensen. J. P. C. (2), 27, 464.
Purpureo-rhodium hexiodide. " "	$Rh_2 (N H_3)_{10}. I_6$ "	3.110, 14°.8 } 3.120, 16°.2 }	Jörgensen. J. P. C. (2), 27, 471.

VIII. INORGANIC OXIDES.

1st. Simple Oxides.

Name.	Formula.	Sp. Gravity.	Authority.
Water*	H_2O	1.0000, 4°.07	Standard of comparison.
"	"	.999889, 0°	H_2O at 3°.78=1.0. Muncke. Mém. Acad. St. Petersburg, 1831.
"	"	.988433, 50°	
"	"	.958737, 100°	
"	"	.999887, 0°	} Stampfer. H_2O at 3°.75=1.0°. P. A. 21, 75.
"	"	.992247, 40°	
"	"	.999862, 0°	Despretz. Ann. (2), 70, 5.
"	"	.99988, 0°	
"	"	.95903, 95°.8	
"	"	.93078, 130°.8	
"	"	.93123, 131°	Mendelejeff. A. C. P. 119, 1.
"	"	.93035, 131°.1	
"	"	.90783 } 156°.7	
"	"	.90811	
"	"	.90715, 157°	
"	"	.95892, 100°	Buff. H_2O at 0°=1.0. A. C. P. 4th Supp. 129.
"	"	.999866, 0°	
"	"	1.000000, 4°.07	Rossetti. Ann. (4), 10, 471. Sp. Gr. given for every degree from 0° to 50°.
"	"	.99975, 10°	
"	"	.99826, 20°	
"	"	.99575, 30°	
"	"	.99238, 40°	
"	"	.98835, 50°	
"	"	.99831, 20°	Bedson and Williams. Ber. 14, 2550.
"	"	.9543, 100°.1	Schiff. Ber. 14, 2763.
"	"	.9585 } 100°.3	Schiff. Ber. 14, 2766.
"	"	.9587	
Ice	"	.91812, — 1°	} Brunner. H_2O at 0°=1.0. P. A. 64, 113.
"	"	.91912, —10°	
"	"	.92025, —20°	
"	"	.9184, m. of 2	Playfair and Joule.† M. C. S. 2, 401.
"	"	.9175	Dufour. P. M. (4), 5, 20.
"	"	.918	} Duvernoy. P. A. 117, 454.
"	"	.922	
"	"	.91674	Bunsen. Ann. (4), 23, 65.

* For water and ice the table makes no pretense at completeness. Only a few important values are given out of a vast number.
† See Playfair and Joule for older values.

TABLE OF SPECIFIC GRAVITIES

Name.	Formula.	Sp. Gravity.	Authority.
Ice	H_2O	.91686, 0°	Petterson. "Properties of water and ice."
Hydrogen dioxide	H_2O_2	1.452	Thénard. Watts' Dict.
Lithium oxide	Li_2O	2.102, 15°	Brauner and Watts. P. M. (5), 11, 60.
Sodium oxide	Na_2O	2.805	Karsten. Schw. J. 65, 394.
Potassium oxide	K_2O	2.656	" "
Silver monoxide	Ag_2O	7.143, 16°.6	Herapath. P. M. 64, 321.
" "	"	7.250	Boullay. Ann. (2), 43, 266.
" "	"	8.2558	Karsten. Schw. J. 65, 394.
" "	"	7.147	Playfair and Joule. M. C. S. 3, 84.
" "	"	7.521, m. of 2.	Schröder. Ber. 9, 1888.
Silver dioxide	Ag_2O_2	5.474 (impure)	Mahla. J. 5, 424.
Glucinum oxide	Gl O	2.967	Ekeberg. P. M. (1), 14, 346.
" "	"	3.02 } cryst.	Ebelmen. J. 4, 15.
" "	"	3.06 }	
" "	"	3.083, powder	
" "	"	3.09 "	
" "	"	3.096, 12°, ppt.	H. Rose. P. A. 74, 433.
" "	"	3.027, 10°, ignited.	
" "	"	3.021, 9°, cryst.	
" "	"	3.016	Nilson and Pettersson. C. R. 91, 232.
" "	"	3.18, 14°, cryst.	Grandeau. Ann. (6), 8, 193.
Magnesium oxide	Mg O	3.674, periclase	Damour. J. 2, 732.
" "	"	3.750 "	Scacchi. J. P. C. 28, 486.
" "	"	3.642, 12° "	Cossa. Ber. 10, 1747.
" "	"	3.200	Karsten. Schw. J. 65, 394.
" "	"	3.644 }	H. Rose. P. A. 74, 437.
" "	"	3.650 }	
" "	"	3.636, cryst.	Ebelmen. J. 4, 15.
" "	"	3.42, amorphous.	Brügelmann. Ber. 13, 1741.
" "	"	3.1932, 0°, calcined at 350°	
" "	"	3.2014, 0°, calcined at 440°	
" "	"	3.2482, 0°, calcined at low redness.	Ditte. J. C. S. (2), 9, 870.
" "	"	3.5699, 0°, cal. at bright redness.	
" "	"	2.74 }	From three different sources. Beckurts. Ber. 14, 2063.
" "	"	3.056 }	
" "	"	3.69 }	

FOR SOLIDS AND LIQUIDS.

Name.	Formula.	Sp. Gravity.	Authority.
Zinc oxide	ZnO	5.432	Mohs. See Böttger.
" "	"	5.600	Boullay. Ann. (2), 43, 266.
" "	"	5.7344	Karsten. Schw. J. 65, 394.
" "	"	5.6067 }	Brooks. P. A. 74, 439.
" "	"	5.6570 }	
" "	"	5.5298, cryst.	W. and T. J. Herapath. J. C. S. 1, 42.
" "	"	5.612	Filhol. Ann. (3), 21, 415.
" "	"	5.782,15°,cryst	Brügelmann. P. A. (2), 4, 286.
" "	"	5.47, amorphous.	Brügelmann. Ber. 13, 1741.
" " Zincite	"	5.684	Blake. J. 13, 752.
" " Artif. cryst.	"	5.5—5.6	Gorgeu. B. S. C. 47, 146.
Cadmium oxide	CdO	8.183,16°.5	Herapath. P. M. 64, 321.
" "	"	6.9502	Karsten. Schw. J. 65, 394.
" " Cryst.	"	8.1108	Werther. J. 5, 390.
Mercurous oxide	Hg_2O	10.69, 16°.5	Herapath. P. M. 64, 321.
" "	"	8.9503	Karsten. Schw. J. 65, 394.
Mercuric oxide	HgO	11.074, 17°.5 }	Herapath. P. M. 64, 321.
" "	"	11.085, 18°.3 }	
" "	"	11.0	Boullay. Ann. (2), 43, 266.
" "	"	11.1909	Karsten. Schw. J. 65, 394.
" "	"	11.29	Leroyer and Dumas. See Böttger.
" "	"	11.344	Playfair and Joule. M. C. S. 3, 84.
" "	"	11.136	Playfair and Joule. J. C. S. 1, 137.
Calcium oxide. Lime	CaO	3.179	Boullay. Ann. (2), 43, 266.
" " "	"	3.16105	Karsten. Schw. J. 65, 394.
" " "	"	3.180	Filhol. Ann. (3), 21, 415.
" " "	"	3.251, cryst.	Brügelmann. P. A. (2), 4, 282.
" " "	"	3.32 "	Levallois and Meunier. C. R. 90, 1566.
Strontium oxide	SrO	3.9321	Karsten. Schw. J. 65, 394.
" "	"	4.611	Filhol. Ann. (3), 21, 415.
" "	"	4.750, cryst.	Brügelmann. P. A. (2), 4, 282.
" "	"	4.51, amorphous.	Brügelmann. Ber. 13, 1741.

TABLE OF SPECIFIC GRAVITIES

Name.	Formula.	Sp. Gravity.	Authority.
Barium oxide	BaO	4.0	Fourcroy. See Böttger.
" "	"	4.2583	Tünnermann. See Böttger.
" "	"	4.7322	Karsten. Schw. J. 65, 394.
" "	"	4.829	Playfair and Joule. M. C. S. 3, 84.
" "	"	4.986	
" "	"	5.456	Filhol. Ann. (3), 21, 415.
" "	"	5.722, cryst.	Brügelmann. P. A. (2), 4, 282.
" "	"	5.32 "	Brügelmann. Ber. 13, 1741.
Barium dioxide	BaO_2	4.958	Playfair and Joule. M. C. S. 3, 84.
Boron trioxide	B_2O_3	1.803	Davy. See Böttger.
" "	"	1.83	Berzelius. "
" "	"	1.75	Breithaupt. "
" "	"	1.825, 21°.6	Favre and Valson. C. R. 77, 579.
" "	"	1.8766, 0°	
" "	"	1.8476, 12°	Ditte. C. N. 36, 287.
" "	"	1.6988, 80°	
" "	"	1.848, 14°.4	Bedson and Williams. Ber. 14, 2554.
" "	"	1.853, 15°.8	
" " Fused	"	1.75	Quincke. P. A. 135, 642.
Aluminum trioxide	Al_2O_3	4.152, 4°	Royer and Dumas. Quoted by Rose, P. A. 47, 429.
" "	"	3.944	Mohs and Breithaupt. Quoted by Rose.
" "	"	4.004	
" "	"	4.154	Filhol. Ann. (3), 21, 415.
" "	"	3.928, cryst.	Ebelmen. J. 414.
" "	"	3.870 } Artificial.	
" "	"	3.899 }	
" "	"	3.750 (Heated in wind furn'ce	
" "	"	3.725 {	H. Rose. P. A. 74, 429.
" "	"	3.909, ignited in porcelain furnace.	
" "	"	4.0067, 14°, powdered.	
" "	"	3.989 { 13°.5, after ignit'n	Schaffgotsch P. A. 74, 429.
" "	"	4.008 {	
" "	"	3.990	Nilson and Pettersson. C. R. 91, 232.
" " Artificial cryst.	"	3.98, 14°	Grandeau. Ann. (6), 8, 193.
" " Ruby	Al_2O_3	3.5311	Brisson. P. des C.
" " "	"	3.994, m. of 9	Schaffgotsch. P. A. 74, 429.

FOR SOLIDS AND LIQUIDS.

Name.	Formula.	Sp. Gravity.	Authority.
Aluminum trioxide. Ruby	Al_2O_3	3.95, natural	Williams. C. N. 28, 101.
" " "	"	3.7, artificial	
" " Sapphire	"	3.562	Muschenbroek. See Böttger.
" " "	"	3.9998	Schaffgotsch. P. A. 74, 429.
" " "	"	4.0001	
" " "	"	3.98	Williams. C. N. 28, 101.
" " "	"	3.990	Nilson and Pettersson. C. R. 91, 232.
" " Corundum	"	3.899, 15°.5	
" " "	"	3.929	Schaffgotsch. P. A. 74, 429.
" " "	"	3.974	
" " "	"	4.022	Deville. J. 8, 15.
" " "	"	3.902, after ignition.	
" " "	"	3.979 } 15°.5	Church. Geol. Mag. (2), 2, 320.
" " "	"	4.03	
Scandium trioxide	Sc_2O_3	3.8	Cleve. C. R. 89, 420.
" "	"	3.864	Nilson. C. R. 91, 118.
Yttrium trioxide	Yt_2O_3	4.842	Ekeberg. P. M. 14, 346.
" "	"	5.028, 22°	Cleve and Hoeglund. 1873.
" "	"	5.046	Nilson and Pettersson. C. R. 91, 232.
Indium trioxide	In_2O_3	7.179	" "
Lanthanum trioxide	La_2O_3	5.94	Hermann. J. 14, 192.
" "	"	5.296, 16°	Nordenskiöld. J. 14, 197.
" "	"	6.53, 17°	Cleve. B: S. C. 21, 196.
" "	"	6.480	Nilson and Pettersson. C. R. 91, 232.
Didymium trioxide	Di_2O_3	6.64	Hermann. J. 14, 195.
" "	"	5.825, 14°	Nordenskiöld. J. 14, 197.
" "	"	6.852	Cleve. J. C. S. (2), 13, 340.
" "	"	6.950	Nilson and Pettersson. C. R. 91, 232.
" "	"	7.177 } 18°.5	Cleve. U. N. A. 1885.
" "	"	7.182	
Didymium pentoxide	Di_2O_5	5.368, 15°	Brauner. Ber. 15, 113.
Samarium trioxide	Sm_2O_3	8.311, 13°	Cleve. U. N. A. 1885.
" "	"	8.383, 15°	
Erbium trioxide	Er_2O_3	8.8	Cleve and Hoeglund. B. S. C. 18, 195.
" "	"	8.9	
" "	"	8.640	Nilson and Pettersson. C. R. 91, 232.
Ytterbium trioxide	Yb_2O_3	9.175	" "
Carbon dioxide. L.	CO_2	.9, −20°	
" " "	"	.83, 0°	Thilorier. Ann. (2), 60, 427.
" " "	"	.6, +30°	

TABLE OF SPECIFIC GRAVITIES

Name.	Formula.	Sp. Gravity.	Authority.
Carbon dioxide. L.	CO_2	.93, 0°	Mitchell. B. J. 22, 77.
" " "	"	.8825, 6°.4	
" " "	"	.853, 10°.6	
" " "	"	.7385, 20°.3	
" " "	"	.9952, −10°	D'Andreéff. Ann. (3), 56, 317.
" " "	"	.9710, −5°	
" " "	"	.9471, 0°	
" " "	"	.9222, +5°	
" " "	"	.8948, 10°	
" " "	"	.8635, 15°	
" " "	"	.8267, 20°	
" " "	"	.7831, 25°	
" " "	"	1.057, −34°	Cailletet and Mathias. C. R. 102, 1202.
" " "	"	1.016, −25°	
" " "	"	.966, −11°.5	
" " "	"	.910, −1°.6	
" " "	"	.907, +1°.3	
" " "	"	.868, 6°.8	
" " "	"	.840, 11°	
" " "	"	.788, 15°.9	
" " "	"	.726, 22°.2	
" " Solid	"	1.188	Landolt. Ber 17, 311.
" " "	"	1.199	
" " "	"	1.58—1.6	Dewar. Read at Am. Assoc. in 1884.
Silicon monoxide	Si O	2.893, 4°	Mabery. A. C. J. 9, 15.
Silicon dioxide. Artif.	SiO_2	2.20, 12°.5, m. of 9.	Schaffgotsch. P. A. 68, 147.
" "	"	2.322	Ullik. Ber. 11, 2125. From gelatinous silica, ignited.
" "	"	2.324	
" " Quartz	"	2.653, cryst.	Scheerer.
" " "	"	2.659, ameth'st	
" " "	"	2.744 "	Breithaupt. Schw. J. 68, 411.
" " "	"	2.651, smoky	
" " "	"	2.658 "	
" " "	"	2.651, rose	
" " "	"	2.653 "	
" " "	"	2.658 "	
" " "	"	2.618, milky	
" " "	"	2.6354	Beudant. P. A. 14, 474. Extremes of eleven experiments.
" " "	"	2.6541	
" " "	"	2.61	Neumann. P. A. 23, 1.
" " "	"	2.633, 13°, m. of 5.	Schaffgotsch.* P. A. 68, 147.
" " "	"	2.656, cryst.	Deville. J. 8, 14.
" " "	"	2.22, after fusion.	
" " "	"	2.65259, 18°	Miller. P. M. (4), 3, 194.

*See the same paper for many determinations of the specific gravity of opaline minerals.

FOR SOLIDS AND LIQUIDS.

Name.	Formula.	Sp. Gravity.	Authority.
Silicon dioxide. Quartz	SiO_2	2.6507, 0°	Dibbits. (Rock crystal.) Bei. 5, 81. Calculated from sp. g. determinations by Steinheil, data for expansion of water by Regnault and Kopp, and the expansion of quartz as determined by Pfaff and Fizeau.
" " "	"	2.6502, 5°	
" " "	"	2.6498, 10°	
" " "	"	2.6493, 15°	
" " "	"	2.6488, 20°	
" " "	"	2.6484, 25°	
" " "	"	2.6479, 30°	
" " "	"	2.6460, 50°	
" " "	"	2.6409, 100°	
" " Tridymite	SiO_2	2.295 } 15°–16°	Vom Rath. J. 21, 1001.
" " "	"	2.326 }	
" " "	"	2.282, 18°.5	
" " "	"	2.311	
" " "	"	2.317 } Artif.	G. Rose. Ber. 2, 388.
" " "	"	2.373	
" " "	"	2.30, 16°, "	Hautefeuille. P. M. (5), 6, 78.
" " Asmannite	"	2.247	v. Rath. A. J. S. (3), 7, 149.
Titanium dioxide	TiO_2	4.18	Klaproth.
" "	"	3.9311, artif.	Karsten. Schw. J. 65, 394.
" "	"	4.253, powder	} Rose.
" "	"	4.255, ignited	
" " Rutile	"	4.249	Mohs. See Böttger.
" " "	"	4.244–4.245	Scheerer. P. A. 65, 296.
" " "	"	4.250 }	Breithaupt.
" " "	"	4.291 }	
" " "	"	4.420, 0°	Kopp.
" " "	"	4.56	Müller. J. 5, 847.
" " "	"	4.26, artificial.	Ebelmen. J. 4, 15, and J. 12, 14.
" " "	"	4.283 "	
" " "	"	4.3 "	Hautefeuille. J. 16, 212.
" " "	"	4.173–4.278	Lasaulx. J. 36, 1840.
" " Brookite	"	4.128	H. Rose.
" " "	"	4.131	
" " "	"	4.165	
" " "	"	4.166	
" " "	"	3.952, orkansite.	Breithaupt. J. 2, 730.
" " "	"	3.892	} Rammelsberg. J. 2, 730.
" " "	"	3.949	
" " "	"	4.03, arkansite	} Damour. J. 2, 731.
" " "	"	4.083 "	
" " "	"	4.085 "	Whitney. J. 2, 731.
" " "	"	4.22	Frödmann. J. 3, 704.
" " "	"	4.20	Beck. J. 3, 704.
" " "	"	4.1, artificial	Hautefeuille. J. 17, 214.
" " Anatase	"	3.857	Vauquelin.
" " "	"	3.826	Mohs. See Böttger.
" " "	"	3.75	Breithaupt.

TABLE OF SPECIFIC GRAVITIES

Name.	Formula.	Sp. Gravity.	Authority.
Titanium dioxide. Anatase	TiO_2	3.82	Kobell.
" " "	"	3.890 } 3.912 }	H. Rose.
" " "	"	4.06	Damour. J. 10, 661.
" " "	"	3.7, artificial } 3.9 " }	Hautefeuille. J. 17, 215.
Germanium dioxide	GeO_2	4.703, 18°	Winkler. Ber. 19, ref. 654.
Zirconium dioxide	ZrO_2	4.30	Klaproth. See Böttger.
" "	"	5.5	Sjögren. J. 6, 349.
" "	"	4.9	Berlin. J. 6, 350.
" "	"	5.49	Hermann. J. 19, 191.
" "	"	5.742 } 5.710 } 15°. 5.624 }	Nordenskiöld. P. A. 114, 626.
" "	"	5.42, cryst.	Knop. A. C. P. 159, 52.
" "	"	5.52, noria.	Knop. A. C. P. 159, 53.
" "	"	5.850	Nilson and Petersson. C. R. 91, 232.
Tin monoxide	SnO	6.666, 16°.5	Herapath. P. M. 64, 321.
" "	"	5.9797, 0°, olive	Ditte. Ann. (5), 27, 169. All crystalline. Prepared by different methods.
" "	"	6.1083, 0°, dark green.	
" "	"	6.600, 0°, black	
" "	"	6.3254, 0°, dark violet.	
" "	"	6.4465, 0°, ditto heated to 300°.	
Tin dioxide	SnO_2	6.96	Mohs. See Böttger.
" "	"	6.639, 16°.5	Herapath. P. M. 64, 321.
" "	"	6.90	Boullay. Ann. (2), 43, 266.
" "	"	6.892 } 7.180 }	Breithaupt.
" "	"	6.952	Neumann. P. A. 23, 1.
" "	"	6.881, 0°	Kopp.
" " Artif. cryst.	"	6.72	Daubrée. J. 12, 11.
" "	"	6.849 } 6.978 }	H. Rose.
" "	"	6.7122, 4°	Playfair and Joule. J. C. S. 1, 137.
" "	"	6.758	Mallet. J. 3, 705.
" "	"	6.802	Bergemann. J. 10, 661.
" "	"	6.8432 { 15°.5, 6.8439 { colorless.	
" "	"	6.704. 15°.5, yellow.	Cassiterite from Bolivia. Forbes. P. M. (4), 30, 139.
" "	"	6.7021, 15°.5, black.	
" " Artif. cryst.	"	6.019	Leeds.

FOR SOLIDS AND LIQUIDS.

NAME.	FORMULA.	SP. GRAVITY.	AUTHORITY.
Tin dioxide. Artif. cryst.	SnO_2	6.70	Levy and Bourgeois. Bei. 6, 531.
Lead hemioxide	Pb_2O	9.772	Playfair and Joule. M. C. S. 3, 83.
Lead monoxide	PbO	9.277, 17°.5	Herapath. P. M. 64, 321.
" "	"	9.500	Boullay. See Böttger.
" "	"	9.2092	Karsten. Schw. J. 65, 394.
" "	"	9.250	Playfair and Joule. M. C. S. 3, 84.
" "	"	9.361	Filhol. Ann. (3), 21, 415.
" "	"	9.3634, 4°	Playfair and Joule. J. C. S. 1, 137.
" "	"	8.02, cryst.	Grailich. J. 11, 186.
" "	"	9.1699, greenish yellow.	
" "	"	9.2089, yellow	Ditte. C. R. 94, 1310. Samples differently prepared by boiling $Pb(OH)_2$ with KOH.
" "	"	9.8835, brownish yellow.	
" "	"	9.5605, greenish gray.	
" "	"	9.4223, dark green.	
" "	"	9.3757	
" "	"	9.29, 15°, yellow cryst.	
" "	"	9.126, 15°, red cryst.	
" "	"	9.125, 14°, red cryst.	Geuther. A. C. P. 219, 60–61.
" "	"	9.09, 15°, red pulv.	
" "	"	8.74, 14°, red, very pure.	
Lead dioxide	PbO_2	8.902, 16°.5	Herapath. P. M. 64, 321.
" "	"	8.933	Karsten. Schw. J. 65, 394.
" "	"	8.756	Playfair and Joule. M. C. S. 3, 84.
" "	"	8.897	
" "	"	9.045	Wernicke. J. C. S. (2), 9, 306.
Minium	Pb_3O_4	8.94	Muschenbroek. Watts' Dict.
"	"	9.096, 15°	Herapath. P. M. 64, 321.
"	"	9.190	Boullay. Ann. (2), 43, 266.
"	"	8.62	Karsten. Schw. J. 65, 394.
Cerium dioxide	CeO_2	5.6059	" "
" "	"	6.00	Hermann. J. P. C. 92, 113.
" "	"	6.93 } 15°.5	Nordenskiöld. J. 14, 184.
" "	"	6.94 }	

TABLE OF SPECIFIC GRAVITIES

Name.	Formula.	Sp. Gravity.	Authority.
Cerium dioxide	CeO_2	7.09, 14°.5, cryst.	Nordenskiöld. J. 14, 184.
" "	"	6.739	Nilson and Pettersson. C. R. 91, 232.
Thorium dioxide*	ThO_2	9.402	Berzelius. P. A. 16, 385.
" "	"	9.21	Nordenskiöld and Chydenius. J. 13, 134.
" "	"	9.077	Chydenius. J. 16, 194.
" "	"	9.200	
" "	"	9.861	Nilson and Pettersson. C. R. 91, 232.
" "	"	10.2199 } 17°.	Nilson. Ber.15,2536.
" "	"	10.2206	
" "	"	9.876, 15°	Troost and Ouvrard. C. R. 102, 1422.
Nitrogen monoxide. L.	N_2O	.9756, —5°	
" "	"	.9370, 0°	
" "	"	.9177, +5°	
" "	"	.8964, 10°	D'Andreéff. Ann. (3), 56, 317.
" "	"	.8704, 15°	
" "	"	.8365, 20°	
" "	"	.9004, 0°	Will. C. N. 28, 170.
" "	"	.9434	Wroblevsky. C. R. 97, 166.
" "	"	1.002, —20°.6	
" "	"	.952, —11°.6	
" "	"	.930, —5°.5	
" "	"	.912, —2°.2	Cailletet and Mathias. C. R. 102, 1202.
" "	"	.849, +6°.6	
" "	"	.810, 11°.7	
" "	"	.758, 19°.8	
" "	"	.698, 23°.7	
Nitrogen tetroxide. L.	N_2O_4	1.451	Dulong. Schw. J. 18, 177.
" "	"	1.42	Mitscherlich. Schw. J. 63, 109.
" "	"	1.4903, 0°	Thorpe. J. C. S. 37, 224.
" "	"	1.43958, 21°.64	
Phosphorus pentoxide	P_2O_5	2.387	Brisson. P. des C.
Vanadium dioxide	V_2O_2	3.64, 20°	Schafarik. J. P. C. 76, 142.
Vanadium trioxide	V_2O_3	4.72, 16°, m. of 3.	Schafarik. J. P. C. 90, 12.
Vanadium pentoxide	V_2O_5	3.472 } 20°	Schafarik. J. P. C. 76, 142.
" "	"	3.510	
" "	"	3.35	J. J. Watts. Roscoe and Schorlemmer's Treatise.
Arsenic trioxide	As_2O_3	3.698	LeRoyer and Dumas. Gm. H. 1, 69.
" "	"	3.690 }	Leonhard.
" "	"	3.710	

* For this substance Nilson's determination is the only one of value.

Name.	Formula.	Sp. Gravity.	Authority.
Arsenic trioxide	As_2O_3	3.695, octahedral.	Guibourt. B. J. 7, 128.
" "	"	3.7385, amorphous.	
" "	"	3.729, 17°.2	Herapath. P.M. 64, 321.
" "	"	3.7026	Karsten. Schw. J. 65, 394.
" "	"	3.7202	
" "	"	3.798	Taylor. Gm. H.
" "	"	3.884	Filhol. Ann. (3), 21, 415.
" "	"	3.85, native	Claudet. J. 21, 230.
Arsenic pentoxide	As_2O_5	3.7342	Karsten. Schw. J. 65, 394.
" "	"	3.985	Playfair and Joule. M. C. S. 3, 83.
" "	"	4.023	
" "	"	4.250	Filhol. Ann. (3), 21, 415.
Antimony trioxide	Sb_2O_3	5.566	Mohs. See Böttger.
" "	"	5.778	Boullay. Ann. (2), 43, 266.
" "	"	6.6952	Karsten. Schw. J. 65, 394.
" "	"	5.251	Playfair and Joule. M. C. S. 3, 83.
" "	"	5.11, octahedral.	Terreil. J. P. C. 98, 154.
" "	"	3.72, prismatic.	
Valentinite	"	5.566	Dana's Mineralogy.
Senarmontite	"	5.22—5.30	" "
Antimony tetroxide	Sb_2O_4	4.074	Playfair and Joule. M. C. S. 3, 83.
Cervantite	"	4.084	Dana's Mineralogy.
Antimony pentoxide	Sb_2O_5	6.525	Boullay. Ann. (2), 43, 266.
" "	"	3.779	Playfair and Joule. M. C. S. 3, 83.
Bismuth trioxide	Bi_2O_3	8.211, 18°.3	Herapath. P. M. 64, 321.
" "	"	8.449	Le Royer and Dumas. See Böttger.
" "	"	8.1735	Karsten. Schw. J. 65, 394.
" "	"	8.079	Playfair and Joule. M. C. S. 3, 82.
" "	"	8.855	Schröder. Dm. 1873.
" "	"	8.868	
Bismuth tetroxide	Bi_2O_4	5.6, 20°	Muir, Hoffmeister, and Robbs. J. C. S. 39, 32.
Bismuth pentoxide	Bi_2O_5	5.917 } 15°	Brauner and Watts. P. M. (5), 11, 60.
" "	"	5.919	
" "	"	5.1, 20°	Muir, Hoffmeister, and Robbs. J. C. S. 39, 32.
Columbium pentoxide	Cb_2O_5	4.56 { Extremes of several determinations.	H. Rose. J. 1, 405.
" "	"	5.26	

TABLE OF SPECIFIC GRAVITIES

Name.	Formula.	Sp. Gravity.	Authority.
Columbium pentoxide	Cb_2O_5	6.140 } From fusion with $K_2S_2O_7$	
" "	"	6.146 }	
" "	"	6.48, ditto, ignited.	
" "	"	5.83, more strongly ignited.	
" "	"	5.90 }	H. Rose. J. 12, 158. For full details as to modes of preparation, character of samples, etc., see the original paper.
" "	"	5.98 } From $CbCl_5$	
" "	"	5.706 }	
" "	"	6.239 }	
" "	"	6.725, ditto, ignited.	
" "	"	5.79, more strongly ignited.	
" "	"	5.51	
" "	"	5.52	
" "	"	4.56 } Extremes of several determinations.	H. Rose. J. 13, 148.
" "	"	6.54 }	
" "	"	5.20 } 14°, cryst.	Nordenskiöld. J. 14, 209.
" "	"	5.48 }	
" "	"	4.37 }	
" "	"	4.46 } Prep. by two methods	Marignac. J. 18, 198.
" "	"	4.51 }	
" "	"	4.53 }	
" "	"	5.00	Hermann. J. 18, 209.
" "	"	4.31	Knop. A. C. P. 159, 36.
Tantalum pentoxide	Ta_2O_5	7.08 } Extremes of several determinations.	H. Rose. J. 1, 404.
" "	"	8.26 }	
" "	"	7.055 } From fusion with $K_2S_2O_7$	
" "	"	7.065 }	
" "	"	7.986, ditto, ignited.	
" "	"	7.028 } From $TaCl_5$	
" "	"	7.280 }	
" "	"	7.284, ditto, crystalline.	H. Rose. J. 10, 178. For full details see the original paper.
" "	"	7.994, ditto, ignited.	
" "	"	7.652, ditto, more strongly.	
" "	"	8.257, ditto, in porcelain furnace.	
" "	"	7.00	Hermann. J. 18, 209.
" "	"	7.35, from $TaCl_5$, ignited.	Marignac. J. P. C. 99, 33.
" "	"	8.01, from NH_4 salt.	

FOR SOLIDS AND LIQUIDS. 51

NAME.	FORMULA.	SP. GRAVITY.	AUTHORITY.
Tantalum pentoxide	Ta_2O_5	7.60 } From K	Marignac. J. P. C.
" "	"	7.64 } salt.	99, 33.
" "	"	7.234 }	Oesten. P. A. 100,
" "	"	7.253 }	342.
Sulphur dioxide. L.	SO_2	1.42	Faraday. P.T. 1823, 189.
" "	"	1.45	Bussy. P. A. 1, 237.
" "	"	1.4911, —20°.5	
" "	"	1.4609, —9°.9	
" "	"	1.4384, —2°.08	
" "	"	1.4318, —0°.25	
" "	"	1.4252, +2°.8	
" "	"	1.4205, 4°.51	
" "	"	1.4102, 8°.27	
" "	"	1.4017, 11°.5	D'Andreéff. Ann.
" "	"	1.3887, 16°.43	(3), 56, 317.
" "	"	1.3769, 20°.63	
" "	"	1.3673, 23°.91	
" "	"	1.3587, 26°.9	
" "	"	1.3513, 29°.57	
" "	"	1.3415, 32°.96	
" "	"	1.3350, 35.°29	
" "	"	1.3258, 38°.65	
" "	"	1.4338, 0°	
" "	"	1.3757, 21°.7	
" "	"	1.3374, 35°.2	
" "	"	1.2872, 52°	
" "	"	1.2523, 62°	
" "	"	1.1845, 82°.4	
" "	"	1.1041, 102°.4	
" "	"	1.0166, 120°.45	Cailletet and Mathias. C. R. 104,
" "	"	.9560, 130°.3	1563. 156° is the
" "	"	.8690, 140°.8	critical temperature.
" "	"	.8065, 146°.6	
" "	"	.7317, 151°.75	
" "	"	.6706, 154°.3	
" "	"	.6370, 155°.05	
" "	"	.52, 156°	
Sulphur trioxide. S.	SO_3	1.9546, 13°	Morveau. Watts' Dict.
" " "	"	1.975	Baumgartner.
" " L.	"	1.97, 20°	Bussy. Ann. (2), 26, 411.
" " S.	"	1.92118 }	
" " "	"	1.90915 } 25°	
" " "	"	1.90814 }	
" " L.	"	1.81958 }	Buff. A. C. P. 4th
" " "	"	1.8105 } 47°	Supp., 129.
" " "	"	1.8101 }	
" " S.	"	1.940, 16°	Weber. P. A. 159, 318.
" " "	"	1.9365, 20°	Nasini. Ber. 15, 2885.
Selenium dioxide	SeO_2	3.9538	Clausnizer. A. C. P. 196, 265.
Tellurium dioxide	TeO_2	5.93, 20°	Schafarik. J. P. C. 90, 12.
" "	"	5.7559, 12°.5 }	F. W. Clarke. A. J.
" "	"	5.7841, 14° }	S. (3), 14, 285.

TABLE OF SPECIFIC GRAVITIES

Name.	Formula.	Sp. Gravity.	Authority.
Tellurium dioxide. Octahedral.	TeO_2	5.65 ⎫	
" " "	"	5.67 ⎬ 0°	
" " "	"	5.68 ⎭	
" " Orthorhombic.	"	5.88 ⎫	Klein and Morel. C. R. 100, 1140.
" " "	"	5.90 ⎬ 0°	
" " "	"	5.91 ⎭	
" " Calcined	"	5.68, 0°	
Tellurium trioxide	TeO_3	5.0704, 14°.5 ⎫	
" "	"	5.0794, 11° ⎬	F. W. Clarke. A. J. S. (3), 14, 286.
" "	"	5.1118, 11° ⎭	
Chromic oxide	Cr_2O_3	5.21, cryst.	Wöhler. See Böttger.
" "	"	4.909	Playfair and Joule. M. C. S. 3, 82.
" "	"	6.2, cryst.	Schiff. J. 11, 161.
" "	"	5.010	Schröder. P. A. 106, 226.
Chromic chromate	Cr_5O_9	4.0, 10°	Geuther. J. 14, 242.
Chromium trioxide	CrO_3	2.676, m. of 2.	Playfair and Joule. M. C. S. 2, 448.
" "	"	2.737, 14°, cryst ⎫	Ehlers. B. D. Z.
" "	"	2.629, 14°, after fusion. ⎭	
" "	"	2.819, 20°	Schafarik. J. P. C. 90, 12.
" "	"	2.775 ⎫ Extremes	Zettnow. P. A. 143, 474.
" "	"	2.804 ⎭	
Molybdenum dioxide	MoO_2	5.67	Bucholz. N. J. 20, 121.
" "	"	6.44, 16°	Mauro and Panebianco. Ber. 15, 527.
Molybdenum trioxide	MoO_3	3.460	Thomson. See Böttger.
" "	"	3.49	Berzelius. " "
" "	"	4.49 ⎫ native.	Weisbach. Dana's Min.
" "	"	4.50 ⎭	
" "	"	4.39, 21°, cryst.	Schafarik. J. P. C. 90, 12.
Tungsten dioxide	WO_2	12.1109	Karsten. Schw. J. 65, 394.
Tungsten trioxide	WO_3	6.12	D'Elhuyart. Gm. H.
" "	"	5.274, 16°.5	Herapath. P. M. 64, 321.
" "	"	7.1396	Karsten. Schw. J. 65, 394.
" "	"	6.302 ⎫ cryst.	Nordenskiöld. J. 14, 214.
" "	"	6.384 ⎭	
" "	"	7.16, amorphous. ⎫	Zettnow. J. 20, 216.
" "	"	7.232, 17°, cryst. ⎭	
Uranous oxide	UO_2	10.15	Ebelmen. J. P. C. 27, 385.
Uranoso-uranic oxide	U_3O_8	7.1932	Karsten. Schw. J. 65, 394.
" " "	"	7.31	Ebelmen. J. P. C. 27, 385.

FOR SOLIDS AND LIQUIDS. 53

Name.	Formula.	Sp. Gravity.	Authority.
Uranic oxide	$U O_3$	5.02 } two	Brauner and Watts.
" "	"	5.26 } lots.	P. M. (5), 11, 60.
Chlorine trioxide. L	$Cl_2 O_3$	1.3298 } 0°	Brandau. Z. C. 13,
" " "	"	1.387	47.
Iodine pentoxide	$I_2 O_5$	4.250	Filhol. Ann. (3), 21, 415.
" "	"	4.7987, 9°	Kammerer. P. A. 138, 401.
" "	"	4.487, 0°	Ditte. Z. C. 13, 303.
" "	"	5.037, 0°	Ditte. Ann. (4), 21,
" "	"	5.020, 51°	10.
Manganous oxide	$Mn O$	4.7264, 17°	Herapath. P. M. 64, 321.
" "	"	5.38	Playfair and Joule. M. C. S. 3, 80.
" "	"	5.091	Rammelsberg. J. 18, 878.
" " Manganosite.	"	5.18	Blomstrand. J. 28, 1209.
" "	"	5.010, 4°	Veley. J. C. S. 1882, 65.
Manganoso-manganic oxide. " " "	$Mn_3 O_4$	4.746	Playfair and Joule. M. C. S. 3, 80.
" " "	"	4.653	
" " "	"	4.325	Playfair and Joule. J. C. S. 1, 137.
" " "	"	4.718, artif.	Rammelsberg. J. 18,
" " "	"	4.856, native	878.
" " "	"	4.80, artificial	Gorgeu. C. R. 96, 1145.
Manganic oxide	$Mn_2 O_3$	4.82, braunite	Haidinger. Gm. H.
" "	"	4.568 } artif.	Playfair and Joule.
" "	"	4.619 }	M. C. S. 3, 80.
" "	"	4.325, artif.	Rammelsberg. J.
" "	"	4.752, braunite.	18, 878.
Manganese dioxide	$Mn O_2$	4.819, pyrolusite	Turner. See Böttger.
" "	"	5.026 "	Rammelsberg. J. 18, 878.
" "	"	4.838 "	Breithaupt. Dana's
" "	"	4.880 "	Min.
" "	"	4.826 "	Pisani. Dana's Min.
" "	"	4.965 } poli-	Dana and Penfield. A. J. S. (3), 35,
" "	"	5.040 } anite.	246.
Ferroso-ferric oxide	$Fe_3 O_4$	5.094	Mohs. See Böttger.
" " "	"	4.960	Gerolt. " "
" " "	"	4.900	Leonhard. See Böttger.
" " "	"	5.200	
" " "	"	5.300, 16°.5	Herapath. P. M. 64, 321.
" " "	"	5.400	Boullay. Ann. (2),
" " "	"	5.480	43, 266.
" " "	"	5.168 } cryst.	Kenngott. Dana's
" " "	"	5.180 } magnetite.	Min.
" " "	"	5.453	Playfair and Joule. M. C. S. 3, 81.

TABLE OF SPECIFIC GRAVITIES

Name.	Formula.	Sp. Gravity.	Authority.
Ferroso-ferric oxide	Fe_3O_4	5.12, 0°, magnetite.	Kopp.
" " "	"	5.106 ⎫	
" " "	"	5.148 ⎬ "	Rammelsberg.
" " "	"	5.185 ⎭	
" " "	"	4.86 ⎫ two al-	
" " "	"	5.00 ⎬ lotropic	Moissan. Ann. (5),
" " "	"	5.09 ⎭ varieties	21, 223.
" " "	"	5.21 ⎱ artif.	Gorgeu. C. R. 104,
" " "	"	5.25 ⎰ cryst.	1176.
Ferric oxide	Fe_2O_3	5.251	Mohs. See Böttger.
" "	"	5.261	Breithaupt.
" "	"	5.959, 16°.5, ppt.	Herapath. P. M. 64, 321.
" "	"	5.225	Boullay. Ann. (2), 43, 266.
" "	"	5.079, native	Neumann. P. A. 23, 1.
" "	"	5.121, 12°.5	Kopp.
" "	"	4.679 ⎱	Playfair and Joule.
" "	"	5.135,ignit'd ⎰	M. C. S. 3, 80.
" "	"	5.241 ⎱ native	Rammelsberg.
" "	"	5.283 ⎰	
" "	"	5.191 ⎫	
" "	"	5.214 ⎬ "	G. Rose.
" "	"	5.230 ⎭	
" "	"	5.169, ppt	H. Rose. P.A.74,
" "	"	5.037, ignited	440.
" "	"	3.95, yellow	Tommasi. Les Mondes, 1879.
Nickelous oxide	NiO	5.597	Playfair and Joule. M. C. S. 3, 81.
" "	"	5.745, furnace product.	Genth. J. 1, 444.
" "	"	6.605, cryst.	
" "	"	6.398	Bergemann. J. 11, 683.
" "	"	6.661	Rammelsberg. J. 2, 282.
" "	"	6.8, cryst.	Ebelmen. J. 4, 16.
Nickelic oxide	Ni_2O_3	4.846, 16°.5	Herapath. P.M.64, 321.
" "	"	4.814	Playfair and Joule. M. C. S. 3, 81.
Cobaltous oxide	CoO	5.597	" "
" "	"	5.750, ignited	
Cobaltoso-cobaltic oxide	Co_3O_4	5.833 ⎱	Rammelsberg. J. 2,
" " " "	"	6.296 ⎰	282.
Cobaltic oxide	Co_2O_3	5.322, 16°.5	Herapath. P.M.64, 321.
" "	"	5.600	Boullay. Gm. H.1, 69.
" "	"	4.814	Playfair and Joule. M. C. S. 3, 81.
Cuprous oxide	Cu_2O	6.052 ⎱ 16°.5	Herapath. P. M. 64,
" "	"	6.093 ⎰	321.
" "	"	5.751	Karsten. Schw. J. 65, 394.

Name.	Formula.	Sp. Gravity.	Authority.
Cuprous oxide	Cu_2O	5.75	Leroyer and Dumas. See Böttger.
" "	"	5.746	Playfair and Joule. M. C. S. 3, 82.
" "	"	5.300 }	
" "	"	5.342 }	Persoz. J. P. C. 47, 84.
" "	"	5.375 }	
Cupric oxide	CuO	6.401, 16°.5	Herapath. P. M. 64, 321.
" "	"	6.130	Boullay. Ann. (2), 43, 266.
" "	"	6.4304	Karsten. Schw. J. 65, 394.
" "	"	5.90 }	Playfair and Joule.
" "	"	6.414,ignit'd }	M. C. S. 3, 82.
" "	"	6.322	Filhol. Ann. (3), 21, 415.
" "	"	6.130 }	
" "	"	6.225 }	Persoz. J. P. C. 47, 84.
" "	"	6.400 }	
" "	"	6.451, furnace product.	Jenzsch. J. 12, 214.
" "	"	6.400	Hampe. Z. C. 13, 363.
" "	"	6.25, melaconite.	Whitney. J. 2, 728.
" "	"	5.952 "	Rammelsberg. P. A. 80, 287.
Ruthenium dioxide	RuO_2	7.2	Deville and Debray. J. 12, 236.

2d. Double and Triple Oxides.

Name.	Formula.	Sp. Gravity.	Authority.
Sodium uranium oxide	$Na_2U_2O_{10}$	6.912	Drenkmann. J. 14, 257.
Delafossite	$Cu'_2Fe'''_2O_2$	5.07, 25°	Friedel. C. R. 77, 211.
Spinel	$MgAl_2O_4$	3.452, artif.	Ebelmen. J. 4, 12.
"	"	3.48, natural }	Breithaupt.
"	"	3.52 " }	
"	"	3.523 "	Haidinger. Dana's Min.
"	"	3.631 } 15°.5,	{ Church. Geol.
"	"	3.715 } nat.	{ Mag. (2), 2, 320.
"	"	3.77	Jeremejew. J. 37, 1918.
Gahnite	$ZnAl_2O_4$	4.580, artif.	Ebelmen. J. 4, 13.
"	"	4.317 }	G. Rose.
"	"	4.589 }	
"	"	4.89 }	Brush. A. J. S. (3), 1, 28.
"	"	4.91 }	

TABLE OF SPECIFIC GRAVITIES

Name.	Formula.	Sp. Gravity.	Authority.
Gahnite	$Zn\ Al_2\ O_4$	4.576	Genth and Keller. J. 36, 1843.
" Furnace product.	"	4.49—4.52	Schulze and Stelzner. Z. K. M. 7, 603.
Hercynite	$Fe''\ Al_2\ O_4$	3.91 } 3.95 }	Zippe. Dana's Min.
Chrysoberyl	$Gl\ Al_2\ O_4$	3.759, artif.	Ebelmen. J. 4, 13.
"	"	3.597)	Rose. Dana's Min.
"	"	3.689 }	From three localities.
"	"	3.734)	
"	"	3.835 }	Kokscharof. J. 14,
" Alexandrite	"	3.644 }	976, and J. 15, 715.
"	"	3.734	Nilson and Pettersson. C. R. 91, 232.
"	"	3.700 } 15°.5	{ Church. Geol.
"	"	3.860 }	Mag. (2), 2, 320.
Calcium iron oxide	$Ca\ Fe'''_2\ O_4$	4.693	Percy. P. M. (4), 45, 455.
Magnesioferrite	$Mg\ Fe'''_2\ O_4$	4.568)	
"	"	4.611 }	Rammelsberg. J. 12,
"	"	4.638)	776.
Hetaerolite	$Zn\ Mn_2\ O_4$	4.933	Moore. J. C. S. 36, 17.
Zinc iron oxide	$Zn\ Fe'''_2\ O_4$	5.132 cryst.	Ebelmen. J. 4, 13.
" " "	"	5.33 "	Gorgeu. B. S. C. 47, 372.
Zinc chromium oxide	$Zn\ Cr_2\ O_4$	5.309 "	Ebelmen. J. 4, 13.
Manganese chromium oxide.	$Mn\ Cr_2\ O_4$	4.87 "	" "
Chromite	$Fe''\ Cr_2\ O_4$	4.321	Thomson. Dana's Min.
"	"	4.498 }	Dana's Mineralogy.
"	"	4.568 }	
Jacobsite	$Mg\ Fe'''_2\ O_4.\ 2\ Mn\ Fe'''_2\ O_4.$	4.75, 16°	Damour. C. R. 69, 168.
Chrompicotite	$2\ Fe''\ Al_2\ O_4.\ 3\ Mg\ Cr_2\ O_4.$	4.115, 20°	Petersen. J. P. C. 106, 137.

IX. INORGANIC SULPHIDES.

1st. Simple Sulphides.

Name.	Formula.	Sp. Gravity.	Authority.
Hydrogen monosulphide	$H_2\ S$	a .9, 1	Faraday. Gm. H. 2, 197.
" "	"	.91, 18°.5	Bleekrode. P. R. S. 37, 355.
Hydrogen persulphide	$H_2\ S_2$ or $H_2\ S_3$?	1.7342	Ramsay. J. C. S. 27, 860.
Sodium sulphide	$Na_2\ S$	2.471	Filhol. Ann. (3), 21, 415.
Potassium sulphide	$K_2\ S$	2.130	" "

FOR SOLIDS AND LIQUIDS.

Name.	Formula.	Sp. Gravity.	Authority.
Silver sulphide	$Ag_2 S$	6.8501, artif.	Karsten. Schw. J. 65, 394.
" " Argentite	"	7.269 } 7.317 }	Dauber. J. 13, 748.
" " Acanthite	"	7.31 } 7.36 }	Kenngott. J. 8, 908.
" " "	"	7.164 } ex- 7.326 } tremes.	} Dauber. J. 13, 748.
" " Daleminzite	"	7.02	Breithaupt. J. 15, 709.
Thallium sulphide	$Tl_2 S$	8.00	Lamy. J. 15, 185.
Oldhamite	Ca S. (Impure)	2.58	Maskelyne. P. T. 1870, 196.
Zinc sulphide	Zn S	3.9235	Karsten. Schw. J. 65, 394.
" " Blende	"	4.060	Neumann. P. A. 23, 1.
" " "	"	4.063	Henry. J. 4, 756.
" " "	"	4.07	Kuhlmann. J. 9, 832.
" " "	"	4.05	Tschermak. S. W. A. 45, 603.
" " "	"	4.033	Genth. Am. Phil. Soc. 1882.
Cadmium sulphide	Cd S	4.5, artificial	Schüler. J. 6, 367.
" "	"	4.5 "	Söchting. Dana's Min.
" " Greenockite	"	4.605	Karsten. Schw. J. 65, 394.
" " "	"	4.908	Breithaupt. Watts' Dict.
" " "	"	4.80	Brooke. P. A. 51, 274.
Mercuric sulphide	Hg S	8.124	Boullay. Ann. (2), 43, 266.
" "	"	8.0602	Karsten. Schw. J. 65, 394.
" "	"	8.090, cinnabar.	
" "	"	7.701 } natural, 7.748 } amorphous.	} Moore. J. P. C. (2), 2, 319.
" "	"	7.552, artif.	
" "	"	7.81, metacinnabar.	Penfield. A. J. S. (3), 29, 453.
Carbon monosulphide	C S	1.66, s.	Sidot. C. R. 81, 33.
Carbon disulphide	$C S_2$	1.272	Berzelius and Marcet. Schw. J. 9, 284.
" "	"	1.263	Cluzel. Gm. H.
" "	"	1 2693, 15°.1	Gay Lussac.
" "	"	1.265	Couërbe. Ann. (2), 61, 232.
" "	"	1.2823, 5°–10°	
" "	"	1.2750, 10°–15°	} Regnault. P. A. 62, 50.
" "	"	1.2676, 15°–20°	
" "	"	1.29312, 0°	Pierre. C. R. 27, 213.

TABLE OF SPECIFIC GRAVITIES

Name.	Formula.	Sp. Gravity.	Authority.
Carbon disulphide	CS_2	1.29858, 0°	H. L. Buff. A. C. P. 4th Supp., 129.
" "	"	1.27904, 10°	
" "	"	1.26652, 17°	
" "	"	1.227431, 46°	
" "	"	1.2661, 20°	Haagen. P. A. 131, 117.
" "	"	1.2665, 16°.06	Winkelmann. P. A. 150, 592.
" "	"	1.2176, 43°	Ramsay. J. C. S. 35, 463.
" "	"	1.29215, 0°	Thorpe. J. C. S. 37, 363.
" "	"	1.22242, 46°.04	
" "	"	$\left. \begin{array}{l} 1.2233 \\ 1.2234 \end{array} \right\}$ 47°	Schiff. Ber. 14, 2767.
" "	"	1.2634, 20°	Nasini. Ber. 15, 2883.
" "	"	1.266, 15°.2	Friedburg. C. N. 47, 52.
" "	"	1.26569, 17°.86	Also values for other t°s. Drecker. P. A. (2), 20, 870.
" "	"	1.26446, 18°.58	
" "	"	1.25031, 28°.21	
" "	"	1.23863, 35°.96	
" "	"	1.2233, 40°.5	Schiff. Ber. 19, 560.
Tin monosulphide	SnS	4.8523	Karsten. Schw. J. 65, 394.
" "	"	5.267	Boullay. Ann. (2), 43, 266.
" "	"	4.973	Schneider. J. 8, 396.
" "	"	5.0802, 0°	Ditte. C. R. 96, 1791.
Tin disulphide	SnS_2	4.415	Boullay. Ann. (2), 43, 266.
" "	"	4.600	Karsten. Schw. J. 65, 394.
Lead sulphide	PbS	7.5052, artif.	" "
" " Galena	"	7.539	Breithaupt. J. P. C. 11, 151.
" "	"	6.9238, 4°, pulv	Playfair and Joule. J. C. S. 1, 137.
" " Galena	"	7.568	Neumann. P. A. 23, 1.
" " " "	"	7.51	Tschermak. S. W. A. 45, 603.
" "	"	6.77, artificial	Schneider. J. P. C. (2), 2, 91.
Lead sesquisulphide	Pb_2S_3	6.335	Playfair and Joule. M. C. S. 3, 89.
Cerium sulphide	Ce_2S_3	5.1	Didier. C. R. 100, 1461.
Thorium sulphide	ThS_2	8.29	Chydenius. J. 16, 195.
Nitrogen sulphide	NS	2.22, 15°	Berthelot and Vieille. Ber. 14, 1558.
" "	"	2.1166, 15°	Michaelis. Z. C. 13, 460.
Phosphorus monosulphide	PS	1.8	Dupré. J. P. C. 21, 253.
Phosphorus hexsulphide	PS_6	2.02	" "
Tetraphosphorus trisulphide.	P_4S_3	2.00, 11°	Isambert. C. R. 96, 1501.

Name.	Formula.	Sp. Gravity.	Authority.
Vanadium disulphide	V_2S_2	4.2, scaly	Kay. J. C. S. 37, 728.
" "	"	4.4, powder	
Vanadium trisulphide	V_2S_3	3.7, scaly	" "
" "	"	4.0, powder	
Vanadium tetrasulphide	V_2S_4	4.70, 21°	Schafarik. J. P. C. 90, 12.
Vanadium pentasulphide	V_2S_5	3.0	Kay. J.C.S.37,728.
Arsenic disulphide	As_2S_2	3.5444	Karsten. Schw. J. 65, 394.
" "	"	3.240, realgar	Neumann. P. A. 23, 1.
" "	"	3.556	Mohs. See Böttger.
Arsenic trisulphide	As_2S_3	3.459	Karsten. Schw. J. 65, 394.
" "	"	3.48	Haidinger. Dana's Min.
" "	"	3.44—3.45	Guibourt. See Böttger.
" " Dimorphite	"	3.58	Scacchi. J. 5, 842.
Antimony trisulphide	Sb_2S_3	4.7520	Karsten. Schw. J. 65, 394.
" "	"	4.15, amorphous.	Fuchs. Watts' Dict.
" "	"	4.614, black	
" "	"	4.641, 16° "	H. Rose. J. 6, 861.
" "	"	4.280, red	
" "	"	4.421, ppt.	
" "	"	4.226, 26°.7, red	
" "	"	4.223, 23°, ppt.	Cooke. Proc. Am. Acad. 1877.
" "	"	4.228, 28°, gray	
" "	"	4.289, 27 "	
" "	"	4.892	Ditte. C. R. 102, 212.
" "	"	5.012	
" " Stibnite.	"	4.603	Neumann. P. A. 23, 1.
" " " "	"	4.516	Haüy. Dana's Min.
" " " "	"	4.62	Mohs. " "
Bismuth disulphide	Bi_2S_2	7.29, m. of 5	Werther. J. P. C. 27, 65.
Bismuth trisulphide	Bi_2S_3	7.591, 14°.5	Herapath. P. A. 64, 321.
" "	"	7.0001	Karsten. Schw. J. 65, 394.
" "	"	7.16, native	Forbes. P. M. (4), 29, 4.
Selenium sulphide	Se S	3.036, 0°	Ditte. Z. C. 14, 386.
" "	"	3.085, 52°	
Molybdenite	MoS_2	4.591	Mohs. See Böttger.
"	"	4.444	Seibert. " "
Tungsten disulphide	W_2S_2	6.26, 20°	Schafarik. J. P. C. 90, 12.
Chromic sulphide	Cr_2S_3	4.092	Playfair and Joule. M. C. S. 3, 89.
" "	"	2.79, 10° } two	Schafarik. J. P. C.
" "	"	3.77, 19° } preparations.	90, 12.
Manganese monosulphide. Alabandite.	Mn S	3.95—4.01	Leonhard. See Böttger.

TABLE OF SPECIFIC GRAVITIES

Name.	Formula.	Sp. Gravity.	Authority.
Manganese monosulphide. Alabandite.	Mn S	4.036	Bergemann. N. J. 1857, 394.
Hauerite	Mn S$_2$	3.463	Von Hauer. J. 1, 1157.
Iron hemisulphide	Fe$_2$ S	5.80	Playfair and Joule. M. C. S. 3, 88.
Iron monosulphide. Artif.	Fe S	5.035, m. of 2	" "
" " " "	"	4.79	Rammelsberg. J.15, 263.
" " Troilite.	"	4.787	Rammelsberg. J. 1, 1306.
" " " "	"	4.817	Rammelsberg. J.17, 904.
" " " "	"	4.75	Smith. J. 8, 1025.
Iron disulphide. Pyrite	Fe S$_2$	5.000 } 5.028 }	Kenngott. J.6, 780.
" " " "	"	5.185	Zepharovich. S. W. A. 12, 289.
" " " "	"	5.042	Neumann. P. A. 23, 1.
" " Marcasite	"	4.882	" "
" " " "	"	4.678 } 4.847 }	Dana's Mineralogy.
Ferric sulphide	Fe$_2$ S$_3$	4.246	Playfair and Joule. M. C. S. 3, 88.
" "	"	4.41	Rammelsberg. J. 15, 262.
Complex sulphide of iron	Fe$_8$ S$_9$	4.494	Rammelsberg. J. 15, 195.
Pyrrhotite	Fe$_7$ S$_8$	4.584	Kenngott. S. W. A. 9, 575.
"	"	4.564 } 4.580 } 4.640 }	Rammelsberg. Dana's Mineralogy.
Nickel hemisulphide	Ni$_2$ S	6.05	Playfair and Joule. M. C. S. 3, 88.
Millerite	Ni S	4.601	Kenngott. S. W. A. 9, 575.
"	"	5.65	Rammelsberg. Dana's Mineralogy.
Polydymite	Ni$_4$ S$_5$	4.808 } 18°.7 { 4.816 }	Laspeyres. J. P. C. (2), 14, 397.
Beyrichite	Ni$_5$ S$_7$	4.7	Liebe. N. J. 1871, 840.
Cobalt disulphide	Co S$_2$	4.269	Playfair and Joule. M. C. S. 3, 88.
Cobaltic sulphide	Co$_2$ S$_3$	4.8	Hoffmann's Tables.
Copper hemisulphide	Cu$_2$ S	5.792, 17.7	Herapath. P. M. 64, 321.
" "	"	5.9775	Karsten. Schw. J. 65, 394.
" "	"	5.71	Kopp. J. 16, 5.
" "	"	5.7022	Thomson. Dana's Min.
" "	"	5.521—5.795	Scheerer. P. A. 65, 292.
" " Artif. cryst.	"	5.79 }	Doelter. Z. K. M. 11, 29.
" " two methods	"	5.809 }	

Name.	Formula.	Sp. Gravity.	Authority.
Copper monosulphide	Cu S	4.1634	Karsten. Schw. J. 65, 394.
" " Covellite	"	4.636	Zepharovich. J. 7, 810.
Palladium hemisulphide	Pd_2 S	7.303, 15°	Schneider. P. A. 141, 532.
Platinum monosulphide	Pt S	8.847, 16°.25	Böttger. J. P. C. 3, 267.
Platinum disulphide	$Pt S_2$	7.224, 18°.75	" "
" "	"	5.27	Schneider. P. A. 138, 604.
Platinum sesquisulphide	$Pt_2 S_3$	5.52	" "

2d. Sulpho-Salts of Arsenic, Antimony, and Bismuth.

Name.	Formula.	Sp. Gravity.	Authority.
Proustite	$Ag_3 As S_3$	5.524	Mohs.
"	"	5.53—5.59	Breithaupt. See Böttger.
"	"	5.552, 18°	G. Rose. P.A.15, 472.
Xanthoconite	$Ag_9 As_3 S_{10}$	4.112—4.159	Breithaupt. J. P. C. 20, 67.
Guitermannite	$Pb_3 As_2 S_6$	5.94	Hillebrand. Bull. No. 20., U. S. G. S., 106.
Sartorite	$Pb As_2 S_4$	5.405	
"	"	5.393	Waltershausen. J. 8, 914.
"	"	5.409	
Dufrenoysite	$Pb_2 As_2 S_5$	5.5616	Landolt. P. A. 122, 373.
"	"	5.549	Damour. Ann. (3), 14, 379.
"	"	5.561	v. Rath. J. 17, 827.
Enargite	$Cu'_3 As S_4$	4.362	Kenngott. Dana's Min.
"	"	4.430	Breithaupt. J. 3, 702.
"	"	4.445	
"	"	4.37	Kobell. J. 18, 872.
"	"	4.34	Root. J. 21, 998.
"	"	4.43	Burton. J. 21, 998.
" Guayacanite	"	4.39	Field. J. 12, 771.
" Clarite	"	4.46	Sandberger. N. J. 1875, 382.
" Luzonite	"	4.42	Weisbach. M. P. M. 1874, 257.
Julianite	$Cu_4 As S_4$	5.12	Websky. Z. G. S. 1871, 486.
Binnite	$Cu_6 As_4 S_9$	4.477	Dana's Mineralogy.
Tennantite	$Cu'_8 As_2 S_7$	4.375	Phillips. See Böttger.
"	"	4.530	Scheerer. P. A. 65, 298.
"	"	4.622	Harrington. J. 37, 1911.

TABLE OF SPECIFIC GRAVITIES

Name.	Formula.	Sp. Gravity.	Authority.
Sodium sulphantimonate	$Na_3 Sb S_4 . 9 H_2 O$	1.804 }	Schröder. Dm. 1873.
"	"	1.807 }	
Pyrargyrite	$Ag_3 Sb S_3$	5.831	Mohs.
"	"	5.73—5.84	Breithaupt. See Böttger.
Miargyrite	$Ag Sb S_2$	5.214 }	Weisbach. J. 18, 869.
"	"	5.242 }	
"	"	5.0725 } 20° {	Rumpf. Z. K. M. 7, 513.
"	"	5.0823 }	
" Artificial	"	5.28	Doelter. Z. K. M. 11, 29.
Stephanite	$Ag_5 Sb S_4$	6.269	Mohs. P. A. 15, 474.
"	"	6.275, 21°	H. Rose.
"	"	6.28, 18°	Frenzel. J. 27, 1239.
Polybasite	$Ag_9 Sb S_6$	6.214	Dana's Mineralogy.
"	"	6.009	Genth. Am. Phil. Soc., 1885.
Polyargyrite	$Ag_{24} Sb_2 S_{15}$	6.933 } 18°.2	Petersen. J. 22, 1197.
"	"	7.014 }	
Livingstonite	$Hg Sb_2 S_4$	4.81	Barcena. A. J. S. (3), 8, 146.
" Artificial	"	4.928, 32°	Baker. C. N. 42, 196.
Jamesonite	$Pb_2 Sb_2 S_5$	5.616, 19°	Schaffgotsch. P. A. 38, 403.
"	"	5.601	Löwe. Dana's Min.
" Massive	"	5.6788	Rammelsberg. P. A. 77, 240.
" Artificial	"	5.5	Doelter. Z. K. M. 11, 29.
Zinkenite	$Pb Sb_2 S_4$	5.303 } 12°.5	G. Rose. P. A. 7, 91.
"	"	5.310 }	
"	"	5.21, 18°	Hillebrand. Bull. 20, U. S. G. S.
Boulangerite	$Pb_3 Sb_2 S_6$	5.988—5.941	Hausmann. P. A. 46, 282.
" Massive	"	5.809—5.877 }	Zepharovich. S. W. A. 56, (1), 30.
" Fibrous	"	5.69—6.086 }	
Meneghinite	$Pb_4 Sb_2 S_7$	6.389 }	v. Rath. J. 20, 974.
"	"	6.445 }	
"	"	6.33	Harrington. J. 37, 1911.
Geocronite	$Pb_5 Sb_2 S_8$	6.407	Apjohn. Dana's Min.
"	"	6.43, 15°	Sauvage. Ann. des Mines, (3), 17, 525.
"	"	6.45—6.47, 15°	Kerndt. P. A. 65, 302.
Plagionite	$Pb_4 Sb_6 S_{13}$	5.40	Rammelsberg. P. A. 47, 495.
Epiboulangerite	$Pb_6 Sb_4 S_{15}$	6.309	Websky. J. 22, 1198.
Semseyite	$Pb_7 Sb_8 S_{19}$	5.9518	Sipöcz. Ber. 19, 95.
Freieslebenite	$Pb_2 Ag_3 Sb_3 S_6$	6.194	Hausmann. Dana's Min.
"	"	6.230	v. Payr. J. 13, 746.
"	"	6.35	Vrba. S. W. A. 63, 143.
" Diaphorite	"	5.902	Zepharovich. S. W. A. 63, 143.

Name.	Formula.	Sp. Gravity.	Authority.
Brongniardite	$Pb\,Ag_2\,Sb_2\,S_5$	5.950, 18°	Damour. Ann. d. Mines, (4), 16, 227.
Chalcostibite	$Cu\,Sb\,S_2$	4.748	H. Rose. Dana's Min.
"	"	5.015	Breithaupt. Dana's Min.
Famatinite	$Cu_3\,Sb\,S_4$	4.57	Stelzner. M. P. M. 1873, 242.
Guejarite	$Cu_2\,Sb_4\,S_7$	5.03	Cumenge. B. S. M. 2, 201.
Tetrahedrite	$Cu_8\,Sb_2\,S_7$	4.730	Wittstein. J. 8, 912.
"	"	4.58	Sandmann. A. C. P. 89, 368.
"	"	4.90	Kuhlemann. J. 9, 834.
"	"	4.885	Genth. Am. Phil. Soc. 1885.
Bournonite	$Cu'\,Pb\,Sb\,S_3$	5.703—5.796	Zincken. J. 2, 724.
"	"	5.726—5.855	Bromeis. J. 2, 724.
"	"	5.726—5.863	Rammelsberg. J. 2, 724.
"	"	5.80	Field. J. 14, 374.
"	"	5.826	Wait. J. 26, 1147.
"	"	5.737—5.86	Hidegh. J. 37, 1911.
"	"	5.7659	Sipöcz. Ber. 19, 95.
" Artificial	"	5.719	Doelter. Z. K. M. 11, 29.
Berthierite	$Fe\,Sb_2\,S_4$	4.043	Pettko. J. 1, 1159.
Silver bismuth glance*	$Ag\,Bi\,S_2$	6.92	Rammelsberg. Z. K. M. 3, 101.
Galenobismutite	$Pb\,Bi_2\,S_4$	6.88	Sjögren. G. F. F. 4, 109.
Cosalite	$Pb_2\,Bi_2\,S_5$	6.22—6.33	Frenzel. J. 27, 1238.
Beegerite	$Pb_6\,Bi_2\,S_9$	7.273	König. J. 34, 1355.
Rezbanyite	$Pb_4\,Bi_{10}\,S_{19}$	6.09 } 6.38 }	Frenzel. J. 86, 1835.
Chiviatite	$Pb_3\,Bi_6\,S_{11}$	6.920	Rammelsberg. P. A. 88, 320.
Emplectite	$Cu\,Bi\,S_2$	5.18, 5°	Weisbach. J. 19, 916.
Wittichenite	$Cu_3\,Bi\,S_3$	4.3	Hilger. J. 18, 870.
Klaprotholite	$Cu_6\,Bi_4\,S_9$	4.6	Petersen. N. J. 1868, 415.
Aikinite	$Cu'\,Pb\,Bi\,S_3$	6.757	Frick. P. A. 31, 530.
"	"	6.1	Chapman. J. 1, 1158.
Kobellite	$Pb_3\,Bi\,Sb\,S_6$	6.29 } 6.32 }	Satterberg. P. A. 55, 635.
"	"	6.145	Rammelsberg. J. P. C. 86, 340.

* Alaskaite, a lead silver salt similar to this, has a sp. gr. 6.878. Koenig, Z. K. M. 6, 42.

3d. Miscellaneous Double and Oxy-Sulphides.

Name.	Formula.	Sp. Gravity.	Authority.
Thallium potassium sulphide.	$K\,Tl\,S_2$	4.263	Schneider. P. A. 139, 661.
Iron potassium sulphide.	$K\,Fe'''\,S_2$	2.563	Preis. J.P.C.107,10.
Sodium platinum sulphide	$Na\,Pt_2\,S_3$	6.27, 15°	Schneider. P. A. 138, 604.
Potassium platinum sulphide.	$K\,Pt_2\,S_3$	6.44, 15°	" "
Stromeyerite	$Ag\,Cu'\,S$	6.26	Kopp. J. 16, 5.
"	"	6.255	Stromeyer. Schw. J. 19, 325.
Jalpaite	$Ag_3\,Cu'\,S_4$	6.877 }	Breithaupt. J. 11, 682.
"	"	6.890 }	
Sternbergite	$Ag\,Fe_2\,S_3$	4.215	Dana's Mineralogy.
Silver gold sulphide	$Ag_{10}\,Au_4\,S_{11}$	8.159	Muir. B.S.C.18, 222.
Argyrodite	$Ag_6\,Ge\,S_5$	6.085, 15°	Richter. Quoted by Winkler.
"	"	6.093 } 12° {	Winkler. J. P. C. (2), 34, 187.
"	"	6.111 }	
Christophite	$Zn_2\,Fe\,S_3$	3.911—3.931	Breithaupt. B. H. Ztg. 22, 27.
Guadalcazarite	$Zn\,Hg_6\,S_7$	7.15	Petersen. J.25,1093
Bornite	$Fe\,Cu_3\,S_3$	5.030	Rammelsberg. Z. G. S. 18, 19.
"	"	4.432	Forbes. J. 4, 758.
"	"	4.91	Katzer. M. P. M. 9, 404.
Iron copper sulphide. Artif.	$Fe_4\,Cu_6\,S_{10}$	4.85	Doelter. Z. K. M. 11, 29.
Barnhardtite	$Fe_3\,Cu_4\,S_5$	4.521	Genth. J. 8, 910.
Chalcopyrite	$Fe\,Cu\,S_2$	4.185	Forbes. J. 4, 759.
"	"	4.1—4.3	Dana's Mineralogy.
" Artificial	"	4.196	Doelter. Z. K. M. 11, 29.
Iron copper sulphide. Artif.	$Fe_4\,Cu_4\,S_7$	4.999	" "
Furnace product. Cryst.	$Fe_5\,Cu_4\,S_9$	3.97	Brögger. Z. K. M. 3, 495.
Cubanite	$Fe_2\,Cu\,S_4$	4.026 }	Breithaupt. P. A. 59, 325.
"	"	4.042 }	
"	"	4.18	Smith. J. 7, 810.
Chalcopyrrhotite	$Fe_4\,Cu\,S_6$	4.28	Blomstrand. Dana's Min., 2d Append.
Carrollite	$Co\,Cu\,S_2$	4.58	Faber. J. 5, 840.
"	"	4.85	Smith and Brush. J. 6, 782.
Pentlandite	$Fe\,Ni_2\,S_3$	4.6	Scheerer. P. A. 58, 316.
Horbachite	$Fe_5\,Ni_2\,S_{15}$	4.43	Knop. N. J. 1873, 523.
Daubreelite	$Fe\,Cr_2\,S_4$	5.01	Smith. J.C.S.36,33.
Bismuth nickel sulphide.	$Bi_{24}\,Ni_5\,S_2$	9.15	Werther. J. 5, 389.
Voltzite	$4\,Zn\,S.\,Zn\,O$	3.5—3.8	Vogl. J. 6, 786.
Kermesite	$2\,Sb_2\,S_3.\,Sb_2\,O_5$	4.5—4.6	Dana's Mineralogy.

Castillite, Grünauite, and Stannite are omitted as having too indefinite composition

X. SELENIDES.

Name.	Formula.	Sp. Gravity.	Authority.
Naumannite	Ag_2 Se	8.0	G. Rose. P. A. 14, 471.
Zinc selenide	Zn Se	5.40, 15°	Margottet. J. C. S. 32, 570.
Cadmium selenide	Cd Se	8.789	Little. J. 12, 94.
" "	"	5.80	Margottet. J. C. S. 32, 570.
Mercurous selenide	Hg_2 Se	8.877	Little. J. 12, 95.
Tiemannite	Hg Se	7.274	Dana's Mineralogy.
"	"	7.1—7.37	Kerl. J. 5, 837.
"	"	8.187	Penfield. A. J. S. (3), 29, 449.
"	"	8.188	
Lead selenide. Artificial	Pb Se	8.154	Little. J. 12, 95.
" " Clausthalite	"	6.8	Zinken. P. A. 3, 274.
Ferric selenide	$Fe_2 Se_3$	6.38	Little. J. 12, 94.
Nickel selenide	Ni Se	8.462	" "
Cobalt selenide	Co Se	7.047	" "
Berzelianite	Cu'_2 Se	6.71	Nordenskiöld. J. 20, 977.
Copper selenide	Cu Se	6.655	Little. J. 12, 95.
Arsenic triselenide	$As_2 Se_3$	4.752	" "
Bismuth triselenide	$Bi_2 Se_3$	6.82	Schneider. J. 8, 386.
" "	"	7.406	Little. J. 12, 95.
" " Frenzelite	"	6.25, 21°	Frenzel. N. J. 1874, 679.
" " Guanajuatite	"	6.62	Fernandez. Dana's Min., 3d App.
Tin monoselenide	Sn Se	5.24, 15°	Schneider. J. P. C. 98, 236.
" "	"	6.179, 0°	Ditte. C. R. 96, 1792.
Tin diselenide	$Sn Se_2$	5.133	Little. J. 12, 95.
" "	"	4.85	Schneider. J. P. C. 98, 236.
Eucairite	Cu' Ag Se	7.48—7.51	Nordenskiöld. J. 20, 977.
Crookesite	$(Cu Ag Tl)_2$ Se	6.90	" "
Lehrbachite	(Pb Hg) Se	7.804—7.876	Dana's Mineralogy.
Zorgite	(Pb Cu) Se	6.38	Pisani. J. 32, 1183.
"	$(Pb Cu)_3 Se_2$	6.26	" "

XI. TELLURIDES.

Name.	Formula.	Sp. Gravity.	Authority.
Hessite	$Ag_2 Te$	8.412 }	G. Rose. P.A. 18, 64.
"	"	8.565 }	
"	"	8.178	Genth. J. 27, 1233.
"	"	8.318	Becke. Z. K. M. 6, 205.
Zinc telluride	$Zn Te$	6.34, 15°	Margottet. J. C. S. 32, 570.
Cadmium telluride	$Cd Te$	6.20, 15°	" "
Coloradoite	$Hg Te$	8.627	Genth. Z. K. M. 2, 4.
Tin telluride	$Sn Te$	6.478, 0°	Ditte. C. R. 96, 1793.
Altaite	$Pb Te$	8.159	G. Rose. P.A. 18, 64.
"	"	8.060	Genth. J. 27, 1233.
Antimony telluride	$Sb_2 Te_3$	6.47 } 13° --	Bödeker and Giesecke. B. D. Z.
" "	"	6.51 }	
Joseite	$Bi_3 Te$	7.924—7.936	Dana's Mineralogy.
Wehrlite	$Bi_3 Te_2$	8.44	Wehrle. Dana's Min.
Tetradymite	$Bi_2 Te_3$	7.237	Genth. J. 5, 833.
"	"	7.868	Jackson. J. 12, 770.
"	"	7.941	Genth. J. 13, 744.
"	"	7.642, 18°	Balch. J. 16, 794.
Calaverite	$Au Te_4$	9.043	Genth. Z. K. M. 2, 6.
Sylvanite	$Au Ag Te_3$	7.943	Genth. J. 27, 1233.
Petzite	$Au Ag_3 Te_2$	9.010 }	" "
"	"	9.020 }	
Tapalpite	$Ag_3 Bi_2 S Te_3$	7.803	Rammelsberg. Z. G. S. 21, 81.

XII. PHOSPHIDES.

Name.	Formula.	Sp. Gravity.	Authority.
Silver phosphide	$Ag_3 P_5$	4.63	Schrötter. S.W.A. 1849, 301.
Zinc phosphide	$Zn_3 P_2$	4.76	" "
" "	"	4.72	Hayer. J. C. S. 32, 118.
Tin monophosphide	$Sn P$	6.56	Schrötter. S.W.A. 1849, 301.
" "	"	6.798	Natanson and Vortmann. Ber. 10, 1460.
Tin diphosphide	$Sn P_2$	4.91, 12°	Emmerling. Ber. 12, 155.
Chromium phosphide	$Cr P$	4.68	Martius. J. 11, 160.
Manganese phosphide	$Mn_5 P_2$	5.951	Wöhler. J. 6, 359.
" "	$Mn_5 P$	4.94	Schrötter. S.W.A. 1849, 301.

FOR SOLIDS AND LIQUIDS.

Name.	Formula.	Sp. Gravity.	Authority.
Iron phosphide	$Fe_3 P$	6.28	Hvoslef. J. 9, 285.
" "	$Fe_3 P_4$	5.04	Freese. J. 20, 284.
Nickel phosphide	$Ni_5 P$	7.283	Jannetaz. J. C. S. 44, 651.
" "	$Ni_3 P_2$	5.99	Schrötter. S. W. A. 1849, 301.
Cobalt phosphide	$Co_3 P_2$	5.62	" "
Tricopper phosphide	$Cu_3 P$	6.75	" "
" "	"	6.59	Hvoslef. J. 9, 285.
" "	"	6.350	Sidot. J. R. C. 5, 75.
Copper monophosphide	$Cu P$	5.14	Emmerling. Ber. 12, 153.
Molybdenum monophosphide.	$Mo P$	6.167	Rautenberg. J. 12, 163.
Tungsten hemiphosphide	$W_2 P$	5.207	Wöhler. J. 4, 347.
Palladium diphosphide	$Pd P_2$	8.25	Schrötter. S. W. A. 1849, 301.
Platinum diphosphide	$Pt P_2$	8.77	" "
Iridium hemiphosphide *	$Ir_2 P$	13.768	Clarke. A. C. J. 5, 231.
Gold phosphide	$Au_2 P_3$	6.67	Schrötter. S. W. A. 1849, 301.

XIII. ARSENIDES.

Name.	Formula.	Sp. Gravity.	Authority.
Silver arsenide	$Ag As$	8.51	Descamps. J. Ph. C. (4), 27, 424.
Trisilver diarsenide	$Ag_3 As_2$	9.01	" "
Trisilver arsenide	$Ag_3 As$	9.51	" "
" " Huntilite	"	7.47	Wurtz. Dana's Min., 3d App.
Tricopper diarsenide	$Cu_3 As_2$	6.94	Descamps. J. Ph. C. (4), 27, 424.
Dicopper arsenide	$Cu_2 As$	7.76	" "
Tricopper arsenide	$Cu_3 As$	7.81	" "
" " Domeykite	"	7.75	Genth. J. 15, 708.
Algodonite	$Cu_6 As$	7.603	Genth. A. J. S. (2), 33, 192.
"	"	6.902	Field. J. 10, 655.
Whitneyite	$Cu_9 As$	8.408	Genth. J. 12, 771.
"	"	8.246 } 21°	Genth. J. 15, 708.
"	"	8.471	
Tricadmium arsenide	$Cd_3 As$	6.26	Descamps. J. Ph. C. (4), 27, 424.
Tin hemiarsenide	$Sn_2 As$	7.001, 18°	Bödeker. B. D. Z.
Tin diarsenide	$Sn As_2$	6.56	Descamps. J. Ph. C. (4), 27, 424.
Lead arsenide	$Pb As$	9.55	" "
Trilead tetrarsenide	$Pb_3 As_4$	9.65	" "

* Commercial "cast iridium." Contains several per cent. of the phosphides of rhodium and ruthenium, with possibly a little phosphide of osmium.

TABLE OF SPECIFIC GRAVITIES

Name.	Formula.	Sp. Gravity.	Authority.
Trilead diarsenide	$Pb_3 As_2$	9.76	Descamps. J. Ph. C. (4), 27, 424.
Kaneite	$Mn As$	5.55	Kane. Dana's Min.
Leucopyrite	$Fe_2 As_3$	6.659	Breithaupt. P. A. 9, 115.
"	"	6.848	
Lölingite	$Fe As_2$	6.246, in mass.	Behncke. J. 9, 831.
"	"	6.321, pulv.	
"	"	7.400	Hillebrand. A. J. S. (3), 27, 353.
Trinickel arsenide	$Ni_3 As$	7.71	Descamps. J. Ph. C. (4), 27, 424.
Niccolite	$Ni As$	7.663	Scheerer. P. A. 65, 292.
"	"	7.39, 16°	Ebelmen. Ann. d. Mines (4), 11, 55.
"	"	7.314	Genth. J. 36, 1829.
Rammelsbergite	$Ni As_2$	7.099—7.188	Breithaupt. Dana's Min.
"	"	6.9	McCay. J. 37, 1905.
Smaltite	$Co As_2$	6.84	Rose. J. 5, 836.
Skutterudite	$Co As_3$	6.78	Scheerer. P. A. 42, 553.
Antimony hemiarsenide	$Sb_2 As$	6.46	Descamps. J. Ph. C. (4), 27, 424.
Allemontite	$Sb As_3$	6.13	Thomson. Dana's Min.
"	"	6.203	Rammelsberg. Dana's Min.
Bismuth arsenide	$Bi_3 As_4$	8.45	Descamps. J. Ph. C. (4), 27, 424.
Gold arsenide	$Au_4 As_3$	16.20	" "
O'Rileyite	$Cu'_2 Fe_5 As_5$	7.343—7.428	Waldie. J. 24, 1133.

XIV. ANTIMONIDES.*

Name.	Formula.	Sp. Gravity.	Authority.
Dyscrasite. Stibiotriargentite.	$Ag_3 Sb_2$	9.611	Petersen. P. A. 137, 377.
" "	"	9.77	
Dyscrasite. Stibiohexargentite.	$Ag_6 Sb_2$	10.027	" "
Zinc antimonide	$Zn Sb$	6.383	Cooke. P. M. (4), 19, 413.
" "	"	6.384	
Trizinc diantimonide	$Zn_3 Sb_2$	6.327	" "
Breithauptite	$Ni Sb$	7.541	Breithaupt. Dana's Min.
Tin antimonide*	$Sn_2 Sb$	7.07, 19°	Bödeker. B. D. Z.

* Compare also the table of alloys.

XV. SULPHIDES WITH ARSENIDES OR ANTIMONIDES.

Name.	Formula.	Sp. Gravity.	Authority.
Arsenopyrite	Fe S As	6.269	Kenngott. S. W. A. 9, 584.
"	"	6.21	Vogel. J. 8, 907.
"	"	6.095, in mass.	} Potyka. J. 12, 772.
"	"	6.004, pulv.	
"	"	6.255	Forbes. J. 18, 871.
"	"	6.16	Zepharovich. S. W. A. 56 (1), 42.
"	"	6.05—6.07	McCay. J. 37, 1905.
Pacite	$Fe_5 S_2 As_3$	6.297 }	Breithaupt and Weisbach. B. H. Ztz. 25, 167.
"	"	6.308 }	
Glaucopyrite	$Fe_{13} S_2 As_{24}$	7.181	Sandberger. J. P. C. (2), 1, 230.
Glaucodot	(Co Fe) S As	5.975—6.003	Breithaupt. P. A. 67, 127.
"	"	5.905—6.011	Schrauf and Dana. S. W. A. 69, 153.
Cobaltite	Co S As	6.0—6.3	Dana's Mineralogy.
Gersdorffite	Ni S As	5.49 }	Forbes. J. 21, 997.
"	"	5.65 }	
"	"	6.1977	Sipöcz. Ber. 19, 95.
Ullmannite	Ni S Sb	6.506, 20°	Rammelsberg. P. A. 64, 189.
"	"	6.803 }	Jannasch. J. 36, 1832.
"	"	6.882 }	
Corynite	Ni S (As Sb)	5.994	Zepharovich. J. 18, 872.
Wolfachite	"	6.372	Sandberger. J. 22, 1193.
Alloclasite	$Co_3 S_4 Bi_4 As_6$	6.6	Tschermak. J. 19, 919.
"	"	6.23—6.5	Frenzel. J. 36, 1831.

XVI. HYDRIDES, BORIDES, CARBIDES, SILICIDES, NITRIDES, ETC.

Name.	Formula.	Sp. Gravity.	Authority.
Sodium hydride	Na_2 H	0.959	Troost and Hautefeuille. C. R. 78, 970.
Palladium hydride	$Pd_3 H_2$	10.8033	Dewar. P. M. (4), 47, 334.
" "	Pd_2 H	11.06	Troost and Hautefeuille. C. R. 78, 970.
Columbium hydride	Cb H	6.0 to 6.6 }	{ Marignac. J. 21, 214. Supposed to be metal.
" "	"	6.15 to 7.37 }	

Name.	Formula.	Sp. Gravity.	Authority.
Platinum boride	Pt B	17.32	Martius. J. 11, 210.
Iron silico-carbide	$Fe_6 Si_2 C$	6.6	Colson. J. C. S. 42, 933.
Titanium carbide	Ti C, impure	5.10	Shimer. J. A. C. 1, 4.
Iron silicide	$Fe_2 Si$	6.611	Hahn. J. 17, 264.
Platinum silicide	$Pt_3 Si_2$	14.1	Colson. Ber. 15, 724.
" "	$Pt_9 Si$	18.97	Memminger. A.C. J. 7, 172.
Aluminum titanide	$Al_4 Ti$	3.11, 16°	Levy. C. R. 106, 66.
Aluminum zirconide (?)	$Al_3 Zr$, or $Al_6 Zr_2 Si$	8.629	Melliss. Göttingen Doct. Diss., 1870.
Ammonia. Liquefied	$N H_3$	.731, 15°.5	Faraday. P.T. 1845, 155.
" "	"	.6234, 0°	Jolly. J. 14, 165.
" "	"	.6492, —10°	
" "	"	.6429, —5°	
" "	"	.6364, 0°	
" "	"	.6298, 5°	D'Andreéff. Ann. (3), 56, 317
" "	"	.6230, 10°	
" "	"	.6160, 15°	
" "	"	.6089, 20°	
Titanium nitride	$Ti_2 N_2$	5.28, 18°	Friedel and Guérin. C. R. 82, 974.
Iron nitride. Impure	$Fe_5 N_2$	3.147	Silvestri. Ber. 8, 1356.

XVII. HYDROXIDES.

Name.	Formula.	Sp. Gravity.	Authority.
Sodium hydroxide	Na O H	2.130	Filhol. Ann. (3), 21, 415.
" "	"	1.723	W. C. Smith. Am. J. P. 53, 145.
" "	$2 Na O H. 7 H_2 O$	1.405	Hermes. J. 16, 178.
Potassium hydroxide	K O H	2.100	Dalton.
" "	"	2.044	Filhol. Ann. (3), 21, 415.
" "	"	1.958	W. C. Smith. Am. J. P. 53, 145.
Brucite	$Mg (O H)_2$	2.36	Hermann. J. 14, 970.
"	"	2.376	Beck. J. 15, 718.
" Artif. cryst.	"	2.36, 15°	Schulten. C. R. 101, 72.
Zinc hydroxide	$Zn (O H)_2$	2.677	Nicklés. J. 1, 435.
" "	"	3.053	Filhol. Ann. (3), 21, 415.
Cadmium hydroxide. Cryst.	$Cd (O H)_2$	4.79, 15°	Schulten. C. R. 101, 72.

Name.	Formula.	Sp. Gravity.	Authority.
Calcium hydroxide	$Ca(OH)_2$	2.078	Filhol. Ann. (3), 21, 415.
Strontium hydroxide	$Sr(OH)_2$	3.625	" "
" "	$Sr(OH)_2 \cdot 8H_2O$	1.396	" "
" "	"	1.911, 16°	Filhol. J. P. C. 36, 37.
Barium hydroxide	$Ba(OH)_2$	4.495	Filhol. Ann. (3), 21, 415.
" "	$Ba(OH)_2 \cdot 8H_2O$	1.656	" "
" "	"	2.188, 16°	Filhol. J. P. C. 36, 37.
Lead hydroxide	$Pb(OH)_2 \cdot 2PbO$	7.592, 0°	Ditte. J. C. S. 42, 928.
Lead oxyhydroxide	$Pb(OH)_2 O$	6.267	Wernicke. J. P. C. (2), 2, 419.
Manganese hydroxide. Cryst.	$Mn(OH)_2$	3.258, 15°	Schulten. C. R. 105, 1266.
Manganese oxyhydroxide	$Mn(OH)_2 O$	2.564	} Wernicke. J. P. C. (2), 2, 419.
" "	"	2.596	
Manganite	$Mn_2(OH)_2 O_2$	4.335	Rammelsberg. J.18, 878.
Manganese hydroxide	$Mn_{12}H_2O_{24}$	4.750 } 4° -- {	Veley. J. C. S. 41, 65.
" "	"	4.800	
" "	$Mn_{24}H_{16}O_{53}$	4.671 } 4°	" "
" "	"	4.681	
Turgite	$Fe_4(OH)_2 O_5$	3.56—3.74	Hermann. Dana's Min.
"	"	4.681	Bergemann. J. 12, 771.
"	"	4.14	Brush. A.J.S. (2), 44, 219.
Ferric oxyhydroxide	$Fe_2(OH)_2 O_2$	2.91	} Brunck and Graebe. Ber. 18, 725.
" "	"	2.92	
" " Göthite	"	4.11	} Yorke. P. M. (3), 27, 265–267.
" " "	"	4.19	
" " "	"	4.24	
Limonite	$Fe_4(OH)_6 O_3$	3.6—4.0	Dana's Mineralogy.
"	"	3.908	Bergemann. Dana's Min.
Ferric hydroxide	$Fe_2(OH)_6$	3.77, precip.	Yorke. P. M. (3), 27, 269.
" " Limnite	"	2.69	Church. J.18, 879.
Nickelic oxyhydroxide	$Ni_2(OH)_4 O$	2.741	Wernicke. J. P. C. (2), 2, 419.
Cobaltic oxyhydroxide	$Co_2(OH)_4 O$	2.483	" "
Heterogenite	$Co_5 O_7 \cdot 6H_2O$	3.44	Frenzel. J. P. C. (2), 5, 404.
Copper hydroxide	$Cu(OH)_2$	3.368	Schröder. Dm. 1873.
Diaspore	$Al(OH)O$	3.39	Jackson. A. J. S. (2), 42, 108.
"	"	3.343	Shepard. A. J. S. (2), 50, 96.
Gibbsite	$Al(OH)_3$	2.387	Hermann. J. 1, 1164.
"	"	2.389	Silliman, Jr. J. 2, 389.
Stibiconite	$Sb_2(OH)_2 O_3$	5.28	Blum and Delffs. J. P. C. 40, 318.

TABLE OF SPECIFIC GRAVITIES

Name.	Formula.	Sp. Gravity.	Authority.
Antimonic hydroxide	$Sb(OH)_5$	6.6	Boullay. Dana's Min.
Bismuth oxyhydroxide	$Bi(OH)_2 O$	5.571	Wernicke. J. P. C. (2), 2, 419.
" "	"	5.8, 20°	Muir, Hoffmeister, and Robbs. J. C. S. 39, 32.
Metabismuthic hydroxide	$Bi(OH)O_2$	5.75, 20°	" "
Uranyl hydroxide	$U(OH)_2 O_2$	5.926, 15°	Malaguti. J. P. C. 29, 233.
Eliasite	$U(OH)_4 O$	4.087–4.237	Zepharovich. Dana's Min.
Gummite	$U(OH)_6$	3.9–4.20	Breithaupt. Dana's Min.
Chalcophanite	$Zn Mn_2 O_5 . 2 H_2 O$	3.907	Moore. J. C. S. 36, 17.
Namaqualite	$Cu_2 Al(OH)_4 . 2 H_2 O$	2.49	Church. J. C. S. 23, 1.
Hydrotalcite	$Al Mg_3 (OH)_9 . 3 H_2 O$	2.04	Hermann. J. 1, 1168.

XVIII. CHLORATES AND PERCHLORATES.

Name.	Formula.	Sp. Gravity.	Authority.
Hydrogen chlorate, or chloric acid.	$HClO_3 . 7 H_2 O$	1.282, 14°.2	Kammerer.* P. A. 138, 390.
Sodium chlorate	$NaClO_3$	2.467	Berthelot.
" "	"	2.289	Bödeker. B. D. Z.
Potassium chlorate	$KClO_3$	2.32643, 4°	Playfair and Joule. J. C. S. 1, 137.
" "	"	2.350, 17°.5	Kremers. J. 10, 67.
" "	"	2.325	Buignet. J. 14, 15.
" "	"	2.323	Holker. P. M. (3), 27, 213.
" "	"	2.325, m. of 5 ⎫ Extremes	Schröder. Dm. 1873.
" "	"	2.246 ⎬	
" "	"	2.364 ⎭	
" "	"	2.167	W. C. Smith. Am. J. P. 53, 145.
Silver chlorate	$AgClO_3$	4.430	Schröder. J. 12, 12.
" "	"	4.439	Topsoë. B. S. C. 19, 246.
Thallium chlorate	$TlClO_3$	5.5047, 9°	Muir. C. N. 33, 156
Strontium chlorate	$SrCl_2 O_6$	3.150 ⎫	Schröder. Dm. 1873
" "	"	3.154 ⎭	
Barium chlorate	$BaCl_2 O_6 . H_2 O$	2.988, 15°	Bödeker. B. D. Z.
" "	"	3.214 ⎫	Schröder. Dm. 1873.
" "	"	3.188 ⎭	
Lead chlorate	$PbCl_2 O_6 . H_2 O$	4.018 ⎫	
" "	"	4.030 ⎬	" "
" "	"	4.063 ⎭	

*Kammerer also gives figures for other hydrates of chloric acid.

FOR SOLIDS AND LIQUIDS.

Name.	Formula.	Sp. Gravity.	Authority.
Lead chlorate	$Pb\,Cl_2\,O_6 . H_2 O$	3.989	Topsoë. B. S. C. 19, 246.
Mercurous chlorate	$Hg\,Cl\,O_3$	6.409	Schröder. Dm. 1873.
Mercuric chlorate	$Hg\,Cl_2\,O_6$	4.998	" "
Basic mercuric chlorate	$Hg_2\,Cl_2\,O_7 . H_2 O$	5.151	Topsoë. B. S. C. 19, 246.
Hydrogen perchlorate, or perchloric acid.	$H\,Cl\,O_4$	1.782, 15°.5	Roscoe. J. 14, 146.
" "	$H\,Cl\,O_4 . H_2 O$	1.811, 50°	" "
Lithium perchlorate	$Li\,Cl\,O_4$	1.841	Wyrouboff. B. S. M. 6, 53.
Potassium perchlorate	$K\,Cl\,O_4$	2.528 } 2.550	Kopp. J. 16, 4.
" "	"	2.520, m. of 6 } 2.510 Extremes 2.537	Schröder. Dm. 1873.
Ammonium perchlorate	$Am\,Cl\,O_4$	1.885, 25°	Stephan. F. W. C.
Thallium perchlorate	$Tl\,Cl\,O_4$	4.844, 15°.5	Roscoe. C. N. 14, 217.

XIX. BROMATES.

Name.	Formula.	Sp. Gravity.	Authority.
Sodium bromate	$Na\,Br\,O_3$	3.339, 17°.5	Kremers. J. 10, 67.
Potassium bromate	$K\,Br\,O_3$	3.271, 17°.5	" "
" "	"	3.218	Topsoë. B. S. C. 19, 246.
" "	"	3.323, 19°	Storer. F. W. C.
Silver bromate	$Ag\,Br\,O_3$	5.1983, 16° } 5.2153, 18°	" "
Magnesium bromate	$Mg\,Br_2\,O_6 . 6\,H_2 O$	2.289	Topsoë. B. S. C. 19, 246.
Zinc bromate	$Zn\,Br_2\,O_6 . 6\,H_2 O$	2.566	Topsoë. C. C. 4, 76.
Cadmium bromate	$Cd\,Br_2\,O_6 . 2\,H_2 O$	3.758	Topsoë. B. S. C. 19, 246.
Basic mercuric bromate	$Hg_2\,Br_2\,O_7 . H_2 O$	5.815	Topsoë. C. C. 4, 76.
Calcium bromate	$Ca\,Br_2\,O_6 . H_2 O$	3.329	" "
Strontium bromate	$Sr\,Br_2\,O_6 . H_2 O$	3.773	" "
Barium bromate	$Ba\,Br_2\,O_6$	4.0395, 17° } 3.9918, 18°	Storer. F. W. C.
" "	$Ba\,Br_2\,O_6 . H_2 O$	3.820	Topsoë. C. C. 4, 76.
Lead bromate	$Pb\,Br_2\,O_6 . H_2 O$	4.950	" "
Nickel bromate	$Ni\,Br_2\,O_6 . 6\,H_2 O$	2.575	" "
Copper bromate	$Cu\,Br_2\,O_6 . 6\,H_2 O$	2.583	" "

XX. IODATES AND PERIODATES.

NAME.	FORMULA.	SP. GRAVITY.	AUTHORITY.
Hydrogen iodate,* or iodic acid. " "	$H I O_3$ "	4.869, 0° 4.816, 50°.8	Ditte. Ann. (4), 21, 22.
Sodium iodate	$Na I O_3$	4.277, 17°.5	Kremers. J. 10, 67.
Potassium iodate " "	$K I O_3$ "	3.979, 17°.5 2.601	" " Ditte. Ann. (4), 21, 48.
" "	"	3.802, 18°	Clarke.
Ammonium iodate " "	$Am I O_3$ "	3.3372, 12°.5 3.3085, 21°	Fullerton. F. W. C.
Silver iodate. Precip. " " Cryst. from ammonia.	$Ag I O_3$ "	5.4023, 16°.5 5.6475, 14°.5	" "
Magnesium iodate	$Mg I_2 O_6$. $4 H_2 O$	3.283, 13°.5	Bishop. F. W. C.
Barium iodate	$Ba I_2 O_6$	5.2299, 18°	Fullerton. F. W. C.
Lead iodate " " " " " "	$Pb I_2 O_6$ " " "	6.209 6.248 6.257 6.155, 20°	Schröder. Dm. 1873. Fullerton. F. W. C.
Nickel iodate	$Ni I_2 O_6$. $6 H_2 O$	3.6954, 22°	" "
Cobalt iodate " "	$Co I_2 O_6$. $H_2 O$ $Co I_2 O_6$. $6 H_2 O$	5.008, 18° 3.6659, 18°.5	" " " "
Didymium periodate " "	$Di I O_5$. $4 H_2 O$ "	3.755 3.761 } 21°.2	Cleve. U. N. A. 1885.
Samarium periodate	$Sm I O_5$. $4 H_2 O$	3.793, 21°.2	" "

XXI. THIOSULPHATES,† SULPHITES, DITHIONATES.

NAME.	FORMULA.	SP. GRAVITY.	AUTHORITY.
Sodium thiosulphate " " " " " "	$Na_2 S_2 O_3$. $5 H_2 O$ " " "	1.672 1.736, 10° 1.734 1.723	Buignet. J. 14, 15. Kopp. J. 8, 45. Schiff. J. 12, 41. W. C. Smith. Am. J. P. 53, 148.
Potassium thiosulphate	$K_2 S_2 O_3$	2.590	Buignet. J. 14, 15.
Magnesium thiosulphate	$Mg S_2 O_3$. $6 H_2 O$	1.818, 24°	Oliver. F. W. C.
Calcium thiosulphate " "	$Ca S_2 O_3$. $6 H_2 O$ "	1.8715, 13°.5 1.8728, 16°	Richardson. F. W. C.
Strontium thiosulphate	$Sr S_2 O_3$. $6 H_2 O$	2.1778, 17°	" "
Barium thiosulphate " "	$Ba S_2 O_3$. $H_2 O$ "	3.4461, 16° 3.4486, 18°	" "
Cobalt thiosulphate	$Co S_2 O_3$. $6 H_2 O$	1.935, 25°	Oliver. F. W. C.
Hydrogen sulphite or sulphurous acid.	$H_2 S O_3$. $6 H_2 O$	1.147, 15°, cryst.	Geuther. A. C. P. 224, 218.

* For various hydrates of iodic acid see Kaemmerer, P. A. 138, 300.
† Commonly called hyposulphites.

Name.	Formula.	Sp. Gravity.	Authority.
Sodium sulphite	$Na_2SO_3.\ 10\ H_2O$	1.561	Buignet. J. 14, 15.
Cuprous sulphite. Red	$Cu_2SO_3.\ H_2O$	4.46	Etard. Ber. 15, 2233.
" " White	"	3.83, 15°	" "
Hydrogen dithionate, or dithionic acid.	$H_2S_2O_6+aq.$	1.347	Gay Lussac. Gm. H. 2, 175.
Lithium dithionate	$Li_2S_2O_6.\ 2\ H_2O$	2.158	Topsoë. C. C. 4, 76.
Sodium dithionate	$Na_2S_2O_6.\ 2\ H_2O$	2.189	Topsoë. B. S. C. 19, 246.
" "	"	2.175, 11°	Baker. C. N. 36, 203.
Potassium dithionate	$K_2S_2O_6$	2.277	Topsoë. B. S. C. 19, 246.
Ammonium dithionate	$Am_2S_2O_6$	1.704	Topsoë. C. C. 4, 76.
Silver dithionate	$Ag_2S_2O_6.\ 2\ H_2O$	3.605	" "
Magnesium dithionate	$Mg\ S_2O_6.\ 6\ H_2O$	1.666	Topsoë. B. S. C. 19, 246.
Zinc dithionate	$Zn\ S_2O_6.\ 6\ H_2O$	1.915	Topsoë. C. C. 4, 76.
Cadmium dithionate	$Cd\ S_2O_6.\ 6\ H_2O$	2.272	" "
Calcium dithionate	$Ca\ S_2O_6.\ 4\ H_2O$	2.180	Topsoë. B. S. C. 19, 246.
" "	"	2.176, 11°	Baker. C. N. 36, 203.
Strontium dithionate	$Sr\ S_2O_6.\ 4\ H_2O$	2.373	Topsoë. C. C. 4, 76.
Barium dithionate	$Ba\ S_2O_6.\ 2\ H_2O$	4.536, 18°.5	Baker. C. N. 36, 203.
" "	$Ba\ S_2O_6.\ 4\ H_2O$	3.142	Topsoë. C. C. 4, 76.
" "	"	3.055, 24°.5	Stephan. F. W. C.
Lead dithionate	$Pb\ S_2O_6.\ 4\ H_2O$	3.245	Topsoë. C. C. 4, 76.
" "	"	3.259, 11°	Baker. C. N. 36, 203.
Manganese dithionate	$Mn\ S_2O_6.\ 6\ H_2O$	1.757	Topsoë. C. C. 4, 76.
Iron dithionate	$Fe\ S_2O_6.\ 7\ H_2O$	1.875	" "
Nickel dithionate	$Ni\ S_2O_6.\ 6\ H_2O$	1.908	" "
Cobalt dithionate	$Co\ S_2O_6.\ 8\ H_2O$	1.815	" "

XXII. SULPHATES.

1st. Simple Sulphates.

Name.	Formula.	Sp. Gravity.	Authority.
Hydrogen sulphate, or sulphuric acid.	H_2SO_4	1.857	Bineau. Ann. (3), 24, 337.
" "	"	1.8485	Ure. Schw. J. 35, 444.
" "	"	1.854, 0°	Marignac. J. 6, 325.
" "	"	1.842, 12°	
" "	"	1.834, 24°	
" "	"	1.857, 0°	Kolb. Z. A. C. 12, 333.
" "	"	1.85289, 0°	Marignac. Ann. (4), 22, 420.
" "	"	1.8354, 18°	Kohlrausch. P. A. 159, 243.
" "	"	1.82730, 23°	Nasini. Ber. 15, 2885.

TABLE OF SPECIFIC GRAVITIES

Name.	Formula.	Sp. Gravity.	Authority.
Hydrogen sulphate, or sulphuric acid.	H_2SO_4	1.854, 0°	Schertel. Ber. 15, 2734.
" "	"	1.8384, 15°	Lunge and Naef. Ber. 16, 953.
" "	"	1.83295, 19°.02	Mendelejeff. Ber. 17, ref. 304.
" "	"	1.8528, 0°	Mendelejeff. Ber. 19, 380.
" "	"	1.83904, 15° ⎫	
" "	"	1.83562, 20° ⎬	Perkin. J. C. S. 49, 777.
" "	"	1.83265, 25° ⎭	
" "	$H_2SO_4 \cdot H_2O$	1.784, 8°	Wackenroder. J. 2, 249.
" "	"	1.7943, 0°	Mendelejeff. Ber. 19, 380.
" "	"	1.77806, 15° ⎫	
" "	"	1.77423, 20° ⎬	Perkin. J. C. S. 49, 777.
" "	"	1.77071, 25° ⎭	
" "	$H_2SO_4 \cdot 2H_2O$	1.62	Watts' Dictionary.
" "	"	1.6655, 0°	Mendelejeff. Ber. 19, 380.
" "	"	1.65084, 15° ⎫	
" "	"	1.64754, 20° ⎬	Perkin. J. C. S. 49, 777.
" "	"	1.64467, 25° ⎭	
" "	$H_2SO_4 \cdot 3H_2O$	1.55064, 15°	
" "	"	1.54754, 20°	" "
" "	"	1.54493, 25°	
Hydrogen pyrosulphate	$H_2S_2O_7$	1.9	Watts' Dictionary.
Hydrogen tetrasulphate	$H_2SO_4 + 3SO_3$	1.983	Weber. P. A. 159, 325.
Lithium sulphate	Li_2SO_4	2.210	Kremers. J. 10, 67.
" "	"	2.21, 15°	Brauner. P. M. (5), 11, 67.
" "	$Li_2SO_4 \cdot H_2O$	2.02	Troost. J. 10, 141.
" "	"	2.052, 21° ⎫	
" "	"	2.056, 20° ⎬	Pettersson. U. N. A. 1874.
" "	"	2.066, 20° ⎭	
Sodium sulphate	Na_2SO_4	2.462	Mohs. Quoted by Schröder.
" "	"	2.67	Breithaupt. Quoted by Schröder.
" "	"	2.73	Cordier. Quoted by Schröder.
" "	"	2.640	Thomson. Ann. Phil. (2), 10, 435.
" "	"	2.6313	Karsten. Schw. J. 65, 394.
" "	"	2.597	Playfair and Joule. M. C. S. 2, 401.
" "	"	2.629	Filhol. Ann. (3), 21, 415.
" "	"	2.654 ⎫	Kremers. J. 5, 15.
" "	"	2.658 ⎬	Crystallized at different temperatures.
" "	"	2.674 ⎬	
" "	"	2.684 ⎭	
" "	"	2.693, m. of 3.	Schröder. P. A. 106, 220.

FOR SOLIDS AND LIQUIDS. 77

Name.		Formula.	Sp. Gravity.	Authority.
Sodium sulphate		Na_2SO_4	2.681, 20°.7	Favre and Valson. C. R. 77, 579.
"	"	"	2.677 } 17° 2.687 }	Pettersson. U. N. A. 1874.
"	"	"	2.66180, cryst. at 40°.	Nicol. P. M. (5), 15, 94.
"	"	"	2.66372, cryst. at 110°	
"	"	"	2.104, at the melting p't.	Braun. J. C. S. (2), 13, 31.
"	"	$Na_2SO_4 \cdot 10H_2O$	1.4457	Hassenfratz. Ann. 28, 3.
"	"	"	1.350	Thomson. Ann. Phil. (2), 10, 435.
"	"	"	1.469, m. of 2	Playfair and Joule. M. C. S. 2, 401.
"	"	"	1.520	Filhol. Ann. (3), 21, 415.
"	"	"	1.465	Schiff.
"	"	"	1.471	Buignet. J. 14, 15.
"	"	"	1.4608 }	Stolba. J. P. C. 97, 503.
"	"	"	1.4595 }	
"	"	"	1.455, 26°.5	Favre and Valson. C. R. 77, 579.
"	"	"	1.485, 19° }	Pettersson. U. N. A. 1874.
"	"	"	1.492, 20° }	
Potassium sulphate		K_2SO_4	2.636	Wattson.
"	"	"	2.4073	Hassenfratz. Ann. 28, 3.
"	"	"	2.880	Thomson. Ann. Phil. (2), 10, 435.
"	"	"	2.6232	Karsten. Schw. J. 65, 394.
"	"	"	2.400	Jacquelain. A. C. P. 32, 234.
"	"	"	2.662	Kopp. A. C. P. 36, 1.
"	"	"	2.640	Playfair and Joule. M. C. S. 2, 401.
"	"	"	2.65606, 4°	Playfair and Joule. J. C. S. 1, 132.
"	"	"	2.625	Filhol. Ann. (3), 21, 415.
"	" Cryst.	"	2.644 }	Penny. J. 8, 333.
"	" After fusion.	"	2.657 }	
"	"	"	2.676	Holker. P. M. (3), 27, 213.
"	"	"	2.653	Schiff. A. C. P. 107, 64.
"	"	"	2.658	Schröder. P. A. 106, 226.
"	"	"	2.572	Buignet. J. 14, 15.
"	"	"	2.645	Stolba. J. P. C. 97, 503.
"	"	"	2.648	Topsoë and Christiansen.

TABLE OF SPECIFIC GRAVITIES

Name.	Formula.	Sp. Gravity
Potassium sulphate	K_2SO_4	2.660, 17°.1
" "	"	2.667, 18°.2
" "	"	2.669, 18°.2
" "	"	2.635, 18°.5
" "	"	2.653, 14°
" "	"	2.715
" "	"	2.1, fused
" "	"	2.6651, 0°
" "	"	2.6627, 10°
" "	"	2.6603, 20°
" "	"	2.6577, 30°
" "	"	2.6551, 40°
" "	"	2.6522, 50°
" "	"	2.6492, 60°
" "	"	2.6456, 70°
" "	"	2.6420, 80°
" "	"	2.6366, 90°
" "	"	2.6311, 100°
" Not pressed	"	2.653, 21°
" Once "	"	2.651, 22°
" Twice "	"	2.656, 22°
Potassium pyrosulphate	$K_2S_2O_7$	2.277
Rubidium sulphate	Rb_2SO_4	3.639, 16°.8
" "	"	3.641, 16°.8
" "	"	3.6438, 0°
" "	"	3.6402, 10°
" "	"	3.6367, 20°
" "	"	3.6333, 30°
" "	"	3.6299, 40°
" "	"	3.6256, 50°
" "	"	3.6220, 60°
" "	"	3.6181, 70°
" "	"	3.6142, 80°
" "	"	3.6089, 90°
" "	"	3.6036, 100°
Cæsium sulphate	Cs_2SO_4	4.105, 19°.2
Ammonium sulphate	Am_2SO_4	1.7676
" "	"	1.76 }
" "	"	1.78 }
" "	"	1.750
" "	"	1.76147, 4°
" "	"	1.628
" "	"	1.771, m. o
" "	"	1.750
" "	"	1.770, m. o
" "	"	1.766 } extre
" "	"	1.775 } 17°.9
" "	"	1.7

FOR SOLIDS AND LIQUIDS. 79

Name.	Formula.	Sp. Gravity.	Authority.
Ammonium sulphate	Am_2SO_4	1.765, 20°.5	Wilson. F. W. C
" "	"	1.778	Schröder. Ber. 11, 2211.
" "	"	1.7763, 0°	
" "	"	1.7748, 10°	
" "	"	1.7734, 20°	
" "	"	1.7719, 30°	
" "	"	1.7703, 40°	
" "	"	1.7685, 50°	Spring. Ber. 15, 1940. Details in Bull. Acad. Belgique. IV., No. 8, 1882.
" "	"	1.7667, 60°	
" "	"	1.7641, 70°	
" "	"	1.7617, 80°	
" "	"	1.7598, 90°	
" "	"	1.7567, 100°	
" Not pressed	"	1.773, 20°	
" Once "	"	1.750, 22°	Spring. Ber. 16, 2724.
" Twice "	"	1.760, 22°	
Mascagnite	$Am_2SO_4.H_2O$	1.72—1.73	Dana's Mineralogy.
Silver sulphate	Ag_2SO_4	5.341	Karsten. Schw. J. 65, 394.
" "	"	5.322	Playfair and Joule. M. C. S. 2, 401.
" "	"	5.410	Filhol. Ann. (3), 21, 415.
" "	"	5.425	Schröder. P. A. 106, 226.
" "	"	5.49 } 11°	Pettersson. U.N.A. 1874.
" "	"	5.54 }	
Thallium sulphate	Tl_2SO_4	6.77	Lamy. J. 15, 186.
" "	"	6.003	Lamy and Des Cloizeaux. Nature 1, 116.
" "	"	6.79, 17°.8	
" "	"	6.81, 17°.2	Pettersson. U.N.A. 1874.
" "	"	6.83, 17°	
Glucinum sulphate	$GlSO_4$	2.443	Nilson and Pettersson. C.R. 91, 232.
" "	$GlSO_4.4H_2O$	1.725	Topsoë. C. C. 4, 76.
" "	"	1.6743, 22°	H. Stallo. F.W.C.
" "	"	1.713	Nilson and Pettersson. C.R. 91, 232.
Magnesium sulphate	$MgSO_4$	2.6066	Karsten. Schw. J. 65, 394.
" "	"	2.706, m. of 2	Playfair and Joule. M. C. S. 2, 401.
" "	"	2.628	Filhol. Ann. (3), 21, 413.
" "	"	2.675, 16°	Pape. P.A. 120, 367.
" "	"	2.770, 13°.8	Pettersson. U.N.A. 1876.
" "	"	2.795, 14°	
" "	"	2.488	Schröder. J. P. C. (2), 19, 266. Two modifications.
" "	"	2.471	
" "	"	2.829	
" "	"	2.709, 15°	Thorpe and Watts. J. C. S. 37, 102.
" "	$MgSO_4.H_2O$	2.517, native	Bischof. Dana's Min.

TABLE OF SPECIFIC GRAVITIES

NAME.	FORMULA.	SP. GRAVITY.	AUTHORITY.
Magnesium sulphate	$MgSO_4 \cdot H_2O$	2.281, 16°	Pape. P. A. 120, 369.
" "	"	2.339, 14° 2.340, 16°.5	Pettersson. U. N. A. 1876.
" "	"	2.385	Schröder. J. P. C. (2), 19, 266.
" "	"	2.478, m. of 2	Playfair. J. C. S. 37, 102.
" "	"	2.445, 15°	Thorpe and Watts. J. C. S. 37, 102.
" "	$MgSO_4 \cdot 2H_2O$	2.279	Playfair. J. C. S. 37, 102.
" "	"	2.373, 15°	Thorpe and Watts. J. C. S. 37, 102.
" "	$MgSO_4 \cdot 5H_2O$	1.869, m. of 2	Playfair. J. C. S. 37, 102.
" "	$MgSO_4 \cdot 6H_2O$	1.751	" "
" "	"	1.734, 15°	Thorpe and Watts. J. C. S. 37, 102.
" Two modifications.	"	1.6151 1.8981	Schulze. P. A. (2), 31, 229.
" "	$MgSO_4 \cdot 7H_2O$	1.6603	Hassenfratz. Ann. 28, 3.
" "	"	1.751	Mohs. See Böttger.
" "	"	1.674	Kopp. A. C. P. 36, 1.
" "	"	1.660	Playfair and Joule. M. C. S. 2, 401.
" "	"	1.6829, 4°	Playfair and Joule. J. C. S. 1, 138.
" "	"	1.751	Filhol. Ann. (3), 21, 415.
" "	"	1.685	Schiff. A. C. P. 107, 64.
" "	"	1.675	Buignet. J. 14, 15.
" "	"	1.636, 15°.5	Forbes. P. M. 32, 135.
" "	"	1.665, 15°.5	Holker. P. M. (3), 27, 213.
" "	"	1.701, 16°	Pape. P. A. 120, 373.
" "	"	1.684, 15°.4 1.691, 15°.5	Pettersson. U. N. A. 1876.
" "	"	1.680	Schröder. Dm. 1873.
" "	"	1.675	Schröder. J. P. C. (2), 19, 266.
" "	"	1.632	W. C. Smith. Am. J. P. 53, 148.
" "	"	1.678, 15°	Thorpe and Watts. J. C. S. 37, 102.
Zinc sulphate	$ZnSO_4$	3.681, m. of 2	Playfair and Joule. M. C. S. 2, 401.
" "	"	8.400	Karsten. Schw. J. 65, 394.
" "	"	3.400	Filhol. Ann. (3), 21, 415.
" "	"	3.435, 16°	Pape. P. A. 120, 367.

Name.	Formula.	Sp. Gravity.	Authority.
Zinc sulphate	$Zn\,SO_4$	3.520	Schröder. J. P. C. (2), 19, 266.
" "	"	3.552	
" "	"	3.580	
" "	"	3.6235, 15°	Thorpe and Watts. J. C. S. 37, 102.
" "	$Zn\,SO_4.\,H_2O$	3.215, 16°	Pape. P. A. 120, 369.
" "	"	3.076	Schröder. J. P. C. (2), 19, 266.
" "	"	3.259	Playfair. J. C. S. 37, 102.
" "	"	3.2845, 15°	Thorpe and Watts. J. C. S. 37, 102.
" "	$Zn\,SO_4.\,2H_2O$	2.958, 15°	" "
" "	$Zn\,SO_4.\,5H_2O$	2.206, 15°	" "
" "	$Zn\,SO_4.\,6H_2O$	2.056	Playfair. J. C. S. 37, 102.
" "	"	2.072, 15°	Thorpe and Watts. J. C. S. 37, 102.
" "	$Zn\,SO_4.\,7H_2O$	1.912	Hassenfratz. Ann. 28, 3.
" "	"	2.036	Mohs. See Böttger.
" "	"	1.931, m. of 4.	Playfair and Joule. M. C. S. 2, 401.
" "	"	2.036	Filhol. Ann. (3), 21, 415.
" "	"	1.953	Schiff. A. C. P. 107, 64.
" "	"	1.957	Buignet. J. 14, 15.
" "	"	1.9584	Stolba. J. P. C. 97, 503.
" "	"	1.976, 15°.5	Holker. P. M. (3), 27, 213.
" "	"	1.901, 16°	Pape. P. A. 120, 374.
" "	"	2.015	Schröder. Dm. 1873.
" "	"	1.953	Schröder. J. P. C. (2), 19, 266.
" "	"	1.955	
" "	"	1.961	W. C. Smith. Am. J. P. 53, 148.
" "	"	1.974, 15°	Thorpe and Watts. J. C. S. 37, 102.
Cadmium sulphate	$Cd\,SO_4$	4.447	Schroder. J. P. C. (2), 19, 266.
" "	$Cd\,SO_4.\,H_2O$	2.939	Buignet. J. 14, 15.
" "	$3\,Cd\,SO_4.\,8H_2O$	3.05, 12°	Giesecke. B. D. Z.
Mercurous sulphate	Hg_2SO_4	7.560	Playfair and Joule. M. C. S. 2, 401.
Mercuric sulphate	$Hg\,SO_4$	6.466	" "
Calcium sulphate	$Ca\,SO_4$	2.9271	Karsten. Schw. J. 65, 394.
" "	"	2.955	Neumann. P. A. 23, 1.
" "	"	3.102	Filhol. Ann. (3), 21, 415.
" " Artificial cryst.	"	2.969	Manross. J. 5, 9.
" " Anhydrite	"	2.983	Schrauf. J. 15, 756.

TABLE OF SPECIFIC GRAVITIES

Name.	Formula.	Sp. Gravity.	Authority.
Calcium sulphate. Anhydrite.	$CaSO_4$	2.92, 15°	Fuchs. J. 15, 755.
" "	"	2.736 }	
" "	"	2.759 }	Two lots. Schröder.
" "	"	2.884 }	Dm. 1873.
" " Artificial cryst.	"	2.98	Gorgeu. Ann. (6), 4, 515.
" "	$2CaSO_4, H_2O$	2.757	Johnston. P. M. (2), 13, 825.
" "	$CaSO_4, 2H_2O$	2.322	Leroyer and Dumas.
" "	"	2.310	Mohs.
" "	"	2.307	Breithaupt. Schw. J. 68, 291.
" "	"	2.331	Filhol. Ann. (3), 21, 415.
" " Gypsum	"	2.317, m. of 15.	Kenngott. J. 6, 844.
" "	"	2.3057	Stolba. J. P. C. 97, 503.
" " Powder	"	2.2745, 19°.4 }	
" " "	"	2.3228, 18°.2 }	Pettersson. U. N. A.
" " Splinters	"	2.3086, 18° }	1874.
" " "	"	2.3223, 18° }	
Strontium sulphate. Celestite.	$SrSO_4$	3.973	Breithaupt. Dana's Min.
" " "	"	3.9593	Beudant. Dana's Min.
" " "	"	3.96	Hunt. Dana's Min.
" " "	"	3.86	Mohs.
" " "	"	3.962, 15°	Kopp.
" " "	"	3.955	Neumann. P. A. 23, 1.
" " Artificial cryst.	"	3.927	Manross. J. 5, 9.
" " "	"	3.949	Schröder. P. A. Erganz. Bd. 6, 622.
" " Ppt.	"	3.5883	Karsten. Schw. J. 65, 394.
" " "	"	3.770	Filhol. Ann. (3), 21, 415.
" " "	"	3.707	Schröder. P. A. 106, 226.
" " Ppt. ignited.	"	3.6679 } 18°	
" " "	"	3.6949 }	
" " unignited.	"	3.7388 }	Schweitzer. Proc.
" " " "	"	3.9502 } 18°	Amer. Asso. 1877,
" " " "	"	3.9514 }	201.
" " " "	"	3.9702 }	
" " Artif. cryst	"	3.9	Gorgeu. Ann. (6), 4, 515.
Barium sulphate	$BaSO_4$	4.42	Breithaupt.
" "	"	4.446	Mohs. See Böttger.
" "	"	4.2003	Karsten. Schw. J. 65, 394.
" "	"	4.4695, 0°	Kopp.
" " Barite	"	4.429	Neumann. P. A. 23, 1.
" " "	"	4.4773 } extremes	G. Rose. P. A. 75
" " "	"	4.4872 } of 7.	409.

FOR SOLIDS AND LIQUIDS. 83

Name.	Formula.	Sp. Gravity.	Authority.
Barium sulphate. Barite	$BaSO_4$	4.4794	G. Rose. P. A. 75, 409.
" " powder.	"	4.4604	
" " Precip.	"	4.5271	
" " "	"	4.5253	
" " Artif. cryst.	"	4.179	Manross. J. 5, 9.
" "	"	4.022	Precipitates in different conditions. Schröder. P. A. 106, 226.
" "	"	4.065	
" "	"	4.512	
" " Ppt. ignited.	"	4.2942	Schweitzer. University of Missouri. Special pub., 1876.
" " Ppt. dried at 95°.	"	4.2688	18°
" " Ppt.	"	4.4591	
" " "	"	4.4881	
" " "	"	4.3958	14°.9	E. Wiedemann. P. M. (5), 15, 371.
" " "	"	4.3969	
" " "	"	4.3962	14°.5
" " "	"	4.3967	
" " Artif. cryst.	"	4.44—4.50	Gorgeu. Ann. (6), 4, 515.
Lead sulphate	$PbSO_4$	6.298	Mohs.
" "	"	6.1691	Karsten. Schw. J. 65, 394.
" "	"	6.30	Filhol. Ann. (3), 21, 415.
" "	"	6.35	Smith. J. 8, 969.
" "	"	6.20	Field. J. 14, 1022.
" " Native	"	6.329	Schröder. P. A. Erganz. Bd. 6, 622.
" " Precip.	"	6.212	
" "	"	5.96, 17°.1	Pettersson. U. N. A. 1874.
" "	"	5.97, 16°.8	
" " Artif. cryst.	"	6.16	Gorgeu. Ann. (6), 4, 515.
Manganese sulphate	$MnSO_4$	3.1, 14°	Bödeker. B. D. Z.
" "	"	3.192, 16°	Pape. P. A. 120, 368.
" "	"	2.954	Schröder. Dm. 1873.
" "	"	2.975	Schröder. J. P. C. (2), 19, 266.
" "	"	3.235, 14°.6	Pettersson. U. N. A. 1876.
" "	"	3.260, 14°	
" "	"	3.386	Playfair. J. C. S. 37, 102.
" "	"	3.282, 15°	Thorpe and Watts. J. C. S. 37, 102.
" "	$MnSO_4 \cdot H_2O$	2.870, 14°.2	Pettersson. U. N. A. 1876.
" "	"	2.903, 15°.4	
" "	"	2.905, 14°.9	
" "	"	3.210	Playfair. J. C. S. 37, 102.
" "	"	2.845, 15°	Thorpe and Watts. J. C. S. 37, 102.
" " Szmikite	"	3.15	Schröckinger. J. 30, 1296.
" "	$MnSO_4 \cdot 2H_2O$	2.526, 15°	Thorpe and Watts. J. C. S. 37, 102.
" "	$MnSO_4 \cdot 3H_2O$	2.356, 15°	" "
" "	$MnSO_4 \cdot 4H_2O$	2.261	Topsoë. C. C. 4, 76

TABLE OF SPECIFIC GRAVITIES

Name.	Formula.	Sp. Gravity.	Authority.
Manganese sulphate	$MnSO_4 . 5H_2O$	1.834	Gmelin.
" "	"	2.087	Kopp. A. C. P. 36, 1.
" "	"	2.095	
" "	"	2.059, 16°	Pape. P. A. 120, 372.
" "	"	2.099, 16°.2	
" "	"	2.103, 17°.6	Pettersson. U. N. A. 1876.
" "	"	2.107, 15°.2	
" "	"	2.103, 15°	Thorpe and Watts. J. C. S. 37, 102.
Ferrous sulphate	$FeSO_4$	2.841	Filhol. Ann. (3), 21, 415.
" "	"	3.138	Playfair and Joule. M. C. S. 2, 401.
" "	"	3.48	Playfair. J. C. S. 37, 102.
" "	"	3.346, 15°	Thorpe and Watts. J. C. S. 37, 102.
" "	$FeSO_4 . H_2O$	8.047	Playfair. J. C. S. 37, 102.
" "	"	2.994, 15°	Thorpe and Watts. J. C. S. 37, 102.
" "	$FeSO_4 . 2H_2O$	2.773, 15°	" "
" "	$FeSO_4 . 3H_2O$	2.268, 16°	Pape. P. A. 120, 371.
" "	$FeSO_4 . 4H_2O$	2.227, 15°	Thorpe and Watts. J. C. S. 37, 102.
" "	$FeSO_4 . 7H_2O$	1.8399	Hassenfratz. Ann. 28, 3.
" "	"	1.857, m. of 3.	Playfair and Joule. M. C. S. 2, 401.
" "	"	1.8880, 4°	Playfair and Joule. J. C. S. 1, 138.
" "	"	1.904	Filhol. Ann. (3), 21, 415.
" "	"	1.884	Schiff. A. C. P. 107, 64.
" "	"	1.902	Buignet. J. 14, 15.
" "	"	1.851, 15°.5	Holker. P. M. (3), 27, 214.
" "	"	1.9854, 16°	Pape. P. A. 120, 372.
" "	"	1.881	Schröder. Dm. 1873
" "	"	1.897	Schröder. J. P. C. (2), 19, 266.
" "	"	1.896	W. C. Smith. Am. J. P. 53, 145.
Ferric sulphate	$Fe_2(SO_4)_3$	3.097, 18°	
" "	"	3.098, 18°.5	Pettersson. U. N. A. 1874.
" "	"	3.103, 18°.2	
Coquimbite	$Fe_2(SO_4)_3 . 9H_2O$	2.0—2.1	Dana's Mineralogy.
"	"	2.092	Breithaupt. See Z. K. M. 3, 520.
Ihleite	$Fe_2(SO_4)_3 . 12H_2O$	1.812	Schrauf. N. J. 1877, 252.
Nickel sulphate	$NiSO_4$	3.648, 16°	Pape. P. A. 120, 369.
" "	"	3.652	Schröder. J. P. C. (2), 19, 266.
" "	"	3.696	

Name.	Formula.	Sp. Gravity.	Authority.
Nickel sulphate	$NiSO_4$	3.526	Playfair. J. C. S. 37, 102.
" "	"	3.418, 15°	Thorpe and Watts. J. C. S. 37, 102.
" "	$NiSO_4, 6H_2O$	2.042 }	Topsoë. C. C. 4, 76.
" "	"	2.074 }	
" "	"	2.031, 15°	Thorpe and Watts. J. C. S. 37, 102.
" "	$NiSO_4, 7H_2O$	2.037	Kopp. A. C. P. 36, 1.
" "	"	1.931	Schiff. A. C. P. 107, 64.
" " Morenosite	"	2.004	Fulda. J. 17, 859.
" "	"	1.877, 16°	Pape. P. A. 120, 373.
" "	"	1.955, 14°	Pettersson. U. N. A. 1876.
" "	"	1.949, 15°	Thorpe and Watts. J. C. S. 37, 102.
Cobalt sulphate	$CoSO_4$	3.531	Playfair and Joule. M. C. S. 2, 401.
" "	"	3.614, 15°.6 }	Pettersson. U. N. A. 1876.
" "	"	3.615, 16° }	
" "	"	3.444	Playfair. J. C. S. 37, 102.
" "	"	3.472, 15°	Thorpe and Watts. J. C. S. 37, 102.
" "	$CoSO_4, H_2O$	3.125, 15°	" "
" "	$CoSO_4, 2H_2O$	2.712	Playfair. J. C. S. 37, 102.
" "	"	2.608, 15°	Thorpe and Watts. J. C. S. 37, 102.
" "	$CoSO_4, 4H_2O$	2.327, 15°	" "
" "	$CoSO_4, 5H_2O$	2.134, 15°	" "
" "	$CoSO_4, 6H_2O$	2.019, 15°	" "
" "	$CoSO_4, 7H_2O$	1.924	Schiff. A. C. P. 107, 64.
" "	"	1.958, 15°.6 }	Pettersson. U. N. A. 1876.
" "	"	1.964, 15°.5 }	
" "	"	1.958	Schröder. J. P. C. (2), 19, 266.
" "	"	1.918, 15°	Thorpe and Watts. J. C. S. 37, 102.
Copper sulphate	$CuSO_4$	3.631	Playfair and Joule. M. C. S. 2, 401.
" "	"	3.572	Karsten. Schw. J. 65, 394.
" "	"	3.530	Filhol. Ann. (3), 21, 415.
" "	"	3.527, 16°	Pape. P. A. 120, 368.
" "	"	3.707, 19°	Favre and Valson. C. R. 77, 579.
" "	"	3.82, 17°.1 }	Pettersson. U. N. A. 1874.
" "	"	3.83, 18° }	
" "	"	3.651, 11°	Hampe. Z. C. 13, 367.
" "	"	3.83	Schröder. J. P. C. (2), 19, 266.

TABLE OF SPECIFIC GRAVITIES

Name.	Formula.	Sp. Gravity.	Authority.
Copper sulphate	$CuSO_4$	3.606, 15°	Thorpe and Watts. J. C. S. 37, 102.
" "	$CuSO_4 \cdot H_2O$	3.125, 16°	Pape. P. A. 120, 370.
" "	"	3.235, 17°.2 ⎫	Pettersson. U. N. A. 1874.
" "	"	3.239, 18°.1 ⎬	
" "	"	3.246, 18° ⎭	
" "	"	3.038	Schröder. J. P. C. (2), 19, 266.
" "	"	3.206	Playfair. J. C. S. 37, 102.
" "	"	3.289, 15°	Thorpe and Watts. J. C. S. 37, 102.
" "	$CuSO_4 \cdot 2H_2O$	2.808, 16°	Pape. P. A. 120, 371.
" "	"	2.878 ⎫	Playfair. J. C. S. 37, 102.
" "	"	2.891 ⎭	
" "	"	2.953, 15°	Thorpe and Watts. J. C. S. 37, 102.
" "	$CuSO_4 \cdot 3H_2O$	2.663, 15°	" "
" "	$2CuSO_4 \cdot 7H_2O$	2.648, 15°	" "
" "	$CuSO_4 \cdot 5H_2O$	2.1943	Hassenfratz. Ann. 28, 3.
" "	"	2.2	Gmelin.
" " Native	"	2.297	Breithaupt. J. P. C. 11, 151.
" "	"	2.274	Kopp. A. C. P. 36, 1.
" "	"	2.254	Playfair and Joule. M. C. S. 2, 401.
" "	"	2.286	Filhol. Ann. (3), 21, 415.
" "	"	2.2422 ⎫	Playfair and Joule. J. C. S. 1, 138.
" "	"	2.2781 ⎬ 4°	
" "	"	2.2901 ⎭	
" "	"	2.302	Buignet. J. 14, 15.
" "	"	2.2778	Stolba. J. P. C. 97, 503.
" "	"	2.268, 16°	Pape. P. A. 120, 371.
" "	"	2.248, 18°.9	Favre and Valson. C. R. 77, 579.
" "	"	2.286, 19°.4 ⎫	Pettersson. U. N. A. 1874.
" "	"	2.292, 20° ⎭	
" "	"	2.277	Schröder. Dm. 1873.
" "	"	2.263 ⎫	Schröder. J. P. C. (2), 19, 266.
" "	"	2.206 ⎭	
" "	"	2.330	Rüdorff. Ber. 12, 251.
" "	"	2.212	W. C. Smith. Am. J. P. 53, 145.
" "	"	2.284, 15°	Thorpe and Watts. J. C. S. 37, 102.
Chromic sulphate	$Cr_2(SO_4)_3$	2.743, 17°.2	Favre and Valson. C. R. 77, 579.
" "	"	3.012	Nilson and Pettersson. C. R. 91, 232.
" "	$Cr_2(SO_4)_3 \cdot 15H_2O$	1.696, 22°	Schrötter. P. A. 53, 513.

FOR SOLIDS AND LIQUIDS. 87

NAME.	FORMULA.	SP. GRAVITY.	AUTHORITY.
Chromic sulphate	$Cr_2(SO_4)_3 \cdot 15 H_2O$	1.867, 17°.2	Favre and Valson. C. R. 77, 579.
Aluminum sulphate	$Al_2(SO_4)_3$	2.7400	Karsten. Schw. J. 65, 394.
" "	"	2.171	Playfair and Joule. M. C. S. 2, 401.
" "	"	2.672, 22°.5	Favre and Valson. C. R. 77, 579.
" "	"	2.710 } 17°	Pettersson. U. N. A.
" "	"	2.716 }	1874.
" "	$Al_2(SO_4)_3 \cdot 18 H_2O$	1.671, m. of 2	Playfair and Joule. M. C. S. 2, 401.
" "	"	1.569	Filhol. Ann. (3), 21, 415.
" "	"	1.767, 22°.1	Favre and Valson. C. R. 77, 579.
Indium sulphate	$In_2(SO_4)_3$	3.438	Nilson and Pettersson. C. R. 91, 232.
Scandium sulphate	$Sc_2(SO_4)_3$	2.579	" "
Yttrium sulphate	$Y_2(SO_4)_3$	2.606, 19°.4 }	
" "	"	2.615, 15° }	Pettersson. U. N. A.
" "	"	2.626, 19°.3 }	1876.
" "	"	2.612	Nilson and Pettersson. C. R. 91, 232.
" "	$Y_2(SO_4)_3 \cdot 8 H_2O$	2.52	Cleve and Hoeglund. B. S. C. 18, 200.
" "	"	2.53	Topsoë. Quoted by Pettersson.
" "	"	2.531, 19°.6 }	
" "	"	2.537, 19°.4 }	Pettersson. U. N. A.
" "	"	2.552, 15° }	1876.
" "	"	2.540	Nilson and Pettersson. C. R. 91, 232.
Erbium sulphate	$Er_2(SO_4)_3$	3.518, 14°.5 }	Pettersson. U. N.
" "	"	3.524, 14°.2 }	A. 1876.
" "	"	3.678	Nilson and Pettersson. C. R. 91, 232.
" "	$Er_2(SO_4)_3 \cdot 8 H_2O$	3.17	Cleve and Hoeglund. B. S. C. 18, 200.
" "	"	3.230, 16°.4 }	
" "	"	3.242, 16°.6 }	Pettersson. U. N.
" "	"	3.248, 17°.1 }	A. 1876.
" "	"	3.180	Nilson and Pettersson. C. R. 91, 232.
Ytterbium sulphate	$Yb_2(SO_4)_3$	3.793	" "
" "	$Yb_2(SO_4)_3 \cdot 8 H_2O$	3.286	" "
Lanthanum sulphate	$La_2(SO_4)_3$	3.53, 13°.6 }	Pettersson. U. N.
" "	"	3.67, 15°.4 }	A. 1876.
" "	"	3.600	Nilson and Pettersson. C. R. 91, 232.
" "	"	3.544 } 15°	Brauner. S. W. A.
" "	"	3.545 }	June, 1882.
" "	$La_2(SO_4)_3 \cdot 9 H_2O$	2.827	Topsoë. Quoted by Pettersson.
" "	"	2.848, 17°.2 }	Pettersson. U. N.
" "	"	2.864, 17°.4 }	A. 1876.
" "	"	2.953	Nilson and Pettersson. C. R. 91, 232.

Name.	Formula.	Sp. Gravity.	Authority.
Cerium sulphate	$Ce_2(SO_4)_3$	3.916, 12°.5	Pettersson. U. N. A. 1876.
" "	"	3.912	Nilson and Pettersson. C. R. 91, 232.
" "	$Ce_2(SO_4)_3 \cdot 5H_2O$	3.214, 14°.2 } 3.232, 14° }	Pettersson. U. N. A. 1876.
" "	"		
" "	"	3.220	Nilson and Pettersson. C. R. 91, 232.
Didymium sulphate	$Di_2(SO_4)_3$	3.722, 14°.6 } 3.756, 15°.6 }	Pettersson. U. N. A. 1876.
" "	"		
" "	"	3.735	Nilson and Pettersson. C. R. 91, 232.
" "	"	3.662 } 3.672 } 18°.3	Cleve. U. N. A. 1885.
" "	"		
" "	$Di_2(SO_4)_3 \cdot 8H_2O$	2.82	Cleve and Hoeglund. B. S. C. 18, 200.
" "	"	2.877, 16°.4 } 2.886, 14°.8 }	Pettersson. U. N. A. 1876.
" "	"		
" "	"	2.878	Nilson and Pettersson. C. R. 91, 262.
" "	"	2.827, 14°.8 } 2.828, 16°.2 } 2.831, 16° }	Cleve. U. N. A. 1885.
" "	"		
" "	"		
Samarium sulphate	$Sm_2(SO_4)_3$	3.898, 18°3	" "
" "	$Sm_2(SO_4)_3 \cdot 8H_2O$	2.928 } 2.932 } 18°.3	" "
" "	"		
Thorium sulphate	$Th(SO_4)_2$	4.053, 22°.8	Clarke. A. C. J. 2, 175.
" "	"	4.2252, 17°	Krüss and Nilson. Ber. 20, 1675.
" "	$2Th(SO_4)_2 \cdot 9H_2O$	3.398, 24°	Clarke. A. C. J. 2, 175.
" "	$Th(SO_4)_2 \cdot 9H_2O$	2.707	Topsoë. B. S. C. 21, 120.
Uranyl sulphate	$UO_2 \cdot SO_4 \cdot 3H_2O$	3.280, 16°.5	H. Schmidt. F. W. C.

2d. Double and Triple Sulphates.*

Name.	Formula.	Sp. Gravity.	Authority.
Sodium hydrogen sulphate	$NaHSO_4$	2.742	Playfair and Joule. M. C. S. 2, 401.
Potassium hydrogen sulphate.	$KHSO_4$	2.112	Thomson. Ann. Phil. (2), 10, 435.
" " "	"	2.163	Jacquelain. A. C. P. 32, 234.
" " "	"	2.475, m. of 2	Playfair and Joule. M. C. S. 2, 401.
" " "	"	2.47787, 4°	Playfair and Joule. J. C. S. 1, 138.

* Exclusive of basic or partly basic double sulphates.

FOR SOLIDS AND LIQUIDS. 89

Name.	Formula.	Sp. Gravity.	Authority.
Potassium hydrogen sulphate.	K H S O_4	2.305, cryst.	Schröder. Dm. 1873.
" " "	"	2.354 ⎱ cryst.	
" " "	"	2.355 ⎰ mass.	
" " "	"	2.091, after fusion.	
" " "	"	2.245, cryst.	Wyrouboff. B. S. M. 7, 7.
Ammonium hydrogen sulphate.	Am H S O_4	1.761, m. of 2.	Playfair and Joule. M. C. S. 2, 401.
" " "	"	1.787	Schiff. A. C. P. 107, 64.
Sodium potassium sulphate.	Na_2 S O_4. 3 K_2 S O_4.	2.668 ⎱	Two lots. Penny. J. 8, 333.
" " "	"	2.671 ⎰	
Lithium ammonium sulphate.	Am Li S O_4	1.164 ⎱ two modifications	Wyrouboff. B. S. M. 5, 42.
" " "	"	1.204 ⎰	
Sodium ammonium sulphate.	Am Na S O_4. 2 H_2 O.	1.63	Schiff. A. C. P. 114, 68.
Potassium ammonium sulphate.	Am K S O_4	2.280	Schiff. A. C. P. 107, 64.
Guanovulite	Am_2 K_7 H_3 (S O_4)$_6$. 4 H_2 O.	2.33 ⎱	Wibel. Ber. 7, 393.
"		2.65 ⎰	
Glauberite	Na_2 Ca (S O_4)$_2$	2.767	Breithaupt. Schw. J. 68, 291.
"	"	2.64	Ulex. J. 2, 776.
Syngenite	K_2 Ca (S O_4)$_2$. H_2 O	2.603, 17°.5	Zepharovich. J. 25, 1143.
"	"	2.252	Rumpf. Dana's Min., 2d Supp.
Dreelite	Ca S O_4. 3 Ba S O_4.	3.2—3.4	Dana's Mineralogy.
Polyhalite	K_2 Ca_2 Mg (S O_4)$_4$. 2 H_2 O.	2.7689	" "
Krugite	K_2 Ca_4 Mg (S O_4)$_6$. 2 H_2 O.	2.801	Precht. Ber. 14, 2138.
Simonyite	$Na_2Mg(SO_4)_2$. $4H_2O$.	2.244	Tschermak. J. 22, 1241.
Loewite	$Na_4Mg_2(SO_4)_4$. $5H_2O$.	2.376	Haidinger. J. 1, 1220.
Krönnkite	$Na_2Cu(SO_4)_2$. $2H_2O$.	2.5	Domeyko. Dana's Min., 3d Supp.
Potassium magnesium sulphate.	K_2 Mg (S O_4)$_2$	2.676	Playfair and Joule. M. C. S. 2, 401.
" " "	"	2.735 ⎱	Schröder. Ber. 7, 1117.
" " "	"	2.750 ⎰	
" " "	$K_2Mg(SO_4)_2$. $6H_2O$.	2.076, m. of 2.	Playfair and Joule. M. C. S. 2, 401.
" " "	"	2.05319, 4°	Playfair and Joule. J. C. S. 1, 138.
" " "	"	1.995	Schiff. A. C. P. 107, 64.
" " "	"	2.024	Topsoë and Christiansen.
" " "	"	2.034	Schröder. Dm. 1873.
" " "	"	2.036 ⎱	Schröder. J. P. C. (2), 19, 266.
" " "	"	2.048 ⎰	
Ammonium magnesium sulphate.	Am_2 Mg (S O_4)$_2$	2.080	" "

TABLE OF SPECIFIC GRAVITIES

Name.	Formula.	Sp. Gravity.	Authority.
Ammonium magnesium sulphate.	$Am_2 Mg (SO_4)_2$	2.095 }	Schröder. J. P. C. (2), 19, 266.
" "	"	2.141 }	
" "	$Am_2 Mg (SO_4)_2 \cdot 6H_2O$	1.696	Gmelin.
" "	"	1.721	Playfair and Joule. M. C. S. 2, 401.
" "	"	1.71686, 4°	Playfair and Joule. J. C. S. 1, 138.
" "	"	1.680	Schiff. A. C. P. 107, 64.
" "	"	1.762	Buignet. J. 14. 15.
" "	"	1.720	Topsoë and Christiansen.
" "	"	1.723 }	Schröder. J. P. C.
" "	"	1.727 }	(2), 19, 266.
Potassium zinc sulphate	$K_2 Zn (SO_4)_2$	2.816	Playfair and Joule. M. C. S. 2, 401.
" " "	"	2.946 }	Various lots, differently treated. Schröder. J. P. C. (2), 19, 266.
" " "	"	2.891 }	
" " "	"	3.027 }	
" " "	"	2.703 }	
" " "	"	2.733 }	
" " "	$K_2 Zn (SO_4)_2 \cdot 6H_2O$	2.153	Kopp. A. C. P. 36, 1.
" " "	"	2.245	Playfair and Joule. M. C. S. 2, 401.
" " "	"	2.24034, 4°	Playfair and Joule. J. C. S. 1, 138.
" " "	"	2.153	Schiff. A. C. P. 107, 64.
" " "	"	2.249	Schröder. Dm. 1873.
" " "	"	2.235 }	Schröder. J. P. C.
" " "	"	2.240 }	(2), 19, 266.
Ammonium zinc sulphate	$Am_2 Zn (SO_4)_2$	2.222	Playfair and Joule. M. C. S. 2, 401.
" " "	"	2.258 }	Schröder. J. P. C.
" " "	"	2.288 }	(2), 19, 266.
" " "	$Am_2 Zn (SO_4)_2 \cdot 6H_2O$	1.897, m. of 2	Playfair and Joule. M. C. S. 2, 401.
" " "	"	1.910	Schiff. A. C. P. 107, 64.
" " "	"	1.919 }	
" " "	"	1.921 }	Schröder. J. P. C.
" " "	"	1.925 }	(2), 19, 266.
Potassium cadmium sulphate.	$K_2 Cd (SO_4)_2 \cdot 6H_2O$	2.438	Schiff. A. C. P. 107, 64.
Ammonium cadmium sulphate.	$Am_2 Cd (SO_4)_2 \cdot 6H_2O$	2.073	" "
Potassium manganese sulphate.	$K_2 Mn (SO_4)_2$	3.008, m. of 2	Playfair and Joule. M. C. S. 2, 401.
" " "	"	3.031	Schröder. Ber. 7, 1118.
" " "	"	2.954	Schröder. J. P. C. (2), 19, 266.
" " "	$K_2 Mn (SO_4)_2 \cdot 4H_2O$	2.313	" "
Ammonium manganese sulphate.	$Am_2 Mn (SO_4)_2 \cdot 6H_2O$	1.930	Thomson. Gm. H. 1, 71.
" " "	"	1.823 }	Schröder. J. P. C.
" " "	"	1.827 }	(2), 19, 266.
Potassium iron sulphate	$K_2 Fe (SO_4)_2$	3.042	" "

FOR SOLIDS AND LIQUIDS. 91

Name.	Formula.	Sp. Gravity.	Authority.
Potassium iron sulphate	$K_2Fe(SO_4)_2 \cdot 6H_2O$	2.202	Playfair and Joule. M. C. S. 2, 401.
" " "	"	2.189	Schiff. A. C. P. 107, 64.
Ammonium iron sulphate	$Am_2Fe(SO_4)_2 \cdot 6H_2O$	1.848, m. of 2	Playfair and Joule. M. C. S. 2, 401.
" " "	"	1.813	Schiff. A. C. P. 107, 64.
" " "	"	1.886	Schröder. J. P. C. (2), 19, 266.
Potassium nickel sulphate	$K_2Ni(SO_4)_2$	2.897, m. of 2	Playfair and Joule. M. C. S. 2, 401.
" " "	"	3.086	Schröder. Ber. 7, 1117.
" " "	$K_2Ni(SO_4)_2 \cdot 6H_2O$	2.111 }	Kopp. A. C. P. 36, 1.
" " "	"	2.136 }	
" " "	"	1.921 }	Schröder. J. P. C.
" " "	"	1.922 }	(2), 19, 266.
Ammonium nickel sulphate.	$Am_2Ni(SO_4)_2 \cdot 6H_2O$	1.788 }	
" " "	"	1.915 }	Kopp. A. C. P. 36, 1.
" " "	"	1.921 }	
Potassium cobalt sulphate	$K_2Co(SO_4)_2$	3.105	Schröder. Ber. 7, 1118.
" " "	$K_2Co(SO_4)_2 \cdot 6H_2O$	2.154	Schiff. A. C. P. 107, 64.
" " "	"	2.205, 16°.8 }	Pettersson. U. N.
" " "	"	2.214, 16°.6 }	A. 1876.
Ammonium cobalt sulphate.	$Am_2Co(SO_4)_2 \cdot 6H_2O$	1.873	Schiff. A. C. P. 107, 64.
" " "	"	1.902, 18° }	Pettersson. U. N.
" " "	"	1.907, 16°.6 }	A. 1876.
" " "	"	1.893	Schröder. J. P. C. (2), 19, 266.
Thallium cobalt sulphate	$Tl_2Co(SO_4)_2 \cdot 6H_2O$	3.729, 16°.2 }	
" " "	"	3.769, 16°.2 }	Pettersson. U. N.
" " "	"	3.803, 16°.4 }	A. 1876.
Potassium copper sulphate.	$K_2Cu(SO_4)_2$	2.797, m. of 2	Playfair and Joule. M. C. S. 2, 401.
" " "	"	2.784, 20°.5	Favre and Valson. C. R. 77, 579.
" " "	"	2.754 }	
" " "	"	2.779 }	Schröder. Dm. 1873.
" " "	"	2.789 }	
" " "	$K_2Cu(SO_4)_2 \cdot 6H_2O$	2.244, m. of 2	Playfair and Joule. M. C. S. 2, 401.
" " "	"	2.16376, 4°	Playfair and Joule. J. C. S. 1, 138.
" " "	"	2.137	Schiff. A. C. P. 107, 64.
" " "	"	2.186, 18°.8	Favre and Valson. C. R. 77, 579.
" " "	"	2.224	Schröder. Dm. 1870.
" " "	"	2.221, 16°	Pettersson. U. N. A. 1876.
Ammonium copper sulphate.	$Am_2Cu(SO_4)_2$	2.197, m. of 2	Playfair and Joule. M. C. S. 2, 401.
" " "	"	2.348	Schröder. J. P. C. (2), 19, 266.

TABLE OF SPECIFIC GRAVITIES

Name.	Formula.	Sp. Gravity.	Authority.
Ammonium copper sulphate.	$Am_2Cu(SO_4)_2 \cdot 6H_2O$	1.756	Kopp. A. C. P. 36, 1.
" " "	"	1.757	
" " "	"	1.891, m. of 2	Playfair and Joule. M. C. S. 2, 401.
" " "	"	1.89378, 4°	Playfair and Joule. J. C. S. 1, 138.
" " "	"	1.931	Schiff. A. C. P. 107, 64.
" " "	"	1.925, 15°.2	Pettersson. U. N. A. 1876.
" " "	"	1.931, 15°.8	
" " "	"	1.870, 22°	Evans. F. W. C.
Magnesium zinc sulphate.	$MgZn(SO_4)_2 \cdot 14H_2O$	1.817	Schiff. A. C. P. 107, 64.
Magnesium cadmium sulphate.	$MgCd(SO_4)_2 \cdot 14H_2O$	1.983	" "
Magnesium iron sulphate.	$MgFe(SO_4)_2 \cdot 14H_2O$	1.733	" "
Magnesium copper sulphate.	$MgCu(SO_4)_2 \cdot 14H_2O$	1.813	" "
Fauserite	$MgMn_2(SO_4)_3 \cdot 15H_2O$	1.88	Breithaupt. J. 18, 901.
Zinc iron manganese sulphate. Native.	$Zn\ Fe\ Mn_5(SO_4)_7 \cdot 28H_2O$	2.1627	Iles. A. C. J. 3, 420.
Mendozite	$NaAl(SO_4)_2 \cdot 11H_2O$	1.88	Thomson. Dana's Min.
Sodium aluminum alum	$NaAl(SO_4)_2 \cdot 12H_2O$	1.641	Schiff. A.C.P.107,64.
" " "	"	1.567	Buignet. J. 14, 15.
" " "	"	1.686, 18°	Pettersson. U. N. A. 1874.
" " "	"	1.693, 18°	
" " "	"	1.694, 18°.2	
" " "	"	1.73	Soret. J.C.S.50,596.
Potassium aluminum alum.*	$KAl(SO_4)_2$	2.228, m. of 2	Playfair and Joule. M. C. S. 2, 401.
" " "	"	2.6846 } 15° {	Pettersson. U. N. A. 1876.
" " "	"	2.6905	
" " "	$KAl(SO_4)_2 \cdot 12H_2O$	1.7109	Hassenfratz. Ann. 28, 3.
" " "	"	1.753	Dufrenoy.
" " "	"	1.724	Kopp. A.C.P.36,1.
" " "	"	1.726, m. of 4	Playfair and Joule. M. C. S. 2, 401.
" " "	"	1.75125, 4°	Playfair and Joule. J. C. S. 1, 138.
" " "	"	1.711	Schröder. Dm. 1873.
" " "	"	1.749, 21°	Pettersson. U. N. A. 1874.
" " "	"	1.753, 21°	
" " "	"	1.755, 20°.5	
" " "	"	1.753	W. C. Smith. Am. J. P. 53, 145.
" " "	"	1.722	Schiff. A. C. P. 107, 64.
" " "	"	1.757	Buignet. J. 14, 15.
" " "	"	1.7505	Stolba. J. P. C. 97, 503.

* The dehydrated alums are included here for convenience.

FOR SOLIDS AND LIQUIDS.

Name.	Formula.	Sp. Gravity.	Authority.
Potassium aluminum alum	$K Al(SO_4)_2 \cdot 12H_2O$	1.7546, 0°	Spring. Ber. 15, 1254, and Bei. 6, 648. Also a series in Ber. 17, 408.
" " "	" "	1.7542, 10°	
" " "	" "	1.7538, 20°	
" " "	" "	1.7532, 30°	
" " "	" "	1.7526, 40°	
" " "	" "	1.7521, 50°	
" " "	" "	1.7501, 60°	
" " "	" "	1.7474, 70°	
" " "	" "	1.7252, 80°	
" " "	" "	1.7007, 90°	
" " "	" "	1.758, 21°, not pressed.	Spring. Ber. 16, 2724.
" " "	" "	1.756, 16°.5, once pressed.	
" " "	" "	1.750, 16°.5, twice pressed	
" " "	" "	1.735	Soret. C. R. 99, 867.
Rubidium aluminum alum	$Rb Al(SO_4)_2$	2.7832, 14°.8	Pettersson. U.N.A. 1876.
" " "	"	2.7910, 15°	
" " "	$Rb Al(SO_4)_2 \cdot 12H_2O$	1.874	Redtenbacher. S.W. A. 51, 248.
" " "	"	1.890 } 20°	Pettersson. U.N.A. 1874.
" " "	"	1.891 }	
" " "	"	1.8667, 0°	Spring. Ber. 15, 1254, und Bei. 6, 648. Also a series in Ber. 17, 408.
" " "	"	1.8648, 10°	
" " "	"	1.8639, 20°	
" " "	"	1.8635, 30°	
" " "	"	1.8631, 40°	
" " "	"	1.8624, 50°	
" " "	"	1.8619, 60°	
" " "	"	1.8611, 70°	
" " "	"	1.8596, 80°	
" " "	"	1.8578, 90°	
" " "	"	1.8554, 100°	
" " "	"	1.883 } 20°.6	Setterberg. Ber. 15, 1740.
" " "	"	1.886 }	
" " "	"	1.852	Soret. C. R. 99, 867.
Cæsium aluminum alum	$Cs Al(SO_4)_2 \cdot 12H_2O$	2.003	Redtenbacher. S.W. A. 51, 248.
" " "	"	1.994, 18°.1	Pettersson. U. N. A. 1874.
" " "	"	2.000, 20°	
" " "	"	2.0215, 0°	Spring. Ber. 15, 1254, and Bei. 6, 648. Also a series in Ber. 17, 408.
" " "	"	2.0210, 10°	
" " "	"	2.0205, 20°	
" " "	"	2.0200, 30°	
" " "	"	2.0194, 40°	
" " "	"	2.0189, 50°	
" " "	"	2.0186, 60°	
" " "	"	2.0173, 70°	
" " "	"	2.0153, 80°	
" " "	"	2.0107, 90°	
" " "	"	2.0061, 100°	
" " "	"	1.988, 18°, not pressed.	Spring. Ber. 16, 2724.
" " "	"	2.000, 20°, once pressed.	
" " "	"	2.005, 20°, twice pressed	

TABLE OF SPECIFIC GRAVITIES

Name.	Formula.	Sp. Gravity.	Authority.
Cæsium aluminum alum	$Cs Al(SO_4)_2 . 12H_2O$	1.911	Soret. C. R. 99, 867.
Ammonium aluminum alum.	$Am Al(SO_4)_2$	2.039	Playfair and Joule. M. C. S. 2. 401.
" "	$Am Al(SO_4)_2 . 12H_2O$	1.602	Breithaupt. J. P. C. 11, 151.
" "	"	1.625	} Kopp. A. C. P. 36, 1.
" "	"	1.626	
" "	"	1.625	Playfair and Joule. M. C. S. 2, 401.
" "	"	1.621	Schiff. A. C. P. 107, 64.
" "	"	1.653	Buignet. J. 14, 15.
" "	"	1.642, m. of 4	
" "	"	1.638 } extremes	} Pettersson. U. N. A. 1874.
" "	"	1.647 } 18°.2-19°.5	
" "	"	1.661	W. C. Smith. Am. J. P. 53, 147.
" "	"	1.6357, 0°	
" "	"	1.6351, 10°	
" "	"	1.6346, 20°	
" "	"	1.6345, 30°	
" "	"	1.6340, 40°	
" "	"	1.6336, 50°	} Spring. Ber. 15, 1254, and Bei. 6, 648. Also a series in Ber. 17, 408.
" "	"	1.6332, 60°	
" "	"	1.6328, 70°	
" "	"	1.6323, 80°	
" "	"	1.6299, 90°	
" "	"	1.6275, 100°	
" "	"	1.641, 18°, not pressed.	
" "	"	1.629, 16°.5, once pressed.	} Spring. Ber. 16, 2724.
" "	"	1.634, 18°, twice pressed	
" "	"	1.631	Soret. C. R. 99, 867.
Methylamine aluminum alum.	$(NH_2CH_3)Al(SO_4)_2 . 12H_2O$	1.568	" "
Thallium aluminum alum	$Tl Al(SO_4)_2 . 2H_2O$	3.645, 17°	Pettersson. U. N. A. 1874.
" " "	$Tl Al(SO_4)_2 . 12H_2O$	2.348, 15°.8	
" " "	"	2.366, 21°	" "
" " "	"	2.368, 20°.6	
" " "	"	2.384, 17°	
" " "	"	2.320, 22°, not pressed.	
" " "	"	2.314, 16°.5, once pressed.	} Spring. Ber. 16, 2724.
" " "	"	2.314, 18°, twice pressed	
" " "	"	2.3226, 0°	
" " "	"	2.3213, 10°	
" " "	"	2.3200, 20°	
" " "	"	2.3189, 30°	} Spring. Ber. 17, 408.
" " "	"	2.3184, 40°	
" " "	"	2.3181, 50°	
" " "	"	2.257	Soret. C. R. 99, 867.
Potassium chrome alum	$K Cr(SO_4)_2$	2.1583, 14°.1	} Pettersson. U. N. A. 1876.
" " "	"	2.1618, 14°.4	

Name.	Formula.	Sp. Gravity.	Authority.
Potassium chrome alum	$KCr(SO_4)_2 \cdot 12H_2O$	1.848	Kopp. A. C. P. 36, 1.
" " "	"	1.826	Playfair and Joule. M. C. S. 2, 401.
" " "	"	1.85609, 4°	Playfair and Joule. J. C. S. 1, 138.
" " "	"	1.845, 12°	Schiff. A. C. P. 107, 64.
" " "	"	1.839, 21°	
" " "	"	1.840, 21°	Pettersson. U.N.A. 1874.
" " "	"	1.841, 20°.2	
" " "	"	1.849, 21°	
" " "	"	1.807	Schröder. Dm. 1873.
" " "	"	1.808	
" " "	"	1.8278, 0°	
" " "	"	1.8273, 10°	
" " "	"	1.8260, 20°	
" " "	"	1.8265, 30°	
" " "	"	1.8260, 40°	Spring. Ber. 15, 1254, and Bei. 6, 648. Also a series in Ber. 17, 408.
" " "	"	1.8255, 50°	
" " "	"	1.8223, 60°	
" " "	"	1.8044, 70°	
" " "	"	1.7456, 80°	
" " "	"	1.828, 20°, not pressed.	Spring. Ber. 16, 2724.
" " "	"	1.823, 16°.5, once pressed.	
" " "	"	1.817	Soret. C. R. 99, 867.
Rubidium chrome alum	$RbCr(SO_4)_2 \cdot 12H_2O$	1.967 } 16°.8 {	Pettersson. U. N. A. 1874.
" " "	"	1.969	
" " "	"	1.946	Soret. C. R. 99, 867.
Cæsium chromium alum	$CsCr(SO_4)_2 \cdot 12H_2O$	2.043	" "
Ammonium chrome alum	$AmCr(SO_4)_2$	1.9943, 14°.7	Pettersson. U. N. A. 1876.
" " "	$AmCr(SO_4)_2 \cdot 12H_2O$	1.738, 21°	Schrötter. P. A. 53, 513.
" " "	"	1.728, 20°	Pettersson. U. N. A. 1874.
" " "	"	1.719	Soret. C. R. 99, 867.
Thallium chrome alum	$TlCr(SO_4)_2 \cdot 12H_2O$	2.392, 15°	Pettersson. U. N. A. 1874.
" " "	"	2.402, 18°	
" " "	"	2.236	Soret. C. R. 99, 867.
Potassium iron alum	$KFe(SO_4)_2 \cdot 12H_2O$	1.831	Topsöe. C. C. 4, 76.
" " "	"	1.819, 16°.8	
" " "	"	1.822, 17°.5	Pettersson. U. N. A. 1874.
" " "	"	1.831, 17°	
" " "	"	1.806	Soret. C. R. 99, 867.
Rubidium iron alum	$RbFe(SO_4)_2 \cdot 12H_2O$	1.916	" "
Cæsium iron alum	$CsFe(SO_4)_2 \cdot 12H_2O$	2.061	" "
Ammonium iron alum	$AmFe(SO_4)_2$	2.54, 16°.8	Pettersson. U. N. A. 1874.
" " "	$AmFe(SO_4)_2 \cdot 12H_2O$	1.712	Kopp. A. C. P. 36, 1.
" " "	"	1.718	Playfair and Joule. M. C. S. 2, 401.
" " "	"	1.719	Topsöe. C. C. 4, 76.
" " "	"	1.700	Schröder. Dm. 1873.

TABLE OF SPECIFIC GRAVITIES

Name.	Formula.	Sp. Gravity.	Authority.
Ammonium iron alum	$AmFe(SO_4)_2 \cdot 12H_2O$	1.720, 18°.2	
" " "	"	1.723, 18°	Pettersson. U.N.A. 1874.
" " "	"	1.725, 17°	
" " "	"	1.713	Soret. C. R. 99, 867.
Thallium iron alum	$TlFe(SO_4)_2 \cdot 12H_2O$	2.351, 15	Pettersson. U.N.A. 1874.
" " "	"	2.385	Soret. C. R. 99, 867.
Potassium gallium alum	$KGa(SO_4)_2 \cdot 12H_2O$	1.895	Soret. C. R. 101, 156.
Rubidium gallium alum	$RbGa(SO_4)_2 \cdot 12H_2O$	1.962	" "
Ammonium gallium alum	$AmGa(SO_4)_2 \cdot 12H_2O$	1.745	Soret. C. R. 99, 867.
" " "	"	1.776	Soret. C. R. 101, 156.
Rubidium indium alum	$RbIn(SO_4)_2 \cdot 12H_2O$	2.065	" "
Cæsium indium alum	$CsIn(SO_4)_2 \cdot 12H_2O$	2.241	" "
Ammonium indium alum	$AmIn(SO_4)_2 \cdot 12H_2O$	2.011	Soret. C. R. 99, 867.
Sonomaite	$Mg_2Al_2(SO_4)_6 \cdot 33H_2O$	1.604	Goldsmith. J. 30, 1297.
Roemerite. (Ferroso-ferric sulphate.)	$Fe_3(SO_4)_4 \cdot 12H_2O$	2.15—2.18	Grailich. J. 11, 730.
Uranyl potassium sulphate	$UO_2K_2(SO_4)_2 \cdot 2H_2O$	3.363, 19°.1	Schmidt. F. W. C.
Uranyl ammonium sulphate.	$UO_2Am_2(SO_4)_2 \cdot 2H_2O$	3.0131, 21°.5	" "
Didymium ammonium sulphate.	$AmDi(SO_4)_2$	3.075, 3.086 } 15°	Cleve. U.N.A. 1885.
" "	$AmDi(SO_4)_2 \cdot 4H_2O$	2.575, 15°	" "
Samarium ammonium sulphate.	$AmSm(SO_4)_2$	3.191, 18°	" "
" " "	$AmSm(SO_4)_2 \cdot 4H_2O$	2.674, 2.677 } 18°.4	" "

3d. Basic and Ammonio-Sulphates.

Name.	Formula.	Sp. Gravity.	Authority.
Tetrabasic zinc sulphate	$Zn_4SO_7 \cdot 4H_2O$	3.122	Playfair and Joule. M. C. S. 2, 401.
Mercuric orthosulphate, or turpeth mineral.	Hg_3SO_6	8.319	" "
Tetrabasic copper sulphate	$Cu_4SO_7 \cdot 4H_2O$	3.082, m. of 2	" "
" " "	"	3.48	Maskelyne. J. 18, 901.
" Langite.	"	3.50	
Herrengrundite	$Cu_5S_2O_{11} \cdot 7H_2O$	3.132	Winkler. Dana's Min., 3d App.
Brochantite*	$Cu_7S_2O_{13} \cdot 5H_2O$	3.78—3.87	Magnus. P. A. 14, 141.
"	"	3.9069	G. Rose. Dana's Min.
" Warringtonite	"	3.39—3.47	Maskelyne. J. 18, 902.

*Composition uncertain, because of variations in the analyses.

FOR SOLIDS AND LIQUIDS.

Name.	Formula.	Sp. Gravity.	Authority.
Lanarkite	$Pb_2 S O_5$	6.3—6.4	Thomson.
Linarite	$Pb Cu S O_5 . H_2 O$	5.43	Brooke. Ann. Phil. (2), 4, 117.
Alumian	$Al_2 S_2 O_7$	2.702	Breithaupt. J. 11, 730.
"	"	2.781	
Werthemanite	$Ai_2 S O_6 . 3 H_2 O$	2.80	Raimondi. Dana's Min., 3d App.
Aluminite	$Al_2 S O_6 . 9 H_2 O$	1.66	Dana's Mineralogy.
Felsobanyite	$Al_4 S O_9 . 10 H_2 O$	2.33	Haidinger. J. 7, 863.
Alunite	$K_2 Al_6 S_4 O_{22} . 6 H_2 O$	2.481	Gautier-Lacroze. J. 16, 833.
Löwigite	$K_2 Al_6 S_4 O_{22} . 9 H_2 O$	2.58	Römer. J. 9, 877.
Zincaluminite	$Zn_6 Al_6 S_2 O_{21} . 18 H_2 O$	2.26	Bertrand and Damour. Z. K. M. 6, 298.
Ettringite	$Ca_6 Al_2 S_3 O_{18} . 32 H_2 O$	1.7504	Lehmann. N. J. 1874, 273.
Amarantite	$Fe_2 S_2 O_9 . 7 H_2 O$	2.11	Frenzel. M. P. M. 9, 398.
Raimondite	$Fe_4 S_3 O_{15} . 7 H_2 O$	3.190	Breithaupt. J. 19, 952.
"	"	3.222	
Hohmannite	$Fe_4 S_3 O_{15} . 13 H_2 O$	2.24	Frenzel. M. P. M. 9, 397.
Copiapite	$Fe_4 S_5 O_{21} . 12 H_2 O$	2.14	Borcher. Dana's Min.
Fibroferrite	$Fe_4 S_5 O_{21} . 27 H_2 O$	1.84	Smith. A. J. S. (2), 18, 375.
Carphosiderite	$Fe_6 S_4 O_{21} . 10 H_2 O$	2.728	Pisani. Dana's Min.
"	"	2.496—2.501	Breithaupt. Schw. J. 50, 314.
"	"	3.09	Lacroix. C. R. 108, 1037.
Jarosite	$K_2 Fe_6 S_5 O_{26} . 9 H_2 O$	3.256	Breithaupt. J. 6, 845.
Urusite	$Na_4 Fe_2 S_4 O_{17} . 8 H_2 O$	2.22	Frenzel J. 32, 1195.
Sideronatrite	$Na_2 Fe_2 S_3 O_{12} . 6 H_2 O$	2.153	Dana's Min., 3d App.
Silver ammonio-sulphate	$Ag_2 S O_4 . 4 N H_3$	2.918, m. of 2.	Playfair and Joule. M. C. S. 2, 401.
Zincammonium sulphate	$Zn N_2 H_6 . S O_4$	2.479	" "
Tetramercurammonium sulphate.	$Hg_4 N_2 S O_4 . 2 H_2 O$	7.319	" "
Cuprammonium sulphate	$Cu N_2 H_6 . S O_4$	2.476	" "
" "	$Cu N_2 H_6 . S O_4 . 3 H_2 O$	1.950	" "
Copper ammonio-sulphate	$Cu S O_4 . 4 N H_3 . H_2 O$	1.790	" "
" "	"	1.809	
" "	"	2.133, 24°.3	Evans. F. W. C.
Roseocobalt iodosulphate.	$Co_2 (N H_3)_{10} (S O_4)_2 I_2$	2.189 20°.5	Wilson. F. W. C.
" "	"	2.149	

NOTE.—Botryogen, clinophæite, johannite, lamprophanite, pissophanite, plagiocitrite, and wattevillite, being of uncertain composition, are omitted. See Dana's Mineralogy and appendixes.

XXIII. SELENITES AND SELENATES.

Name.	Formula.	Sp. Gravity.	Authority.
Hydrogen selenite, or selenious acid.	$H_2 Se O_3$	3.123	Topsoë. C. C. 4, 76.
" " "	"	3.0066	Clausnizer. A. C. P. 196, 265.
Chalcomenite	$Cu Se O_3 . 2 H_2 O$	3.76	Des Cloizeaux and Damour. B. S. M. 4, 51.
Mercurous selenite	$3 Hg_2 O . 4 Se O_2$	7.35, 13°.5	Köhler. P. A. 89, 149.
Hydrogen selenate, or selenic acid. " "	$H_2 Se O_4$	2.524	} Mitscherlich. P. A. 9, 629.
" " "	"	2.625	
" " "	"	2.627	Fabian. J. 14, 130.
Lithium selenate	$Li_2 Se O_4 . H_2 O$	2.439	Topsoë. C. C. 4, 76.
" "	"	2.564, 18°	} Pettersson. U. N. A. 1874.
" "	"	2.565, 19°.5	
Sodium selenate	$Na_2 Se O_4$	3.098	Topsoë. B. S. C. 19, 246.
" "	"	3.209, 17°.2	} Pettersson. U. N. A. 1874.
" "	"	3.217, 17°.6	
" "	$Na_2 Se O_4 . 10 H_2 O$	1.584	Topsoë. C. C. 4, 76.
" "	"	1.612, m. of 5	
" "	"	1.603 } extremes	} Pettersson. U. N. A. 1874.
" "	"	1.621 } 17°.9–19°	
Potassium selenate	$K_2 Se O_4$	3.050	Topsoë. C. C. 4, 76.
" "	"	3.074, 18°	)
" "	"	3.077, 19°	} Pettersson. U. N. A. 1874.
" "	"	3.077, 21°	)
Sodium potassium selenate	$Na_2 Se O_4 . 3 K_2 Se O_4$	3.095	Topsoë. C. C. 4, 76.
Rubidium selenate	$Rb_2 Se O_4$	3.923, m. of 5	
" "	"	3.896 } extremes	} Pettersson. U. N. A. 1874.
" "	"	3.943 } 18°–19°.8	
Cæsium selenate	$Cs_2 Se O_4$	4.31, 15°.2	} Pettersson. U. N. A. 1876.
" "	"	4.34, 15°.5	
Ammonium selenate	$Am_2 Se O_4$	2.162	Topsoë. B. S. C. 19, 246.
" "	"	2.197, 18°	} Pettersson. U. N. A. 1874.
" "	"	2.198, 18°.8	
Ammonium hydrogen selenate.	$Am H Se O_4$	2.409	Topsoë. C. C. 4, 76.
Silver selenate	$Ag_2 Se O_4$	5.92, 17°.2	} Pettersson. U. N. A. 1874.
" "	"	5.93, 17°	
Silver ammonio-selenate	$Ag_2 Se O_4 . 4 N H_3$	2.854	Topsoë. C. C. 4, 76.
Thallium selenate	$Tl_2 Se O_4$	7.019, 18°	Pettersson. U. N. A. 1874.
" "	"	7.067, 18°.2	
Glucinum selenate	$Gl Se O_4 . 4 H_2 O$	2.029	Topsoë. C. C. 4, 76.
Magnesium selenate	$Mg Se O_4 . 6 H_2 O$	1.928	" "
" "	"	1.955, 15°.2	} Pettersson. U. N. A. 1876.
" "	"	1.960, 15°.8	
Zinc selenate	$Zn Se O_4 . 5 H_2 O$	2.591	Topsoë. C. C. 4, 76.
" "	$Zn Se O_4 . 6 H_2 O$	2.325	" "
Cadmium selenate	$Cd Se O_4 . 2 H_2 O$	3.632	" "

NAME.	FORMULA.	SP. GRAVITY.	AUTHORITY.
Calcium selenate. Cryst.	$Ca Se O_4$	2.93	Michel. C. R. 106, 878.
" "	$Ca Se O_4 . 2 H_2 O$	2.676	Topsoë. C. C. 4, 76.
Strontium selenate. Cryst.	$Sr Se O_4$	4.23	Michel. C. R. 106, 878.
Barium selenate	$Ba Se O_4$	4.67, 22°	Schafarik. J. P. C. 90, 12.
" " Cryst.	"	4.75	Michel. C. R. 106, 878.
Lead selenate	$Pb Se O_4$	6.37, 22°	Schafarik. J. P. C. 90, 12.
" "	"	6.22, 18° }	Pettersson. U. N. A. 1874.
" "	"	6.23, 18°.2 }	
Manganese selenate	$Mn Se O_4 . 2 H_2 O$	2.949	Topsoë. B. S. C. 19, 246.
" "	"	3.001, 15°.8 }	Pettersson. U. N. A. 1876.
" "	"	3.012, 16°.6 }	
" "	$Mn Se O_4 . 5 H_2 O$	2.334	Topsoë. B. S. C. 19, 246.
" "	"	2.386 } 16° {	Pettersson. U. N. A. 1876.
" "	"	2.389 }	
Iron selenate	$Fe Se O_4 . 7 H_2 O$	2.073	Topsoë. B. S. C. 19, 246.
Nickel selenate	$Ni Se O_4 . 6 H_2 O$	2.314	" "
" "	"	2.332, 14°.1 }	
" "	"	2.335, 13°.8 }	Pettersson. U. N. A. 1876.
" "	"	2.339, 13°.8 }	
Cobalt selenate	$Co Se O_4$	4.037, 14°.2	" "
" "	$Co Se O_4 . 5 H_2 O$	2.512	Topsoë. C. C. 4, 76.
" "	$Co Se O_4 . 6 H_2 O$	2.179	" "
" "	"	2.247, 14°.6 }	
" "	"	2.248, 17° }	Pettersson. U. N. A. 1876.
" "	"	2.258, 15°.8 }	
" "	$Co Se O_4 . 7 H_2 O$	2.135	Topsoë. C. C. 4, 76.
Copper selenate	$Cu Se O_4 . 5 H_2 O$	2.559	" "
" "	"	2.561, 19°.2 }	Pettersson. U. N. A. 1874.
" "	"	2.562, 17°.8 }	
Yttrium selenate	$Y_2 (Se O_4)_3 . 9 H_2 O$	2.6770, 18°	Cleve and Hoeglund. B. S. C. 18, 289.
" "	"	2.780	Topsoë. Quoted by Pettersson.
" "	"	2.661, 12°.8	Pettersson. U. N. A. 1876.
Erbium selenate	$Er_2 (Se O_4)_3 . 8 H_2 O$	3.516	Topsoë. Quoted by Pettersson.
" "	"	3.501, 13°.8 }	
" "	"	3.510, 14° }	Pettersson. U. N. A. 1876.
" "	"	3.529, 13°.4 }	
" "	$Er_2 (Se O_4)_3 . 9 H_2 O$	3.171	Topsoë. Quoted by Pettersson.
Lanthanum selenate	$La_2 (Se O_4)_3 . 6 H_2 O$	3.48, 14°.4	Pettersson. U. N. A. 1876.
Didymium selenate	$Di_2 (Se O_4)_3$	4.416 } 12°.5	
" "	"	4.430 }	Cleve. U. N. A. 1885.
" "	"	4.460 } 18°	
" "	"	4.461 }	
" "	$Di_2 (Se O_4)_3 . 5 H_2 O$	3.710, 13°.8 }	Pettersson. U. N. A. 1876.
" "	"	3.722, 13°.3 }	

TABLE OF SPECIFIC GRAVITIES

Name.	Formula.	Sp. Gravity.	Authority.
Didymium selenate	$Di_2(SeO_4)_3 \cdot 5H_2O$	3.677, 15° $\}$ 3.685, 18°.3	Cleve. U. N. A. 1885.
" "	"		" "
Samarium selenate	$Sm_2(SeO_4)_3$	4.077, 10°	" "
" "	$Sm_2(SeO_4)_3 \cdot 8H_2O$	3.326 $\}$ 18° 3.329	" "
" "	"		" "
" "	$Sm_2(SeO_4)_3 \cdot 12H_2O$	3.009 $\}$ 10° 3.010	" "
" "	"		" "
Thorium selenate	$Th(SeO_4)_2 \cdot 9H_2O$	3.026	Topsoë. B. S. C. 21, 121.
Magnesium potassium selenate.	$MgK_2(SeO_4)_2 \cdot 6H_2O$	2.386	Topsoë. C. C. 4, 76.
Magnesium ammonium selenate.	$MgAm_2(SeO_4)_2 \cdot 6H_2O$	2.035	Topsoë. B. S. C. 19, 246.
Zinc potassium selenate	$ZnK_2(SeO_4)_2 \cdot 2H_2O$	3.210	Topsoë. C. C. 4, 76.
" " "	$ZnK_2(SeO_4)_2 \cdot 6H_2O$	2.538	" "
Zinc ammonium selenate	$ZnAm_2(SeO_4)_2 \cdot 6H_2O$	2.200	" "
Cadmium potassium selenate.	$CdK_2(SeO_4)_2 \cdot 2H_2O$	3.376	" "
Cadmium ammonium selenate.	$CdAm_2(SeO_4)_2 \cdot 2H_2O$	2.897	" "
" " "	$CdAm_2(SeO_4)_2 \cdot 6H_2O$	2.307	" "
Manganese potassium selenate.	$MnK_2(SeO_4)_2 \cdot 2H_2O$	3.070	Topsoë. B. S. C. 19, 246.
Manganese ammonium selenate.	$MnAm_2(SeO_4)_2 \cdot 6H_2O$	2.093	Topsoë. C. C. 4, 76.
Iron ammonium selenate	$FeAm_2(SeO_4)_2 \cdot 6H_2O$	2.160	" "
Nickel potassium selenate	$NiK_2(SeO_4)_2 \cdot 6H_2O$	2.539	" "
" " "	"	2.580, m. of 5 $\}$ 2.573 extremes 2.587 $\}$ 16°.4–17°.3	Pettersson. U. N. A. 1876.
" " "	"		
" " "	"		
Nickel ammonium selenate.	$NiAm_2(SeO_4)_2 \cdot 6H_2O$	2.228	Topsoë. C. C. 4, 76.
" " "	"	2.274, 15°.8 $\}$ 2.279, 16°	Pettersson. U. N. A. 1876.
" " "	"		
Nickel thallium selenate	$NiTl_2(SeO_4)_2 \cdot 6H_2O$	4.066, 13°.3	" "
Cobalt potassium selenate	$CoK_2(SeO_4)_2 \cdot 6H_2O$	2.514	Topsoë. C. C. 4, 76.
" " "	"	2.531, 18°.8 $\}$ 2.543, 17°.4	Pettersson. U. N. A. 1876.
" " "	"		
Cobalt rubidium selenate	$CoRb_2(SeO_4)_2 \cdot 6H_2O$	2.837, 18°.3 $\}$ 2.838, 15°.6 2.844, 18°.6	" "
" " "	"		
" " "	"		
Cobalt cæsium selenate	$CoCs_2(SeO_4)_2 \cdot 6H_2O$	3.050, 18°.5 $\}$ 3.061, 16°.7 3.073, 18°.8	" "
" " "	"		
" " "	"		
Cobalt ammonium selenate	$CoAm_2(SeO_4)_2 \cdot 6H_2O$	2.212	Topsoë. C. C. 4, 76.
" " "	"	2.225, 18°.8 $\}$ 2.229, 17° 2.248, 15°.8	Pettersson. U. N. A. 1876.
" " "	"		
" " "	"		
Cobalt thallium selenate	$CoTl_2(SeO_4)_2 \cdot 6H_2O$	4.047, 13°.5 $\}$ 4.059, 16°.5	" "
" " "	"		
Copper potassium selenate	$CuK_2(SeO_4)_2 \cdot 6H_2O$	2.527	Topsoë. C. C. 4, 76.
" " "	"	2.556, 17° $\}$ 2.557, 16°.4	Pettersson. U. N. A. 1876.
" " "	"		
Copper ammonium selenate	$CuAm_2(SeO_4)_2 \cdot 6H_2O$	2.221	Topsoë. C. C. 4, 76.
" " "	"	2.234, 17°.2	Pettersson. U. N. A. 1876.

FOR SOLIDS AND LIQUIDS.

NAME.	FORMULA.	SP. GRAVITY.	AUTHORITY.
Sodium aluminum alum	$NaAl(SeO_4)_2 \cdot 12H_2O$	2.061, 21°	
" " "	"	2.069, 20°.8	Pettersson. U. N. A. 1874.
" " "	"	2.071, 20°.8	
Potassium aluminum alum	$KAl(SeO_4)_2 \cdot 12H_2O$	1.971	Weber. J. 12, 91.
" " "	"	1.998, 21°	Pettersson. U. N. A.
" " "	"	2.004, 20°.1	1874.
Ammonium aluminum alum.	$AmAl(SeO_4)_2$	2.3676, 20°.4	Pettersson. U. N. A. 1876.
" " "	$AmAl(SeO_4)_2 \cdot 12H_2O$	1.892, m. of 4	
" " "	"	1.889 extremes	Pettersson. U. N. A. 1874.
" " "	"	1.895 } 17°–20°.5	
Rubidium aluminum alum	$RbAl(SeO_4)_2 \cdot 12H_2O$	2.132, 17°.2	
" " "	"	2.134, 21°	" "
" " "	"	2.135, 17°.2	
Cæsium aluminum alum	$CsAl(SeO_4)_2 \cdot 12H_2O$	2.223, 18°.8	" "
" " "	"	2.225, 20°	
Thallium aluminum alum	$TlAl(SeO_4)_2 \cdot 12H_2O$	2.492, 17°.5	" "
" " "	"	2.514, 17°	
Potassium chromium alum	$KCr(SeO_4)_2$	2.5190, 20°.3	Pettersson. U. N. A. 1876.
" " "	$KCr(SeO_4)_2 \cdot 12H_2O$	2.076, 17°.6	
" " "	"	2.077, 17°	Pettersson. U. N. A. 1874.
" " "	"	2.081, 17°.2	
Ammonium chromium alum.	$AmCr(SeO_4)_2$	2.3585, 15°.5	Pettersson. U. N. A. 1876.
" " "	$AmCr(SeO_4)_2 \cdot 12H_2O$	1.980 } 20°	Pettersson. U. N. A.
" " "	"	1.984	1874.
Rubidium chromium alum	$RbCr(SeO_4)_2 \cdot 12H_2O$	2.214, 18°.8	" "
" " "	"	2.223, 17°	
Thallium chromium alum	$TlCr(SeO_4)_2 \cdot 12H_2O$	2.630, 20	" "
Didymium potassium selenate.	$DiK(SeO_4)_2$	3.839, 18°	Cleve. U. N. A. 1885.
" " "	$DiK(SeO_4)_2 \cdot 5H_2O$	3.174 } 12°	" "
" " "	"	3.178	
Didymium ammonium selenate.	$DiAm(SeO_4)_2 \cdot 5H_2O$	2.957 } 15°	" "
" " "	"	2.961	
Samarium potassium selenate.	$SmK(SeO_4)_2$	4.098 } 10°	" "
" " "	"	4.129	
" " "	$SmK(SeO_4)_2 \cdot 3H_2O$	3.566, 10°	" "
" " "	"	3.540, 18°	
Samarium ammonium selenate.	$SmAm(SeO_4)_2$	3.805, 14°	" "
" " "	$SmAm(SeO_4)_2 \cdot 3H_2O$	3.277, 14°	
" " "	"	3.263, 15°	" "
" " "	"	3.260, 18°.6	
Potassium selenate with nickel sulphate.	$K_2SeO_4 \cdot NiSO_4 \cdot 6H_2O$	2.34	Gerichten. B. S. C 20, 80.

NOTE.—For the sp. gr. of some mixtures of sulphates and selenates see Pettersson, Ber. 9, 1676.

XXIV. TELLURATES.

Name.	Formula.	Sp. Gravity.	Authority.
Hydrogen tellurate, or telluric acid.	$H_2 Te O_4$	3.425, 18°.8	
" " "	"	3.440, 19°.2	Clarke. A. J. S. (3), 16, 206.
" " "	"	3.458, 19°.1	
" " "	$H_2 Te O_4 \cdot 2 H_2 O$	2.340	Oppenheim. J. 10, 213.
" " "	"	2.9649, 26°.5	Clarke. A. J. S. (3), 16, 206.
" " "	"	2.9999, 25°.5	
Ammonium tellurate	$Am_2 Te O_4$	2.986, 24°.5	
" "	"	3.012, 25°	" "
" "	"	3.024, 24°.5	
Thallium tellurate	$Tl_2 Te O_4$	6.742, 16°	
" "	"	6.760, 17°.5	" "
" "	$2 Tl_2 Te O_4 \cdot H_2 O$	5.687, 22°	
" "	"	5.712, 20°	" "
Barium tellurate	$Ba Te O_4$	4.5305, 10°	Clarke. A. J. S. (3), 14, 286.
" "	"	4.5486, 10°.5	

XXV. CHROMATES.

Name.	Formula.	Sp. Gravity.	Authority.
Sodium chromate	$Na_2 Cr O_4$	2.7104, 16°.5	Abbot. F. W. C.
" "	"	2.7358, 12°	
" "	$Na_2 Cr O_4 \cdot 10 H_2 O$	1.4828, 20°	" "
Sodium dichromate	$Na_2 Cr_2 O_7 \cdot 2 H_2 O$	2.5246, 13°	Stanley. C. N. 54, 195.
Potassium chromate	$K_2 Cr O_4$	2.612	Thomson.
" "	"	2.6402	Karsten. Schw. J. 65, 394.
" "	"	2.705	Kopp. A. C. P. 36, 1.
" "	"	2.682, m. of 10	Playfair and Joule. M. C. S. 2, 401.
" "	"	2.711	Playfair and Joule. J. C. S. 1, 137.
" "	"	2.72309, 4°	
" "	"	2.678, 15°.5	Holker. P. M. (3), 27, 213.
" "	"	2.691	Schiff. A. C. P. 107, 64.
" "	"	2.7343	Stolba. J. P. C. 97, 503.
" "	"	2.710	Schröder. Dm. 1873.
" "	"	2.722	
" "	"	2.7403, 0°	
" "	"	2.7374, 10°	
" "	"	2.7345, 20°	Spring. Ber. 15, 1940.
" "	"	2.7317, 30°	
" "	"	2.7288, 40°	

Name.	Formula.	Sp. Gravity.	Authority.
Potassium chromate	K_2CrO_4	2.7258, 50°	Spring. Ber. 15, 1940.
" "	"	2.7227, 60°	
" "	"	2.7169, 70°	
" "	"	2.7110, 80°	
" "	"	2.7102, 90°	
" "	"	2.7095, 100°	
Potassium dichromate	$K_2Cr_2O_7$	2.6027	Karsten. Schw. J. 65, 394.
" "	"	2.624	Playfair and Joule. M. C. S. 2, 401.
" "	"	2.692, 4°	Playfair and Joule. J. C. S. 1, 137.
" "	"	2.689	Schabus. J. 3, 312.
" "	"	2.721	Schiff. A. C. P. 107, 64.
" "	"	2.6616 } 15°	Stolba. J. P. C. 97, 503.
" "	"	2.6806 }	
" " Pulv.	"	2.702	
" " After }	"	2.677 }	Schröder. Ber. 11, 2019.
" " fusion. }	"	2.751 }	
" "	"	2.694	W. C. Smith. Am. J. P. 53, 145.
Potassium trichromate	$K_2Cr_3O_{10}$	2.655, m. of 3	Playfair and Joule. M. C. S. 2, 401.
" "	"	3.613	Bothe. J. 2, 272.
" "	"	2.676	Schröder. A. C. P. 174, 249.
" "	"	2.702	
Potassium chromium chromate.	$K_2Cr_5O_{13}.H_2O$	2.28, 14°	Tommasi. B. S. C. (2), 17, 396.
Ammonium chromate	Am_2CrO_4	1.9138 } 12°	Abbot. F. W. C.
" "	"	1.9203 }	
" "	"	1.860 }	Schröder. Dm. 1873.
" "	"	1.871 }	
Ammonium dichromate	$Am_2Cr_2O_7$	2.367	Schiff. A. C. P. 107, 64.
" "	"	2.152 }	Schröder. Dm. 1873.
" "	"	2.153 }	
" "	"	2.1223, 16° }	Abbot. F. W. C.
" "	"	2.1805, 17° }	
Silver chromate	Ag_2CrO_4	5.770	Playfair and Joule. M. C. S. 2, 401.
" "	"	5.536	Rettig. A. C. P. 173, 72.
" "	"	5.463 }	Schröder. Dm. 1873.
" "	"	5.583 }	
Silver dichromate	$Ag_2Cr_2O_7$	4.602 }	" "
" "	"	4.676 }	
Silver ammonio-chromate	$Ag_2CrO_4.4NH_3$	3.063, m. of 3	Playfair and Joule. M. C. S. 2, 401.
" " "	"	2.717	Topsoë. C. C. 4, 76.
Magnesium chromate	$MgCrO_4.H_2O$	2.2301 } 17°	Abbot. F. W. C.
" "	"	2.2886 }	
" "	$MgCrO_4.7H_2O$	1.66, 15°	Kopp. A. C. P. 42, 97.
" "	"	1.75, 12°	Bödeker. B. D. Z.
" "	"	1.7613, 16°	Abbot. F. W. C.
Trimercuric chromate	Hg_3CrO_6	7.171, 18°.6	H. Stallo. F. W. C.
Strontium chromate	$SrCrO_4$	3.353	Schröder. Dm. 1873.

TABLE OF SPECIFIC GRAVITIES

Name.	Formula.	Sp. Gravity.	Authority.
Barium chromate	Ba Cr O$_4$	3.90, 11°	Bödeker and Giesecke. B. D. Z.
" "	"	4.49, 23°	Schafarik. J. P. C. 90, 12.
" "	"	4.5044	Schweitzer. University of Missouri. Special pub., 1876.
" "	"	4.296 } 4.304 }	Schröder. Dm. 1873.
" " Cryst.	"	4.60	Bourgeois. C. N. 39, 123.
Lead chromate	Pb Cr O$_4$	6.004	Mohs. See Böttger.
" "	"	5.951	Breithaupt. "
" "	"	5.653	Playfair and Joule. M. C. S. 2, 401.
" " Artif. cryst.	"	6.118	Manross. J. 5, 12.
" " " "	"	6.29	Bourgeois. B. S. C. 47, 884.
" " Native	"	5.965, m. of 3	Schröder. Ber. 11, 2019.
Diplumbic chromate	Pb$_2$ Cr O$_5$	6.266	Playfair and Joule. M. C. S. 2, 401.
Phœnicochroite	Pb$_3$ Cr$_2$ O$_9$	5.75	Dana's Mineralogy.
Potassium ammonium chromate.	K Am Cr O$_4$	2.278 } 2.290 }	Schröder. Dm. 1873.
Potassium calcium chromate.	K$_2$ Ca(Cr O$_4$)$_2$. 2H$_2$O	2.499 } 2.505 }	" "
" " " "	K$_2$Ca$_4$(Cr O$_4$)$_5$. 2H$_2$O	2.772 } 2.802 }	" "
Magnesium potassium chromate.	K$_2$ Mg(Cr O$_4$)$_2$. H$_2$O	2.592 } 2.608 }	" "
" "	"	2.5804 } 2.5966 } 19°.5	Abbot. F. W. C.
Magnesium ammonium chromate.	Am$_2$Mg(CrO$_4$)$_2$.6H$_2$O	1.8278, 16° } 1.8293, 17° } 1.8595, 16° }	" "
Vauquelinite	Pb$_2$ Cu Cr$_2$ O$_9$	5.5—5.78	Dana's Mineralogy.
Potassium chlorochromate	K Cr O$_3$ Cl	2.466	Playfair and Joule. M. C. S. 2, 401.
" "	"	2.49702, 4°	Playfair and Joule. J. C. S. 1, 137.
Sodium chromiodate	Na Cr I O$_6$. H$_2$O	3.21	Berg. C. R. 104, 1514.
Potassium chromiodate	K Cr I O$_6$	3.66	" "
Ammonium chromiodate	Am Cr I O$_6$	3.50	" "

XXVI. MANGANITES, MANGANATES, AND PERMANGANATES.

Name.	Formula.	Sp. Gravity.	Authority.
Barium manganite	$Ba\, Mn\, O_3$	5.85	Rousseau and Saglier. C. R. 98, 141.
Barium manganate	$Ba\, Mn\, O_4$	4.85, 23°	Schafarik. J. P. C. 90, 12.
Potassium permanganate. " "	$K\, Mn\, O_4$ "	2.709 2.710	Kopp. J. 16, 4.

XXVII. MOLYBDATES.

Name.	Formula.	Sp. Gravity.	Authority.
Ammonium molybdate	$Am_2\, Mo\, O_4$	2.238	
" "	"	2.261	
" "	"	2.270	Various samples. Schröder. Ber. 11, 2212.
" "	"	2.286	
" "	"	2.295	
" "	$18\, Mo\, O_3.\ 14\, N\, H_3.$ $(O\, H)_6.\ 18\, H_2\, O.$	2.975	Baerwald. J. C. S. 50, 17.
Strontium molybdate	$Sr\, Mo\, O_4$	4.1348, 21°	F. O. Marsh. F. W. C.
" "	"	4.1554, 20°.5	
Barium molybdate	$Ba\, Mo\, O_4$	4.6483, 19°.5	" "
" "	"	4.6589, 17°.5	
Lead molybdate	$Pb\, Mo\, O_4$	8.11, artificial	Manross. J. 5, 11.
" "	"	6.62 "	Cossa. G. C. I. 16, 324.
" " Wulfenite.	"	6.76	Haidinger.
" " "	"	6.95	Smith. J. 8, 963.
Cerium molybdate	$Ce_2\,(Mo\, O_4)_3$	4.56, cryst. 4.82, ppt.	Cossa. G. C. I. 16, 324.
" "	"		" "
Didymium molybdate	$Di_2\,(Mo\, O_4)_3$	4.75, cryst.	" "
Samarium molybdate	$Sm_2\,(Mo\, O_4)_3$	5.95	Cleve. B. S. C. 43, 162.
Samarium sodium molybdate.	$Sm\, Na\,(Mo\, O_4)_2$	5.265	Cleve. U. N. A. 1885.

XXVIII. TUNGSTATES.

Name.	Formula.	Sp. Gravity.	Authority.
Sodium tungstate	Na_2WO_4	4.1743, 20°.5	J. L. Davis. F. W. C.
" "	"	4.1833, 18°.5	
" "	$Na_2WO_4 \cdot 2H_2O$	3.2314, 19°	" "
" "	"	3.2588, 17°.5	
Sodium metatungstate	$Na_4W_4O_{13} \cdot 10H_2O$	3.8467, 13°	Scheibler. J. 14, 219.
Sodium polytungstate	$Na_6W_7O_{24}$	5.4983	Scheibler. J. 14, 216.
" "	$Na_6W_7O_{24} \cdot 16H_2O$	3.987, 14°	" "
Sodium tungstoso-tungstate.	$Na_2W_3O_9$*	6.617	Wright. J. 4, 348.
" " "	$Na_2W_4O_{11}$	7.283	Scheibler. J. 14, 223.
Potassium tungstoso-tungstate.	$K_2W_4O_{12}$*	7.085	Two preparations. Knorre. J. P. C. (2), 27, 62.
" " "	"	7.095	
" " "	"	7.135	
" " "	$K_2W_5O_{13}$	7.6	Zeitnow. J. 20, 224.
" " "	$K_2W_8O_{25}$	6.53	Knorre. J. P. C. (2), 27, 92.
Sodium potassium tungstoso-tungstate.	$5K_2W_4O_{12} \cdot 2Na_2W_5O_{13}$	7.112	Knorre. J. P. C. (2), 27, 62.
" "	"	7.121	
Calcium tungstate	$CaWO_4$	6.076, artif.	Manross. J. 5, 11.
" " Scheelite	"	6.04	Karsten. Schw. J. 65, 394.
" " "	"	6.03	Rammelsberg. J. 3, 752.
" " "	"	6.02	Bernoulli. J. 13, 783.
Barium tungstate	$BaWO_4$	5.0035, 13°.5	J. L. Davis. F. W. C.
" "	"	5.0422, 15°	
Barium metatungstate	$Ba_4W_4O_{13} \cdot 9H_2O$	4.298, 14°	Scheibler. J. 14, 220.
Lead tungstate	$PbWO_4$	8.232, artif.	Manross. J. 5, 11.
" "	"	8.238 "	
" "	"	8.1032	Kerndt. J. P. C. 42, 113.
" "	"	8.1275	
Manganese tungstate	$MnWO_4$	6.7, artif.	Geuther and Forsberg. J. 14, 224.
" " Hübnerite.	"	7.14	Breithaupt. Dana's Min.
" " "	"	7.177, 24°	Hillebrand. A. J. S. (3), 27, 357.
Iron tungstate	$FeWO_4$	7.1, artif.	Geuther and Forsberg. J. 14, 224.
" " Ferberite	"	7.169	Rammelsberg. J. 17, 855.
" " "	"	6.801	Breithaupt. Dana's Min.
" " Reinite	"	6.640	Lüdecke. J. 32, 1196.
Iron manganese tungstate	$2MnWO_4 \cdot 3FeWO_4$	7.0, artif.	Geuther and Forsberg. J. 14, 224.

* Philipp (Ber. 15, 506) finds the specific gravity of all the "tungsten bronzes" to vary between 7.2 and 7.3, at 16°—18°.

Name.	Formula.	Sp. Gravity.	Authority.
Wolfram*	(Mn Fe) W O$_4$	7.155	Mohs. See Böttger.
"	"	7.097	Gehlen. " "
" Fe$_2$: Mn	"	7.4581	Sipöcz. Ber. 19, 95.
Nickel tungstate	Ni W O$_4$	6.8522, 22°	J. L. Davis. F.
" "	"	6.8896, 20°.5	W. C.
Cerium tungstate	Ce$_2$ (W O$_4$)$_3$	6.514, 12°	Cossa and Zechini. Ber. 13, 1861.
Didymium tungstate	Di$_2$ (W O$_4$)$_3$	6.69, 14°	Cossa. Ber. 14, 107.
Samarium tungstate	Sm$_2$ O$_3$. 12 W O$_3$.	3.992 } 18°.4	Cleve. U. N. A.
" "	35 H$_2$ O.	3.996	1885.

XXIX. BORATES.

Name.	Formula.	Sp. Gravity.	Authority.
Hydrogen borate, or boric acid.	H$_3$ B O$_3$	1.479	Kirwan.
" " "	"	1.4347, 15°	Stolba. J. 16, 667.
" " "	"	1.493, 20°.5	Favre and Valson. C. R. 77, 579.
" " "	"	1.5463, 0°	
" " "	"	1.5172, 12°	Ditte. Bei. 2, 67.
" " "	"	1.4165, 60°	
" " "	"	1.3828, 80°	
Sodium diborate	Na$_2$ B$_4$ O$_7$	2.367	Filhol. Ann. (3), 21, 415.
" "	"	2.371, 20°	Favre and Valson. C. R. 77, 579.
" "	"	2.368, 16°	Bedson and Williams. Ber. 14, 2553.
" "	"	2.370, 14°.2	
" "	"	2.373, 18°.5	
" "	"	2.5, fused	Quincke. P. A. 135, 642.
" "	Na$_2$ B$_4$ O$_7$. 5 H$_2$ O	1.815	Payen. Q. J. S. 1828 (1), 483.
" "	Na$_2$ B$_4$ O$_7$. 10 H$_2$ O	1.757	Wattson.
" "	"	1.723	Hassenfratz. Ann. 28, 3.
" "	"	1.716	Mohs. See Böttger.
" "	"	1.74	Payen. Q. J. S. 1828 (1), 483.
" "	"	1.730, m. of 2	Playfair and Joule. M. C. S. 2, 401.
" "	"	1.692	Filhol. Ann. (3), 21, 415.
" "	"	1.692	Buignet. J. 14, 15.
" "	"	1.7156	Stolba. J. P. C. 97, 503.
" "	"	1.711, 20°	Favre and Valson. C. R. 77, 579.
" "	"	1.736	W. C. Smith. Am. J. P. 53, 148.

*See Dana's Mineralogy for many other determinations.

Name.	Formula.	Sp. Gravity.	Authority.
Potassium borate	$K_2 B_4 O_7$	1.740	Buignet. J. 14, 15.
Pinnoite	$Mg B_2 O_4 \cdot 3 H_2 O$	2.27	Staute. Ber. 17, 1584.
Magnesium borate	$Mg_3 B_2 O_6$	2.987	Ebelmen. J. 4, 13.
Szaibelyite	$Mg_5 B_4 O_{11} \cdot 3 H_2 O$	3.0	Peters. J. 16, 836.
Colemanite	$Ca_2 B_6 O_{11} \cdot 5 H_2 O$	2.428	Evans. J. 37, 1927.
Priceite	$Ca_3 B_8 O_{15} \cdot 6 H_2 O$	2.262	Silliman. A. J. S. (3), 6, 128.
"	"	2.298	
" Pandermite	"	2.48	v. Rath. Dana's Min., 3d App.
Lead borate	$Pb B_2 O_4$	5.598	Herapath. J. 2, 227.
Lead hydrogen borate	$Pb H B_3 O_6$	5.235	" "
Jeremejewite	$Al B O_3$	3.28	Damour. J. C. S. 44, 710.
Didymium orthoborate	$Di B O_3$	5.680 } 15°	Cleve. U. N. A. 1885.
" "	"	5.721 }	
Didymium borate	$Di_4 B_2 O_9$	5.825, 14°	Nordenskiöld. J. 14, 197.
Samarium orthoborate	$Sm B O_3$	6.045 } 16°.4	Cleve. U. N. A. 1885.
" "	"	6.052 }	
Ulexite	$Na Ca B_5 O_9 \cdot 6 H_2 O$	1.65	How. A. J. S. (2), 24, 234.
Franklandite	$Na_4 Ca_2 B_{12} O_{22} \cdot 15 H_2 O$	1.65	Reynolds. J. 30, 1288.
Hydroboracite	$Mg_3 Ca_3 B_{16} O_{30} \cdot 18 H_2 O$	1.9	Hess. P. A. 31, 49.
Sussexite	$Mg Mn B_2 O_5 \cdot H_2 O$	3.42	Brush. A. J. S. (2), 46, 240.
Magnesium chromium borate.	$Mg_6 Cr_6 B_4 O_{21}$	3.82	Ebelmen. J. 4, 13.
Magnesium iron borate	$Mg_6 Fe_6 B_4 O_{21}$	3.85	" "
Ludwigite	$Mg_5 Fe'''_4 Fe''_2 H_3 B_3 O_{20}$	3.907	Tschermak. J. 27, 1278.
"		4.016	
Rhodizite	$Al_2 K B_3 O_8$	3.38	Damour. J. 37, 1927.
Boracite	$Mg_7 B_{16} O_{30} Cl_2$	2.9134	Karsten. J. 1, 1227.
"	"	2.974	Mohs. See Böttger.

XXX. NITRATES.

1st. Simple Nitrates.

Name.	Formula.	Sp. Gravity.	Authority.
Hydrogen nitrate, or nitric acid.	$H N O_3$	1.5543, 15°.5	Kirwan. Gilb. Ann. 9, 266.
" " "	"	1.522, 12°.5	Mitscherlich. P. A. 18, 152.
" " "	"	1.503	A. Smith. J. 1, 386.
" " "	"	1.552, 15°	Millon. J. P. C. 29, 337.
" " "	$H N O_3 \cdot H_2 O$	1.486	A. Smith. J. 1, 386.
" " "	$H N O_3 \cdot 3 H_2 O$	1.424	" "
Nitric subhydrate	$2 H N O_3 \cdot N_2 O_5$	1.642, 18°	Weber. J. P. C. (2), 6, 357.

Name.	Formula.	Sp. Gravity.	Authority.
Lithium nitrate	Li N O$_3$	2.334	Kremers. J. 10, 67.
" "	"	2.442	Troost. J. 10, 141.
Sodium nitrate	Na N O$_3$	2.0964	Hassenfratz. Ann. 28, 3.
" "	"	2.096	Klaproth.
" "	"	2.1880	Marx. See Böttger.
" "	"	2.2256	Karsten. Schw. J. 65, 394.
" "	"	2.200	Kopp. A.C.P. 36, 1.
" "	"	2.182, m. of 4.	Playfair and Joule. M. C. S. 2, 401.
" "	"	2.2606, 4°	Playfair and Joule. J. C. S. 1, 137.
" "	"	2.26	Filhol. Ann. (3), 21, 415.
" "	"	2.256	Schröder. P. A. 106, 226.
" "	"	2.265	Buignet. J. 14, 15.
" "	"	2.236	Kopp. J. 16, 4.
" "	"	2.246, 15°.5	Holker. P. M. (3), 27, 213.
" "	"	2.24 }	Page and Keightley. J. C. S. (2), 10, 566.
" "	"	2.25 }	
" "	"	2.148	W. C. Smith. Am. J. P. 53, 148.
" " Native	"	2.18, 15°.5	Forbes. P. M. (4), 32, 135.
" " "	"	2.290	Hayes.
" "	"	1.878, at the melting p't.	Melts 314°. Braun. P. A. 154, 190.
" "	"	2.24	Brügelmann. Ber. 17, 2359.
" "	Na N O$_3$. 7 H$_2$ O	1.357, 0°, l.	Ditte. B. S. C. 24, 366.
Potassium nitrate	K N O$_3$	1.9369	Hassenfratz. Ann. 28, 3.
" "	"	1.933	Wattson.
" "	"	2.1006	Karsten. Schw. J. 65, 394.
" "	"	2.058	Kopp. A. C. P. 36, 1.
" "	"	2.070, m. of 3	Playfair and Joule. M. C. S. 2, 401.
" "	"	2.1078 }	Playfair and Joule. J. C. S. 1, 137.
" "	"	2.10657 } 4°	
" "	"	2.09584 }	
" " Large crystals.	"	2.109 }	Grassi. J. 1, 39.
" " Small crystals.	"	2.143 }	
" " After fusion.	"	2.132 }	
" "	"	2.100	Schiff. A. C. P. 112, 88.
" "	"	2.086	Schröder. P. A. 106, 226.
" "	"	2.126	Buignet. J. 14, 15.
" "	"	2.105	Kopp. J. 16, 4.

TABLE OF SPECIFIC GRAVITIES

Name.	Formula.	Sp. Gravity.	Authority.
Potassium nitrate	KNO_3	2.074, 15°.5	Holker. P. M. (3), 27, 218.
" "	"	2.0845	Stolba. J. P. C. 97, 503.
" "	"	2.0904	
" "	"	2.059, 0°	Quincke. P. A. 135, 642.
" "	"	2.06	Page and Keightley. J. C. S. (2), 10, 566.
" "	"	2.10355, cryst. at 20°.	Nicol. P. M. (5), 15, 94.
" "	"	2.09916, cryst. at 110°.	
" "	"	1.702, at the melting p't.	Braun. (Melts at 342°.) P. A. 154, 190.
Ammonium nitrate	$AmNO_3$	1.579	Hassenfratz. Ann. 28, 3.
" "	"	1.707	Kopp. A. C. P. 36, 1.
" "	"	1.635, m. of 3.	Playfair and Joule. M. C. S. 2, 401.
" "	"	1.737, m. of 2.	Schröder. P. A. 106, 226.
" "	"	1.709	Schiff. A. C. P. 112, 88.
" "	"	1.723	Buignet. J. 14, 15.
" "	"	1.6915	Stolba. J. P. C. 97, 503.
Silver nitrate	$AgNO_3$	4.3554	Karsten. Schw. J. 65, 394.
" "	"	4.336	Playfair and Joule. M. C. S. 2, 401.
" "	"	4.238	Schröder. P. A. 107, 113.
" "	"	4.253	
" "	"	4.271	
" "	"	4.328	
Thallium nitrate	$TlNO_3$	5.8	Lamy. J. 15, 186.
" "	"	5.55	Lamy and Des Cloizeaux. Nature 1, 116.
Magnesium nitrate	$Mg(NO_3)_2 \cdot 6H_2O$	1.464	Playfair and Joule. M. C. S. 2, 401.
Zinc nitrate	$Zn(NO_3)_2 \cdot 6H_2O$	2.063, 13°	Laws. F. W. C.
" "	"	2.067, 15°	
Cadmium nitrate	$Cd(NO_3)_2 \cdot 4H_2O$	2.450, 14°	" "
" "	"	2.460, 20°	
Mercurous nitrate	$HgNO_3 \cdot H_2O$	4.785, m. of 3.	Playfair and Joule. M. C. S. 2, 401.
Calcium nitrate	$Ca(NO_3)_2$	2.240	Filhol. Ann. (3), 21, 415.
" "	"	2.472	Kremers. J. 10, 67.
" "	"	2.504, 17°.9	Favre and Valson. C. R. 77, 579.
" "	$Ca(NO_3)_2 \cdot 4H_2O$	1.78	Filhol. Ann. (3), 21, 415.
" "	"	1.90, 15°.5, s.	Ordway. J. 12, 115.
" "	"	1.79, 15°.5, l.	
" "	"	1.878, 18°	Favre and Valson. C. R. 77, 579.

FOR SOLIDS AND LIQUIDS.

Name.	Formula.	Sp. Gravity.	Authority.
Strontium nitrate	$Sr(NO_3)_2$	3.0061	Hassenfratz. Ann. 28, 3.
" "	"	2.8901	Karsten. Schw. J. 65, 394.
" "	"	2.704	Playfair and Joule. M. C. S. 2, 401.
" "	"	2.857	Filhol. Ann. (3), 21, 415.
" "	"	2.962, m. of 4	Schröder. P. A. 106, 226.
" "	"	2.805	Buignet. J. 14, 15.
" "	"	2.980, 16°.8	Favre and Valson. C. R. 77, 579.
" "	$Sr(NO_3)_2 \cdot 4H_2O$	2.113	Filhol. Ann. (3), 21, 415.
" "	"	2.249, 15°.5	Favre and Valson. C. R. 77, 579.
Barium nitrate	$Ba(NO_3)_2$	2.9149	Hassenfratz. Ann. 28, 3.
" "	"	3.1848	Karsten. Schw. J. 65, 394.
" "	"	3.284, m. of 5	Playfair and Joule. M. C. S. 2, 401.
" "	"	3.16052, 4°	Playfair and Joule. J. C. S. 1, 137.
" "	"	3.200	Filhol. Ann. (8), 21, 415.
" "	"	3.222 }	
" "	"	3.228 }	Crystallized at different temperatures.
" "	"	3.240 }	Kremers. J. 5, 15.
" "	"	3.242 }	
" "	"	3.208 }	Schröder. P. A. 106,
" "	"	3.241 }	226.
" "	"	3.404	Buignet. J. 14, 15.
" "	"	3.22	Brügelmann. Ber. 17, 2359.
Lead nitrate	$Pb(NO_3)_2$	4.068	Hassenfratz. Ann. 28, 3.
" "	"	4.769	Breithaupt. Schw. J. 68, 291.
" "	"	4.3993	Karsten. Schw. J. 65, 394.
" "	"	4.340	Kopp.
" "	"	4.316, m. of 3	Playfair and Joule. M. C. S. 2, 401.
" "	"	4.472, 4°	Playfair and Joule. J. C. S. 1, 137.
" "	"	4.581	Filhol. Ann. (3), 21, 415.
" "	"	4.41, 15°.5	Holker. P. M. (3), 27, 214.
" "	"	4.423 }	
" "	"	4.429 }	Schröder. P. A. 106, 226.
" "	"	4.509 }	
" "	"	4.235	Buignet. J. 14, 15.
" "	"	4.3, 0°	Ditte. Ber. 15, 1438.
Manganese nitrate	$Mn(NO_3)_2 \cdot 6H_2O$	1.8199, 21°, s.	} Ordway. J. 12,
" "	"	1.8104, 21°, l.	} 113.

Name.	Formula.	Sp. Gravity.	Authority.
Nickel nitrate	$Ni(NO_3)_2 \cdot 6H_2O$	2.037, 22° }	Laws. F. W. C.
" "	"	2.065, 14° } --	
Cobalt nitrate	$Co(NO_3)_2 \cdot 6H_2O$	1.83, 14°	Bödeker. B. D. Z.
Copper nitrate	$Cu(NO_3)_2 \cdot 3H_2O$	2.174	Hassenfratz. Ann. 28, 3.
" "	"	2.047, m. of 3.	Playfair and Joule. M. C. S. 2, 401.
Didymium nitrate	$Di(NO_3)_3 \cdot 6H_2O$	2.245 } 19°	Cleve. U. N. A. 1885.
" "	"	2.253 }	
Samarium nitrate	$Sm(NO_3)_3 \cdot 6H_2O$	2.370 } 20°.4	" "
" "	"	2.380 }	
Ferric nitrate	$Fe_2(NO_3)_6 \cdot 18H_2O$	1.6835, 21°, s.	{ Ordway. J. 12, 114.
" "	"	1.6712, l.	
Bismuth nitrate	$Bi(NO_3)_3 \cdot 5H_2O$	2.736, m. of 2.	Playfair and Joule. M. C. S. 2, 401.
" "	"	2.823, 13°	Laws. F. W. C.
Uranyl nitrate	$UO_2(NO_3)_2 \cdot 6H_2O$	2.807, 13°	Bödeker. B. D. Z.
Gold hydrogen nitrate	$AuH(NO_3)_4 \cdot 3H_2O$	2.82 } 19°	{ Gumpach. See Schottlander, Wurzburg In. Diss. 1884.
" " "	"	2.87 }	

2d. Basic and Ammonio-Nitrates.

Name.	Formula.	Sp. Gravity.	Authority.
Dimercuric nitrate	$Hg_2N_2O_7 \cdot 2H_2O$	4.242	Playfair and Joule. M. C. S. 2, 401.
Mercurous subnitrate	$Hg_6(NO_3)_4 \cdot O \cdot 3H_2O$	5.967	" "
Lead hydroxynitrate	$PbNO_3OH$	5.93, 0°	Ditte. Ber. 15, 1438.
Diplumbic nitrate	$Pb_2N_2O_7$	5.645	Playfair and Joule. M. C. S. 2, 401.
Tricupric nitrate	$Cu_3N_2O_8 \cdot H_2O$	2.765, m. of 3.	" "
Tetracupric nitrate	$Cu_4N_2O_9 \cdot 3H_2O$	3.378 }	
" "	"	3.371 }	Wells and Penfield. A. J. S. (3), 30, 50.
Gerhardtite	"	3.426 }	
Bismuth subnitrate	$Bi_2N_2O_8 \cdot H_2O$	4.551	Playfair and Joule. M. C. S. 2, 401.
Bismuth hydroxynitrate	$Bi(OH)_2NO_3$	5.260, m. of 2.	" "
Mercury ammonionitrate	$Hg_3N_2O_8 \cdot 2NH_3$	5.970	" "
Copper ammonionitrate	$Cu(NO_3)_2 \cdot 4NH_3$	1.874, m. of 3.	" "
" "	"	1.905, 21°.5	Evans. F. W. C.
Purpureocobalt chloronitrate.	$Co_2(NH_3)_{10}Cl_2(NO_3)_4$	1.667, 16°	Jörgensen. J. P. C. (2), 20, 105.
Purpureocobalt bromonitrate.	$Co_2(NH_3)_{10}Br_2(NO_3)_4$	1.956, 17°.1	Jörgensen. J. P. C. (2), 19, 49.
Purpureochromium chloronitrate.	$Cr_2(NH_3)_{10}Cl_2(NO_3)_4$	1.569, 17°.2	Jörgensen. J. P. C. (2), 20, 105.

XXXI. HYPOPHOSPHITES AND PHOSPHITES.

Name.	Formula.	Sp. Gravity.	Authority.
Hydrogen hypophosphite, or hypophosphorous acid	H_3PO_2	1.493, 18°.8	Thomsen. J. P. C. (2), 2, 160.
Barium hypophosphite	$Ba\,H_4P_2O_4\cdot H_2O$	2.8718, 10°	Mohr. F. W. C.
" "	"	2.8971, 17°	Schröder. Ber. 11, 2130.
" "	"	2.839	
" "	"	2.911	
" "	"	2.775, 23°.3	Nye. F. W. C.
" "	"	2.780, 21°.6	
Magnesium hypophosphite	$Mg\,H_4P_2O_4\cdot 6H_2O$	1.5681, 14°.5	Mohr. F. W. C.
" "	"	1.5886, 12°.5	
Zinc hypophosphite	$Zn\,H_4P_2O_4\cdot 6H_2O$	2.014, 19°.5	Nye. F. W. C.
" "	"	2.016, 19°.2	
" "	"	2.020, 20°	
Nickel hypophosphite	$Ni\,H_4P_2O_4\cdot 6H_2O$	1.824, 19°.8	" "
" "	"	1.844, 19°	
" "	"	1.856, 18°	
Cobalt hypophosphite	$Co\,H_4P_2O_4\cdot 6H_2O$	1.808	" "
" "	"	1.809 } 18°.5	
" "	"	1.811	
Hydrogen phosphite, or phosphorous acid.	H_3PO_3	1.651, 21°.2	Thomsen. J. P. C. (2), 2, 160.

XXXII. HYPOPHOSPHATES.

Name.	Formula.	Sp. Gravity.	Authority.
Tetrasodium hypophosphate.	$Na_4P_2O_6\cdot 10H_2O$	1.832	Dufet. C. R. 102, 1328.
" "	"	1.8233	Dufet. B. S. M. 10, 77.
Trisodium hypophosphate	$Na_3HP_2O_6\cdot 9H_2O$	1.7427	" "
Disodium hypophosphate	$Na_2H_2P_2O_6\cdot 6H_2O$	1.8491	" "
" "	"	1.840	Dufet. C. R. 102, 1328.

XXXIII. PHOSPHATES.

1st. Normal Orthophosphates.

Name.	Formula.	Sp. Gravity.	Authority.
Hydrogen phosphate, or phosphoric acid.	H_3PO_4	1.88	Schiff. J. 12, 41.
" "	"	1.884, 18°.2	Thomsen. J. P. C. (2), 2, 160.
Trisodium phosphate	Na_3PO_4	2.5111, 12° ⎫	C. A. Mohr. F. W. C.
" "	"	2.5362, 17°.5 ⎭	
" "	$Na_3PO_4 \cdot 12H_2O$	1.622	Playfair and Joule. M. C. S. 2, 401.
" "	"	1.618	Schiff. A. C. P. 112, 88.
" "	"	1.6645	Dufet. B. S. M. 10, 77.
Disodium hydrogen phosphate.	$Na_2HPO_4 \cdot 3H_2O$	1.848	Dufet. C. R. 102, 1328.
" " "	$Na_2HPO_4 \cdot 7H_2O$	1.6789	Dufet. B. S. M. 10, 77.
" " "	$Na_2HPO_4 \cdot 12H_2O$	1.5139	Tünnermann. See Böttger.
" " "	"	1.525, m. of 3.	Playfair and Joule. M. C. S. 2, 401.
" " "	"	1.586, 8°	Kopp. J. 8, 45.
" " "	"	1.525	Schiff. A. C. P. 112, 88.
" " "	"	1.550	Buignet. J. 14, 15.
" " "	"	1.5235, 15°	Stolba. J. P. C. 97, 503.
" " "	"	1.535	W. C. Smith. Am. J. P. 53, 148.
" " "	"	1.5313	Dufet. B. S. M. 10, 77.
Sodium dihydrogen phosphate.	$NaH_2PO_4 \cdot H_2O$	2.040	Schiff. A. C. P. 112, 88.
" " "	"	2.0547	Dufet. B. S. M. 10, 77.
" " "	$NaH_2PO_4 \cdot 2H_2O$	1.915	Joly and Dufet. C. R. 102, 1393.
" " "	"	1.9096	Dufet. B. S. M. 10, 77.
Potassium dihydrogen phosphate.	KH_2PO_4	2.298	Schiff. A. C. P. 112, 88.
" " "	"	2.403	Buignet. J. 14, 15.
" " "	"	3.321 ⎫	
" " "	"	2.329 ⎬	Schröder. Dm. 1873.
" " "	"	2.343 ⎪	
" " "	"	2.880 ⎭	
Diammonium hydrogen phosphate.	Am_2HPO_4	1.619	Schiff. A. C. P. 112, 88.
" "	"	1.678	Buignet. J. 14, 15.
Ammonium dihydrogen phosphate.	AmH_2PO_4	1.758	Schiff. A. C. P. 112, 88.
" " "	"	1.700	Schröder. Dm. 1873.

FOR SOLIDS AND LIQUIDS.

Name.	Formula.	Sp. Gravity.	Authority.
Ammonium dihydrogen phosphate.	$Am\, H_2\, P\, O_4$	1.779	Schröder. Ber. 7, 677.
Sodium potassium hydrogen phosphate.	$Na\, K\, H\, P\, O_4.\ 7\, H_2\, O$	1.671	Schiff. A. C. P. 112, 88.
Sodium ammonium hydrogen phosphate.	$Na\, Am\, H\, P\, O_4.\ 4\, H_2\, O$	1.554	" "
Trisilver phosphate	$Ag_3\, P\, O_4$	7.321	Stromeyer. See Böttger.
Thallium dihydrogen phosphate.	$Tl\, H_2\, P\, O_4$	4.723	Lamy and Des Cloizeaux. Nature 1, 116.
Trithallium phosphate	$Tl_3\, P\, O_4$	6.89, 10°	Lamy. J. 18, 247.
Bobierrite	$Mg_3\, (P\, O_4)_2.\ 8\, H_2\, O$	2.41	Lacroix. C. R. 106, 632.
Magnesium hydrogen phosphate.	$Mg\, H\, P\, O_4.\ H_2\, O$	2.326, 15°	Schulten. C. R. 100, 877.
Struvite	$Am\, Mg\, P\, O_4.\ 6\, H_2\, O$	1.65	Teschemacher. P. M. (3), 28, 548.
Hannayite	$Am_2\, Mg_3\, H_2\, (P\, O_4)_4.\ 8\, H_2\, O.$	1.893	v. Rath. B. S. M. 2, 80.
Hopeite	$Zn_3\, (P\, O_4)_2.\ 4\, H_2\, O$	2.76—2.85	Dana's Mineralogy.
Brushite	$Ca\, H\, P\, O_4.\ 2\, H_2\, O$	2.208	Moore. A. J. S. (2), 39, 43.
Metabrushite	$2\, Ca\, H\, P\, O_4.\ 3\, H_2\, O.$	2.288 } 2.356 } 15°.5 { 2.362 }	Julien. A. J. S. (2), 40, 371.
"	"		
"	"		
Martinite	$Ca_{10}\, H_4\, (P\, O_4)_8.\ H_2\, O$	2.892—2.896	Kloos. J. C. S. 54, 233.
Reddingite	$Mn_3\, (P\, O_4)_2.\ 3\, H_2\, O$	3.102	Brush and Dana. A. J. S. (3), 16, 120.
Vivianite	$Fe_3\, (P\, O_4)_2.\ 8\, H_2\, O$	2.58, 15°	Rammelsberg. P. A. 64, 411.
"	"	2.680	Rammelsberg. J. P. C. 86, 344.
Lithiophilite	$Mn\, Li\, P\, O_4$	3.482	Brush and Dana. A. J. S. (3), 18, 45.
Triphylite	$Fe\, Li\, P\, O_4$	3.6	Fuchs. B. J. 15, 211.
"	"	3.534—3.589	Penfield. A. J. S. (3), 17, 226.
Hureaulite	$Mn_{10}\, Fe_2\, H_3\, (P\, O_4)_5.\ 5\, H_2\, O.$	3.185—3.198	Des Cloizeaux. Ann. (3), 53, 300.
Fairfieldite	$Mn\, Ca_2\, (P\, O_4)_2.\ 2\, H_2\, O$	3.15	Brush and Dana. A. J. S. (3), 17, 359.
Dickinsonite	$Na\, Ca\, Fe\, Mn_3\, (P\, O_4)_3.\ H_2\, O.$	3.338 } 3.343 }	Brush and Dana. A. J. S. (3), 16, 114.
"	"		
Fillowite	$Na_2\, Ca\, Fe\, Mn_6\, (P\, O_4)_5.\ H_2\, O.$	3.43	Brush and Dana. A. J. S. (3), 17, 363.
Strengite	$Fe'''\, P\, O_4.\ 2\, H_2\, O$	2.87	Nies. Z. K. M. 1, 94.
" Artificial	"	2.74	Schulten. Z. K. M. 12, 640.
Koninckite	$Fe'''\, P\, O_4.\ 3\, H_2\, O$	2.3	Cesaro. A. J. S. (3), 29, 342.
Aluminum phosphate. Cryst.	$Al\, P\, O_4$	2.59	Schulten. C. R. 98, 1584.
Berlinite	$4\, Al\, P\, O_4.\ H_2\, O$	2.64	Blomstrand. Dana's Min.
Callainite. (Variscite?)	$2\, Al\, P\, O_4.\ 5\, H_2\, O$	2.50 } 2.52 }	Damour. C. R. 59, 936.
" "	"		

TABLE OF SPECIFIC GRAVITIES

Name.	Formula.	Sp. Gravity.	Authority.
Variscite	$Al\,PO_4 \cdot 2H_2O$	2.408, 18°	Petersen. N. J. 1871, 357.
Zepharovichite	$Al\,PO_4 \cdot 3H_2O$	2.384	Boricky. J. 22, 1235.
Xenotime	$Y\,PO_4$	4.54	Smith. J. 7, 857.
"	"	4.45 } 4.51 }	Zchau. J. 8, 966.
"	"	4.39	Damour. J. 10, 686.
Cerium phosphate	$Ce\,PO_4$	5.22, 14°	Grandeau. Ann. (6), 8, 193.
Cryptolite	"	4.6	Wöhler. P. A. 67, 424.
"	"	4.78	Watts. J. 2, 773.
Rhabdophane (Scovillite)	$2\,(La\,Di\,Y\,Er)\,PO_4 \cdot H_2O$	3.9—4.01	Brush and Penfield. A. J. S. (3), 25, 459.
Monazite	$(Ce\,La\,Di)\,PO_4$	5.208	Genth. Dana's Min.
"	"	5.174	Rammelsberg. J. 30, 1298.
"	"	5.106—5.110	Kokscharow. J. 15, 762.
"	"	5.174	Rammelsberg. Z. G. S. 29, 79.
Didymium phosphate	$Di\,PO_4$	5.34, 15°	Grandeau. Ann. (6), 8, 193.
Samarium phosphate	$Sm\,PO_4$	5.826 } 17°.5	Cleve. U. N. A. 1885.
" "	"	5.830 }	
Autunite	$Ca\,(UO_2)_2\,(PO_4)_2 \cdot 8H_2O$	3.05—3.19	Dana's Mineralogy.
Torbernite	$Cu\,(UO_2)_2\,(PO_4)_2 \cdot 8H_2O$	3.4—3.6	" "
Uranocircite	$Ba\,(UO_2)_2\,(PO_4)_2 \cdot 8H_2O$	3.53	Weisbach. J. 30, 1303.
Sodium zirconium phosphate.	$Na_8\,Zr\,(PO_4)_4$	2.43, 14°	Troost and Ouvrard. C. R. 105, 30.
" " "	$Na_{12}\,Zr_5\,(PO_4)_8$	2.88, 14°	" "
" " "	$Na\,Zr_2\,(PO_4)_3$	3.10, 12°	" "
Potassium zirconium phosphate.	$K_2\,Zr\,(PO_4)_2$	3.076, 7°	Troost and Ouvrard. C. R. 102, 1422.
" "	$K\,Zr_2\,(PO_4)_3$	3.18, 12°	" "
Sodium thorium phosphate.	$Na_5\,Th\,(PO_4)_3$	3.843, 7°	Troost and Ouvrard. C. R. 105, 30.
" " "	$Na\,Th_2\,(PO_4)_3$	5.62, 16°	" "
Potassium thorium phosphate.	$K_{12}\,Th_5\,(PO_4)_8$	3.95, 12°	Troost and Ouvrard. C. R. 102, 1422.
" " "	$K_3\,Th\,(PO_4)_3$	4.688, 7°	" "
" " "	$K\,Th_2\,(PO_4)_3$	5.75, 12°	" "

2d. Basic Orthophosphates.

Name.	Formula.	Sp. Gravity.	Authority.
Isoclasite	$Ca_2(OH)PO_4 \cdot 2H_2O$	2.92	Sandberger. J. P. C. (2), 2, 125.
Libethenite	$Cu_2(OH)PO_4$	3.6—3.8	Hermann. J. P. C. 37, 175.
Tagilite	$Cu_2(OH)PO_4 \cdot H_2O$	3.50	Hermann. J. P. C. 37, 184.
"	"	4.076	Breithaupt. B. H. Ztg. 24, 309.
Veszelyite	$Cu_2(OH)PO_4 \cdot 2H_2O$	3.531	Schrauf. Z. K. M. 4, 31.
Pseudomalachite	$Cu_3(OH)_3 PO_4$	4.175	Schrauf. Z. K. M. 4, 14.
Ehlite	$Cu_5(OH)_4(PO_4)_2 \cdot H_2O$	4.102	Schrauf. Z. K. M. 4, 13.
Dihydrite	$Cu_5(OH)_4(PO_4)_2$	4.309	Schrauf. Z. K. M. 4, 12.
Triploidite	$(MnFe)_2(OH)PO_4$	3.697	Brush und Dana. A. J. S. (3), 16, 42.
Ludlamite	$Fe_7(OH)_2(PO_4)_4 \cdot 8H_2O$	3.12	Maskelyne and Field. J. 30, 1300.
Picite	$Fe_{14}(OH)_{18}(PO_4)_8 \cdot 27H_2O$	2.83	Streng. J. 34, 1377.
Dufrenite	$Fe'''_2(OH)_3 PO_4$	3.227	Dufrenoy. Dana's Min.
"	"	3.382	Campbell. A. J. S. (3), 22, 65.
"	"	3.454	Massie. J. 33, 1433.
"	"	3.293	Boricky. S. W. A. 56 (1), 7.
Cacoxenite	$Fe'''_4(OH)_6(PO_4)_3 \cdot 9H_2O$	3.38	Dana's Mineralogy.
Calcioferrite	$Fe'''_3 Ca_3(OH)_3(PO_4)_4 \cdot 8H_2O$	2.523 } 2.529 }	Reissig. Dana's Min.
Borickite	$Fe'''_5 Ca(OH)_{11}(PO_4)_2 \cdot 3H_2O$	2.696—2.707	Boricky. J. 20, 1002.
Chalcosiderite	$Fe'''_6 Cu(OH)_8(PO_4)_4 \cdot 4H_2O$	3.108	Maskelyne. J. C. S. 28, 586.
Andrewsite	$Fe'''_6 Cu Fe''_3(PO_4)_8(OH)_6$	3.475	" "
Evansite	$Al_3(OH)_6 PO_4 \cdot 6H_2O$	1.939	Forbes. P. M. (4), 28, 341.
Trolleite	$Al_4(OH)_3(PO_4)_5$	3.10	Blomstrand. Dana's Min.
Augelite	$Al_4(OH)_6(PO_4)_2$	2.77	" "
Turquois	$Al_4(OH)_6(PO_4)_2 \cdot H_2O$	2.621	Hermann. J. P. C. 33, 282.
"	"	2.426—2.651	Blake. J. 11, 722.
Peganite	$Al_4(OH)_6(PO_4)_2 \cdot 3H_2O$	2.492—2.496	Breithaupt. Schw. J. 60, 308.
Fischerite	$Al_4(OH)_6(PO_4)_2 \cdot 5H_2O$	2.46	Hermann. J. P. C. 33, 286.
Cœruleolactite	$Al_6(OH)_6(PO_4)_4 \cdot 7H_2O$	2.552, 19° } 2.593, 18° }	Petersen. N. J. 1871, 353.

Name.	Formula.	Sp. Gravity.	Authority.
Wavellite	$Al_6 (OH)_6 (PO_4)_4 . 9 H_2O$	2.337	Haidinger. Dana's Min.
"	"	2.316	Richardson. Dana's Min.
Planerite	$Al_6 (OH)_6 (PO_4)_4 . 12 H_2O$	2.65	Hermann. J. 15, 764.
Sphærite	$Al_{10} (OH)_{18} (PO_4)_4 . 7 H_2O$	2.536	Zepharovich. S. W. A. 56, 24.
Lazulite	$Al_2 Mg (OH)_2 (PO_4)_2$	3.122	Smith and Brush. J. 6, 840.
"	"	3.106—3.123	Rammelsberg. P. A. 64, 261.
"	"	3.108	Chapman. J. 14, 1033.
Cirrolite	$Al_2 Ca_3 (OH)_3 (PO_4)_3$	3.08	Blomstrand. Dana's Min.
Plumbogummite	$Al_4 Pb (OH)_8 (PO_4)_2 . 5 H_2O$	4.88, 15°.6	Dufrenoy. Ann. (2), 59, 440.
" Hitchcockite	"	4.014, 20°	Genth. A.J.S.(2), 23, 424.
Eosphorite	$Al Mn (OH)_2 PO_4 . H_2O$	3.124	
"	"	3.134	Brush and Dana. A. J. S. (3), 16, 35.
"	"	3.145	
Childrenite	$Al Fe (OH)_2 PO_4 . H_2O$	3.22	Church. J. C. S. 26, 104.
Barrandite	$Al Fe''' (PO_4)_2 . 4 H_2O$	2.576	Zepharovich. J. 20, 1000.

3d. Meta- and Pyrophosphates.

Name.	Formula.	Sp. Gravity.	Authority.
Sodium metaphosphate	$Na PO_3$	2.4756, 19°.5	Mohr. F.W.C.
" "	"	2.4769, 18°	
" "	"	2.503, 20°	Bedson and Williams. Ber. 14, 2555.
Potassium metaphosphate	$K PO_3$	2.2513 } 14°.5	Mohr. F.W.C.
" "	"	2.2639	
Didymium metaphosphate	$Di P_5 O_{14}$	3.333 } 18°.4	Cleve. U. N. A. 1885.
" "	"	3.358	
Samarium metaphosphate	$Sm P_5 O_{14}$	3.485 } 28°.8	" "
" "	"	3.489	
Thorium metaphosphate	$Th P_4 O_{12}$	4.08, 16°.4	Troost. C. R. 101, 210.
Sodium pyrophosphate	$Na_4 P_2 O_7$	2.534	Schröder. Dm. 1873.
" "	"	2.3613 } 17°	Mohr. F.W.C.
" "	"	2.3851	
" "	$Na_4 P_2 O_7 . 10 H_2O$	1.836	Playfair and Joule. M. C. S. 2, 401.
" "	"	1.7726, 21°	Mohr. F.W.C.

FOR SOLIDS AND LIQUIDS.

Name.	Formula.	Sp. Gravity.	Authority.
Sodium pyrophosphate	$Na_4 P_2 O_7 \cdot 10 H_2 O$	1.824	Dufet. C. R. 102, 1328.
" "	"	1.8151	Dufet. B. S. M. 10, 77.
Sodium hydrogen pyrophosphate.	$Na_2 H_2 P_2 O_7 \cdot 6 H_2 O$	1.8616	" "
Potassium pyrophosphate.	$K_4 P_2 O_7$	2.33	Brügelmann. Ber. 17, 2359.
Silver pyrophosphate	$Ag_4 P_2 O_7$	5.306	Stromeyer. See Böttger.
" "	"	5.2596	Tünnermann. See Böttger.
Thallium pyrophosphate	$Tl_4 P_2 O_7$	6.786	Lamy and Des Cloizeaux. Nature 1, 116.
Magnesium pyrophosphate	$Mg_2 P_2 O_7$	2.220	Schröder. Dm. 1873.
" "	"	2.559, 18° } 2.598, 22° } --	Lewis. F. W. C.
Zinc pyrophosphate	$Zn_2 P_2 O_7$	3.7538 } 23° 3.7574 }	" "
Manganese pyrophosphate	$Mn_2 P_2 O_7$	3.5742, 26° } 3.5847, 20° } --	" "
Nickel pyrophosphate	$Ni_2 P_2 O_7$	3.9064, 27° } 3.9303, 25° } --	" "
Cobalt pyrophosphate	$Co_2 P_2 O_7$	3.710, 25° } 3.746, 23° } --	" "
Barium pyrophosphate	$Ba_2 P_2 O_7 \cdot H_2 O$	3.574 } 3.582 } 3.590 }	Schröder. Dm. 1873.
Silicon pyrophosphate	$Si P_2 O_7$	3.1, 14°	Hautefeuille and Margottet. C. R. 96, 1053.
Zirconium pyrophosphate	$Zr P_2 O_7$	3.12 } 3.14 }	Knop. A. C. P. 159, 48.
Tin pyrophosphate	$Sn P_2 O_7$	3.61	Knop. A. C. P. 159, 39.
Basic tin pyrophosphate	$Sn_2 (P_2 O_7) O_2$	3.87 } 3.98 }	" "
Basic titanium pyrophosphate.	$Ti_3 (P_2 O_7) O_4$	2.9	Knop. A. C. P. 157, 365.

XXXIV. VANADATES.

NAME.	FORMULA.	SP. GRAVITY.	AUTHORITY.
Sodium octovanadate	$Na_{12} V_8 O_{26}. 4 H_2 O$	2.85, 18°	Carnelley. J. C. S. (2), 11, 323.
Silver octovanadate	$Ag_{12} V_8 O_{26}$	5.67, 18°	" "
Thallium metavanadate	$Tl V O_3$	6.019, 11°	" "
Thallium pyrovanadate	$Tl_4 V_2 O_7$	8.21, 18°.5, ppt.	" "
" "	"	8.812, 18°.5, fused.	
Thallium orthovanadate	$Tl_3 V O_4$	8.6, 17°	" "
Thallium octovanadate	$Tl_{12} V_8 O_{26}$	8.59, 17°.5	" "
Thallium decavanadate	$Tl_{12} V_{10} O_{31}$	7.86, 17°	" "
Magnesium vanadate. Brown.	$Mg_3 V_{10} O_{26}. 28 H_2 O$	2.199 } 18°	Sugiura and Baker. J. C. S. 35, 716.
" " Red	"	2.167 }	
Pucherite	$Bi V O_4$	5.91	Frenzel. J. P. C. (2), 4, 227.
Dechenite	$Pb_3 V_2 O_8. Zn_3 V_2 O_8$	5.81	Bergemann. J. 3, 753.
"	"	5.83	Tschermak. J. 14, 1021.
" Eusynchite	"	5.596	Rammelsberg.
Descloizite	$Pb Zn (O H) V O_4$	5.839	Damour. J. 7, 855.
"	"	5.915 }	From two samples. Rammelsberg. J. 33, 1428.
"	"	6.080 }	
"	"	6.200 }	Penfield.* A. J. S. (3), 26, 361.
"	"	6.205 }	
" Light	"	6.105—6.108 }	Genth. Am. Phil. Soc. 1885.
" Dark	"	5.814—5.882 }	
Mottramite†	$Pb Cu (O H) V O_4$	5.894	Roscoe. J. 29, 1259.
Volborthite‡	$R_3(OH)_3 VO_4. 6H_2O$	3.55	Credner. Dana's Min.
Didymium vanadate	$Di V O_4$	4.959 } 21°.2	Cleve. U. N. A. 1885.
" "	"	4.963 }	
Didymium metavanadate	$Di V_5 O_{14}. 14 H_2 O$	2.492 } 18°.5	" "
" "	"	2.497 }	
Samarium metavanadate	$Sm V_5 O_{14}. 12 H_2 O$	2.628, 17°.5 }	" "
" "	"	2.620, 17°.8 }	
" "	$Sm V_5 O_{14}. 14 H_2 O$	2.52", 17°.5 }	" "
" "	"	2.526, 17°.8 }	
Sodium vanadium vanadate.	$2Na_2O. 2V_2O_4. V_2O_5. 6 H_2 O.$	1.389, 15°	Brierly. J. C. S. 49, 30.
" " "	$2Na_2O. 2V_2O_4. V_2O_5. 13 H_2 O.$	1.327, 15°	" "
Potassium vanadium vanadate.	$5K_2O. 2V_2O_4. 4V_2O_5. H_2 O.$	1.213, 15°	" "
Ammonium vanadium vanadate.	$3Am_2O. 2V_2O_4. 4V_2O_5. 6 H_2 O.$	1.335, 15°	" "

* Penfield's mineral contained some copper and arsenic. Frenzel's tritochorite (G. 6.25) is similar.
† Formula somewhat doubtful.
‡ R in this formula = ¾ Cu and ¼ Ca + Ba.

XXXV. ARSENITES AND ARSENATES.

1st. Normal Orthoarsenates.

Name.	Formula.	Sp. Gravity.	Authority.
Sodium dihydrogen arsenate.	$NaH_2AsO_4.H_2O$	2.535	Schiff. A. C. P. 112, 88.
" " "	"	2.6700	Dufet. B. S. M. 10, 77.
" " "	$NaH_2AsO_4.2H_2O$	2.320	Joly and Dufet. C. R. 102, 1393.
" " "	"	2.3093	Dufet. B. S. M. 10, 77.
Disodium hydrogen arsenate.	$Na_2HAsO_4.7H_2O$	1.871	Schiff. A. C. P. 112, 88.
" " "	"	1.8825	Dufet. B. S. M. 10, 77.
" " "	$Na_2HAsO_4.12H_2O$	1.759	Thomson. See Böttger.
" " "	"	1.736	Playfair and Joule. M. C. S. 2, 401.
" " "	"	1.670	Schiff. A. C. P. 112, 88.
" " "	"	1.6675	Dufet. B. S. M. 10, 77.
Trisodium arsenate	Na_3AsO_4	2.8128 } 21°. 2.8577	Stallo. F. W. C.
" "	$Na_3AsO_4.12H_2O$	1.804	Playfair and Joule. M. C. S. 2, 401.
" "	"	1.762	Schiff. A. C. P. 112, 88.
" "	"	1.7593	Dufet. B. S. M. 10, 77.
Potassium dihydrogen arsenate.	KH_2AsO_4	2.638	Thomson. See Böttger.
" " "	"	2.832	Schiff. A. C. P. 112, 88.
" " "	"	2.844 } 2.853 } 2.855	Schröder. Dm. 1873.
" " "	"	2.862	Topsoë. B. S. C. 19, 246.
Ammonium dihydrogen arsenate.	AmH_2AsO_4	2.249	Schiff. A. C. P. 112, 88.
" " "	"	2.299 } 2.309 } 2.312	Schröder. Dm. 1873.
" " "	"	2.308	Topsoë. C. C. 4, 76.
Diammonium hydrogen arsenate.	Am_2HAsO_4	1.989	Schiff. A. C. P. 112, 88.
Potassium sodium hydrogen arsenate.	$KNaHAsO_4.7H_2O$	1.884	Schiff. A. C. P. 112, 88.
Ammonium sodium hydrogen arsenate.	$AmNaHAsO_4.4H_2O$	1.838	" "
Hoernesite	$Mg_3(AsO_4)_2.8H_2O$	2.474	Huidinger. J. 13, 784.

Name.	Formula.	Sp. Gravity.	Authority.
Magnesium hydrogen arsenate.	$(H\,Mg\,As\,O_4)_2 \cdot H_2O$	3.155, 15°	Schulten. C. R. 100, 877.
Köttigite	$Zn_3\,(As\,O_4)_2 \cdot 8\,H_2O$	3.1	Köttig. J. 2, 771.
Native nickel arsenate	$Ni_3\,(As\,O_4)_2$	4.982	Bergemann. J. 11, 728.
Erythrite	$Co_3\,(As\,O_4)_2 \cdot 8\,H_2O$	2.948	Dana's Mineralogy.
Cabrerite	$(Ni\,Co\,Mg)_3(As\,O_4)_2 \cdot 8\,H_2O$	2.96	Ferber. B. H. Ztg. 22, 306.
Roselite	$(Ca\,Co\,Mg)_3(As\,O_4)_2 \cdot 2\,H_2O$	3.5—3.6	Schrauf. N. J. 1874, 870.
"	"	3.46, 3°	Weisbach. N. J. 1874, 871.
Caryinite	$(Pb\,Mn\,Ca)_3(As\,O_4)_2$	4.25	Lundström. Dana's Min., 3d App.
Berzeliite	$Mg_3\,Ca_3\,(As\,O_4)_4$	2.52	Dana's Mineralogy.
Haidingerite	$H\,Ca\,As\,O_4 \cdot H_2O$	2.848	Turner. Dana's Min.
Pharmacolite	$2\,H\,Ca\,As\,O_4 \cdot 5\,H_2O$	2.64—2.73	Dana's Mineralogy.
Wapplerite	$H\,(Ca\,Mg)\,As\,O_4 \cdot 7\,H_2O$	2.48	Frenzel. Dana's Min., 2d App.
Forbesite	$2\,H\,(Co\,Ni)\,As\,O_4 \cdot 7\,H_2O$	3.086	Forbes. P. M. (4), 25, 103.
Scorodite	$Fe'''\,As\,O_4 \cdot 2\,H_2O$	3.11	Damour. Ann. (3), 10, 406.
"	"	3.18	
" Artificial	"	3.28	Verneuil and Bourgeois. C. R. 90, 224.
Carminite	$Pb_3\,Fe'''_{10}\,(As\,O_4)_{12}$	4.105	Dana's Mineralogy.
Trögerite	$(U\,O_2)_3\,(As\,O_4)_2 \cdot 12\,H_2O$	3.23	Weisbach. N. J. 1873, 316.
Uranospinite	$(U\,O_2)_2\,Ca\,(As\,O_4)_2 \cdot 8\,H_2O$	3.45	" "
Zeunerite	$(U\,O_2)_2\,Cu\,(As\,O_4)_2 \cdot 8\,H_2O$	3.53	" "

2d. Basic Orthoarsenates.

Name.	Formula.	Sp. Gravity.	Authority.
Adamite	$Zn_2\,(O\,H)\,As\,O_4$	4.338, 18°	Friedel. C. R. 62, 692.
Native nickel arsenate	$Ni_5\,O_2\,(As\,O_4)_2$	4.838	Bergemann. J. 11, 728.
Olivenite	$Cu_2\,(O\,H)\,As\,O_4$	4.378	Damour. Ann. (3), 13, 404.
"	"	4.135	Hermann. J. P. C. 33, 291.
Clinoclasite	$Cu_3\,(O\,H)_3\,As\,O_4$	4.19—4.36	Dana's Mineralogy.
"	"	4.312	Damour. Ann. (3), 13, 404.
"	"	4.28, 19°	Hillebrand. Private communication.
Euchroite	$Cu_3(OH)_3AsO_4 \cdot 6H_2O$	3.389	Dana's Mineralogy.
Erinite	$Cu_5\,(O\,H)_4\,(As\,O_4)_2$	4.043	" "

Name.	Formula.	Sp. Gravity.	Authority.
Cornwallite	$Cu_5(OH)_4(AsO_4)_2 \cdot H_2O$	4.160	Dana's Mineralogy.
Tyrolite	$Cu_5(OH)_4(AsO_4)_2 \cdot 7H_2O$	3.02—3.098	" "
"	"	3.162	Church. J.C.S. 26, 108.
"	"	3.27, 20°.5	Hillebrand. Private communication.
Chalcophyllite	$Cu_8(OH)_{10}(AsO_4)_2 \cdot 7H_2O$	2.659	Damour. Ann. (3), 13, 404.
"	"	2.435	Hermann. J. P. C. 33, 294.
Conichalcite	$CuCa(OH)AsO_4$	4.123	Fritzsche. J. 2, 772.
Bayldonite	$Cu_3Pb(OH)_2(AsO_4)_2 \cdot H_2O$	5.35	Church. J.C.S. 18, 265.
Liroconite	$Cu_2Al(OH)_4 AsO_4 \cdot 4H_2O$	2.926	Haidinger. Dana's Min.
"	"	2.964	Damour. Ann. (3), 13, 404.
"	"	2.985	Hermann. J. P. C. 33, 296.
Chenevixite	$Cu_3 Fe'''_2(OH)_6(AsO_4)_2$	3.93	Pisani. C. R. 62, 690.
Pharmacosiderite	$Fe'''_4(OH)_3(AsO_4)_3$	2.9—3.0	Dana's Mineralogy.
Arseniosiderite	$Fe'''_4 Ca_3(OH)_9(AsO_4)_3$	3.520	Dufrenoy.
"	"	3.88	Rammelsberg.
"	"	3.36	Church. J.C.S. 26, 102.
Allaktite	$Mn_7(OH)_8(AsO_4)_2$	3.83—3.85	Sjögren. A. J. S. (3), 27, 494.
Rhagite	$Bi_5(OH)_9(AsO_4)_2$	6.82, 22°	Weisbach. N. J. 1874, 302.
Mixite	$BiCu_{10}(OH)_8(AsO_4)_5 \cdot 7H_2O$	2.66	Schrauf. Z. K. M. 4, 277.
"	"	3.79, 23°.5	Hillebrand. Private communication.
Walpurgite	$(UO_2)_3 Bi_{10}(AsO_4)_4(OH)_{24}$	5.64	Weisbach. N. J. 1873, 316.

3d. Pyroarsenates and Arsenites.

Name.	Formula.	Sp. Gravity.	Authority.
Magnesium pyroarsenate	$Mg_2 As_2 O_7$	3.7305, 15°	Stallo. F. W. C.
" "	"	3.7649, 18°	" "
Zinc pyroarsenate	$Zn_2 As_2 O_7$	4.6989 } 21°	" "
" "	"	4.7034	" "
Manganese pyroarsenate	$Mn_2 As_2 O_7$	3.6625, 25°	" "
" "	"	3.6832 } 23°	" "
" "	"	3.6927	" "
Lead arsenite	$Pb As_2 O_4$	5.85, 23°	Schafarik. J. P. C. 90, 12.

XXXVI. PHOSPHATES, VANADATES, AND ARSENATES, COMBINED WITH HALOIDS.

Name.	Formula.	Sp. Gravity.	Authority.
Sodium fluo-phosphate*	$Na_4(PO_4)F.12H_2O$	2.2165	Briegleb. J. 8, 338.
Sodium fluo-arsenate*	$Na_4(AsO_4)F.12H_2O$	2.849	Briegleb. J. 8, 339.
Wagnerite	$Mg_2(PO_4)F$	2.983 } 15°	Rammelsberg. P. A. 64, 251.
"	"	3.068 }	
"	"	3.12	Pisani. Z. K. M. 3, 645.
Artificial vanadium wagnerite.	$Ca_2(VO_4)Cl$	4.01	Hautefeuille. J. C. S. (2), 12, 131.
Herderite	$Ca Gl (PO_4)F$	3.00	Hidden and Mackintosh. A. J. S. (3), 27, 135.
"	"	3.006 }	Penfield and Harper. A. J. S.(3), 32, 107.
"	"	3.012 }	
Triplite	$(Fe Mn)_2(PO_4)F$	3.617	Bergemann. J. P. C. 79, 414.
"	"	3.83—3.90	Siewert. J. 26, 1185.
Amblygonite	$Al Li (PO_4)F$	3.118	Breithaupt. J. P. C. 16, 476.
"	"	3.088	Penfield. A. J. S. (3), 18, 295.
"	"	3.046	Brush. A. J. S. (2), 34, 243.
Durangite	$Al Na (AsO_4)F$	3.937	Brush. A. J. S. (3), 11, 464.
Fluorapatite	$Ca_5(PO_4)_3 F$	3.166—3.235	G. Rose. P. A. 9, 185.
"	"	3.091—3.216	Pusirewski. J. 15, 763.
"	"	3.25	Church. J. C. S. 26, 101.
Chlorapatite	$Ca_5(PO_4)_3 Cl$	3.054, artif.	Manross. J. 5, 10.
"	"	2.98 "	Daubrée. "Études synthétiques."
Pyromorphite	$Pb_5(PO_4)_3 Cl$	7.008, artif.	Manross. J. 5, 10.
"	"	7.054—7.208	G. Rose. P. A. 9, 209.
"	"	7.36	Fuchs. J. 20, 1001.
Vanadinite	$Pb_5(VO_4)_3 Cl$	6.707, 12°, artif.	Roscoe. Z. C. 13, 357.
"	"	6.886	Rammelsberg. J. 9, 872.
"	"	6.863	Struve. J. 12, 805.
Mimetite	$Pb_5(AsO_4)_3 Cl$	7.218	Rammelsberg. J. 7, 856.
"	"	7.32	Smith. J. 8, 965.
" Artificial	"	7.12	Michel. B. S. M. 10, 135.
Ekdemite	$Pb_5(AsO_4)_2 Cl_4$	7.14	Nordenskiöld. Z. K. M. 2, 306.
Endlichite	$Pb_5(AsO_4)_3 Cl, + Pb_5(VO_4)_3 Cl.$	6.864	Genth. Am. Phil. Soc., 1885.

*Baker (J. C. S., May, 1885) assigns more complex formulæ to these salts.

XXXVII. ANTIMONITES AND ANTIMONATES.

Name.	Formula.	Sp. Gravity.	Authority.
Sodium antimonite	$Na Sb O_2 . 3 H_2 O$	2.864	Terreil. Ann. (4), 7, 350.
Sodium hydrogen antimonite.	$Na H_2 (Sb O_2)_3$	5.05	" "
Romeite	$Ca (Sb O_2) (Sb O_3) ?$	4.675 } 4.714 }	Damour. J. 6, 837.
"			
Atopite	$Ca_2 Sb_2 O_7$	5.03	Nordenskiöld. Dana's Min., 3d App.
Barcenite	$Ca Hg (Sb O_3)_4$	5.353, 20°	Mallet. A. J. S. (3), 16, 306.
Monimolite	$Pb_4 (Sb O_4)_2 O$	5.94	Igelström. Dana's Min.
Bindheimite	$Pb_3 (Sb O_4)_2 . 4H_2 O$	4.60—4.76	Hermann. J. P. C. 34, 179.
"	"	5.01, 19°	Hillebrand. Bull. 20, U. S. G. S.
Nadorite	$Pb (Sb O_2) Cl$	7.02	Flajolot. J. 23, 1280.
Stibioferrite	$4 Fe''' Sb O_4 . 3 H_2 O$	3.598	Goldsmith. Dana's Min., 2d App.
Thrombolite	$Cu_{10} Sb_6 O_{19} . 19 H_2 O$	3.668	Schrauf. Z. K. M. 4, 28.

XXXVIII. COLUMBATES AND TANTALATES.*

Name.	Formula.	Sp. Gravity.	Authority.
Magnesium columbate	$Mg_4 Cb_2 O_9$	4.3	Joly. C. R. 81, 268.
Manganese columbate	?	4.94	Joly. B. S. C. 25, 67.
Columbite	$Fe Cb_2 O_6$	5.469—5.495	Schlieper. Dana's Min.
"	"	5.447	Oesten. Dana's Min.
"	"	5.432—5.452	Breithaupt. J. 11, 720.
"	"	5.40—5.42	Müller. J. 11, 721.
Manganese columbite	$Mn (Cb O_3) (Ta O_3)$	6.59	Comstock. A. J. S. (3), 19, 131.
Tantalite	$Fe Ta_2 O_6$	7.264	Nordenskiöld. P. A. 26, 488.
"	"	7.936	Berzelius. Dana's Min.
"	"	7.703	Jenzsch. Dana's Min.
"	"	7.277—7.414	Rose. J. 11, 720.
"	"	7.2	Smith. A. J. S. (3), 14, 323.
Mangantantalite	$Mn Ta_2 O_6$	7.37	Arzruni. J. C. S. 54, 234.
Sipylite	$Er Cb O_4$	4.883, 16°	Mallet. Z. K. M. 6, 518.

*For samarskite, microlite, fergusonite, and other natural columbotantalates see Dana's Mineralogy. The formulæ here assigned to columbite, tantalite, and sipylite are only approximative, representing the typical compounds.

XXXIX. CARBONATES.

1st. Simple Carbonates.

Name.	Formula.	Sp. Gravity	Authority.
Lithium carbonate	Li_2CO_3	2.111	Kremers. J. 10, 67.
" "	"	1.787, fused	Quincke. P. A. 138, 141.
Sodium carbonate	Na_2CO_3	2.4659	Karsten. Schw. J. 65, 394.
" "	"	2.430	Playfair and Joule. M. C. S. 2, 401.
" "	"	2.509	Filhol. Ann. (3), 21, 415.
" "	"	2.407, 20°.5	Favre and Valson. C. R. 77, 579.
" "	"	2.490 } 2.510 }	Schröder. Dm. 1873.
" "	"	2.041, 960°	Braun. J. C. S. (2), 13, 31.
" "	"	2.45, fused	Quincke. P. A. 135, 642.
" "	$Na_2CO_3 \cdot 8H_2O$	1.51	Thomson. Ann. Phil. (2), 10, 442.
" "	$Na_2CO_3 \cdot 10H_2O$	1.423	Haidinger. See Böttger.
" "	"	1.454, m. of 4	Playfair and Joule. M. C. S. 2, 401.
" "	"	1.475	Schiff.
" "	"	1.463	Buignet. J. 14, 15.
" "	"	1.455, 15°.5	Holker. P. M. (3), 27, 214.
" "	"	1.4402	Stolba. J. P. C. 97, 503.
" "	"	1.456, 19°	Favre and Valson. C. R. 77, 579.
Thermonatrite	$Na_2CO_3 \cdot H_2O$	1.5—1.6	Dana's Mineralogy.
Potassium carbonate	K_2CO_3	2.2643	Karsten. Schw. J. 65, 394.
" "	"	2.103	Playfair and Joule. M. C. S. 2, 401.
" "	"	2.267	Filhol. Ann. (3), 21, 415.
" "	"	2.105	W. C. Smith. Am. J. P. 53, 145.
" "	"	2.00, 1150°	Braun. J. C. S. (2), 13, 31.
Silver carbonate	Ag_2CO_3	6.0766	Karsten. Schw. J. 65, 394.
" "	"	6.0, 17°.5	Kremers. P. A. 85, 43.
Thallium carbonate	Tl_2CO_3	7.06	Lamy. J. 15, 186.
" "	"	7.164	Lamy and Des Cloizeaux. Nature 1, 116.
Magnesium carbonate	$MgCO_3$	3.087	Neumann. P. A. 23, 1.

Name.	Formula.	Sp. Gravity.	Authority.
Magnesium carbonate	$MgCO_3$	3.056	Mohs.
" "	"	3.065	Scheerer.
" "	"	3.017	Breithaupt.
" "	"	3.033	Hauer.
" "	"	3.017	Marchand and Scheerer. J. 3, 760.
" "	"	3.007 } 3.076 }	Jenzsch. J. 6, 848.
" "	"	3.033	Zepharovich. J. 8, 975.
" "	"	3.015	Zepharovich. J. 18, 906.
" "	$MgCO_3 . 3H_2O$	1.875	Beckurts. J. C. S. 42, 14.
Zinc carbonate	$ZnCO_3$	4.339	Smithson.
" "	"	4.442	Mohs. See Böttger.
" "	"	4.3765	Karsten. Schw. J. 65, 394.
" "	"	4.45	Naumann.
" "	"	4.42	Haidinger.
Cadmium carbonate	$CdCO_3$	4.42, 17°	Herapath. P. M. 64, 321.
" "	"	4.4938	Karsten. Schw. J. 65, 394.
" "	"	4.258	Schröder. Dm. 1873.
Calcium carbonate	$CaCO_3$	2.7000 }	Karsten. Schw. J. 65, 394.
" " Chalk	"	2.6946 }	
" " Aragonite	"	2.931	Haidinger.
" " "	"	2.927	Biot.
" " "	"	2.945 } 2.947 }	Beudant.
" " "	"	2.931	Mohs.
" " "	"	2.938 } 2.995 }	Breithaupt.
" " "	"	2.926	Neumann. P. A. 23, 1.
" " "	"	2.933, 0°	Kopp.
" " "	"	2.93	Nendtwich.
" " "	"	2.92	Riegel. J. 4, 819.
" " "	"	2.93	Stieren. J. 9, 882.
" " "	"	2.932	Luca. J. 11, 732.
" " Calcite	"	2.7064 }	Karsten. Schw. J. 65, 394.
" " "	"	2.6987 }	
" " "	"	2.7213 } 2.7234 }	Beudant.
" " "	"	2.750	Neumann. P. A. 23, 1.
" " "	"	2.702	Hochstetter. J. 1, 1222.
" " "	"	2.72	Kopp. J. 16, 5.
" " "	" Artificial	2.71	Bourgeois. Ann. (5), 29, 493.
" "	$CaCO_3 . 5H_2O$	1.783	Pelouze.
" "	"	1.75	Salm-Horstmar. P. A. 35, 515.
Strontium carbonate	$SrCO_3$	3.605	Mohs. See Böttger.

Name.	Formula.	Sp. Gravity.	Authority.
Strontium carbonate	$Sr\,CO_3$	3.6245	Karsten. Schw. J. 65, 394.
" "	"	3.613	v. der Marck. J. 3, 759.
" " Precip.	"	3.548	Schröder. P. A. 106, 226.
" " "	"	3.620	
Barium carbonate	$Ba\,CO_3$	4.24	Breithaupt.
" "	"	4.301	Mohs.
" "	"	4.35	Kirwan.
" "	"	4.3019	Karsten. Schw. J. 65, 394.
" "	"	4.565	Filhol. Ann. (3), 21, 415.
" " Precip.	"	4.216	Schröder. P. A. 106, 226.
" " "	"	4.235	
" " "	"	4.372	
" " Ppt. hot	"	4.1721	Schweitzer, Contrib. Lab. Univ. of Missouri, 1876.
" " "	"	4.1975	
" " Ppt. cold	"	4.1609	
" " "	"	4.2811	
Lead carbonate	$Pb\,CO_3$	6.465	Mohs. See Böttger.
" "	"	6.5	John.
" "	"	6.47	Breithaupt.
" "	"	6.4277	Karsten. See Böttger.
" "	"	6.60	Smith. J. 8, 972.
" "	"	6.510	Schröder. P. A. Ergänz. Bd. 6, 622.
" "	"	6.517	
Manganese carbonate	$Mn\,CO_3$	3.592	Mohs. See Böttger.
" "	"	3.553	Kersten. J. P. C. 37, 163.
" "	"	3.6608	Kranz.
" "	"	3.57	Grüner. J. 3, 767.
" " Ppt.	"	3.122	Schröder. P. A. 106, 226.
" " "	"	3.120	
Iron carbonate	$Fe\,CO_3$	3.829	Mohs. See Böttger.
" "	"	3.815	Dufrenoy.
" "	"	3.872	Neumann. P. A. 23, 1.
" "	"	3.698	Breithaupt. J. P. C. 14, 445.
" "	"	3.796, 0°	Kopp.
Lanthanite	$La_2(CO_3)_3 \cdot 8\,H_2O$	2.605, 20°	Genth. A. J. S. (2), 28, 425.
"	"	2.666	Blake. J. 6, 850.
Didymium carbonate	$Di_2(CO_3)_3 \cdot 8\,H_2O$	2.850, } 15°	Cleve. U. N. A. 1885.
" "	"	2.872,	

2d. Double Carbonates.

Name.	Formula.	Sp. Gravity.	Authority.
Hydrogen sodium carbonate.	Na H C O$_3$	2.192, m. of 2.	Playfair and Joule. M. C. S. 2, 401.
" " "	"	2.163	Buignet. J. 14, 15.
" " "	"	2.2208, 15°	Stolba. J. P. C. 97, 503.
" " "	"	2.207 } 2.205 }	Schröder. Dm. 1873.
" " "	"	2.159	W. C. Smith. Am. J. P. 53, 148.
Urao	Na$_3$ H (C O$_3$)$_2$. 2 H$_2$O	2.1473, 21°	Chatard. Private communication.
Hydrogen potassium carbonate.	K H C O$_3$	2.012	Gmelin.
" " "	"	2.092	Playfair and Joule. M. C. S. 2, 401.
" " "	"	2.180	Buignet. J. 14, 15.
" " "	"	2.140 } 2.167 }	Schröder. Dm. 1873.
" " "	"	2.078	W. C. Smith. Am. J. P. 53, 145.
Hydrogen ammonium carbonate.	Am H C O$_3$	1.586	Playfair and Joule. M. C. S. 2, 401.
Sodium potassium carbonate.	K Na C O$_3$	2.5289 } 2.5633 }	Stolba. J. 18, 166.
" " "	K Na C O$_3$. 12 H$_2$O	1.6088 } 1.6334 }	" "
Silver potassium carbonate.	Ag K C O$_3$	3.769	Schulten. C. R. 105, 813.
Gaylussite	Na$_2$ Ca (C O$_3$)$_2$. 5 H$_2$O	1.928 } 1.950 }	Boussingault. Ann. (2), 31, 270.
"			
Dolomite	Ca Mg (C O$_3$)$_2$	2.914 } 2.918 }	Neumann. P. A. 23, 1.
"	"	2.80	Ott. J. 1, 1223.
"	"	2.924	Tschermak. J. 10, 695.
"	"	2.85	Senft. J. 14, 1027.
Hydrodolomite	Ca Mg$_2$ (C O$_3$)$_3$. H$_2$O.	2.495	Rammelsberg. Dana's Min.
"	"	2.83	Hermann. J. P. C. 47, 13.
Bromlite	Ca Ba (C O$_3$)$_2$	3.718	Thomson.
"	"	3.76, 15°.5	Johnston. P. M. (3), 6, 1.
Barytocalcite	"	3.66	Children. Ann. Phil. (2), 8, 114.
Manganocalcite	Ca Mn$_2$ (C O$_3$)$_3$	3.037	Breithaupt. P. A. 69, 429.
Pistomesite	Mg Fe (C O$_3$)$_2$	3.412 } 3.417 }	Breithaupt. P. A. 70, 146.
Mesitite	Mg$_2$ Fe (C O$_3$)$_3$	3.349 } 3.363 }	Breithaupt. P. A. 11, 170.

Name.	Formula.	Sp. Gravity.	Authority.
Ankerite	Ca (Mg Fe) (C O_3)$_2$	3.01	Luboldt. Dana's Min.
"	"	3.008	Ettling. Dana's Min.
"	"	3.072	Boricky. J. 22, 1245.
Dawsonite	Al Na (C O_3) (O H)$_2$	2.40	Harrington. Dana's Min., 2d App.

3d. Basic Carbonates.

Name.	Formula.	Sp. Gravity.	Authority.
Hydromagnesite	Mg$_4$ (C O_3)$_3$ (O H)$_2$. 3 H$_2$ O.	2.145	Smith and Brush. J. 6, 851.
"	"	2.180	
Hydrogiobertite	Mg$_2$ C O$_4$. 3 H$_2$ O	2.149—2.174	Scacchi. See Z. K. M. 12, 202.
Hydrozincite	Zn$_3$ (C O$_3$) (O H)$_4$	3.252	Petersen and Voit. A. C. P. 108, 48.
Zaratite	Ni$_3$(CO$_3$)(OH)$_4$.4H$_2$O	2.57	B. Silliman, Jr. J. 1, 1225.
"	"	2.693	
Malachite	Cu$_2$ (C O$_3$) (O H)$_2$	3.715	Breithaupt. Schw. J. 68, 291.
"	"	3.893	Breithaupt. J. P. C. 16, 475.
"	"	4.06	Smith. J. 8, 975.
Azurite	Cu$_3$ (C O$_3$)$_2$ (O H)$_2$	3.88	"
"	"	3.5—3.831	Dana's Mineralogy.
Bismutosphærite	Bi$_2$ C O$_5$	7.28—7.32	Weisbach. J. C. S. 34, 117.
"	"	7.42	Wells. A. J. S. (3), 34, 271.
Bismutite	Bi$_2$ H$_2$ C O$_6$	6.86	Louis. J. C. S. 54, 33.

XL. SILICATES.*

1st. Silicates Containing But One Metal.

Name.	Formula.	Sp. Gravity.	Authority.
Sodium metasilicate	$Na_2 Si O_3 . 8 H_2 O$	1.666, 18°	F. W. Clarke.
Phenakite	$Gl_2 Si O_4$	2.966	Kokscharow. J. 10, 664.
"	"	2.996	
"	"	2.967, 28°	Hillebrand. Bull. 20, U. S. G. S.
"	"	2.95	Hatch. N. J. 1888, 171.
Bertrandite	$Gl_4 H_2 Si_2 O_9$	2.593	Bertrand. B. S. M. 3, 96.
"	"	2.586	Damour. B. S. M. 6, 252.
"	"	2.55	Scharizer. Z. K. M. 14, 41.
Enstatite	$Mg Si O_3$	3.19	Damour. Dana's Min.
"	"	3.10—3.13	Kenngott. J. 8, 928.
"	"	3.153	Brögger and v. Rath. Z. K. M. 1, 22.
" Artificial	"	3.11	Houtefeuille. J. 17, 212.
Forsterite	$Mg_2 Si O_4$	3.243	Rammelsberg. J. 13, 757.
" Boltonite	"	3.008	Silliman, Jr. J. 2, 742.
" "	"	3.208	Smith. J. 7, 821.
" "	"	3.328	
Talc	$Mg_3 H_2 Si_4 O_{12}$	2.48—2.80	Scheerer. J. 4, 793.
"	"	2.682	Senft. Z. G. S. 14, 167.
Serpentine	$Mg_3 H_4 Si_2 O_9$	2.557	Rammelsberg. J. 1, 1195.
"	"	2.644	Delesse. J. 1, 1195.
"	"	2.57	Hermann. J. 2, 764.
"	"	2.564—2.593	Gilm. J. 10, 678.
"	"	2.597—2.622	Hunt. J. 11, 715.

* For sp. gr. of silicates before and after fusion see v. Kobell, Bei. 6, 314.

Note.—As regards the natural silicates this table is far from complete. Only those compounds are included which admit of fairly definite chemical formulation, and only a few typical determinations of specific gravity are given in each case. Furthermore, the arrangement is absolutely chemical, and is in no sense dependent upon mineralogical considerations. Thus, for example, all the magnesium silicates are brought together; and so also are the numerous double silicates of aluminum and calcium, quite regardless of their classification as mineral species. Many micas, chlorites, scapolites, etc., are omitted altogether; but the omissions are not serious, for all the important data have been many times collected in the larger treatises on mineralogy, and are, therefore, easily accessible.

TABLE OF SPECIFIC GRAVITIES

Name.	Formula.	Sp. Gravity.	Authority.
Willemite	$Zn_2 Si O_4$	4.18	Levy. B. J. 25, 351.
"	"	4.02	Hermann. J. 2, 743.
"	"	4.11 }	
"	"	4.16 }	Mixter. J. 21, 1006.
" Artificial	"	4.25	Gorgeu. B. S. C. 47, 146.
Calamine	$Zn_2 Si O_4 . H_2 O$	3.435	Hermann. J. P. C. 33, 98.
"	"	3.43—3.49	Monheim. J. 1, 1187.
"	"	3.42	Schnabel. J. 11, 710.
"	"	3.36	Wieser. J. 24, 1156.
"	"	3.338, 21°	McIrby. J. 26, 1175.
Wollastonite	$Ca Si O_3$	2.884	Seibert. See Böttger.
"	"	2.853	v. Rath. J. 24, 1145.
"	"	2.799	Piquet. J. 25, 1104.
" Artificial	"	2.7	Bourgeois. Ann. (5), 29, 441.
" "	"	2.88	Gorgeu. Ann. (6), 4, 515.
Xonaltite	$4 Ca Si O_3 . H_2 O$	2.710—2.718	Rammelsberg. J. 19, 932.
Okenite	$Ca Si_2 O_5 . 2 H_2 O$	2.324	Schmidt. J. 18, 889.
"	"	2.28	Kobell. Dana's Min.
"	"	2.362	Connel. Dana's Min.
Rhodonite	$Mn Si O_3$	3.63	Hermann. J. 2, 738.
"	"	3.63	Igelström. J. 4, 768.
"	"	3.65	Fino. J. 36, 1891.
" Artificial	"	3.68	Gorgeu. Ann. (6), 4, 515.
Hydrorhodonite	$Mn Si O_3 . H_2 O$	2.70	Engström.
Penwithite	$Mn Si O_3 . 2 H_2 O$	2.49	Collins. Z. K. M. 5, 623.
Tephroite	$Mn_2 Si O_4$	4.1	Brush. J. 17, 837.
"	"	4.0	Mixter. S. 21, 1006.
" Artificial	"	4.34	Gorgeu. C. R. 98, 920.
" "	"	4.08	Gorgeu. Ann. (6), 4, 515.
Friedelite	$Mn_4 H_4 Si_3 O_{12}$	3.07	Bertrand. C. R. 82, 1107.
Grunerite	$Fe Si O_3$	3.713	Gruner. C. R. 24, 794.
Fayalite	$Fe_2 Si O_4$	4.138	Gmelin. B. J. 21, 200.
"	"	4.006	Delesse. J. 7, 821.
" Artificial	"	4.4	Gorgeu. Ann. (6), 4, 515.
Chrysocolla	$Cu Si O_3 . 2 H_2 O$	2.0—2.238	Dana's Mineralogy.
Dioptase	$Cu H_2 Si O_4$	3.314 }	
"	"	3.348 }	Kenngott. J. 3, 732.
Kyanite	$Al_2 O_3 Si O_3$	3.48	Igelström. J. 7, 819.
"	"	3.661	Erdmann. B. J. 24, 311.
"	"	3.678	Jacobson. P. A. 68, 416.
Andalusite	$Al_2 (Si O_4)_2 (Al O)_2$	3.070	Rowney. J. 14, 982.
"	"	3.154	Erdmann. B. J. 24, 311.

Name.	Formula.	Sp. Gravity.	Authority.
Andalusite	$Al_2 (Si O_4)_3 (Al O)_2$	3.152	Kersten. J. P. C. 37, 163.
"	"	3.160	Damour. Ann. d. Mines (5), 4, 53.
"	"	3.07—3.12	Schmid. P. A. 97, 113.
Fibrolite	"	3.18—3.21	Damour. J.18,881.
"	"	3.239	Erdmann. B.J.24, 311.
"	"	3.238	Dana. Dana's Min.
"	"	3.232	Brush. " "
Dumortierite	$Al_2 (Si O_4)_3 (Al O)_6$	3.36	Damour. Z.K.M.6, 289.
Xenolite	$Al_4 (Si O_4)_3$	3.58	Nordenskiöld. P. A. 56, 643.
Kaolinite	$Al_2 O H (Si O_4)_2 H_3$	2.6	Clark. J. 4, 786.
"	"	2.4—2.63	Dana's Mineralogy.
"	"	2.611	Hillebrand. Bull.20, U. S. G. S.
Pyrophyllite	$Al H (Si O_3)_2$	2.78—2.79	Sjögren. J. 2, 757.
"	"	2.81	Brush. J. 11, 707.
"	"	2.804	Genth. Z.K.M.4, 384.
"	"	2.82	Tyson and Allen. J. 15, 745.
"	"	2.812	Genth. J.36, 1903.
Allophane	$Al_2 Si O_5 . 6 H_2 O$	2.02	Schnabel. J.2,756.
"	"	1.85—1.89	Dana's Mineralogy.
Szaboite	$Fe'''_2 (Si O_3)_3$	3.505	Koch. Z.K.M.3,308.
Nontronite. Chloropal	$Fe'''_2 (Si O_3)_3 . 5 H_2 O$	1.727—1.870	Dana's Mineralogy.
" "	"	2.105	Thomson. Dana's Min.
Zircon	$Zr Si O_4$	4.047	Damour. J.1,1171.
"	"	4.595	Wetherill. J.6,796.
"	"	4.602 } 4.625 }	Hunt. J. 4, 768.
"	"	4.395 } before heating. 4.515 } 4.438 } after 4.863 } heating	Church. J.17,834.
"	"	4.709, 21°	Cross and Hillebrand. J.36,1839.
Cerium orthosilicate	$Ce_4 (Si O_4)_3$	4.9	Didier. C.R.19,882.
Thorium metasilicate	$Th (Si O_3)_2$	5.56, 25°	Troost and Ouvrard. C. R. 105, 255.
Thorium orthosilicate	$Th Si O_4$	6.82, 16°	" "
Thorite. (Orangite)	$2 Th Si O_4 . 3 H_2 O$?	5.397	Bergemann. P. A. 82, 562.
" "	"	5.34	Krantz. P. A. 82, 586.
" "	"	5.19	Damour. Ann. d. Mines (5), 1, 587.
" "	"	4.888—5.205	Chydenius. P. A. 119, 43.
" (Ordinary)	"	4.344—4.397	" "
Eulytite	$Bi_4 (Si O_4)_3$	5.912—6.006	Dana's Mineralogy.
"	"	6.106, 17°	v. Rath. J. 22,1209.

2d. Silicates Containing More Than One Metal.

Name.	Formula.	Sp. Gravity.	Authority.
Pectolite	$H\ Na\ Ca_2\ (Si\ O_3)_3$	2.784	Scott. J. 5, 866.
"	"	2.778—2.881	Heddle and Greg. J. 8, 952.
"	"	2.873	Clarke. Bull. 9, U. S. G. S.
Malacolite	$Ca\ Mg\ (Si\ O_3)_2$	3.37	Bonsdorff. Dana's Min.
"	"	3.285	Haushofer. J. 20, 984.
"	"	3.192	Doelter. Z. K. M. 4, 89.
"	"	3.273—3.275	Hunt. Dana's Min.
Tremolite	$Ca\ Mg_3\ (Si\ O_3)_4$	2.930—3.004	Rammelsberg. J. 11, 694.
"	"	2.99	Michaelson. Dana's Min.
"	"	2.996, 22°	König. Z. K. M. 1, 50.
Hedenbergite	$Ca\ Fe\ (Si\ O_3)_2$	3.467, 25°	Wolff. J. P. C. 34, 236.
"	"	3.492	Doelter. Z. K. M. 4, 90.
Monticellite	$Ca\ Mg\ Si\ O_4$	3.119	Rammelsberg. J. 13, 758.
"	"	3.05	Freda. J. 36, 1876.
Knebelite	$Fe\ Mn\ Si\ O_4$	3.714, 18°.5	Doebereiner. Schw. J. 21, 49.
"	"	4.122	Erdmann. Dana's Min.
Kentrolite	$Mn'''_2\ Pb_2\ Si_2\ O_9$	6.19	v. Rath. Z. K. M. 5, 35.
Melanotekite	$Fe'''_2\ Pb_2\ Si_2\ O_9$	5.73	Lindström. Z. K. M. 6, 515.
Hyalotekite	$Ca\ Ba\ Pb\ Si_6\ O_{15}$?	3.81	Nordenskiöld.
Petalite	$Al\ Li\ (Si_2\ O_5)_2$	2.447—2.455	Rammelsberg. J. 5, 858.
"	"	2.412—2.553	Damour. Dana's Min.
" (Castorite)	"	2.382—2.401	Breithaupt. P. A. 69, 438.
Spodumene	$Al\ Li\ (Si\ O_3)_2$	3.170	Mohs. See Böttger.
"	"	3.1327—3.137	Rammelsberg. J. 5, 857.
"	"	3.16	Pisani. Z. K. M. 2, 109.
" Hiddenite	"	3.177	Genth. Z. K. M. 6, 522.
Eucryptite	$Al_2\ Li_2\ (Si\ O_4)_3$	2.647 } 2.667 }	Brush and Dana. A. J. S. (3), 20, 266.
Aluminum lithium silicate	$Al_2\ Li_2\ Si_5\ O_{14}$	2.40, 12°	Hautefeuille. C. R. 90, 541.
" " "	$Al\ Li\ Si_3\ O_8$	2.41, 11°	"
Albite	$Al\ Na\ Si_3\ O_8$	2.612	Eggertz. Dana's Min.

Name.	Formula.	Sp. Gravity.	Authority.
Albite	$Al\ Na\ Si_3\ O_8$	2.609, 12°	Streng. J. 24, 1151.
"	"	2.59	Leeds. J. 26, 1166.
"	"	2.604	Genth. J. 36, 1896.
"	"	2.618	Baerwald. J. 36, 1897.
"	"	2.601	Lacroix. Z. K. M. 14, 112.
" Artificial	"	2.61	Hautefeuille. Z. K. M. 2, 107.
Jadeite	$Al\ Na\ (Si\ O_3)_2$	3.26—3.36	Damour. B. S. M. 4, 157.
"	"	3.33	Damour. Z. K. M. 6, 290.
"	"	3.326—3.355	Hallock. } Unpublished data from U. S. National Museum.
"	"	3.26—3.34	Hawes.
"	"	3.35	Taylor.
Nephelite	$Al_8\ Na_8\ Si_9\ O_{34}$	2.56—2.617	Scheerer. P. A. 49, 359.
"	"	2.629	Kimball. J. 18, 762.
"	"	2.600—2.6087	Rammelsberg. Z. G. S. 29, 78.
"	"	2.60—2.63	Lorenzen. J. 36, 1884.
Analcite	$Al\ Na\ H_2\ Si_2\ O_7$	2.262—2.288	Waltershausen. J. 11, 711.
"	"	2.236	Waltershausen. J. 6, 820.
"	"	2.278	Thomson. Dana's Min.
"	"	2.222	Bamberger. Z. K. M. 6, 33.
Eudnophite	"	2.27	Weibye. J. 3, 735.
Paragonite	$Al_3\ Na\ H_2\ (Si\ O_4)_3$	2.779	Schafhäutl. Dana's Min.
" Pregrattite	"	2.895	Oellacher. Dana's Min.
" Cossaite	"	2.890—2.896	Gastaldi. Dana's Min., 2d App.
Hydronephelite	$Al_3\ Na_2\ H\ (Si\ O_4)_3.\ 3\ H_2\ O.$	2.263	Diller. A. J. S. (3), 31, 267.
Natrolite	$Al_2\ Na_2\ H_4\ (Si\ O_4)_3$	2.207, 11°	Gmelin. J. 3, 733.
"	"	2.254—2.258	Kenngott. J. 6, 820.
"	"	2.249	Brush. A. J. S. (2), 31, 365.
Orthoclase	$Al\ K\ Si_3\ O_8$	2.5702	Breithaupt. See Böttger.
"	"	2.573	Rammelsberg. J. 20, 988.
"	"	2.576—2.586	v. Rath. J. 24, 1150.
"	"	2.572—2.595	Genth. J. 36, 1896.
" Artificial	"	2.55, 16°	Hautefeuille. Z. K. M. 2, 514.
Leucite	$Al\ K\ (Si\ O_3)_2$	2.519	Bischof. Dana's Min.

TABLE OF SPECIFIC GRAVITIES

Name.	Formula.	Sp. Gravity.	Authority.
Leucite	$Al\,K\,(Si\,O_3)_2$	2.48	Rammelsberg. J. 9, 852.
"	"	2.479, 23°	v. Rath. J. 27, 1255.
" Artificial	"	2.47, 18°	Hautefeuille. Z. K. M. 5, 411.
Muscovite	$Al_2\,K\,H_2\,(Si\,O_4)_3$	2.817	Kussin. Dana's Min.
"	"	2.714—2.796	Grailich. Dana's Min.
"	"	2.830—2.831	Tschermak. Z. K. M. 3, 127.
"	"	2.855	Scharizer. Z. K. M. 12, 15.
Pollucite	$Al_2\,Cs_2\,H_2\,(Si\,O_3)_5$	2.868—2.892	Breithaupt. P. A. 69, 439.
"	"	2.901	Pisani. J. 17, 850.
"	"	2.893	Rammelsberg. Z. K. M. 6, 286.
Grossularite	$Al_2\,Ca_3\,(Si\,O_4)_3$	3.522—3.536	Hunt. Dana's Min.
"	"	3.009	Websky. J. 22, 1214.
"	"	3.572	Jannasch. J. 36, 1880.
Anorthite	$Al_2\,Ca\,(Si\,O_4)_2$	2.763	Rose. See Böttger.
"	"	2.73	Deville. J. 7, 832.
"	"	2.7325	Potyka. J. 12, 785.
"	"	2.668	Silliman. Dana's Min.
"	"	2.686	v. Rath. J. 27, 1255.
Idocrase	$Al_4\,Ca_3\,(Si\,O_4)_7$?	3.3123—3.3905	Karsten. See Böttger.
"	"	3.384	Rammelsberg. J. 2, 745.
"	"	3.44	Damour. J. 24, 1153.
"	"	3.2533	Korn. J. 36, 1874.
"	"	3.403—3.472	Jannasch. J. 36, 1875.
Melilite	$Al_2\,Ca_6\,Si_5\,O_{19}$	2.9—3.104	Dana's Mineralogy.
"	"	2.95	Damour. Ann. (3), 10, 59.
Meionite*	$Al_6\,Ca_4\,Si_6\,O_{25}$	2.734—2.737	v. Rath. P. A. 90, 87.
"	"	2.716, 16°	Neminar. J. 28, 1227.
Gehlenite	$Al_2\,Ca_3\,Si_2\,O_{10}$	2.9—3.067	Dana's Mineralogy.
"	"	2.997	Janovsky. J. 26, 1170.
Prehnite	$Al_2\,Ca_2\,H_2\,(Si\,O_4)_3$	2.926	Mohs. See Böttger.
"	"	2.845—2.897, 4°	Streng. N. J. 1870, 314.
"	"	3.042	Genth. J. 36, 1185.
Heulandite	$Al_2\,Ca\,H_{10}\,Si_6\,O_{21}$	2.195	Thomson. Dana's Min.
"	"	2.1963	Jeremejew. Z. K. M. 2, 503.
Stilbite	$Al_2\,Ca\,H_{12}\,Si_6\,O_{22}$	2.203	Münster. P. A. 65, 207.

*For other data relative to the scapolite group see Dana's Mineralogy and also Tschermak's memoir in M. C. 4, 884.

Name.	Formula.	Sp. Gravity.	Authority.
Stilbite	$Al_2 Ca H_{12} Si_6 O_{22}$	2.134	Waltershausen. Dana's Min.
"	"	2.16	Schmid. J. 24, 1158.
Laumontite	$Al_2 Ca H_8 Si_4 O_{16}$	2.268	Breithaupt. See Böttger.
"	"	2.252	Mallet. Dana's Min.
"	"	2.280—2.310	Gericke. J. 9, 861.
Scolezite	$Al_2 Ca_2 H_6 Si_3 O_{13}$	2.393	Waltershausen. J. 6, 819.
"	"	2.28	Collier. Dana's Min.
"	"	2.27	Lüdecke. Z. K. M. 6, 312.
Chabazite	$Al_2 Ca H_{12} Si_4 O_{16}$	2.094	Breithaupt. See Böttger
"	"	2.08—2.19	Dana's Mineralogy.
"	"	2.133	Streng. Z. K. M. 1, 519.
"	"	2.115	
Zoisite	$Al_3 Ca_2 H Si_3 O_{13}$	3.251—3.361	Rammelsberg. J. 9, 849.
"	"	3.226—3.381	Breithaupt. Dana's Min.
Margarite	$Al_4 Ca H_2 Si_2 O_{12}$	2.99	Hermann. J. P. C. 53, 16.
Oligoclase	$Al_5 Ca Na_3 Si_{11} O_{32}$	2.66—2.68	Kerndt. J. 1, 1182.
"	"	2.725	v. Rath. J. 11, 706.
"	"	2.643—2.689	Petersen. J. 25, 1112.
Andesite	$Al_3 Ca Na Si_5 O_{16}$	2.651—2.736	Delesse. J. 1, 1183.
"	"	2.667—2.674	Hunt. J. 14, 995.
Labradorite	$Al_7 Ca_3 Na Si_9 O_{32}$	2.719—2.883	Delesse. J. 1, 1183.
"	"	2.709	Damour. J. 3, 723.
"	"	2.697	Hunt. J. 4, 782.
"	"	2.72–2.77,15°.5	Streng. J. 15, 736.
Faujasite	$Al_4CaNa_2H_4(SiO_3)_{10}\cdot 18 H_2O.$	1.923	Damour. Ann. d. Mines (4), 1, 395.
Thomsonite	$2 Al_2 (Ca Na_2) Si_2 O_8 \cdot 5 H_2 O.$	2.35—2.38	Zippe. Dana's Min.
"	"	2.357	Rammelsberg. J. P. C. 59, 348.
" Lintonite	"	2.32—2.37	Peckham and Hall. A. J. S. (3), 19, 122.
Gmelinite	$Al_2(CaNa_2)H_{12}Si_4O_{18}$	2.07	Damour. J. 12, 796.
"	"	2.099—2.169	Dana's Mineralogy.
"	"	2.100	Liversidge. J. 36, 1895.
Milarite	$Al_2 Ca_2 K H (Si_2 O_5)_6$	2.5529	Ludwig. Z. K. M. 2, 631.
Phillipsite	$Al_2 (Ca K_2) H_8 Si_4 O_{16}$	2.201	Waltershausen. Dana's Min.
"	"	2.213	Marignac. B. J. 26, 351.
"	"	2.150, 21°	W. Fresenius. Z. K. M. 3, 42.
"	"	2.160, 20°	
Strontium oligoclase	$Al_5 Sr Na_3 Si_{11} O_{32}$	2.619	Fouqué and Lévy. C. R. 90, 622.
Strontium labradorite	$Al_7 Sr_3 Na Si_9 O_{32}$	2.862	" "
Strontium anorthite	$Al_2 Sr (Si O_4)_2$	3.048	" "

TABLE OF SPECIFIC GRAVITIES

Name.	Formula.	Sp. Gravity.	Authority.
Barium oligoclase	$Al_5 Ba Na_3 Si_{11} O_{32}$	2.906	Fouqué and Lévy. C. R. 90, 622.
Barium labradorite	$Al_7 Ba_3 Na Si_9 O_{32}$	3.333	" "
Barium anorthite	$Al_2 Ba (Si O_4)_2$	3.573	" "
Harmotome	$Al_2 Ba H_{10} Si_5 O_{19}$	2.392	Mohs. See Böttger.
"	"	2.44—2.45	Dana's Mineralogy.
"	"	2.447	Damour. Dana's Min.
"	"	2.402, 21°	W. Fresenius. Z. K. M. 3, 42.
Lead oligoclase	$Al_5 Pb Na_3 Si_{11} O_{32}$	3.196	Fouqué and Lévy. C. R. 90, 622.
Lead labradorite	$Al_7 Pb_3 Na Si_9 O_{32}$	3.609	" "
Lead anorthite	$Al_2 Pb (Si O_4)_2$	4.093	" "
Euclase	$Al Gl H Si O_5$	3.036	Mallet. J. 6, 800.
"	"	3.097	Des Cloizeaux. Dana's Min.
"	"	3.096—3.103	Kokscharow. Dana's Min.
"	"	3.087	Guyot. Z. K. M. 5, 250.
Beryl	$Al_2 Gl_3 (Si O_3)_6$, or	2.813	Mallet. J. 7, 828.
"	$Al_4 Gl_5 H_2 Si_{11} O_{34}$	2.686	Haughton. J. 15, 720.
"	"	2.650	Petersen. J. 19, 925.
"	"	2.706	Penfield and Harper. A. J. S. (3), 32, 111.
"	"	2.681—2.725	Kokscharow. Dana's Min.
" Emerald	"	2.614	Boussingault. J. 22, 1216.
" "	"	2.710—2.759	Kammerer. Dana's Min.
Iolite	$Al_4 Mg_2 Si_5 O_{18}$	2.605	Kokscharow. J. 13, 767.
"	"	2.6699, 16°	Schachtel. Z. K. M. 7, 594.
"	"	2.6708, 18°	Jost. Z. K. M. 7, 594.
Ripidolite	$Al_2 Mg_5 Si_3 O_{14}. 4H_2O$	2.774	Rose. Dana's Min.
"	"	2.608	Hermann. Dana's Min.
"	"	2.673	Marignac. Dana's Min.
"	"	2.714	Blake. Dana's Min.
Arctolite	$Al_2 Mg Ca H_2 (Si O_4)_3$	3.08	Blomstrand.
Manganese garnet. Artificial.	$Al_2 Mn_3 (Si O_4)_3$	4.05, 11°	Gorgeu. C. R. 97, 1303.
Karpholite	$Al_2 Mn H_4 Si_3 O_{10}$	2.935	Breithaupt. Dana's Min.
"	"	2.876	Koninck. Z. K. M. 4, 222.
Almandite	$Al_2 Fe''_3 (Si O_4)_3$	3.90—4.236	Wachtmeister. Dana's Min.
"	"	4.196	Mallet. Dana's Min.
"	"	4.197	Websky. J. 21, 1013.
"	"	4.127	Heddle. J. 36, 1881.

FOR SOLIDS AND LIQUIDS. 139

Name.	Formula.	Sp. Gravity.	Authority.
Partschinite	$Al_2 Fe'' Mn_2 (SiO_4)_3$	4.006	Haidinger. J. 7, 826.
Venasquite	$Al_2 Fe'' H_2 Si_3 O_{11}$	3.26	Damour. Z. K. M. 4, 413.
Chloritoid	$Al_2 Fe'' H_2 Si O_7$	3.52	Smith. J. 3, 741.
"	"	3.513	Hunt. J. 14, 1011.
"	"	3.538	Tschermak and Sipöcz. Z. K. M. 3, 508.
Ouvarovite	$Cr_2 Ca_3 (SiO_4)_3$	3.5145	Erdmann. B. J. 23, 291.
"	"	3.41—3.52	Dana's Mineralogy.
Acmite	$Fe''' Na (SiO_3)_2$	3.536—3.543	Breithaupt. See Böttger.
"	"	3.530	Rammelsberg. J. 11, 695.
"	"	3.520	Doelter. Z. K. M. 4, 92.
Andradite	$Fe'''_2 Ca_3 (SiO_4)_3$	3.85	Damour. J. 9, 848.
"	"	3.796—3.798	Kokscharow. J. 12, 782.
"	"	3.797	Fellenberg. J. 20, 984.
"	"	3.740	Dana. Z. K. M. 2, 311.
" Demantoid	"	3.828	Rammelsberg. Z. K. M. 3, 103.
"	"	3.81, 15°	Cossa. Z. K. M. 5, 602.
Crocidolite	$Fe'''_2 Fe''_3 Na_2 H_4 (SiO_3)_9$	3.200	Stromeyer and Hausmann. P. A. 23, 153.
"	"	3.2	Chester. A. J. S. (3), 34, 108.
Lievrite	$Fe''' Fe''_2 Ca H Si_2 O_9$	3.711	Tobler. J. 9, 851.
"	"	4.023	Städeler. J. 19, 934.
"	"	4.05	Lorenzen. J. 36, 1879.
Thuringite. (Owenite)	$Fe'''_4 Fe''_4 Si_3 O_{18} \cdot 5H_2O$	3.197, 20°	Genth. A. J. S. (2), 16, 167.
" "	"	3.191	Smith. A. J. S. (2), 18, 876.
"	"	3.177	Zepharovich. Z. K. M. 1, 371.
Sphene	$Ca Ti Si O_5$	3.49—3.51	Hunt. J. 6, 837.
"	"	3.44	Fuchs. Dana's Min.
"	"	3.535	Rose. " "
" Greenovite	"	3.547	Hintze. Z. K. M. 2, 310.
" Artificial	"	3.45	Hautefeuille. J. 17, 216.
Guarinite	"	3.487	Guiscardi. J. 11, 718.
Zirconium potassium silicate.	$Zr K_2 Si_2 O_7$	2.79	Mellis. Göttingen Doct. Diss., 1870.
Zirconium sodium silicate	$Zr_3 Na_2 Si O_{10} \cdot 11H_2O$	3.53	" "
Calcium tin silicate	$Ca Sn Si O_5$	4.34	Bourgeois. C. R. 104, 233.

3d. Boro-, Fluo-, and Other Mixed Silicates.

NAME.	FORMULA.	SP. GRAVITY.	AUTHORITY.
Danburite	$Ca\, B_2\, Si_2\, O_8$	2.986	Brush and Dana. Z. K. M. 5, 185.
"	"	3.021	
"	"	2.986	Bodewig. Z. K. M. 7, 297.
"	"	2.988	
Datolite	$Ca\, H\, B\, Si\, O_5$	2.989	Mohs. See Böttger.
"	"	2.9911	Breithaupt. See Böttger.
"	"	2.983	Whitney. J. 12, 801.
"	"	2.987—3.014	Tschermak. J. 13, 778.
"	"	2.988	Smith. J. 27, 1270.
Homilite	$Ca_2\, Fe\, B_2\, Si_2\, O_{10}$	3.28	Paikull. Z. K. M. 1, 385.
Howlite	$Ca_2\, H_5\, B_5\, Si\, O_{14}$	2.59	Penfield and Sperry. A. J. S. (3), 34, 221.
Axinite	$Al_3\, (Ca\, Fe\, Mn)_4\, H_2\, B\, Si_5\, O_{21}$	3.271	Mohs. See Böttger.
Tourmaline. Colorless	$Al\, B\, O_2\, (Si\, O_4)_2\, R''_6$	3.07—3.085	Riggs. A. J. S. (3), 35, 35.
" Red	"	2.998—3.082	Rammelsberg. J. 3, 744.
" "	"	2.997—3.028	Riggs. A. J. S. (3), 35, 35.
" Green	"	3.069—3.112	Rammelsberg. J. 3, 744.
" Brown	"	3.035—3.068	" "
" Black	"	3.205—3.243	" "
" "	"	3.08—3.20	Riggs. A. J. S. (3), 35, 35.
Apophyllite	$Ca_4\, K\, H_3\, (Si\, O_3)_8\, F.\, 4\, H_2\, O.$	2.335	Mohs. See Böttger.
"	"	2.305	Jackson. J. 3, 733.
"	"	2.37	Smith. J. 7, 838.
Leucophane	$Gl_4\, Ca_4\, Na_2\, Si_7\, O_{22}\, F_2$	2.964	Rammelsberg. J. 9, 867.
"	"	2.974	Erdmann. B. J. 21, 168.
Melinophane	$Gl_3\, Ca_3\, Na_{12}\, Si_4\, O_{14}\, F_{12}$	3.00	Scheerer. J. 5, 883.
"	"	3.018	Rammelsberg. J. 9, 867.
Topaz	$Al_2\, Si\, O_4\, F_2$	3.499—3.547	Breithaupt. See Böttger.
"	"	3.52—3.56	Kokscharow. J. 9, 867.
"	"	3.514—3.563	Rammelsberg. J. P. C. 96, 7.
"	"	3.533—3.597	Church. Geol. Mag. (2), 2, 820.
"	"	3.578, 22°	Hillebrand. Bull. 20, U. S. G. S.
Lepidolite	$Al_2\, K\, Li\, Si_3\, O_9\, F_2$	2.834—2.8546	Berwerth. Z. K. M. 2, 523.

FOR SOLIDS AND LIQUIDS.

Name.	Formula.	Sp. Gravity.	Authority.
Lepidolite	Al_2 K Li Si_8 O_9 F_2	2.838	Scharizer. Z. K. M. 12, 15.
Phlogopite	$Al_2 Mg_5$ H K $Si_5 O_{18} F_2$	2.78—2.85	Dana's Mineralogy.
"	"	2.81	Kenngott. J. 15, 742.
"	"	2.959, 16°	Berwerth. Z. K. M. 2, 521.
"	"	2.742—2.867	Tschermak. Z. K. M. 3, 127.
Calcium chlorosilicate	Ca_3 Si O_4 Cl_2	2.77	Le Chatelier. C. R. 97, 1510.
Sodalite	Al_4 Na_5 (Si $O_4)_4$ Cl	2.401	v. Rath. Dana's Min.
"	"	2.31	Lorenzen. J. 36, 1884.
"	"	2.3405, 21°	Bamberger. Z. K M. 5, 584.
"	"	2.294—2.314	Kimball. J. 13, 775.
Marialite	Al_3 Na_4 Si_9 O_{24} Cl	2.626, 19°	v. Rath. Z. G. S. 18, 635.
Pyrosmalite	Mn_5 Fe''$_5$ H_{14} (Si $O_4)_8$ Cl_2.	3.168—3.174	Lang. J. P. C. 83, 424.
"	"	3.081	Hisinger. Dana's Min.
Helvite	Gl_3 Mn_4 (Si $O_4)_3$ S	4.306	Lewis. Z. K. M. 7, 425.
"	"	3.23—3.37	Kokscharow. J. 22, 1228.
Danalite	Gl_3 Fe_3 Zn (Si $O_4)_3$ S	3.427	Cooke. A. J. S. (2), 42, 73.
Nosean	Al_4 Na_6 (Si $O_4)_4$ S O_4	2.25—2.4	Dana's Mineralogy.
"	"	2.279—2.399	v. Rath. Z. G. S. 16, 86.
Complex silicate and sulphide.	$Ca_{16} Al_2 S_2 O_{35}$. 2Ca S	3.054	Rammelsberg. J. P. C. (2), 35, 98.
Thaumasite	Ca_3 Si O_3 S O_4 C O_3. 14 H_2 O.	1.877, 19°	Lindström. J. 33, 1484.
Calcium silicophosphate	Ca_5 Si O_4 (P $O_4)_2$	3.042	Carnot and Richard. B. S. M. 6, 241.

XLI. TITANATES AND STANNATES.

Name.	Formula.	Sp. Gravity	Authority.
Calcium titanate. Artificial.	Ca Ti O_3	4.10	Ebelmen.
" " "	"	4.00	Hautefeuille. J. 17, 217.
" " Perofskite.	"	4.017	Rose. B. J. 20, 210.
" " "	"	4.038	Damour. J. 8, 960.
" " "	"	3.974, 20°	Brun. Z. K. M. 7, 389.
Strontium titanate	Sr_2 Ti_3 O_8	5.1	Bourgeois. C. R. 103, 141.

Name.	Formula.	Sp. Gravity.	Authority.
Barium titanate	$Ba_2 Ti_3 O_8$	5.91	Bourgeois. C. R. 103, 141.
Magnesium titanate	$Mg Ti O_3$	3.91	Hautefeuille. J. 17, 217.
Magnesium orthotitanate	$Mg_2 Ti O_4$	3.52	" "
Ilmenite	$Fe Ti O_3$	4.727	Marignac. B. J. 26, 372.
Iron orthotitanate	$Fe_2 Ti O_4$	4.37	Hautefeuille. J. 17, 217.
Zinc titanate	$Zn Ti_3 O_7$	4.92, 15°	Levy. C. R. 105, 380.
Potassium stannate	$K_2 Sn O_3 \cdot 3 H_2 O$	3.197	Ordway. J. 18, 240.

XLII. CYANOGEN COMPOUNDS.*

1st. General Division.

Name.	Formula.	Sp. Gravity.	Authority.
Cyanogen. Liquefied	$C_2 N_2$	.866, 17°.2	Faraday. P.T. 1845, 155.
Hydrocyanic acid	$H C N$	.7058, 7°	Gay Lussac. Ann. 95, 136.
" "	"	.6960, 18°	
" "	"	.710, 6°	Trautwein.
" "	"	.706, 2°.8	Cooper. P. A. 47, 527.
Cyanic acid	$H C N O$	1.1558, —20°	Troost and Hautefeuille. J. 21, 314.
" "	"	1.140, 0°	
Cyanuric acid	$H_3 C_3 N_3 O_3$	1.768, 0°	
" "	"	2.500, 19°	Troost and Hautefeuille. J. 22, 99.
" "	"	2.228, 24°	
" "	"	1.725, 48°	
" "	"	1.722	Schröder. Ber. 13, 1070.
" "	"	1.735	
Cyamelide	$(H C N O)_n$	1.974, 0°	Troost and Hautefeuille. J. 22, 99.
"	"	1.774, 24°	
Hydrosulphocyanic acid	$H C N S$	1.0013, 10°	Clasen.
" "	"	1.022	Porrett. P.T. 1814, 548.
" "	"	1.0082	Meitzendorff. P. A. 56, 63.
Tricyanogen trichloride	$C_3 N_3 Cl_3$	1.32	Serullas. Ann. (2), 38, 370.
Cyanogen iodide	$C N I$	1.85	Weltzien's "Zusammenstellung."

* Exclusive of organic cyanides, or compounds containing organic radicles.

2d. Cyanides, Cyanates, and Sulphocyanides.

Name.	Formula.	Sp. Gravity.	Authority.
Potassium cyanide	K C N	1.52, 12°	Bödeker. B. D. Z.
Silver cyanide	Ag C N	3.943, 11°	Giesecke. "
Mercury cyanide	Hg (C N)$_2$	3.77, 13°	Bödeker. "
" "	"	4.0036, 14°.2	Clarke. A. J. S. (3), 16, 201.
" "	"	4.0262, 12°	Creighton. F. W. C.
" "	"	4.0026, 22°.2	Wittmann. "
" "	"	3.990	Schröder. Ber. 13, 1070.
" "	"	4.011	
Mercury oxycyanide	Hg O. Hg (C N)$_2$	4.419 } 23°.2	Clarke. A. J. S. (3), 16, 201.
" "	"	4.428	
" "	"	4.437, 19°.2	Creighton. F. W. C.
Mercury chlorocyanide	Hg Cl (C N)	4.514, 26°	Wittmann. "
" "	"	4.531, 21°.7	
Mercury potassium cyanide.	K$_2$ Hg (C N)$_4$	2.4470, 21°.2	
" " "	"	2.4551, 24°	Creighton. "
" " "	"	2.4620, 21°.5	
Potassium chromocyanide	K$_4$ Cr (C N)$_6$	1.71	Moissan. Ann. (6), 4, 138.
Potassium manganicyanide.	K$_3$ Mn (C N)$_6$	1.821	Topsoë. B. S. C. 19, 246.
Sodium ferrocyanide	Na$_4$Fe(CN)$_6$. 12 H$_2$O	1.458	Bunsen.
Potassium ferrocyanide	K$_4$ Fe (C N)$_6$. 3 H$_2$ O	1.88	Watts' Dictionary.
" "	"	1.86	Schiff. J. 12, 41.
" "	"	2.052	Buignet. J. 14, 15.
Thallium ferrocyanide	Tl$_4$ Fe (C N)$_6$. 2 H$_2$O	4.641	Lamy and Des Cloizeaux. Nature 1, 142.
Ammonium ferrocyanide with ammonium chloride.	Am$_4$ Fe (C N)$_6$. 2 Am Cl. 3 H$_2$ O.	1.490	Topsoë. C. C. 4, 76.
Potassium ferricyanide	K$_3$ Fe Cy$_6$	1.8004	Schabus. J. 3, 359.
" "	"	1.845	Wallace. J. 7, 378.
" "	"	1.849	Schiff. J. 12, 41.
" "	"	1.817	Buignet. J. 14, 15.
" "	"	1.849, 15°.3	
" "	"	1.854, 15°.3	Schröder. Dm. 1873.
" "	"	1.855, 15°	
" "	"	1.861, 15°	
Silver ammonio-ferricyanide. "	4 Ag Fe (C N)$_6$. 6 N H$_3$. H$_2$O.	2.42 } 14°.2 2.47	Gintl. J. 22, 321.
Sodium nitroprusside	Na$_4$ Fe$_2$ (C N)$_{10}$ (NO)$_2$. 4 H$_2$ O.	1.710	Schröder. Dm. 1873.
" "	"	1.716	
" "	"	1.6869, 25°	Dudley. F. W. C.
" "	"	1.718	Schröder. Ber. 13, 1070.
" "	"	1.731	
Potassium nickel cyanide	K$_2$ Ni (C N)$_4$. H$_2$ O	1.871, 14°.5	Dudley. F. W. C.
" " "	"	1.875, 11	
Potassium cobalticyanide	K$_3$ Co (C N)$_6$	1.906, 11°	Bödeker. B. D. Z.
" "	"	1.913	Topsoë. C. C. 4, 76.
Potassium platinocyanide	K$_2$Pt(CN)$_4$. 3H$_2$O	2.4548, 16°	Dudley. F. W. C.
" "	"	2.5241, 13°	
Barium platinocyanide	BaPt (C N)$_4$	3.054	Schabus. J. 3, 360.

Name.	Formula.	Sp. Gravity.	Authority.
Samarium platinocyanide.	$Sm_2Pt_3(CN)_{12} \cdot 18H_2O$	2.743 } 20°.8 2.745	Cleve. U. N. A. 1885.
" " "	"		
Thorium platinocyanide.	$ThPt_2(CN)_8 \cdot 16H_2O$	2.460	Topsoë. B. S. C. 21, 118.
Potassium cyanate	K C N O	2.0475, 16°	Mendius. B. D. Z.
" "	"	2.056, 4°	Schröder. Ber. 12, 561.
Silver cyanate	Ag C N O	4.004, 16°	Mendius. B. D. Z.
" "	"	3.998	Schröder. Ber. 13, 1070.
Potassium sulphocyanide.	K C N S	1.866 } 14° 1.906	Bödeker. B. D. Z.
" " "	"	1.891	Schröder. Ber. 11, 2215.
Ammonium sulphocyanide.	Am C N S	1.299 } 13° 1.316	Dudley. F. W. C.
" " "	"	1.316	Schröder. Ber. 11, 2215.
Lead sulphocyanide	$Pb (C N S)_2$	3.82	Schabus. J. 3, 362.
Phosphorus sulphocyanide	$P (C N S)_3$	1.625, 18°	Miquel. J. C. S. 32, 872.
Potassium chromium sulphocyanide.	$K_6Cr(CNS)_{12} \cdot 8H_2O$	1.7051, 17°.5 1.7107, 16°	Dudley. F. W. C.
" " "	"	2.370, 19°	
Potassium platinsulphocyanide.	$K_2 Pt (C N S)_6$	2.342, 18° 2.370, 19°	" "
Potassium platinseleniocyanide.	$K_2 Pt (C N Se)_6$	3.377, 10°.2 3.378, 12°.5	" "
Titanium nitrocyanide	$Ti (C N)_2 \cdot 3 Ti_3 N_2$	5.30	Wollaston. P. T. 1823, 17.
" "	"	5.28001	Karsten. Schw. J. 65, 394.
Samarium sulphocyanide with mercuric cyanide.	$Sm (C N S)_3 \cdot 3 Hg$ $(CN)_2 \cdot 12 H_2 O$	2.742, 18° 2.749, 18°.4	Cleve. U. N. A. 1885.

XLIII. MISCELLANEOUS INORGANIC COMPOUNDS.

Name.	Formula.	Sp. Gravity.	Authority.
Nitrogen chlorophosphide	$P_3 N_3 Cl_3$	1.98	Gladstone and Holmes. J. 17, 148.
Mercury sulphide with copper chloride.	$Hg S. Cu Cl_2$	6.29	Ruschig. A. C. P. 228, 27.
Mercury chloride with ammonium dichromate.	$Hg Cl_2. Am_2 Cr_2 O_7$	3.1850, 18° 3.2386, 21°	Heighway. F. W. C.
" " "	"	3.0824, 14°	Langenbeck. F. W. C.
Mercury cyanide with potassium chromate.	$2 Hg Cy_2. K_2 Cr O_4$	3.564, 21°.8	H. Schmidt. F. W. C.

Name.	Formula.	Sp. Gravity.	Authority.
Potassium nitrato-sulphate.	$K_2 SO_4 . HNO_3$	2.38	Jacquelain. A. C. P. 32, 234.
Potassium phosphato-sulphate.	$K_2 SO_4 . H_3 PO_4$	2.296	" "
Hanksite	$4 Na_2 SO_4 . Na_2 CO_3$	2.562	Hidden. A. J. S. (3), 30, 185.
Phosgenite	$Pb_2 CO_3 Cl_2$	6.305	Rammelsberg. P. A. 85, 141.
Leadhillite	$Pb_4 SO_4 (CO_3)_3$	6.550	Gadolin. J. 6, 846.
"	"	6.526	Kokscharow. J. 6, 846.
Bastnäsite (Hamartite)	$(Ce La Di)(CO_3) F$	4.93	Nordenskiöld. J. 22, 1246.
"	"	5.18–5.20	Allen and Comstock. A. J. S. (3), 19, 390.
Parisite	$(Ce La Di)_2 (CO_3)_4 . Ca F_2 .$	4.35	Bunsen. Dana's Min.
"	"	4.317	Dufrenoy. Dana's Min.

XLIV. ALLOYS.*

Alloy.	Specific Gravity.	Authority.
SODIUM AND POTASSIUM.		
Na K	.8993 } 0°, solid	Hagen. P. A. (2), 19, 436.
"	.8994 }	
"	.8905, 4°.5, fluid	
ZINC AND CALCIUM.†		
$Zn_{12} Ca$	6.369 }	v. Rath. Z. C. 12, 665.
"	6.3726 }	
ALLOYS OF MERCURY. AMALGAMS.		
Hg Zn	11.304	Calvert and Johnson. J. 12, 120.
$Hg_5 Cd_2$	12.015	Croockewitt. J. 1, 393.
Hg Pb	11.93	" "
"	12.284, 15°.7	Matthiessen. P. T. 1860, 177.
$Hg Pb_2$	11.979, 15°.9	" "
$Hg_3 Pb_2$	12.40, 17°	Bauer. J. 24, 317.
$Hg_2 Pb$	12.815, 15°.5	Matthiessen. P. T. 1860, 177.
$Hg_2 Sn$	11.3816	Kupffer. Ann. (2), 40, 285.
"	11.456, 11°.3	Holzmann. P. T. 1860, 177.

* This table contains only a moderate number of the many determinations which have been made relative to the specific gravity of alloys. Only those alloys have been admitted which allow of relatively simple chemical formulæ. Some of them are doubtless true chemical compounds, but in most cases the formulæ merely represent proportionate composition.
† See also Norton and Twitchell, A. C. J. 10, 70.

Alloy.	Specific Gravity.	Authority.
ALLOYS OF MERCURY. **AMALGAMS**—continued.		
$Hg\ Sn$	10.3447	Kupffer. Ann. (2), 40, 285.
"	10.369, 14°.2	Holzmann. P. T. 1860, 177.
"	10.255	Calvert and Johnson. J. 12, 120.
$Hg\ Sn_2$	9.3185	Kupffer. Ann. (2), 40, 285.
"	9.362, 9°.9	Holzmann. P. T. 1860, 177.
"	9.314	Calvert and Johnson. J. 12, 120.
$Hg\ Sn_3$	8.8218	Kupffer. Ann. (2), 40, 285.
"	8.805	Calvert and Johnson. J. 12, 120.
$Hg\ Sn_4$	8.510	" "
$Hg\ Sn_5$	8.312	" "
$Hg\ Sn_6$	8.151	" "
$Hg\ Bi$	11.208	" "
$Hg\ Bi_2$	10.693	" "
"	10.45	Croockewitt. J. 1, 393.
$Hg\ Bi_3$	10.474	Calvert and Johnson. J. 12, 120.
$Hg\ Bi_4$	10.350	" "
$Hg\ Bi_5$	10.240	" "
$Hg_5\ Ag_{12}$. Native	12.703, 17°	Weiss. J. 36, 1819.
$Hg_2\ Au$	15.412	Croockewitt. J. 1, 393.
ALLOYS OF ALUMINUM.		
$Al\ Zn$	4.532	Hirzel. J. 11, 138.
$Al_6\ Sn$	3.583	" "
$Al_5\ Sn$	3.791	" "
$Al_4\ Sn$	4.025	" "
$Al_3\ Sn$	4.276	" "
$Al_2\ Sn$	4.744	" "
$Al\ Sn$	5.454	" "
$Al\ Sn_2$	6.264	" "
$Al\ Sn_3$	6.536	" "
$Al_2\ Cb$	4.45—4.52	Marignac. J. 21, 215.
$Al_2\ Ta$	7.02	Marignac. J. 21, 212.
$Al\ Cr$	4.9	Wöhler. J. 11, 160.
$Al_4\ W$	5.58	Michel. J. 13, 130.
$Al_3\ Mn$	3.402	Michel. J. 13, 131.
$Al_6\ Ni$	3.647	Michel. J. 13, 132.
$Al_{44}\ Cu$	2.764	Hirzel. J. 11, 138.
$Al_8\ Cu$	3.206	" "
$Al_5\ Cu$	3.316	" "
$Al_{11}\ Cu_2$	3.579	" "
$Al_7\ Cu_2$	3.724	" "
$Al_3\ Cu$	3.972	" "
$Al_3\ Cu_4$	4.148	" "
$Al_2\ Cu$	4.355	" "
$Al\ Cu$	5.731	" "
$Al\ Cu_2$	6.946	" "
$Al\ Cu_3$	7.204	" "
$Al\ Cu_4$	7.534	" "
$Al\ Cu_5$	7.727	" "
$Al\ Cu_6$	7.751	" "
$Al_2\ Cu_{13}$	7.884	" "
$Al_2\ Ag$	6.733	Hirzel. J. 11, 137.
$Al\ Ag$	8.744	" "
$Al\ Ag_2$	9.376	" "

FOR SOLIDS AND LIQUIDS.

Alloy.	Specific Gravity.	Authority.
TIN AND ZINC.		
$Sn_2 Zn$	7.235	Croockewitt. J. 1, 394.
"	7.274	Calvert and Johnson. J. 12, 120.
$Sn\ Zn$	7.115	Croockewitt. J. 1, 394.
"	7.262	Calvert and Johnson. J. 12, 120.
$Sn\ Zn_2$	7.096	Croockewitt. J. 1, 394.
"	7.188	Calvert and Johnson. J. 12, 120.
$Sn\ Zn_3$	7.180	" "
$Sn\ Zn_4$	7.155	" "
$Sn\ Zn_5$	7.140	" "
$Sn\ Zn_{10}$	7.135	" "
TIN AND CADMIUM.		
$Sn_6\ Cd$	7.434, 12°.7	Matthiessen. P. T. 1860, 177.
$Sn_4\ Cd$	7.489, 15°	" "
$Sn_2\ Cd$	7.690, 12°.9	" "
$Sn\ Cd$	7.904, 13°.2	" "
$Sn\ Cd_2$	8.139, 11°.1	" "
$Sn\ Cd_4$	8.336, 14°.5	" "
$Sn\ Cd_6$	8.432, 15°	" "
TIN AND LEAD.		
$Sn_{12}\ Pb$	7.628, 19°.4	
"	7.4849, 181°, s.	
"	7.3513, 212°, l.	
"	7.3209, 218°.7	
"	7.3041, 249°.4	Vicentini and Omodei. Bei. 12, 178. Melting point, 181°.
"	7.2726, 275°.3	
"	7.2490, 304°.2	
"	7.2294, 329°	
"	7.2088, 354°.8	
$Sn_6\ Pb$	7.9210	Kupffer. Ann. (2), 40, 285.
"	7.927, 15°.2	Long. P. T. 1860, 177.
$Sn_5\ Pb$	8.0279	Kupffer. Ann. (2), 40, 285.
"	8.093	Calvert and Johnson. J. 12, 120.
"	8.046	Riche. J. 15, 111.
$Sn_4\ Pb$	8.1730	Kupffer. Ann. (2), 40, 285.
"	7.850	Thomson. J. 1, 1040.
"	8.188, 16°	Long. P. T. 1860, 177.
"	8.196	Calvert and Johnson. J. 12, 120.
"	8.2347	Pillichody. J. 14, 279.
"	8.195	Riche. J. 15, 111.
"	8.177, 16°.7	
"	8.0735, 183°.3, s.	
"	7.8393, 209°, l.	
"	7.8090, 240°.4	Vicentini and Omodei. Bei. 12, 178. Melting point, 183°.3.
"	7.7917, 260°.4	
"	7.7586, 295°.5	
"	7.7323, 324°.7	
"	7.7032, 357°.6	
$Sn_7\ Pb_2$	8.291	Riche. J. 15, 111.
$Sn_3\ Pb$	8.3914	Kupffer. Ann. (2), 40, 285.
"	8.549	Thomson. J. 1, 1040.
"	9.025	Croockewitt. J. 1, 394.
"	8.418	Calvert and Johnson. J. 12, 120

TABLE OF SPECIFIC GRAVITIES

Alloy.	Specific Gravity.	Authority.
TIN AND LEAD—contin'd.		
Sn_3 Pb	8.4087	Pillichody. J. 14, 279.
"	8.414	Riche. J. 15, 111.
"	8.400, 17°	
"	8.2949, 182°.9, s.	
"	8.0821, 182°.9, l.	
"	8.0755, 189°.7	
"	8.0431, 222°.9	Vicentini and Omodei. Bei. 12, 178. Melting point, 182°.9.
"	8.0150, 250°	
"	7.9896, 275°.9	
"	7.9695, 296°.3	
"	7.9446, 323°.9	
"	7.9212, 349°.5	
Sn_6 Pb_2	8.565	Riche. J. 15, 111.
Sn_2 Pb	8.7454	Kupffer. Ann. (2), 40, 285.
"	8.777, 13°.3	Regnault. P. A. 53, 67.
"	8.688	Thomson. J. 1, 1040.
"	8.779, 17°.2	Long. P. T. 1860, 177.
"	8.774	Calvert and Johnson. J. 12, 120.
"	8.7257	Pillichody. J. 14, 279.
"	8.766	Riche. J. 15, 111.
"	8.745, 15°.2	
"	8.6298, 182°.3, s.	
"	8.4509, 182°.3, l.	
"	8.4381, 180°	
"	8.4038, 207°	Vicentini and Omodei. Bei. 12, 178. Melting point, 182°.3.
"	8.3532, 242°.5	
"	8.3204, 272°.9	
"	8.2920, 303°.1	
"	8.2688, 325°.5	
"	8.2448, 351°.5	
Sn_3 Pb_2	9.0377	Pillichody. J. 14, 279.
"	9.046	Riche. J. 15, 111.
Sn_7 Pb_5	9.2773, 15°	Pohl. J. 3, 324.
Sn Pb	9.4263	Kupffer. Ann. (2), 40, 285.
"	9.387, 13°.3	Regnault. P. A. 53, 67.
"	9.288	Thomson. J. 1, 1040.
"	9.394	Croockewitt. J. 1, 394.
"	9.460, 15°.5	Long. P. T. 1860, 177.
"	9.458	Calvert and Johnson. J. 12, 120.
"	9.4330	Pillichody. J. 14, 279.
"	9.451	Riche. J. 15, 111.
"	9.422, 20°	
"	9.2809, 181°.8, s.	
"	9.180, 181°.8, l.	
"	9.1348, 201°.6	
"	9.0053, 216°.7	
"	9.0438, 233°	
"	8.9864, 248°.8	Vicentini and Omodei. Bei. 12, 178. Melting point, 181°.8.
"	8.9643, 262°.3	
"	8.9276, 293°	
"	8.8989, 317°	
"	8.8771, 337°	
"	8.8590, 356°	
Sn_3 Pb_4	9.6309, 15°	Pohl. J. 3, 323.
Sn_2 Pb_3	9.7971	Pillichody. J. 14, 279.
Sn Pb_2	10.0782	Kupffer. Ann. (2), 40, 285.

FOR SOLIDS AND LIQUIDS.

Alloy.	Specific Gravity.	Authority.
TIN AND LEAD—contin'd.		
$Sn\ Pb_2$	9.966	Croockewitt. J. 1, 394.
"	10.080, 14°.8	Long. P. T. 1860, 177.
"	10.105	Calvert and Johnson. J. 12, 120.
"	10.0520	Pillichody. J. 14, 279.
"	10.110	Riche. J. 15, 111.
$Sn\ Pb_3$	10.3868	Kupffer. Ann. (2), 40, 285.
"	10.421	Calvert and Johnson. J. 12, 120.
"	10.3311	Pillichody. J. 14, 279.
"	10.419	Riche. J. 15, 111.
$Sn\ Pb_4$	10.5551	Kupffer. Ann. (2), 40 285.
"	10.590, 14°.3	Long. P. T. 1860, 177.
"	10.587	Calvert and Johnson. J. 12, 120.
"	10.5957	Pillichody. J. 14, 279.
$Sn\ Pb_5$	10.751	Calvert and Johnson. J. 12, 120.
$Sn\ Pb_6$	10.815, 15°.6	Long. P. T. 1860, 177.
LEAD AND CADMIUM.		
$Cd_6\ Pb$	9.160, 13°.7	Holzmann. P. T. 1860, 177.
$Cd_4\ Pb$	9.353, 12°	" "
$Cd_2\ Pb$	9.755, 14°.7	" "
$Cd\ Pb$	10.246, 11°.7	" "
$Cd\ Pb_2$	10.656, 13°.4	" "
$Cd\ Pb_4$	10.950, 9°.2	" "
$Cd\ Pb_6$	11.044, 14°.8	" "
ANTIMONY AND TIN.		
$Sb_{12}\ Sn$	6.789, 16°.2	Long. P. T. 1860, 177.
$Sb_8\ Sn$	6.747, 13°.4	" "
$Sb_4\ Sn$	6.781, 13°.5	" "
$Sb_2\ Sn$	6.844, 13°.8	" "
$Sb\ Sn$	6.929, 15°.8	" "
$Sb\ Sn_2$	7.023, 15°.8	" "
$Sb\ Sn_3$	7.100, 10°.6	" "
$Sb\ Sn_5$	7.140, 19°	" "
$Sb\ Sn_{10}$	7.208, 18°.5	" "
$Sb\ Sn_{20}$	7.276, 19°.4	" "
$Sb\ Sn_{50}$	7.279, 20°	" "
$Sb\ Sn_{100}$	7.284, 20°.2	" "
ANTIMONY AND LEAD.		
$Sb_8\ Pb$	7.214	Riche. J. 15, 111.
$Sb_6\ Pb$	7.361	" "
$Sb_5\ Pb$	7.432	Calvert and Johnson. J. 12, 120.
$Sb_4\ Pb$	7.525	" "
"	7.622	Riche. J. 15, 111.
$Sb_3\ Pb$	7.880	Calvert and Johnson. J. 12, 120.
$Sb_2\ Pb$	8.330	" "
"	8.201, 13°.7	Matthiessen. P. T. 1860, 177.
"	8.233	Riche. J. 15, 111.
$Sb\ Pb$	8.953	Calvert and Johnson. J. 12, 120
"	8.989, 11°.7	Matthiessen. P. T. 1860, 177.
"	8.999	Riche. J. 15, 111.
$Sb_2\ Pb_3$	9.502	" "

TABLE OF SPECIFIC GRAVITIES

Alloy.	Specific Gravity.	Authority.
ANTIMONY AND LEAD—continued.		
$Sb\ Pb_2$	9.728	Calvert and Johnson. J. 12, 120.
"	9.811, 14°.3	Matthiessen. P. T. 1860, 177.
"	9.817	Riche. J. 15, 111.
$Sb_2\ Pb_5$	10.040	" "
$Sb\ Pb_3$	10.136	Calvert and Johnson. J. 12, 120.
"	10.144, 15°.4	Matthiessen. P. T. 1860, 177.
"	10.211	Riche. J. 15, 111.
$Sb_2\ Pb_7$	10.344	" "
$Sb\ Pb_4$	10.387	Calvert and Johnson. J. 12, 120.
"	10.455	Riche. J. 15, 111.
$Sb_2\ Pb_9$	10.541	" "
$Sb\ Pb_5$	10.556	Calvert and Johnson. J. 12, 120.
"	10.586, 19°.3	Matthiessen. P. T. 1860, 177.
"	10.615	Riche. J. 15, 111.
$Sb_2\ Pb_{11}$	10.673	" "
$Sb\ Pb_6$	10.722	" "
$Sb_2\ Pb_{13}$	10.764	" "
$Sb\ Pb_7$	10.802	" "
$Sb\ Pb_{10}$	10.930, 19°.9	Matthiessen. P. T. 1860, 177.
$Sb\ Pb_{25}$	11.194, 20°.5	" "
BISMUTH AND ZINC.		
$Bi\ Zn$	9.046	Calvert and Johnson. J. 12, 120
BISMUTH AND CADMIUM.		
$Bi_{12}\ Cd$	9.766, 15°.4	Matthiessen. P. T. 1860, 177.
$Bi_8\ Cd$	9.737, 14°.7	" "
$Bi_4\ Cd$	9.669, 14°.8	" "
$Bi_2\ Cd$	9.554, 13°.4	" "
$Bi\ Cd$	9.388, 15°	" "
$Bi\ Cd_2$	9.195, 15°.5	" "
$Bi\ Cd_3$	9.079, 13°.1	" "
BISMUTH AND TIN.		
$Bi_{400}\ Sn$	9.815, 18°.1	Carty. P. T. 1860, 177.
$Bi_{180}\ Sn$	9.814, 19°.5	" "
$Bi_{120}\ Sn$	9.811, 19°	" "
$Bi_{88}\ Sn$	9.803, 22°.8	" "
$Bi_{60}\ Sn$	9.774, 23°	" "
$Bi_{20}\ Sn$	9.737, 19°.8	" "
$Bi_{12}\ Sn$	9.675, 15°.2	" "
$Bi_8\ Sn$	9.614, 12°.7	" "
$Bi_4\ Sn$	9.435, 15°	" "
"	9.434	Riche. J. 15, 112.
$Bi_2\ Sn$	9.178, 15°.9	Carty. P. T. 1860, 177.
"	9.145	Riche. J. 15, 111.
$Bi\ Sn$	8.759	Regnault. P. A. 53, 67.
"	8.772, 12°.6	Carty. P. T. 1860, 177.
"	8.754	Riche. J. 15, 112.
$Bi_2\ Sn_3$	8.506	" "
$Bi\ Sn_2$	8.085	Regnault. P. A. 53, 67.
"	8.339, 13°.9	Carty. P. T. 1860, 177.

Alloy.	Specific Gravity.	Authority.
BISMUTH AND TIN— continued.		
$Bi\, Sn_2$	8.327	Riche. J. 15, 112.
$Bi_2\, Sn_5$	8.199	" "
$Bi\, Sn_3$	8.112, 14°.2	Carty. P. T. 1860, 177.
"	8.097	Riche. J. 15, 112.
$Bi_2\, Sn_7$	8.017	" "
$Bi\, Sn_4$	7.943, 20°	Carty. P. T. 1860, 177.
$Bi\, Sn_{22}$	7.438, 19°.9	" "
BISMUTH AND LEAD.		
$Bi_{60}\, Pb$	9.844, 21°.7	Carty. P. T. 1860, 177.
$Bi_{48}\, Pb$	9.845, 21°.6	" "
$Bi_{40}\, Pb$	9.850, 21°.3	" "
$Bi_{24}\, Pb$	9.887, 20°.6	" "
$Bi_{20}\, Pb$	9.893, 19°.5	" "
$Bi_{16}\, Pb$	9.934, 21°.1	" "
$Bi_{12}\, Pb$	9.973, 15°	" "
$Bi_8\, Pb$	10.048, 10°.7	" "
"	8.6	E. Wiedemann. P. A. (2), 20, 240.
$Bi_4\, Pb$	10.235, 12°.5	Carty. P. T. 1860, 177.
"	10.232	Riche. J. 15, 111.
"	9.73	E. Wiedemann. P. A. (2), 20, 239.
$Bi_2\, Pb$	10.538, 14°	Carty. P. T. 1860, 177.
"	10.519	Riche. J. 15, 111.
"	10.96	E. Wiedemann. P. A. (2), 20, 239.
$Bi\, Pb$	10.956, 14°.9	Carty. P. T. 1860, 177.
"	10.931	Riche. J. 15, 111.
"	11.03	E. Wiedemann. P. A. (2), 20, 237
$Bi_4\, Pb_5$	11.038	Riche. J. 15, 111.
$Bi_2\, Pb_3$	11.108	" "
$Bi_4\, Pb_7$	11.166	" "
$Bi\, Pb_2$	11.141, 12°.7	Carty. P. T. 1860, 177.
"	11.194	Riche. J. 15, 111.
"	11.4	E. Wiedemann. P. A. (2), 20, 236.
$Bi_2\, Pb_5$	11.209	Riche. J. 15, 111.
$Bi\, Pb_3$	11.161, 14°.8	Carty. P. T. 1860, 177.
"	11.225	Riche. J. 15, 111.
$Bi_2\, Pb_7$	11.235	" "
$Bi\, Pb_4$	11.188, 20°.8	Carty. P. T. 1860, 177.
$Bi\, Pb_5$	11.196, 20°.2	" "
$Bi\, Pb_{12}$	11.280, 22°.5	" "
$Bi\, Pb_{50}$	11.331, 23°	" "
BISMUTH AND ANTIMONY.		
$Bi_6\, Sb$	9.435, 9°.4	Holzmann. P. T. 1860, 177.
$Bi_5\, Sb$	9.369	Calvert and Johnson. J. 12, 120.
$Bi_4\, Sb$	9.276	" "
"	9.277, 12°.1	Holzmann. P. T. 1860, 177.
$Bi_3\, Sb$	9.095	Calvert and Johnson. J. 12, 120.
$Bi_2\, Sb$	8.859	" "
"	8.886, 14°	Holzmann. P. T. 1860, 177.
$Bi\, Sb$	8.364	Calvert and Johnson. J. 12, 120.
"	8.392, 11°	Holzmann. P. T. 1860, 177.
$Bi\, Sb_2$	7.829	Calvert and Johnson. J. 12, 120.

TABLE OF SPECIFIC GRAVITIES

ALLOY.	SPECIFIC GRAVITY.	AUTHORITY.
BISMUTH AND ANTIMONY —continued.		
$Bi\ Sb_2$	7.864, 9°.4	Holzmann. P. T. 1860, 177.
$Bi\ Sb_3$	7.561	Calvert and Johnson. J. 12, 120.
$Bi\ Sb_4$	7.370	" "
$Bi\ Sb_5$	7.271	" "
IRON AND TIN.		
$Fe\ Sn_5$. Cryst. furnace product.	7.534	Rammelsberg.
$Fe\ Sn_2$	7.446	Noellner. J. 13, 188.
$Fe_3\ Sn$	8.733	Lassaigne.
IRON AND NICKEL.		
—waruite. $Ni_2\ Fe$	8.1	Ulrich. N. J. 1888, 209.
COPPER AND ZINC.*		
$Cu_{10}\ Zn$	8.605	Mallet. D. J. 85, 378.
$Cu_9\ Zn$	8.607	" "
$Cu_8\ Zn$	8.633	" "
$Cu_7\ Zn$	8.587	" "
$Cu_6\ Zn$	8.591	" "
$Cu_5\ Zn$	8.415	" "
"	8.673	Calvert and Johnson. J. 12, 120.
$Cu_4\ Zn$	8.448	Mallet. D. J. 85, 378.
"	8.650	Calvert and Johnson. J. 12, 120.
$Cu_3\ Zn$	8.397	Mallet. D. J. 85, 378.
"	8.576	Calvert and Johnson. J. 12, 120.
$Cu_2\ Zn$	8.299	Mallet. D. J. 85, 378.
"	8.392	Croockewitt. J. 1, 394.
"	8.488	Calvert and Johnson. J. 12, 120.
$Cu_3\ Zn_2$	8.224	Croockewitt. J. 1, 394.
$Cu\ Zn$	8.230	Mallet. D. J. 85, 378.
"	7.808	Calvert and Johnson. J. 12, 120.
$Cu_3\ Zn_5$	7.939	Croockewitt. J. 1, 394.
$Cu\ Zn_2$	8.283	Mallet. D. J. 85, 378.
"	7.859	Calvert and Johnson. J. 12, 120.
$Cu_8\ Zn_{17}$	7.721	Mallet. D. J. 85, 378.
$Cu_8\ Zn_{18}$	7.836	" "
$Cu_8\ Zn_{19}$	8.019	" "
$Cu_8\ Zn_{20}$	7.603	" "
$Cu_8\ Zn_{21}$	8.058	" "
$Cu_8\ Zn_{22}$	7.882	" "
$Cu_8\ Zn_{23}$	7.443	" "
$Cu\ Zn_3$	7.449	" "
"	7.736	Calvert and Johnson. J. 12, 120.
$Cu\ Zn_4$	7.371	Mallet. D. J. 85, 378.
"	7.445	Calvert and Johnson. J. 12, 120.
$Cu\ Zn_5$	6.605	Mallet. D. J. 85, 378.
"	7.442	Calvert and Johnson. J. 12, 120.

*See also the Report of the (U. S.) Board on Testing Iron, Steel, and other Metals. Washington Government Printing Office, 1881.

Alloy.	Specific Gravity.	Authority.
COPPER AND TIN.		
$Cu_{96} Sn$	8.564	Thurston's Report, 295.
$Cu_{48} Sn$	8.649	" " "
$Cu_{25} Sn$	8.820	Calvert and Johnson. J. 12, 120.
$Cu_{24} Sn$	8.694	Thurston's Report, 295.
$Cu_{20} Sn$	8.798	Calvert and Johnson. J. 12, 120.
$Cu_{15} Sn$	8.825	" " "
"	8.84	Riche. J. 21, 270.
"	8.80	Riche. J. 23, 1100.
$Cu_{12} Sn$	8.681	Thurston's Report, 295.
$Cu_{10} Sn$	8.561	Mallet. D. J. 85, 378.
"	8.832	Calvert and Johnson. J. 12, 120.
"	8.87	Riche. J. 21, 270
"	8.83	Riche. J. 23, 1100.
$Cu_9 Sn$	8.462	Mallet. D. J. 85, 378.
$Cu_8 Sn$	8.459	" "
"	8.84	Riche. J. 21, 270.
"	8.86	Riche. J. 23, 1100.
$Cu_7 Sn$	8.728	Mallet. D. J. 85, 378.
"	8.72	Riche. J. 21, 270.
"	8.90	Riche. J. 23, 1100.
$Cu_6 Sn$	8.750	Mallet. D. J. 85, 378.
"	8.65	Riche. J. 21, 270.
"	8.91	Riche. J. 23, 1100.
"	8.565	Thurston's Report, 295.
$Cu_5 Sn$	8.575	Mallet. D. J. 85, 378.
"	8.965	Calvert and Johnson. J. 12, 120.
"	8.62	Riche. J. 21, 270.
"	8.87	Riche. J. 23, 1100.
$Cu_4 Sn$	8.400	Mallet. D. J. 85, 378.
"	8.948	Calvert and Johnson. J. 12, 120.
"	8.77	Riche. J. 21, 270.
"	8.80	Riche. J. 23, 1100.
"	8.938	Thurston's Report, 295.
$Cu_3 Sn$	8.539	Mallet. D. J. 85, 378.
"	8.954	Calvert and Johnson. J. 12, 120.
"	8.91	Riche. J. 21, 270.
"	8.96	Riche. J. 23, 1100.
"	8.970	Thurston's Report, 295.
$Cu_{12} Sn_5$	8.682	" " "
$Cu_2 Sn$	8.416	Mallet. D. J. 85, 378.
"	8.512	Croockewitt. J. 1, 394.
"	8.533	Calvert and Johnson. J. 12, 120.
"	8.15	Riche. J. 21, 270.
"	8.57	Riche. J. 23, 1100.
"	8.560	Thurston's Report, 295.
$Cu_{12} Sn_7$	8.442	" " "
$Cu_2 Sn_2$	8.06	Riche. J. 21, 270.
"	8.30	Riche. J. 23, 1100.
"	8.312	Thurston's Report, 295.
$Cu_4 Sn_3$	8.302	" " "
$Cu_6 Sn_5$	8.182	" " "
$Cu Sn$	8.056	Mallet. D. J. 85, 378.
"	8.072	Croockewitt. J. 1, 394.
"	7.992	Calvert and Johnson. J. 12, 120.
"	7.90	Riche. J. 21, 270.
"	8.12	Riche. J. 23, 1100

Alloy.	Specific Gravity.	Authority.
COPPER AND TIN—continued.		
$Cu\,Sn$	8.013	Thurston's Report, 295.
$Cu_3\,Sn_4$	7.948	" " "
$Cu_3\,Sn_5$	7.835	" " "
$Cu\,Sn_2$	7.387	Mallet. D. J. 85, 378.
" Cryst.	7.53	Miller. P. A. 120, 55.
"	7.738	Calvert and Johnson. J. 12, 120.
"	7.83	Riche. J. 21, 270.
"	7.74	Riche. J. 23, 1100.
"	7.770	Thurston's Report, 295.
$Cu_3\,Sn_7$. Furnace product.	6.994	Rammelsberg. P. A. 120, 54.
$Cu_2\,Sn_5$	7.652	Croockewitt. J. 1, 394.
$Cu\,Sn_3$	7.447	Mallet. D. J. 85, 378.
"	7.606	Calvert and Johnson. J. 12, 120.
"	7.44	Riche. J. 21, 270.
"	7.53	Riche. J. 23, 1100.
"	7.657	Thurston's Report, 295.
$Cu\,Sn_4$	7.472	Mallet. D. J. 85, 378.
"	7.558	Calvert and Johnson. J. 12, 120.
"	7.31	Riche. J. 21, 270.
"	7.50	Riche. J. 23, 1100.
"	7.552	Thurston's Report, 295.
$Cu\,Sn_5$	7.442	Mallet. D. J. 85, 378.
"	7.517	Calvert and Johnson. J. 12, 120.
"	7.28	Riche. J. 21, 270.
"	7.52	Riche. J. 23, 1100.
"	7.487	Thurston's Report, 295.
$Cu\,Sn_{12}$	7.360	" " "
$Cu\,Sn_{46}$	7.305	" " "
$Cu\,Sn_{66}$	7.299	" " "
COPPER AND LEAD.		
$Cu\,Pb$	10.375	Croockewitt. J. 1, 394.
$Cu_2\,Pb_3$	10.753	" "
COPPER AND ANTIMONY.		
$Cu_{11}\,Sb_2$	8.820 }	Laist and Norton. A. C. J. 10, 60.
" Horsfordite	8.812 }	
$Cu_4\,Sb$	8.871	Kamenski.* P. M. (5), 17, 274.
$Cu_3\,Sb$	8.339	" "
$Cu\,Sb$	7.990	Calvert and Johnson. J. 12, 120.
COPPER AND BISMUTH.		
$Cu\,Bi$	9.634	Calvert and Johnson. J. 12, 120.
SILVER AND TIN.		
$Ag_4\,Sn$	9.953, 14°.8	Holzmann. P. T. 1860, 177
$Ag_2\,Sn$	9.507, 12°.9	" "
$Ag\,Sn$	8.828, 13°.8	" "
$Ag\,Sn_2$	8.223, 16°.3	" "

* Kamenski gives data for seventeen other Cu Sb alloys.

Alloy.	Specific Gravity.	Authority.
SILVER AND TIN—continued.		
$Ag\,Sn_3$	7.936, 19°.3	Holzmann. P. T. 1860, 177.
$Ag\,Sn_5$	7.551, 18°.8	" "
$Ag\,Sn_6$	7.666, 18°.4	" "
$Ag\,Sn_{10}$	7.421, 18°.6	" "
SILVER AND LEAD.		
$Ag_4\,Pb$	10.800, 13°.5	Matthiessen. P. T. 1860, 177.
$Ag_2\,Pb$	10.925, 13°.8	" "
$Ag\,Pb$	10.054, 12°.5	" "
$Ag\,Pb_2$	11.144, 18°.2	" "
$Ag\,Pb_4$	11.196, 21°	" "
$Ag\,Pb_{10}$	11.285, 22°.2	" "
$Ag\,Pb_{25}$	11.334, 20°.6	" "
SILVER AND COPPER.*		
$Ag_3\,Cu_2$	9.9045	Levol J. 5, 768.
" Solid	9.9045 }	Roberts. C. N. 31, 143.
" Molten	9.0554	
GOLD AND TIN.		
$Au_4\,Sn$	16.367, 15°.4	Holzmann. P. T. 1860, 177.
$Au_2\,Sn$	14.244, 14°.2	" "
$Au\,Sn$	11.833, 14°.6	" "
$Au_2\,Sn_3$	10.794, 23°.6	" "
$Au\,Sn_2$	10.168, 23°.7	" "
$Au_2\,Sn_5$	9.715, 22°.4	" "
$Au\,Sn_3$	9.405, 23°.7	" "
$Au\,Sn_4$	8.931, 25°.6	" "
$Au\,Sn_6$	8.470, 23°.1	" "
$Au\,Sn_9$	8.118, 22°.4	" "
$Au\,Sn_{15}$	7.801, 22°.8	" "
$Au\,Sn_{50}$	7.441, 22°.9	" "
GOLD AND LEAD.		
$Au_4\,Pb$	17.013, 14°.3	Matthiessen. P. T. 1860, 177.
$Au_2\,Pb$	15.603, 14°.5	" "
$Au\,Pb$	14.466, 14°.3	" "
$Au\,Pb_2$	13.306, 22°.1	" "
$Au\,Pb_3$	12.737, 21°.8	" "
$Au\,Pb_4$	12.445, 21°.6	" "
$Au\,Pb_5$	12.274, 19°.4	" "
$Au\,Pb_{10}$	11.841, 23°.3	" "
GOLD AND BISMUTH.		
$Au_2\,Bi$	14.844, 16°	Holzmann. P. T. 1860, 177.
$Au\,Bi$	13.403, 16°.5	" "
$Au\,Bi_2$	12.067, 16	" "
$Au\,Bi_4$	11.025, 23°	" "

* See Karmarsch, Beiblätter 2, 194, for sixteen Ag Cu alloys.

TABLE OF SPECIFIC GRAVITIES

Alloy.	Specific Gravity.	Authority.
GOLD AND BISMUTH— continued.		
$Au\ Bi_8$	10.452, 21°.4	Holzmann. P. T. 1860, 177.
$Au\ Bi_{20}$	10.076, 18°.7	" "
$Au\ Bi_{40}$	9.942, 21°.2	" "
$Au\ Bi_{80}$	9.872, 21°	" "
GOLD AND COPPER.		
$Au_6\ Cu$	17.9840	Roberts. Bei. 2, 827.
$Au_3\ Cu$	17.1658	" "
$Au_2\ Cu$	16.4832	" "
GOLD AND SILVER.		
$Au_8\ Ag$	18.041, 13°.1	Matthiessen. P. T. 1860, 177.
$Au_4\ Ag$	17.540, 12°.3	" "
$Au_2\ Ag$	16.354, 13°	" "
$Au\ Ag$	14.870, 13°	" "
$Au\ Ag_2$	13.432, 14°.3	" "
$Au\ Ag_4$	12.257, 14°.7	" "
$Au\ Ag_8$	11.760, 13°.1	" "
PALLADIUM AND LEAD.		
$Pd_2\ Pb$	11.225	Bauer. J. 24, 817.
PLATINUM AND LEAD.		
$Pt\ Pb$	15.77	Bauer. Z. C. 14, 48.
IRIDIUM AND OSMIUM.		
$Ir\ Os.$ Newjanskite	19.386—19.471	Berzelius. Dana's Min.
$Ir\ Os_4.$ Sisserskite	21.118	" "
TRIPLE ALLOYS.*		
$Cd\ Pb_2\ Bi_4$	10.563	v. Hauer. J. 18, 236.
$Cd_2\ Pb_7\ Bi_8$	10.732	" "
$Pb\ Sn_2\ Bi$	9.194, 11°	Regnault. P. A. 53, 67.
$Pb\ Sn_2\ Bi_2$	9.258, 20°	" "
$Pb_4\ Sn_6\ Bi_7.$ Rose's alloy.	9.5125, 4°	Spring. Ann. (5), 7, 196.
$Pb_5\ Sn_{10}\ Bi_{13}.$ Darcet's "	9.6401, 4°	" "
$Sn_2\ Sb\ Bi$	7.883, 20°	Regnault. P. A. 53, 67.
$Cu_2\ Ni\ Sb_3.$ Furnace product.	8.004	Sandberger. J. 11, 202.
QUADRUPLE ALLOYS.		
$Cd\ Sn\ Pb\ Bi_2$	9.765	v. Hauer. J. 18, 236.
$Cd\ Sn_2\ Pb_2\ Bi_4$	9.784	" "
$Cd_2\ Sn_2\ Pb\ Bi_4.$ Wood's alloy.	9.1106, 4°	Spring. Ann. (5), 7, 196.
$Cd_3\ Sn_4\ Pb_4\ Bi_8$	9.725	v. Hauer. J. 18, 236.
$Cd_4\ Sn_5\ Pb_5\ Bi_{10}$	9.685	" "
$Cd_4\ Sn_5\ Pb_6\ Bi_{11}.$ Lipowitz' alloy.	9.7244, 4°	Spring. Ann. (5), 7, 196.

* For the triple alloys of Cu Sn Zn see Thurston's Report. For many amalgams see Joule, J. C. S., vol. 16, 1863. For alloys of platinum and gold see Prinsop, P. T. 1828.

XLV. HYDROCARBONS.

1st. Paraffins. $C_n H_{2n+2}$.

Name.	Formula.	Sp. Gravity.	Authority.
Methane. Liquefied	CH_4	.87	Wroblevsky. C. R. 99, 136.
" "	"	.414 ⎫	Olszewski. P. A. (2), 31, 73.
" "	"	.415 ⎬ —164°	
" "	"	.416 ⎭	
Propane	C_3H_8	.613, —25°	Lefebvre. J. 21, 329.
Butane	C_4H_{10}	.600, 0°	Pelouze and Cahours. J. 16, 524.
"	"	.600, 0°	Ronalds. J. 18, 507.
"	"	.624, —1°	Lefebvre. J. 21, 329.
Normal pentane. (B. 39°)	C_5H_{12}	.636, 17°	Schorlemmer. J. 15, 386.
" "	"	.6263, 17°	Schorlemmer. J. 19, 527.
" "	"	.626, 14°	Cahours and Demarçay. C. R. 80, 1569.
" "	"	.6267, 14°	Lachowicz. A. C. P. 220, 191.
" "	"	.624, 11°.5	Gladstone. Bei. 9, 249.
" "	"	.6323, 17°	Norton and Andrews. A. C. J. 8, 7.
Isopentane. (B. 30°)	"	.6415, 11°.2 ⎫	Frankland. J. 8, 481.
"	"	.6385, 14°.2 ⎭	
"	"	.628, 18°	Pelouze and Cahours. J. 16, 527.
"	"	.6375, 13°	Just. A. C. P. 220, 153.
"	"	.6282, 13°.7 ⎫	Schiff. G. C. I, 13, 177.
"	"	.6132, 30°.5 ⎭	
"	"	.6402, 0°	Bartolli and Stracciati. Bei. 9, 697.
"	"	.6111, 30°	
Normal hexane. (B. 69°)	C_6H_{14}	.6745, 18°	Williams. J. 10, 418.
" "	"	.669, 16°	Pelouze and Cahours. J. 15, 410.
" "	"	.678, 15°.5	Schorlemmer. J. 15, 386.
" "	"	.6617, 17°.5	Dale. J. 17, 381.
" "	"	.6645, 16°.5	Wanklyn and Erlenmeyer. J. 16, 521.
" "	"	.6630, 17°	Schorlemmer. A. C. P. 161, 263.
" "	"	.689, 0°	Warren. J. 21, 330.
" "	"	.6641, 18°	Thorpe and Young. A. C. P. 165, 1.
" "	"	.6620, 19°.5	
" "	"	.667, 13°	Cahours and Demarçay. C. R. 80, 1570.
" "	"	.6199, 60°.8	Ramsay. J. C. S. 35, 463.

TABLE OF SPECIFIC GRAVITIES

Name.	Formula.	Sp. Gravity.	Authority.
Normal hexane	C_6H_{14}	.6753, 0°	Zander. A. C. P. 214, 181.
" "	"	.6129, 69°	
" "	"	.6985, 14°	Lachowicz. A. C. P. 220, 192.
" "	"	.6681, 10°.8	
" "	"	.6142 } 68°.6	Schiff. G. C. I. 13, 177.
" "	"	.6143	
" "	"	.6003, 20°	Brühl. A. C. P. 200, 183.
" "	"	.6950, 0°	Bartoli and Stracciati. Bei. 9, 697.
" "	"	.6343, 68°	
" "	"	.6745, 18°	Norton and Andrews. A. C. J. 8, 7.
Isohexane. (B. 62°)	"	.7011, 0°	Wurtz. J. 8, 576.
"	"	.676, 0°	Warren. J. 21, 330.
Hexane. B. 48°—62°	"	.6317, 25°.5	Gladstone. Bei. 9, 249.
" B. 53°—60°	"	.6413, 25°	"
Methyl-diethyl-methane. (B. 64°.)	"	.6765, 20°.5	Wislicenus. A. C. P. 219, 315.
Tetramethyl-ethane, or diisopropyl. (B. 58°.)	"	.6769, 10°	
"	"	.6701, 17°.5	Schorlemmer. J. 20, 566.
" "	"	.6569, 29°	
" "	"	.668, 0°	Riche. Ann. (3), 59, 426.
" "	"	.6829, 0°	Zander. A. C. P. 214, 181.
" "	"	.0286, 58°	
Hexane from suberic acid. B. 78°.	"	.671, 26°	Riche. Ann. (3), 59, 426.
Normal heptane. (B.98°.4) From coal oil.	C_7H_{16}	.709, 17°.5	Schorlemmer. J. 15, 386.
" " " petroleum	"	.7122, 16°	Schorlemmer. J. 16, 532.
" " " azelaic acid	"	.6851, 17°.5	Dale. J. 17, 381.
" " " " "	"	.6840, 20°.5	Schorlemmer and Dale. A. C. P. 136, 266.
" "	"	.7085, 0°	Warren and Storer. J. 21, 331.
" "	"	.693, 12°	Cahours and Demarçay. C. R. 80, 1570.
" " From petroleum.	"	.6967, 19°	Beilstein and Kurbatow. Ber. 18, 2028.
" "	"	.6915, 18°	Thorpe and Young. A. C. P. 165, 1.
" "	"	.6910, 19°	
" " (Abietene)	"	.694	Wenzell. C. N. 39, 182.
" " "	"	.70048, 0°	Thorpe. J. C. S. 37, 371.
" " "	"	.61386, 98°.43	
" "	"	.7176, 20°	Lachowicz. A. C. P. 220, 193.
" "	"	.7291, 20°	Lachowicz. A. C. P. 220, 203.
" "	"	.7023, 14°	Lachowicz. A. C. P. 220, 204.

FOR SOLIDS AND LIQUIDS.

NAME.	FORMULA.	SP. GRAVITY.	AUTHORITY.
Isoheptane*, ethyl-amyl, or dimethyl-butyl-methane. B. 90°.3.	C_7H_{16}	.7069, 0°	Wurtz. J. 8, 576.
"	"	.6819, 17°.5 .6795, 20°	Schorlemmer. A. C. P. 136, 259.
"	"	.6789, 19°	Schorlemmer. A. C. P. 136, 264.
"	"	.7259, 0° .7148, 15° .6909, 32° .6867, 48°	Schorlemmer. A. C. P. 136, 269. From petroleum.
"	"	.6833, 18°.4	Grimshaw. A. C. P. 166, 163.
"	"	.69692, 0° .61606, 90°.3	Thorpe. J. C. S. 37, 371.
"	"	.6080, 91°	Ramsay. J. C. S. 35, 463.
Methyl-ethyl-propyl-methane. (B. 91°.)	"	.6895, 20°	Just. A. C. P. 220, 155.
Triethyl-methane. (B.96°)	"	.689, 27°	Ladenburg. B. S. C. 18, 548.
Dimethyl-diethyl-methane. (B. 86°—87°.)	" "	.7111, 0° .6958, 20°.5	Friedel and Ladenburg. J. P. C. 101, 315.
" From petroleum.	"	.709, 16°	Schorlemmer. A. C. P. 166, 172.
Heptane from petroleum	"	.7328, 0°	
" (B. 92°—94°)	"	.6473, 92°-94°	Bartoli and Stracciati. Bei.9, 697.
" "	"	.7303, 0°	
" "	"	.6462, 92°-94°	
Normal octane. (B. 125°.5)	C_8H_{18}	.6945, 18°	Williams. J. 10, 418.
" "	"	.7083, 12°.5	Schorlemmer.
" "	"	.7032, 17°	Schorlemmer. A. C. P. 161, 263.
" "	"	.723, 0° .721, 10°	Riche. J. 13, 248.
" "	"	.719, 17°.5	Schorlemmer. J. 15, 386.
" "	"	.726, 15°	Pelouze and Cahours. J. 16, 524.
" "	"	.728, 0°	Wurtz. J. 16, 509.
" "	"	.7207, 15°.5 .7165, 15°.6	Thorpe and Young. Two lots. A. C. P. 165, 1.
" "	"	.723, 13°	Cahours and Demarçay. C. R. 80, 1571.
" "	"	.71883, 0°	Thorpe. J. C. S. 37, 371.
" "	"	.61077, 125°.46	
" " From conicein.	"	.712, 11°	Hofmann. Ber. 18, 13.
Tetramethyl-butane, or diisobutyl. (B. 108°.53.)	"	.6940, 18°	Kolbe. J. 1, 559.
"	"	.7057, 0°	Wurtz. J. 8, 576.
"	"	.7135, 0° .7001, 16°.4	Kopp. A. C. P. 95, 307.

* For a mixture of heptane and isoheptane from petroleum, B. 92°—94°, Pelouze and Cahours give a sp. g. of .699, 16°.

TABLE OF SPECIFIC GRAVITIES

Name.	Formula.	Sp. Gravity.	Authority.
Tetramethyl-butane, or diisobutyl. (B. 108°.53.)	$C_8 H_{18}$	.7091, 0°	
"	"	.7085, 0°	
"	"	.7015, 10°	
"	"	.6931, 20°	
"	"	.686, 30°	Williams. J. C. S. 35, 125.
"	"	.677, 40°	
"	"	.669, 50°	
"	"	.626, 100°	
"	"	.698, 16°.5	Schorlemmer. J. 20, 567.
"	"	.6712, 49°	
"	"	.7111, 0°	Thorpe. J. C. S. 37, 371.
"	"	.61549, 109°.53	
"	"	.7001, 12°.1	
"	"	.6166 } 107°.8	Schiff. G. C. I. 13, 177.
"	"	.6167	
Octane from petroleum. (B. 121°.)	"	.732, 12°	Lemoine. B. S. C. 41, 161.
" " " (B. 116°—	"	.7463, 0°	Bartoli and Stracciati. Bei. 9, 697.
" " " 118°)	"	.6536, 116°-118°	
Normal nonane. (B. 149°)	$C_9 H_{20}$	.741	Pelouze and Cahours.* J. 16, 524.
" "	"	.744, 18°	Cahours and Demarçay.* C. R. 80, 1571.
" "	"	.7279, 13°.5	Thorpe and Young. A. C. P. 165, 1.
" "	"	.7330, 0°	
" "	"	.7228, 13°.5	
" "	"	.7217, 15°	Krafft. Ber. 15, 1687.
" "	"	.7177, 20°	
" "	"	.6541, 99°.1	
" "	"	.7124, 21°	Lachowicz. A. C. P. 220, 194.
" " (B. 136°)	"	.742, 12°	Lemoine.* B. S. C 41, 161.
" " (B. 130°)	"	.743, 0°	
" " "	"	.734, 12°.7	" "
" " "	"	.731, 16°	
" " "	"	.725, 24°	
" " (B. 136°	"	.7623, 0°	Bartoli and Stracciati.* Bei. 9, 697.
" " —138°.)	"	.6492, 136–138°	
Tetramethyl pentane, or butyl-amyl. (B. 132.)	"	.7247, 0°	Wurtz. J. 8, 570.
Normal decane. (B. 167°).	$C_{10} H_{22}$	.7394, 13°.5	Thorpe and Young. A. C. P. 165, 1.
" " (B. 170°)	"	.7562, 15°	Jacobson. A. C. P. 184, 202.
" "	"	.7516, 22°	
" " (B. 173°)	"	.7456, 0°	
" "	"	.7452, 0°	
" "	"	.7342, 15°	Krafft. Ber. 15, 1687.
" "	"	.7304, 20°	
" "	"	.6690, 99°.3	
" "	"	.73097, 18°	Lachowicz. A. C. P. 220, 180.
Diisoamyl. (B. 155°)	"	.7704, 11°	Frankland. J. 3, 479.

* Preparations from petroleum, boiling at 130° to 140°, and doubtless containing admixed isomers

Name.	Formula.	Sp. Gravity.	Authority.
Diisoamyl. (B. 158°)	$C_{10}H_{22}$	.7413, 0° .7282, 20° } --	Wurtz. J. 8, 573.
" (B. 159°)	"	.7365, 18°	Williams. J.10,418.
" (B. 156°)	"	.753, 0°	Wurtz. J. 16, 510.
" (B. 159°.4)	"	.7358, 9°.8 }	Schiff. G. C. I. 13,
"	"	.6126, 159°.4 }	177.
" (B. 160°)	"	.7463, 22°	Just. A. C. P. 220, 156.
" (B. 157°.1)	"	.72156, 22°	Lachowicz. A. C. P. 220, 172.
Decane. (B. 160°)	"	.757, 16°	Pelouze and Cahours.* J. 16, 524.
" (B. 159°)	"	.758, 14°	Cahours and Demarçay.* C. R. 80,1571.
" (B. 155°—160°)	"	.760	Cloez.† C. R. 85, 1003.
" (B. 162°—163°)	"	.7324, 20° -- }	Lachowicz.‡ A. C.
" (B. 152°—153°)	"	.7187, 21° -- }	P. 220, 195.
"	"	.764, 0°	
"	"	.753, 15°.6	
"	"	.751, 17° }	Lemoine.* B. S. C. 41, 161.
"	"	.739, 33°.5	
"	"	.7711, 0° }	Bartoli and Stracciati.* Bei.9,697.
"	"	.6475,158–162° }	
Undecane. (B. 181°)	$C_{11}H_{24}$	.766	Pelouze and Cahours.* J. 16, 524.
" (B. 177°)	"	.770, 14°	Cahours and Demarçay.* C. R.80,1571.
" (B. 179°)	"	.769	Cloez.† C. R. 85, 1003.
" (B.180°-182°)	"	.7816, 0° }	Bartoli and Stracciati.* Bei.9,697.
"	"	.6448,180–182° }	
Normal undecane. (B. 194°.5.)	"	.7560, 0°	
" "	"	.7557, 0°	
" "	"	.7448, 15° }	Krafft. Ber. 15,1687.
" "	"	.7411, 20°	Melts at —26°.5.
" "	"	.6816, 99°	
Dodecane. (B. 202°)	$C_{12}H_{26}$	.7574, 0°	Wurtz. J. 8, 576.
" "	"	.7568, 18°	Williams. J.10,418.
" (B. 198°)	"	.778, 20°	Pelouze and Cahours.* J. 16, 524.
" (B. 200°)	"	.784, 14°	Cahours and Demarçay.* C. R. 80,1571.
" (B. 196°.5)	"	.782	Cloez.† C. R. 85, 1003.
" (B. 201°)	"	.7738, 17°	Schorlemmer. A. C. P. 161, 263.
" (B. 198°-200°)	"	.7915, 0° }	Bartoli and Stracciati.* Bei.9,697.
" "	"	.6442,198–200° }	
Normal dodecane.	"	.7655, 0°	
" " (B. 214°.5)	"	.7548, 15°	
" "	"	.7511, 20° }	Krafft. Ber.15,1687.
" "	"	.6930, 99°.1	

* From petroleum. Doubtless a mixture of isomers.
† From hydrogen evolved from cast iron. Constitution undetermined.
‡ Two isomers from Galician petroleum. Constitution undetermined.

TABLE OF SPECIFIC GRAVITIES

Name.	Formula.	Sp. Gravity.	Authority.
Tridecane. (B. 219°)	$C_{13}H_{28}$	.796, 17°	Pelouze and Cahours.* J. 16, 524.
" (B. 217°.5)	"	.793	Cloez.† C. R. 85, 1003.
" (B. 218°–220°)	"	.8016, 0°	} Bartoli and Stracciati.* Bei. 9, 697.
" "	"	.6469, 218–220°	
Normal tridecane. (B. 234°)	"	.7716, 0°	
" "	"	.7713, 0°	
" "	"	.7608, 15°	} Krafft. Ber. 15, 1687.
" "	"	.7571, 20°	
" "	"	.7008, 99°	
Tetradecane. (B. 238°)	$C_{14}H_{30}$	.809, 20°	Pelouze and Cahours.* J. 16, 524.
" (B. 236°)	"	.812	Cloez.† C. R. 85, 1003.
" (B. 236°–240°)	"	.8129, 0°	} Bartoli and Stracciati.* Bei. 9, 697.
" "	"	.6412, 236–240°	
Normal tetradecane.	"	.7753, 4°.5	
" " (B. 252°.5)	"	.7750, 5°	
" "	"	.7715, 10°	} Krafft. Ber. 15, 1687. Melts at 4°.5.
" "	"	.7681, 15°	
" "	"	.7645, 20°	
" "	"	.7087, 99°.2	
" "	"	.7738, 5°.4	Krafft. Ber. 19, 2218.
Pentadecane. (B. 260°)	$C_{15}H_{32}$	.825, 19°	Pelouze and Cahours.* J. 16, 524.
" (B. 258°)	"	.830	Cloez.† C. R. 85, 1003.
" (B. 258°–262°)	"	.8224, 0°	} Bartoli and Stracciati.* Bei. 9, 697.
" "	"	.6385, 258–262°	
Normal pentadecane.	"	.7757, 10°	
" " (B. 270°.5)	"	.7759, 10°	
" "	"	.7724, 15°	} Krafft. Ber. 15, 1687. Melts at 10°.
" "	"	.7689, 20°	
" "	"	.7136, 99°.3	
Hexdecane, dioctyl, or di-isoctyl. (B. 278°)	$C_{16}H_{34}$	.850	Cloez.† C. R. 85, 1003.
" "	"	.7438, 15°	Eichler. Ber. 12, 1882.
" (B. 268°.5)	"	.8022, 0°	Alechin. Ber. 16, 1225.
" (B. 264°)	"	.80011, 18°	Lachowicz. A. C. P. 220, 187.
" (B. 278°—282°)	"	.8287, 0°	} Bartoli and Stracciati.* Bei. 9, 697.
" "	"	.6396, 278–282°	
Normal hexdecane.	"	.7754, 18°	
" " (B. 287°.5)	"	.7742, 20°	
" "	"	.7707, 25°	} Krafft. Ber. 15, 1687. Melts at 18°.
" "	"	.7197, 99°	
" "	"	.7754, 14°.2	Krafft. Ber. 19, 2218.
Heptadecane. (B. 303°)	$C_{17}H_{36}$	.7704, 22°.5	
" "	"	.7767, 22°.5	
" "	"	.7749, 25°	} Krafft.‡ Ber. 15, 1687. Melts at 22°.5.
" "	"	.7714, 30°	
" "	"	.7245, 99°	

* From petroleum. Probably a mixture of isomers.
† From hydrogen evolved from cast iron. Constitution undetermined
‡ All of Krafft's paraffins are said to belong to the normal series.

Name.	Formula.	Sp. Gravity.	Authority.
Octadecane. (B. 317°)	$C_{18}H_{38}$	.7768, 28°	
"	"	.7754, 30°	
"	"	.7719, 35°	Krafft. Ber. 15, 1687.
"	"	.7685, 40°	Melts at 28°.
"	"	.7288, 99°	
"	"	.7766, 28°	Krafft. Ber. 19, 2218.
Nondecane. (B. 330°)	$C_{19}H_{40}$	.7774, 32°	
"	"	.7754, 35°	Krafft. Ber. 15, 1687.
"	"	.7720, 40°	Melts at 32°.
"	"	.7323, 99°.3	
Eicosane. (M. 36°.7)	$C_{20}H_{42}$	.7779, 36°.7	
"	"	.7487, 80°.2	Krafft. Ber. 15, 1711.
"	"	.7363, 99°.2	
"	"	.7776, 36°.7	Krafft. Ber. 19, 2218.
Heneicosane. (M. 40°.4)	$C_{21}H_{44}$	.7783, 40°.4	
"	"	.7557, 74°.7	Krafft. Ber. 15, 1711.
"	"	.7400, 98°.9	
Docosane. (M. 44°.4)	$C_{22}H_{46}$	.7782, 44°.4	
"	"	.7549, 79°.6	" "
"	"	.7422, 99°.2	
Tricosane. (M. 47°.7)	$C_{23}H_{48}$	.7785, 47°.7	
"	"	.7570, 80°.8	" "
"	"	.7456, 98°.8	
Tetracosane. (M. 51°.1)	$C_{24}H_{50}$	.7786, 51°.1	
"	"	.7628, 76°	" "
"	"	.7481, 98°.9	
Heptacosane. (M. 59°.5)	$C_{27}H_{56}$	.7796, 59°.5	
"	"	.7659, 80°.8	" "
"	"	.7545, 99°	
Hentriacontane. (M. 68°.1)	$C_{31}H_{64}$	.7808, 68°.1	
"	"	.7730, 80°.8	" "
"	"	.7619, 98°.8	
Dotriacontane. (M. 70°)	$C_{32}H_{66}$	.7810, 70°	Krafft. Ber. 19, 2218.
Pentatriacontane.	$C_{35}H_{72}$	.7816, 74°.7	
" (M. 74°.7)	"	.7775, 80°.8	Krafft. Ber. 15, 1711.
"	"	.7664, 99°.2	
Paraffin.* M. 56°	C_nH_{2n+2}	.913	
" M. 61°	"	.921	
" M. 67°	"	.927	From ozokerite.
" M. 72°	"	.934	Sauerlandt. J.
" M. 76°	"	.940	1879, 1147.
" M. 82°	"	.943	
" M. 38°	"	.872, 17°	
" "	"	.879, 55°	
" M. 43°	"	.883, 17°	
" "	"	.788, 55°	
" "	"	.889, 17°	
" "	"	.785, 55°	
" M. 46°	"	.887, 17°	Albrecht. D. J.
" "	"	.781, 60°–65°	218, 280.
" M. 47°	"	.900, 17°	
" "	"	.775, 60°–65°	
" M. 51°	"	.908, 17°	
" "	"	.775, 60°–65°	
" M. 56°	"	.912, 17°	
" "	"	.777, 60°–65°	

*No attempt has been made to secure completeness concerning the specific gravity of common paraffin. The data given are included only to facilitate comparison.

Name.	Formula.	Sp. Gravity.	Authority.
Paraffin. M. 38°	$C_n H_{2n+2}$	.874, 21°, s.	From shale oil. Beilby. J.C.S. Sept., 1883, 388. Data given for sp. g. of paraffin in solution.
"	"	.783, 38°	
"	"	.779, 43°.4	
"	"	.775, 49°	
"	"	.771, 54°.5	
"	"	.767, 60°	
"	"	.763, 65°.5	

2d. Olefines. $C_n H_{2n}$.

Name.	Formula.	Sp. Gravity	Authority.
Ethylene. Liquefied	$C_2 H_4$	.414, —21°	Cailletet and Mathias. C. R. 102, 1202.
" "	"	.342, —7°.3	
" "	"	.353, —3°.7	
" "	"	.332, +4°.3	
" "	"	.306, +6°.2	
Butylene	$C_4 H_8$	.739, 0°	Chapman. J. 20, 581.
"	"	.635, —13°.5	Puchot. Ann. (5), 28, 207.
"	"	.630, —14°.2	
Amylene	$C_5 H_{10}$	.6517, 16°.5	Mendelejeff. J. 13, 7.
"	"	.6633, 0°	Bauer. J. 14, 660.
"	"	.66277, 0°	
"	"	.65490, 10°	Buff. A. C. P., 4 Supp. Bd., 129.
"	"	.64450, 17°	
"	"	.62384, 33°	
"	"	.625812, 33°.5	
"	"	.62684, 35°.5	
"	"	.679, 0°	Buff. J. 21, 334.
"	"	.6319, 35°	Ramsay. J. C. S. 35, 463.
"	"	.6617, 9°.9	Schiff. G. C. I. 13, 187.
"	"	.6340, 35°.6	
"	"	.6356, 36°.3	
"	"	.6503, 21°	Gladstone. Bei. 9, 249.
Trimethyl ethylene	"	.6783, 0°	Le Bel. B. S. C. 25, 547.
β. Ethyl methyl ethylene	"	.670, 0°	Le Bel. B. S. C. 25, 546.
Isopropyl ethylene	"	.648, 0°	Flawitzky. Ber. 11, 992.
Hexylene	$C_6 H_{12}$	.709, 12°	Pelouze and Cahours. J. 16, 526.
"	"	.6937 } 0°	Wurtz. J. 17, 512.
"	"	.6986 }	
"	"	.702, 0°	Geibel and Buff. J. 21, 336.
"	"	.6996 } 0°	Hecht. A. C. P. 165, 146.
"	"	.6997 }	
Tetramethyl ethylene	"	.712	Pawlow. A. C. P. 196, 122.

Name.	Formula.	Sp. Gravity.	Authority.
α. Ethyl dimethyl ethylene. " "	C_6H_{12} "	.712, 0° ⎱ .698, 19° ⎰	Jawein. Ber. 11, 1258.
β. Ethyl dimethyl ethylene. " "	" "	.702, 0° ⎱ .687, 19° ⎰	" "
Heptylene	C_7H_{14}	.718, 18°	Williams. J. 11, 438.
"	"	.7060, 12°.5	Schorlemmer. A. C. P. 136, 257.
"	"	.7026, 19°.5	" "
"	"	.7060, 16°	Grimshaw. A. C. P. 166, 163.
"	"	.742, 20°	Renard. Ber. 15, 2368.
"	"	.71812, 20°	Sokolow. Ber. 21, ref. 56.
Dimethyl isopropyl ethylene.	"	.6985, 14°	Markownikow. Z. C. 14, 268.
" " "	"	.7144, 0°	Pawlow. A. C. P. 173, 194.
Octylene	C_8H_{16}	.708, 16°	Cahours. C. R. 31, 143.
"	"	.723, 17°	Bouis. J. 7, 582.
"	"	.737, 20°	Fittig. J. 13, 320.
"	"	.7396, 0°	Warren and Storer. J. 21, 331.
"	"	.7217, 17°	Möslinger. Ber. 9, 1000.
" "	" "	.7294, 9°.9 ⎱ .6306, 123°.4 ⎰	Schiff. G. C. I. 13, 177.
"	"	.7222, 22°	Lachowicz. A. C. P. 220, 185.
"	"	.7197, 20°	Brühl. A. C. P. 235, 1.
"	"	.73645, 20°	Sokolow. Ber. 21, ref. 56.
Diisopropyl ethylene	"	.7526, 16°	Williams. Ber. 10, 908.
Methyl ethyl propyl ethylene.	"	.73138, 20°	Sokolow. Ber. 21, ref. 56.
Diisobutylene	"	.734, 0°	Butlerow. J. C. S. 34, 122.
"	"	.737, 0°	Lermontoff. A. C. P. 196, 116.
Nonylene. B. 145°	C_9H_{18}	.757, 20°.5	Fittig. J. 13, 321.
" B. 153°	"	.7618, 0°	Warren and Storer. J. 21, 331.
" B. 134°	"	.853, 18°.4	Lemoine. B. S. C. 41, 161.
"	"	.74333, 20°	Sokolow. Ber. 21, ref. 56.
Diamylene. B. 165°	$C_{10}H_{20}$	.7777, 0°	Bauer. J. 14, 660.
" B. 151°	"	.8416, 0° ⎱ .8248, 20° ⎰	Schneider. A. C. P. 157, 208.
" B. 174°.6	"	.7912, 0°	Warren and Storer. J. 21, 332.
" B. 175°.8	"	.823, 0°	Warren and Storer. J. 21, 331.
"	"	.7789, 10°	Schiff. G. C. I. 13, 177.

Name.	Formula.	Sp. Gravity.	Authority.
Diamylene. B. 156°	$C_{10}H_{20}$	.6611 } 156° .6615	Schiff. G. C. I. 13, 177.
"	"	.77753, 15°.2	Nasini and Bernheimer. G. C. I. 15, 50.
" B. 165°	"	.855, 14°	Lemoine. B. S. C. 41, 161.
" B. 164°	"	.7387, 20°	Lachowicz. A. C. P. 220, 177.
Endecylene	$C_{11}H_{22}$	.782, 0°	Warren. J. 21, 330.
"	"	.8398, 0°	Warren and Storer.
"	"	.791, 0°	J. 21, 332.
Dodecylene. B. 216°	$C_{12}H_{24}$	.791, 0°	Warren. J. 21, 330.
" B. 212°.6	"	.8361	
" B. 208°–219°.	"	.8543 } 0°	Warren and Storer.
"	"	.8654	J. 21, 332.
"	"	.7954, —31°	
"	"	.7720 } 0°	
"	"	.7732	Krafft. Ber. 16, 3018.
"	"	.7620, 15°	
"	"	.7511, 30°	
Dihexylene. B. 196°–199°.	"	.796, 0°	
"	"	.786, 19°	From two sources.
"	"	.809, 0°	Jawein. Ber. 11, 1258.
"	"	.798, 19°	
Triisobutylene. B. 178°	"	.774, 0°	Butlerow. Mem. Acad. St. Petersb., 1879.
"	"	.746, 50°	
"	"	.773 } 0°	Lermontoff. A. C. P. 196, 116.
"	"	.774	
" B. 180°	"	.782, 0°	
"	"	.7435, 51°.6	
"	"	.707, 99°.5	
"	"	.785, 0°	
"	"	.751, 44°.9	
"	"	.783, 0°	Five different lots. Puchot. Ann. (5), 28, 525.
"	"	.738, 60°.5	
"	"	.707, 100°.2	
"	"	.780, 0°	
"	"	.779, 0°	
"	"	.768, 14°	
Tridecylene	$C_{13}H_{26}$	.8445, 0°	Warren and Storer. J. 21, 332.
Tetradecylene	$C_{14}H_{28}$	.7936, —12°	
"	"	.7852, 0°	Krafft Ber. 16, 3018.
"	"	.7745, 15°	
"	"	.7638, 30°	
Triamylene	$C_{15}H_{30}$	.8139	Bauer. J. 14, 660.
Cetene. B. 275°	$C_{16}H_{32}$	.7893, 15°.2	Mendelejeff. J. 13, 7.
"	"	.7915, 4°	
"	"	.7839, 15°	
"	"	.7686, 37°.1	Two samples. Krafft. Ber. 16, 3018.
"	"	.7917, 4°	
"	"	.7842, 15°	
"	"	.7689, 37°.1	
Dioctylene. B. 250°	"	.814, 15°	Bouis. Watts' Dict
Etherol. B. 280°	"	.9174	Dumas and Boullay See Serullas.

FOR SOLIDS AND LIQUIDS. 167

Name.	Formula.	Sp. Gravity.	Authority.
Etherol	$C_{16}H_{32}$	.921	Serullas. Ann. (2), 39, 178.
Octodecylene	$C_{18}H_{36}$	.7010, 18°	
"	"	.7881, 22°.1	Krafft. Ber. 16, 3018.
"	"	.7790, 35°.6	
Tetramylene	$C_{20}H_{40}$	.8710, 0°	Bauer. J. 14, 660.
Cerotene	$C_{27}H_{54}$	.861, 15°	Weltzien's "Zusammenstellung."
Melene	$C_{30}H_{60}$	.89	Watts' Dictionary.

3d. Acetylene Series and Derivatives.

Name.	Formula.	Sp. Gravity.	Authority.
Acetylene. Liquefied	C_2H_2	.460, −7°	
" "	"	.456, −3°	
" "	"	.451, 0°	
" "	"	.441, 4°.4	
" "	"	.432, 9°	
" "	"	.420, 16°.4	Ansdell. C. N. 40, 186. Critical t°., 37°.05.
" "	"	.413, 20°.6	
" "	"	.404, 26°.25	
" "	"	.397, 30°	
" "	"	.381, 34°	
" "	"	.364, 35°.8	
Valerylene. B. 41°–42°	C_5H_8	.69999, 0°	
"	"	.687386, 17°	Buff. A. C. P., 4 Supp. Bd., 129.
"	"	.65719, 41°	
"	"	.65082, 42°	
Isopropyl acetylene	"	.652, 11°	Bruylants. Ber. 8, 407.
" " B. 28°–29°	"	.6854, 0°	Flawitzky and Kriloff. Ber. 11, 1939.
Isoprene. B. 37°–38°	"	.6823, 20°	Williams. J. 13, 495.
"	"	.6709, 18°	Gladstone. J. C. S. 49, 623.
" Pentine	"	.6766, 18°	" "
Hexoylene. B. 80°–83°	C_6H_{10}	.710, 13°	Reboul and Truchot. J. 20, 587.
"	"	.7494, 0°	Hecht. Ber. 11, 1051.
"	"	.7377, 13°	
Diallyl. B. 59°.5	"	.684, 14°	Berthelot and Luca. J. 1, 590.
"	"	.68724, 17°	
"	"	.64682, 59°.5	Buff. A. C. P., 4th Supp. Bd., 129.
"	"	.64564, 58°	
"	"	.7074, 0°	Zander. A. C. P. 214, 181.
"	"	.6508, 59°.5	Schiff. G. C. I. 13, 177.
"	"	.6983, 11°.9	
"	"	.6503, 59°.3	
"	"	.6880, 20°	Brühl. Bei. 4, 780.
Diallylene	C_6H_8	.8579, 18°.2	L. Henry. C. N. 38, 101.

TABLE OF SPECIFIC GRAVITIES.

Name.	Formula.	Sp. Gravity.	Authority.
Dipropargyl	C_6H_6	.81, 18°	L. Henry. J. C. S. (2), 11, 1215.
"	"	.82	Berthelot and Ogier. J. C. S. 40, 719.
Ethyl propyl acetylene	C_7H_{12}	.790, 0°	Béhal. Ber. 20, ref. 809.
Tetramethyl allylene	"	.9513, 9°	L. Henry. Ber. 8, 400.
Methyl propyl allylene	"	.8031, 20°	Renard. C. R. 91, 419.
Heptidene	"	.7458, 20°	Brühl. A. C. P. 235, 1.
Conylene	C_8H_{14}	.76076, 15°	Wertheim. A. C. P. 123, 157.
From allyl diethyl carbinol.	"	.7734, 0°	
" " "	"	.75856, 15°.4	Reformatsky. J. P. C. (2), 30, 217.
" " "	"	.75622, 18°	
From allyl dipropyl carbinol.	$C_{10}H_{18}$	.7870	
" "	"	.7830	
" "	"	.7825 0°	
" "	"	.7855	
" "	"	.7726	
" "	"	.7705 15°	
" "	"	.7738	Reformatsky. J. P. C. (2), 27, 389.
" "	"	.7740, 16°	
" "	"	.7705	
" "	"	.7681 20°	
" "	"	.7665	
" "	"	.7703	
" "	"	.7728, 20°.6	
From allyl dimethyl carbinol.	$C_{12}H_{20}$	.8530, 0°	Nikolsky and Saytzeff. J. P. C. (2), 27, 383.
" "	"	.8385, 20°	
" "	"	.8512, 0°	
" "	"	.8449, 9°.8	Albitsky. J. P. C. (2), 30, 213.
" "	"	.8349, 21°.4	
Dodecylidene	$C_{12}H_{22}$	.8030, 0°	
"	"	.7917, 15°	Krafft. Ber. 17, 1371.
"	"	.7788, 32°.5	
Tetradecylidene	$C_{14}H_{26}$	.8064, 6°.5	
"	"	.6000, 15°.2	" "
"	"	.7892, 30°	
Benylene	$C_{15}H_{28}$	.9114, 0°	Wertheim. A. C. P. 123, 157.
Trivalerylene	$C_{15}H_{24}$	.862, 15°	Reboul. J. 20, 585.
Hexadecylidene	$C_{16}H_{30}$	.8039, 20°	Krafft. Ber. 17, 1371.
"	"	.7969, 30°	
Octadecylidene	$C_{18}H_{34}$	.8016, 30°	" "
Eikosylene	$C_{20}H_{38}$	.8181, 24°	Lippmann and Hawliczek. Ber. 12, 72.

4th. Benzene Series.

Name.	Formula.	Sp. Gravity.	Authority.
Benzene	C_6H_6	.85, 15°.5	Faraday. P. T. 1825, 440.
"	"	.956, —18°,s.	
"	"	.85	Mitscherlich. A. C. P. 9, 43.
"	"	.85	Mansfield. J. 1, 711.
"	"	.89911, 0°	
"	"	.88372, 15°.2	Kopp. P. A. 72, 243.
"	"	.88354, 15°.3	
"	"	.8931, 5°—10°	
"	"	.8827, 10°—15°	Regnault. P. A. 62, 50.
"	"	.8838, 15°—20°	
"	"	.8841, 15°	Mendelejeff. J. 13, 7.
"	"	.8667	Church. J. 17, 531.
"	"	.8957, 0°	Warren. J. 18, 515.
"	"	.8820, 15°.5	
"	"	.895, 3°	Jungfleisch. C. R. 64, 911.
"	"	.812, 80°.5	
"	"	.8995, 0°	
"	"	.8890, 10°	Louguinine. Ann. (4), 11, 453. Other values given for intermediate t°s.
"	"	.8784, 20°	
"	"	.8568, 40°	
"	"	.8349, 60°	
"	"	.8126, 80°	
"	"	.90023, 0°	
"	"	.89502, 5°	
"	"	.88982, 10°	
"	"	.88462, 15°	
"	"	.87940, 20°	
"	"	.87417, 25°	
"	"	.86891, 30°	
"	"	.86362, 35°	
"	"	.85829, 40°	Adrieenz. Ber. 6, 442.
"	"	.85291, 45°	
"	"	.84748, 50°	
"	"	.84198, 55°	
"	"	.83642, 60°	
"	"	.83078, 65°	
"	"	.82505, 70°	
"	"	.81923, 75°	
"	"	.81331, 80°	
"	"	.809487, 0°	
"	"	.883573, 15°	
"	"	.872627, 25°	Pisati and Paterno. J. C. S. (2), 12, 686.
"	"	.846170, 50°	
"	"	.818721, 75°	
"	"	.88029	Landolt. Ber. 9, 907.
"	"	.8773, 20°	Naumann. Ber. 10, 1422.
"	"	.8142, 80°	Ramsay. J. C. S. 35, 463.
"	"	.8858, 15°	Thorpe and Watts. J. C. S. 37, 102.
"	"	.8111, 80°	Schiff. Ber. 14, 2769.

TABLE OF SPECIFIC GRAVITIES

NAME.	FORMULA.	SP. GRAVITY.	AUTHORITY.
Benzene	C_6H_6	.9000, 0°	Dieff. J. P. C. (2), 27, 868.
"	"	.8818, 20°	
"	"	.8839, 14°.2	Schiff. G. C. I. 13, 177.
"	"	.8111, 80°.1	
"	"	.8790, 20°	Brühl. Bei. 4, 780.
"	"	.87901, 20°	Flink. Bei. 8, 262.
"	"	.8719, 25°.7	Schall. Ber. 17, 2555.
"	"	.8845, 13°.8	
"	"	.8881, 7°5	
"	"	.8901 } 10°	Gladstone. Bei. 9, 240.
"	"	.8908	
"	"	.8801, 20°	Knops. V. H. V. 1887, 17.
"	"	.85716, 40°.1	
"	"	.65493, 41°.3	
"	"	.84824, 53°.2	Taken at different
"	"	.84006, 54°.7	pressures, each
"	"	.83101, 64°.1	t°, being the boil-
"	"	.83081, 64°.2	ing point at the
"	"	.82099, 72°.9	pressure ob-
"	"	.82079, 73°.4	served. Neu-
"	"	.81387 } 79°.2	beck. Z. P. C.
"	"	.81392	1, 654.
"	"	.81297, 79°.9	
"	"	.87907, 20°	Weegmann. Z. P. C. 2, 218.
Toluene	C_7H_8	.86	Pelletier and Walter. Gm. H.
"	"	.821	Couerbe. Gm. H.
"	"	.864, 23°	Glénard and Boudault. Gm. H.
"	"	.87, 18°	Deville. Gm. H.
"	"	.8650	Church. J. 17, 531.
"	"	.8824, 0°	Warren. J. 18, 515.
"	"	.8720, 15°	
"	"	.881, 5°	Tollens and Fittig. A. C. P. 131, 303.
"	"	.8841, 0°	Louguinine. Ann. (4), 11, 453. Other values given for intermediate t°s.
"	"	.8657, 20°	
"	"	.8375, 50°	
"	"	.8086, 80°	
"	"	.7889, 100°	
"	"	.866, 20°	Post and Mehrtens. Ber. 8, 1551.
"	"	.8657, 20°	Naumann. Ber. 10, 1425.
"	"	.7650, 111°	Ramsay. J. C. S. 35, 463.
"	"	.8822, 0°	
"	"	.8797, 2°.77	
"	"	.8722, 10°.89	
"	"	.8692, 14°.13	
"	"	.8653, 18°.43	
"	"	.8556, 28°.74	Naccari and Pagliani. Bei. 6, 88. Several other intermediate values are given.
"	"	.8430, 42°.24	
"	"	.8258, 60°.04	
"	"	.8136, 72°.46	
"	"	.7874, 99°.01	
"	"	.7811, 105°.17	

FOR SOLIDS AND LIQUIDS.

Name.	Formula.	Sp. Gravity.	Authority.
Toluene	C_7H_8	.8708, 13°.1	
"	"	.7780	
"	"	.77807 } 109°.2	Schiff. G. C. I 13, 177.
"	"	.7781	
"	"	.8656, 20°	Brühl. Bei. 4, 780.
"	"	.7801, 109°	Schall. Ber. 17, 2204.
"	"	.8617, 26° }	Schall. Ber. 17
"	"	.85098, 34°.5 }	2555.
"	"	.8704, 7°.5	Gladstone. Bei. 9, 249.
"	"	.8643 } 14° {	Gladstone and Tribe.
"	"	.8691 }	J. C. S. 47, 448.
"	"	.82664, 61°.2	
"	"	.82441, 62°.3	
"	"	.82435, 68°.5	
"	"	.80656, 81°.2	
"	"	.80637, 81°.5	
"	"	.79470 } 93°.4	
"	"	.79494 }	Taken at different
"	"	.78576, 102°.6	pressures, each t°.
"	"	.78515, 103°	being the boiling
"	"	.77816 } 110°.1	point at the press-
"	"	.77788 }	ure observed.
"	"	.77741, 110°.7	Neubeck. Z. P.
"	"	.77694, 110°.8	C. 1, 656.
Xylene*	$C_6H_4(CH_3)_2$	.8309, 15°	Mendelejeff. J. 13, 7.
"	"	.8668, 21°	Beilstein. A. C. P. 133, 37.
"	"	.8770, 0°	Louguinine. Ann.
"	"	.8600, 20°	(4), 11, 453. Val-
"	"	.8340, 50°	ues given for other
"	"	.8073, 80°	intermediate t°s.
"	"	.7892, 100°	
"	"	.8616, 20°	Naumann. Ber. 10, 1426.
"	"	.7835, 132-134°	Ramsay. J. C. S. 35, 463.
"	"	.8619, 20°	Brühl. A. C. P. 235, 1.
Orthoxylene	"	1.2 .7559, 141°.1	Schiff. Ber. 15, 2974.
"	"	.8632, 18°	Gladstone. Bei. 9, 249.
"	"	.876, 24°.5	Colson. Ann. (6), 6, 86.
"	"	.81449, 90°.4	
"	"	.81422, 90°.6	
"	"	.79497, 112°.7	Taken at different
"	"	.79435, 112°.9	pressures, each t°.
"	"	.78204 } 123°.8	being the boiling
"	"	.78188 }	point at the press-
"	"	.77398 } 133°.9	ure observed.
"	"	.77413 }	Neubeck. Z. P.
"	"	.76684 } 141°.1	C. 1, 656.
"	"	.76661 }	
"	"	.76569, 142°.5	
"	"	.8932, 0° }	Pinette. A. C. P.
"	"	.7684, 141°.9 }	243, 50.

* Exact character not specified. For sp. gr. of several mixed xylenes see Lewinstein, Ber. 17, 446.

TABLE OF SPECIFIC GRAVITIES

Name.	Formula.	Sp. Gravity.	Authority.
Metaxylene	$C_6H_4(CH_3)_2$. 1.3	.878, 0°	Warren. J. 18, 515.
"	"	.866, 15°	
"	"	.8715, 12°.3	
"	"	.7567, 139°	Schiff. G. C. I. 13, 177.
"	"	.7571 } 139°.2	
"	"	.7572	
"	"	.8726, 15°.5	Gladstone. Bei. 9, 249.
"	"	.861, 24°.5	Colson. Ann. (6), 6, 86.
"	"	.8655, 20°	Brühl. A. C. P. 235, 1.
"	"	.80588, 88°.8	
"	"	.80522, 89°.3	
"	"	.78722, 108°.3	Taken at different pressures, each t°. being the boiling point at the pressure observed. Neubeck. Z. P. C. 1, 656.
"	"	.78667, 108°.7	
"	"	.77483, 120°.5	
"	"	.77427, 121°.8	
"	"	.76639 } 129°.2	
"	"	.76647	
"	"	.75799 } 138°.1	
"	"	.75795	
"	"	.75658 } 139°.1	
"	"	.75685	
"	"	.8812, 0°	Pinette. A. C. P. 243, 50.
"	"	.7567, 138°.9	
Paraxylene	" 1.4	.8621, 19°.5	Glinzer and Fittig. A. C. P. 136, 303.
"	"	.7543 } 136°.5	Schiff. Ber. 14, 2769.
"	"	.7545	
"	"	.8488, 16°	Gladstone. Bei. 9, 249.
"	"	.854, 24°.5	Colson. Ann. (6), 6, 86.
"	"	.80215 } 86°.9	
"	"	.80189	
"	"	.78341, 106°.9	Taken at different pressures, each t°. being the boiling point at the pressure observed. Neubeck. Z. P. C. 1, 656.
"	"	.78310, 107°.1	
"	"	.77292, 119°.2	
"	"	.75968 } 129°.6	
"	"	.75963	
"	"	.75420 } 137°.1	
"	"	.75421	
"	"	.75306 } 138°.4	
"	"	.75303	
"	"	.8801, 0°	Pinette. A. C. P. 243, 50.
"	"	.7558, 138°	
Ethylbenzene	$C_6H_5.C_2H_5$	.8664, 22°.5	Fittig and König. A. C. P. 144, 277.
"	"	.8760, 9°.9	Schiff. G. C. I. 13, 177.
"	"	.7611 } 135°.8	
"	"	.7612	
"	"	.88316, 0°	Weger. A. C. P. 221, 61.
"	"	.7612, 136°.5	
"	"	.8673, 20°	Brühl. A. C. P. 235, 1.
Trimethylbenzene. Mesitylene.	$C_6H_3(CH_3)_3$. 1.3.5	.863, 13°	Schwanert.

Name.	Formula.	Sp. Gravity.	Authority.
Trimethylbenzene. Mesitylene.	$C_6H_3(CH_3)_3$	.8643, 0° .8530, 15° } --	Warren. J. 18, 515.
"	"	.8694, 9°.8 -- .7372, 164°.5 }	Schiff. G. C. I. 13, 177.
"	"	.8558, 20°	Brühl. Bei. 4, 781.
"	"	.8632, 19°	Gladstone. Bei. 9, 249.
" Pseudocumene	" 1.3.4	.8901, 0°	Konowalow. Ber. 20, ref. 570.
Orthomethylethylbenzene	$C_6H_4.CH_3.C_2H_5$. 1.2.	.8731, 16°	Claus and Mann. Ber. 18, 1122.
Metamethylethylbenzene.	" 1.3.	.869, 20°	Wroblevsky. A. C. P. 192, 198.
Paramethylethylbenzene	" 1.4.	.8694, 11°.3 } .7393 .7394 } 162°	Schiff. G. C. I. 13, 177.
"	"	.864, 20°	Anschütz. A. C. P. 235, 314.
Propylbenzene	$C_6H_5.C_3H_7$	.881, 0°	Paterno and Spica. Ber. 10, 294.
"	"	.88009, 0°	Spica. J.C.S. 36, 631.
"	"	.8692, 17°	Wispek and Zuber. A. C. P. 218, 380.
"	"	.8702, 9°.8 -- } .7399, 158°.5 }	Schiff. G. C. I. 13, 177.
Isopropylbenzene. Cumene.	"	.87	Pelletier and Walter. Ann. (2), 67, 269.
" "	"	.8792, 0° } .8675, 15° }	Warren. J. 18, 515.
" "	"	.87976, 0° -- .85870, 25° .83756, 50° .81585, 75° .79324, 100°	Pisati and Paterno. J. C. S. (2), 12, 686.
" "	"	.86576, 17°.5	Liebmann. Ber. 13, 46.
" "	"	.8776, 0° .8577, 25° .87798, 0° .85766, 25°	Two preparations. Silva. B. S. C. 43, 317.
" "	"	.8432, 12°	Gladstone. Bei. 9, 249.
Tetramethylbenzene	$C_6H_2(CH_3)_4$	.8816, 9°	Knublauch. Tübingen Inaug. Diss., 1872.
Dimethylethylbenzene	$C_6H_3(CH_3)_2C_2H_5$. 1.2.4.	.8783, 20°	Ernst and Fittig. A. C. P. 139, 192.
"	" 1.3.5.	.8644, 20°	Jacobsen. B. S. C. 24, 73.
"	" "	.861, 20°	Wroblevsky. A. C. P. 192, 217.
"	" 1.3.4.	.8686, 20°	Anschütz. A. C. P. 235, 324.
Diethylbenzene	$C_6H_4(C_2H_5)_2$. 1.4.	.8707, 15°.5	Fittig and König. A. C. P. 144, 285.
Metamethylpropylbenzene.	$C_6H_4.CH_3.C_3H_7$. 1.3.	.863, 16°	Claus and Stuesser. Ber. 13, 899.

TABLE OF SPECIFIC GRAVITIES

NAME.	FORMULA.	SP. GRAVITY.	AUTHORITY.
Metamethylpropylbenzene.	$C_6H_4.CH_3.C_3H_7.$ 1.3_	.8728, 0°	Spica. Ber. 16, 792.
"	" "	.864, 0°.8	Schiff. G. C. I. 13, 177.
"	" "	.7248, 175°.4	
Paramethylpropylbenzene. Cymene.	" 1.4_	.860, 14°	Gerhardt and Cahours. A. C. P. 38, 345.
"	" "	.857, 16°	Noad. A. C. P. 63, 281.
"	" "	.8778, 0°	Kopp. A. C. P. 94, 257.
"	" "	.8678, 12°.6	
"	" "	.8660, 15°	Mendelejeff. J. 13, 7.
"	" "	.8664, 20°	Williams. J. C. S. 15, 120.
"	" "	.8697, 0°	From cummin oil. Warren. Mem. Amer. Acad. 9, 154.
"	" "	.8724, 0°	
"	" "	.8592, 14°	
"	" "	.8705, 0°	From cummin oil. Louguinine. Ann. (4), 11, 453. Other values given for intermediate t°s.
"	" "	.8544, 20°	
"	" "	.8302, 50°	
"	" "	.7893, 100°	
"	" "	.8732, 0°	From camphor. Louguinine. Ann. (4), 11, 453. Other values given for intermediate t°s.
"	" "	.8574, 20°	
"	" "	.8333, 50°	
"	" "	.7919, 100°	
"	" "	.8708, 0°	From two sources. Beilstein and Kupffer. J. C. S. (2), 12, 152.
"	" "	.8572, 20°.2	
"	" "	.8732, 0°	
"	" "	.8707, 0°	Beilstein and Kupffer. A. C. P. 170, 295.
"	" "	.86	Gladstone. J. C. S. (2), 11, 699.
"	" "	.8424	Ext. of 8, from different sources. Gladstone. J. C. S. (2), 11, 970.
"	" "	.8438	
"	" "	.858, 16°	Orlowsky. B. S. C. 21, 321.
"	" "	.87446, 0°	From cummin oil. Pisati and Paterno. J. C. S. (2), 12, 686.
"	" "	.85457, 25°	
"	" "	.82352, 50°	
"	" "	.81409, 75°	
"	" "	.79307, 100°	
"	" "	.87227, 0°	From cymyl alcohol. Pisati and Paterno. J. C. S. (2), 12, 686.
"	" "	.85258, 25°	
"	" "	.82352, 50°	
"	" "	.81209, 75°	
"	" "	.79129, 100°	
"	" "	.87224, 0°	From camphor. Pisati and Paterno. J. C. S. (2), 12, 686.
"	" "	.85237, 25°	
"	" "	.83251, 50°	
"	" "	.81230, 75°	
"	" "	.79122, 100°	

FOR SOLIDS AND LIQUIDS.

Name.	Formula.	Sp. Gravity.	Authority.
Paramethylpropylbenzene. Cymene.	$C_6H_4 . CH_3 . C_3H_7$. 1.4 " "	.86542, 0° .78429, 100°	From thyme oil. Pisati and Paterno. J. C. S. (2), 12, 686.
"	" "	.8598, 15°	From two sources. Kraut. A. C. P. 192, 224.
"	" "	.8732, 0°	
"	" "	.8595, 15°	
"	" "	.8718, 0°	Jacobsen. Ber. 11, 1060.
"	" "	.86035, 10°	
"	" "	.873, 0°	Febve. Ber. 14, 1720.
"	" "	.8720, 20°	Kanonnikoff. Bei. 7, 542.
"	" "	.7248, 176°.2	Schiff. Ber. 15, 2974.
"	" "	.8569	Brühl. A.C.P. 235,1.
"	" "	.8551, 21°	Gladstone. J. C. S. 49, 623.
Methylisopropylbenzene	"	.86948, 0°	Silva. B. S. C. 43, 317.
"	"	.86211, 25°	
"	"	.8702, 0°	Jacobsen. Ber. 12, 431.
Butylbenzene	$C_6H_5 . C_4H_9$	.8622, 16°	Radziszewski. Ber. 9, 260.
"	"	.875, 0°	
"	"	.864, 15°	Balbiano. Ber. 10, 296.
"	"	.794, 99°.3	
Isobutylbenzene	"	.8577, 16°	Riess. Z. C. 14, 3.
" α	"	.89, 15°	Radziszewski. Ber. 9, 260.
" β	"	.8726, 16°	
Methyldiethylbenzene	$C_6H_3 . CH_3 (C_2H_5)_2$. 1.3.5.	.8790, 20°	Jacobsen. B. S. C. 24, 74.
Dimethylpropylbenzene. Laurene.	$C_6H_3 (CH_3)_2 C_3H_7$	.887, 10°	Fittig, Köbrich, and Jilke. J. 20, 701.
Metaethylpropylbenzene	$C_6H_4 . C_2H_5 . C_3H_7$. 1.3	.8588, 19°	Renard. Ann. (6), 1, 223.
Amylbenzene	$C_6H_5 . CH (C_2H_5)_2$	.8751, 0°	Lippmann and Louguinine. J. 20, 667.
"	"	.8731, 21°	Dafert. M. C. 4, 617.
"	$C_6H_5 . C(CH_3)_2 . C_2H_5$	.8728, 0°	Essner. Ber. 14, 2582.
"	$C_6H_5 (CH_2)_4 (CH)_3$	.8602, 22°	Schramm. A. C. P. 218, 389.
Isoamylbenzene	$C_6H_5 . CH_2 . CH_2 . CH$ $(CH_3)_2$	.859, 12°	Tollens and Fittig. A. C. P. 131, 303.
Orthoisoamylmethylbenzene.	$C_6H_4 . CH_3 . C_5H_{11}$. 1.2	.8945	Pabst. B. S. C. 25, 337.
Paraisoamylmethylbenzene.	" 1.4	.8643, 9°	Bigot and Fittig. J. 20, 667.
Parapropylisopropylbenzene.	$C_6H_4 (C_3H_7)_2$. 1.4	.8713, 0°	Paterno and Spica. Ber. 10, 1746.
Isohexylbenzene	$C_6H_5 . C_6H_{13}$	.8568, 16°	Schramm. A. C. P. 218, 391.
Amyldimethylbenzene	$C_6H_3 (CH_3)_2 . C_5H_{11}$	.8951, 9°	Bigot and Fittig. J. 20, 667.
Normal octylbenzene	$C_6H_5 . C_8H_{17}$	.849, 15°	Schweinitz. Ber. 19, 642.
" "	"	.852, 14°	Ahrens. Ber. 19, 2718.
Diisoamylbenzene	$C_6H_4 (C_5H_{11})_2$	.8868, 0°	A. Austin. B. S. C. 32, 13.

5th. Miscellaneous Aromatic Hydrocarbons.

Name.	Formula.	Sp. Gravity.	Authority.
Allylbenzene	$C_6H_5.C_3H_5$	.9180, 15°	Perkin. C. N. 36, 211.
Isopropylvinylbenzene	$C_6H_4.C_3H_7.C_2H_3$	.8902, 15°	" "
Isopropylallylbenzene	$C_6H_4.C_3H_7.C_3H_5$	.890, 15°	" "
Isopropylbutenylbenzene	$C_6H_4.C_3H_7.C_4H_7$	.8875, 15°	" "
Phenylacetylene	$C_2H.C_6H_5$	.94658, 0°	} Weger. A. C. P. 221, 61.
"	"	.80832, 141°.6	
"	"	.9295, 20°	Brühl. A. C. P. 235, 1.
Ethylphenylacetylene	$C_2.C_2H_5.C_6H_5$	.923, 21°	Morgan. J.C.S. (3), 1, 163.
Cinnamene. (Styrolene)	$C_2H_3.C_6H_5$	.928, 16°	E. Kopp. J. P. C. 37, 283.
"	"	.924	Blyth and Hofmann. A. C. P. 53, 294.
" "	"	.876 } 16° -- {	Scharling. A. C. P.
" "	"	.896	97, 186.
" "	"	.912, 15°	Perkin. J. C. S. 32, 660.
" "	"	.911 ⎫	
" "	"	.912 ⎪	From different
" "	"	.915 } 0°	sources. Krakau.
" "	"	.925 ⎪	Ber. 11, 1260.
" "	"	.926 ⎭	
" "	"	.7926, 143°	Schiff. G. C. I. 13, 177.
" "	"	.9251, 0°	} Weger. A. C. P.
" "	"	.7914, 146°.2	} 221, 61.
" "	"	.90595, 17°	Nasini and Bernheimer. G. C. I. 15, 50.
" "	"	.9084	} Gladstone. J. C. S.
" "	"	.9409, 11°	} 45, 241.
" "	"	.9074, 20°	Brühl. A. C. P. 235, 1.
Metacinnamene	$(C_8H_8)_n$	1.054, 13°	Scharling. A. C. P. 97, 186.
Dicinnamene	$C_{16}H_{16}$	1.027, 0°	} Erdmann. A. C. P.
"	"	1.016, 15°	} 216, 189.
Phenylbutylene	$C_4H_7.C_6H_5$	.9015, 15°.5	Aronheim. B. S. C. 19, 258.
"	"	.8864, 12°.1	Nasini. Bei. 9, 331.
Phenylpentylene	$C_5H_9.C_6H_5$	.8458, 23°	Dafert. M. C. 4, 625.
Phenylisopentylene	"	.878, 16°	Schramm. A. C. P. 218, 394.
Tetraphenylethane	$C_2H_2(C_6H_5)_4$	1.179	} Schröder. Ber. 14,
"	"	1.184	} 2516.
Phenyltolylethane	$C_2H_4.C_6H_5.C_7H_7$	.98	Bandrowski. B. S. C. 23, 79.
Ditolylethane	$C_2H_4(C_7H_7)_2$	.974, 20°	Anschütz. A. C. P. 235, 315.
Dixylylethane	$C_2H_4(C_8H_9)_2$	.966, 20°	Anschütz. A. C. P. 235, 326.

Name.	Formula.	Sp. Gravity.	Authority.
Diphenylpropane	$C_3H_6(C_6H_5)_2$	.9956, 0°	Silva. Ber. 12, 2270.
"	"	.9205, 100°	
Tetrahydrotoluene	C_7H_{12}	.797, 18°	Renard. Ann. (6), 1, 223.
Tetrahydroxylene	C_8H_{14}	.814, 0°	Wreden. A. C. P. 163, 337.
"	"	.8158	Renard. Ann. (6), 1, 223.
Hexhydrobenzene	C_6H_{12}	.76, 0°	Wreden. J. R. C. 5, 350.
Hexhydrotoluene	C_7H_{14}	.772, 0°	Wreden. Ber. 10, 713.
"	"	.758, 20°	
"	"	.742, 20°	Renard. Ann. (6), 1, 223.
"	"	.7741, 0°	
"	"	.7587, 19°	Lossen and Zander. A. C. P. 225, 109.
"	"	.6896, 96°.5	
Hexhydroxylene.	C_8H_{16}	.7956, 4°	Schiff. Ber. 13, 1407.
(B. 137°.6.)			
" (B. 121°.5)	"	.764, 19°	Renard. Ann. (6), 1, 223.
Hexhydroisoxylene.	"	.781, 0°	Wreden. Ber. 10, 712.
" (B. 118°)	"	.755, 20°	
"	"	.777, 0°	Wreden. J. C. S. (2), 12, 258.
"	"	.7814, 0°	
"	"	.7665, 19°.3	Lossen and Zander. A. C. P. 225, 109.
"	"	.6781, 118°	
Hexhydrocumene	C_9H_{18}	.787, 20°	Renard. Ann. (6), 1, 223.
Hexhydropseudocumene	"	.7812, 0°	Konowaloff. Ber. 20, ref. 571.
"	"	.7667, 20°	
Hexhydrocymene	$C_{10}H_{20}$	.8116, 17°	Renard. Ann. (6), 1, 223.
β. Benzylene	C_7H_6	1.106, 35°	Gladstone and Tribe. J. C. S. 47, 448.
Diphenyl	$C_{12}H_{10}$	1.160	Schröder. Ber. 14, 2516.
"	"	1.169	
"	"	.9961, 70°.5	Schiff. A. C. P. 223, 247.
Triphenylbenzene	$C_6H_3(C_6H_5)_3$	1.205	Schröder. Ber. 14, 2516.
"	"	1.206	
Phenyltoluene	$C_6H_4 \cdot CH_3 \cdot C_6H_5$. 1.4	1.015, 27°	Carnelley. J. C. S. (2), 14, 18.
Benzylethylbenzene	$C_6H_4 \cdot C_2H_5 \cdot C_7H_7$. 1.4	.985, 18°.9	Walker. Ber. 5, 686.
Metabenzyltoluene	$C_6H_4 \cdot CH_3 \cdot C_7H_7$. 1.3	.997, 17°.5	Senff. A. C. P. 220, 223.
Parabenzyltoluene	" 1.4	.995, 17°.5	Zincke. A. C. P. 161, 93.
Dibenzyltoluene	$C_6H_3 \cdot CH_3(C_7H_7)_2$	1.049	Weber and Zincke. J. C. S. (2), 13, 155.
Phenylxylene	$C_6H_3(CH_3)_2 C_6H_5$	1.01, 0°	Barbier. J. C. S. (2), 13, 62.
Benzylcymene	$C_{10}H_{13} \cdot C_7H_7$	.987, 0°	Mazzara. Ber. 12, 384.
Dipentenylbenzene	$C_{22}H_{28}$	.9601, 23°	Dafert. M. C. 4, 625.
Benzylidenetolylene ?	$C_{14}H_{12}$	1.0032, 18°	Lippmann. Ber. 19, ref. 744.

TABLE OF SPECIFIC GRAVITIES

Name.	Formula.	Sp. Gravity.	Authority.
Ditolyl	$C_{14}H_{14}$	.9172, 121°	Schiff. A. C. P. 223, 247.
Dibenzyl	"	1.002, 14°	Limpricht. J. 19, 593.
"	"	.9945, 10°.5	Fittig. A. C. P. 139, 178.
"	"	1.0423, 52°.3	Schiff. A. C. P. 223, 247.
Dixylylene	$C_{16}H_{16}$	.9984, 22°	Lippmann. Ber. 19, ref. 744.
Naphthalene. l.	$C_{10}H_8$	.9774, 79°.2	Kopp. A. C. P. 95, 307.
" "	"	.9628, 99°.2	Alluard. J. 12, 472.
" s.	"	1.15173, 19°	Vohl.
" "	"	1.153, 18°	Watts' Dictionary.
" "	"	1.048	Ure. Gm. H.
" "	"	1.321 } 4°	Schröder. Ber. 12, 1611.
" "	"	1.341 }	
" l.	"	.8779, 218°	Ramsay. J. C. S. 39, 65.
" "	"	.9777, 79°.2	Schiff. A. C. P. 223, 247.
" "	"	.982, 79° }	Lossen and Zander. A. C. P. 225, 109.
" "	"	.8674, 217°.1 }	
" "	"	.96208, 98°.4	Nasini and Bernheimer. G. C. I. 15, 50.
Methylnaphthalene	$C_{10}H_7 \cdot CH_3$	1.0287, 11°.5	Fittig and Remsen. A. C. P. 155, 114.
"	"	1.0042, 22°	Reingruber. A. C. P. 206, 876.
Dimethylnaphthalene	$C_{10}H_6(CH_3)_2$	1.0176, 20°	Giovanozzi. J. C. S. 42, 853.
"	"	1.0283, 0° }	Cannizzaro and Carnelutti. J. C. S. 44, 80.
"	"	1.10199, 12° }	
"	"	1.01803, 16°.4 }	Nasini and Bernheimer. G. C. I. 15, 50.
"	"	1.01058, 27°.7 }	
"	"	.97411, 77°.7 }	
Ethylnaphthalene	$C_{10}H_7 \cdot C_2H_5$	1.0184, 10°	Fittig and Remsen. A. C. P. 155, 118.
"	"	1.0204, 0° }	Carnelutti. Ber. 13, 1672.
"	"	1.0123, 11°.9 }	
Isopropylnaphthalene	$C_{10}H_7 \cdot C_3H_7$	.990, 0°	Roux. Ann. (6), 12, 319.
Amylnaphthalene	$C_{10}H_7 \cdot C_5H_{11}$	.973, 0°	Roux. Ann. (6), 12, 321.
Naphthalene tetrahydride	$C_{10}H_8 \cdot H_4$	.981, 12°	Graebe. B. S. C. 18, 205.
" "	"	.995, 0°	Wreden and Znatowicz. Ber. 9, 1607.
Naphthalene hexhydride	$C_{10}H_8 \cdot H_6$	.952, 0°	"
" "	"	.9419, 0° }	Lossen and Zander. A. C. P. 225, 109.
" "	"	.7809, 200° }	
" "	"	.94887, 16°.4 }	Nasini and Bernheimer. Two samples. G. C. I 15, 50.
" "	"	.95807, 18°.4 }	

Name.	Formula.	Sp. Gravity.	Authority.
Naphthalene octohydride	$C_{10} H_8 \cdot H_8$	.910, 0°	Wreden and Znatowicz. Ber. 9, 1607.
Naphthalene decahydride	$C_{10} H_8 \cdot H_{10}$	.857, 0°	" "
Naphthalene dodecahydride.	$C_{10} H_8 \cdot H_{12}$	.802, 0°	" "
Dimethylnaphthalene hexhydride.	$C_{12} H_{12} \cdot H_6$	.92194, 19°.8	Nasini and Bernheimer. G. C. I. 15, 50.
α. Benzylnaphthalene	$C_{10} H_7 \cdot C_7 H_7$	1.166	Miquel. Ber. 9, 1034.
"	"	1.165, 0°	Vincent and Roux. B. S. C. 40, 163.
β. Benzylnaphthalene	"	1.176, 0°	" "
Acenaphtene	$C_{10} H_6 \cdot C_2 H_4$	1.0300, 103°	Schiff. A. C. P. 223, 247.
Anthracene	$C_{14} H_{10}$	1.147	Reichenbach. Watts' Dict.
Phenanthrene	"	1.0630, 100°.5	Schiff. A. C. P. 223, 247.
Phenanthrene tetrahydride.	$C_{14} H_{10} \cdot H_4$	1.067, 10°.2	Graebe. J. C. S. (2), 14, 70.
Stilbene	$C_{14} H_{12}$	.9707, 119°.2	Schiff. A. C. P. 223, 247.
Retene. Solid	$C_{18} H_{18}$	1.104	
" "	"	1.110	
" "	"	1.132 16°	
" "	"	1.152	
" "	"	1.162	
" Fused	"	1.063	Ekstrand. A. C. P. 185, 78.
" "	"	1.067	
" "	"	1.074	
" "	"	1.077	
" "	"	1.087	
" "	"	1.093	

6th. Terpenes.

Name.	Formula.	Sp. Gravity	Authority.
Oil of turpentine	$C_{10} H_{16}$	.8902, 0°	Frankenheim. J. 1, 68.
" "	"	.8555	Four different samples. Gladstone. J. C. S. 17, 1.
" "	"	.8600 20°	
" "	"	.8614	
" "	"	.8644	
" " B. 168°.2	"	.7283, 168°.2	Schiff. Bei. 9, 559.
From Abies Reginæ-Amaliæ.	"	.868	Buchner and Theil. J. 17, 536.
From Pinus abies	"	.856, 20°	Wöhler. Gm. H.
" " "	"	.880, 15°	Blanchet and Sell. Gm. H.
From Pinus maritima	"	.864, 16°	Berthelot. J. 6, 519.
" " " B. 179°.3	"	.8639, 0°	Flawitzky. Ber. 12, 2357.
" " " α	"	.8486, 20°	
From Pinus picea	"	.859, 6°	Flückiger. J. 8, 643.

TABLE OF SPECIFIC GRAVITIES

Name.	Formula.	Sp. Gravity.	Authority.
From Pinus pumilio	$C_{10}H_{16}$	.875, 17°	Buchner. J. 13, 479.
From Pinus sylvestris. B. 171°.	"	.86529, 15°	Tilden. J. C. S. 33, 80.
" " " B. 156°.	"	.8746, 0°	
" " " "	"	.8621, 16°	} Flawitzky. Ber. 11, 1846.
" " " "	"	.8547, 24°.5	
" " "	"	.8764, 0°	} Flawitzky. Ber. 20, 1956.
" " "	"	.8600, 20°	
Terpene ?	"	.7421 } 156°.1	{ Schiff. G. C. I. 13, 177.
"	"	.7422	
" ?	"	.8587, 20°	Kanonnikoff. Bei. 7, 592.
"	"	.8711, 10°.2	Gladstone. J. C. S. 49, 623.
Isoterpene	"	.8448, 20°	Kanonnikoff. Bei. 7, 592.
"	"	.8627, 0°	} Flawitzky. Ber. 20, 1961.
"	"	.8480, 20°	
Thuja terpene. B. 160°	"	.852, 15°	Jahns. Ber. 16, 2930.
From Sequoia. B. 155°	"	.8522, 15°	Lunge and Steinkauler. Ber. 14, 2204.
Terebilene. B. 134°	"	.843	Watts' Dictionary.
Australene. B. 157°	"	.8631, 16°	Atterberg. Ber. 10, 1203.
Terebenthene. B. 157°	"	.871, 17°.5	Atterberg. Ber. 14, 2531.
"	"	.8767, 0°	
"	"	.8601, 20°	
"	"	.8486, 40°	} Riban. B. S. C. 21, 173.
"	"	.8270, 60°	
"	"	.8105, 80°	
"	"	.7939, 100°	
"	"	.8812, 0°	
"	"	.8815, 0°	} Barbier. C. R. 96, 1066.
"	"	.8724, 12°	
" From camphor oil	"	.8641, 15°	Yoshida. J. C. S. 47, 779.
Terebene	"	.8718	Pierre. J. 4, 52.
"	"	.8645, 5°–10°	
"	"	.8605, 10°–15°	} Regnault. P. A. 62, 50.
"	"	.8564, 15°–20°	
" B. 160°	"	.8583, 20°	Gladstone. J. C. S. 17, 1.
"	"	.8767, 0°	
"	"	.8600, 20°	
"	"	.8433, 40°	} Riban. B. S. C. 21, 173.
"	"	.8267, 60°	
"	"	.8100, 80°	
"	"	.7933, 100°	
" B. 156°	"	.8264, 15°	Orlowsky. B. S. C. 21, 321.
Isoterebenthene. B. 175°	"	.8432, 22°	Berthelot. J. 6, 523.
"	"	.8586, 0°	
"	"	.8427, 20°.28	
"	"	.8273, 40°.19	} Riban. C. R. 79, 314.
"	"	.8131, 58°.32	
"	"	.7964, 79°.24	

FOR SOLIDS AND LIQUIDS. 181

Name.	Formula.	Sp. Gravity.	Authority.
Isoterebenthene	$C_{10}H_{16}$	.7793, 100°	Riban. C. R. 79, 314.
Terpilene. Laevorotatory	"	.8672, 0°	Bouchardat and Lafont. C. R. 102, 50.
Terpinylene. B. 177°	"	.8526, 15°	Tilden. C. N. 37, 166.
Terpinene. B. 178	"	.93, 0°	Walitzky. Ber. 15, 1086.
"	"	.855	Wallach. A. C. P. 230, 260.
Sylvestrene. B. 175°	"	.8612, 16°	Atterberg. Ber. 10, 1206.
"	"	.8598, 17°.5	Atterberg. Ber. 14, 2531.
"	"	.8658, 14°	Gladstone. Bei. 9, 249.
Austrapyrolene. B. 177°	"	.847	Watts' Dictionary.
From oil of neroli. B. 173°	"	.8466, 20°	Gladstone. J. C. S. 17, 1.
From oil of orange	"	.835	Soubeiran and Capitaine.
" " " B. 174°	"	.8460 } 20° {	Gladstone. J. C. S. 17, 1.
" " "	"	.8468	
From oil of petit grain	"	.8470, 20°	" "
From Citrus lumia	"	.853, 18°	Luca. J. 13, 479.
From Citrus bigaradia	"	.8520, 10° }	Luca. C. R. 45, 904.
" " "	"	.8517, 12°	
From Citrus medica	"	.8514, 15°	Berthelot. J. 6, 521.
" " "	"	.8466, 20°	Gladstone. J. C. S. 17, 1.
Oil of citron	"	.8597, 5°—10°	
" "	"	.8558, 10°—15°	} Regnault. P. A. 62, 50.
" "	"	.8518, 15°—20°	
Citron terpene	"	.8593 } 9°.9	
" "	"	.8595	
" "	"	.7279 }	} Schiff. Ber. 19, 560.
" "	"	.7285 } 168°	
" "	"	.7286	
From oil of lemon	"	.84 }	Zeller. Watts' Dict.
" " "	"	.86	
" " "	"	.8380 } 0° {	Frankenheim. Two samples. J. 1, 68.
" " "	"	.8661	
" " " B. 173°	"	.8468, 20°	Gladstone. J. C. S. 17, 1.
Citrene. B. 165°	"	.8569	Blanchet and Sell. Gm. H.
From oil of bergamot	"	.856	Ohme. A. C. P. 31, 316.
" " "	"	.8464 } 20°	Gladstone. J. C. S. 17, 1.
" " "	"	.8466	
Hesperidene	"	.8483	Gladstone. Bei. 9, 249.
From oil of angelica	"	.8487	Müller. Ber. 14, 2483.
" " " B. 175°	"	.833, 0°	Naudin. Ber. 15, 254.
" " " B. 158°	"	.8609 }	} Beilstein and Wiegand. Ber. 15, 1741.
" " " B. 173°	"	.8504 } 16°.5 {	
" " " B. 176°	"	.8481	

TABLE OF SPECIFIC GRAVITIES

Name.	Formula.	Sp. Gravity.	Authority.
β Terebangeline. B. 166	$C_{10}H_{16}$	.870, 0°	Naudin. C. R. 96, 1153.
From oil of anise	"	.8580, 20°	Gladstone. J. C. S. 17, 1.
From oil of bay	"	.908, 15°	Blas. J. 18, 569.
" " "	"	.8508, 20°	Gladstone. J. C. S. 17, 1.
From oil of birch tar	"	.870, 20°	Sobrero. Watts' Dict.
From oil of calamus	"	.8793, 0°	Kurbatow. A. C. P. 173, 1.
From oil of camphor	"	.8733, 20°	Yoshida. J. C. S. 47, 779.
From oil of caraway	"	.8466, 20°	Gladstone. J. C. S. 17, 1.
Carvene	"	.861, 15°	Völckel. J. 6, 512.
"	"	.8530 } 20° {	Gladstone. J. C. S. 17, 1.
"	"	.8545 }	
"	"	.8530, 9°.8	
"	"	.7127 }	
"	"	.7132 } 186°.5	Schiff. G. C. I. 18, 177.
"	"	.7133 }	
"	"	.8529, 20°	Kanonnikoff. Bei. 7, 592.
"	"	.849, 15°	Flückiger. Ber. 17, ref. 358.
From oil of cascarilla	"	.8467, 20°	Gladstone. J. C. S. 17, 1.
From oil of copal	"	.951, 10°	Schibler. J. 12, 516.
From oil of cummin	"	.8772, 0° }	Warren. J. 18, 515.
" " "	"	.8657, 15° }	
From oil of dill	"	.8467, 20°	Gladstone. J. C. S. 17, 1.
From oil of elder	"	.8468, 20°	" "
From elemi	"	.849, 11°	Deville. J. 2, 448.
" "	"	.852, 24°	Stenhouse. A. C. P. 35, 304.
From oil of erechthidis	"	.8380, 18°.5	Beilstein and Wiegand. Ber. 15, 2854.
From oil of Erigeron canadense.	"	.8464, 18°	" "
From Eucalyptus amygdalina.	"	.8642, 20°	Gladstone. J. C. S. 17, 1.
From oil galbanum	"	.8842, 9°	Mössmer. J. 14, 687.
From Illicium religiosum.	"	.855	Eykmann. Ber. 14, 1721.
From kauri gum	"	.863, 18°	Rennie. Ber. 14, 1719.
From laurel turpentine	"	.8618, 20°	Gladstone. J. C. S. 20, 1.
From oil of marjoram	"	.8463, 18°.5	Beilstein and Wiegand. Ber. 15, 2854.
From oil of mint	"	.8600, 20°	Gladstone. J. C. S. 17, 1.
" "	"	.8646, 17°.3	Gladstone. J. C. S. 49, 623.

FOR SOLIDS AND LIQUIDS.

NAME.	FORMULA.	SP. GRAVITY.	AUTHORITY.
From oil of peppermint..	$C_{10}H_{16}$	.8602, 20°	Gladstone. J. C. S. 17, 1.
From menthol. B. 168.°6.	"	.8254, 0°	
" "	"	.8178, 10°	
" "	"	.8111, 20°	Atkinson and Yoshida. J. C. S. 41, 49.
" "	"	.8001, 40°	
" "	"	.7924, 60°	
From oil of myrtle	"	.8690, 20°	Gladstone. J. C. S. 17, 1.
From oil of nutmeg	"	.8518 } 20°	" "
" " " B.167°.	"	.8527	
" " " B.164°.	"	.8454, 25°	Gladstone. Bei. 9, 249.
" " " B.178°.	"	.8480, 27°	
From oil of parsley	"	.8732, 20°	Gladstone. J. C. S. 17, 1.
From oil of parsnip	"	.865, 12°	Gerichten. Ber. 9, 259.
From Ptychotis ajowan	"	.854, 12°	Stenhouse. J. 9, 624.
From oil of rosemary	"	.8805, 20°	Gladstone. J. C. S. 17, 1.
From oil of sage. B. 155°.	"	.8635*	Three isomers. Sigium and Muir. J. C. S. 33, 292.
" " " B. 167°.	"	.8866 } 15°	
" " " B. 165°.	"	.8653	
" " " B. 170°.	"	.8653 } 15°	Muir. J. C. S. 37, 682.
" " " "	"	.8667	
" " "	"	.8632, 24°.5	Gladstone. J. C. S. 49, 623.
From Satureja hortensis	"	.855, 15°	Jahns. Ber. 15, 819.
From oil of thyme	"	.8635, 20°	Gladstone. J. C. S. 17, 1.
Thymene	"	.868, 20°	Lallemand. J. 9, 616.
"	"	.8635, 20°	Kanonnikoff. Bei. 7, 592.
From oil of wormwood	"	.8565, 20°	Gladstone. J. C. S. 17, 1.
Cajeputene. B. 165°	"	.850, 15°	Schmidl. J. 13, 481.
Isocajeputene. B. 177°	"	.857, 16°	Schmidl. J. 13, 482.
Camphene	"	.8481, 47°.7	
"	"	.8387, 58°.9	Riban. B. S. C. 24, 9.
"	"	.8211, 79°.7	
"	"	.8062, 97°.7	
"	"	.8345, 99°.84	Spitzer. Ber. 11, 1815.
Camphilene	"	.87	Watts' Dictionary.
Caoutchin	"	.855, 0°	Bouchardat. B. S. C. 24, 109.
"	"	.842, 20°	
"	"	.842, 20°	Williams. J. 13, 495.
Cicutene	"	.87038, 18°	Van Ankum. J. 21, 794.
Cinnébene	"	.878	Hirzel. J. 7, 592.
Cynene. B. 174°.5	"	.825, 16°	Völckel. A. C. P. 89, 358.
"	"	.8500, 15°	
"	"	.8238, 50°	Hell and Stürcke. Ber. 17, 1972.
"	"	.7851, 100°	

* Misprinted 0.8435. Corrected in later paper.

TABLE OF SPECIFIC GRAVITIES

Name.	Formula.	Sp. Gravity.	Authority.
Cynene. B. 182°	$C_{10}H_{16}$	.85384, 10°	Wallach and Brass. A. C. P. 225, 291.
From cyneol. B. 179°	"	.85652	" "
" "	"	.85959 }	
Fellandrene	"	.8558, 10°	Pesci. G. C. I. 16, 225.
Gaultherilene	"	.8510, 20°	Gladstone. J. C. S. 17, 1.
Geraniene	"	.842 } 20° — {	Jacobsen. Z. C. 14, 171.
"	"	.843	
Licurene	"	.835, 18°	Morin. J. C. S. 42, 737.
Macene	"	.8529, 17°.5	Schacht. J. 15, 461.
Olibene	"	.863, 12°	Kurbatow. Z. C. 14, 201.
Safrene	"	.8345, 0°	Grimaux and Ruotte. J. 22, 783.
Tolene	"	.858, 10°	E. Kopp. J. 1, 737.
Polymer of isoprene	"	.866, 0° }	Bouchardat. Ber. 8, 904.
" "	"	.854, 21° }	
Polymer of valerylene	"	.836, 15°	" "
From oil of calamus	$C_{15}H_{24}$	.9180 } 20° {	Gladstone. J. C. S. 17, 1.
" " "	"	.9275	
" " "	"	.942, 0°	Kurbatow. A. C. P. 173, 1.
From oil of cascarilla	"	.9212, 20°	Gladstone. J. C. S. 17, 1.
From oil of cedar	"	.9231, 18°	Gladstone. Bei. 9, 249.
From oil of cloves	"	.918, 18°	Ettling. Watts' Dict.
" " "	"	.9016, 14°	Williams. J. 11, 442.
" " "	"	.9041, 20°	Gladstone. J. C. S. 17, 1.
" " "	"	.905, 15°	Church. J. C. S. (2), 13, 115.
From oil of copaiva	"	.91	Posselt. J. 2, 455.
" " "	"	.881 }	Soubeiran and Capitaine. Gm. H.
" " "	"	.885 }	
" " "	"	.8978, 24°	Levy. Ber. 18, 3206.
From oil of cubebs	"	.915	
" " "	"	.930 }	Schmidt.
" " "	"	.938 }	
" " "	"	.9062, 20°	Gladstone. J. C. S. 17, 1.
" " "	"	.9289, 0°	Oglialore. Ber. 8, 1357.
Cedrene	"	.984, 14°.5	Walter. Ann. (3), 1, 501.
"	"	.915, 15°	Muir. J. C. S. 37, 13.
"	"	.9231, 18°	Gladstone. J. C. S. (2), 10, 1.
From Drybalanops camphora. " "	"	.900 } 20° — {	Lallemand. J. 12, 503.
	"	.921	
From gurgun balsam	"	.9044, 15°	Werner. J. 15, 461.
From oil of hemp	"	.9292, 0°	Valente. J. C. S. 40, 284.
From Laurus nobilis	"	.925, 15°	Blus. J. 18, 569.

FOR SOLIDS AND LIQUIDS.

Name.	Formula.	Sp. Gravity.	Authority.
From Ledum palustre	$C_{15}H_{24}$	.9349, 0°	Rizza. Ber. 20, ref. 562.
" " "	"	.9237, 19°	
From maracaibo balsam	"	.921, 10°	Strauss. J. 21, 795.
Metatemplene	"	1.037, 4°	Flückiger. J. 8, 646.
From Myrtus pimenta	"	.98, 8°	Oeser. J. 17, 534.
From oil of patchouli	"	.9211	Gladstone. J. C. S. 17, 1.
" " "	"	.9255 } 20°	
" " "	"	.9278	
" " "	"	.946, 0°	Montgolfier. Ber. 10, 234.
" " "	"	.937, 13°.5	
From oil of rosewood	"	.9042, 20°	Gladstone. J. C. S. 17, 1.
From oil of sage	"	.9108, 0°	
" "	"	.9137, 12°	Sigiura and Muir. J. C. S. 33, 297.
" "	"	.9072, 24°	
" "	"	.8970, 41°	
From oil of sandal wood	"	.9190	Gladstone. J. C. S. (2), 10, 1.
Sesquiterpene	"	.921, 16°	Wallach. A. C. P. 238, 85.
From oil of vitivert	"	.9332	Gladstone. J. C. S. (2), 10, .1.
From copaiva oil	$C_{20}H_{32}$	.892, 17°	Brix. Ber. 14, 2267.
From minjak-lagam oil	"	.923, 15°	Haussner. Ber. 16, 1387.
From oil of poplar	"	.9002	Piccard. C. C. (3), 6, 4.
From tar-cumene	" ?	.8850, 22°	Jacobsen. A. C. P. 184, 203.
Diterebene	"	.94	Watts' Dictionary.
Metaterebenthene	"	.913, 20°	Berthelot. J. 6, 524.
Colophene	"	.9391, 20°	Gladstone. J. C. S. 17, 1.
"	"	.94, 9°	Deville. P. A. 51, 439.
Difellandrene	"	.9523, 10°	Pesci. G. C. I. 16, 225.
Heveéne	"	.921, 21°	Bouchardat. A. C. P. 37, 30.
Tetraterebenthene	$C_{40}H_{64}$?	.977, 0°	Riban. C. R. 79, 391.

7th. Unclassified Hydrocarbons.

Name.	Formula.	Sp. Gravity.	Authority.
Heptanaphtene*	C_7H_{14}	.7778, 0°	Milkowsky. Ber. 18, ref. 186.
"	"	.7624, 17°.5	
Octonaphtene	C_8H_{16}	.7649, 0°	Markownikoff. Ber. 18, ref. 186.
"	"	.7503, 18°	
Isooctonaphtene	"	.7765	
"	"	.7768 } 0°	Putochin. Ber. 18, ref. 186.
"	"	.7637, 17°.5	
Nononaphtene	C_9H_{18}	.7808, 0°	Markownikoff und Ogloblin. Ber. 16, 1877.
"	"	.7808, 0°	Konowaloff. Ber. 18, ref. 186.
"	"	.7652, 20°	
Dekanaphtene	$C_{10}H_{20}$	.795, 0°	Markownikoff and Ogloblin. Ber. 16, 1877.
Endekanaphtene	$C_{11}H_{22}$	.8119, 0°	" "
Dodekanaphtene	$C_{12}H_{24}$	.8055, 14°	" "
Tetradekanaphtene	$C_{14}H_{28}$	.8390, 0°	" "
Pentadekanaphtene	$C_{15}H_{30}$	.8294, 17°	" "
Nononaphtylene	C_9H_{16}	.8068, 0°	Konowaloff. Ber. 18, ref. 186.
Menthene	$C_{10}H_{18}$	.851, 21°	Walter. A. C. P. 32, 288.
"	"	.814, 15°	Moriya. J. C. S., March, 1881.
"	"	.8226, 0°	
"	"	.8145, 10°	
"	"	.8073, 20°	Atkinson and Yoshida. J. C. S. 41, 49.
"	"	.7909, 40°	
"	"	.7761, 60°	
From oil of calamus	"	.8793, 0°	Kurbatow. J. C. S. (2), 12, 259.
From turpentine chlorhydrate.	"	.852, 19°	Montgolfier. Ber. 12, 376.
Cymhydrene	$C_{20}H_{20}$	.8046, 12°	Gladstone. J. C. S. 49, 616.
Terpilene hydride	"	.8179, 0°	Montgolfier. C. R. 89, 103.
" "	"	.8060, 17°.5	
Ethyl camphene	$C_{10}H_{15} \cdot C_2H_5$	.8709, 20°	Spitzer. Ber. 11, 1817.
Isobutyl camphene	$C_{10}H_{15} \cdot C_4H_9$	.8614, 20°	Spitzer. Ber. 11, 1818.
Camphin	$C_{18}H_{32}$	.827, 25°	Claus. J. P. C. 25, 269.
Diterebenthyl	$C_{20}H_{30}$	.9688, 18°	Renard. C. R. 105, 866.
Diterebenthylene	$C_{20}H_{28}$	.9821, 12°	Renard. C. R. 106, 856.
Dicamphene hydride	$C_{20}H_{34}$	.9574, 19°	Montgolfier. C. R. 87, 840.

*According to Konowaloff, the "naphtenes" are identical with the hexhydrides of the benzene series.

Name.	Formula.	Sp. Gravity.	Authority.
Didecene	$C_{20}H_{36}$	.9862, 12°	Renard. C. R. 106, 1086.
Caoutchene	C_4H_8	.65, —2°	Bouchardat. A. C. P. 37, 30.
Tropilidene	C_7H_8	.9129, 0°	Ladenburg. A. C. P. 217, 133.
From copper camphorate	C_8H_{14}	.793	Moitessier. J. 19, 410.
From decomposition of phenol.	$C_{10}H_{12}$	1.012, 17°.5, s.	Roscoe. J. C. S. 47, 669.
Eucalyptene	$C_{12}H_{18}$	.836, 12°	Cloëz. J. 28, 588.
Anthemene	$C_{18}H_{36}$	.942, 15°	Naudin. B. S. C. 41, 483.
Puranicene	$C_{10}H_{12}$	1.24	St. Evre. J. 1, 532.
Lekene	?	.93917	Beilstein and Wiegand. Ber. 16, 1548.
Könlite	$(C_6H_5)_n$	.88	Trommsdorf. A. C. P. 21, 126.
Hartite	$(C_5H_8)_n$	1.046	Haidinger. P. A. 54, 261.
From petroleum	$(C_7H_8)_n$	1.096, 15°	Prunier. Ann. (5), 17, 5.
Carbopetrocene	$(C_{10}H_2)_n$ or $(C_{12}H_2)_n$	1.285, 10°	" "

XLVI. COMPOUNDS CONTAINING C, H, AND O.

1st. Alcohols of the Paraffin Series.

Name.	Formula.	Sp. Gravity.	Authority.
Methyl alcohol	CH_4O	.798, 20°	Dumas and Peligot. Ann. (2), 58, 5.
" "	"	.807, 9°	Deville.
" "	"	.813	Regnault.
" "	"	.82704, 0°	Pierre. Ann. (3), 15, 325.
" "	"	.7938, 25°	Kopp. A. C. P. 55, 166.
" "	"	.81796, 0° / .80307, 16°.9	Kopp. P. A. 72, 58.
" "	"	.8065, 15°	Mendelejeff. J. 13, 7.
" "	"	.8052, 9°.5	Delffs. J. 7, 26.
" "	"	.8142, 0° / .7997, 16°.4	Kopp. A. C. P. 94, 257.
" "	"	.7973, 15°	Graham.
" "	"	.7995, 15°	Duclaux. Ann. (5), 13, 86.
" "	"	.8574, 21°	Linnemann. J. 21, 681.
" "	"	.81571, 10°	Dupré. P. A. 148, 286.
" "	"	.7964, 20°	Landolt.

TABLE OF SPECIFIC GRAVITIES

Name.	Formula.	Sp. Gravity.	Authority.
Methyl alcohol	CH_4O	.7997, 15°	Grodzki and Krämer. Z. A. C. 14, 103.
" "	"	.7984, 15°	Krämer and Grodzki. Ber. 9, 1929.
" "	"	.8098, 0°	Vincent and Delachanal. J. 1880, 396.
" "	"	.8014, 14°	De Heen. Bei. 5, 105.
" "	"	.7475 } 61°.8 .7477 }	Schiff. G C. I. 13, 177.
" "	"	.7953, 20°	Brühl. Bei. 4, 781.
" "	"	.8111, 0° } .7483, 66°.2 }	Zander. A. C. P. 224, 88.
" "	"	.810, 15°	Regnault and Villejean. C. R. 99, 82.
" "	"	.7961, 18°	Gladstone. Bei. 9, 249.
" "	"	.7923, 20°	Winkelmann. P. A. (2), 26, 105.
" "	"	.7931, 20°	Traube. Ber. 19, 879.
" "	"	.8612, 0°	Pagliani and Battelli. Bei. 10, 222.
" "	"	.78909, 22°.94	Values given for every 10° from 80° to 238°.5. Ramsay and Young. P. T. 178, 313.
" "	"	.7185, 100°	
" "	"	.6494, 150°	
" "	"	.5525, 200°	
" "	"	.3642, 238°.5	
Ethyl alcohol*	C_2H_6O	.7924, 17°.9	Gay Lussac.
" "	"	.7915, 18°	Dumas and Boullay. P. A. 12, 93.
" "	"	.8095, 0°	Darling.
" "	"	.7996, 15°	Kopp. A. C. P. 55, 166.
" "	"	.8150, 5°—10°	Regnault. P. A. 62, 50.
" "	"	.8113, 10°—15°	
" "	"	.8072, 15°—20°	
" "	"	.81087 } 0° .8095 }	Kopp. P. A. 72, 62,
" "	"	.79821, 14°	
" "	"	.7990, 14°.8	
" "	"	.8151, 0°	Pierre. Ann. (3), 15, 325.
" "	"	.7938, 15°.5	Fownes. P. T. 1847, 249.
" "	"	.7897 } 21° { .7905 }	Wackenroder. J. 1, 682.
" "	"	.79381, 15°.6	Drinkwater. J. 1, 682.
" "	"	.809, 5°	Delffs. J. 7, 26.
" "	"	.8194, 19°	Wetherill. J. P. C. 60, 202.
" "	"	.7947, 15°	Pouillet. J. 12, 439.
" "	"	.7958, 15°	Mendelejeff. J. 13, 7.
" "	"	.8083, 0° } .7157, 99°.9 }	Mendelejeff. J. 14, 20.

* For this compound there are so many determinations of specific gravity that absolute completeness with regard to them has not been attempted by the compiler.

Name.	Formula.	Sp. Gravity.	Authority.
Ethyl alcohol	C_2H_6O	.6796, 130°.9	Mendelejeff. J. 14, 20.
" "	"	.7946 } 15° { .7947	Baumhauer. J. 13, 393.
" "	"	.80625, 0°	
" "	"	.80207, 5°	
" "	"	.79788, 10°	
" "	"	.79367, 15°	Mendelejeff. J. 18, 469.
" "	"	.78945, 20°	
" "	"	.78522, 25°	
" "	"	.78096, 30°	
" "	"	.8086, 19°	Linnemann. J. 21, 413.
" "	"	.8090, 17°	Linnemann. A.C.P. 160, 195.
" "	"	.822, 20°	Pierre and Puchot. Ann. (4), 22, 260.
" "	"	.79481, 11°	Erlenmeyer. A.C.P. 162, 374.
" "	"	.815, 0° 5° } .80214, 1	Pierre. C. N. 27, 93.
" "	"	.7946, 16°.03	Winkelmann. P. A. 150, 592.
" "	"	.7339, 78°	Ramsay. J.C.S. 35, 463.
" "	"	.8120, 0°	Vincent and Delachanal. J. 1880, 396.
" "	"	.7995, 14°	De Heen. Bei. 5, 105.
" "	"	.8019, 20° } .7976, 25°	Bedson and Williams. Ber. 14, 2550.
" "	"	.7381 } 78°.2 .7382	Schiff. G. C. I. 13, 177.
" "	"	.7402 } 79°.3 .7405	
" "	"	.7968, 20°	Nasini. G. C. I. 13, 135.
" "	"	.8000, 20°	Brühl. Bei. 4, 781.
" "	"	.79603, 17°.86 } .77616, 40°.90	Also intermediate values. Drecker. P. A. (2), 20, 870.
" "	"	.7882, 25°.3 } .7899, 23°.4	Schall. Ber. 17, 2555.
" "	"	.79326, 15°	Squibb. C. N. 51, 33.
" "	"	.7906, 20°	Winkelmann. P. A. (2), 26, 105.
" "	"	.79175, 0°	Pagliani and Battelli. Bei. 10, 222.
" "	"	.70606, 110° } .5570, 200° .3109, 242°.9	Intermediate values given. Ramsay and Young. P. T. 1886, 129.
Propyl alcohol	C_3H_8O	.8198, 0° } .8125, 9°.6 .7797, 50°.1 .7494, 84°	Pierre and Puchot. Ann. (4), 22, 276.

TABLE OF SPECIFIC GRAVITIES

Name.	Formula.	Sp. Gravity.	Authority.
Propyl alcohol	C_3H_8O	.818, 13°	Chancel. A. C. P. 151, 302.
" "	"	.812, 16°	Chapman and Smith. J. C. S. 22, 194.
" "	"	.823, 0°	Saytzeff. Z. C. 18, 107.
" "	"	.8205, 0°	Rossi. A. C. P. 159, 79.
" "	"	.8066, 15°	Linnemann. A. C. P. 161, 26.
" "	"	.8198, 0° }	Pierre. C. N. 27, 93.
" "	"	.80825, 15° }	
" "	"	.8044, 20°	Brühl. Ber. 13, 1529.
" "	"	.8091, 14°	De Heen. Bei. 5, 105.
" "	"	.8203, 0° }	
" "	"	.8127, 9°.71 }	
" "	"	.8001, 25°.46 }	Naccari and Pagliani. Bei. 6, 88. Values given at several intermediate t°s.
" "	"	.7898, 38°.18 }	
" "	"	.7773, 53°.10 }	
" "	"	.7646, 67°.46 }	
" "	"	.7550, 77°.69 }	
" "	"	.7385, 94°.40 }	
" "	"	.8177, 0° }	Zander. A. C. P. 214, 181.
" "	"	.7369, 97°.4 }	
" "	"	.8190, 20°	Pagliani. Bei. 7, 450.
" "	"	.7365 }	
" "	"	.7366 } 97°.1	Schiff. G. C. I. 13, 177.
" "	"	.7367 }	
" "	"	.8049, 20°	Winkelmann. P. A. (2), 26, 105.
" "	"	.8051, 20°	Traube. Ber. 10, 881.
Isopropyl alcohol	"	.791, 15°	Linnemann. J. 18, 488.
" "	"	.7915, 16°.5	Siersch. A. C. P. 144, 141.
" "	"	.7876, 16°	Linnemann. A. C. P. 161, 18.
" "	"	.7887, 20°	Brühl. A. C. P. 203, 1.
" "	"	.797, 15°	Duclaux. Ann. (5), 13, 89.
" "	"	.7996, 0° }	Zander. A. C. P. 214, 181.
" "	"	.7231, 82°.8 }	
" "	"	.7413 } 81°.3	Schiff. G. C. I. 13, 177.
" "	"	.7414 }	
" "	"	.8076, 20°	Traube. Ber. 19, 882.
Hydrate of isopropyl alcohol.	$(C_3H_8O)_3 \cdot H_2O$	.800, 15°	Linnemann. A. C. P. 136, 40.
" " "	$(C_3H_8O)_3 \cdot 2H_2O$	.832, 15°	" "
Butyl alcohol. B. 117°.5	$C_4H_{10}O$	.826, 0°	Saytzeff. Z. C. 13, 108.
" "	"	.8239, 0° }	
" "	"	.8105, 20° }	
" "	"	.7994, 40° }	Lieben and Rossi. A. C. P. 158, 137.
" "	"	.7738, 98°.7 }	
" "	"	.7735, 98°.9 }	

FOR SOLIDS AND LIQUIDS.

Name.	Formula.	Sp. Gravity.	Authority.
Butyl alcohol	$C_4H_{10}O$	.8112, 15°	Two samples. Linnemann. Ann. (4), 27, 268.
" "	"	.8135, 22°	
" "	"	.8152, 14°	De Heen. Bei. 5, 105.
" "	"	.806, 15°	Pierre. C. N. 27, 93.
" "	"	.8099, 20°	Two lots. Brühl. A. C. P. 203, 1.
" "	"	.8096, 20°	
" "	"	.8233, 0°	Zander. A.C.P. 224, 88.
" "	"	.7247, 117°.5	
" "	"	.7269 } 119°.7	Schiff. G. C. I. 13, 177.
" "	"	.7270	
Isobutyl alcohol. B. 108°	"	.8032, 18°.5	Wurtz. A. C. P. 93, 107.
" "	"	.817, 0°	
" "	"	.809, 11°	Pierre and Puchot. J. 21, 434.
" "	"	.774, 55°	
" "	"	.732, 100°	
" "	"	.8055, 16°.8	Chapman and Smith. J. C. S. 22, 161.
" "	"	.8003, 18°	Linnemann. A.C.P. 160, 195.
" "	"	.8025, 19°	Linnemann. Ann. (4), 27, 268.
" "	"	.8167 } 0°	Menschutkin. A. C. P. 195, 351.
" "	"	.8108	
" "	"	.8020 } 20°	Brühl. Ber. 13, 1520.
" "	"	.8062	
" "	"	.8162, 0°	
" "	"	.8052, 14°.50	Naccari and Pagliani. Bei. 6, 89. Values given for several intermediate t°s.
" "	"	.7927, 30°.71	
" "	"	.7800, 46°.56	
" "	"	.7608, 68°.97	
" "	"	.7497, 80°.86	
" "	"	.7295, 101°.97	
" "	"	.8064, 15°	Duclaux. Ann. (5), 13, 90.
" "	"	.7265, 106°.6	Schiff. G. C. I. 13, 177.
" "	"	.8062, 20°	Landolt. Bei. 7, 846.
" "	"	.79888, 26°.15	Schall. Ber. 17, 2555.
" "	"	.77844, 52°.2	
" "	"	.8024, 20°.5	Gladstone. Bei. 9, 249.
" "	"	.8031, 20°	Winkelmann. P. A. (2), 26, 105.
" "	"	.8029, 20°	Traube. Ber. 19, 883.
Methylethylcarbinol. B. 99°.	"	.85, 0°	De Luynes. Ann. (4), 2, 424.
" "	"	.827, 0°	Lieben. A. C. P. 150, 114.
" "	"	.810, 22°	
Trimethylcarbinol. B. 82°.5	"	.8075, 0°	Butlerow. Z. C. 14, 273.
" "	"	.7788, 30°	
" "	"	.7792, 37°	Linnemann. Ann. (4), 27, 268.
" "	"	.7864, 20°	
" "	"	.7823, 24°	Brühl. A. C. P. 203, 1.
" "	"	.7813, 25°	

TABLE OF SPECIFIC GRAVITIES

Name.	Formula.	Sp. Gravity.	Authority.
Trimethylcarbinol. B. 82°.5.	$C_4H_{10}O$	.7802, 26°	Brühl. A. C. P. 203, 1.
Hydrate of trimethylcarbinol.	$(C_4H_{10}O)_2 \cdot H_2O$	.8276, 0°	Butlerow. Z. C. 14, 273.
Normal amyl alcohol.	$C_5H_{12}O$	.8296, 0°	
" " " B. 137	"	.8168, 20°	Lieben and Rossi. A. C. P. 159, 70.
" " "	"	.8065, 40°	
" " "	"	.7835, 99°.15	
" " "	"	.8282, 0°	Zander. A. C. P. 224, 88.
" " "	"	.7117, 137°.85	
" " "	"	.8299, 0°	Gartenmeister. A. C. P. 233, 249.
Amyl alcohol.* B. 131°.5.	"	.8184, 15°	Cahours. A. C. P. 30, 288.
" "	"	.8137, 15°	Kopp. A. C. P. 55, 166.
" "	"	.8271, 0°	Pierre. J. 1, 62.
" "	"	.8185, 15°	Rieckher. J. 1, 698.
" "	"	.8253, 0°	
" "	"	.8144, 15°.9	
" "	"	.8127 } 16°.4	Kopp. P. A. 72, 227.
" "	"	.8145	
" "	"	.818, 14°	Delffs. J. 7, 26.
" "	"	.8248, 0°	Kopp. A. C. P. 94, 257.
" "	"	.8113, 18°.7	
" "	"	.819, 18°	Schiff.
" "	"	.8142, 15°	Mendelejeff. J. 13, 7.
" "	"	.8148 } 14°	From two sources. Schorlemmer. J. 19, 527.
" "	"	.8199	
" "	"	.826, 0°	Pierre and Puchot. Ann. (4), 22, 336.
" "	"	.8204, 15°	Graham.
" "	"	.8148, 15°	Duclaux. Ann. (5), 13, 91.
" "	"	.8135, 20°	Landolt.
" "	"	.8244, 0°	Two products. Erlenmeyer and Hell. A. C. P. 160, 257.
" "	"	.8144, 15°	
" "	"	.8102, 21°.5	
" "	"	.8263, 0°	
" "	"	.8123, 19°.7	
" "	"	.8253, 0°	Pierre. C. N. 27, 93.
" "	"	.8146, 15°	
" "	"	.8255, 0°	Pierre and Puchot. B. S. C. 20, 370.
" " Ordinary	"	.817	Ley. Ber. 6, 1362.
" " Less active	"	.816, 15°	
" " More "	"	.808, 15°	
" "	"	.8123, 20°	Brühl. Bei. 4, 781.
" "	"	.8075, 14°	De Heen. Bei. 5, 105.
" "	"	.8238, 0°	Balbiano. Ber. 9, 1437.
" "	"	.8104, 20°	Two lots. Brühl. A. C. P. 203, 1.
" "	"	.8103, 20°	
" "	"	.8256, 0°	Flawitzky. Ber. 15, 11.
" "	"	.8085, 23°	

* Ordinary, inactive, and unspecified.

FOR SOLIDS AND LIQUIDS.

Name.	Formula.	Sp. Gravity.	Authority.
Amyl alcohol	$C_5H_{12}O$	.7221 } 123°.2 .7223	Schiff. Ber. 14, 2768.
" "	"	.7154, 130°.5	Schiff. G. C. I. 13, 177.
" "	"	.8063, 26°.1 } .7729, 66° }	Schall. Ber. 17, 2555.
" "	"	.8114, 20°	Winkelmann. P. A. (2), 26, 105.
" "	"	.8121, 20°	Traube. Ber. 19, 883.
" "	"	.8252, 0°	Pagliani and Battelli. Bei. 10, 222.
Methylpropylcarbinol. " B. 119°	" "	.8249 } 0° .8260 }	Wurtz. Z. C. 11, 490.
" "	"	.833, 0°	Le Bel. Z. C. 14, 471.
"	" "	.8239, 0° } .8102, 20° }	Bielohoubek. Ber. 9, 925.
" "	" "	.827, 0° } .815, 18° }	Wagner and Saytzeff. A. C. P. 179, 320.
Methylisopropylcarbinol. " B. 112°	" "	.8308, 0° } .8219, 19° }	Winogradow. A. C. P. 191, 125.
" "	" "	.833, 0° } .819, 19° }	Wischnegradsky. A. C. P. 190, 340.
Diethylcarbinol. B. 116°.5 "	" "	.832, 0° } .819, 16° }	Wagner and Saytzeff. A. C. P. 175, 368.
" "	" "	.831, 0° } .816, 18° }	Wagner and Saytzeff. A. C. P. 179, 320.
Dimethylethylcarbinol. B. 102°.5.	"	.829, 0°	Wurtz. A. C. P. 125, 114.
"	"	.828, 0°	Ermolaien. Z. C. 14, 275.
" "	" "	.8258, 0° } .810, 19° }	Flawitzky. A. C. P. 179, 349.
" "	" "	.827, 0° } .812, 19° }	Wischnegradsky. A. C. P. 190, 334.
"	"	.827, 17°	Münde. Ber. 7, 1370.
"	"	.7241, 101°.6	Schiff. G. C. I. 13, 177.
Normal hexyl alcohol. B. 157°.	$C_6H_{14}O$	.820, 17°	Pelouze and Cahours. J. 16, 527.
" " "	"	.813, 0°	Buff. J. 21, 336.
" " "	"	.819	Franchimont and Zincke. C. N. 24, 263.
" " " " " " " " " " " "	" " " "	.8333, 0° } .8204, 20° } .8107, 40° } .813, 17°	Lieben and Janecek. J. R. C. 5, 156. Frentzel. Ber. 16, 745.
" " " " " " " " " " " "	" " " "	.8312 } .8327 } 0° .6958 } .6962 } 157°	Zander. A. C. P. 224, 88.

13 s g

TABLE OF SPECIFIC GRAVITIES

NAME.	FORMULA.	SP. GRAVITY.	AUTHORITY.
Normal hexyl alcohol	$C_6H_{14}O$	.8349, 0°	Gartenmeister. A.C. P. 233, 249.
Methyldiethylcarbinol	"	.8237, 20°	
"	"	.8194, 25°	Reformatsky. J. P. C. (2), 36, 340.
"	"	.8143, 30°	
"	"	.8104, 35°	
Methylpropylcarbylcarbinol. B. 147°.	"	.8396, 0°	Two lots. Lieben and Zeisel. M. C. 4, 32.
"	"	.8244, 23°.7	
"	"	.8375, 0°	
"	"	.8257, 17°.6	
Methylbutylcarbinol, or secondary hexyl alcohol. B. 136°.	"	.8327, 0°	
"	"	.8209, 16°	Wanklyn and Erlenmeyer. J. 16, 521.
"	"	.7482, 99°	
"	"	.8266 } 0°	Two samples. Hecht. A. C. P. 165, 146.
"	"	.8306 }	
"	"	.8307, 18°	Wislicenus. A.C. P. 219, 310.
Methylisobutylcarbinol	"	.8271, 0°	Kuwschinow. Ber. 20, ref. 629.
"	"	.8183, 17°	
Ethylpropylcarbinol.	"	.8335, 0°	
" B. 134°	"	.8188, 20°	Völker. Ber. 8, 1019.
"	"	.83433, 0°	Oechsner de Coninck. C. R. 82, 93.
"	"	.81825, 20°	
Isohexyl or caproyl alcohol. B. 150°.	"	.833, 0°	Faget. J. 6, 504.
"	"	.754, 100°	
" " "	"	.8295, 15°	Köbig. A. C. P. 195, 102.
Dimethylisopropylcarbinol. B. 117°.	"	.8364, 0°	Prianichnikow. Z. C. 14, 275.
"	"	.8387, 0°	Pawlow. A. C. P. 196, 122.
"	"	.8232, 19°	
Methylethylpropyl alcohol.	"	.829, 15°	Romburgh. J. C. S. 52, 228.
Trimethylcarbylmethylcarbinol, or pinacolyl alcohol. B. 120°.5.	"	.8347, 0°	Friedel und Silva. J. C. S. (2), 11, 488.
Normal heptyl alcohol. B. 175°.5.	$C_7H_{16}O$	.792, 16°.5	Wills. J. 6, 508.
" " "	"	.819, 23°	Städeler. J. 10, 361.
" " "	"	.838, 0°	
" " "	"	.830, 16°	Cross. J. C. S. 32, 123.
" " "	"	.824, 27°	
" " "	"	.8342, 0°	Zander. A. C. P. 224, 88.
" " "	"	.6876, 175°.8	
" " "	"	.8356, 0°	Gartenmeister. A. C. P. 233, 249.
Isoheptyl alcohol. ?	"	.8291, 13°.5	Four products from different sources. Schorlemmer. A. C. P. 136, 257.
" " B.163°–168°	"	.795, 15°	
" "	"	.8479, 16°	
" "	"	.8286, 19°.5	
Dipropylcarbinol. B. 150°	"	.814, 25°	Kurtz. A. C. P. 161, 205.
"	"	.81882, 20°	Ustinoff and Saytzeff. J. P. C. (2), 34, 470.
"	"	.81064, 30°	
"	"	.80077, 35°	
Diisopropylcarbinol. B. 131°—132°.	"	.8323, 17°	Münde. Ber. 7, 1370.

FOR SOLIDS AND LIQUIDS. 195

Name.	Formula.	Sp. Gravity.	Authority.
Ethylisobutylcarbinol. B. 147°.5.	$C_7H_{16}O$	.827, 0°	E. Wagner. B. S. C. 42, 330.
Methylamylcarbinol. B. 149°.	"	.8185, 17°.5	Rohn. A. C. P. 190, 310.
Triethylcarbinol. B. 141°.	"	.8593, 0°	Nahapetian. Z. C. 14, 274.
"	"	.83892, 20°	⎫ Baratneff and Saytzeff. J. P. C. (2), 34, 465.
"	"	.82992, 30°	⎭
Methylethylpropylcarbinol.	"	.8233, 20°	Sokolow. Ber. 21, ref. 56.
Normal octyl alcohol. B. 196°.5.	$C_8H_{18}O$	.830, 16°	Zincke. Z. C. 12, 55.
" " "	"	.8375, 0°	⎫ Zander. A. C. P. 224, 88.
" " "	"	.6807, 195°.5	⎭
" " "	"	.8369, 0°	Gartenmeister. A. C. P. 233, 249.
Methylhexylcarbinol, or capryl alcohol.	"	.823, 17°	Bouis. J. 7, 581.
"	"	.826, 16°	Pelouze and Cahours. J. 16, 529.
"	"	.823, 16°	Neison. J. C. S. (2), 13, 207.
"	"	.6589, 181°	Ramsay. J. C. S. 35, 463.
"	"	.8193, 20°	Brühl. A. C. P. 203, 1.
"	"	.6781 ⎫ 179°	⎧ Schiff. G. C. I. 13,
"	"	.6782 ⎭	⎩ 177.
"	"	.817	Duclaux. Ann. (5), 13, 92.
"Octylene hydrate"	"	.811, 0°	⎫ Clermont. A. C. P. 149, 38.
"	"	.793, 23°	⎭
Primary isoöctyl alcohol.	"	.841, 0°	⎫
" " B. 179°.5	"	.833, 12°	
" " "	"	.828, 20°	
" " "	"	.821, 30°	⎬ Williams. J. C. S. 35, 125.
" " "	"	.814, 40°	
" " "	"	.807, 50°	
" " "	"	.867, 100°	⎭
Secondary isoöctyl alcohol.	"	.820, 15°	⎫
" " B. 161°.5	"	.811, 30°	⎬ " "
" " "	"	.801, 40°	
" " "	"	.793, 100°	⎭
Methyldipropylcarbinol	"	.82357, 20°	⎫ Gortaloff and Saytzeff. J. P. C. (2), 33, 202.
"	"	.81506, 30°	⎬
"	"	.81080, 35°	⎭
Diethylpropylcarbinol	"	.83794, 20°	Sokolow. Ber. 21, ref. 56.
Isodibutol. B. 147°	"	.8417, 0°	Butlerow. J. C. S. 34, 122.
Nonyl alcohol. B. 187°	$C_9H_{20}O$	.835, 18°.5	Lemoine. B. S. C. 41, 161.
Normal nonyl alcohol	"	.8415, 0°	⎫
" " "	"	.8346, 10°	⎬ Krafft. Ber. 19, 2221.
" " "	"	.8279, 20°	⎭
Ethyldipropylcarbinol	"	.83368, 20°	⎫ Tschebotareff and Saytzeff. J. P. C. (2), 33, 193.
"	"	.82583, 30°	⎬
"	"	.82190, 35°	⎭

Name.	Formula.	Sp. Gravity.	Authority.
Ethylhexylcarbinol.	$C_9H_{20}O$	.839, 0°	Wagner. Ber. 17, ref. 316.
" B. 195°.	"	.825, 20°	
Normal decyl alcohol	$C_{10}H_{22}O$	.8389, 7°	Krafft. Ber. 16, 1714.
" " "	"	.8297, 20°	
" " "	"	.7734, 98°.7	
Decyl alcohol. B. 200°	"	.858, 18°.5	Lemoine. B. S. C. 41, 161.
Isodecyl alcohol. B. 203°	"	.8569, 0°	Borodin. J. 17, 338.
Propylhexylcarbinol. B. 210°.	"	.839, 0°	E. Wagner. B. S. C. 42, 330.
Methylnonylcarbinol. B. 228°.	$C_{11}H_{24}O$	.8268, 19°	Giesecke. Z. C. 13, 431.
Normal dodecyl alcohol	$C_{12}H_{26}O$	.8309, 24°	Krafft. Ber. 16, 1714.
" " "	"	.8201, 40°	
" " "	"	.7781, 99°	
Normal tetradecyl alcohol.	$C_{14}H_{30}O$	.8236, 38°	" "
" "	"	.8153, 50°	
" " "	"	.7813, 98°.9	
Isomer of myristic alcohol. B. 270°—275°.	"	.8368, 15°	Perkin, Jr. J. C. S. 43, 77.
"	"	.8301, 30°	
" " "	"	.8279, 35°	
Normal hexdecyl alcohol	$C_{16}H_{34}O$	.8176, 49°.5	Krafft. Ber. 16, 1714.
" " "	"	.8105, 60°	
" " "	"	.7837, 98°.7	
Cetyl alcohol	"	.8185, 49°.5	
Normal octodecyl alcohol.	$C_{18}H_{38}O$	.8124, 59°	" "
" " "	"	.8048, 70°	
" " "	"	.7849, 99°.1	

2d. Oxides of the Paraffin Series.*

Name.	Formula.	Sp. Gravity.	Authority.
Methyl ethyl oxide	$CH_3.C_2H_5.O$	.7252, 0°	Dobriner. A. C. P. 243. 1.
" " "	"	.7127, 10°.8	
Ethyl oxide, or ether	$(C_2H_5)_2O$	.7119, 24°.8	Gay Lussac.
" " "	"	.713, 20°	Dumas and Boullay. Ann. (2), 36, 294.
" " "	"	.733, 12°.5	Muncke. M. St. P. Sav. Et. 1, 1831, 249.
" " "	"	.73568, 0°	Kopp. P. A. 72, 231.
" " "	"	.72895, 6°.9	
" " "	"	.7297, 5°—10°	Regnault. P. A. 62, 50.
" " "	"	.7241, 10°—15°	
" " "	"	.7185, 15°—20°	
" " "	"	.73574, 0°	Pierre. C. R. 27, 213.
" " "	"	.728, 7°	Delffs. J. 7, 26.

* All of Dobriner's ethers represent normal paraffins.

FOR SOLIDS AND LIQUIDS. 197

NAME.	FORMULA.	SP. GRAVITY.	AUTHORITY.
Ethyl oxide, or ether	$(C_2 H_5)_2 O$	.73644, 0°	Intermediate values given. Mendelejeff. A. C. P. 119, 1.
" " "	"	.63987, 78°.3	
" " "	"	.60896, 99°.9	
" " "	"	.55958, 131°.6	
" " "	"	.51735, 157°	
" " "	"	.7271, 10°.2	Matthiessen and Hockin.
" " "	"	.7204, 15°.8	
" " "	"	.6956, 34°.5	Ramsay. J. C. S. 35, 463.
" " "	"	.7157, 20°	Brühl. Ber. 13, 1530.
" " "	"	.7197, 15°	Buchan. C. N. 51, 94.
" " "	"	.73128, 4°	Squibb. C. N. 51, 67 and 76.
" " "	"	.71888, 15°	
" " "	"	.73590, 0°	
" " "	"	.7304, 5°	
" " "	"	.7248, 10°	
" " "	"	.7192, 15°	Oudemans. Ber. 19, ref. 2.
" " "	"	.7135, 20°	
" " "	"	.7077, 25°	
" " "	"	.7019, 30°	
" " "	"	.6960, 35°	
" " "	"	.6704, 50°	Also values for every 5° from 0° to 193°. Ramsay and Young. P. T. 178, 85.
" " "	"	.6105, 100°	
" " "	"	.5179, 150°	
" " "	"	.3030, 193°	
" " "	"	.2463, at critical t°.	Ramsay and Young. P. M. 1887, 458.
Methyl propyl oxide	$CH_3 . C_3 H_7 . O$	.7471, 0°	Dobriner. A. C. P. 243, 1.
" " "	"	.70415, 38°.9	
Ethyl propyl oxide	$C_2 H_5 . C_3 H_7 . O$	.7386, 20°	Brühl. Bei. 4, 779.
" " "	"	.7545, 0°	Dobriner. A. C. P. 243, 1.
" " "	"	.6871, 63°.6	
Ethyl isopropyl oxide	"	.7447, 0°	Markownikoff. A. C. P. 138, 374.
Methyl butyl oxide	$CH_3 . C_4 H_9 . O$	.7635, 0°	Dobriner. A. C. P. 243, 1.
" " "	"	.6901, 70°.3	
Propyl oxide	$(C_3 H_7)_2 O$	.7633, 0°	Zander. A. C. P. 214, 181.
" "	"	.6743, 90°.7	
Isopropyl oxide	"	.7435, 0°	" "
" "	"	.6715, 69°	
Ethyl butyl oxide	$C_2 H_5 . C_4 H_9 . O$	.7694, 0°	Lieben and Rossi. A. C. P. 158, 137.
" " "	"	.7522, 20°	
" " "	"	.7367, 40°	
" " "	"	.761, 0°	Saytzeff.
" " "	"	.7680, 0°	Dobriner. A. C. P. 243, 1.
" " "	"	.6785, 91°.4	
Ethyl isobutyl oxide	"	.7507, 0°	Wurtz. J. 7, 574.
Methyl amyl oxide	$C H_3 . C_5 H_{11} . O$	.6871, 91°	Schiff. Bei. 9, 559.
Ethyl isoamyl oxide	$C_2 H_5 . C_5 H_{11} . O$	.8036, 14°.7	Mendelejeff. J.13, 7.
" " "	"	.764, 18°	Reboul and Truchot. J. 20, 582.
Tertiary ethyl amyl oxide	"	.759, 21°	" "
" " " "	"	.7785, 0°	Kondakoff. Ber. 20, ref. 549.
" " " "	"	.751, 18°	
Propyl butyl oxide	$C_3 H_7 . C_4 H_9 . O$	.7773, 0°	Dobriner. A. C. P. 243, 1.
" " "	"	.6638, 117°.1	

TABLE OF SPECIFIC GRAVITIES

Name.	Formula.	Sp. Gravity.	Authority.
Butyl oxide	$(C_4 H_9)_2 O$	.784, 0°	
" "	"	.7685, 20°	Lieben and Rossi. A. C. P. 165, 109.
" "	"	.7555, 40°	
" "	"	.7865, 0°	Dobriner. A. C. P. 243, 1.
" "	"	.6575, 140°.9	
Isobutyl oxide	"	.7697, 0°	
" "	"	.7294, 46°.4	
" "	"	.7040, 74°.3	
" "	"	.766, 0°	Puchot. Ann. (5), 28, 521–528. Four samples.
" "	"	.724, 48°.75	
" "	"	.770, 0°	
" "	"	.734, 42°	
" "	"	.7678, 0°	
Secondary butyl oxide	"	.756, 21°	Kessler. A. C. P. 175, 55.
Ethyl hexyl oxide	$C_2 H_5. C_6 H_{13}. O$	.7752, 16°.5	
" " "	"	.7638, 30°	Schorlemmer. J. C. S. 19, 357.
" " "	"	.7344, 63°	
" " "	"	.776, 13°	Reboul and Truchot. J. 20, 582.
Diethyl-ethyl oxide	"	.7865, 0°	
" " "	"	.7702, 20°	Lieben. A. C. P. 178, 14.
" " "	"	.7574, 40°	
Methyl heptyl oxide	$C H_3. C_7 H_{15}. O$	.7953, 0°	Dobriner. A. C. P. 243, 1.
" " "	"	.6667, 149°.8	
Ethyl heptyl oxide	$C_2 H_5. C_7 H_{15}. O$	.7949, 0°	" "
" " "	"	.65065, 166°.6	
" " "	"	.790, 16°	Cross. J. C. S. 31, 123.
" " "	"	.791, 16°	
Methyl octyl oxide	$C H_3. C_8 H_{17}. O$	.8014, 0°	Dobriner. A. C. P. 243, 1.
" " "	"	.65386, 173°	
Methyl capryl oxide	"	.830, 16°.5	Wills. J. 6, 510.
Amyl oxide	$(C_5 H_{11})_2 O$	.779	Rieckher. J. 1, 698.
" "	"	.7994, 0°	Wurtz. J. 9, 654.
Propyl heptyl oxide	$C_3 H_7. C_7 H_{15}. O$	.7987, 0°	Dobriner. A. C. P. 243, 1.
" " "	"	.6420, 187°.6	
Ethyl octyl oxide	$C_2 H_5. C_8 H_{17}. O$	.794, 17°	Möslinger. Ber. 9, 1003.
" " "	"	.8008, 0°	Dobriner. A. C. P. 243, 1.
" " "	"	.6390, 189°.2	
Ethyl capryl oxide	"	.791, 16°	Wills. J. 6, 510.
Butyl heptyl oxide	$C_4 H_9. C_7 H_{15}. O$	.8023, 0°	Dobriner. A. C. P. 243, 1.
" " "	"	.6327, 205°.7	
Propyl octyl oxide	$C_3 H_7. C_8 H_{17}. O$	.8039, 0°	" "
" " "	"	.6300, 207°	
Butyl octyl oxide	$C_4 H_9. C_8 H_{17}. O$	.8069, 0°	" "
" " "	"	.6277, 225°.7	
Amyl capryl oxide	$C_5 H_{11}. C_8 H_{17}. O$	.608, 20°	Wills. J. 6, 510.
Normal heptyl oxide	$(C_7 H_{15})_2 O$	.8152, 0°	Dobriner. A. C. P. 243, 1.
" " "	"	.6055, 261°.9	
Heptyl octyl oxide	$C_7 H_{15}. C_8 H_{17}. O$	.8182, 0°	" "
" " "	"	.6038, 278°.8	
Normal octyl oxide	$(C_8 H_{17})_2 O$	.8035	Möslinger. Ber. 9, 1001.
" " "	"	.8050, 17°	
" " "	"	.82035, 0°	Dobriner. A. C. P. 243, 1.
" " "	"	.5983, 291°.7	

3d. The Fatty Acids.

Name.	Formula.	Sp. Gravity.	Authority.
Formic acid	CH_2O_2	1.2353	Liebig. Gm. H.
" "	"	1.2227, 0° --	Kopp. P. A. 72, 248.
" "	"	1.2067, 13°.7	
" "	"	1.2211, 20°	Landolt. P. A. 117, 353.
" "	"	1.2211 } 20°	Semenoff. Ann. (4), 6, 115.
" "	"	1.2165 }	
" "	"	1.24482, 0°	Petterson. U. N. A. 1879.
" "	"	1.2188, 20°	Brühl. Bei. 4, 781.
" "	"	1.2415, 0°	Zander. A. C. P. 224, 88.
" "	"	1.1175, 100°.8	
" "	"	1.2191, 20°	Winkelmann. P. A. (2), 26, 105.
" "	"	1.2182, 22°	Lüdeking. P. A. (2), 27, 72.
" "	"	1.1170, 100°.3	Schiff. Ber. 19, 560.
" "	"	1.2190, 20°	Traube. Ber. 19, 884.
" "	"	1.22734, 15°	Perkin. J. C. S. 49, 777.
Acetic acid	$C_2H_4O_2$	1.0630, 16°	Mollerat. Ann. (1), 68, 88.
" "	"	1.0622	Sebille-Auger. Watts' Dict.
" "	"	1.0635, 15°	Mohr. A. C. P. 31, 277.
" "	"	1.100, 8°.5, s.	Persoz. Watts' Dict.
" "	"	1.0650, 13°, l.	
" "	"	1.0647, 5°–10°	
" "	"	1.0591, 10°–15°	Regnault. P. A. 62, 50.
" "	"	1.0535, 15°–20°	
" "	"	1.08005, 0°	Kopp. P. A. 72, 253.
" "	"	1.06195, 17°	
" "	"	1.0635, 10°	Delffs. A. C. P. 92, 277.
" "	"	1.0607, 15°	Mendelejeff. J. 13, 7.
" "	"	1.0563 } 15°.5	Roscoe. J. C. S. 15, 270.
" "	"	1.0565 }	
" "	"	1.0514, 20°	Landolt. P. A. 117, 353.
" "	"	1.05533, 15°	Oudemans. Z. C. 1866, 750.
" "	"	1.0626, 20°	Linnemann. A. C. P. 160, 216.
" "	"	1.0502	Landolt. Ber. 9, 907.
" "	"	1.0490, 18°	Kohlrausch. P. A. 159, 240.
" "	"	.9325, 113°	Ramsay. J. C. S. 35, 463.
" "	"	1.0635, 15°	Duclaux. Ann. (5), 13, 95.
" "	"	1.1149, 0°, s.	Petterson. U.N.A. 1879.
" "	"	1.0576, 12°.70	
" "	"	1.0543, 15°.97	
" "	"	1.0503, 19°.03	

TABLE OF SPECIFIC GRAVITIES

Name.	Formula.	Sp. Gravity.	Authority.
Acetic acid	$C_2H_4O_2$	1.0559, 20°	Bedson and Williams. Ber. 14, 2550.
" "	"	1.0495, 20°	Brühl. Bei. 4, 781.
" "	"	1.0701, 0° } .9372, 118°.1 }	Zander. A. C. P. 224, 88.
" "	"	1.0532, 20°	Winkelmann. P. A. (2), 26, 105.
" "	"	1.0465, 22°	Lüdeking. P. A. (2), 27, 72.
" "	"	1.05704, 15°	Perkin. J. C. S. 49, 777.
Propionic acid	$C_3H_6O_2$	1.0161, 0° } .9911, 25°.2 }	Kopp. A. C. P. 95, 307.
" "	"	.9963, 20°	Landolt. P. A. 117, 353.
" "	"	.992, 18°	Linnemann. J. 21, 433.
" "	"	.9961, 19°	Linnemann. A. C. P. 160, 195.
" "	"	1.0143, 0° } .9607, 49°.6 } .9062, 99°.8 }	Pierre and Puchot. B. S. C. 18, 453.
" "	"	.9946, 20°	Brühl. Ber. 13, 1530.
" "	"	1.0199, 0° } .8657, 140°.7 }	Zander. A. C. P. 214, 181.
" "	"	1.0133, 0° .8589 } 140°.5 .8599 }	Zander. A. C. P. 224, 88.
" "	"	.9939, 20°	Winkelmann. P. A. (2), 26, 105.
" "	"	.9902, 25°	Lüdeking. P. A. (2), 27, 72.
" "	"	.9956, 20°	Traube. Ber. 19, 885.
" "	"	1.0089, 0° } .9904, 18° }	Renard. C. R. 103, 158.
" "	"	.99833, 15°	Perkin. J. C. S. 49, 777.
Butyric acid. B. 163°	$C_4H_8O_2$	.9675, 25°	Chevreul.
" "	"	.963, 15°	Pelouze and Gélis. P. A. 59, 625.
" "	"	.98165, 0°	Pierre. C. R. 27, 213.
" "	"	.9673, 15°	Mendelejeff. J. 13, 7.
" "	"	.9610, 20°	Landolt. P. A. 117, 353.
" "	"	.9850, 13°.5	Bulk. A. C. P. 139, 62.
" "	"	.9580, 14°	Linnemann. A. C. P. 160, 195.
" "	"	.9601, 14°	Linnemann. Ann. (4), 27, 268.
" "	"	.974, 15°	Graham. A. C. P. 123, 99.
" "	"	.9587, 20°	Brühl. A. C. P. 203, 1.
" "	"	.9594, 20°	Landolt. Bei. 7, 845.
" "	"	.8141, 161°.5	Schiff. G. C. I. 13, 177.

FOR SOLIDS AND LIQUIDS.

Name.	Formula.	Sp. Gravity	Authority.
Butyric acid	$C_4H_8O_2$	.9746 } 0°	Zander. A. C. P. 224, 88.
" "	"	.9781 }	
" "	"	.8099 } 162°.5	
" "	"	.8120 }	
" "	"	.9603, 20°	Winkelmann. P. A. (2), 26, 105.
" "	"	.9549, 25°	Lüdeking. P.A.(2), 27, 72.
" "	"	.9809, 0°	Gartenmeister. A.C. P. 233, 249.
" "	"	.9624, 20°	Traube. Ber. 19, 885.
Isobutyric acid. B.154°	"	.98862, 0° }	Kopp. P.A.72, 258.
" "	"	.9739, 15° }	
" "	"	.973, 7°	Delffs. A. C. P. 92, 277.
" "	"	.9598, 0°	
" "	"	.9208, 50°	Markownikoff. A.C. P. 138, 368.
" "	"	.8965, 100°	
" "	"	.9503, 20°	Linnemann. Ann. (4), 27, 268.
" "	"	.9697, 0°	
" "	"	.9160, 52°.6	Pierre and Puchot. B. S. C. 19, 72.
" "	"	.8665, 99°.8	
" "	"	.8220, 139°.8	
" "	"	.9490, 20°	Brühl. Ber. 18, 1529.
" "	"	.9515, 20°	Brühl. A.C.P. 200, 180.
" "	"	.8087, 153°	Schiff. G. C. I. 13, 177.
" "	"	.9651, 0°	Zander. A. C. P. 224, 88.
" "	"	.8054, 154°	
" "	"	.9519, 20°	Traube. Ber. 19, 886.
Normal valeric acid.	$C_5H_{10}O_2$	.9577, 0°	
" " " B. 185°	"	.9415, 20°	Lieben and Rossi. A. C. P. 159, 58.
" " "	"	.9284, 40°	
" " "	"	.9084, 99°.3	
" " "	"	.945, 17°.5	Cahours and Demarçay. C. R. 89, 331.
" " "	"	.7569, 195°	Ramsay. J. C. S. 35, 463.
" " "	"	.9608, 0°	Kehrer and Tollens. A. C. P. 206, 239.
" " "	"	.9448, 20°	
" " "	"	.9562, 0°	Zander. A.C.P.224, 88.
" " "	"	.7828, 185°.4	
" " "	"	.9568, 0°	Gartenmeister. A.C. P. 233, 249.
Isovaleric acid.* B. 175°	"	.941, 14°	Chevreul.
" "	"	.932, 28°	
" "	"	.944, 10°	Trommsdorf. A. C. P. 6, 176.
" "	"	.930, 12.°5	Trautwein. Gm. H.
" "	"	.937, 16°.5	Dumas and Stas. J. P. C. 21, 267.
" "	"	.9403, 15°	Personne. J. 7, 653.
" "	"	.9555, 0°	Kopp. A. C. P. 95, 307.
" "	"	.9378, 19°.6	

* Including ordinary and unspecified valerianic acid.

TABLE OF SPECIFIC GRAVITIES

Name.	Formula.	Sp. Gravity.	Authority.
Isovaleric acid	$C_5H_{10}O_2$	.935, 15°	Delffs. A. C. P. 92, 277.
" "	"	.9558, 15°	Mendelejeff. J. 13, 7.
" "	"	.9318, 20°	Landolt. P. A. 117, 353.
" "	"	.95357, 0°	Frankland and Duppa. J. 20, 396.
" "	"	.9470, 0°	} Pierre and Puchot. B. S. C. 19, 72.
" "	"	.8972, 54°.65	
" "	"	.8542, 99°.9	
" "	"	.8095, 147°.5	
" "	"	.9465, 0°	} From different sources. Erlenmeyer and Hell. A. C. P. 160, 257.
" "	"	.9285, 20°.2	
" "	"	.9468, 0°	
" "	"	.9295, 19°.7	
" "	"	.9462, 0°	
" "	"	.9299, 18°.8	
" "	"	.917, 15°	Ley. Ber. 6, 1862.
" "	"	.93087, 17°.4	Schmidt and Sachtleben.
" "	"	.9345, 15°	Poetsch. A. C. P. 218, 56.
" "	"	.9297, 20°	Winkelmann. P. A. (2), 26, 105.
" "	"	.941, 16°	Renard. Ann. (6), 1, 223.
" "	"	.9318, 20°	Traube. Ber. 19, 886.
Ethylmethylacetic acid, or active valeric acid. B. 172°.5.	"	.9505, 0°	} Erlenmeyer and Hell. A. C. P. 160, 257.
"	"	.9331, 19°.5	
" " "	"	.938, 24°	Saur. A. C. P. 188, 275.
" " "	"	.917, 15°	Ley. Ber. 6, 1862.
" " "	"	.941, 21°	Pagenstecher. A. C. P. 195, 118.
" " "	"	.948, 14°.5	Lescoeur. J. C. S. 31, 589.
" " "	"	.9405, 17°	Schmidt. Ber. 12, 257.
Trimethyl acetic acid	"	.944, 0°	} Butlerow. Ber. 7, 728.
" "	"	.905, 50°	
Normal caproic acid.	$C_6H_{12}O_2$	.922, 26°	Chevreul.
" " B. 205°.	"	.931, 15°	Fehling. A. C. P. 53, 406.
" " "	"	.9449, 0°	} Lieben and Rossi. A. C. P. 159, 70.
" " "	"	.9294, 20°	
" " "	"	.9172, 40°	
" " "	"	.8947, 99°.1	
" " "	"	.9438, 0°	} Lieben. A. C. P. 170, 89.
" " "	"	.928, 20°	
" " "	"	.9164, 40°	
" " "	"	.933, 23°	Cahours and Demarçay. C. R. 89, 331.
" " "	"	.9446, 0°	} Zander. A. C. P. 224, 88.
" " "	"	.7589, 205°	
" " "	"	.9449 } 0°	} Gartenmeister. A. C. P. 233, 249.
" " "	"	.9453 }	

Name.	Formula.	Sp. Gravity.	Authority.
Isocaproic acid. B. 199°	$C_6H_{12}O_2$	.9252, 20°	Landolt. P. A. 117, 353.
" "	"	.9237, 20°	Brühl. Bei. 4, 781.
Diethylacetic acid. B. 190°	"	.925, 27°	Sticht. J. 21, 522.
" "	"	.945	Schnapp. Ber. 10, 1954.
" "	"	.9355, 0° }	Saytzeff. Ber. 11, 512.
" "	"	.9196, 18 }	
Methylpropylacetic acid.	"	.9414, 0° }	
" B. 193°	"	.9279, 18° }	" "
" "	"	.9231, 25°	Liebermann and Scheibler. Ber. 16, 1823.
" "	"	.9286, 15°	Liebermann and Kleemann. Ber. 17, 918.
Methylisopropylacetic acid	"	.928, 15°	Romburgh. J. C. S. 52, 232.
Methylethylpropionic acid	"	.930, 15°	Romburgh. J. C. S. 52, 228.
Oenanthic acid. B. 223°	$C_7H_{14}O_2$	.9167, 24°	Städeler. J. 10, 860.
" "	"	.9179, 18° }	Landolt. P. A. 117, 353.
" "	"	.9175, 20° }	
" "	"	.9212, 24°	Franchimont. A. C. P. 165, 237.
" "	"	.9345, 0° }	Grimshaw and Schorlemmer. A. C. P. 170, 137.
" "	"	.9278, 8°.5 }	
" "	"	.9208, 16° }	
" "	"	.9110, 28° }	
" "	"	.9359, 0° }	
" "	"	.9348, 9° }	" "
" "	"	.9235, 28° }	
" "	"	.916, 21°	Mehlis. A. C. P. 185, 362.
" "	"	.935, 0° }	Lieben and Janecek. J. R. C. 5, 156.
" "	"	.9198, 20° }	
" "	"	.9084, 40° }	
" "	"	.924, 21°	Cahours and Demarçay. C. R. 89, 331.
" "	"	.9160, 20°	Brühl. Bei. 4, 781.
" "	"	.9313, 0° }	Zander. A.C. P. 224, 88.
" "	"	.7429, 223°.2 }	
" "	"	.9333, 0°	Gartenmeister. A.C. P. 233, 249.
Isoheptylic acid. B. 211°.5	"	.9305, 0° }	
" "	"	.9138, 21° }	Hecht. A. C. P. 209, 315.
" "	"	.8496, 100° }	
Isoamylacetic acid. B. 217°	"	.9260, 15°	Poetsch. A. C. P. 218, 56.
Caprylic acid. B. 236°.5	$C_8H_{16}O_2$	.911, 20°	Fehling. A. C. P. 53, 401.
" "	"	.905, 21°	Perrot. J. 10, 353.
" "	"	.901, 18°	Fischer. A. C. P. 118, 307.
" "	"	.923, 17°	Cahours and Demarçay. C. R. 89, 331.
" "	"	.9270, 0° }	Zander. A.C. P. 224, 88.
" "	"	.7264, 236°.5 }	

Name.	Formula.	Sp. Gravity.	Authority.
Caprylic acid	$C_8H_{16}O_2$	.9288, 0°	Gartenmeister. A.C. P. 233, 249.
Isoöctylic acid. B. 219°	"	.926, 0°	
" "	"	.911, 20°	
" "	"	.903, 30°	Williams. J. C. S. 35, 125.
" "	"	.893, 40°	
" "	"	.885, 50°	
" "	"	.846, 100°	
Dipropylacetic acid. B. 219°.5.	"	.9215, 0°	Burton. A. C. J. 3, 389.
Pelargonic acid. B. 253°	$C_9H_{18}O_2$	.903, 21°	Perrot. J. 10, 353.
" "	"	.9065, 17°	Franchimont and Zincke. C. N. 25, 57.
" "	"	.90656	
" "	"	.90638	
" "	"	.90630	From six different sources. Bergmann. Arch. Pharm. 22, 331.
" "	"	.90639	
" "	"	.90621	
" "	"	.90609	
" "	"	.9109, 12°.5	
" "	"	.9068, 17°.5	Krafft. Ber. 15, 1687.
" "	"	.9433, 99°.3	
" "	"	.9082, 0°	Gartenmeister. A. C. P. 233, 249.
Isononylic acid. B. 245°	"	.90325, 18°	Kullhem. A. C. P. 173, 319.
Rutylic acid	$C_{10}H_{20}O_2$	.930, 37°, l.	Fischer. A. C. P. 118, 307.
Lauric acid	$C_{12}H_{24}O_2$	.883, 20°, s.	Görgey. A. C. P. 66, 306.
Stearic acid	$C_{18}H_{36}O_2$	1.01, 0°, s.	Saussure. Watts' Dict.
" "	"	.854, l.	
" "	"	a1.00, 9°	Kopp. J. 8, 43.
" "	"	.8521, 69°.5	Schiff. A. C. P. 223, 247.

4th. Anhydrides of the Fatty Acids.

Name.	Formula.	Sp. Gravity.	Authority.
Acetic anhydride	$C_4H_6O_3$	1.073, 20°.5	Gerhardt. J. 5, 451.
" "	"	1.0969, 0°	Kopp. A. C. P. 94, 257.
" "	"	1.0799, 15°.2	
" "	"	1.075, 15°	Schlagdenhauffen.
" "	"	1.0793, 15°	Mendelejeff. J. 13, 7.
" "	"	1.0787, 20°	Nasini. Ber. 14, 1513.
" "	"	1.0816, 20°	Brühl. Bei. 4, 782.
Propionic anhydride	$C_6H_{10}O_3$	1.01, 18°	Linnemann. J. 21, 433.
" "	"	1.0169, 15°	Perkin. J. C. S. (2), 13, 11.
Butyric anhydride	$C_8H_{14}O_3$	.978, 12°.5	Gerhardt. J. 5, 452.

FOR SOLIDS AND LIQUIDS. 205

Name.	Formula.	Sp. Gravity.	Authority.
Isobutyric anhydride	$C_8 H_{14} O_3$	.9574, 16°.5	Toennies and Staub. Ber. 17, 851.
Valeric anhydride	$C_{10} H_{18} O_3$	.934, 15°	Watts' Dictionary.
Oenanthic anhydride	$C_{14} H_{26} O_3$	.91, 14°	Malerba. J. 7, 444.
" "	"	.982, 21°	Mehlis. A. C. P. 186, 371.

5th. Ethers of the Series $C_n H_{2n} O_2$.

Name.	Formula.	Sp. Gravity.	Authority.
Methyl formate	$C H_3 . C H O_2$	.9984, 0°	} Kopp. P. A. 72, 261.
" "	"	.9776, 15°.3	
" "	"	.9766, 16°	
" "	"	.9928, 0°	Volhard. A. C. P. 176, 135.
" "	"	.9797, 15°	Kraemer and Grodzki. Ber. 9, 1928.
" "	"	.9482, 33°	Ramsay. J. C. S. 35, 463.
" "	"	.9767, 14°	De Heen. Bei. 5, 105.
" "	"	.9566, 32°.3	Schiff. G. C. I. 13, 177.
" "	"	.99839, 0°	} Elsässer. A. C. P. 218, 302.
" "	"	.95196, 32°.3	
Ethyl formate	$C_2 H_5 . C H O_2$	.9157, 18°	Gehler. See Böttger.
" "	"	.912	Liebig. Quoted by Kopp.
" "	"	.94474, 0°	} Kopp. P. A. 72, 266.
" "	"	.92546, 15°.7	
" "	"	.9394, 0°	} " "
" "	"	.9188, 17°	
" "	"	.93565, 0°	Pierre. C. R. 27, 213.
" "	"	.917	Löwig. J. 14, 599.
" "	"	.8649, 55°	Ramsay. J. C. S. 35, 463.
" "	"	.9064, 20°	Brühl. Ber. 13, 1530.
" "	"	.9214, 14°	De Heen. Bei. 5, 105.
" "	"	.9367, 0°	
" "	"	.9238, 10°.84	
" "	"	.9122, 20°.03	Several intermediate values given. Naccari and Pagliani. Bei. 6, 89.
" "	"	.8959, 32°.79	
" "	"	.8865, 40°.02	
" "	"	.8740, 49°.76	
" "	"	.8707, 51°.94	
" "	"	.8730 } 53°.4	{ Schiff. G. C. I. 13, 177.
" "	"	.8731	
" "	"	.93757, 0°	} Elsässer. A. C. P. 218, 302.
" "	"	.86667, 54°.4	
" "	"	.9194 } 20°	{ Winkelmann. P. A. (2), 26, 105.
" "	"	.9152	
" "	"	.9445, 0°	Gartenmeister. A. C. P. 233, 249.

TABLE OF SPECIFIC GRAVITIES

Name.	Formula.	Sp. Gravity.	Authority.
Propyl formate	$C_3H_7.CHO_2$	.9197, 0°	
" "	"	.877, 38°.5	Pierre and Puchot. Z. C. 12, 660.
" "	"	.836, 72°.5	
" "	"	.9188, 0°	
" "	"	.8761, 38°.5	Pierre and Puchot. Ann. (4), 22, 288.
" "	"	.835, 72°.5	
" "	"	.9026, 14°	De Heen. Bei. 5, 105.
" "	"	.91838, 0°	Elsässer. A. C. P. 218, 302.
" "	"	.82146, 81°	
" "	"	.9023 } 20°	Winkelmann. P. A. (2), 26, 105.
" "	"	.9125	
" "	"	.9250, 0°	Gartenmeister. A.C. P. 233, 249.
" "	"	.8270, 81°	
Butyl formate	$C_4H_9.CHO_2$	.9108, 0°	" "
" "	"	.7972, 106°.9	
Isobutyl formate	"	.8845, 0°	
" "	"	.850, 34°	Pierre and Puchot. Ann. (4), 22, 319.
" "	"	.8224, 59°.8	
" "	"	.7962, 83°.4	
" "	"	.8650, 14°	De Heen. Bei. 5, 105.
" "	"	.7784, 98°	Schiff. G. C. I. 13, 177.
" "	"	.88543, 0°	Elsässer. A. C. P. 218, 302.
" "	"	.78287, 97°.9	
Normal amyl formate	$C_5H_{11}.CHO_2$	.9018, 0°	Gartenmeister. A.C. P. 233, 249.
" " "	"	.7692, 130°.4	
Isoamyl formate	"	.884, 15°	Delffs. J. 7, 26.
" "	"	.8945, 0°	Kopp. A. C. P. 96.
" "	"	.8743, 21°	
" "	"	.8809, 15°	Mendelejeff. J. 13, 7.
" "	"	.8816, 14°	De Heen. Bei. 5, 105.
" "	"	.7554, 123°.5	Schiff. G. C. I. 13, 177.
" "	"	.8802, 20°	Brühl. Bei. 4, 782.
" "	"	.894378, 0°	Elsässer. A. C. P. 218, 302.
" "	"	.77027, 123°.3	
Normal hexyl formate	$C_6H_{13}.CHO_2$	.8495, 17°	Frentzel. Ber. 16, 745.
" " "	"	.8977, 0°	Gartenmeister. A.C. P. 233, 249.
" " "	"	.7484, 153°.6	
Normal heptyl formate	$C_7H_{15}.CHO_2$	.8937, 0°	" "
" " "	"	.7308, 176°.7	
Normal octyl formate	$C_8H_{17}.CHO_2$	.8929, 0°	" "
" " "	"	.7156, 198°.1	
Methyl acetate	$CH_3.C_2H_3O_2$	.919, 22°	Dumas and Peligot. P. A. 36, 117.
" "	"	.9328, 0°	Kopp. A. C. P. 96.
" "	"	.9085, 21°	
" "	"	.9562, 0°	Kopp. P. A. 72, 271.
" "	"	.93755, 15°.6	
" "	"	.86684, 0°	Pierre. C. R. 27, 213.
" "	"	.940	Grodzki and Kraemer. Z. A. C. 14, 103.
" "	"	.9039, 20°	Brühl. Ber. 13, 1530.
" "	"	.9319, 14°	De Heen. Bei. 5, 105.

FOR SOLIDS AND LIQUIDS.

NAME.	FORMULA.	SP. GRAVITY.	AUTHORITY.
Methyl acetate	$CH_3 \cdot C_2H_3O_2$	.8825 } 55° .8826	Schiff. G. C. I. 13, 177.
" "	"	.95774, 0°	Elsässer. A. C. P.
" "	"	.88086, 57°.5	218, 302.
" "	"	.9424, 0°	Winkelmann. P. A. (2), 26, 105.
" "	"	.9238, 19°.2	Henry. C. R. 101, 250.
" "	"	.9643, 0°	Gartenmeister. Bei.
" "	"	.8873, 57°.3	9, 766.
Ethyl acetate	$C_2H_5 \cdot C_2H_3O_2$	.866, 7°	Thénard. Gm. H.
" "	"	.89, 15°	Liebig.
" "	"	.9051, 0°	Frankenheim. P. A. 72, 427.
" "	"	.91046, 0°	
" "	"	.89277, 15°.7 }	Kopp. P. A. 72, 276.
" "	"	.8926, 15°.9	
" "	"	.90691, 0°	Pierre. C. R. 27, 213.
" "	"	.906, 17°.5	Marsson. J. 4, 514.
" "	"	.903, 17°	Becker. J. 5, 563.
" "	"	.932, 20°	Goessmann. J. 5, 563.
" "	"	.9055, 17°.5	Marsson. J. 6, 501.
" "	"	.8922, 15°	Delffs. J. 7, 26.
" "	"	.8981, 15°	Mendelejeff. J. 13, 7.
" "	"	.903, 0°	Pierre and Puchot. Ann. (4), 22, 261.
" "	"	.868, 24°	Léblanc. Ann. (3), 10, 198.
" "	"	.9068, 15°	Linnemann. A. C. P. 160, 195.
" "	"	.9007, 20°	Brühl. Ber. 13, 1530.
" "	"	.9026, 14°	De Heen. Bei. 5, 105.
" "	"	.8220, 74°.3	Schiff. Ber. 14, 2766.
" "	"	.9227, 0°	
" "	"	.9076, 12°.80	
" "	"	.8914, 26°.24	Several intermediate values given. Naccari and Pugliani. Bei. 6, 89.
" "	"	.8730, 41°.13	
" "	"	.8594, 51°.75	
" "	"	.8466, 61°.87	
" "	"	.8309, 73°.74	
" "	"	.9004	W. I. Clark. Ber. 16, 1227.
" "	"	.9012	
" "	"	.8306 } 75°.5 .8294	Schiff. G. C. I. 13, 177.
" "	"	.92388, 0°	Elsässer. A. C. P.
" "	"	.82673, 77°.1	218, 302.
" "	"	.9007 } 20° .9047	Winkelmann. P. A. (2), 26, 105.
" "	"	.9253, 0°	Gartenmeister. Bei. 9, 766.
Propyl acetate	$C_3H_7 \cdot C_2H_3O_2$	.910, 0°	
" "	"	.8635, 42°.5	Pierre and Puchot. Z. C. 12, 660.
" "	"	.8137, 84°.6	
" "	"	.910, 0°	
" "	"	.8627, 42°.5	Pierre and Puchot. Ann. (4), 22, 289.
" "	"	.8128, 84°.6	

TABLE OF SPECIFIC GRAVITIES

Name.	Formula.	Sp. Gravity.	Authority.
Propyl acetate	$C_3H_7.C_2H_3O_2$	.913, 0°	Rossi. A. C. P. 159, 79.
" "	"	.8992, 15°	Linnemann. A. C. P. 161, 30.
" "	"	.8856, 20°	Brühl. Ber. 13, 1530.
" "	"	.8871, 14°	De Heen. Bei. 5, 105.
" "	"	.7916 } 101°.8	Schiff. G.C.I, 13, 177.
" "	"	.7918 }	
" "	"	.909092, 0°	Elsässer. A. C. P. 218, 302.
" "	"	.794388, 100°.8	
" "	"	.9093, 0°	Gartenmeister. A.C. P. 233, 249.
Butyl acetate	$C_4H_9.C_2H_3O_2$	.9000, 0°	
" "	"	.8817, 20°	Lieben and Rossi.
" "	"	.8659, 40°	A. C. P. 158, 137.
" "	"	.8768, 23°	Linnemann. Ann. (4), 27, 268.
" "	"	.9016, 0°	Gartenmeister. A.C. P. 233, 249.
" "	"	.7683, 124°.5	
Isobutyl acetate	"	.8845, 16°	Wurtz. J. 7, 575.
" "	"	.892, 0°	Lieben. J. 21, 443.
" "	"	.89096, 0°	
" "	"	.8747, 16°	Chapman and Smith. J. C. S. 22, 160.
" "	"	.83143, 50°	
" "	"	.9052, 0°	
" "	"	.8668, 37°.1	
" "	"	.8328, 68°.9	Pierre and Puchot. Ann. (4), 22, 322.
" "	"	.8096, 89°.4	
" "	"	.7972, 99°.75	
" "	"	.7589, 112°.7	Schiff. G. C. I. 13, 177.
" "	"	.892100, 0°	Elsässer. A. C. P. 218, 302.
" "	"	.77080, 116°.3	
Normal amyl acetate	$C_5H_{11}.C_2H_3O_2$	.8963, 0°	
" " "	"	.8792, 20°	Lieben and Rossi. A. C. P. 159, 70.
" " "	"	.8645, 40°	
" " "	"	.8948, 0°	Gartenmeister. A.C. P. 233, 249.
" " "	"	.7461, 147°.6	
Methylpropylcarbyl acetate.	"	.9222, 0°	Wurtz. Z.C. 11, 490.
Diethylcarbyl acetate	"	.909, 0°	Wagner and Saytzeff. A.C.P. 175, 366.
" "	"	.893, 16°	
Amyl acetate	"	.8572, 21°	Kopp. A. C. P. 94, 297.
" "	"	.8765, 0°	
" "	"	.8837, 0°	Kopp. A. C. P. 94, 257.
" "	"	.8692, 15°.1	
" "	"	.863, 10°	Delffs. J. 7, 26.
" "	"	.8762, 15°	Mendelejeff. J. 13, 7.
" "	"	.8733 } 15°	Schorlemmer. J. 19, 527.
" "	"	.8752 }	
" " Inactive	"	.8838, 0°	Balbiano. Ber. 9, 1437.
" "	"	.8561, 14°	De Heen. Bei. 5, 105
" "	"	.8561, 20°	Brühl. Bci. 4, 782.
" "	"	.7429 } 138°.5	Schiff. G. C. I. 13, 177.
" "	"	.7430 }	

FOR SOLIDS AND LIQUIDS.

Name.	Formula.	Sp. Gravity.	Authority.
Tertiary amyl acetate	C_5H_{11}. $C_2H_3O_2$	.8909, 0°	} Flawitzky. A. C. P. 179, 349.
" " "		.8738, 19°	
Normal hexyl acetate	C_6H_{13}. $C_2H_3O_2$	.8890, 17°	Franchimont and Zincke. C. N. 24, 263.
" " "	"	.8002, 0°	} Gartenmeister. A. C. P. 233, 249.
" " "	"	.7267, 169°.2	
Secondary hexyl acetate	"	.8778, 0°	{ Wanklyn and Erlenmeyer. J. 16, 522.
" " "	"	.8310, 50°	
Methyldiethylcarbyl acetate.	"	.8824, 20°	
" "	"	.8772, 25°	
" "	"	.8735, 30°	} Reformatsky, J. P. C. (2), 36, 340.
" "	"	.8679, 35°	
Ethylpropylcarbyl acetate.	"	.8525, 0°	Buff. J. 21, 336.
Methylisobutylcarbyl acetate.	"	.8805, 0°	Kuwschinow. Ber. 20, ref. 629.
Methylpropylethol acetate.	"	.8717, 25°	Lieben and Zeisel. M. C. 4, 33.
Normal heptyl acetate	C_7H_{15}. $C_2H_3O_2$	.874, 16°	Cross. J. C. S. 82, 123.
" " "	"	.8891, 0°	} Gartenmeister. A. C. P. 233, 249.
" " "	"	.7134, 191.°3	
Isoheptyl acetate	"	.8605, 16°	} Three products. Schorlemmer. A. C. P. 136, 271.
" "	"	.8707, 16°.5	
" "	"	.8868, 19°	
Dipropylcarbyl acetate	"	.8742, 0°	{ Ustinoff and Saytzeff. J. P. C. (2), 34, 470.
" "	"	.8587, 20°	
Methylisoamylcarbyl acetate.	"	.8595, 23°	Rohn. A. C. P. 190, 312.
Normal octyl acetate	C_8H_{17}. $C_2H_3O_2$	.8717, 16°	Zincke. J. 22, 370.
" " "	"	.8847, 0°	} Gartenmeister. A. C. P. 233, 249.
" " "	"	.6981, 210°	
Methyldipropylcarbyl acetate.	"	.8738, 0°	{ Gortaloff and Saytzeff. J. P. C. (2), 33, 702.
" " "	"	.8554, 20°	
"Octylene acetate"	"	.822, 0°	} Clermont. J. 17, 517.
" "	"	.803, 26°	
Ethyldipropylcarbyl acetate.	C_9H_{19}. $C_2H_3O_2$	.8795, 0°	{ Tschebotareff and Saytzeff. J. P. C. (2), 33, 193.
" "	"	.8675, 20°	
Isomer of myristic acetate	$C_{16}H_{32}O_2$	.8559, 15°	
" " "	"	.8476, 30°	} Perkin, Jr. J. C. S. 43, 77.
" " "	"	.8448, 35°	
Cetyl acetate	$C_{16}H_{33}$. $C_2H_3O_2$	.858, 20°	Dollfus. J. 17, 518.
Methyl propionate	CH_3. $C_3H_5O_2$	.9578, 4°	Kahlbaum. Ber. 12, 344.
" "	"	.8954, 14°	De Heen. Bei. 5, 105.
" "	"	.8422 } 78°.5	{ Schiff. G. C. I. 13, 177.
" "	"	.8423	
" "	"	.93725, 0°	} Elsässer. A. C. P. 218, 302.
" "	"	.836798, 79°.9	
" "	"	.922, 15°	Israel. A. C. P. 231, 197.
" "	"	.9403, 0°	Gartenmeister. Bei. 9, 766.

TABLE OF SPECIFIC GRAVITIES

Name.	Formula.	Sp. Gravity.	Authority.
Ethyl propionate	$C_2H_5 \cdot C_3H_5O_2$	.9231, 0°	Kopp. A. C. P. 95, 307.
" "	"	.8949, 26°.3	
" "	"	.9139, 0°	
" "	"	.8625, 45°.1	Pierre and Puchot. Ann. (4), 22, 351.
" "	"	.816, 83°	
" "	"	.8964, 16°	Linnemann. A.C.P. 160, 195.
" "	"	.8945, 17°	
" "	"	.9175, 14°	De Heen. Bei. 5, 105.
" "	"	.7961 } 98°.8	Schiff. G. C. I. 13, 177.
" "	"	.7963	
" "	"	.9109, 0°	
" "	"	.8968, 12°.60	
" "	"	.8832, 24°.57	Several intermediate values given. Naccari and Pagliani. Bei. 6, 89.
" "	"	.8637, 41°.54	
" "	"	.8514, 52°.05	
" "	"	.8365, 64°.46	
" "	"	.8247, 74°.46	
" "	"	.8020, 92°.96	
" "	"	.91238, 0°	Elsässer. A. C. P. 218, 302.
" "	"	.79868, 98°.3	
" "	"	.91224, 0°	Weger. Ber. 16, 2912.
" "	"	.886 } 15°	Three samples. Israel. A. C. P. 231, 197.
" "	"	.8910	
" "	"	.8900, 19°	
Propyl propionate	$C_3H_7 \cdot C_3H_5O_2$	.9022, 0°	
" "	"	.8498, 51°.27	Pierre and Puchot. Ann. (4), 22, 293.
" "	"	.7944, 100°.6	
" "	"	.7839, 108°.34	
" "	"	.8885, 13°	Linnemann. A. C. P. 161, 32.
" "	"	.8821, 14°	De Heen. Bei. 5, 105.
" "	"	.7680 } 121°	Schiff. G. C. I. 13, 177.
" "	"	.7683	
" "	"	.90192, 0°	Elsässer. A. C. P. 218, 302.
" "	"	.772008, 122°.2	
" "	"	.9023, 0°	Gartenmeister. A. C. P. 233, 249.
Butyl propionate	$C_4H_9 \cdot C_3H_5O_2$	.8828, 15°	Linnemann. Ann. (4), 27, 268.
" "	"	.8953, 0°	Gartenmeister. A. C. P. 233, 249.
" "	"	.7489, 145°.4	
Isobutyl propionate	"	.8926, 0°	
" "	"	.8437, 49°.2	Pierre and Puchot. Ann. (4), 22, 324.
" "	"	.7896, 100°.15	
" "	"	.7698, 116°.5	
" "	"	.887595, 0°	Elsässer. A. C. P. 218, 302.
" "	"	.74424, 136°.8	
Amyl propionate	$C_5H_{11} \cdot C_3H_5O_2$	.8700, 14°	De Heen. Bei. 5, 105.
" "	"	.7295, 160°	Schiff. G. C. I. 13, 177.
" "	"	.887672, 0°	Elsässer. A. C. P. 218, 302.
" "	"	.73646, 160°.2	
Normal heptyl propionate	$C_7H_{15} \cdot C_3H_5O_2$	.8846, 0°	Gartenmeister. A. C. P. 233, 249.
" " "	"	.6946, 208°	
Normal octyl propionate	$C_8H_{17} \cdot C_3H_5O_2$	.8833, 0°	" "
" " "	"	.6860, 226°.4	
Methyl butyrate	$CH_3 \cdot C_4H_7O_2$	.92098, 0°	Kopp. P. A. 72, 280.
" "	"	.9045, 15°.5	

FOR SOLIDS AND LIQUIDS.

Name.	Formula.	Sp. Gravity.	Authority.
Methyl butyrate	$CH_3 \cdot C_4H_7O_2$	1.02928, 0°	Pierre. C. R. 27, 213.
" "	"	.9091, 0°	Kopp. A. C. P. 95,
" "	"	.8793, 30°.3	307.
" "	"	.9475, 4°	Kahlbaum. Ber. 12, 344.
" "	"	.8962, 20°	Brühl. Ber. 13. 1530
" "	"	.91939, 0°	Elsässer. A. C. P.
" "	"	.80261, 102°.3	218, 302.
" "	"	.9194, 0°	Gartenmeister. A. C. P. 233, 249.
Methyl isobutyrate	"	.9056, 0°	
" "	"	.8625, 38°.65	Pierre and Puchot.
" "	"	.815, 78°.6	B. S. C. 19, 72.
" "	"	.911181, 0°	Elsässer. A. C. P.
" "	"	.80397, 92°.3	218, 302.
Ethyl butyrate	$C_2H_5 \cdot C_4H_7O_2$	.9003, 18°	Linnemann. A. C.
" "	"	.8990, 17°	P. 160, 195.
" "	"	.8892, 20°	Brühl. Ber. 14, 2800.
" "	"	.7703 } 119°.8	Schiff. G. C. I. 13,
" "	"	.7705	177.
" "	"	.90193, 0°	Pierre. C. R. 27, 213.
" "	"	.8894, 15°	Mendelejeff. J. 13, 7.
" "	"	.8942, 0°	Frankland and Duppa. J. 18, 306.
" "	"	.89957, 0°	Elsässer. A. C. P.
" "	"	.76940, 119°.9	218, 302.
" "	"	.9004, 0°	Gartenmeister. A. C. P. 233, 249.
Ethyl isobutyrate	"	.90412, 0°	Kopp. P. A. 72, 287.
" "	"	.89065, 13°	
" "	"	.890, 0°	
" "	"	.871, 18°.8	Pierre and Puchot.
" "	"	.831, 55°.6	B. S. C. 19, 72.
" "	"	.7794, 100°.1	
" "	"	.7681, 110°.1	Schiff. G. C. I. 13, 177.
" "	"	.890367, 0°	Elsässer. A. C. P.
" "	"	.77725, 110°.1	218, 302.
Propyl butyrate	$C_3H_7 \cdot C_4H_7O_2$	.8789, 15°	Linnemann. A.C.P. 161, 33.
" "	"	.89299, 0°	Elsässer. A. C. P.
" "	"	.745694, 142°.7	218, 302.
Propyl isobutyrate	"	.8872, 0°	
" "	"	.8402, 47°.24	Pierre and Puchot.
" "	"	.7842, 100°.25	Ann. (4), 22, 295.
" "	"	.7525, 128°.75	
" "	"	.884317, 0°	Elsässer. A. C. P.
" "	"	.74647, 133°.9	218, 302.
Isopropyl butyrate	"	.8787, 0°	Silva. Z. C. 12, 508.
" "	"	.8652, 13°	
Butyl butyrate	$C_4H_9 \cdot C_4H_7O_2$	.8885, 0°	
" "	"	.8717, 20°	Lieben and Rossi. A. C. P. 158, 137.
" "	"	.8579, 40°	
" "	"	.8760, 12°	Linnemann. Ann. (4), 27, 268.
" "	"	.8878, 0°	Gartenmeister. A.C.
" "	"	.7264, 165°.7	P. 233, 249.

TABLE OF SPECIFIC GRAVITIES

Name.	Formula.	Sp. Gravity.	Authority.
Isobutyl butyrate	$C_4H_9.C_4H_7O_2$	.881778, 0°	Elsässer. A. C. P. 218, 302.
" "	"	.71630, 156°.9	
" "	"	.8798, 0°	
" "	"	.86635, 16°	Grunzweig. B.S.C. 18, 125.
" "	"	.81838, 98°.4	
Isobutyl isobutyrate	"	.8719, 0°	
" "	"	.8238, 50°.8	
" "	"	.7753, 99°.8	Pierre and Puchot. Ann. (4), 22, 326.
" "	"	.7439, 128°.3	
" "	"	.874957, 0°	Elsässer. A. C. P. 218, 302.
" "	"	.73281, 146°.6	
" "	"	.87519, 0°	
" "	"	.86064, 15°	Grunzweig. B.S.C. 18, 125.
" "	"	.81192, 98°.4	
Normal amyl butyrate	$C_5H_{11}.C_4H_7O_2$	.8832, 0°	Gartenmeister. A.C. P. 233, 249.
" "	"	.7092, 184°.8	
Amyl butyrate	"	.8683, 15°	Mendelejeff. J. 13, 7.
" "	"	.852, 15°	Delffs. J. 7, 26.
" "	"	.882306, 0°	Elsässer. A. C. P. 218, 302.
" "	"	.71148, 178°.6	
" "	"	.873, 10°	De Heen. Bei. 10, 313.
Amyl isobutyrate	"	.8760, 0°	
" "	"	.8204, 55°.4	
" "	"	.7839, 100°.2	Pierre and Puchot. Ann. (4), 22, 343.
" "	"	.7446, 139°.5	
" "	"	.875965, 0°	Elsässer. A. C. P. 218, 302.
" "	"	.70662, 168°.8	
Normal hexyl butyrate	$C_6H_{13}.C_4H_7O_2$	.8825, 0°	Gartenmeister. A.C. P. 233, 249.
" " "	"	.6963, 205°.1	
Normal heptyl butyrate	$C_7H_{15}.C_4H_7O_2$	.8827, 0°	" "
" " "	"	.6869, 225°.2	
Normal octyl butyrate	$C_8H_{17}.C_4H_7O_2$	.8794, 0°	" "
" " "	"	.6751, 242°.2	
Cetyl butyrate	$C_{16}H_{33}.C_4H_7O_2$	.856, 20°	Dollfus. J. 17, 518.
Methyl valerate	$CH_3.C_5H_9O_2$	.895, 17°	Cahours and Demarçay. C.R. 89, 331.
" "	"	.9097, 0°	Gartenmeister. Bei. 9, 766.
" "	"	.7767, 127°.3	
Methyl isovalerate	"	.8960, 0°	Kopp. A. C. P. 96.
" "	"	.8806, 16°	
" "	"	.901525, 0°	
" "	"	.88687, 15°	Kopp. P. A. 72, 291.
" "	"	.88662, 15°.3	
" "	"	.9005, 0°	
" "	"	.8581, 41°.5	
" "	"	.8343, 64°.3	Pierre and Puchot. Ann. (4), 22, 349.
" "	"	.7945, 100°.1	
" "	"	.8908, 16°	Renard. Ann. (6), 1, 223.
" "	"	.885465, 17°	Schmidt and Sachtleben. J. C. S. 36, 139.
" "	"	.8795, 20°	Brühl. Bei. 4, 782.
" "	"	.90065, 0°	Elsässer. A. C. P. 218, 302.
" "	"	.77518, 116°.7	
Ethyl valerate	$C_2H_5.C_5H_9O_2$	.894, 0°	Lieben and Rossi. A. C. P. 165, 109.
" "	"	.8765, 20°	
" "	"	.8616, 40°	

FOR SOLIDS AND LIQUIDS.

NAME.	FORMULA.	SP. GRAVITY.	AUTHORITY.
Ethyl valerate	$C_2H_5 . C_5H_9O_2$	.878, 18°.5	Cahours and Demarçay. C. R. 89, 331.
" "	"	.8939, 0°	Gartenmeister. Bei. 9, 766.
" "	"	.7443, 144°.7	
Ethyl isovalerate	"	.894, 13°	Otto. A. C. P. 25, 62.
" "	"	.869, 14°	Berthelot. J. 7, 441.
" "	"	.8829, 0°	Kopp. A. C. P. 96.
" "	"	.8659, 18°	
" "	"	.886, 0°	
" "	"	.882, 55°.7	Pierre and Puchot. Ann. (4), 22, 353.
" "	"	.7843, 99°.63	
" "	"	.7582, 122°.5	
" "	"	.8661, 20°	Brühl. Bei. 4, 782.
" "	"	.88514, 0°	Elsässer. A. C. P. 218, 302.
" "	"	.74764, 134°.3	
" "	"	.8743, 16°	Renard. Ann. (6), 1, 223.
" "	"	.8882, 0°	Frankland and Duppa. J. 20, 396.
" "	"	.87166, 18°	
Ethyl trimethylacetate	"	.8773, 0°	Friedel and Silva. J. C. S. (2), 11, 1127.
" "	"	.8535, 25°	
" "	"	.875, 0°	Butlerow. B. S. C. 23, 27.
Ethyl methylethylacetate	"	.877, 15°	Israel. A. C. P. 231, 197.
Propyl valerate	$C_3H_7 . C_5H_9O_2$	.8888, 0°	Gartenmeister. Bei. 9, 766.
" "	"	.7264, 167°.5	
Propyl isovalerate	"	.8862, 0°	
" "	"	.8387, 50°.8	Pierre and Puchot. Ann. (4), 22, 297.
" "	"	.7906, 100°.15	
" "	"	.7755, 113°.7	
" "	"	.880915, 0°	Elsässer. A. C. P. 218, 302.
" "	"	.727405, 155°.9	
Isopropyl isovalerate	"	.8702, 0°	Silva. Z. C. 12, 508.
" "	"	.8538, 17°	
Butyl valerate	$C_4H_9 . C_5H_9O_2$	.8847, 0°	Gartenmeister. Bei. 9, 766.
" "	"	.7095, 185°.8	
Isobutyl isovalerate	"	.8884, 0°	
" "	"	.8438, 49°.7	Pierre and Puchot. Ann. (4), 22, 330.
" "	"	.7966, 100°	
" "	"	.7428, 155°.8	
" "	"	.873599, 0°	Elsässer. A. C. P. 218, 302.
" "	"	.70549, 168°.7	
Normal amyl valerate	$C_5H_{11} . C_5H_9O_2$	.8812, 0°	Gartenmeister. Bei. 9, 766.
" " "	"	.6982, 203°.7	
Amyl isovalerate	"	.8793, 0°	Kopp. A. C. P. 94, 257.
" "	"	.8645, 17°.7	
" "	"	.8596, 15°	Mendelejeff. J. 13, 7.
" "	"	.874, 0°	
" "	"	.832, 50°.67	Pierre and Puchot. Ann. (4), 22, 346.
" "	"	.787, 100°	
" "	"	.740, 149°.5	
" " Inactive	"	.8700, 0°	Balbiano. Ber. 9, 1437.
" "	"	.8633, 16°	Renard. Ann. (6), 1, 223.
" "	"	.869, 15°	Ley. Ber. 6, 1362.

TABLE OF SPECIFIC GRAVITIES

Name.	Formula.	Sp. Gravity.	Authority.
Amyl isovalerate	$C_5H_{11}.C_5H_9O_2$	.8658, 20°	Brühl. Bei. 4, 782.
" "	"	.863, 10°	De Heen. Bei. 11, 318.
Normal hexyl valerate	$C_6H_{13}.C_5H_9O_2$	.8797, 0°	Gartenmeister. Bei. 9, 766.
" " "	"	.6823, 223°.8	
Normal heptyl valerate	$C_7H_{15}.C_5H_9O_2$	.8786, 0°	" "
" " "	"	.6708, 243°.6	
Normal octyl valerate	$C_8H_{17}.C_5H_9O_2$	.8784, 0°	" "
" " "	"	.6618, 260°.2	
Octyl isovalerate	"	.8624, 16°	Zincke. J. 22, 371.
Cetyl isovalerate	$C_{16}H_{33}.C_5H_9O_2$	.852, 20°	Dollfus. J. 17, 518.
Methyl caproate	$CH_3.C_6H_{11}O_2$	.8977, 18°	Fehling. A. C. P. 53, 399.
" "	"	.889, 19°	Cahours and Demarçay. C. R. 89, 331.
" "	"	.9039, 0°	Gartenmeister. Bei. 9, 766.
" "	"	.7536, 149°.6	
Ethyl caproate	$C_2H_5.C_6H_{11}O_2$	.882, 18°	Lerch. A. C. P. 49, 212.
" "	"	.8765, 17°.5	Franchimont and Zincke. A. C. P. 163, 193.
" "	"	.8898, 0°	
" "	"	.8732, 20°	Lieben and Rossi. A. C. P. 165, 118.
" "	"	.8594, 40°	
" "	"	.8898, 0°	
" "	"	.8728, 20°	Lieben. A. C. P. 170, 89.
" "	"	.8596, 40°	
" "	"	.878, 19°	Cahours and Demarçay. C. R. 89, 331.
" "	"	.8888, 0°	Gartenmeister. Bei. 9, 766.
" "	"	.7260, 166°.6	
Ethyl isocaproate	"	.887, 0°	
" "	"	.8705, 20°	Lieben and Rossi. A. C. P. 165, 118.
" "	"	.8566, 40°	
Ethyl diethylacetate	"	.8822, 0°	Frankland and Duppa. J. 18, 308.
" "	"	.8826, 0°	Saytzeff. Ber. 11, 512.
" "	"	.8686, 18°	
Ethylmethylpropylacetate	"	.8816, 0°	" "
" "	"	.8670, 18°	
" "	"	.8841, 0°	Lieben and Zeisel. M. C. 4, 26.
Propyl caproate	$C_3H_7.C_6H_{11}O_2$	.8844, 0°	Gartenmeister. Bei. 9, 766.
" "	"	.7097, 185°.5	
Butyl caproate	$C_4H_9.C_6H_{11}O_2$	.8824, 0°	" "
" "	"	.6978, 204°.3	
Hexyl caproate	$C_6H_{13}.C_6H_{11}O_2$	.865	Franchimont and Zincke. C. N. 24, 263.
Methylethylpropyl methylethylpropionate.	"	.867, 15°	Romburgh. J. C. S. 52, 228.
Normal heptyl caproate	$C_7H_{15}.C_6H_{11}O_2$	.8769, 0°	Gartenmeister. Bei. 9, 766.
" " "	"	.6594, 259°.4	
Normal octyl caproate	$C_8H_{17}.C_6H_{11}O_2$	.8748, 0°	" "
" " "	"	.6509, 275°.2	
Methyl oenanthate	$CH_3.C_7H_{13}O_2$	.889, 19°	Cahours and Demarçay. C. R. 89, 331.

FOR SOLIDS AND LIQUIDS.

Name.	Formula.	Sp. Gravity.	Authority.
Methyl oenanthate	$CH_3 \cdot C_7H_{13}O_2$	.8981, 0° .7325, 172.°1	Gartenmeister. Bei. 9, 766.
Methyl isoöenanthate	"	.8840, 15°	Poetsch. A. C. P. 218, 56.
" "	"	.8790, 15°	Hecht. A. C. P. 209, 824.
Ethyl oenanthate	$C_2H_5 \cdot C_7H_{13}O_2$	.874, 24°	Franchimont. A. C. P. 165, 237.
" "	"	.8785, 16°	Grimshaw and Schorlemmer. A. C. P. 170, 137.
" "	"	.871, 21°	Mehlis. A. C. P. 185, 366.
" "	"	.877, 16°.5	Cahours and Demarçay. C. R. 89, 331.
" "	"	.8879, 0° .8716, 20° .8589, 40°	Lieben and Janecek. J. R. C. 5, 156.
" "	"	.87163 } 15° .87199 .86477 } 25° .86487	Perkin. J. P. C. (2), 32, 523.
" "	"	.8861, 0° .7105, 187°.1	Gartenmeister. Bei. 9, 766.
Ethyl isoöenanthate	"	.8720, 15°	Poetsch. A. C. P. 218, 56.
" "	"	.8685, 15° .8570, 27°	Hecht. A.C.P. 209, 324.
Propyl oenanthate	$C_3H_7 \cdot C_7H_{13}O_2$	.8824, 0° .6965, 206°.4	Gartenmeister. Bei. 9, 766.
Propyl isoöenanthate	"	.8635, 19°	Hecht. A.C.P. 209, 324.
Isopropyl isoöenanthate	"	.859, 19°	Hecht. A.C.P. 209, 325.
Butyl oenanthate	$C_4H_9 \cdot C_7H_{13}O_2$	.8807, 0° .6839, 225°.1	Gartenmeister. Bei. 9, 766.
Normal heptyl oenanthate	$C_7H_{15} \cdot C_7H_{13}O_2$	.870, 16°	Cross. J. C. S. 82, 123.
" " "	"	.86522, 15° .85933, 25°	Perkin. J. P. C. (2), 32, 523.
" " "	"	.8807, 0° .6839, 225°.1	Gartenmeister. Bei. 9, 766.
Normal octyl oenanthate	$C_8H_{17} \cdot C_7H_{13}O_2$	.8757, 0° .6419, 290°.4	" "
Methyl caprylate	$CH_3 \cdot C_8H_{15}O_2$	.882	Fehling. A. C. P. 53, 399.
" "	"	.887, 18°	Cahours and Demarçay. C. R. 89, 331.
" "	"	.8942, 0° .7163, 192°.9	Gartenmeister. Bei. 9, 776.
Ethyl caprylate	$C_2H_5 \cdot C_8H_{15}O_2$	.8738, 15°	Fehling. A. C. P. 53, 399.
" "	"	.8728, 16°	Zincke. J. 22, 373.
" "	"	.878, 17°	Cahours and Demarçay. C. R. 89, 331.
" "	"	.8842, 0° .6980, 205°.8	Gartenmeister. Bei. 9, 766.

TABLE OF SPECIFIC GRAVITIES

Name.	Formula.	Sp. Gravity.	Authority.
Propyl caprylate	$C_3H_7.C_8H_{15}O_2$	.8805, 0°	Gartenmeister. Bei. 9, 766.
" "	"	.6867, 224°.7	
Butyl caprylate	$C_4H_9.C_8H_{15}O_2$	.8797, 0°	" "
" "	"	.6745, 240°.5	
Normal heptyl caprylate	$C_7H_{15}.C_8H_{15}O_2$	.8754, 0°	" "
" " "	"	.6405, 289°.8	
Normal octyl caprylate	$C_8H_{17}.C_8H_{15}O_2$	.8625, 16°	Zincke. J. 22, 371.
" " "	"	.8755, 0°	Gartenmeister. Bei. 9, 766.
" " "	"	.6318, 305°.9	
Methyl pelargonate	$CH_3.C_9H_{17}O_2$	.8765, 17°.5	Zincke and Franchimont. A.C.P. 164, 333.
Ethyl pelargonate	$C_2H_5.C_9H_{17}O_2$	.86	Cabours. J. 3, 401.
" "	"	.8725, 15°.5	Delffs. J. 7, 26.
" "	"	.8655, 17°.5	Zincke and Franchimont. A.C.P. 164, 333.
" "	"	.86307	With acid from six sources. Bergmann. Arch. Pharm. 22, 331.
" "	"	.86231	
" "	"	.86503	
" "	"	.86402	
" "	"	.86376	
" "	"	.86209	
" "	"	.87033, 15°	Perkin. J. P. C. (2), 32, 528.
" "	"	.86407, 25°	
Ethyl isononylate	"	.86406, 17°	Kullhem. A. C. P. 173, 319.
Ethyl rutylate	$C_2H_5.C_{10}H_{19}O_2$	.862	Rowney. J. 4, 443.
Ethyl laurate	$C_2H_5.C_{12}H_{23}O_2$	.86, 20°	Görgey. J. 1, 561.
" "	"	.8671, 19°	Delffs. J. 7, 26.
Ethyl myristate	$C_2H_5.C_{14}H_{27}O_2$	.864	Playfair. A.C.P. 37, 153.

6th. Aldehydes of the Acetic Series.

Name.	Formula.	Sp. Gravity.	Authority.
Acetic aldehyde. B. 20°.8	C_2H_4O	.7900, 18°	Liebig. A. C. P. 14, 182.
" "	"	.79442, 5°.1	Kopp. P. A. 72, 235.
" "	"	.79388, 5°.6	
" "	"	.80092, 0°	
" "	"	.80351, 0°	Pierre. C. R. 27, 213.
" "	"	.796, 15°	Guckelberger. J. 1, 848.
" "	"	.8217, 5°—10°	Regnault. P. A. 62, 50.
" "	"	.8173, 10°—15°	
" "	"	.8130, 15°—20°	
" "	"	.7771, 21°	Ramsay. J. C. S. 35, 463.
" "	"	.807, 0°	Wurtz.
" "	"	.7932, 10°	Landolt.
" "	"	.7799, 20°	Brühl. Bei. 4, 782.

FOR SOLIDS AND LIQUIDS.

Name.	Formula.	Sp. Gravity.	Authority.
Acetic aldehyde	C_2H_4O	.79509, 10°	Perkin. J. P. C. (2), 32, 523.
" "	"	.79138, 13°	
" "	"	.78761, 16°	
" "	"	.81312, —5°	Perkin. J. C. S. 51, 808.
" "	"	.80561, 0°	
" "	"	.80058, 4°	
" "	"	.79520, 8°	
" "	"	.78826, 13°	
Paraldehyde. B. 124°.	$(C_2H_4O)_3$	.998, 15°	Kekulé and Zincke. Z. C. 13, 560.
"	"	.9943 } 20°	Two lots. Brühl. A. C. P. 203, 1.
"	"	.9971	
"	"	.8737 } 124°.3	Schiff. G. C. I. 13, 177.
"	"	.8739	
"	"	.9909, 19°	Gladstone. Bei. 9, 249.
"	"	.9982	Louguinine. Ber. 19, ref. 2.
"	"	.99925, 15°	Perkin. J. P. C. (2), 32, 523.
"	"	.99003, 25°	
Isomer of aldehyde. B. 110°	$(C_2H_4O)_n$	1.033, 0°	Bauer. J. 13, 436.
Propionic aldehyde. B. 49°.5.	C_3H_6O	.790, 15°	Guckelberger. J. 1, 848.
" "	"	.8284, 0°	Michaelson. J. 17, 336.
" "	"	.804, 17°	Rossi. A. C. P. 159, 79.
" "	"	.832, 0°	Pierre and Puchot. Ann. (4), 22, 298.
" "	"	.8192, 9°.7	
" "	"	.7898, 32°.6	
" "	"	.8074, 21°	Linnemann. A.C.P. 161, 23.
" "	"	.8066, 20°	Brühl. Ber. 13, 1527.
" "	"	.80648, 15°	Perkin. J. P. C. (2), 32, 523.
" "	"	.79664, 25°	
Butyric aldehyde. B. 75°.	C_4H_8O	.821, 22°	Chancel. C. R. 19, 1440.
" "	"	.8341, 0°	Michaelson. J. 17, 336.
" "	"	.8170, 20°	Brühl. A. C. P. 203, 1.
" "	"	.80, 15°	Guckelberger. J. 1, 849.
Isobutyric aldehyde. B. 63°	"	.8226, 0°	Pierre and Puchot. Z. C. 13, 255.
" "	"	.7919, 27°.75	
" "	"	.7638, 50°.4	
" "	"	.7950, 20°	Urech. Ber. 12, 1744.
" "	"	.803, 20°	Linnemann. Ann. (4), 27, 268.
" "	"	.7938, 20°	Brühl. A.C.P. 203, 1.
" "	"	.8057, 0°	Fossek. M. C. 4, 662.
" "	"	.7898, 20°	
" "	"	.79722, 15°	Perkin. J. P. C. (2), 32, 523.
" "	"	.78787, 26°	
Polymer of isobutyric aldehyde.	$(C_4H_8O)_n$	.969, 24°	Urech. Ber. 12, 1744.
Isovaleric aldehyde. B. 92°.5.	$C_5H_{10}O$	.818	Trautwein.

Name.	Formula.	Sp. Gravity.	Authority.
Isovaleric aldehyde	$C_5H_{10}O$	.820, 22°	Chancel. J. P. C. 36, 447.
" "	"	.8009, 20°	Personne. J. 7, 654.
" "	"	.8224, 0°	Kopp. A. C. P. 94, 257.
" "	"	.8057, 17°.4	
" "	"	.8209, 0°	
" "	"	.778, 43°.4	Pierre and Puchot. Ann. (4), 22, 340.
" "	"	.7485, 71°.9	
" "	"	.768, 12°.5	A. Schröder. Z. C. 14, 510.
" "	"	.7984, 20°	Brühl. Bei. 4, 782.
" "	"	.8061, 25°	Gladstone. Bei. 9, 249.
" "	"	.7998, 20°	Landolt. P. A. 122, 556.
" "	"	.80405, 15°	Perkin. J. P. C. (2), 32, 523.
" "	"	.79607, 25°	
Polymer of valeral. B. 215°	$(C_5H_{10}O)_n$	.90	Wanklyn. J. 22, 530.
Isomer of capraldehyde. B. 180°—185°.	$C_6H_{12}O$	.842, 15°	Fittig. J. 13, 319.
Oenanthic aldehyde, or oenanthol. B. 154°.	$C_7H_{14}O$	.8271, 7°	Bussy. J. P. C. 37, 92.
" "	"	.827, 17°	Williamson. J. 1, 565.
" "	"	.823, 16°	Cross. J. C. S. 32, 123.
" "	"	.8495, 20°	Brühl. A. C. P. 203, 1.
" "	"	.8231, 15°	Perkin, Jr. Ber. 15, 2802.
" "	"	.8128, 30°	
" "	"	.8099, 35°	
" "	"	.82264, 15°	Perkin. J. P. C. (2), 32, 523.
" "	"	.81578, 25°	
Isomer of oenanthol. B. 161°—164°.	"	.835, 14°	Fittig. J. 13, 319.
Caprylic aldehyde. B.178°	$C_8H_{16}O$	.818, 19°	Bouis. J. 8, 524.
" "	"	.820	Limpricht. A. C. P. 93, 242.
Euodyl aldehyde. B. 213.	$C_{11}H_{22}O$	.8497, 15°	Williams. J. 11, 443.
Isomer of myristic aldehyde. " "	$C_{14}H_{28}O$	.8274, 30°	Perkin, Jr. J. C. S. 43, 71.
"	"	.8258, 35°	
Derivative of the foregoing compound. "	$C_{21}H_{40}O$	.8744, 15°	Perkin, Jr. J. C. S. 43, 72.
" " "	"	.8665, 30°	
" " "	"	.8637, 35°	

7th. Ketones of the Paraffin Series.

NAME.	FORMULA.	SP. GRAVITY.	AUTHORITY.
Dimethyl ketone, or acetone. B. 56°.5.	$CH_3 \cdot CO \cdot CH_3$	.7921, 18°	Liebig. Gm. H.
" " "	"	.8144, 0°	Kopp. P. A. 72, 239.
" " "	"	.79045, 13°.9	
" " "	"	.790, 15°	Linnemann. A. C. P. 143, 349.
" " "	"	.8008, 15°	Mendelejeff. J. 13, 7.
" " "	"	.7938, 18°	Linnemann. A. C. P. 161, 18.
" " "	"	.7975, 15°	
" " "	"	.7998, 15°	Grodzki and Krämer. Z. A. C. 14, 103.
" " "	"	.81858, 0°	Thorpe. J. C. S. 37, 371.
" " "	"	.75369, 56°.53	
" " "	"	.7920, 20°	Brühl. Ber. 13, 1527.
" " "	"	.8125, 0°	Zander. A. C. P. 214, 181.
" " "	"	.7489, 56°.3	
" " "	"	.7506, 56°	Schiff. G. C. I. 13, 177.
" " "	"	.79652, 15°	Perkin. J. P. C. (2), 32, 523.
" " "	"	.78669, 25°	
Methyl ethyl ketone, or methyl acetone. B. 78°.	$CH_3 \cdot CO \cdot C_2H_5$	.838, 19°	Fittig. J. 12, 341.
" " "	"	.8125, 13°	Frankland and Duppa. J. 18, 309.
" " "	"	.824, 0°	Popoff. J. 20, 399.
" " "	"	.8063, 15°.3	Grimm. Z. C. 14, 174.
" " "	"	.8045, 19°.8	Schramm. Ber. 16, 1581.
Diethyl ketone, or propione. B. 104°.	$C_2H_5 \cdot CO \cdot C_2H_5$	.811, 11°.5	Genther. J. 20, 455.
" " "	"	.8145, 0°	Chapman and Smith. J. 20, 453.
" " "	"	.8015, 15°	
" " "	"	.813, 20°	Smith. B. S. C. 18, 321.
" " "	"	.829, 0°	Wagner and Saytzeff. A. C. P. 179, 323.
" " "	"	.811, 19°	
" " "	"	.8335, 0°	Chancel. C. R. 99, 1055.
Methyl propyl ketone. B. 103°.	$CH_3 \cdot CO \cdot C_3H_7$	.8078, 18°.5	Grimm. Z. C. 14, 174.
" " "	"	.827, 0°	Friedel. J. 11, 295.
" " "	"	.842, 19°	Fittig. J. 12, 341.
" " "	"	.8132, 13°	Frankland and Duppa. J. 18, 307.
" " "	"	.8040, 22°	
" " "	"	.815, 17°.5	Popoff. A. C. P. 161, 285.
" " "	"	.828, 0°	Wagner and Saytzeff. A. C. P. 179, 323.
" " "	"	.810, 19°	
" " "	"	.8264, 0°	Chancel. C. R. 99, 1055.

Name.	Formula.	Sp. Gravity.	Authority.
Methyl propyl ketone	$CH_3.CO.C_3H_7$	.81238 } 15°	Perkin. J. P. C. (2), 32, 523.
" " "	"	.81283 }	
" " "	"	.80447 } 25°	
" " "	"	.80423 }	
Methyl isopropyl ketone. B. 95°.	"	.8099, 13°	Frankland and Duppa. J. 18, 309.
" " "	"	.815, 15°	Münch. A. C. P. 180, 337.
" " "	"	.822, 0° }	Wischnegradsky. A. C. P. 190, 341.
" " "	"	.804, 19° }	
" " "	"	.8123, 0° }	Winogradow. A. C. P. 191, 125.
" " "	"	.8051, 19° }	
Ketone from amylene bromide. B. 76°—81°.	$C_5H_{10}O$	.832, 0°	Bouchardat. Ber. 14, 2261.
Ethyl propyl ketone. B. 123°.	$C_2H_5.CO.C_3H_7$	.818, 17°.5	Popoff. A.C.P.161, 285.
" " "	"	.833, 21°.8	Oechsner de Coninck. C.R.82,93.
Methyl butyl ketone.	$CH_3.CO.C_4H_9$	.8298, 0° }	Wanklyn and Erlenmeyer. J. 16, 522.
" " B. 128°.	"	.7846, 50° }	
" " "	"	.833, 0°	Friedel. J. 11, 295.
Methyl isobutyl ketone. B. 114°.	"	.81892, 0°	Frankland and Duppa. J. 20, 395.
Methyl secondary butyl ketone. B. 118°.	"	.811, 0°	G. Wagner. Ber. 18, ref. 180.
" " "	"	.8181, 14°.5	Wislicenus. A.C.P. 219, 308.
Methyl tertiary butyl ketone, or pinacolin. B. 106°.	$CH_3.CO.C(CH_3)_3$	.7999, 16°	Fittig. J. 12, 347.
" " " "	"	.830, 0° }	Two preparations. Butlerow. A. C. P. 174, 127.
" " " "	"	.791, 50° }	
" " " "	"	.823, 0° }	
" " " "	"	.787, 50° }	
" " " "	"	.7217, 105°	Schiff. Bei. 9, 559.
Ketone from hexylene. B. 125°.	$C_6H_{12}O$	.8343, 11°	L. Henry. C. R. 97, 260.
Dipropyl ketone, or butyrone. B. 144°.	$C_3H_7.CO.C_3H_7$	.830	Chancel. Ann. (3), 12, 146.
" " "	"	.819, 20°	E. Schmidt. Ber. 5, 597.
" " "	"	.82, 20°	Kurtz. A. C. P. 161, 207.
" " "	"	.83048, 4° }	Perkin. J. C. S. 49, 323.
" " "	"	.82165, 15° }	
" " "	"	.81452, 25° }	
Diisopropyl ketone. B. 125°.	"	.8254, 17°	Münch. A.C.P.180, 331.
Methyl amyl ketone. B. 155°—156°.	$CH_3.CO.C_6H_{11}$	.813, 20°	E. Schmidt. Ber. 5, 597.
" " " B. 182°.5	"	?.898, 12°	Geuther. J.P.C.(2), 6, 100.
Methyl isoamyl ketone.	"	.828 }	Popoff. J. 18, 314.
" " " B. 144	"	.829 }	
" " "	"	.8747, 17°	Grimshaw. A. C. P. 166, 163.
" " "	"	.8175, 17°.2	Rohn. A.C.P. 190,

FOR SOLIDS AND LIQUIDS. 221

Name.	Formula.	Sp. Gravity.	Authority.
Methylisopropyl acetone	$CH_3 \cdot CO \cdot C_5H_{11}$	.815, 20°	Romburgh. J. C. S. 52, 232.
Methyldiethylcarbyl ketone, or diethyl acetone. B. 138°.	"	.8171, 22°	Frankland and Duppa. J. 18, 306.
Methyl amyl pinacolin.	"	.842, 0°	Wischnegradsky. A. C. P. 178, 103.
" " B. 132°.	"	.825, 21°	
Ethyl butyl pinacolin.	$C_2H_5 \cdot CO \cdot C(CH_3)_3$	.831, 0°	" "
" " " B. 126°.	"	.810, 21°	
Methyl hexyl ketone.	$CH_3 \cdot CO \cdot C_6H_{13}$	.817, 23°	Städeler. J. 10, 361.
" " B. 171°.	"	.8185, 20°	Brühl. A. C. P. 203, 1.
" " "	"	.6843 } 172°.3	Schiff. G. C. 1. 13, 177.
" " "	"	.6844	
" " B. 209°.	"	.8430, 15°	Poetsch. A.C.P.218, 56.
" " "	"	.8351, 0°	Béhal. B. S. C. 47, 34.
Methyl butyrone. B. 180°.	$C_6H_{16}O$	.827, 16°	Limpricht. J. 11, 296.
Isopropyl isobutyl ketone. B. 160°.	$C_3H_7 \cdot CO \cdot C_4H_9$	.865, 14°	Williams. C. N. 39, 41.
Ethyl amyl pinacolin.	$C_2H_5 \cdot CO \cdot C_5H_{11}$	.845, 0°	Wischnegradsky. A. C. P. 178, 103.
" " " B. 151°.	"	.829, 21°	
Diisobutyl ketone, or valerone. B. 181°.	$C_4H_9 \cdot CO \cdot C_4H_9$	.833, 20°	E. Schmidt. Ber. 5, 597.
Methyl octyl ketone. B. 211°.	$CH_3 \cdot CO \cdot C_8H_{17}$	.8294, 17°.7	Jourdan. Ber. 13, 434.
" " "	"	.8379, 3°.5	Krafft. Ber.15,1687.
" " "	"	.8247, 20°	
Diamyl ketone, or caprone. B. 220°.	$C_5H_{11} \cdot CO \cdot C_5H_{11}$	.822, 20°	E. Schmidt. Ber. 5, 597.
" " "	"	.828, 20°	Limpricht. J. 11, 296.
Methyl nonyl ketone, or methyl caprinol. B. 224°.	$CH_3 \cdot CO \cdot C_9H_{19}$	.8295, 17°.5	Gorup-Besanez and Grimm. Z. C. 13, 290.
	"	.8281, 18°.7	
" " "	"	.8268, 20°.5	Giesecke. Z. C. 13, 428.
Dihexyl ketone, or oenanthone. B. 264°.	$C_6H_{13} \cdot CO \cdot C_6H_{13}$	.825, 30°	v. Uslar and Seekamp. J. 11, 299.
" " ?	"	.8870, 15°	Poetsch. A. C. P. 218, 56.
Methyl diheptylcarbyl ketone. B. 302°.	$CH_3 \cdot CO \cdot C_{15}H_{31}$	.826, 17°	Jourdan. Ber. 13, 434.
Laurone. M. 69°	$C_{11}H_{23} \cdot CO \cdot C_{11}H_{23}$	.8036, 69°	Krafft. Ber. 15, 1711.
"	"	.8024, 70°.7	
"	"	.7888, 90°.9	
Myristone. M. 76°.3	$C_{13}H_{27} \cdot CO \cdot C_{13}H_{27}$	.8013, 76°.3	" "
"	"	.7986, 80°.8	
"	"	.7922, 90°.9	
Palmitone. M. 82°.8	$C_{15}H_{31} \cdot CO \cdot C_{15}H_{31}$	.7997, 82°.8	" "
"	"	.7947, 90°.9	
Stearone. M. 88°.4	$C_{17}H_{35} \cdot CO \cdot C_{17}H_{35}$	.7979, 88°.4	" "
"	"	.7932, 95°	

8th. Oxides, Alcohols, and Ethers of the Olefines.

NAME.	FORMULA.	SP. GRAVITY.	AUTHORITY.
Ethylene oxide	$C_2 H_4 . O$	.8945, 0°	Wurtz. J. 16, 486.
Propylene oxide	$C_3 H_6 . O$	.859, 0°	Oser. J. 13, 448.
Butylene oxide. B. 56°.5.	$C_4 H_8 . O$	.8344, 0°	Eltekow. J. C. S. 44, 566.
Isobutylene oxide. B. 51°.5.	"	.8311, 0°	Eltekow. Ber. 16, 397.
Amylene oxide. B. 95°	$C_5 H_{10} . O$	.824, 0°	Bauer. J. 13, 451.
Trimethylethylene oxide. B. 75°.5.	"	.8293, 0°	Eltekow. Ber. 16, 397.
Methylpropylethyleneoxide. B. 110°.	$C_6 H_{12} . O$	.8236, 13°.8	L. Henry. Ann. (5), 29, 553.
δ. Hexylene oxide. B. 103°—104°.	"	.8739, 0°	Lipp. Ber. 18, 3284.
Octylene oxide. B. 145°	$C_8 H_{16} . O$	.831, 15°	De Clermont. Z. C. 13, 411.
Diamylene oxide. B. 185°.	$C_{10} H_{20} . O$	.9402, 0°	Schneider. A. C. P. 157, 221.
Diethylene dioxide. B. 102°.	$C_4 H_8 O_2$	1.0482, 0°	Wurtz. J. 15, 423.
Ethylene ethylidene dioxide. B. 82°.5.	"	1.0002, 0°	Wurtz. J. 14, 656.
Ethylene glycol. B. 197°	$C_2 H_4 . (O H)_2$	1.125, 0°	Wurtz. Ann. (3), 55, 410.
" "	"	.9444, 195°	Ramsay. J. C. S. 35, 463.
" "	"	1.11678, 15° ⎱	Perkin. J. P. C.
" "	"	1.11208, 25° ⎰	(2), 32, 523.
" "	"	1.1072, 20°	Brühl. Bei. 4, 782.
Trimethylene glycol. B. 216°.	$C_3 H_6 . (O H)_2$	1.053, 19°	Reboul. C. R. 79, 169.
" "	"	1.0536, 18°	Freund. J. C. S. 42, 156.
" "	"	1.0625, 0° ⎱	Zander. A. C. P.
" "	"	.9028, 214° ⎰	214, 181.
Propylene glycol. B. 188°	"	1.051, 0° ⎱	Wurtz. J. 10, 464.
" "	"	1.038, 23° ⎰	
" "	"	1.054, 0°	Belohoubek. Ber. 12, 1873.
" "	"	1.047, 19°	Loebisch and Looss. J. C. S. 42, 377.
" "	"	1.0527, 0° ⎱	Zander. A. C. P.
" "	"	.8899, 188°.5 ⎰	214, 181.
Butylene glycol. B.183°.5	$C_4 H_8 . (O H)_2$	1.048, 0°	Wurtz. J. 12, 499.
Dimethylethyleneglycol. B. 207°.5.	"	1.0259, 0°	Wurtz. C. R. 97, 473.
Ethylethylene glycol.	"	1.0189, 0° ⎱	Grabowsky and
" " B. 191°.5	"	1.0059, 17°.5 ⎰	Saytzeff. A. C. P. 179, 333.
Isobutylene glycol. B.177°	"	1.0129, 0° ⎱	Nevolé. C. R. 83,
" "	"	1.0003, 20° ⎰	67.

FOR SOLIDS AND LIQUIDS.

Name.	Formula.	Sp. Gravity	Authority.
Amylene glycol. B. 177°.	$C_5 H_{10}. (OH)_2$	.987, 0°	Wurtz. J. 11, 424.
Ethylmethylethylene glycol. B. 187°.5.	"	.9945, 0°	Wagner and Saytzeff. A. C. P. 179,
	"	.9800, 19°	309.
Isopropylethylene glycol. B. 206°.	"	.9987, 0°	Flavitsky. A. C. P.
	"	.9843, 21°.5	179, 353.
Methylpropylethylene glycol. B. 207°.	$C_6 H_{12}. (OH)_2$	.9669, 0°	Wurtz. J. 17, 516.
Dimethylbutyleneglycol.	"	.9759, 0°	Sorokin. B. S. C.
" " B. 220°.	"	.9604, 24°	31, 72.
Pseudohexylene glycol.	"	.9638, 0°	
" " "	"	.9202, 65°	Wurtz. J. 17, 513.
δ. Hexylene glycol.	"	.9809, 0°	Lipp. Ber. 18, 3283.
Pinakone. B. 177°.	"	.96, 15°	Linnemann. J. 18, 315.
"	"	.96718, 15°	Perkin. J. P. C.
"	"	.96087, 25°	(2), 32, 523.
Octylene glycol.	$C_8 H_{16}. (OH)_2$	.932, 0°	DeClermont. J. 17,
" " B. 235°-240°.	"	.920, 29°	517.
Butyrone pinakone.	$C_{14} H_{28}. (OH)_2$	.87, 20°	Kurtz. A. C. P. 161, 205.
Diethylene alcohol.	$C_4 H_{10} O_3$	1.132, 0°	Wurtz. J. 16, 489.
Triethylene alcohol.	$C_6 H_{14} O_4$	1.138	" "
Methylene dimethyl ether, or methylal.	$CH_2. (O C H_3)_2$	.8551	Malaguti. Ann. (2), 70, 394.
" " "	"	.8604, 20°	Brühl. A. C. P. 203, 1.
" " "	"	.854, 20°	Arnhold. A. C. P. 240, 192.
Methylene diethyl ether.	$CH_2. (O C_2 H_5)_2$	.851, 0°	Greene. J. Am. C. S. 1, 523.
" " "	"	.8275, 16°.5	L. Henry. C. R. 101, 599.
" " "	"	.834, 20°	Arnhold. A. C. P. 240, 192.
Methylene dipropyl ether.	$CH_2 (O C_3 H_7)_2$	.8345, 20°	" "
Methylene diisopropyl ether.	"	.831, 20°	" "
Methylene diisobutyl ether.	$CH_2 (O C_4 H_9)_2$	.825, 20°	" "
Methylene diisoamyl ether	$CH_2 (O C_5 H_{11})_2$	.835, 20°	" "
Methylene dioctyl ether.	$CH_2 (O C_8 H_{17})_2$	.846, 20°	" "
Ethylene monethyl ether.	$C_2 H_4. OH. O C_2 H_5$	.926, 13°	Demole. Ber. 9, 746.
Ethylene diethyl ether.	$C_2 H_4. (O C_2 H_5)_2$	.7993, 0°	Wurtz. J. 11, 423.
Ethidene dimethyl ether, or dimethyl acetal.	$C_2 H_4. (O C H_3)_2$	.8555, 0°	Wurtz. J. 9, 597.
" " "	"	.8674, 1°	Alsberg. J. 17, 485.
" " "	"	.8787, 0°	
" " "	"	.8590, 14°	
" " "	"	.8503, 22°	Dancer. J. 17, 484.
" " "	"	.8497, 23°	
" " "	"	.8476, 25°	
" " "	"	.8554, 15°	Kraemer and Grodzki. Ber. 9, 1930.

Name.	Formula.	Sp. Gravity.	Authority.
Ethidene dimethyl ether, or dimethyl acetal.	$C_2H_4 \cdot (OCH_3)_2$	.8655, 22°	Bachmann. A.C.P. 218, 49.
" " "	"	.8013, 62°.7	Schiff. G. C. I. 13, 177.
" " "	"	.85739, 15° } .84764, 25° }	Perkin. J. P. C. (2), 32, 523.
Ethidene methyl ethyl ether, or methyl ethyl acetal	$C_2H_4 \cdot (OCH_3)(OC_2H_5)$	.8535, 0°	Wurtz. J. 9, 597.
" " "	"	.8433, 22°	Bachmann. A.C.P. 218, 49.
" " "	".	.8655, 22°	Bachmann. A.C.P. 218, 53.
Ethidene diethyl ether, or acetal.	$C_2H_4 \cdot (OC_2H_5)_2$	.842, 21°	Döbereiner.
" " "	"	.823, 20°	Liebig. A.C.P.5, 25.
" " "	"	.821, 22°.4	Stas. J. 1, 697.
" " "	"	.8314, 20°	Brühl. A. C. P. 203, 1.
" " "	"	.829, 13°	Engel and Girard. C. R. 90, 692.
" " "	"	.7363 } 103°.2 .7365 }	Schiff. G. C. I. 13, 177.
" " "	"	.826, 14°	Laatsch. A. C. P. 218, 26.
" " "	"	.8210, 22°	Bachmann. A.C.P. 218, 49.
" " "	"	.83187, 15° } .82334, 25° }	Perkin. J. P. C. (2), 32, 523.
Ethidene dipropyl ether, or propyl acetal. B. 147°	$C_2H_4 \cdot (OC_3H_7)_2$	.825, 22°.5	Girard. Ber. 13, 2232.
Ethidene diisobutyl ether, or isobutyl acetal. B.169°	$C_2H_4 \cdot (OC_4H_9)_2$	.816, 22°	" "
Ethidene diamyl ether, or diamyl acetal.	$C_2H_4 \cdot (OC_5H_{11})_2$	.8347, 15° .8012, 22°	Alsberg. J. 17, 485. Bachmann. A.C.P. 218, 49.
Propidene dipropyl ether.	$C_3H_6 \cdot (OC_3H_7)_2$	.8495, 0°	Schudel. J.C.S. 46, 1283.
Butidene diethyl ether, or isobutyl acetal.	$C_4H_8 \cdot (OC_2H_5)_2$	.9957, 12°.4	Oeconomides. Ber. 14, 1201.
Dimethyl valeral	$C_5H_{10} \cdot (OCH_3)_2$	.852, 10°	Alsberg. J. 17, 486.
Diethyl valeral	$C_5H_{10} \cdot (OC_2H_5)_2$	.835, 12°	" "
Diamyl valeral	$C_5H_{10} \cdot (OC_5H_{11})_2$	.840, 7°	Alsberg. J. 17, 485.
Ethidene oxymethylate	$C_4H_8O \cdot (OCH_3)_2$	.853, 12°.5	Laatsch. A. C. P. 218, 13.
Ethidene oxyethylate	$C_4H_8O \cdot (OC_2H_5)_2$	.801, 14°	" "
Ethidene oxypropylate	$C_4H_8O \cdot (OC_3H_7)_2$	.895, 14°	" "
Ethidene oxyisobutylate	$C_4H_8O \cdot (OC_4H_9)_2$	.870, 11°	" "
Ethidene oxyisoamylate	$C_4H_8O \cdot (OC_5H_{11})_2$	.874, 11°	" "
Ethylene diacetate	$C_2H_4 \cdot (C_2H_3O_2)_2$	1.128, 0°	Wurtz. J. 12, 485.
" "	"	1.1561, 20°	Brühl. Bei. 4, 782.
" "	"	1.11076, 15° } 1.10183, 25° }	Perkin. J. P. C. (2), 32, 523.
Ethylene dipropionate	$C_2H_4 \cdot (C_3H_5O_2)_2$	1.05440, 15° 1.04566, 25° }	" "
Ethylene dibutyrate	$C_2H_4 \cdot (C_4H_7O_2)_2$	1.024, 0°	Wurtz. J. 12, 486.
Propylene diacetate	$C_3H_6 \cdot (C_2H_3O_2)_2$	1.109, 0°	Wurtz. J. 10, 464.

Name.	Formula.	Sp. Gravity.	Authority.
Propylene diacetate	$C_3H_6 \cdot (C_2H_3O_2)_2$	1.070, 19°	Reboul. C. R. 79, 169.
Propylene divalerate	$C_3H_6 \cdot (C_5H_9O_2)_2$	.98, 12°	Reboul. J. C. S. 36, 127.
β. Butylene monacetate	$C_4H_8 \cdot OH \cdot (C_2H_3O_2)$	1.055, 0°	Wurtz. C. R. 97, 473.
Hexylene diacetate	$C_6H_{12} \cdot (C_2H_3O_2)_2$	1.014, 0°	Wurtz. J. 17, 516.
Pseudohexylene diacetate	"	1.009, 0°	Wurtz. J. 17, 513.
Ethidene diacetate	$C_2H_4 \cdot (C_2H_3O_2)_2$	1.060, 12°	Schiff. Ber. 9, 306.
" "	"	1.073, 15°	Franchimont. J. C. S. 44, 452.
" "	"	1.073, 15°	Rübencamp. A. C. P. 225, 267.
" "	"	1.07, 10°	Geuther. J. 17, 329.
Ethidene acetate propionate. " "	$C_2H_4 \cdot \begin{Bmatrix} (C_2H_3O_2) \\ (C_3H_5O_2) \end{Bmatrix}$	$\left. \begin{matrix} 1.046 \\ 1.042 \end{matrix} \right\}$ 15°	Two preparations. Rübencamp. A. C. P. 225, 267.
Ethidene dipropionate	$C_2H_4 \cdot (C_3H_5O_2)_2$	1.020, 15°	Rübencamp. A. C. P. 225, 267.
Ethidene acetate butyrate " " "	$C_2H_4 \cdot \begin{Bmatrix} (C_2H_3O_2) \\ (C_4H_7O_2) \end{Bmatrix}$	$\left. \begin{matrix} 1.016, 15° \\ 1.013, 15° \end{matrix} \right\}$	Two preparations. Rübencamp. A. C. P. 225, 267.
Ethidene dibutyrate	$C_2H_4 \cdot (C_4H_7O_2)_2$	.9855, 15°	Rübencamp. A. C. P. 225, 267.
Ethidene acetate valerate	$C_2H_4 \cdot \begin{matrix} (C_2H_3O_2) \\ (C_5H_9O_2) \end{matrix}$	.991, 15°	" "
Ethidene divalerate	$C_2H_4 \cdot (C_5H_9O_2)_2$	.947, 15°	" "
Ethidene oxyformate	$C_5H_{10}O_5$	1.134, 21°	Geuther. A. C. P. 226, 223.
Ethidene oxyacetate	$C_8H_{14}O_5$	1.071, 16°	" "
Ethidene oxypropionate	$C_{10}H_{18}O_5$	1.027, 26°	" "
Ethidene oxybutyrate	$C_{12}H_{22}O_5$	.994, 20°	" "

9th. Ethers of Carbonic Acid.

Name.	Formula.	Sp. Gravity.	Authority.
Methyl carbonate	$(CH_3)_2 \cdot CO_3$	1.069, 22°	Councler. Ber. 13, 1698.
" "	"	1.065, 17°	B. Röse. Ber. 13, 2418.
" "	"	1.060	Schreiner. Ber. 13, 2080.
Methyl ethyl carbonate. B. 104°.	$CH_3 \cdot C_2H_5 \cdot CO_3$	1.0372	" "
" " " B. 115°.	"	1.0016	" "
Ethyl carbonate	$(C_2H_5)_2 \cdot CO_3$	.975, 19°	Ettling. A. C. P. 19, 17.
" "	"	.0998, 0°	$\left. \begin{matrix} \\ \end{matrix} \right\}$ Kopp. A. C. P. 95, 307.
" "	"	.9780, 20°	
" "	"	.9762, 20°	Brühl. A. C. P. 203, 1.
" "	"	.9785	Schreiner. Ber. 13, 2080.

Name.	Formula.	Sp. Gravity.	Authority.
Ethyl propyl carbonate	$C_2H_5 \cdot C_3H_7 \cdot CO_3$	.9516, 20°	Pawlewski. Ber. 17, 1607.
Propyl carbonate	$(C_3H_7)_2 \cdot CO_3$	.968, 22°	Cabours. C. R. 77, 746.
" "	"	.949, 17°	Röse. Ber. 13, 2418.
Butyl carbonate	$(C_4H_9)_2 \cdot CO_3$	.9407, 0°	⎫
" "	"	.9244, 20°	⎬ Lieben and Rossi. A. C. P. 165, 109.
" "	"	.9111, 40°	⎭
Isobutyl carbonate	"	.919, 15°	Röse. Ber. 13, 2418.
Isoamyl carbonate	$(C_5H_{11})_2 \cdot CO_3$	.9144	Medlock. J. 2, 430.
" "	"	.9065, 15°.5	Bruce. J. 5, 605.
" "	"	.912, 15°	Röse. Ber. 13, 2418.
Ethyl orthocarbonate	$(C_2H_5)_4 \cdot CO_4$	.925	Bussett. J. 17, 477.
Propyl orthocarbonate	$(C_3H_7)_4 \cdot CO_4$	.911, 8°	Röse. Ber. 13, 2419.
Isobutyl orthocarbonate	$(C_4H_9)_4 \cdot CO_4$	.900, 8°	" "

10th. Acids and Ethers of the Oxalic Series.

Name.	Formula.	Sp. Gravity.	Authority.
Oxalic acid	$C_2H_2O_4$	2.00, 9°	Husemann. B. D. Z.
" "	$C_2H_2O_4 \cdot 2H_2O$	1.507	Richter.
" "	"	1.622	Playfair and Joule. M. C. S. 2, 401.
" "	"	1.629	Buignet. J. 14, 15.
" "	"	1.63, 9°	Husemann. B. D. Z.
" "	"	1.680	Schröder. Ber. 10, 851.
" "	"	1.531	Rüdorff. Ber. 12, 251.
" "	"	1.57	W. C. Smith. Am. J. P. 53, 145.
" "	"	1.653, 18°.5	Wilson. F. W. C.
Succinic acid	$C_4H_6O_4$	1.55	Richter.
" "	"	1.529, 9°, sublimed.	⎫ Husemann. B. D. Z.
" "	"	1.552, 9°, cryst.	⎭
" "	"	1.567	Schröder. Ber. 10, 851.
Ethyl oxalic acid	"	1.2175, 20°	Anschütz. Ber. 16, 2412.
Pyrotartaric acid	$C_5H_8O_4$	1.408	⎫ Schröder. Ber. 13, 1070.
" "	"	1.413	⎭
Methylisopropylmalonic acid.	$C_7H_{12}O_4$	.990, 15°	Romburgh. J. C. S. 52, 232.
Sebacic acid	$C_{10}H_{18}O_4$	1.1317, fused	Carlet. J. 6, 429.
Methyl oxalate	$C_4H_6O_4$	1.1566, 50°	Kopp. A. C. P. 95, 307.
" "	"	1.1479, 54°	⎫ Weger. A. C. P. 221, 61.
" "	"	1.0039, 163°.3	⎭

FOR SOLIDS AND LIQUIDS.

Name.	Formula.	Sp. Gravity.	Authority.
Methyl ethyl oxalate	$C_5 H_8 O_4$	1.27, 12°	Chancel. J. 3, 470.
" " "	"	1.15565, 0°— .94693, 173°.7	Wiens. Königsberg Inaug. Diss. 1887.
Ethyl oxalate	$C_6 H_{10} O_4$	1.0929, 7°.5	Dumas and Boullay. P. A. 12, 430.
" "	"	1.086, 12°	Delffs. J. 7, 26.
" "	"	1.1010, 5°—10°	
" "	"	1.0953, 10°—15°	Regnault. P.A.62, 50.
" "	"	1.0898, 15°—20°	
" "	"	1.1016, 0° —	Kopp. A. C. P. 94, 257.
" "	"	1.0815, 18°.2	
" "	"	1.0824, 15°	Mendelejeff. J.13,7.
" "	"	1.0793, 20°	Brühl. A. C. P. 203, 1.
" "	"	1.1023	
" "	"	1.1029 } 0°	Weger. A.C.P.221, 61.
" "	"	1.1030	
" "	"	1.08563, 15°	Perkin. J. P. C. (2), 32, 523.
" "	"	1.07609, 25°	
Propyl oxalate	$C_8 H_{14} O_4$	1.018, 22°	Cahours. Les Mondes, 32, 280.
" "	"	1.0384, 0°	Wiens. Königsberg Inaug. Diss. 1887.
" "	"	.80601, 213°.5	
Butyl oxalate	$C_{10} H_{18} O_4$	1.002, 14°	Cahours. C. C. 5, 20.
" "	"	1.0099, 0° —	Wiens. Königsberg Inaug. Diss. 1887.
" "	"	.780, 243°.4	
Ethyl heptyl oxalate	$C_{11} H_{20} O_4$	.99542, 0°	" "
" " "	"	.75493, 263°.71	
Amyl oxalate	$C_{12} H_{22} O_4$	.968, 11°	Delffs. J. 7, 26.
Propyl heptyl oxalate	"	.981435, 0° —	Wiens. Königsberg Inaug. Diss. 1887.
" "	"	.72669, 284°.4	
Propyl octyl oxalate	$C_{13} H_{24} O_4$	.97245, 0°	" "
" " "	"	.71512, 291°.1	
Methyl malonate	$C_5 H_8 O_4$	1.135, 22°	Osterland. J. C. S. (2), 13, 142.
" "	"	1.16028, 15°	Perkin. J. P. C. (2), 32, 523.
" "	"	1.15110, 25°	
" "	"	1.1753, 0°	Wiens. Königsberg Inaug. Diss. 1887.
" "	"	.95686, 180°.7	
Ethyl malonate	$C_7 H_{12} O_4$	1.068, 18°	Conrad and Bischoff. A. C. P. 204, 127.
" "	"	1.06104, 15°	Perkin. J. P. C. (2), 32, 523.
" "	"	1.05248, 25°	
" "	"	1.07607, 0° —	Wiens. Königsberg Inaug. Diss. 1887.
" "	"	.86227, 198°.4	
Ethyl propyl malonate	$C_8 H_{14} O_4$	1.04977, 0°	" "
" " "	"	.83542, 211°	
Propyl malonate	$C_9 H_{16} O_4$	1.02705, 0°	" "
" "	"	.79966, 228°.3	
Butyl malonate	$C_{11} H_{20} O_4$	1.0049, 0°	" "
" "	"	.800073, 251°.5	

Name.	Formula.	Sp. Gravity.	Authority.
Methyl succinate	$C_6 H_{10} O_4$	1.1179, 20°	Fehling. A.C.P. 49, 195.
" "	"	1.1162, 18°	} Weger. A. C. P.
" "	"	.91200, 195°.2	} 221, 61.
" "	"	1.12611, 15° }	Perkin. J. P. C.
" "	"	1.11718, 25° }	(2), 32, 523.
Methyl ethyl succinate	$C_7 H_{12} O_4$	1.0925, 0°	} Weger. A. C. P.
" " "	"	.86482, 208°.2	} 221, 61.
Ethyl succinate	$C_8 H_{14} O_4$	1.036	D'Arcet. Ann. (2), 58, 291.
" "	"	1.0718, 0°	} Kopp. A. C. P. 95,
" "	"	1.0475, 25°.5	} 307.
" "	"	1.0592 }	
" "	"	1.0600 } 0°	} Weger. A. C. P.
" "	"	.82726, 215°.4	} 221, 61.
" "	"	1.04645, 15° }	Perkin. J. P. C.
" "	"	1.03832, 25° }	(2), 32, 523.
Ethyl propyl succinate	$C_9 H_{16} O_4$	1.03866, 0° }	{ Wiens. Königs-
" " "	"	.81476, 231°.1 }	berg Inaug. Diss. 1887.
Propyl succinate	$C_{10} H_{18} O_4$	1.0189, 0°	}
" "	"	.78183, 247°.1	} " "
Isopropyl succinate	"	1.009, 0°	}
" "	"	.997, 18°.5 }	Silva. C. R. 69, 416.
Ethyl butyl succinate	"	1.02178, 0°	{ Wiens. Königs-
" " "	"	.78572, 247°	berg Inaug. Diss. 1887.
Propyl butyl succinate	$C_{11} H_{20} O_4$	1.0106, 0°	
" " "	"	.77587, 258°.7	" "
Isobutyl succinate	$C_{12} H_{22} O_4$	.97374, 15° }	Perkin. J. P. C.
" "	"	.96670, 25° }	(2), 32, 523.
Ethyl heptyl succinate	$C_{13} H_{24} O_4$	.98503, 0°	{ Wiens. Königs-
" " "	"	.73134, 291°.4	berg Inaug. Diss. 1887.
Isoamyl succinate	$C_{14} H_{26} O_4$	.9612, 13°	Guareschi and Del Zanna. Ber. 12, 1699.
Heptyl succinate	$C_{19} H_{34} O_4$	.951846, 0°	{ Wiens. Königs-
" "	"	.68174, 350°.1	berg Inaug. Diss. 1887.
Ethyl methylmalonate	$C_8 H_{14} O_4$	1.021, 22°	Conrad and Bischoff. A. C. P. 204, 202.
" "	"	1.02132, 15° }	Perkin. J. P. C.
" "	"	1.01295, 25° }	(2), 32, 523.
Methyl dimethylsuccinate	"	1.0568, 16°	Barnstein. A. C. P. 242, 126.
Methyl ethylsuccinate	"	1.051, 34°	Polko. A. C. P. 242, 113.
Ethyl pyrotartrate	$C_9 H_{16} O_4$	1.025, 21°	Reboul. Ber. 9.1129.
" "	"	1.01885, 15° }	Perkin. J. P. C.
" "	"	1.01126, 25° }	(2), 32, 523.
Ethyl ethylmalonate	"	1.008, 18°	Conrad and Bischoff. A. C. P. 204, 135.
" "	"	1.01235, 15° }	Perkin. J. P. C.
" "	"	1.00441, 25° }	(2), 32, 523.
Ethyl dimethylmalonate	"	.9965, 15°	Thorne. Ber. 14, 1644.

Name.	Formula.	Sp. Gravity.	Authority.
Ethyl dimethylmalonate	$C_9H_{16}O_4$	1.00153, 15°	Perkin. J. P. C.
" "	"	.99356, 25°	(2), 32, 523.
Ethyl adipate	$C_{10}H_{18}O_4$	1.001, 20°.5	Malaguti. A. C. P. 56, 306.
Ethyl methylethylmalonate.	"	.994, 15°	Conrad and Bischoff. Ber. 13, 595.
Ethyl propylmalonate	"	.99309, 15°	Perkin. J. P. C.
" "	"	.98541, 25°	(2), 32, 523.
Ethyl isopropylmalonate	"	.997, 20°	Conrad and Bischoff. Ber. 13, 595.
" "	"	.99271, 15°	Perkin. J. P. C.
" "	"	.98521, 25°	(2), 32, 523.
Ethyl dimethylsuccinate	"	.9976, 17°	Levy and Engländer. A. C. P. 242, 201.
" "	"	1.0134, 17°	Barnstein. A. C. P. 242, 126.
Ethyl ethylsuccinate	"	1.030, 21°	Polko. A. C. P. 242, 113.
Ethyl diethylmalonate	$C_{11}H_{20}O_4$	.990, 16°	Conrad and Bischoff. A. C. P. 204, 139.
" "	"	1.0041, 0°	Shukowski. Ber. 21, ref. 57.
" "	"	.9901, 15°	
" "	"	.99167, 15°	Perkin. J. P. C.
" "	"	.98441, 25°	(2), 32, 523.
Ethyl isobutylmalonate	"	.983, 15°	Conrad and Bischoff. Ber. 13, 595.
Ethyl secondary-butyl-malonate.	"	.988, 15°	Romburgh. Ber. 20, ref. 376.
Ethyl methylisopropylmalonate.	"	.990, 15°	Romburgh. Ber. 20, ref. 469.
Methyl suberate	$C_{10}H_{18}O_4$	1.014, 18°	Laurent. Ann. (2), 66, 162.
Ethyl suberate	$C_{12}H_{22}O_4$	1.003, 18°	Laurent. Ann. (2), 166, 160.
" "	"	.991, 15°	Hell. B. S. C. 19, 365.
" "	"	.98519, 15°	Perkin. J. P. C.
" "	"	.97826, 25°	(2), 32, 523.
Ethyl tetramethylsuccinate.	"	1.012, 0°	Hell and Wittekind.
" "	"	1.0015, 13°.5	Ber. 7, 319.
Methyl sebate	"	.985, 60°, 1.	Neison. J. C. S. (3), 1, 316.
Ethyl sebate	$C_{14}H_{26}O_4$	.965, 16°	Neison. J. C. S. (3), 1, 318.
" "	"	.96824, 15°	Perkin. J. P. C.
" "	"	.96049, 25°	(2), 32, 523.
Butyl sebate	$C_{18}H_{34}O_4$	.9417, 0°	Gehring. C. R. 104,
" "	"	.9329, 15°	1289.
Amyl sebate	$C_{20}H_{38}O_4$	.951, 18°	Neison. C. N. 32, 298.
Ethyl dioctylmalonate	$C_{23}H_{44}O_4$	.896, 18°	Conrad and Bischoff. Ber. 13, 595.
Ethyl acetomalonate	$C_9H_{14}O_5$	1.080, 23°	Ehrlich. B. S. C. 23, 73.
Ethyl acetosuccinate	$C_{10}H_{16}O_5$	1.079, 21°	Conrad. B. S. C. 23, 73.
" "	"	1.08809, 15°	Perkin. J. P. C.
" "	"	1.08049, 25°	(2), 32, 523.

Name.	Formula.	Sp. Gravity.	Authority.
Ethyl acetoglutarate	$C_{11}H_{18}O_5$	1.0505, 14°.1	Wislicenus and Limpach. A.C.P. 192, 130.
Ethyl β methylacetosuccinate.	"	1.061, 27°	Hardtmuth. A.C.P. 192, 142.
Ethyl α methylacetoglutarate.	$C_{12}H_{20}O_5$	1.043, 20°	Wislicenus and Limpach. A.C.P. 192, 133.
Ethyl dimethylacetosuccinate.	"	1.057, 27°	Hardtmuth. A.C.P. 192, 142.
Ethyl β ethylacetosuccinate.	"	1.064, 16°	Thorne. J.C.S. 39, 337.
Ethyl lactosuccinate	$C_{11}H_{18}O_6$	1.119, 0°	Wurtz and Friedel. J. 14, 378.
Ethyl succinosuccinate	$C_{12}H_{18}O_6$	1.4057, 18°	Hermann. J.C.S. 42, 712.
Ethyl ethidenemalonate	$C_9H_{14}O_4$	1.0435, 15°	Komnenos. A.C.P. 218, 158.

11th. Acids and Ethers of the Glycollic Series.

Name.	Formula.	Sp. Gravity.	Authority.
Glycollic acid	$C_2H_4O_3$	1.197, 13°	Cloëz. J. 5, 497.
Lactic acid	$C_3H_6O_3$	1.215, 10°	Gay Lussac and Pelouze. P.A. 29, 111.
" "	"	1.2485, 15°	Mendelejeff. J. 18, 7.
" "	"	1.2403, 20°	Brühl. Bei. 4, 782.
Methyl glycollic acid	"	1.180	Heintz. J. 12, 359.
Ethyl oxyisobutyric acid	$C_6H_{12}O_3$	1.0211, 0°	Hell and Waldbauer. Ber. 10, 450.
" " "	"	1.0101, 16°	
Amyl glycollic acid	$C_7H_{14}O_3$	1.003	Siemens. J. 14, 451.
Methyl glycollate	$C_3H_6O_3$	1.1862	Schreiner. Bei. 3, 350.
Ethyl glycollate	$C_4H_8O_3$	1.1074	" "
" "	"	1.0333	Fahlberg. J.P.C. (2), 7, 340.
Propyl glycollate	$C_5H_{10}O_3$	1.0837	Schreiner. Bei. 3, 350.
Methyl methylglycollate	$C_4H_8O_3$	1.0845	" "
Ethyl methylglycollate	$C_5H_{10}O_3$	1.0746	" "
Propyl methylglycollate	$C_6H_{12}O_3$	1.0592	" "
Methyl ethylglycollate	$C_5H_{10}O_3$	1.0105	" "
Ethyl ethylglycollate	$C_6H_{12}O_3$	.978	Schreiber. Z.C. 13, 168.
" "	"	.9960	Schreiner. Bei. 3, 350.
Propyl ethylglycollate	$C_7H_{14}O_3$	.9896	" "

Name.	Formula.	Sp. Gravity.	Authority.
Methyl propylglycollate	$C_6 H_{12} O_3$	.9845	Schreiner. Bei. 3, 350.
Ethyl propylglycollate	$C_7 H_{14} O_3$	.9758	" "
Propyl propylglycollate	$C_8 H_{16} O_3$	.9678	" "
Methyl lactate	$C_4 H_8 O_3$	1.1176	" "
Ethyl lactate	$C_5 H_{10} O_3$	1.0542, 0°	Wurtz and Friedel. J. 14, 373.
" "	"	1.042, 13°	
" "	"	1.0540	Schreiner. Bei. 3, 350.
Ethyl methyllactate	$C_6 H_{12} O_3$	1.0030	" "
Ethyl ethyllactate	$C_7 H_{14} O_3$	.9203, 0°	Wurtz. J. 12, 294.
" "	"	.9540	Schreiner. Bei. 3, 350.
Ethyl oxyisobutyrate	$C_6 H_{12} O_3$	.9931, 13°	Frankland and Duppa. P.T. 1866, 309.
" "	"	1.0750	Schreiner. Bei. 3, 350.
Ethyl methyloxybutyrate	$C_7 H_{14} O_3$	.9768, 13°	Frankland and Duppa. J. 18, 381.
" "	"	1.0100	Schreiner. Bei. 3, 350.
Ethyl ethyloxybutyrate	$C_8 H_{16} O_3$	.930, 19°	Duvillier. Ann. (5), 17, 533.
" "	"	.9540	Schreiner. Bei. 3, 350.
Methyl diethyloxyacetate	$C_7 H_{14} O_3$	.9896, 16°.5	Frankland and Duppa. P.T. 1866, 309.
Ethyl diethyloxyacetate	$C_8 H_{16} O_3$	.9613, 18°.7	" "
" "	"	.98	L. Henry. B. S. C. 19, 212.
Amyl diethyloxyacetate	$C_{11} H_{22} O_3$	.93227, 13°	Frankland and Duppa. P.T. 1866, 309.
Ethyl amylhydroxalate	$C_9 H_{18} O_3$	.9449, 13°	Frankland and Duppa. J. 18, 382.
Ethyl ethylamylhydroxalate.	$C_{11} H_{22} O_3$	.9399, 13°	Frankland and Duppa. P.T. 1866, 309.
Ethyl diamyloxalate	$C_{14} H_{26} O_3$	.9137, 13°	Frankland and Duppa. J. 18, 383.
Ethyl acetoglycollate	$C_6 H_{10} O_4$	1.0093, 17°	Heintz. J. 15, 292.
Ethyl acetolactate	$C_7 H_{12} O_4$	1.0458, 17°	Wislicenus. J. 15, 300.
Ethyl propionoglycollate	"	1.0052, 22°	Senf. Ber. 14, 2416.
Ethyl butyroglycollate	$C_8 H_{14} O_4$	1.0288, 22°	" "
Ethyl isobutyroglycollate	"	1.0240, 22°.5	" "
Ethyl butyrolactate	$C_9 H_{16} O_4$	1.024, 0°	Wurtz. J. 12, 295.
" "	"	1.028, 0°	Wurtz. J. 13, 273.
Lactyl ethyl lactate	$C_8 H_{14} O_5$	1.134, 0°	Wurtz and Friedel. J. 14, 377.
Ethyl diethylglyoxylate	$C_8 H_{16} O_4$	.994, 18°	Schreiber. Z. C. 13, 168.
Oxybutyric lactone	$C_4 H_6 O_2$	1.1441, 0°	Saytzeff Ber. 14, 2688.
" "	"	1.1286, 16°	
" "	"	1.1302, 20°	Frühling. Ber. 15, 2622.
" "	"	1.1295, 10°	Henry. C. R. 101, 1158.

Name.	Formula.	Sp. Gravity.	Authority.
Ethylbutyric lactone	$C_6 H_{10} O_2$	1.0348, 16°	Chanlaroff. A. C. P. 226, 339.
Heptolactone	$C_7 H_{12} O_2$	.9818, 4°	Amthor. Ber. 14, 1718.
"	"	.992, 16°	Young. A. C. P. 216, 41.

12th. Acids and Ethers of the Pyruvic Series.

Name.	Formula.	Sp. Gravity.	Authority.
Pyruvic, pyroracemic, or acetyl-formic acid.	$C_3 H_4 O_3$	1.288, 18°	Völckel. J. 6, 426.
" "	"	1.2792	Berzelius.
" "	"	1.2403	} Claisen and Shadwell. Ber. 11, 1567.
" "	"	1.2600	
" "	"	1.2415	Claisen and Shadwell. Ber. 11, 621.
Propionyl-formic acid	$C_4 H_6 O_3$	1.2000, 17°.5	Claisen and Moritz. Ber. 13, 2122.
β. Acetyl-propionic, or laevulinic acid.	$C_5 H_8 O_3$	1.135, 15°	Conrad. Ber. 11, 2178.
Methyl pyruvate	$C_4 H_6 O_3$	1.154, 0°	Oppenheim. B. S. C. 19, 254.
Methyl acetacetate	$C_5 H_8 O_3$	1.037, 9°	Brandes. J. 19, 306.
Ethyl acetacetate	$C_6 H_{10} O_3$	1.03, 5°	Geuther. J. 18, 303.
" "	"	1.0256, 20°	Brühl. A. C. P. 203, 1.
" "	"	1.030, 15°	Elion. Ber. 17, ref. 568.
" "	"	1.0465, 0°	}
" "	"	.9880, 55°.8	
" "	"	.9644, 79°.2	} Schiff. Ber. 19, 560.
" "	"	.9029, 135°.5	
" "	"	.8458, 180°	
" "	"	1.03174, 15°	} Perkin. J. P. C. (2), 32, 523.
" "	"	1.02353, 25°	
Isobutyl acetacetate	$C_8 H_{14} O_3$	.979, 0°	} Emmerling and Oppenheim. Ber. 9, 1097.
" "	"	.932, 23°	
Amyl acetacetate	$C_9 H_{16} O_3$	.954, 10°	Conrad. A. C. P. 186, 231.
Methyl methylacetacetate	$C_6 H_{10} O_3$	1.020, 9°	Brandes. J. 19, 306.
Ethyl methylacetacetate	$C_7 H_{10} O_3$	.995, 14°	" "
Methyl laevulinate	$C_6 H_{10} O_3$	1.0684, 0°	} Grote, Kehrer, and Tollens. A. C. P. 206, 221.
" "	"	1.0519, 20°	
Ethyl laevulinate	$C_7 H_{12} O_3$	1.0325, 0°	" "
" "	"	1.0156, 20°	
Propyl laevulinate	$C_8 H_{14} O_3$	1.0103, 0°	" "
" "	"	.9937, 20°	

Name.	Formula.	Sp. Gravity.	Authority.
Methyl ethylacetacetate	$C_7H_{12}O_3$	1.009, 6°	Geuther. J. 18, 303.
Ethyl ethylacetacetate	$C_8H_{14}O_3$	.998, 12°	" "
" "	"	.981, 16°	James. A. C. P. 226, 202.
" "	"	.9834, 16°	Frankland and Duppa.
Propyl ethylacetacetate	$C_9H_{16}O_3$	.981, 0°	Burton. A. C. J. 3, 385.
Amyl ethylacetacetate	$C_{11}H_{20}O_3$	.937, 26°	Conrad. A.C.P. 186, 232.
Ethyl dimethylacetacetate	$C_8H_{14}O_3$	.9913, 16°	Frankland and Duppa. J. 18, 309.
Ethyl propionylpropionate	"	.9948, 0°	Hellon and Oppenheim. Ber. 10, 701 and 861.
" "	"	.9827, 15°	
" "	"	.9870, 15°	Israel. A. C. P. 231, 197.
Ethyl methylethylacetacetate.	$C_9H_{16}O_3$	.974, 22°	Saur. A. C. P. 188, 275.
Ethyl isopropylacetacetate	"	98046, 0°	Frankland and Duppa. J. 20, 395.
Ethyl methylpropylacetacetate.	$C_{10}H_{18}O_3$	.9575, 17°	Jones. A. C. P. 226, 288.
Ethyl isobutylacetacetate.	"	.951, 17°.5	Rohn. A. C. P. 190, 307.
Ethyl ethylpropionylpropionate.	"	.966, 15°	Israel. A. C. P. 231, 197.
Ethyl dipropylacetacetate	$C_{12}H_{22}O_3$	.9585, 0°	Burton. A. C. J. 3, 386.
Ethyl heptylacetacetate	$C_{13}H_{24}O_3$	.9324	Jourdan. Ber. 13, 434.
Ethyl octylacetacetate	$C_{14}H_{26}O_3$	.9354, 18°.5	Guthzeit. A. C. P. 204, 3.
Ethyl diisobutylacetacetate.	"	.947, 10°	Mixter. Ber. 7, 501.
Ethyl diheptylacetacetate	$C_{20}H_{38}O_3$	.8907, 17°.5	Jourdan. J. C. S. 38, 314.
Ethyl acetopyruvate	$C_7H_{10}O_4$	1.124, 21°	Claisen and Stylos. Ber. 20, 2189.
Ethyl diacetylacetate	$C_8H_{12}O_4$	1.044, 15°	Elion. Ber. 16, 1369.
" "	"	1.1, 15°	Elion. Ber. 16, 2762.
" "	"	1.064, 15°	James. A. C. P. 226, 202.
Ethyl carbacetacetate	$C_8H_{10}O_3$	1.136, 27°	Duisberg. Ber. 15, 1387.
Ethyl ethylideneacetacetate.	$C_8H_{12}O_3$	1.0225, 15°	Claisen and Matthews. A. C. P. 218, 173.
Ethyl amylideneacetacetate.	$C_{11}H_{18}O_3$	.9612, 15°	Matthews. Ber. 16, 1372.
Ethyl ethoxylmethylacetacetate.	$C_9H_{16}O_4$	.976, 22°	Isbert. A. C. P. 234, 195.
Ethyl ethoxylethylacetacetate.	$C_{10}H_{18}O_4$	.957, 22°	Isbert. A. C. P. 234, 194.

13th. Acids and Ethers of the Acrylic Series.

Name.	Formula.	Sp. Gravity.	Authority.
Methylacrylic acid	$C_4H_6O_2$	1.0153, 20°	Brühl. Ber. 14, 2800.
β. Crotonic, or quartenylic acid.	"	1.018, 25°	Gouther. J.P.C. (2), 3, 442.
Pyroterebic acid	$C_6H_{10}O_2$	1.01	Rabourdin. A. C. P. 52, 395.
" "	"	1.006, 26°	Mielck. A.C.P. 180, 52.
Methylethylacrylic acid	"	.9812, 25°	Lieben and Zeisel. M. C. 4, 71.
Hydrosorbic acid	"	.969, 19°	Barringer and Fittig. Z. C. 18, 425.
Amyldecatoic acid	$C_{10}H_{18}O_2$	.9096, 0°	Borodin. ?
Moringic acid	$C_{15}H_{28}O_2$	.908, 12°.5	Walter. C. R. 22, 1143.
Oleic acid	$C_{18}H_{34}O_2$	.808, 19°	Chevreul.
Methyl acrylate. B. 80°.3.	$C_4H_6O_2$	.977, 0°	Kahlbaum. Ber. 13, 2349.
" "	"	.961, 19°.2	
" "	"	.97388, 0°	Weger. A.C.P. 221, 61.
" "	"	.87194, 80°.3	
Liquid polymer of methyl acrylate. " "	$(C_4H_6O_2)_n$	1.140, 0°	Kahlbaum. Ber. 13, 2349.
" "	"	1.125, 18°	
Solid polymer of methyl acrylate. " "	"	1.2223, 15°.6	" "
" "	"	1.2222, 18°.2	
Ethyl acrylate. B. 98°.5	$C_5H_8O_2$	.9252, 0°	Caspary and Tollens. B. S. C. 20, 868.
" "	"	.9136, 15°	
" "	"	.93328, 0°	Weger. A.C.P. 221, 61.
" "	"	.81970, 98°.5	
Propyl acrylate. B. 122°.9	$C_6H_{10}O_2$	.91996, 0°	" "
" "	"	.7847, 122°.9	
Methyl crotonate	$C_5H_8O_2$	.9806, 4°	Kahlbaum. Ber. 12, 344.
Ethyl crotonate	$C_6H_{10}O_2$	.9188	
" "	"	.9199 } 20°	Brühl. A.C.P. 235,1.
" "	"	.9237	
" "	"	.92680, 15°	Perkin. J. P. C. (2), 32, 523.
" "	"	.91846, 25°	
Ethyl β crotonate	"	.927, 19°	Geuther. J. P. C. (2), 3, 444.
Ethyl angelate	$C_7H_{12}O_2$	.9347, 0°	Beilstein and Wiegand. Ber. 17, 2261.
Ethyl tiglate	"	.926, 21°	Geuther and Fröhlich. Z.C. 18, 549.
" "	"	.9425, 0°	Beilstein and Wiegand. Ber. 17, 2261.
Ethyl ethylcrotonate	$C_8H_{14}O_2$	.9203, 13°	Frankland and Duppa. J. 18, 384.
Methyl oleate	$C_{19}H_{36}O_2$	.879, 18°	Laurent. Ann. (2), 65, 294.
Ethyl oleate	$C_{20}H_{38}O_2$	.871, 18°	" "

FOR SOLIDS AND LIQUIDS. 235

Name.	Formula.	Sp. Gravity.	Authority.
Ethyl oleate	$C_{20} H_{38} O_2$	.87589 } 15°	
" "	"	.87525 }	Perkin. J. P. C.
" "	"	.87041 } 25°	(2), 82, 523.
" "	"	.86991 }	
Methyl elaidate	$C_{19} H_{36} O_2$	.872, 18°	Laurent. Ann. (2), 65, 294.
Ethyl elaidate	$C_{20} H_{38} O_2$	.869, 18°	" "

14th. Derivatives of the Acrylic Series.

Name.	Formula.	Sp. Gravity.	Authority.
Acrolein, or acrylaldehyde	$C_3 H_4 O$	.8410, 20°	Brühl. Bei. 4, 780.
Metacrolein	$(C_3 H_4 O)_n$	1.03, 8°	Geuther. J. 17, 334.
Acropinacone	$C_6 H_{10} O_2$	.99, 17°	Linnemann. J. 18, 317.
Acrolein ethylate	$C_5 H_{10} O_2$	.936, 4°	Taubert. J. C. S. 31, 296.
Acrolein diacetate	$C_7 H_{10} O_4$	1.076, 22°	Hübner and Geuther. J. 13, 307.
Crotonaldehyde	$C_4 H_6 O$	1.033, 0°	Roscoe and Schorlemmer's Treatise.
Diacetate from crotonaldehyde.	$C_8 H_{12} O_4$	1.05, 14°	Lagermark and Eltekoff. Ber. 12, 694.
Tiglic aldehyde, or guajol.	$C_5 H_8 O$	.871, 15°	Völckel. J. 7, 611.
β. Angelicalactone	$C_5 H_6 O_2$	1.1084, 0°	Wolff. A. C. P. 229, 257.
Methylethylacrolein	$C_6 H_{10} O$	.8577, 20°	Lieben and Zeisel. M. C. 4, 18.
Amyldecaldehyde	$C_{10} H_{18} O$	.862, 0° }	Borodin. Ber. 5, 460.
"	"	.848, 20° }	
"	"	.861, 0° }	Gäss and Hell. Ber.
"	"	.851, 14° }	8, 372.
Hexylpentylacrylic aldehyde.	$C_{14} H_{26} O$	.8494, 15° .. }	
" "	"	.8416, 30° .. }	Perkin, Jr. Ber. 15,
" "	"	.8392, 35° .. }	2804.
" "	"	.8504, 15°	Perkin, Jr. J. C. S. 44, 81.
Hexylpentylacrylic alcohol.	$C_{14} H_{28} O$	.8520, 15° .. }	
" "	"	.8444, 30° .. }	Perkin, Jr. Ber. 15,
" "	"	.8418, 35° .. }	2810.
Hexylpentylacrylic acetate.	$C_{16} H_{30} O_2$	.8680, 15° .. }	
" "	"	.8597, 30° .. }	Perkin, Jr. Ber. 15,
" "	"	.8568, 35° .. }	2809.

15th. Acids and Ethers, Malic-Tartaric Group.

Name.	Formula.	Sp. Gravity.	Authority.
Malic acid	$C_4 H_6 O_5$	1.559, 4°	Schröder. Ber. 12, 1611.
Tartaric acid	$C_4 H_6 O_6$	1.75	Richter.
" "	"	1.764	Schiff. J. 12, 41.
" "	"	1.739	Buignet. J. 14, 15.
" "	"	1.754	Schröder. Ber. 10, 851.
" "	"	1.77	W. C. Smith. Am. J. P. 53, 145.
" "	"	1.7617	} Wiedemann und Lüdeking. P. A. (2), 25, 151.
" " Amorphous	"	1.6321	
" "	"	1.7594, 7°	Perkin. J. C. S. 51, 366.
Racemic acid	$C_4 H_6 O_6$	1.7782, 7°	" "
" "	$C_4 H_6 O_6 \cdot H_2 O$	1.75	Pasteur. J. 2, 309.
" "	"	1.69	Buignet. J. 14, 15.
" "	"	1.6873, 7°	Perkin. J. C. S. 51, 366.
Laevotartaric acid	"	1.7496	Pasteur. Ann. (3), 28, 72.
Methyl maleate	$C_6 H_8 O_4$	1.1529, 14°	Anschütz. Ber. 12, 2283.
" "	"	1.16029, 11°.8	⎫
" "	"	1.15532, 16°.6	⎪
" "	"	1.15172, 20°	⎪
" "	"	1.15060, 21°	⎬ Knops. V. H. V. 1887, 17.
" "	"	1.14562, 26°	⎪
" "	"	1.14211, 29°.4	⎪
" "	"	1.13827, 33°	⎭
Ethyl maleate	$C_8 H_{12} O_4$	1.06917, 20°	" "
Propyl maleate	$C_{10} H_{16} O_4$	1.02899, 20°	" "
Ethyl fumarate	$C_8 H_{12} O_4$	1.106, 11°	Henry. A. C. P. 156, 178.
" "	"	1.0522, 17°.5	Anschütz. Ber. 12, 2282.
" "	"	1.05199, 20°	Knops. V. H. V. 1887, 17.
Propyl fumarate	$C_{10} H_{16} O_4$	1.02732, 14°.3	⎫
" "	"	1.02447, 17°.4	⎪
" "	"	1.02208, 20°	⎪
" "	"	1.02127, 20°.8	⎬ " "
" "	"	1.01691, 25°.5	⎪
" "	"	1.01352, 29°.1	⎪
" "	"	1.00978, 33°	⎭
Methyl tartrate	$C_6 H_{10} O_6$	1.3403, 15°	Anschütz and Pictet. Ber. 13, 1177.
Ethyl tartrate	$C_8 H_{14} O_6$	1.1989	Landolt. Ber. 9, 910.
" "	"	1.2097, 14°	Anschütz and Pictet. Ber. 13, 1177.
" "	"	1.2097, 15°	} Perkin. J. C. S. 51, 363.
" "	"	1.2019, 25°	

FOR SOLIDS AND LIQUIDS.

Name.	Formula.	Sp. Gravity	Authority.
Ethyl racemate	$C_8 H_{14} O_6$	1.2098, 15°	Perkin. J. C. S. 51, 363.
" "	"	1.2019, 25°	
Propyl tartrate	$C_{10} H_{18} O_6$	1.1392, 17°	Anschütz and Pictet. Ber. 13, 1177.
Isopropyl tartrate	$C_{10} H_{18} O_6$	1.1300, 20°	Pictet. Ber. 15, 2242.

16th. Acids and Ethers, Citric Acid Group.

Name.	Formula.	Sp. Gravity.	Authority.
Citric acid	$C_6 H_8 O_7$	1.617	Richter.
" "	"	1.542	Schiff. J. 12, 41.
" "	"	1.553	Buignet. J. 14, 15.
" "	"	1.557	W. C. Smith. Am. J. P. 53, 145.
Itaconic acid	$C_5 H_6 O_4$	1.573	Schröder. Ber. 18, 1070.
" "	"	1.632	
Citraconic acid	"	1.616	" "
" "	"	1.618	
Citraconic anhydride	$C_5 H_4 O_3$	1.247	Watts' Dictionary.
" "	"	1.25860, 12°.4	
" "	"	1.24894, 16°.6	
" "	"	1.24518, 20°	
" "	"	1.24405, 21°	Knops. V. H. V. 1887, 17.
" "	"	1.23920, 25°.4	
" "	"	1.23501, 29°.2	
" "	"	1.23073, 33°	
Triethyl citrate	$C_{12} H_{20} O_7$	1.142, 21°	Malaguti. A. C. P. 21, 267.
" "	"	1.1369, 20°	Conen. Ber. 12, 1653.
Tetrethyl citrate	$C_{14} H_{24} O_7$	1.1022, 20°	" "
Ethyl aconitate	$C_{12} H_{18} O_6$	1.074, 14°	Watts' Dictionary.
" "	"	1.1064	Conen. Ber. 12, 1653.
Ethyl isaconitate	"	1.0505, 15°	Conrad and Guthzeit. A. C. P. 222, 255.
Methyl itaconate	$C_7 H_{10} O_4$	1.1399, 14°.7	Anschütz. Ber. 14, 2787.
" "	"	1.13195, 12°	
" "	"	1.12410, 18°	
" "	"	1.12182, 20°	Knops. V. H. V. 1887, 17.
" "	"	1.11882, 22°.5	
" "	"	1.11421, 27°.1	
" "	"	1.10847, 32°.4	
Polymer of methyl itaconate.	$(C_7 H_{10} O_4)_n$	1.3126, 20°	" "
Ethyl itaconate	$C_9 H_{14} O_4$	1.051, 15°	Anschütz. Ber. 14, 2787.
" "	"	1.04613, 20°	Knops. V. H. V. 1887, 17.
Polymer of ethyl itaconate	$(C_9 H_{14} O_4)_n$	1.2549, 20°	" "

TABLE OF SPECIFIC GRAVITIES

Name.	Formula.	Sp. Gravity.	Authority.
Methyl citraconate	$C_7 H_{10} O_4$	1.1168, 15°	Perkin. Ber. 14, 2541.
" "	"	1.1050, 30°	
" "	"	1.1172, 13°.8	O. Strecker. Ber. 14, 2785.
" "	"	1.1164, 15°.5	Gladstone. Bei. 9, 249.
" "	"	1.11043, 20°	Knops. V. H. V. 1887, 17.
Ethyl citraconate	$C_9 H_{14} O_4$	1.1050, 15°	Perkin. Ber. 14, 2543.
" "	"	1.038, 30°	
" "	"	1.040, 18°.5	Watts' Dictionary.
" "	"	1.047, 15°	Petri. Ber. 14, 2785.
" "	"	1.048, 16°.5	Gladstone. Bei. 9, 249.
" "	"	1.06241, 20°	Knops. V. H. V. 1887, 17.
Methyl mesaconate	$C_7 H_{10} O_4$	1.1254, 15°	Perkin. Ber. 14, 2543.
" "	"	1.1138, 30°	
" "	"	1.1293, 11°.8	O. Strecker. Ber. 14, 2785.
" "	"	1.1246, 16°	Gladstone. Bei. 9, 249.
" "	"	1.12966, 11°.9	
" "	"	1.12462, 16°.4	
" "	"	1.12097, 20°	
" "	"	1.12011, 20°.8	Knops. V. H. V. 1887, 17.
" "	"	1.11648, 24°.3	
" "	"	1.11180, 28°.6	
" "	"	1.10702, 33°	
Ethyl mesaconate	$C_9 H_{14} O_4$	1.043, 20°	Pebal. J. 404.
" "	"	1.051, 15°	Perkin. Ber. 14, 2543.
" "	"	1.039, 30°	
" "	"	1.048, 20°	Petri. Ber. 14, 2785.
" "	"	1.050, 16°	Gladstone. Bei. 9, 249.
" "	"	1.04674, 20°	Knops. V. H. V. 1887, 17.
Methyl crotaconate	$C_7 H_{10} O_4$	1.14, 15°	Claus. A. C. P. 191, 78.
Ethyl acetocitrate	$C_{14} H_{22} O_8$	1.1459, 15°	Ruhemann. Ber. 20, 802.
Ethyl terebate	$C_9 H_{14} O_4$	1.111, 16°	Roser. A. C. P. 220, 255.

FOR SOLIDS AND LIQUIDS.

17th. Glycerin and its Derivatives.

Name.	Formula.	Sp. Gravity.	Authority.
Glycerin, or glycerol	$C_3 H_5 (OH)_3$	1.27, 10°	Chevreul.
" "	"	1.28, 15°	Pelouze. Ann. (2), 63, 19.
" "	"	1.260, 15°.5	Watts' Dictionary.
" "	"	1.115, 12°.5	Sokoloff. A. C. P. 106, 95.
" "	"	1.2636, 15°	Mendelejeff. J. 13, 7.
" "	"	1.26949, 6°.7	} Mendelejeff. A. C.
" "	"	1.26244, 16°.6	} P. 114, 165.
" "	"	1.2609	Godeffroy. C. C. (3), 6, 34.
" " Cryst.	"	1.261, 15°.5	Roos. C. N. 33, 39.
" "	"	1.2688, 0°	Emo. Bei. 6, 663.
" "	"	1.2590, 20°	Brühl. Bei. 4, 782.
" "	"	1.262, 17°.5	Strohmer. Ber. 17, ref. 206.
" "	"	1.2653, 15°	Gerlach. Ber. 17, ref. 522.
" "	"	1.26241, 15° }	Perkin. J. P. C.
" "	"	1.25881, 25° }	(2), 32, 523.
Hexyl glycerin	$C_6 H_{11} (OH)_3$	1.0936, 0°	Orloff. A. C. P. 233, 359.
Triethyl diglycerin	$C_{12} H_{26} O_5$	1.00, 14°	Reboul and Lourenço. J. 14, 675.
Glycerin ether	$(C_3 H_5)_2 O_3$	1.0907, 18°	Gegerfeldt. J. 24, 401.
" "	"	1.16, 16°	Zotta. A. C. P. 174, 87.
" "	"	1.1453, 0°	Silva. J. C. S. 40, 1122.
Glycide	$C_3 H_6 O_2$	1.165, 0°	Hanriot. Ann. (5), 17, 62.
Ethyl glycide	$C_5 H_{10} O_2$	a1.00	Reboul. J. 13, 465.
" "	"	.94, 12°	Henry. B. S. C. 18, 232.
Amyl glycide	$C_8 H_{16} O_2$	.90, 20°	Reboul. J. 13, 463.
Aceto-glyceral	$C_5 H_{10} O_3$	1.081, 0°	Harnitzky and Menschutkin. J. 18, 506.
Valero-glyceral	$C_8 H_{16} O_3$	1.027, 0°	" "
Trimethylin	$C_6 H_{14} O_3$	.9483, 0°	Alsberg. J. 17, 495.
Diethylin	$C_7 H_{16} O_3$	.92	Berthelot. J. 7, 450.
Triethylin	$C_9 H_{20} O_3$	.8955, 15°	Alsberg. J. 17, 495.
Triglycerin tetrethylin	$C_{17} H_{36} O_7$	1.022, 14°	Reboul and Lourenço. J. 14, 675.
Ethylamylin	$C_{10} H_{22} O_3$	.92	Reboul. J. 13, 465.
Monamylin	$C_8 H_{18} O_3$	.98, 20°	Reboul. J. 13, 464.
Diamylin	$C_{13} H_{28} O_3$	.907, 9°	Reboul. J. 13, 465.
Monoallylin	$C_6 H_{12} O_3$	1.1160, 0° }	Tollens. A. C. P.
"	"	1,1013, 25° }	156, 149.
Diformin	$C_5 H_8 O_5$	1.304, 15°	Van Romburgh. Ber. 14, 2827.
Monacetin	$C_5 H_{10} O_4$	1.20	Berthelot. J. 6, 455.

TABLE OF SPECIFIC GRAVITIES

Name.	Formula.	Sp. Gravity.	Authority.
Diacetin	$C_7 H_{12} O_5$	1.184	Berthelot. J. 6, 455.
"	"	1.148, 23°	Laufer. J. 1876, 243.
Triacetin	$C_9 H_{14} O_6$	1.174	Berthelot. J. 7, 449.
Epiacetin	$C_5 H_8 O_3$	1.129, 20°	Breslauer. J. P. C. (2), 20, 188.
Polymer of epiacetin	$(C_5 H_8 O_3)_n$	1.204, 20°	" "
Monobutyrin	$C_7 H_{14} O_4$	1.088	Berthelot. J. 6, 455.
Dibutyrin	$C_{11} H_{20} O_5$	1.081	" "
"	"	1.084	
Tributyrin	$C_{15} H_{26} O_6$	1.056	Berthelot. J. 7, 449.
Monovalerin	$C_8 H_{16} O_4$	1.100	Berthelot. J. 6, 454.
Divalerin	$C_{13} H_{24} O_5$	1.059	" "
Cocinin	$C_{42} H_{80} O_6$	.92, 8°, s	Brandes.
Tristearin	$C_{57} H_{110} O_6$	.987, 10°	Kopp. A. C. P. 93, 194.
"	"	.9872 }	
"	"	.9877 } 15°	
"	"	.9867 }	
"	"	.9600, 51°.5	
"	"	1.0101, 15°	
"	"	1.0178 } 15°	Three modifications. Duffy. J. 5, 510.
"	"	1.0179 }	
"	"	1.009, 51°.5	
"	"	.9931, 65°.5	
"	"	.9746, 68°.2	
" Liquid	"	.9245, 65°.5	
Monolein	$C_{21} H_{40} O_4$	.947	Berthelot. J. 6, 454.
Diolein	$C_{39} H_{72} O_5$	.921, 21°	" "
Ethyl glycerate	$C_5 H_{10} O_4$	1.193, 6°	Henry. Ber. 4, 701.
Benzoiein	$C_{10} H_{12} O_4$	1.228	Berthelot. J. 6, 455.
Glycerin salicylate	$C_{10} H_{12} O_5$	1.3655	Göttig. Ber. 10, 1818.
Glycerin cinnamate		1.2704 }	Kahlbaum. Ber. 16, 1491.
" "		1.2708 }	

18th. The Allyl Group.

Name.	Formula.	Sp. Gravity.	Authority.
Allyl alcohol	$C_3 H_5 . OH$	.8581, 0° }	Tollens and Henninger. A. C. P. 156, 134.
" "	"	.8478, 27° }	
" "	"	.8709, 0° }	Additional values are given. Tollens. A. C. P. 158, 104.
" "	"	.81832, 62° }	
" "	"	.7846, 97° }	
" "	"	.8569, 15°.5	Dittmar and Steuart. P. R. S. G. 10, 64.
" "	"	.86990, 0° }	Thorpe. J. C. S. 37, 371.
" "	"	.77998, 96°.6 }	
" "	"	.8724, 0° }	Zander. A. C. P. 214, 181.
" "	"	.7830, 96°.5 }	
" "	"	.7809, 94°.4	Schiff. G. C. I. 13, 177.

FOR SOLIDS AND LIQUIDS.

Name.	Formula.	Sp. Gravity.	Authority.
Allyl alcohol	$C_3 H_5 . O H$	.8540, 20°	Brühl. A.C.P. 200, 139.
" "	"	.8563, 23°	Gladstone. Bei. 9, 249.
" "	"	.85778, 15° ⎫	Perkin. J. P. C.
" "	"	.85067, 25° ⎭	(2), 32, 523.
Ethylvinyl alcohol	$C_4 H_7 . O H$	.834, 0°	Nevolé. J.C.S. 32, 868.
" "	"	.818, 21°	
" "	"	.827, 0°	Lieben. J.C.S. 32, 868.
" "	"	.81, 22°	
Ethylvinylcarbinol	$C_5 H_{10} O$	.856, 0°	E. Wagner. B.S.C. 42, 330.
Methyl isocrotyl alcohol	$C_6 H_{12} O$	.8604 ⎫ 0°	Wurtz. J. 17, 515.
" " "	"	.8625 ⎭	
" " "	"	.842, 16°.2	Crow. C.N. 36, 264.
" " " ?	"	.891, 10°	Destrem. Ann. (5), 27, 50.
Allyldimethylcarbinol	"	.8438, 0° ⎫	Saytzeff. A. C. P.
"	"	.8307, 18° ⎭	185, 151.
Diallyl monohydrate	"	.8367, 0°	Wurtz. J. 17, 515.
Allyldiethylcarbinol	$C_8 H_{16} O$	.8891, 0°	⎧ Schirokoff and
"	"	.8711, 20°	⎨ Saytzeff. A. C. P. 196, 114.
Allylmethylpropylcarbinol.	"	.8486, 0°	Semljanizin. Ber. 12, 2375.
"	"	.8345, 20°	
Isopropylallyldimethyl carbinol.	$C_9 H_{18} O$	.829, 17°.8	Dieff. J. P. C. (2), 27, 369.
Allyldipropylcarbinol	$C_{10} H_{20} O$	.8602, 0°	P. and A. Saytzeff.
"	"	.8427, 24°	Ber. 11, 1939.
Allyldiisopropylcarbinol	"	.8671, 0°	Lebedinsky. J. P. C. (2), 23, 23.
Propargyl alcohol	$C_3 H_4 O$	.9628, 21°	Henry. B. S. C. 18, 236.
" "	"	.9715, 20°	Brühl. Bei. 4, 780.
Diallylcarbinol	$C_7 H_{12} O$	.8758, 0° ⎫	
"	"	.8644, 12° ⎬	M. Saytzeff. A. C.
"	"	.8478, 32° ⎭	P. 185, 129.
Diallylmethylcarbinol	$C_8 H_{14} O$	.8638, 0°	Sorokin. A. C. P.
"	"	.8523, 13°	185, 169.
Diallylethylcarbinol	$C_9 H_{16} O$	.8776, 0°	Smirensky. Ber. 14, 2688.
"	"	.8637, 17°	
Diallylpropylcarbinol	$C_{10} H_{18} O$	.8707, 0°	P. and A. Saytzeff.
"	"	.8564, 20°	Ber. 11, 1259.
Diallylisopropylcarbinol	"	.8647, 0°	Rjabinin and Saytzeff. Ber. 12, 689.
"	"	.8512, 20°	
Vinyl ethyl oxide	$C_2 H_3 . C_2 H_5 . O$	.7625, 17°.5	Wislicenus. A.C.P. 192, 109.
Methyl allyl oxide	$C H_3 . C_3 H_5 . O$	.77, 11°	Henry. B. S. C. 18, 232.
Ethyl allyl oxide	$C_2 H_5 . C_3 H_5 . O$	.7651, 20°	Brühl. Bei. 4, 780.
Allyl oxide	$(C_3 H_5)_2 . O$	.8223, 0° ⎫	Zander. A.C.P. 214,
" "	"	.7217, 94°.3 ⎭	181.
Methyl propargyl oxide	$C H_3 . C_3 H_3 . O$	.83, 12°.5	Henry. B. S. C. 18, 232.
Ethyl propargyl oxide	$C_2 H_5 . C_3 H_3 . O$	.8326, 20°	Brühl. Bei. 4, 780.

TABLE OF SPECIFIC GRAVITIES

Name.	Formula.	Sp. Gravity.	Authority.
Amyl propargyl oxide	$C_5H_{11}.C_3H_3.O$	.84, 12°	Henry. B. S. C. 18, 232.
Diallylcarbyl methyl oxide. " " "	$C_7H_{11}.CH_3.O$ "	.8258, 0° .8096, 20°	Rjabinin. Ber. 12, 2374.
Diallylcarbyl ethyl oxide. " " "	$C_7H_{11}.C_2H_5.O$ "	.8218, 0° .8023, 20°	" "
Isopropylallyldimethylcarbyl methyl oxide.	$C_9H_{17}.CH_3.O$	.8027, 4°	Kononowitsch. Ber. 18, ref. 105.
Allyl formate	$C_4H_6O_2$	.9322, 17°.5	Tollens, Weber, and Kempf. J. 21, 450.
Allyl acetate	$C_5H_8O_2$	.8220, 103°	Schiff. G. C. I. 13, 177.
" "	"	.9276, 20°	Brühl. Bei. 4, 780.
" "	"	.9258, 24°.5	Gladstone. Bei. 9, 249.
Ethylvinyl acetate	$C_6H_{10}O_2$	.896, 0°	Nevolé. J. C. S. 32, 868.
" "	"	.892, 0°	Lieben. J. C. S. 32, 868.
Methylisocrotyl acetate	$C_6H_{14}O_2$	.912	Wurtz. J. 17, 514.
Allyldimethylcarbyl acetate. " "	"	.9007, 0° .8832, 18°.5	M. and A. Saytzeff. A. C. P. 185, 151.
Allyldipropylcarbyl acetate. " "	$C_{12}H_{22}O_2$ "	.8903, 0° .8733, 21°	Saytzeff. Ber. 11, 1939.
Propargyl acetate	$C_5H_6O_2$	1.0031, 12°	Henry. J. C. S. (2), 11, 1123.
" "	"	1.0052, 20°	Brühl. Bei. 4, 780.
Diallylcarbyl acetate. " "	$C_9H_{14}O_2$ "	.9167, 0° .8997, 17°.5	M. Saytzeff. A. C. P. 185, 129.
Diallylmethylcarbyl acetate. " "	$C_{10}H_{16}O_2$ "	.8997, 0° .8733, 21°	Sorokin. A. C. P. 185, 169.
Allylacetic acid	$C_5H_8O_2$	.98656, 12° .98416, 15° .97670, 25°	Perkin. J. C. S. 49, 205.
" "	"		
" "	"		
Ethyl allylacetate	$C_7H_{12}O_2$	.9222, 0°	Wurtz. J. 21, 446.
Allyloctylic acid	$C_{11}H_{20}O_2$	.91020, 25° .89930, 45°	Perkin. J. C. S. 49, 205.
" "	"		
Ethyl allyloctylate	$C_{13}H_{24}O_2$	.88271, 15° .87658, 25°	" "
" "	"		
Diallyacetic acid	$C_8H_{12}O_2$	.9495, 25°	Wolff. Ber. 10, 1957.
" "	"	.9578, 13°	Reboul. J. C. S. 32, 594.
" "	"	.95756, 12° .95547, 15° .94913, 25°	Perkin. J. C. S. 49, 205.
" "	"		
" "	"		
Ethyl methoxyldiallylacetate.	$C_{11}H_{18}O_3$	.96066, 20°	Barataeff. J. P. C. (2), 35, 2.
Allyl acetacetate	$C_7H_{10}O_3$	.99272, 15° .98542, 25°	Perkin. J. P. C. (2), 32, 523.
" "	"		
Ethyl allylacetacetate	$C_9H_{14}O_3$	.9938, 13°.5	Gladstone. Bei. 9, 249.
" "	"	.982, 20°	Zeidler. B. S. C. 23, 73.
Ethyl diallylacetacetate	$C_{12}H_{18}O_3$	.948, 25°	Wolff. Ber. 10, 1956.
Ethyl diallyloxyacetate " "	$C_{10}H_{15}O_3$ "	.9873, 0° .9718, 18°	Saytzeff. Ber. 9, 77

FOR SOLIDS AND LIQUIDS. 243

Name.	Formula.	Sp. Gravity.	Authority.
Allyl oxalate	$C_8 H_{10} O_4$	1.055, 15°.5	Hofmann and Cahours. J. 9, 585.
Ethyl allylmalonate	$C_{10} H_{16} O_4$	1.018, 16°	Conrad and Bischoff. Ber. 13, 595.
" "	"	1.01475, 14°	Gladstone. Bei. 9, 249.
" "	"	1.01397, 15° ⎫	Perkin. J. P. C.
" "	"	1.00620, 25° ⎭	(2), 32, 523.
Ethyl diallylmalonate	$C_{13} H_{20} O_4$	.996, 14°	Conrad and Bischoff. Ber. 13, 595.
" "	"	.99328, 20°	Matwejeff. Ber. 21, 181.
" "	"	1.00620, 6°.5 ⎫	
" "	"	.99940, 15° ⎬	Perkin. J. C. S. 49, 205.
" "	"	.99252, 25° ⎭	
Butallylmethylcarbin oxide.	$C_6 H_{12} O_2$	1.0099, 21°	Kablukow. Ber. 21, ref. 54.
Butallylmethyl pinakone	$C_{12} H_{22} O_2$	.9632, 0° ⎫	Kablukow. Ber. 21,
" "	"	.9452, 24° ⎭	ref. 55.
Derivative of tetrabromdiallylcarbin acetate.	$C_{13} H_{20} O_7$	1.18013, 0°	Dieff. J. P. C. (2), 35, 20.

19th. Erythrite, Mannite, and the Carbohydrates.

Name.	Formula.	Sp. Gravity.	Authority.
Erythrite or erythrol	$C_4 H_6 (OH)_4$	1.590	Lamy. J. 5, 676.
" "	"	1.449 ⎫ 4°	Schröder. Ber. 12,
" "	"	1.452 ⎭	1561.
Anhydride of erythrol	$C_4 H_8 O_2$	1.1323, 0° ⎫	Przybytek. Ber. 17,
" "	"	1.1132, 18° ⎭	1091.
Mannite or mannitol	$C_6 H_8 (OH)_6$	1.521	Prunier. Ann. (5), 15, 22.
" "	"	1.485 ⎫	Schröder. Ber. 12,
" "	"	1.486 ⎬ 4°	1561.
" "	"	1.489 ⎭	
Dulcite or dulcitol	"	1.466, 15°	Eichler. J. 9, 665.
Sorbite	$(C_6 H_{14} O_6)_2 . H_2 O$	1.654, 15°	Pelouze. J. 5, 655.
Pinite	$C_6 H_{12} O_5$	1.520	Berthelot. J. 8, 675.
Quercite	"	1.5845	Prunier. Bei. 2, 68.
Cane sugar, or saccharose	$C_{12} H_{22} O_{11}$	1.606	Brisson. P. des C.
" " "	"	1.600	Schübler and Renz.
" " "	"	1.593	Filhol.
" " "	"	1.596	Playfair and Joule. M. C. S. 2, 401.
" " "	"	1.5578	Brix. J. 7, 618.
" " "	"	1.63	Dubrunfaut.
" " "	"	1.5951, 15°	Maumené. B. S. C. 22, 33.
" " "	"	1.588, 4°	Schröder. Ber. 12, 561.
" " "	"	1.589	W. C. Smith. Am. J. P. 53, 148.

TABLE OF SPECIFIC GRAVITIES

Name.	Formula.	Sp. Gravity.	Authority.
Cane sugar, or saccharose	$C_{12}H_{22}O_{11}$	1.58046, 17°.5	Gerlach.
" " " Fused, vitreous.	"	1.996, 14°.5	Morin. J.Ph.C.(4), 28, 34.
" " " Molten	"	1.6	Quincke. P.A. 138, 141.
" " "	"	1.5984	} Wiedemann and Lüdeking. P.A. (2), 25, 151.
" " " Barley sugar.	"	1.5122	
" " "	"	1.5928	Zehnder. P.A. (2), 29, 260.
Milk sugar, or lactose	"	1.534	Filhol.
" " "	"	1.53398, 4°	Playfair and Joule. J.C.S. 1, 138.
" " "	"	1.525, 4°	Schröder. Ber. 12, 561.
" " "	"	1.533	W. C. Smith. Am. J. P. 53, 148.
Melezitose	$C_{12}H_{22}O_{11}.H_2O$	1.540, 17°.5	Alekhine. J.C.S. 50, 684.
Glucose	$C_6H_{12}O_6.H_2O$	1.3861 }	Payen and Persoz.
"	"	1.391 }	
"	"	1.54 } 11°	Bödeker. B. D. Z.
"	"	1.57 }	
" Fused	"	1.8	Quincke. P.A. 138, 141.
Inosite. Anhydrous	$C_6H_{12}O_6$	1.752	Tanret and Villiers. Ann. (5), 28, 392.
"	$C_6H_{12}O_6.2H_2O$	1.1154, 5°	Vohl. J. 11, 489.
"	"	1.535, 8° }	Tanret and Villiers.
"	"	1.524, 15° }	C. R. 86, 486.
Bergenite	$C_8H_{10}O_5.H_2O$	1.5445	Morelli. Ber. 14, 2694.
Starch	$(C_6H_{10}O_5)_n$	1.505	Payen.
"	"	1.580	Dietrich. Z. A. C. 5, 51.
"	"	1.56	Kopp. A. C. P. 85, 38.
" Arrowroot	"	1.5045, air dried	} Flückiger. Z. C. 10, 445.
" Potato	"	1.5029, "	
" "	"	1.6330, dried at 100°	
Dextrin	"	1.03848	O'Sullivan. J. 27, 880.
Inulin	"	1.470	Dragendorff. J. 22, 748.
"	"	1.462	Dubrunfaut.
"	"	1.3491	Kiliani. A. C. P. 205, 151.
Cellulose	"	1.525	Weltzien's "Zusammenstellung."
Gum	"	1.487, air dried	} Flückiger. Z. C. 10, 445.
"	"	1.525, dried at 100°	
" Gum-arabic	"	1.355	} Guérin-Varry. P.A. 29, 50.
" " tragacanth	"	1.384	
" Senegal	"	1.436	
" Bassora	"	1.359	

FOR SOLIDS AND LIQUIDS. 245

Name.	Formula.	Sp. Gravity.	Authority.
Graminin	$6 C_6 H_{10} O_5 \cdot H_2 O$	1.522, 12°	Ekstrand and Johanson. Ber. 21, 594.
Phlein	"	1.480	
Octaceto-diglucose	$C_{12} H_{14} (C_2 H_3 O_2)_8 O_{11}$	1.27, 16°	Demole. Ber. 12, 1936.
Octaceto-saccharose	"	1.27, 16°	"

20th. Miscellaneous Non-Aromatic Compounds.

Name.	Formula.	Sp. Gravity.	Authority.
Acetopropyl alcohol	$C_5 H_{10} O_2$	1.00514, 15°	Perkin, Jr. J. C. S. 51, 830.
" "	"	1.00197, 20°	
" "	"	.99896, 25°	
Acetobutyl alcohol	$C_6 H_{12} O_2$	1.0143, 0°	Lipp. Ber. 18, 3281.
" "	"	.99771, 4°	Perkin, Jr. J. C. S. 51, 719.
" "	"	.98947, 15°	
" "	"	.98270, 25°	
Methyl orthoformate	$C_4 H_{10} O_3$	.974, 23°	Deutsch. Ber. 12, 115.
Ethyl orthoformate	$C_7 H_{16} O_3$	.8964	Williamson.
Propyl orthoformate	$C_{10} H_{22} O_3$	.879, 23°	Deutsch. Ber. 12, 115.
Isobutyl orthoformate	$C_{13} H_{28} O_3$	.861	" "
Isoamyl orthoformate	$C_{16} H_{34} O_3$	.864	" "
Diethoxyl ether	$C_8 H_{18} O_3$	.8924, 21°	Lieben. J. 20, 546.
Derivative of isobutylaldehyde.	$C_8 H_{14} O$	.9575, 0°	Oeconomides. Ber. 14, 2581.
" "	$C_{10} H_{20} O_2$	.9415, 0°	" "
Derivative of valeral	$C_{10} H_{18} O$	.9027, 17°	Borodin. J. 17, 339.
" "	$C_{20} H_{38} O_3$	.895	Borodin. Ber. 5, 480.
" "	"	.900	
Derivative of oenanthol	$C_{28} H_{50} O_2$	.8881, 15°	Perkin. Ber. 15, 2805.
" "	"	.8751, 30°	
" "	"	.8723, 35°	
"Acetyl valeryl"	$C_7 H_{12} O_2$	.8804, 15°.5	Olewinsky. J. 14, 463.
Diacetone alcohol	$C_6 H_{12} O_2$	.9306, 25°	Heintz. A. C. P. 178, 349.
Methoxylmethyl ethyl acetone.	$C_7 H_{14} O_2$	.855, 20°	James. J. C. S. 49, 50.
Dimethoxyl diethyl acetone.	$C_9 H_{18} O_3$	.886, 15°	" "
From diethylacetone	$C_{20} H_{34} O_2$	.984, 12°	Geuther. J.P.C. (2), 6, 160.
Ethyl dincetone carbonate	$C_{10} H_{18} O_3$	.9738, 20°	Frankland and Duppa. J. 18, 306.
Mesityl oxide	$C_6 H_{10} O$	.848, 28°	Fittig. J. 12, 344.
" "	"	.8528, 19°	Gladstone. Bei. 9, 249.
" "	"	.8578, 20°	Brühl. A. C. P. 235, 1.
Homologue of mesityl oxide.	$C_8 H_{14} O$	.8547, 15°.4	Schramm. Ber. 16, 1581.

TABLE OF SPECIFIC GRAVITIES

Name.	Formula.	Sp. Gravity.	Authority.
Phorone	$C_9H_{14}O$	.932 } 12°	Fittig. J. 12, 844.
"	"	.939	
"	"	.9614, 20°	Schwanert. J.15,464.
"	"	.9645, 15°	Schulze. Ber. 15, 64.
"	"	.885, 20°	
"	"	.8793, 27°	Brühl. A. C. P.
"	"	.8785, 28°	235, 1.
"	"	.8776, 29°	
Aldol	$C_4H_8O_2$	1.1208, 0°	
"	"	1.1094, 16°	Wurtz. B. S. C. 18,
"	"	1.0819, 49°.6	436.
Derivative of aldol	$C_8H_{16}O_4$	1.0941	
" "	"	1.0951 } 0°	Wurtz. C. R. 97,
" "	"	1.0953	1526.
Diacetate from the above compound.	$C_{12}H_{20}O_6$	1.095, 0°	" "
Derivative of laevulinic ether.	$C_{14}H_{22}O_7$	1.097, 15°	Conrad and Guthzeit. Ber. 17, 2286.
Diethyl glycollic ether	$C_{20}H_{38}O_{10}$	1.01, 19°	Geuther. J. 20, 455.
Propidene acetic acid	$C_5H_8O_2$	.9922, 15°	Komnenos. A.C.P. 218, 167.
Acetyl trimethylene	C_5H_8O	.90471, 15°	
" "	"	.90083, 20°	Perkin, Jr. J. C. S.
" "	"	.89706, 25°	51, 832.
Ethyl acetyltrimethylenecarboxylate.	$C_8H_{12}O_3$	1.03436, 4°	
" "	"	1.03256, 6°.5	Perkin, Jr. J. C. S.
" "	"	1.02549, 15°	47, 801.
" "	"	1.01834, 25°	
" "	"	1,0425, 25°.2	Gladstone. Ber. 19, 2563.
" "	"	1.05174 } 15°	
" "	"	1.05152	
" "	"	1.04810, 20°	Two preparations.
" "	"	1.04390, 25°	Perkin, Jr. J. C.
" "	"	1.04703 } 15°	S. 51, 826.
" "	"	1.04753	
" "	"	1.03930, 25°	
Ethyl trimethylenedicarboxylate.	$C_9H_{14}O_4$	1.0708, 7°	Gladstone. J. C. S. 51, 852.
" "	"	1.06455, 15°	Perkin. J. C. S. 51,
" "	"	1.05657, 25°	852.
" "	"	1.06463, 15°	Perkin, Jr. J. C. S.
" "	"	1.05664, 25°	47, 801.
Ethyl trimethylenetricarboxylate.	$C_{12}H_{18}O_6$	1.127, 15°	Conrad and Guthzeit. Ber. 17, 1186.
Tetramethylenemonocarboxylic acid.	$C_5H_8O_2$	1.05480, 15°	
" "	"	1.05116, 20°	Perkin. J.C.S.51,1.
" "	"	1.04761, 25°	
Ethyl tetramethylenedicarboxylate.	$C_{10}H_{16}O_4$	1.0484, 14°	Gladstone. Bei. 9, 249.
" "	"	1.05328, 9°	
" "	"	1.04817, 15°	Perkin. J.C.S.51,1.
" "	"	1.04051, 25°	
Ethyl acetyltetramethylenecarboxylate.	$C_9H_{14}O_3$	1.0668, 18°	Gladstone. Bei. 9, 249.
Methylpentamethylenemonocarboxylic acid.	$C_7H_{12}O_2$	1.02054, 15°	Two lots. Perkin.
"	"	1.01739, 20°	J. C. S. 53, 195
"	"	1.01488, 25°	and 199.

Name.	Formula.	Sp. Gravity.	Authority.
Methylpentamethylene-monocarboxylic acid.	$C_7H_{12}O_2$	1.0256, 4°	Two lots. Perkin. J. C. S. 53, 195 and 199.
"	"	1.0208, 10°	
"	"	1.0172, 15°	
"	"	1.0139, 20°	
"	"	1.0109, 25°	
Methylpentamethylene methyl ketone.	$C_8H_{14}O$	.9222, 4°	Perkin. J. C. S. 53, 200.
"	"	.9174, 10°	
"	"	.9186, 15°	
"	"	.9100, 20°	
"	"	.9070, 25°	
Methylhexamethylene-monocarboxylic acid.	$C_8H_{14}O_2$	1.0079, 4°	Perkin. J. C. S. 53, 209.
"	"	1.0033, 10°	
"	"	.99982, 15°	
"	"	.9966, 20°	
"	"	.9940, 25°	
Methyldehydrohexone	$C_6H_{10}O$	.92272, 4°	Perkin. J. C. S. 51, 719.
"	"	.91278, 15°	
"	"	.90502, 25°	
Ethyl methyldehydrohexonecarboxylate.	$C_9H_{14}O_3$	1.06457, 15°	Three lots. Perkin. J. C. S. 51, 711 and 713.
" "	"	1.05840, 25°	
" "	"	1.06840, 15°	
" "	"	1.06470, 20°	
" "	"	1.06137, 25°	
" "	"	1.0744, 9°	
" "	"	1.0696, 15°	
" "	"	1.0660, 20°	
" "	"	1.0626, 25°	
Ethyl methenyltricarboxylate.	$C_{10}H_{16}O_6$	1.10, 19°	Conrad. Ber. 12, 1236.
Ethyl ethenyltricarboxylate.	$C_{11}H_{18}O_6$	1.089, 17°	Bischoff. A. C. P. 214, 39.
Methyl diethyl-β-methylethenyltricarboxylate.	"	1.079, 15°	Bischoff. A. C. P. 214, 56.
Ethyl β-methylethenyltricarboxylate.	$C_{12}H_{20}O_6$	1.092, 16°	Bischoff. Ber. 13, 2165.
Ethyl α β-dimethylethenyltricarboxylate.	$C_{13}H_{22}O_6$	1.0745, 15°	Bischoff and Rach. A. C. P. 234, 54.
Ethyl butenyltricarboxylate.	"	1.065, 17°	Polko. A. C. P. 242, 113.
Ethyl isobutenyltricarboxylate.	"	1.064, 17°	Barnstein. A. C. P. 242, 126.
" "	"	1.0805, 18°	Levy and Engländer. A. C. P. 242, 210.
Ethyl propylethenyltricarboxylate.	$C_{14}H_{24}O_6$	1.052, 18°	Waltz. A. C. P. 214, 58.
Ethyl dicarboxylglutaconate.	$C_{15}H_{22}O_8$	1.131, 15°	Conrad and Guthzeit. Ber. 15, 2842.
Ethyl isoallylenetetracarboxylate.	$C_{15}H_{24}O_8$	1.102, 15°	Bischoff. Ber. 18, 2164.
Ethyl dimethylacetylenetetracarboxylate.	$C_{16}H_{26}O_8$	1.114, 15°	Bischoff and Rach. A. C. P. 234, 54.
Methylisopropenylcarbinol.	$C_5H_{10}O$	.8571, 0°	Kondakoff. Ber. 18, ref. 660.
"	"	.8419, 20°.5	
Pyruvic acetate	$C_5H_8O_3$	1.053, 11°	Henry. B. S. C. 19, 219.
Ethyl pyruvyl ether	$C_5H_{10}O_2$	.92, 18°	Henry. Ber. 14, 2272.

TABLE OF SPECIFIC GRAVITIES

Name.	Formula.	Sp. Gravity.	Authority.
Parasorbic acid	$C_6 H_8 O_2$	1.068, 15°	Hofmann. J. C. S. 12, 822.
Derivative of mannite	$C_6 H_8 O$	.9396, 0°	Fauconnier. J. C. S. 48, 743.
Methyl mucate	$C_8 H_{14} O_8$	1.48 } 20°	Malaguti. Ann. (2), 63, 86.
" "	"	1.50 }	
Ethyl mucate	$C_{10} H_{18} O_8$	1.17 } 20°	" "
" "	"	1.32 }	
Valerylene diacetate	$C_9 H_{16} O_4$	.963	Guthrie and Kolbe. J. 12, 365.
Conylene diacetate	$C_{12} H_{20} O_4$	.988, 18°.2	Wertheim. J. 16, 438.
Amenyl valerone	$C_{14} H_{26} O$	.836, 7°	Geuther, Fröhlich, and Loos. Ber. 13, 1356.
Linoleic acid	$C_{18} H_{32} O_2$	.9206, 14°	Schüler. J. 10, 359.
Ricinoleic acid	$C_{18} H_{34} O_3$	.940, 15°	Saalmüller. J. 1, 562.
" "	"	.9502, 15°	Norton and Richardson. A. C. J. 10, 57.
Distillate from linoleic acid.	$C_{20} H_{36} O_2$	.9108, 15°	" "
Distillate from ricinoleic acid.	"	.912	" "
Furfurane	$C_4 H_4 O$	.9644, 0°	Henninger. Ann. (6), 7, 209.
"	"	.9444, 15°	
Dihydrofurfurane	$C_4 H_6 O$	.9663 } 0°	" "
"	"	.9684 }	
"	"	.9503, 15°	
Erythrol. (Crotonylene glycol).	$C_4 H_8 O_2$	1.06165, 0°	" "
"	"	1.04653, 20°	
Furfurol	$C_5 H_4 O_2$	1.1648, 15°.6	Stenhouse. J. 1, 732.
"	"	1.1636, 13°.5	Stenhouse. J. 3, 513.
"	"	1.168, 15°.5	Fownes. P. T. 1845, 253.
"	"	1.134 } 15°	Völckel. J. 5, 652.
"	"	1.150 }	
"	"	1.1006, 27°	Stenhouse. P. M. (3), 18, 124.
"	"	.9310, 162°	Ramsay. J. C. S. 35, 463.
"	"	1.0025 } 160°.5	Schiff. G. C. I. 13, 177.
"	"	1.0026 } bp.	
"	"	1.1344, 19°	Gladstone. Bei. 9, 249.
"	"	1.1594, 20°	Brühl. A. C. P. 235, 1.
Ethylfurfurcarbinol	$C_7 H_{10} O_2$	1.066, 0° }	Pawlinoff and Wagner. Ber. 17, 1967.
"	"	1.053, 15°.5 }	
Furfurbutylene	$C_8 H_{10} O$	.9509, 14°.5	Toennies and Staub. Ber. 17, 852.
Fucusol	$C_5 H_4 O_2$	1.150, 13°.5	Stenhouse. J. 3, 513.
Ethyl pyromucate	$C_7 H_8 O_2$	1.297, 20°	Malaguti. J. P. C. 41, 224.
Triethylpropylphycite	$C_9 H_{20} O_4$	.976, 0°	Wolff. A. C. P. 150, 56.
"	"	.96051, 16°.5	

FOR SOLIDS AND LIQUIDS.   249

NAME.	FORMULA.	SP. GRAVITY.	AUTHORITY.
Acid from petroleum	$C_{11} H_{20} O_2$	.982, 0°	Hell and Medinger.
" " "	"	.969, 23°	Ber. 7, 1218.
Ethyl ether of the above	$C_{13} H_{24} O_2$	.939, 0°	" "
" " " acid.	"	.919, 27°	
From epichlorhydrin and chlorocarbonic ether.	$C_6 H_{10} O_3$	.9931, 21°.5	Kelly. Ber. 11, 2226.

21st. Phenols.

NAME.	FORMULA.	SP. GRAVITY.	AUTHORITY.
Phenol	$C_6 H_5 . O H$	1.062, 20°	Runge. P.A. 32, 308.
"	"	1.065, 18°	Laurent. Ann. (3), 3, 195.
"	"	1.0627	Scrugham. J. C. S. 7, 237.
"	"	1.0808, 0°, l.	Kopp. A. C. P. 95, 307.
"	"	1.0597, 32°.9	
"	"	1.0554	Duclos. A.C.P. 109, 135.
"	"	1.068	Church. J. C. S. 16, 76.
"	"	1.0667, 38°	Graebe.
"	"	1.0709, 38°	Zotta. A. C. P. 174, 87.
"	"	1.066, cryst.	Hamberg. Ber. 4, 751.
"	"	1.05433, 40°	Adrieenz. Ber. 6, 443.
"	"	1.04663, 50°	
"	"	1.03804, 60°	
"	"	1.02890, 70°	
"	"	1.01950, 80°	
"	"	1.01015, 90°	
"	"	1.00116, 100°	
"	"	1.0558, 46°	From four different sources. Ladenburg. Ber. 7, 1687.
"	"	1.0463, 56°	
"	"	1.0567, 46°	
"	"	1.0470, 56°	
"	"	1.0560, 46°	
"	"	1.0467, 56°	
"	"	1.0559, 46°	
"	"	1.0476, 56°	
"	"	.8789, 186°	Ramsay. J. C. S. 35, 463.
"	"	1.0591, 40°	Bedson and Williams. Ber. 14, 2551.
"	"	1.0545, 45°	
"	"	1.0722, 20°	Landolt. P. A. 122, 558.
"	"	1.0702, 20°	Brühl. Bei. 4, 782.
"	"	1.05810, 4°	Flink. Bei. 8, 262.
"	"	1.0598, 21°	Gladstone. Bei. 9, 249.

TABLE OF SPECIFIC GRAVITIES

Name.	Formula.	Sp. Gravity.	Authority.
Phenol	$C_6H_5.OH$	1.0906, 0°, l.	
"	"	1.0887, 15°.5	Pinette. A. C. P. 243, 32.
"	"	.9217, 182°.9	
Diphenol. Pyrocatechin	$C_6H_4(OH)_2$. 1.2	1.340 } 4°	Schröder. Ber. 12, 561.
" "	"	1.348	
" Resorcin	" 1.3	1.2728, 0°	Calderon. J. R. C. 5 313.
" "	"	1.2717, 15°	
" "	"	1.276 } 4°	Schröder. Ber. 12, 561.
" "	"	1.289	
" "	"	1.1795, 100°.2	Schiff. A. C. P. 223, 247.
" Hydroquinone	" 1.4	1.324 } 4°	Schröder. Ber. 12, 561.
" "	"	1.328	
Triphenol. Pyrogallol	$C_6H_3.(OH)_3$	1.448 } 4°	" "
" "	"	1.463	
Orthokresol	$C_6H_4.CH_3.OH$	1.089, 28°	Gladstone. Bei. 9, 249.
"	"	1.0578, 0°, l.	
"	"	1.0053, 65°.6	Pinette. A. C. P. 243, 32.
"	"	.8867, 190°.8	
Metakresol	"	1.0330, 19°	Gladstone. Bei. 9, 249.
"	"	1.0498, 0°	Pinette. A. C. P. 243, 32.
"	"	.8744, 202°.8	
Parakresol. ?	"	1.038, 28°	v. Rad. J. 22, 448.
"	"	1.0522, 0°, l.	
"	"	.9962, 65°.6	Pinette. A. C. P. 243, 32.
"	"	.8728, 201°.8	
Ethylphenol	$C_6H_4.C_2H_5.OH$	1.049, 14°	Auer. Ber. 17, 669.
Orthopropylphenol	$C_6H_4.C_3H_7.OH$	1.015, 0°	Spica. Ber. 12, 295.
"	"	.9370, 100°	
Parapropylphenol	"	1.0091, 0°	" "
"	"	.9824, 100°	
Orthoisopropylphenol	"	1.01243, 0°	Fileti. G. C. I. 16, 113.
"	"	.92765, 100°	
Xylenol. 1.3.4	$C_6H_3.CH_3.CH_3.OH$	1.036, 0°	Wurtz. J. 21, 460.
" "	"	.9700, 81°	
" "	"	1.0362, 0°	Jacobsen. Ber. 11, 24.
" ?	"	1.0233, 23°	Wroblevsky. J. 21, 459.
" ?	"	.9709, 81°	Wurtz. J. 21, 460.
" 1.3. ?	"	1.0866, 0°	
"	"	1.0242, 15°.5	
"	"	1.0129, 30°	Lako. J. 1876, 454.
"	"	1.0020, 45°	
"	"	.9908, 59°	
"	"	.9673, 100°	
Phloretol	$C_8H_{10}O$	1.0374, 12°	Hlasiwetz. J. 10, 329.
Isopropylkresol	$C_6H_3.C_3H_7.CH_3.OH$	1.00122, 0°	Spica. J. C. S. 44, 460.
"	"	.91971, 100°	
Propylkresol. Carvacrol	"	.98558, 15°	Jacobsen. Ber. 11, 1060.
" "	"	.981, 15°	Jahns. Ber. 15, 817.
" Thymol	"	1.0285, s.	Stenhouse. J. 9, 624.
" "	"	1.01068, 0°	Two preparations.
" "	"	1.000186, 0°	Pisati and Paterno. Ber. 8, 71.
" "	"	.92424, 100°	

FOR SOLIDS AND LIQUIDS. 251

Name.	Formula.	Sp. Gravity	Authority.
Propylkresol. Thymol	$C_6H_3.C_3H_7.CH_3.OH$	1.069	Rüdorff. Ber.12, 252.
" "	"	1.0101, 4°	Schiff. Ber. 13, 1408.
" "	"	.939, 25°.5	Haines. J. 9, 623.
" "	"	.988, 0°	Febve. Ber.14, 1720.
" "	"	1.029	Schröder. Ber. 14, 2516.
" "	"	1.034	
" "	"	.96895, 24°.4	Nasini and Bernheimer. G. C. I. 15, 50.
" "	"	.92838, 77°.3	
" "	"	.9499, 49°.8	Schiff. A. C. P. 223, 247.
" "	"	.9941, 0°, l.	
" "	"	.9401, 16°.5	Pinette. A. C. P. 243, 32.
" "	"	.7923, 231°.8	
Orthobutenylphenol	$C_6H_4.C_4H_7.OH$	1.0171	Perkin. C. N. 39, 39.
Guaiacol. 1.2	$C_6H_4.OCH_3.OH$	1.1171, 13°	Hlasiwetz. A. C. P. 106, 366.
"	"	1.119, 22°	Sobrero.
"	"	1.125, 16°	Völckel. J. 7, 610.
"	"	1.119, 17°.5	Gorup-Besanez.
Kreosol. 1.3.4	$C_6H_3.OCH_3.CH_3.OH$	1.0894, 13°	Hlasiwetz. A. C. P. 106, 364.
Orcin	$C_6H_3.CH_3.(OH)_2.H_2O$	1.283 } 4°	Schröder. Ber. 12, 1611.
"	"	1.296	

22d. Aromatic Alcohols.

Name.	Formula.	Sp. Gravity.	Authority.
Benzyl alcohol	$C_6H_5.CH_2OH$	1.059	Cannizzaro. J. 7, 585.
" "	"	1.0628, 0°	Kopp. A. C. P. 94, 257.
" "	"	1.0507, 15°.4	
" "	"	1.0465, 19°	Kraut. A. C. P. 152, 134.
" "	"	1.0429, 20°	Brühl. Bei. 4, 781.
" "	"	1.0412, 22°	Gladstone. Bei. 9, 249.
Benzylcarbinol	$C_6H_5.CH_2.CH_2OH$	1.0337, 21°	Radziszewski. Ber. 9, 373.
Phenylpropyl alcohol	$C_6H_5.CH_2.CH_2.CH_2OH$	1.008, 18°	Rügheimer. A. C. P. 172, 126.
" "	"	1.0079, 20°	Brühl. Bei. 4, 781.
Orthoxylyl alcohol	$C_6H_4.CH_3.CH_2OH$	1.08, s.	Colson. Ann. (6), 6, 86.
" "	"	1.023, 40°, l.	
Metaxylyl alcohol	"	.9157, 17°	Radziszewski and Wispek. Ber. 15, 1747.
" "	"	1.036, 0°	Colson. Ann. (6), 6, 86.
Ethylphenylcarbinol	$C_6H_4.CHOH.CH_3$ CH_3	1.016, 0°	Wagner. Ber. 17, ref. 317.
"		.994, 23°	
Cymyl alcohol. 1.4	$C_6H_4.C_3H_7.CH_2OH$	.9775, 15°	Kraut. A. C. P. 192, 224.

TABLE OF SPECIFIC GRAVITIES

Name.	Formula.	Sp. Gravity.	Authority.
Saligenin	$C_6H_4.OH.CH_2OH$	1.1613, 25°	Beilstein and Seelheim. J. 14, 765.
Methylsaligenin. 1.2	$C_6H_4.OCH_3.CH_2OH$	1.1200, 23°	Cannizzaro and Koerner. B. S. C. 18, 132.
" "	"	1.0532, 100°	
Anisic alcohol. 1.4	"	1.1093, 26°	" "
" "	"	1.0507, 100°	
Acetophenone alcohol	$C_8H_8O_2$	1.013	Emmerling and Engler. Ber. 6, 1006.
Cinnamic alcohol	$C_9H_{10}O$	1.0402, 24°.8	Nasini. Bel. 9, 331.
" "	"	1.04017, 24°.8	Nasini and Bernheimer. G. C. I. 15, 50.
" "	"	1.03024, 36°.1	
" "	"	1.0027, 77°.3	
" "	"	1.0318, 13°	Gladstone. Bei. 9, 249.
" "	"	1.0440, 20°	
" "	"	1.0354, 31°	Brühl. A. C. P. 235, 1.
" "	"	1.0346, 32°	
" "	"	1.0338, 33°	
Ethylphenylacetylene alcohol.	$C_{10}H_{12}O$	.985, 19°	Morgan. J. C. S. (3), 1, 163.
Orthoxylene glycol	$C_6H_4(CH_2OH)_2$	1.138, 75°	Colson. Ann. (6), 6, 86.
Metaxylene glycol	"	1.161, 18°, surfused.	" "
" "	"	1.135, 53°	
Paraxylene glycol	"	1.094, 135°	" "
Mesitylene glycol	$C_6H_3.CH_3.(CH_2OH)_2$	1.23, 15°	Robinet and Colson. C. R. 96, 1863.

23d. Aromatic Oxides.

Name.	Formula.	Sp. Gravity.	Authority.
Phenyl ether	$C_6H_5.O.C_6H_5$	1.0904	Gladstone and Tribe. J. C. S. 41, 6.
" "	"	1.0744, 24°	Gladstone. Bei. 9, 249.
" "	"	1.0712, 25°	
Phenylmethyloxide. Anisol.	$C_6H_5.O.CH_3$	.991, 15°	Cahours. J. 2, 403.
" " " "	"	.8607 } 155°	Schiff. G. C. I. 13, 177.
" " " "	"	.8608	
" " " "	"	.98784, 21°.8	Nasini and Bernheimer. G. C. I. 15, 50.
" " " "	"	1.0110, 0°	Pinette. A.C.P. 243, 32.
" " " "	"	.8604, 154°.3	
Phenylethyloxide. Phenetol.	$C_6H_5.O.C_2H_5$	.8196 } 171°.5	Schiff. G. C. I. 13, 177.
" " " "	"	.8198	
" " " "	"	.973, 15°	Remsen and Orndorff. A. C. J. 9, 393.

FOR SOLIDS AND LIQUIDS.

Name.	Formula.	Sp. Gravity.	Authority.
Phenylethyloxide. Phenetol. " " "	$C_6 H_5. O. C_2 H_5$ "	.9822, 0° .8169, 170°.3	Pinette. A.C.P. 243, 32.
Phenyl propyl oxide	$C_6 H_5. O. C_3 H_7$	.968, 20°	Cahours. Les Mondes, 32, 280.
" " " " " "	" "	.9639, 0° .7889, 190°.5	Pinette. A.C.P. 243, 32.
Phenyl isopropyl oxide " " "	" "	.958, 0° .947, 12°.5	Silva. Z. C. 18, 250.
Phenyl butyl oxide " " "	$C_6 H_5. O. C_4 H_9$ "	.9500, 0° .7664, 210°.3	Pinette. A.C.P. 248, 32.
Phenyl isobutyl oxide	"	.9388, 16°	Riess. J. C. S. 24, 221.
Phenyl n. heptyl oxide " " "	$C_6 H_5. O. C_7 H_{15}$ "	.9819, 0° .7075, 266°.8	Pinette. A.C.P. 243, 32.
Phenyl n. octyl oxide " " "	$C_6 H_5. O. C_8 H_{17}$ "	.9221, 0° .6941, 282°.8	" "
Benzyl ether	$C_7 H_7. O. C_7 H_7$	1.0359, 16°	Lowe. J. C. S. 51, 701.
Kresyl ether	"	1.0352, 16°	Gladstone. Bei. 9, 249.
Orthokresyl methyl oxide " " "	$C_7 H_7. O. C H_3$ "	.9957, 0° .8831, 171°.3	Pinette. A. C. P. 243, 32.
Metakresyl methyl oxide " " "	" "	.9891, 0° .8255, 177°.2	" "
Parakresyl methyl oxide " " " "	" "	.8236, 175°.5 .9868, 0° .8241, 175°	Schiff. Bei. 9, 559. Pinette. A. C. P. 243, 32.
Orthokresyl ethyl oxide " " "	$C_7 H_7. O. C_2 H_5$ "	.9679, 0° .7941, 184°.8	" "
Metakresyl ethyl oxide " " "	" "	.97123, 5° .9650, 0° .7888, 192°	Staedel. Ber. 14, 898. Pinette. A. C. P. 243, 32.
Parakresyl ethyl oxide " " "	" "	.8744, 0° .9662, 0° .7884, 189°.9	Fuchs. J. 22, 457. Pinette. A. C. P. 243, 32.
Orthokresyl propyl oxide " " "	$C_7 H_7. O. C_3 H_7$ "	.9517, 0° .7675, 204°.1	" "
Metakresyl propyl oxide " " "	" "	.9484, 0° .7628, 210°.6	" "
Parakresyl propyl oxide " " "	" "	.9497, 0° .7635, 210°.4	" "
Orthokresyl butyl oxide " " "	$C_7 H_7. O. C_4 H_9$ "	.9437, 0° .7493, 223°	" "
Metakresyl butyl oxide " " "	" "	.9407, 0° .7422, 229°.2	" "
Parakresyl butyl oxide " " "	" "	.9419, 0° .7410, 229°.5	" "
Orthokresyl n. heptyl oxide " " "	$C_7 H_7. O. C_7 H_{15}$ "	.9243, 0° .7016, 277°.5	" "
Metakresyl n. heptyl oxide " " "	" "	.9202, 0° .6927, 283°.2	" "
Parakresyl n. heptyl oxide " " "	" "	.9228, 0° .6905, 283°.3	" "
Orthokresyl n. octyl oxide " " "	$C_7 H_7. O. C_8 H_{17}$ "	.9231, 0° .6905, 292°.9	" "
Metakresyl n. octyl oxide " " "	" "	.9194, 0° .6818, 298°.9	" "

Name.	Formula.	Sp. Gravity.	Authority.
Parakresyl n. octyl oxide	$C_7H_7.O.C_8H_{17}$	.9199, 0°	Pinette. A. C. P. 243, 32.
" " "	"	.6808, 298°	
Ethyl phenetol	$C_6H_4.C_2H_5.O.C_2H_5$	.986, 14°	Auer. Ber. 17, 669.
Phloryl ethyl oxide	$C_6H_9.O.C_2H_5$	.9323, 18°	Sigel. A. C. P. 170, 345.
Styrolyl ethyl oxide	"	.931, 21°.9	Thorpe. J. 22, 412.
Orthopropylphenyl methyl oxide.	$C_6H_4.C_3H_7.O.CH_3$	.9694, 0°	Spica. Ber. 12, 293.
" " "	"	.9168, 100°	
Parapropylphenyl methyl oxide. " "	"	.9636, 0°	" "
	"	.9125, 100°	
Isopropylphenyl methyl oxide.	"	.962, 0°	Paterno and Spica. Ber. 10, 84.
Isopropylphenyl ethyl oxide. " " "	$C_6H_4.C_3H_7.O.C_2H_5$	.94377, 0°	Spica. J. C. S. 38, 167.
	"	.86369, 100°	
Orthoisopropylphenyl ethyl oxide. " "	"	.94438, 0°	Fileti. G. C. I. 16, 113.
	"	.85913, 100°	
Butyl anisol	$C_6H_4.C_4H_9.O.CH_3$	.9368, 27°	Studer. Ber. 14, 2187.
Methyl thymol	$C_{10}H_{13}.O.CH_3$	.941, 18°	Engelhardt and Lutschinoff. J. 22, 466.
" "	"	.953898, 0°	Two samples. Pisati and Paterno. Ber. 8, 71.
" "	"	.869281, 100°	
" "	"	.954814, 0°	
" "	"	.870459, 100°	
" "	"	.9531, 0°	Pinette. A. C. P. 243, 32.
" "	"	.7635, 216°.2	
Ethyl thymol	$C_{10}H_{13}.O.C_2H_5$	.93866, 0°	Spica. J. C. S. 44, 460.
" "	"	.85758, 100°	
" "	"	.9334, 0°	Pinette. A. C. P. 243, 32.
" "	"	.7400, 226°.9	
Propyl thymol	$C_{10}H_{13}.O.C_3H_7$	.9276, 0°	" "
" "	"	.7215, 243°	
Butyl thymol	$C_{10}H_{13}.O.C_4H_9$	.9230, 0°	" "
" "	"	.7108, 258°.3	
Normal heptyl thymol	$C_{10}H_{13}.O.C_7H_{15}$	.9097, 0°	" "
" " "	"	.6712, 306°.7	
Normal octyl thymol	$C_{10}H_{13}.O.C_8H_{17}$	.9026, 0°	" "
" " "	"	.6608, 319°.8	
Metaxylyl ethyl oxide	$C_6H_4.CH_3.CH_3.O.C_2H_5$	.9302, 17°	Radziszewski and Wispek. Ber. 15, 1746.
Paraxylyl ethyl oxide	"	.9304, 17°	Radziszewski and Wispek. Ber. 15, 1745.
Diphenylcarbyl ethyl oxide.	$(C_6H_5)_2CH.O.C_2H_5$	1.029, 20°	Linnemann.
Benzyl anisol	$C_6H_4.C_7H_7.O.CH_3$	1.073, 0°	Paterno. B. S. C. 18, 77.
" "	"	.993, 100°	
Phenylvinyl ethyl oxide	$C_{10}H_{12}O$	.9812, 0°	Erlenmeyer. Ber. 14, 1868.
Orthovinylanisöil	$C_6H_4.C_2H_3.O.CH_3$	1.0095, 15°	Perkin. J. C. S. 33, 211.
"	"	1.000, 30°	
Paravinylanisöil	"	1.002, 15°	" "
"	"	.9956, 30°	
Orthoallylanisöil	$C_6H_4.C_3H_5.O.CH_3$	.9972, 15°	" "
"	"	.9884, 30°	
"	"	.9793, 45°	

Name.	Formula.	Sp. Gravity.	Authority.
Anethol. 1.4	$C_6H_4.C_3H_5.O.CH_3$	.984; 20°	Landolph. C. R. 82, 227.
" Natural	"	.9858, 30°	
" Artificial	"	.9852, 30° } Perkin.	
" "	"	.9761, 45° }	
"	"	.9887, 21°.3	Schiff. A. C. P. 223, 247.
"	"	.99132, 14°.9 }	Nasini and Bernheimer. G.C.I.15, 50.
"	"	.98556, 21°.6 }	
"	"	.97595, 34°.4 }	
"	"	.94041, 77°.3 }	
"	"	.9869, 21° }	Gladstone. J.C.S.49, 623.
" Artificial	"	.9870, 21° }	
Orthobutenylanisöil	$C_6H_4.C_4H_7.O.CH_3$	.9817, 15°	Perkin. J. C. S. 33, 211.
"	"	.9740, 30°	
Parabutenylanisöil	"	.9733, 30°	
Phenyl allyl oxide	$C_6H_5.O.C_3H_5$	.9825, 17°.6	Nasini. Bei. 9, 331.
Kresyl allyl oxide. 1.4	$C_7H_7.O.C_3H_5$	.9869, 10°	" "
Phenyl propargyl oxide	$C_6H_5.O.C_3H_3$	1.246, 0°	Henry. Ber. 16, 1378.
Veratrol. 1.2	$C_6H_4(OCH_3)_2$	1.086, 15°	Merck. J. 11, 256.
Dimethylresorcin. 1.3	"	1.075, 0°	Coninck. Ber. 18, 1992.
"	"	1.0803, 0°	
"	"	1.0317, 55°.8 }	
"	"	1.0104, 79°.2 }	Schiff. Ber. 19, 560.
"	"	.9566, 135°.5 }	
"	"	.8752, 215°	
Methylene diphenate	$CH_2(OC_6H_5)_2$	1.1136, 18°	Henry. Ann. (5), 30, 269.
" "	"	1.092, 20°	Arnhold. A. C. P. 240, 192.
Methylene diorthokresylate.	$CH_2(OC_7H_7)_2$	1.019, 50°, l.	" "
Methylene dimetakresylate.	"	1.052, 50°, l.	" "
Methylene diparakresylate	"	1.034, 50°, l.	" "
Methylene dibenzylate	"	1.053, 20°	" "
Methylene dithymylate	$CH_2(OC_{10}H_{13})_2$	.979, 50°, l.	" "
Ethylene dipbenate	$C_2H_4(OC_6H_5)_2$	1.018, 11°	Henry. Ber. 16, 1378.

24th. Aromatic Acids and their Paraffin Ethers.

Name.	Formula.	Sp. Gravity.	Authority.
Benzoic acid	$C_6H_5 \cdot COOH$	1.29, cryst.	Kopp.
" "	" "	1.201, 21°, s.	
" "	" "	1.206, 25°.8, 1.	} Mendelejeff. J. 11, 274.
" "	" "	1.227, 27°, 1.	
" "	" "	1.0838, 121°.4	Kopp. J. 8, 35.
" "	" "	1.337, sublimed	Rüdorff. Ber. 12, 251.
" "	" "	1.288	
" "	" "	1.291 } 4° — {	Schröder. Ber. 12, 561.
" "	" "	1.297	
" "	" "	1.0800, 121°.4	Schiff. A. C. P. 223, 247.
Methyl benzoate	$C_8H_8O_2$	1.10, 17°	Dumas and Peligot. Ann. (2), 58, 50.
" "	"	1.1026, 0° }	Kopp. A. C. P. 94, 257.
" "	"	1.0876, 16°.3 }	
" "	"	1.0921, 12°.3	Mendelejeff. J. 18, 7.
" "	"	1.0862, 20°	Brühl. Bei. 4, 782.
" "	"	1.100, 10°	De Heen. Bei. 10, 313.
" "	"	1.103, 15°	Stohmann, Rodatz, and Herzberg. J. P. C. (2), 36, 1.
Ethyl benzoate	$C_9H_{10}O_2$	1.0539, 10°.5	Dumas and Boullay. P. A. 12, 430.
" "	"	1.06, 18°	Deville. Ann. (3), 3, 188.
" "	"	1.049, 14°	Delffs. J. 7, 26.
" "	"	1.0657, 0° }	Kopp. A. C. P. 94, 257.
" "	"	1.0556, 10°.5 }	
" "	"	1.0517, 14°.1	Mendelejeff. J. 13, 7.
" "	"	1.048, 20°	Naumann. Ber. 10, 2016.
" "	"	1.0473, 20°	Brühl. Bei. 4, 782.
" "	"	1.0502, 16°	Linnemann. A. C. P. 160, 195.
" "	"	1.160, 10°	De Heen. Bei. 10, 313.
" "	"	1.050, 15°	Stohmann, Rodatz, and Herzberg. J. P. C. (2), 36, 1.
Propyl benzoate	$C_{10}H_{12}O_2$	1.0316, 16°	Linnemann. A. C. P. 161, 29.
" "	"	1.0248, 15°	Stohmann, Rodatz, and Herzberg. J. P. C. (2), 36, 1.
Isopropyl benzoate	"	1.054, 0° }	Silva. Z. C. 12, 637.
" "	"	1.013, 25° }	
Butyl benzoate	$C_{11}H_{14}O_2$	1.000, 20°	Linnemann. Ann. (4), 27, 268.
" "	"	1.002, 10°	De Heen. Bei. 10, 313.
Isobutyl benzoate	"	1.0018, 15°	Stohmann, Rodatz, and Herzberg. J. P. C. (2), 36, 1.

FOR SOLIDS AND LIQUIDS.

NAME.	FORMULA.	SP. GRAVITY.	AUTHORITY.
Amyl benzoate	$C_{12}H_{16}O_2$	1.0039, 0° .9925, 14°.4	Kopp. A. C. P. 94, 257.
" "	"	1.002, 10°	De Heen. Bei. 10, 313.
" "	"	.9916, 15°	Stohmann, Rodatz, and Herzberg. J. P. C. (2), 36, 1.
Hexyl benzoate	$C_{13}H_{18}O_2$	.99846, 17°	Frentzel. Ber. 16, 745.
Salicylic acid	$C_6H_4.OH.COOH$ 1.2	1.443	Rüdorff. Ber. 12, 251.
" "	"	1.482 } 4° { 1.485	Schröder. Ber. 12, 1611.
Metaoxybenzoic acid	" 1.3	1.473, 4°	" "
Paraoxybenzoic acid	" 1.4	1.460 } 4° 1.476	" "
Methyl salicylate, oil of Betula lenta.	$C_8H_8O_3$	1.180, 15°	Pettigrew. Am. J. P. 55, 385.
Propyl salicylate	$C_{10}H_{12}O_3$	1.021, 21°	Cahours. Les Mondes, 32, 280.
Methylsalicylic acid. 1.2	$C_6H_4.OCH_3.COOH$	1.18, 10°	Cahours. Ann. (3), 10, 327.
" "	"	1.1845, 15°	Mendelejeff. J. 13, 7.
" "	"	1.1969, 0°	Kopp. A. C. P. 94, 257.
" "	"	1.1819, 16°	
" "	"	1.1801, 20°	Landolt. Bei. 7, 847.
Anisic acid. 1.4	"	1.364 } 4° { 1.376 1.385	Schröder. Ber. 12, 1611.
Ethylsalicylic acid. 1.2	$C_6H_4.OC_2H_5.COOH$	1.097	Baly. J. C. S. 2, 28.
" "	"	1.1843, 10°	Delffs. J. 7, 26.
Ethyl ethylsalicylate	$C_{11}H_{14}O_3$	1.1005	Göttig. Ber. 9, 1473.
Ethyl ethylmetaoxybenzoate.	"	1.0875, 0° 1.0725, 20°	Heintz. A.C.P. 153, 332.
Methyl isopropylsalicylate	"	1.062, 20°	Kraut. J. 22, 566.
Protocatechuic acid	$C_6H_3(OH)_2.COOH$	1.541 } 4° 1.542	Schröder. Ber. 12, 1611.
" "	"	1.685 } 4° 1.703	" "
Gallic acid	$C_6H_2(OH)_3.COOH$		
Phenylacetic, or alphatoluic acid.	$C_6H_5.CH_2.COOH$	1.3, solid 1.0778, 83° 1.0334, 135°	Möller and Strecker. J. 12, 299.
" "	"	1.220 } 4° { 1.236	Schröder. Ber. 12, 1611.
" "	"	1.0847, 76°.4	Schiff. A.C.P. 223, 247.
Methyl phenylacetate	$C_9H_{10}O_2$	1.044, 16°	Radziszewski. Z. C. 12, 358.
Ethyl phenylacetate	$C_{10}H_{12}O_2$	1.031	" "
Propyl phenylacetate	$C_{11}H_{14}O_2$	1.0142, 18°	Hodgkinson. J. C. S. 37, 483.
Phenylpropionic, or hydrocinnamic acid.	$C_6H_5.C_2H_4.COOH$	1.07115, 48°.7 .8780, 279°.8	Weger. A. C. P. 221, 61.
Methyl phenylpropionate	$C_{10}H_{12}O_2$	1.0455, 0° 1.018, 49°	Erlenmeyer. J. 19, 366.
" "	"	1.0473, 0° .83824, 236°.6	Weger. A. C. P. 221, 61.

Name.	Formula.	Sp. Gravity.	Authority.
Ethyl phenylpropionate	$C_{11}H_{14}O_2$	1.0343, 0°	Erlenmeyer. J. 19, 367.
" " "	"	.9925, 49°	
" " "	"	1.0147, 20	Brühl. Bei. 4, 781.
" " "	"	1.0348, 0°	Weger. A. C. P. 221, 61.
" " "	"	.80182, 248°.1	
Propyl phenylpropionate	$C_{12}H_{16}O_2$	1.0152, 0°	" "
" " "	"	.77886, 262°.1	
Amyl phenylpropionate	$C_{14}H_{20}O_2$	.9807, 0°	Erlenmeyer. J. 19, 367.
" " "	"	.9520, 49°	
Methyl oxyphenylacetate	$C_9H_{10}O_3$	1.15, 17°.5	Fritzsche. Ber. 12, 2178.
" " "	"		"
Ethyl oxyphenylacetate	$C_{10}H_{12}O_3$	1.104, 17°.5	
Ethyl oxyphenylpropionate.	$C_{11}H_{14}O_3$	1.360, 17°.5	Saarbach. J. P. C. (2), 21, 156.
Phthalic acid	$C_6H_4.(COOH)_2$	1.585	Schröder. Ber. 13, 1070.
" "	"	1.593	
Methyl phthalate	$C_{10}H_{10}O_4$	1.2001	Three preparations. Schmalzigaug. Inaug. Diss. Erlangen, 1883. See also Graebe, Ber. 16, 861.
" "	"	1.2022 } 13°.5	
" "	"	1.2101	
" "	"	1.1958	
" "	"	1.1974 } 16°	
" "	"	1.2058	
" "	"	1.1953	
" "	"	1.1938 } 18°	
" "	"	1.2031	
Ethyl phthalate	$C_{12}H_{14}O_4$	1.1316 } 12°.5	Two preparations. Schmalzigaug. Inaug. Diss. Erlangen, 1883.
" "	"	1.1321	
" "	"	1.1294 } 15°.5	
" "	"	1.1295	
Orthophenyleneglyoxylic acid.	$C_6H_4.COH.COOH$	1.404	Colson and Gautier. C. R. 102, 689.
Cinnamic, or phenylacrylic acid.	$C_6H_5.CH.CH.COOH$	1.245	E. Kopp. J. P. C. 37, 280.
" "	"	1.195	Schabus. J. 3, 392.
" "	"	1.246 } 4°	Schröder. Ber. 12, 1611.
" "	"	1.249	
" "	"	1.0565, 133°	Weger. A. C. P. 221, 61.
" "	"	.90974, 300°	
Methyl cinnamate	$C_{10}H_{10}O_2$	1.106	E. Kopp. C. R. 21, 1376.
" "	"	1.0415, 36°	Weger. A. C. P. 221, 61.
" "	"	.85888, 259°.6	
Ethyl cinnamate	$C_{11}H_{12}O_2$	1.126, 0°	E. Kopp. C. R. 21, 1376.
" "	"	1.13	Marchand. A. C. P. 32, 269.
" "	"	1.0656, 0°	H. Kopp. A. C. P. 95, 307.
" "	"	1.0498, 20°.2	
" "	"	1.0653	Weger. A.C.P. 221, 61.
" "	"	1.0658 } 0°	
" "	"	1.0662	
" "	"	.82143, 271°	
" "	"	1.0490, 20°	Brühl. A.C.P. 235,1.
Propyl cinnamate	$C_{12}H_{14}O_2$	1.0465	Kahlbaum. Ber. 16, 1491.
" "	"	1.0435, 0°	Weger. A.C.P. 221, 61.
" "	"	.7917, 285°.1	

FOR SOLIDS AND LIQUIDS.

Name.	Formula.	Sp. Gravity.	Authority.
Methyl α methylorthoxyphenylacrylate.	$C_{11} H_{11} O_3$	1.1404, 15°	Perkin. J. C. S. 39, 409.
" "	"	1.1277, 30°	
" "	"	1.1465, 8°.5	Gladstone. Bei. 9, 249.
Methyl β methylorthoxyphenylacrylate.	"	1.1486, 15°	Perkin. J. C. S. 39, 409.
" "	"	1.1362, 30°	
" "	"	1.1556, 9°.5	Gladstone. Bei. 9, 249.
Ethyl α ethylorthoxyphenylacrylate.	$C_{13} H_{16} O_3$	1.084, 15°	Perkin. J. C. S. 39, 409.
"	"	1.074, 30°	
Ethyl β ethylorthoxyphenylacrylate.	"	1.090, 15°	" "
"	"	1.090, 10°	Gladstone. Bei. 9, 249.
Methyl α methylorthoxyphenylcrotonate.	$C_{12} H_{14} O_3$	1.1112, 15°	Perkin. J. C. S. 39, 409.
"	"	1.1061, 30°	
Methyl β methylorthoxyphenylcrotonate.	"	1.1279, 15°	" "
"	"	1.1136, 30°	
Methyl α methylorthoxyphenylangelate.	$C_{13} H_{16} O_3$	1.1044, 15°	" "
"	"	1.0882, 30°	
Methyl β methylorthoxyphenylangelate.	"	1.1100, 15°	" "
"	"	1.1008, 30°	
Mandelic acid	$C_6 H_5 . CHOH . COOH$	1.355 } 4°	Schröder. Ber. 12, 1611.
" "	"	1.367	
Cuminic acid	$C_6 H_4 . C_3 H_7 . COOH$	1.156 } 4°	" "
" "	"	1.169	
Quinic acid	$C_7 H_{12} O_6$	1.637, 8°.5	Watts' Dictionary.
Ethyl veratrate	$C_{11} H_{14} O_4$	1.141, 18°	Will. A. C. P. 37, 198.
Ethyl phenylglyoxylate	$C_{10} H_{10} O_3$	1.121, 17°.5	Claisen. Ber. 12, 629.
Ethyl phenylacetacetate	$C_{12} H_{14} O_3$	1.0861, 16°	Hodgkinson. J. C. S. 37, 481.
Ethyl benzylacetacetate	$C_{13} H_{16} O_3$	1.036, 15°.5	Conrad. Ber. 11, 1056.
Ethyl methylbenzylacetacetate.	$C_{14} H_{18} O_3$	1.046, 23°	" "
Ethyl benzylmalonate	$C_{13} H_{18} O_4$	1.077, 15°	Conrad and Bischoff. A. C. P. 204, 203.
Ethyl benzylmethylmalonate.	$C_{15} H_{20} O_4$	1.064, 19°	Conrad and Bischoff. Ber. 13, 595.
Ethyl benzylidenemalonate.	$C_{14} H_{16} O_4$	1.1105, 15°	Claisen and Crismer. A. C. P. 218, 132.
Ethyl benzylacetosuccinate.	$C_{17} H_{22} O_5$	1.088, 15°	Conrad. Ber. 11, 1058.
Monomethyl propylpyrogallate. Picamar.	$C_{10} H_{14} O_3$	1.10	Reichenbach.
"	"	1.10288, 15°	Pastrovich. M. C. 4, 183.

25th. Ethers of Aromatic Radicles.

NAME.	FORMULA.	SP. GRAVITY.	AUTHORITY.
Phenyl acetate	$C_8 H_8 O_2$	1.074	Boughton. J. 18, 530.
Kresyl acetate	$C_9 H_{10} O_2$	1.0499, 23°	Gladstone. Bei. 9, 249.
Benzyl acetate	"	1.057, 16°.5	Conrad und Hodgkinson. A. C. P. 193, 312.
" "	"	1.0400, 21°	} Gladstone. Bei. 9, 249.
" "	"	1.03814, 22°.5	
Paraxylyl acetate	$C_{10} H_{12} O_2$	1.0264, 15°	Jacobsen. Ber. 11, 28.
Ethylphenyl acetate	"	1.0286	Radziszewski. Ber. 9, 873.
" "	"	1.0507, 22°.5	Gladstone. Bei. 9, 249.
Methylphenylcarbyl acetate.	"	1.05, 17°	Radziszewski. C. C. 5, 261.
Parapropylphenyl acetate.	$C_{11} H_{14} O_2$	1.029, 0°	} Spica. Ber. 12, 295.
" "	"	.9425, 100°	
Orthoisopropylphenyl acetate.	"	1.02714, 0°	} Fileti. G. C. I. 16, 113.
" "	"	.93818, 100°	
Paraisopropylphenyl acetate.	"	1.026, 0°	Paterno and Spica. Ber. 10, 84.
Mesityl acetate	"	1.0903, 16°.5	Wispek. Ber. 16, 1577.
Thymyl acetate	$C_{12} H_{16} O_2$	1.009, 0°	} Two preparations. Paterno. J. C. S. (2), 13, 638.
" "	"	.924, 100°	
" "	"	1.010, 0°	
Butylphenyl acetate	"	.999, 24°	Studer. Ber. 14, 2187.
Diphenylcarbyl acetate	$C_{15} H_{14} O_2$	1.49, 22° ?	Linnemann. A. C. P. 133, 20.
Benzyl propionate	$C_{10} H_{12} O_2$	1.036, 16°.5	Conrad and Hodgkinson. A. C. P. 193, 312.
Benzyl butyrate	$C_{11} H_{14} O_2$	1.016, 16°	" "
Benzyl isobutyrate	"	1.016, 18°	Hodgkinson. A. C. P. 193, 320.
" "	"	1.0058, 23°	Gladstone. Bei. 9, 249.
Isomer of benzyl isobutyrate.	"	1.0228, 22°	" "
Benzyl phenylacetate	$C_{15} H_{14} O_2$	1.101	Slawik. J. C. S. (2), 13, 59.
Benzyl benzylacetate	$C_{16} H_{16} O_2$	1.074, 21°	Conrad and Hodgkinson. A. C. P. 193, 312.
Benzyl benzylpropionate.	$C_{17} H_{18} O_2$	1.046, 16°.5	" "
Benzyl benzylbutyrate	$C_{18} H_{20} O_2$	1.027, 17°.5	" "
Benzyl benzylisobutyrate.	"	1.028, 18°	" "
Benzyl dimethylbenzylacetate.	"	1.0285, 18°	Hodgkinson. J. C. S. 83, 495.
Benzyl benzoate	$C_{14} H_{12} O_2$	1.114, 18°.5	Kraut. A. C. P. 152, 159.
" "	"	1.1224, 19°, 1.	Claisen. Ber. 20, 646.

FOR SOLIDS AND LIQUIDS.   261

NAME.	FORMULA.	SP. GRAVITY.	AUTHORITY.
Benzyl cinnamate	$C_{16}H_{14}O_2$	1.098, 14°	Scharling. J. 9, 630.
" "	"	1.1145, 16°	Busse. Ber. 9, 831.
Cinnamic acetate	$C_{11}H_{12}O_2$	.9416, 22°	Gladstone. Bei. 9, 249.
Mesitylene diacetate	$C_{13}H_{16}O_4$	1.12, 20°	Robinet and Colson. C. R. 96, 1863.
Ethyl phenyl carbonate	$C_9H_{10}O_3$	1.117, 0°	Fatianoff. J. 17, 477.
" " "	"	1.1134, 0°	Pawlewski. Ber. 17, 1205.

26th. Aromatic Aldehydes.

NAME.	FORMULA.	SP. GRAVITY.	AUTHORITY.
Benzaldehyde. Almond oil.	$C_6H_5 \cdot COH$	1.075	Chardin-Hardancourt.
"	"	1.038, 15°	Guckelberger. J. 1. 850.
"	"	1.043	Wöhler and Liebig.
"	"	1.0636, 0°	} Kopp. A. C. P. 94, 257.
"	"	1.0499, 14°.6	
"	"	1.0504	Mendelejeff. J. 13, 7.
"	"	1.067	Lippmann and Hawliczek. Ber. 9, 1461.
"	"	1.0471	} 20° Landolt.
"	"	1.0474	
"	"	1.0455, 20°	Brühl. Bei. 4, 782.
Toluic aldehyde	$C_6H_4 \cdot CH_3 \cdot COH$	1.037, 0°	} Gundelach. B.S. C. 26, 45.
" "	"	1.024, 22°	
Phenylacetic aldehyde	"	1.085	Radziszewski. Ber. 9, 372.
Cuminic aldehyde. Cuminol.	$C_6H_4 \cdot C_3H_7 \cdot COH$	.9832, 0°	} Kopp. A. C. P. 94, 257.
" "	"	.9727, 13°.4	
" "	"	.9751, 15°	Mendelejeff. J. 13, 7.
" "	"	.9775, 20°	Gladstone. Bei. 9, 249.
Paratolylpropyl aldehyde	$C_6H_4 \cdot CH_3 \cdot CH_2 \cdot CH_2 \cdot COH$	.9941, 13°	v. Richter and Schüchner. Ber. 17, 1931.
Salicylic aldehyde, or salicylol.	$C_6H_4 \cdot OH \cdot COH$	1.1731, 13°.3	Piria. A. C. P. 29, 300.
" "	"	1.1671, 20°	Landolt. Bei. 7, 847.
Anisic aldehyde	$C_6H_4 \cdot OCH_3 \cdot COH$	1.09, 20°	Cahours. Ann. (3), 14, 484.
" "	"	1.1228, 18°	Rossel. Z. C. 12, 561.
Cinnamic aldehyde	C_9H_8O	1.0497, 20°	Brühl. A. C. P. 235, 1.

27th. Aromatic Ketones.

Name.	Formula.	Sp. Gravity.	Authority.
Methyl phenyl ketone	$C_6 H_5 \cdot C O \cdot C H_3$	1.032, 15°	Friedel. J. 10, 270.
Methyl benzyl ketone	$C_7 H_7 \cdot C O \cdot C H_3$	1.010, 13°	Radziszewski. Ber. 3, 199.
Methyl tolyl ketone	"	.9891, 22°	Essner and Gossin. Ber. 17, ref. 429.
Propyl phenyl ketone	$C_6 H_5 \cdot C O \cdot C_3 H_7$	.990, 15°	Schmidt and Ficberg. J. C. S. (2), 12, 75.
" " "	"	.992, 15°	Popoff. Ber. 6, 560.
" " "	"	.9949, 15°	Einhorn. In. Diss. Tübingen, 1880.
Isopropyl phenyl ketone	"	.994, 12°	
" " "	"	.972, 30°	" "
" " "	"	.934, 60°	
Methyl xylyl ketone	$C_6 H_9 \cdot C O \cdot C H_3$	.9962, 19°	Claus and Wollner. Ber. 18, 1856.
Isobutyl phenyl ketone	$C_6 H_5 \cdot C O \cdot C_4 H_9$	.993, 17°.5	Popoff. A.C.P. 162, 151.
Tolyl phenyl ketone	$C_6 H_5 \cdot C O \cdot C_7 H_7$	1.088, 17°.5	Senff. A. C. P. 220, 252.
Acetocinnamone	$C_8 H_7 \cdot C O \cdot C H_3$	1.008	Engler and Leist. B. S. C. 20, 204.
Propionylacetophenone	$C_{11} H_{12} O_2$	1.081, 15°	Stylos. Ber. 20, 2181.
Butyrylacetophenone	$C_{12} H_{14} O_2$	1.061, 15°	" "

28th. Camphors, Essential Oils, Etc.

Name.	Formula.	Sp. Gravity.	Authority.
Laurel camphor	$C_{10} H_{16} O$	.986	Watts' Dictionary.
" "	"	.996	
Myristicol	"	.9466, 20°	Gladstone. J. C. S. (2), 10, 1.
Absinthol	"	.973, 24°	Leblanc. A. C. P. 56, 357.
"	"	.9267, 20°	Gladstone. J. C. S. (2), 10, 1.
"	"	.9128, 22°	Gladstone. Bei. 9, 249.
Citronellol	"	.8742 } 20°	Two samples Gladstone. J. C. S. (2), 10, 1.
"	"	.875	
From oil of coriander	"	.8970	Grosser. Ber. 14, 2505.
Ericinol	"	.874, 20°	Frohde. J. P. C. 82, 186.
Oil of Mentha pulegium	"	.9271	Watts' Dictionary.
" " "	"	.9390	

FOR SOLIDS AND LIQUIDS.

Name.	Formula.	Sp. Gravity.	Authority.
Oil of Pulegium micranthum.	$C_{10}H_{16}O$	.932, 17°	Butlerow. J. 7, 595.
From oil of tansy	"	.918, 4°	Bruylants. Ber. 11, 451.
Thujol	"	.924, 15°	Jahns. Ber. 16, 2930.
Cajeputol	$C_{10}H_{18}O$	.9160, 20°	Gladstone. J. C. S. (2), 10, 1.
"	"	.8900, 21°.5	" "
Cajeputene hydrate	"	.903, 17°	Schmidl. J. 13, 480.
" "	"	.9160, 20°	Kanonnikoff. Bei. 7, 592.
Oil of coriander	"	.871, 14°	Kawalier. J. 5, 624.
" "	"	.8719, 15°	Grosser. Ber. 14, 2486.
Cyneol	"	.92067, 16°	Wallach and Brass. A. C. P. 225, 291.
"	"	.9267, 20°	Wallach. A. C. P. 245, 195.
Oil of eucalyptus oleosa	"	.9075, 20°	Gladstone. J. C. S. (2), 10, 1.
Geraniol	"	.8851, 15° }	Jacobsen. Z. C. 14, 171.
"	"	.8813, 21° }	
Oil of Licari kanali	"	.868, 15°	Morin. J. C. S. 40, 738.
Oil of Melaleuca ericifolia	"	.8960, 20°	Gladstone. J. C. S. (2), 10, 1.
Oil of Melaleuca linarifolia	"	.8985, 20°	" "
From menthol	"	.9032	Moriya. C. N. 42, 268.
Menthone	"	.9126, 0° ⎫	
"	"	.9048, 10° ⎪	
"	"	.8972, 20° ⎪	
"	"	.8819, 40° ⎬	Atkinson and Yoshida. J. C. S. 41, 295.
"	"	.8665, 60° ⎪	
"	"	.8511, 80° ⎪	
"	"	.8355, 100° ⎭	
Ngai camphor	"	1.02	Plowman. J. C. S. (2), 12, 582.
From Osmitopsis asteriscoides.	"	.921	Gorup-Besanez. J. 7, 596.
Salviol	"	.934, 15°	Sigiura and Muir. J. C. S. 83, 295.
"	"	.938, 15°	Muir. J. C. S. 87, 13.
Terpane	"	.935, 0°	Bouchardat and Voiry. C. R. 106, 664.
Terpilenol	"	.961, 0° }	Bouchardat and Lafont. B. S. C. 45, 295.
"	"	.950, 15° }	
"	"	.9533, 0°	Lafont. B. S. C. 49, 323.
Terpinol*	"	.952, 0°	Bouchardat and Voiry. B.S.C. 47, 870.
"	"	.9296, 10°	Gladstone. J. C. S. 49, 623.

*List's terpinol (J. 1, 726) is now known to be a mixture.

TABLE OF SPECIFIC GRAVITIES

Name.	Formula.	Sp. Gravity.	Authority.
Terpinol	$C_{10}H_{18}O$	.9357, 20°	Wallach. A. C. P. 245, 196.
Turpentine hydrate	"	.9274, 16°	Tilden. C. N. 37, 166.
" "	"	.9339, 0° }	Flawitzky. Ber. 12, 2355.
" "	"	.9201, 18° }	
" "	"	.9511, 10°	Renard. Ber. 13, 932.
" "	"	.9188	Kanonnikoff. Bei. 7, 592.
" "	"	.9335, 0° }	Flawitzky. Ber. 20, 1959.
" . "	"	.9189, 19°.5 }	
From wormseed oil	"	.9275, 16° }	
" " "	"	.8981, 50° }	Hell and Stürcke. Ber. 17, 1970.
" " "	"	.8553, 100° }	
Menthol	$C_{10}H_{20}O$	.9394 } 20°	Two samples. Gladstone. J. C. S. (2), 10, 1.
"	"	.9515 }	
"	"	.89, 15°	Moriya. C. N. 42, 268.
"	"	.8786, 20°	Kanonnikoff. Bei. 7, 592.
Ethyl camphor	$C_{12}H_{20}O$	.946, 22°	Baubigny. J. 19, 624.
Eucalyptol	"	.905, 8°	Cloëz. Z. C. 12, 411.
"	"	.9173, 15°	Poehl. J. R. C. 5, 538.
From wormseed oil	"	.919, 20°	Völckel. J. 6, 513.
Amyl camphor	$C_{15}H_{26}O$	.919, 15°	Baubigny.
Acetyl camphor	$C_{12}H_{18}O_2$	.986, 20°	Baubigny. J. 19, 624.
Methyl borneol	$C_{11}H_{20}O$	.933, 15°	Baubigny.
Ethyl borneol	$C_{12}H_{22}O$	.916, 23°	"
From Achillea ageratum	"	.849, 20°	De Luca. J. C. S. 31, 326.
From Angostura bark	$C_{13}H_{24}O$	.934	Herzog. J. 11, 444.
Patchouli camphor	$C_{15}H_{26}O$	1.051, 4°.5	Gal. Z. C. 12, 220.
Oil of ginger	$C_{80}H_{132}O_5$ (?)	.893	Papousek. J. 5, 624.
Camphorogenol	$C_{10}H_{16}O_2$	.9794, 20°	Yoshida. J. C. S. 47, 779.
Terpilene formate	$C_{11}H_{18}O_2$	.9986, 0° }	Two samples. Lafont. B. S. C. 49, 323.
" "	"	.9989 }	
Terpilene acetate	$C_{12}H_{20}O_2$	.9827, 0°	Bouchardat and Lafont. C.R. 102, 318.
Terebenthene acetate	"	.9820, 0°	" "
Terebene acetate	"	.977, 0°	Bouchardat and Lafont. C.R. 102, 171.
Camphene acetate	"	1.002, 0°	Lafont. C. R. 104, 1718.
Camphoric acid	$C_{10}H_{16}O_4$	1.191 }	Schröder. Ber. 13, 1070.
" "	"	1.195 }	
Ethylcamphoric acid	$C_{12}H_{20}O_4$	1.095, 20°.5	Malaguti. Ann. (2), 64, 164.
Ethyl camphorate	$C_{14}H_{24}O_4$	1.029, 16°	Malaguti. A. C. P. 22, 48.
" "	"	1.072, 22°	Dehmel. J. R. C. 4, 321.
" "	"	1.070, 25°	
Propyl camphorate	$C_{16}H_{28}O_4$	1.058, 24°	"
Ethyl paracamphorate	$C_{14}H_{24}O_4$	1.03, 15°	Chautard. J. 16, 395.
Camphoric anhydride	$C_{10}H_{14}O_3$	1.194, 20°.5	Malaguti. Ann. (2), 64, 160.

Name.	Formula.	Sp. Gravity.	Authority.
Ethyl camphocarbonate	$C_{13}H_{20}O_3$	1.052, 15°	Roser. Ber. 18, 3112.
Camphrene	$C_8H_{12}O$	.974, 6°	Chautard. J. 10, 483.
Diethylcamphresic acid	$C_9H_{22}O_7$	1.128, 13°	Schwanert. J. 16, 397.
Ethyl camphresate	$C_{16}H_{26}O_7$	1.0775, 13°	" "

29th. Miscellaneous Compounds.

Name.	Formula.	Sp. Gravity.	Authority.
Quinone	$C_6H_4O_2$	1.307 ⎫ 1.318 ⎭	Schröder. Ber. 13, 1070.
Phlorol	$C_6H_{10}O$	1.015, 12°	Sigel. A. C. P. 170, 345.
Carvol	$C_{10}H_{14}O$	.953, 15°	Völckel.
"	"	.9580, 20°	Gladstone. J. C. S. (2), 10, 1.
"	"	.9562, 20°	" "
"	"	.959 ⎫	
"	"	.9593 ⎬ 20	Beyer. Ber. 16, 1387.
"	"	.9598 ⎭	
"	"	.960, 18°.5	Flückiger.
"	"	.7866, 228°	Schiff. Ber. 19, 560.
"	"	.9667, 11°	Gladstone. J. C. S. 49, 623.
Eugenol	$C_{10}H_{12}O_2$	1.076	Stenhouse. A. C. P. 95, 106.
"	"	1.0684, 14°	Williams. A. C. P. 107, 240.
"	"	1.066, 15°	Church. J. C. S. (2), 13, 113.
"	"	1.0778, 0° ⎫	Wassermann. J. C.
"	"	1.063, 18°.5 ⎭	S. (2), 1, 706.
"	"	1.0703, 14°	Tiemann and Kraaz. Ber. 15, 2066.
"	"	1.066, 17°.5	Gladstone. Bei. 9, 249.
Isoeugenol	"	1.080, 16°	Tiemann and Kraaz. Ber. 15, 2066.
Methyl eugenol ?	$C_{11}H_{14}O_2$	1.046, 15°	Church. J. C. S. (2), 13, 115.
" "	"	1.055, 15°	Petersen. Ber. 21, 1060.
Ethyl eugenol	$C_{12}H_{16}O_2$	1.026, 0° ⎫	Wassermann. A. C.
" "	"	1.0117, 18°.5 ⎭	P. 179, 376.
Propyl eugenol	$C_{13}H_{18}O_2$	1.0024, 16°	Wassermann. Ber. 10, 237.
Isobutyl eugenol	$C_{14}H_{20}O_2$	.985, 15°	" "
Amyl eugenol	$C_{15}H_{22}O_2$	.976, 16°	Wassermann. Ber. 10, 238.
Allyl eugenol	$C_{13}H_{16}O_2$	1.018, 15°	" "
Coumarin	$C_9H_6O_2$	.9207	Gladstone. Bei. 9, 249.

Name.	Formula.	Sp. Gravity.	Authority.
Safrol	$C_{10}H_{10}O_2$	1.1141, 0°	Grimaux and Ruotte. Z. C. 12, 411.
"	"	1.0956, 18°	J. Schiff. Ber. 17, 1935.
Coerulignol	$C_{10}H_{14}O_2$	1.05645, 15°	Pastrovich. M. C. 4, 189.
Phthalic anhydride	$C_8H_4O_3$	1.527 } 4° -- {	Schröder. Ber. 12, 1611.
" "	"	1.530	
Benzoic anhydride	$C_{14}H_{10}O_3$	1.231 }	
" "	"	1.234 } 4°	" "
" "	"	1.247 }	
Benzo-oenanthic anhydride.	$C_{14}H_{18}O_3$	1.043	Malerba. J. 7, 444.
Benzo-cinnamic anhydride.	$C_{18}H_{12}O_3$	1.184, 23°	Gerhardt. J. 5, 449.
Benzo-cuminic anhydride	$C_{17}H_{16}O_3$	1.115, 23°	Gerhardt. J. 5, 448.
Pyruvyl benzoate	$C_{10}H_{10}O_5$	1.143, 25°, s.	Romburgh. J. C. S. 44, 63.
Tannic acid	$C_{14}H_{10}O_9$	1.097	W. C. Smith. Am. J. P. 53, 145.
Benzoyl glycollic ether	$C_{11}H_{12}O_4$	1.1509, 20°.4	Andrieff. J. 18, 344.
Propylene ethylphenylketate.	$C_{12}H_{16}O_2$	.988, 22°	Morley and Green. Ber. 17, 3016.
Isomer of benzil	$C_{14}H_{10}O_2$	1.104, 10°	Alexeyeff. J. 17, 335.
Saliretin	$C_{14}H_{14}O_3$	1.1161, 25°	Beilstein and Seelheim. J. 14, 765.
Isobenzpinacone	$C_{26}H_{22}O_2$	1.10, 19°	Linnemann. J. 18, 556.
Derivative of propyl phenylacetate.	$C_{24}H_{20}O_3$	1.039, 17°	Hodgkinson. J. C. S. 37, 482.
Derivative of ethyl phenylacetacetate.	$C_{18}H_{20}O_2$	1.0628, 20°	" "
α Naphtol	$C_{10}H_8O$	1.224, 4°	Schröder. Ber. 12, 1611.
"	"	1.09539, 98°.7	Nasini and Bernheimer. G.C.I. 15, 50.
β Naphtol	"	1.217, 4°	Schröder. Ber. 12, 1611.
"	"	1.23	Brügelmann. Ber. 17, 2359.
Naphtol	"	.9048, at boiling point.	Ramsay. J. C. S. 39, 65.
Methyl α naphtol	$C_{11}H_{10}O$	1.09636, 18°.9	} Nasini and Bernheimer. G. C. I. 15, 50.
" "	"	1.07931, 34°.5	
" "	"	1.04661, 77°.7	
Propyl α naphtol	$C_{13}H_{14}O$	1.04471, 18°.4	" "
Methyl α naphtyl oxide	$C_{10}H_7.O.CH_3$	1.0974, 15°	Staedel. Ber. 14, 898.
Methyl naphtyl ketone	$C_{10}H_7.CO.CH_3$	1.124, 0°	Roux. Ann. (6), 12, 336.
Anthraquinone	$C_{14}H_8O_2$	1.438 }	
"	"	1.426 }	Schröder. Ber. 13, 1070.
"	"	1.425 }	
"	"	1.419 }	
Phenanthrenequinone	"	1.404 }	" "
"	"	1.405 }	

Name.	Formula.	Sp. Gravity.	Authority.
Asarone	$C_{12}H_{16}O_3$	1.165, 18°	
"	"	1.0743, 60°	Butlerow and Rizza.
"	"	1.0655, 95°	B. S. C. 43, 114.
Salicin. Natural	$C_{13}H_{18}O_7$	1.4338, 26°	Piria. Ann. (3), 44,
" Artificial	"	1.4257	368.
Santonin	$C_{15}H_{18}O_3$	1.247, 20°.5	Trommsdorf. A. C. P. 11, 190.
"	"	1.1866	Carnelutti and Nasini. Ber. 13, 2210.
Metasantonin. M. 136°	"	1.1649	" "
" " 160°.5	"	1.1975	
Santonid	"	1.1967	" "
Metasantonid	"	1.046	" "
Parasantonid	"	1.1957	" "
"	"	1.2015, 20°	Nasini. Ber. 14, 1513.
Santonic acid	$C_{15}H_{20}O_4$	1.251	Carnelutti and Nasini. Ber. 13, 2210.
Parasantonic acid	"	1.2684	" "
Methyl santonate	$C_{16}H_{22}O_4$	1.1667	" "
Methyl parasantonate	"	1.1777	" "
Ethyl santonate	$C_{17}H_{24}O_4$	1.1481	" "
Ethyl parasantonate	"	1.153	" "
Propyl santonate	$C_{18}H_{26}O_4$	1.1185	" "
" "	"	1.125, 20°	Nasini. G. C. I. 13, 165.
Propyl parasantonate	"	1.153	Carnelutti and Nasini. Ber. 13, 2210.
Isobutyl santonate	$C_{19}H_{28}O_4$	1.1181	" "
Allyl santonate	$C_{18}H_{24}O_4$	1.1434	" "
Styracin	$C_{18}H_{16}O_2$	1.154	Schröder. Ber. 13,
"	"	1.159	1070.
Pimaric acid	$C_{20}H_{30}O_2$	1.047, 18°	Siewert. J. 12, 510.
Sylvic acid	"	1.1011, 18°	" "
Tropilene	$C_7H_{10}O$	1.01, 0°	Ladenburg. Ber. 14, 2130.
"	"	1.0091, 0°	Ladenburg. A. C. P. 217, 139.
Cinncrol	$C_{10}H_{18}O_2$	1.05	Hirzel. Watts' Dictionary.
"	"	1.15	
Colophonone	$C_{11}H_{18}O$	.84	Schiel. J. 13, 489.
Apiol	$C_{12}H_{14}O_4$	1.015	Lindenborn. Ber. 9, 1478.
Calophyllum resin	$C_{14}H_{18}O_4$	1.12, cryst.	Levy. C. R. 18, 244.
Antiar resin	$C_{16}H_{24}O$	1.032	Mulder. A. C. P. 28, 307.
Tannin from Persea lingue	$C_{17}H_{17}O_9$	1.352, 10°	Arata. Ber. 14, 2251.
From Sequoia gigantea	$C_{18}H_{20}O_3$	1.045	Lunge and Steinkauler. Ber. 14, 2205.
Turmerol	$C_{19}H_{26}O$	.9016, 17°	Jackson and Menke. A. C. J. 4, 871.
Guyaquillite	$C_{20}H_{26}O_3$	1.092	Dana's Mineralogy.
Hartin	$C_{20}H_{34}O_2$	1.115, 19°	Schrötter. P. A. 59, 45.
Resin from rosewood	$C_{21}H_{21}O_6$	1.2662, 15°	Terreil and Wolff. J. C. S. 38, 559.
Cardol	$C_{21}H_{31}O_2$	.978, 23°	Städeler. J. 1, 577.

Name.	Formula.	Sp. Gravity.	Authority.
Ivaol	$C_{26}H_{40}O$	.9346, 15°	Planta-Reichenau. Z. C. 13, 618.
Cholesterin	$C_{26}H_{44}O$	1.03, melted	Hlasiwetz. A. C. P. 106, 354.
"	"	1.046 } 20° {	Mehu. J. C. S. (2), 13, 247.
"	"	1.047	
Waldivine	$C_{36}H_{48}O_{20}\cdot 5H_2O$	1.46	Tanret. J. Ph. C. (5), 3, 61.
Cochlearin	$C_6H_7O_2$. ?	1.248	Maurach. Watts' Dictionary.
Aloïsol	$C_6H_8O_3$. ?	.877, 15°	Robiquet. Watts' Dictionary.
Xanthil	$C_4H_{10}O_5$. ?	.894	Couërbe.
Picrolichenin	?	1.176	Alms. A. C. P. 1, 61.
Phycic acid	?	.896	Lamy. J. 5, 675.

XLVII. COMPOUNDS CONTAINING C, H, AND N.

1st. Cyanides and Carbamines of the Paraffin Series.

Name.	Formula.	Sp. Gravity.	Authority.
Methyl cyanide, or acetonitril.	CH_3. CN	.8347, 0° }	Kopp. A. C. P. 98, 367.
" " "	"	.8191, 16° }	
" " "	"	.8052, 0°	Vincent and Delachanal. C. R. 90, 747.
" " "	"	.7155, 81°.2	Schiff. Bei. 9, 559.
Methyl carbamine	"	.7557, 14°	Gautier. Roscoe and Schorlemmer's Treatise.
Ethyl cyanide, or propionitril.	C_2H_5. CN	.7017, 97°	Ramsay. J. C. S. 35, 463.
" " "	"	.80101, 0°	} Thorpe. J. C. S.
" " "	"	.70098, 97°.08	} 37, 371.
" " "	"	.7862, 19°	Gladstone. Bei. 9, 249.
" " "	"	.7015, 97°	Schiff. Bei. 9, 559.
Ethyl carbamine	"	.787, 15°	Pelouze. Watts' Dictionary.
" "	"	.7889, 12°.6	Frankland and Kolbe. J. 1, 552.
Propyl cyanide, or butyronitril.	C_3H_7. CN	.795, 12°.5	Dumas. J. 1, 594.
Isopropyl carbamine	"	.7596, 0°	Gautier. B. S. C. 11, 224.
Butyl cyanide, or valeronitril.	C_4H_9. CN	.8164, 0°	Lieben and Rossi. A. C. P. 158, 137.
Isobutyl cyanide, or isovaleronitril.	"	.810	Schlieper. A. C. P. 59, 15
" " "	"	.813, 15°	Guckelberger. J. 1, 852.

FOR SOLIDS AND LIQUIDS.

Name.	Formula.	Sp. Gravity.	Authority.
Isobutyl cyanide, or isovaleronitril.	$C_5 H_9 . CN$	.8226, 0°	Erlenmeyer and Hell. A. C. P. 160, 257.
" " " "	"	.8146, 10°	
" " " "	"	.8060, 20°	
" " " "	"	.6921, 129°.3	Schiff. Bei. 9, 559.
" " " "	"	.8010, 18°	Gladstone. Bei. 9, 249.
Isobutyl carbamine	"	.7878, 4°	Gautier. Z. C. 12, 415.
Isoamyl cyanide, or capronitril.	$C_6 H_{11} . CN$	.8061, 20°	Frankland and Kolbe. J. 1, 559.
" " "	"	.8040, 18°	Gladstone. Bei. 9, 249.
" " "	"	.6861, 154°	Schiff. Bei. 9, 559.
Oenanthonitril	$C_6 H_{13} . CN$	.895, 22°	Mehlis. A.C.P. 185, 368.
Heptyl cyanide	$C_7 H_{15} . CN$	.8201, 13°.3	Felletár. J. 21, 634.
Octyl cyanide	$C_8 H_{17} . CN$	.786, 16°	Eichler. Ber. 12, 1888.
Isoöctyl cyanide	"	.8187, 14°	Felletár. J. 21, 634.
Lauronitril	$C_{11} H_{23} . CN$	.8350, 0°	Krafft and Stauffer. Ber. 15, 1728.
"	"	.8273, 15°	
"	"	.7675, 98°.9	
Myristonitril	$C_{13} H_{27} . CN$	.8281, 19°	" "
"	"	.8241, 25°	
"	"	.7724, 99°	
Palmitonitril	$C_{15} H_{31} . CN$	.8224, 31°	" "
"	"	.8186, 40°	
"	"	.7761, 98°.9	
Stearonitril	$C_{17} H_{35} . CN$	.8178, 41°	" "
"	"	.8149, 45°	
"	"	.7790, 99°.2	

2d. Amines of the Paraffin Series.

Name.	Formula.	Sp. Gravity.	Authority.
Trimethylamine	$N . (CH_3)_3$	.673, 0°	Blennard. Roscoe and Schorlemmer's Treatise.
Ethylamine	$NH_2 . C_2 H_5$	.6964, 8°	Wurtz. J. 3, 446.
Diethylamine	$NH . (C_2 H_5)_2$	.7262, 0°	Oudemans. Bei. 6, 353. Values given for every 5°.
"	"	.7159, 10°	
"	"	.7055, 20°	
"	"	.6949, 30°	
"	"	.6844, 40°	
"	"	.6735, 50°	
"	"	.6680, 55°	
"	"	.7092, 19°	Gladstone. Bei. 9, 249.
"	"	.6684 } 56°	Schiff. Ber. 19, 560.
"	"	.6686	
Triethylamine	$N . (C_2 H_5)_3$	.7277, 20°	Brühl. Bei. 4, 779.
"	"	.7317, 19°	Gladstone. Bei. 9, 249.

TABLE OF SPECIFIC GRAVITIES

Name.	Formula.	Sp. Gravity.	Authority.
Triethylamine	$N.(C_2H_5)_3$	.6621, 89°	Schiff. Ber. 19, 560.
Propylamine	$NH_2.C_3H_7$	.7283, 0°	Silva. Z. C. 12, 638.
"	"	.7134, 21°	
"	"	.7186, 20°	Linnemann. A. C. P. 161, 18.
"	"	.6883, 49°.5	Schiff. Ber. 19, 560.
Isopropylamine	"	.690, 18°	Siersch. J. 21, 682.
Dipropylamine	"	.756, 0°	Vincent. Ber. 19, ref. 680.
Diisopropylamine	$NH.(C_3H_7)_2$	.722, 22°	Siersch. J. 21, 682.
Tripropylamine	$N.(C_3H_7)_3$	.7699, 0°	Zander. A. C. P. 214, 181.
"	"	.6426, 156°.5	
"	"	.771, 0°	Vincent. Ber. 19, ref. 680.
Butylamine	$NH_2.C_4H_9$	.7553, 0°	Lieben and Rossi. A. C. P. 93, 124.
"	"	.7333, 26°	
"	"	.7401, 20°	Linnemann and Zotta. Ann. (4), 27, 275.
Isobutylamine	"	.7357, 15°	Linnemann. Ann. (4), 27, 268.
"	"	.6865, 67°.7	Schiff. Ber. 19, 560.
Trimethylcarbinolamine	"	.6987, 15°	Linnemann. Ann. (4), 27, 268.
"	"	.7137, 0°	
"	"	.7054, 8°	Rudneff. Ber. 12, 1023.
"	"	.6931, 15°	
"	"	.7155, 0°	
"	"	.7078, 7°.8	Brauner. A. C. P. 192, 72.
"	"	.7004, 15°	
Tributylamine	$N.(C_4H_9)_3$	.791, 0°	
"	"	.7782, 20°	Lieben and Rossi. A. C. P. 165, 109.
"	"	.7677, 40°	
Triisobutylamine	"	.785, 21°	Sachtleben. Ber. 11, 734.
Amylamine	$NH_2.C_5H_{11}$	.7503, 18°	Wurtz. J. 3, 451.
"	"	.815, 0°	Wurtz. J. 19, 425.
"	"	.7517, 22°.5	Plimpton. J. C. S. 39, 33.
" Active	"	.7725 } 0°	Plimpton. J. C. S. 39, 331.
" Inactive	"	.7678 }	
"	"	.6848, 94°.8	Schiff. Bei. 9, 559.
Dimethylethylcarbinolamine.	"	.755, 0°	Wurtz. J. 19, 425.
"	"	.7611, 0°	Rudneff. J. C. S. 38, 545.
"	"	.7475, 15°	
Diamylamine	$NH.(C_5H_{11})_2$	.7825, 0°	Silva. Z. C. 10, 157.
" Active	"	.7878, 0°	Plimpton. J. C. S. 39, 331.
" Inactive	"	.7776, 14°	
Triamylamine. Active	$N.(C_5H_{11})_3$	.7964, 13°	" "
" Inactive	"	.7882, 13°	
Hexylamine	$NH_2.C_6H_{13}$	.768, 17°	Pelouze and Cahours. J. 16, 527.
Secondary hexylamine	"	.7638	Uppenkamp. Ber. 8, 57.
Octylamine	$NH_2.C_8H_{17}$	.786	Squire. J. 7, 485.

3d. The Aniline Series.

Name.	Formula.	Sp. Gravity.	Authority.
Amidobenzene, or aniline	$C_6H_5 \cdot H_2N$	1.020, 16°	Hofmann. A. C. P. 47, 50.
" "	"	1.028	Fritzche. J. P. C. 20, 453.
" "	"	1.0361, 0° } 1.0251, 13°.7 }	Kopp. A. C. P. 98, 367.
" "	"	1.018, 15°.5	Städeler and Arndt. J. 17, 425.
" "	"	1.024, 17°.5	Lucius.
" "	"	1.026, 15°	Kern. Ber. 10, 199.
" "	"	.8527, 183°	Ramsay. J. C. S. 35, 463.
" "	"	1.0379, 0° } .87274, 183°.7 }	Thorpe. J. C. S. 37, 371.
" "	"	1.02478, 16°.3	Johst. P. A. (2), 20, 56.
" "	"	1.0216, 20°	Brühl.
" "	"	1.0181, 25°.7 } .9484, 100°.9 }	Schall. Ber. 17, 2555.
" "	"	1.016, 13° } 1.0322, 7°.5 }	Gladstone. Bei. 9, 249.
" "	"	.8751, 183°.1	Schiff. Bei. 9, 559.
" "	"	.92256, 130°.9	
" "	"	.91858, 135°.1	
" "	"	.90708, 147°.2	Taken at different
" "	"	.90632, 148°	pressures, each
" "	"	.89272, 162°	t°. being the boil-
" "	"	.89233, 162°.6	ing point at the
" "	"	.88077 } 173°.9 .86097 }	pressure ob- served. Neu-
" "	"	.87448, 181°.6	beck. Z. P. C. 1,
" "	"	.87424, 181°.8	655.
" "	"	.87384 } 183°.1 .87356 }	
" "	"	1.0216, 20°	Knops. V. H. V. 1887, 17.
" "	"	1.02204, 20°	Weegmann. Z. P. C. 2, 218.
Methylaniline	$C_6H_5 \cdot CH_3 \cdot HN$	.976, 15°	Hofmann. Ber. 7, 526.
Benzylamine	$C_6H_5 \cdot CH_2 \cdot H_2N$	.990, 14°	Limpricht. J. 20, 510.
Orthotoluidine	$C_6H_4 \cdot CH_3 \cdot H_2N$	1.0002, 16°.3	Rosenstiehl. J. 21, 745.
"	"	1.003, 20°.2 } 1.002, 22° } .998, 25°.5 }	Three prepara- tions. Beilstein and Kuhlberg. Z. C. 12, 523.
"	"	1.046	Rüdorff. Ber. 12, 251.
"	"	.8302, 197°	Ramsay. J. C. S. 35, 463.
"	"	.9986, 20°	Brühl. Bei. 4, 780.
"	"	1.0038, 15°	Hirsch. Ber. 18, 1511.

TABLE OF SPECIFIC GRAVITIES

NAME.	FORMULA.	SP. GRAVITY.	AUTHORITY.
Orthotoluidine	$C_6 H_4 . C H_3 . H_2 N$	.89397, 142°.7	
"	"	.89292, 143°.2	Taken at different pressures, each t°. being the boiling point at the pressure observed. Neubeck. Z.P.C.1, 657.
"	"	.87527, 163°.2	
"	"	.87456, 163°.9	
"	"	.86064 } 178°.4	
"	"	.86078	
"	"	.85214 } 186°.9	
"	"	.85185	
"	"	.84453, 198°	
"	"	.84348 } 199°	
"	"	.84320	
Metatoluidine	"	.998, 25°	Lorenz. C. N. 30, 166.
"	"	.88528 } 149°	
"	"	.88561	
"	"	.86525, 169°	Taken at different pressures, each t°. being the boiling point at the pressure observed. Neubeck. Z.P.C.1, 658.
"	"	.86283, 171°	
"	"	.85231, 184°	
"	"	.85121, 185°	
"	"	.84369, 191°	
"	"	.84293, 193°	
"	"	.83528 } 201°	
"	"	.83537	
"	"	.83385 } 203°	
"	"	.83351	
Paratoluidine	"	.88313, 143°	
"	"	.88269, 143°.2	
"	"	.86131 } 168°	Taken at different pressures, each t°. being the boiling point at the pressure observed. Neubeck. Z.P.C.1, 658.
"	"	.86130	
"	"	.85025, 178°.4	
"	"	.84858, 181°	
"	"	.83814 } 192°.6	
"	"	.83850	
"	"	.83171 } 200°	
"	"	.83178	
"	"	.82995, 201°.5	
Dimethylaniline	$C_6 H_5 . (C H_3)_2 . N$	.9553	Hofmann. C. N. 27, 1.
"	"	.9645, 15°	Kern. Ber. 10, 199.
"	"	.7941, 190°	Ramsay. J. C. S. 35, 463.
"	"	.9575, 20°	Brühl. A. C. P. 235, 1.
Ethylaniline	$C_6 H_5 . C_2 H_5 H N$	.954, 18°	Hofmann. J. 2, 398.
Ethylamidobenzene. 1.2	$C_6 H_4 . C_2 H_5 . H_2 N$	.983, 22°	Beilstein and Kuhlberg. A.C.P. 156, 206.
" 1.4	"	.975, 22°	" "
Methyltoluidine. 1.2	$C_6 H_4 . C H_3 . C H_3 H N$	.973, 15°	Monnet, Reverdin, and Nölting. Ber. 11, 2278.
Xylidine. 1.2.4	$C_6 H_3 (C H_3)_2 H_2 N$	.9942, 20°	Wroblevsky. Ber. 12, 1227.
" "	"	1.0755, 17°.5	Jacobsen. Ber. 17, 160.
" "	"	.991, 15°	Nölting and Forel. Ber. 18, 2671.

Name.	Formula.	Sp. Gravity.	Authority.
Xylidine. 1.3.4	$C_6 H_3 (C H_3)_2 H_2 N$	.985, 18°.5	Tawildarow. Z. C. 13, 418.
" "	"	.9184, 25°	Hofmann. Ber. 9, 1295.
" "	"	.86651 } 159°.5	
" "	"	.86687	Taken at different
" "	"	.84974, 182°	pressures, each
" "	"	.83473, 197°	t°. being the
" "	"	.82374, 205°	boiling point at
" "	"	.81633 } 215°.5	the pressure observed. Neubeck.
" "	"	.81597	Z. P. C. 1, 662.
" "	"	.81454 } 218°	
" "	"	.81436	
" 1.3.5	"	.9935, 0°	Wroblevsky. Ber. 10, 1249.
" "	"	.972, 15°	Nölting and Forel. Ber. 18, 2678.
" 1.4.2	"	.980, 15°	Nölting and Forel. Ber. 18, 2680.
"	"	.9867, 19°*	Gladstone. Bei. 9, 249.
Dimethyltoluidine. 1.2	$C_6H_4 \cdot CH_3 \cdot (CH_3)_2N$	.9324	Hofmann. C. N. 27, 1.
" 1.3	"	.9368	" "
" 1.4	"	.988	" "
Propylaniline	$C_6 H_5 \cdot C_3 H_7 H N$	.949, 18°	Pictet and Crépieux. Ber. 21, 1106.
Ethyltoluidine. 1.3	$C_6H_4 \cdot CH_3 \cdot C_2H_5HN$	.869, 20°	Wroblevsky. J. C. S. (2), 13, 455.
" " 1.4	"	.9391, 15°.5	Morley and Abel. J. 4, 497.
Cumidine	$C_6 H_4 \cdot C_3 H_7 \cdot H_2 N$	.8526	Nicholson. J. 1, 664.
Pseudocumidine. 1.3.5.6	$C_6 H_2 (C H_3)_3 H_2 N$	.9633	Hofmann. C. N. 27, 1.
Diethylaniline	$C_6 H_5 (C_2 H_5)_2 N$	.989, 18°	Hofmann. J. 2, 399.
Isobutylaniline	$C_6 H_5 \cdot C_4 H_9 \cdot H N$	.9262, 15°	Giannetti. Ber. 14, 1759.
"	"	.940, 18°	Pictet and Crépieux. Ber. 21, 1106.
Dimethylxylidine	$C_6H_3(CH_3)_2(CH_3)_2N$	.9298	Hofmann. C. N. 27, 1.
Tetramethylaniline	$C_6 H (C H_3)_4 H_2 N$	.978, 24°	Hofmann. Ber. 17, 1912.
Isoamylaniline	$C_6 H_5 \cdot C_5 H_{11} H N$	.928, 15°	Pictet and Crépieux. Ber. 21, 1106.
Diethyltoluidine. 1.4	$C_6H_4 \cdot CH_3 (C_2H_5)_2 N$	.9242, 15°.5	Morley and Abel. J. 7, 498.
Dimethylmesidine. 1.3.5.6	$C_6H_2(CH_3)_3(CH_3)_2N$	.9076	Hofmann. C. N. 27, 1.
Methylamylaniline	$C_6 H_5 \cdot C_5 H_{11} C H_3 N$	.906, 20°	Claus and Rautenberg. Ber. 14, 622.
Dipropylaniline	$C_6 H_5 (C_3 H_7)_2 N$	.9240, 0° } .7267, 245°.4	Zander. A. C. P. 214, 181.
"	"		
Diisopropylaniline	"	.9338, 0° } .7504, 221°	" "
"	"		
Trimethyldiethylaniline	$C_6 (CH_3)_3(C_2H_5)_2H_2N$	.971	Ruttan. Ber. 19, 2384.
Allylaniline	$C_6 H_5 \cdot C_3 H_5 H N$	.982, 25°	Schiff. J. 17, 415.

Name.	Formula.	Sp. Gravity.	Authority.
Diallylaniline	$C_6 H_5 (C_3 H_5)_2 N$	.9680, 0°	Zander. A.C.P. 214, 181.
"	"	.7667, 244°	
Diphenylamine	$NH.(C_6 H_5)_2$	.1156 } 4°	Schröder. Ber. 12, 561.
"	"	1.161 }	
"	"	.8293, 310°	Ramsay. J.C.S. 35, 463.
Methyldiphenylamine	$N.(C_6 H_5)_2 CH_3$	1.0476, 20°	Brühl. A.C.P. 235, 1.
Dibenzylamine	$NH.(C_7 H_7)_2$	1.033, 14°	Limpricht. J. 20, 510.
Amidobenzylamine	$C_7 H_{10} N_2$	1.08, 20°	Amsel and Hofmann. Ber. 19, 1288.
Metamidodimethylaniline	$C_8 H_{12} N_2$	.995, 25°	Groll. Ber. 19, 200.

4th. The Pyridine Series.

Name.	Formula.	Sp. Gravity.	Authority.
Pyridine	$C_5 H_5 N$	.9858, 0°	Anderson. J. 10, 397.
"	"	.924, 22°	Thenius. J. 14, 502.
"	"	.8617, 117°	Ramsay. J.C.S. 35, 463.
"	"	.9802, 0°	Richard. Ber. 13, 198.
"	"	.8823 } 115°	Schiff. Ber. 19, 560.
"	"	.8826 }	
"	"	1.0033, 0°	Ladenburg. Ber. 21, 289.
α Picoline	$C_6 H_7 N$	.955, 10°	Anderson. A.C.P. 60, 93.
"	"	.9613, 0°	Anderson. J. 10, 397.
"	"	.933, 22°	Thenius. J. 14, 502.
"	"	.8197, 134°	Ramsay. J.C.S. 35, 463.
"	"	.9560, 0°	Richard. Ber. 13, 198.
"	"	.96161, 0°	} Thorpe. J.C.S. 37, 371.
"	"	.83258, 123°.5	
"	"	.94093, 23°.5	Gladstone. Bei. 9, 249.
"	"	.96559, 0°	Lange. Ber. 18, 3436.
"	"	.96477, 4°	Dürkopf and Schlaugk. Ber. 20, 1660.
"	"	.9656, 0°	Ladenburg. C.R. 103, 692.
β Picoline	"	.97712, 0° }	Hesekiel. Ber. 18, 3091.
"	"	.94965, 30° }	
"	"	.9771, 0°	Ladenburg. C.R. 103, 692.

FOR SOLIDS AND LIQUIDS. 275

Name.	Formula.	Sp. Gravity.	Authority.
γ Picoline	C_6H_7N	.9708, 0°	Lango. Ber. 18, 3436.
"	"	.9708, 0°	Ladenburg. C. R. 108, 692.
"	"	.9742, 0°	Ladenburg. Ber. 21, 287.
α Lutidine	C_7H_9N	.928	Williams. J. 7, 494.
"	"	.9467, 0°	Anderson. J. 10, 397.
"	"	.945, 22°	Thenius. J. 14, 502.
"	"	.9467, 0°	Williams. J. 17, 437.
"	"	.7916, 154°	Ramsay. J. C. S. 35, 463.
"	"	.9377, 0°	Richard. Ber. 18, 198.
"	"	.9545, 0°	Ladenburg and Roth. Ber. 18, 52.
" α—γ	"	.9503, 0°	Ladenburg and Roth. Ber. 18, 913.
" α—α	"	.9424, 0°	Ladenburg. C. R. 103, 692.
β Lutidine	"	.9555, 0°	Williams. J. 17, 437.
"	"	.9593, 0°	Coninck. C. R. 91, 296.
α Ethylpyridine	"	.9495 } 0°	Ladenburg. Ber. 20, 1653.
"	"	.9498 }	
γ Ethylpyridine	"	.9522, 0°	Ladenburg. Ber. 18, 2963.
"	"	.9358, 20°	
α Collidine	$C_8H_{11}N$	.921	Anderson. J. 7, 490.
"	"	.9489, 0°	Anderson. J. 10, 397.
"	"	.953, 22°	Thenius. J. 14, 502.
"	"	.943	Wurtz. Ber. 12, 1710.
"	"	.7839, 173°	Ramsay. J. C. S. 35, 463.
"	"	.9291, 0°	Richard. Ber. 13, 198.
"	"	.917, 15°	Hantzsch. Ber. 15, 2914.
"	"	.9286, 16°.8	Weidel and Pick. S. W. A. 90, 972.
"	"	.9224, 15°	Mohler. Ber. 21, 1014.
β Collidine	"	.9656, 0°	Coninck. C. R. 91, 296.
Aldehyde collidine	"	.9889, 4°	Dürkopf. Ber. 18, 920.
α Isopropylpyridine	"	.9342, 0°	Ladenburg. C. R. 103, 692.
γ Isopropylpyridine	"	.9408, 0°	Ladenburg and Schrader. Ber. 17, 1121.
"	"	.9489, 0°	Ladenburg. C. R. 103, 692.
γ Propylpyridine	"	.9393, 0°	Two lots. Ladenburg. Ber. 17, 772.
α Propylpyridine	"	.9411, 0°	
"	"	.9306, 10°	
Parvoline	$C_9H_{13}N$	.966, 22°	Thenius. J. 14, 502.
"	"	.910, 14°	Engelmann. J.C.S. 50, 259.

TABLE OF SPECIFIC GRAVITIES

Name.	Formula.	Sp. Gravity.	Authority.
Parvoline	$C_9H_{13}N$	.94185, 0°	Dürkopf and Schlaugk. Ber. 21, 832.
"	"	.92894, 16°	
Coridine	$C_{10}H_{15}N$	.974, 22°	Thenius. J. 14, 502.
Rubidine	$C_{11}H_{17}N$	1.017, 22°	" "
Viridine	$C_{12}H_{19}N$	1.024, 22°	" "
Allyl pyridine	C_8H_9N	.9595, 0°	Ladenburg. Ber. 19, 2578.
Piperidine. From piperine	$C_5H_{11}N$	.8810, 0°	Ladenburg and Roth. Ber. 17, 513.
" Synthetic	"	.8814, 4°	
"	"	.7791	
"	"	.7801 } 105°	Schiff. Ber. 19, 560.
"	"	.7810	
α Methylpiperidine	$C_6H_{13}N$	.8601, 0°	Ladenburg and Roth. Ber. 18, 47.
"	"	.860, 0°	Ladenburg. C. R. 103, 747.
β Methylpiperidine	"	.8686, 4°	Hesekiel. Ber. 18, 910.
"	"	.8684, 0°	Ladenburg, C. R. 103, 747.
α—α Dimethylpiperidine	$C_7H_{15}N$	.8492, 4°	Ladenburg and Roth. Ber. 18, 54.
α—γ Dimethylpiperidine	"	.8615, 0°	Ladenburg. C. R. 103, 747.
α Ethylpiperidine	"	.8674, 0°	Ladenburg. Ber. 18, 2963.
γ Ethylpiperidine	"	.8759, 0°	Ladenburg. Ber. 18, 2964.
Methyl-α-ethylpiperidine	$C_8H_{17}N$	.8495, 0°	Ladenburg. C. R. 103, 747.
α Propylpiperidine. Coniin	"	.89	Geiger.
" "	"	.878	Blyth. J. 2, 388.
" "	"	.846, 12°.5	Petit. B. S. C. 27, 337.
" "	"	.886	Schorm. Ber. 14, 1767.
" "	"	.913, 0°	
" "	"	.899, 15°	
" "	"	.842, 90°	Two preparations. Schiff. A. C. P. 166, 88.
" "	"	.886, 0°	
" "	"	.873, 15°	
" "	"	.911, 90°	
" "	"	.863	Ladenburg. Ber. 17, 774.
" "	"	.875, 0°	Ladenburg. Ber. 17, 772.
" "	"	.8626, 0°	Ladenburg. Ber. 19, 2580.
γ Propylpiperidine	"	.870, 0°	Ladenburg. Ber. 17, 772.
α Isopropylpiperidine	"	.8660, 0°	Ladenburg. Ber. 17, 1676.
"	"	.8676, 0°	Ladenburg. C. R. 103, 747.

FOR SOLIDS AND LIQUIDS.

Name.	Formula.	Sp. Gravity.	Authority.
Methyl-α γ-isopropylpiperidine.	$C_9 H_{19} N$	.8593, 0°	Ladenburg. C. R. 103, 747.
Copellidine	$C_8 H_{17} N$	.8653, 0° .8546, 15°	Dürkopf. Ber. 18, 920.
Methylcopellidine	$C_9 H_{19} N$	.8519, 0° .8440, 13°	" "
Dimethylcopellidine	$C_{10} H_{21} N$	.7816, 25°	" "
α Pipecoleine	$C_6 H_{11} N$	.8801, 0°	Ladenburg. Ber. 20, 1646.
γ Pipecoline	$C_6 H_{13} N$	.8674, 0°	Ladenburg. Ber. 21, 288.
α Isopropylpipérideine	$C_8 H_{15} N$	.8956, 0°	Ladenburg. Ber. 20, 1647.
Hydrolutidine. α—γ	$C_7 H_{13} N$	.8615, 0°	Ladenburg and Roth. Ber. 18, 919.
Hydrotropidine	$C_8 H_{15} N$	.9366, 0° .9259, 15°	Ladenburg. Ber. 16, 1409.
α Coniceine	"	.893, 15°	Hofmann. Ber. 18, 10.
Paradiconiine	$C_{16} H_{27} N$	.915, 15°	Schiff. A. C. P. 166, 88.
Quinoline or chinoline	$C_9 H_7 N$	1.081, 10°	Hofmann. A. C. P. 47, 79.
" "	"	1.1081, 0° 1.0947, 20° 1.0699, 50°	Skraup. Ber. 14, 1002.
" "	"	1.1055, 0° 1.0965, 11°.5	Coninck. J. C. S. 44, 89.
" "	"	1.096 } 10° 1.1021	Gladstone. Bei. 9, 249.
" "	"	.9211, 234°	Schiff. Ber. 19, 560.
Lepidine	$C_{10} H_9 N$	1.072, 15°	Williams. J. 9, 536.
Orthomethylquinoline	"	1.0852, 0° 1.0734, 20° 1.0586, 50°	Skraup. Ber. 14, 1002.
Metamethylquinoline	"	1.0639, 0° 1.0722, 20° 1.0576, 50°	Skraup. Ber. 15, 2255.
Paramethylquinoline	"	1.0815, 0° 1.0671, 20° 1.0560, 50°	Skraup. Ber. 14, 1002.
Dimethylquinoline	$C_{11} H_{11} N$	1.0752, 4°	Berend. Ber. 18, 3165.
" α—γ	"	1.0611, 15°	Beyer. J. P. C. (2), 33, 402.
Metadipyridyl	$C_{10} H_8 N_2$	1.1757, 0° 1.1635, 20° 1.1493, 50°	Skraup and Vortmann. M. C. 4, 593.
Isodipyridine	$C_{10} H_{10} N_2$	1.08	Ramsay. P. M. (5), 6, 29.
"	"	1.1245, 18°	Cahours and Etard. Ber. 13, 777.
Dipicoline	$C_{12} H_{14} N_2$	1.12	Ramsay. P. M. (5), 6, 31.
"	"	1.077	Anderson.

TABLE OF SPECIFIC GRAVITIES

Name.	Formula.	Sp. Gravity.	Authority.
Nicotine	$C_{10}H_{14}N_2$	1.033, 4°	
"	"	1.027, 15°	
"	"	1.018, 30°	Barral. J. 1, 614.
"	"	1.0006, 50°	
"	"	.9424, 101°.5	
"	"	1.01837, 10°.2	
"	"	1.01101, 20°	Landolt. A. C. P. 189, 241.
"	"	1.00373, 30°	
"	"	1.0111, 15°	Skalweit. Ber. 14, 1809.
Hydronicotine	$C_{10}H_{16}N_2$	.993, 17°	Etard. C. R. 97, 1218.
Dipiperidyl	$C_{10}H_{20}N_2$	.9561, 4°	Liebrecht. Ber. 19, 2591.
a Stilbazoline	$C_{13}H_{19}N$	.9874, 0°	Baurath. Ber. 21, 818.
Dihydro-a-stilbazol	$C_{13}H_{13}N$	1.0465, 0°	" "

5th. Miscellaneous Compounds.

Name.	Formula.	Sp. Gravity.	Authority.
Dimethyl hydrazin	$C_2H_8N_2$	.801, 11°	Renouf. Ber. 13, 2171.
Ethylene diamine	$C_2H_4(NH_2)_2$	.902	Rhoussopolos and Meyer. J. C. S. 42, 940.
Propylene diamine	$C_3H_6(NH_2)_2$	.878, 15°	Hofmann. Ber. 6, 310.
Pentamethylene diamine	$C_5H_{10}(NH_2)_2$	.9174, 0°	Ladenburg. Ber. 18, 2957.
β Methyltetramethylene diamine.	"	.8836, 20°	Oldach. Ber. 20, 1655.
Ethylene cyanide	$C_2H_4(CN)_2$	1.023, 45°	Simpson. J. 14, 654.
Pyrotartronitril	$C_3H_6(CN)_2$	.9961, 11°	Henry. Ber. 18, ref. 330.
Crotonitril	C_4H_5N	.8389, 12°	Will and Körner.
"	"	.8491, 0°	Rinne and Tollens. A. C. P. 159, 105.
"	"	.8351, 15°	
Allyl carbamine	$C_3H_5.CN$	.812, 0°	Lieke. A. C. P. 112, 319.
" "	"	.794, 17°	
Allylamine	$C_3H_5.H_2N$	.864, 0°	Oeser. J. 18, 506.
"	"	.7754, 10°.5	
"	"	.7775, 11°	Four samples. Gladstone. Bei. 9, 249.
"	"	.7693, 17°.5	
"	"	.7684, 19°	
"	"	.7261, 56°	Schiff. Bei. 9, 559.
Triallylamine	$(C_3H_5)_3N$	.8206, 0°	Zander. A. C. P. 214, 181.
"		.6826, 155°.5	
Propylallylamine	$C_3H_7.C_3H_5.HN$	.7708, 18°	Liebermann and Paal. Ber. 16, 523.
Isoamylallylamine	$C_5H_{11}.C_3H_5.HN$	.7777, 18°	" "

Name.	Formula.	Sp. Gravity.	Authority.
Pyrrol	$C_4 H_5 N$	1.077	Anderson. J. 10, 399.
"	"	.7276, 133°	Ramsay. J. C. S. 35, 463.
"	"	.9752, 12°.5	Weidel and Ciamician. Ber. 13, 71.
"	"	.9606	Gladstone. Bei. 9, 249.
Methylpyrrol	$C_5 H_7 N$	.9203, 10°	Bell. Ber. 10, 1866.
Ethylpyrrol	$C_6 H_9 N$	.8881, 16°	Bell. Ber. 9, 936.
"	"	.9042, 10°	Bell. Ber. 10, 1862.
Amylpyrrol	$C_9 H_{15} N$	.8786, 10°	Bell. Ber. 10, 866.
Pyrrolidin	$C_4 H_9 N$	.879, 0° }	Petersen. Ber. 21, 290.
"	"	.871, 10° }	
Methylpyrrolidin	$C_5 H_{11} N$	.8654, 0°	Oldach. Ber. 20, 1155.
Methylphenylpyrazol	$C_{10} H_{10} N_2$	1.085 } 15°	Claisen and Stylos. Ber. 21, 1143 and 1147.
"	"	1.081 }	
Ethylphenylpyrazol	$C_{11} H_{12} N_2$	1.064, 15°	Claisen and Stylos. Ber. 21, 1148.
Propylphenylpyrazol	$C_{12} H_{14} N_2$	1.0435, 15°	" "
a Glucosine	$C_6 H_8 N_2$	1.038, 0°	Tanret. B. S. C. 44, 104.
β Glucosine	$C_7 H_{10} N_2$	1.012, 0°	" "
"	"	.9826, 12°	Morin. Ber. 21, ref. 188.
Methylglyoxalin	$C_4 H_6 N_2$	1.0363	Wallach and Schulze. Ber. 14, 424.
"	"	1.0359, 23°	Goldschmidt. Ber. 14, 1846.
Ethylglyoxalin	$C_5 H_8 N_2$	.999	Wallach. Ber. 16, 535.
Oxalmethylethylin	"	1.0051, 11°	Radziszewski. Ber. 16, 487.
Propylglyoxalin	$C_6 H_{10} N_2$	.967, 16°	Wallach. Ber. 15, 650.
Oxalethylethylin	"	.9820	Wallach and Stricker. Ber. 13, 512.
"	"	.980	Radziszewski. Ber. 16, 487.
Oxalethylpropylin	$C_7 H_{12} N_2$	.9813	" "
Oxalpropylethylin	"	.9641	" "
Oxalpropylpropylin	$C_8 H_{14} N_2$	.9520	Wallach and Schulze. Ber. 14, 424.
"	"	.951	Radziszewski. Ber. 16, 487.
Amylglyoxalin	"	.940, 18°	Wallach. Ber. 15, 651.
Oxalethylisoamylin	$C_9 H_{16} N_2$	.9291, 19°.6	Radziszewski and Szul. Ber. 17, 1291.
Oxalpropylisoamylin	$C_{10} H_{18} N_2$	.9149, 18°	" "
Oxalisobutylisoamylin	$C_{11} H_{20} N_2$	.9048, 16°.1	" "
Oxalisoamylisoamylin	$C_{12} H_{22} N_2$	.9029, 19°	" "

TABLE OF SPECIFIC GRAVITIES

Name.	Formula.	Sp. Gravity.	Authority.
Oxalmethyloenanthylin	$C_{10}H_{18}N_2$	.9282, 16°.5	Karcz. Ber. 20, ref. 474.
Oxalethyloenanthylin	$C_{11}H_{20}N_2$	.9210, 16°.5	" "
Oxalpropyloenanthylin	$C_{12}H_{22}N_2$	.9192, 17°	" "
Benzonitril	$C_6H_5.CN$	1.0073, 15°	Fehling. A. C. P. 49, 91.
"	"	1.0230, 0° } 1.0084, 16°.8 }	Kopp. A. C. P. 98, 367.
"	"	.8330, 192°	Ramsay. J. C. S. 35, 463.
"	"	1.0052, 18°	Gladstone. Bei. 9, 249.
Benzyl cyanide, or α toluic nitril.	$C_7H_7.CN$	1.0155, 8°	Radziszewski. Ber. 3, 198.
" " "	"	1.0146, 18°	Hofmann. Ber. 7, 519.
Phenylpropionitril	$C_8H_9.CN$	1.0014, 18°	Hofmann. Ber. 7, 520.
Orthoxylyl cyanide	"	1.0156, 22°	Radziszewski and Wispek. Ber. 18, 1279.
Metaxylyl cyanide	"	1.0022, 22°	" "
Paraxylyl cyanide	"	.9922, 22°	" "
Cumonitril	$C_9H_{11}.CN$	.765, 14°	Hofmann. J. 1, 595.
Azobenzene	$C_{12}H_{10}N_2$	1.180 }	
"	"	1.196 } 4° -- {	Schröder. Ber. 12, 561.
"	"	1.202 }	
"	"	1.223 }	
"	"	.8256, 293°	Ramsay. J. C. S. 35, 463.
Phenyl hydrazin	$C_6H_8N_2$	1.091, 21°	Fischer. A. C. P. 190, 82.
" "	"	1.097, 22°.7	Fischer. A. C. P. 236, 198.
Chinaldin	$C_{10}H_9N$	1.0646, 20°	Küsel. Ber. 19, 2249.
Piperyl hydrazin	$C_5H_{12}N_2$	.9283, 14°.6	Knorr. A. C. P. 221, 301.
Diethylaniline azylin	$C_{20}H_{28}N_4$	1.107, 15°, s.	Lippmann and Fleissner. Ber. 16, 1417.
Methyl indol	C_9H_9N	1.0707, 0°	Lipp. Ber. 17, 2511.
Cyanoconicine	$C_9H_{14}N_2$	.93	E. v. Meyer. B. S C. 39, 124.
Ptomaine	$C_8H_{11}N$	.9865, 0°	Coninck. C. R. 106, 859.
"Acetylamine. ?"	$C_2H_5N.?$	.975, 15°	Natanson. J. 9, 527.

XLVIII. COMPOUNDS CONTAINING C, H, N, AND O.

1st. Nitrites and Nitrates of the Paraffin Series.

Name.	Formula.	Sp. Gravity.	Authority.
Methyl nitrite	$CH_3 . NO_2$	.991	Strecker. J. 7, 521.
Ethyl nitrite	$C_2H_5 . NO_2$	.886, 4°	Dumas and Boullay. Ann. (2), 37, 19.
" "	"	.947, 15°	Liebig. A. C. P. 30, 143.
" "	"	.898	Mohr. J. 7, 561.
" "	"	.900, 15°.5	Brown. J. 9, 575.
Propyl nitrite	$C_3H_7 . NO_2$	.935, 21°	Cahours. Les Mondes, 32, 280.
Isopropyl nitrite	"	.856, 0°	Silva. Z. C. 12, 637.
" "	"	.844, 24°	
Isobutyl nitrite	$C_4H_9 . NO_2$	.89445, 0°	Chapman and Smith. J. C. S. 22, 153.
" "	"	.8771, 16°	
" "	"	.82568, 50°	
Trimethylcarbyl nitrite	"	.8915, 0°	Bortoni. Ber. 19, ref. 98.
Amyl nitrite	$C_5H_{11} . NO_2$	.8773	Rieckher. J. 1, 699.
" "	"	.9020	Hilger. Am. Ch. 5, 231.
" "	"	.9026	
" "	"	.8734, 21°	Gladstone. Bei. 9, 249.
Dimethylethylcarbyl nitrite.	"	.9033, 0°	Bertoni. G. C. I. 16, 512.
Octyl nitrite	$C_8H_{17} . NO_2$	.862, 17°	Eichler. Ber. 12, 1887.
Methylhexylcarbyl nitrite	"	.881, 0°	Bertoni. G. C. I. 16, 512.
Methyl nitrate	$CH_3 . NO_3$	1.182, 20°	Dumas and Peligot. Ann. (2), 58, 39.
Ethyl nitrate	$C_2H_5 . NO_3$	1.112, 17°	Millon. Ann. (3), 8, 236.
" "	"	1.1322, 0°	Kopp. A. C. P. 98, 367.
" "	"	1.1123, 15°.5	
" "	"	1.0948, 17°	Wittstein. J.18, 470.
" "	"	.9991, 87°	Ramsay. J. C. S. 35, 463.
" "	"	1.1067, 25°	Gladstone. Bei. 9, 249.
Isopropyl nitrate	$C_3H_7 . NO_3$	1.054, 0°	Silva. Z. C. 12, 637.
" "	"	1.036, 19°	
Isobutyl nitrate	$C_4H_9 . NO_3$	1.0384, 0°	Chapman and Smith. J. C. S. 22, 153.
" "	"	1.020, 16°	
Amyl nitrate	$C_5H_{11} . NO_3$	.902, 22°	Rieckher. J. 1, 699.
" "	"	.994, 10°	Hofmann. J. 1, 699.
" "	"	1.000, 7°—8°	Chapman and Smith. J. 20, 550.
" "	"	.8698, 147°	Schiff. Bei. 9, 559.
Cetyl nitrate	$C_{16}H_{33} . NO_3$	.91	Champion. C. R. 73, 571.

2d. Nitro-Derivatives of the Paraffin Series.

NAME.	FORMULA.	SP. GRAVITY.	AUTHORITY.
Nitromethane	CH_3NO_2	1.0236, 101°.5	Schiff. Bei. 9, 559.
Nitroethane	$C_2H_5NO_2$	1.0582, 18°	Meyer und Stuber. Ann. (4), 28, 138.
"	"	.9329, 114°.5	Schiff. Bei. 9, 559.
"	"	1.0550, 18°	Gladstone. Bei. 9, 249.
Nitroheptane	$C_7H_{15}NO_2$	.9369, 19°	Beilstein and Kurbatow. Ber. 13, 2029.
Dinitroethane	$C_2H_4(NO_2)_2$	1.3503, 23°.5	Meer. Ber. 8, 1080.
Dinitropropane	$C_3H_6(NO_2)_2$	1.258, 22°.5	Meer. Ber. 8, 1087.
Dinitrobutane	$C_4H_8(NO_2)_2$	1.205, 15°	Chancel. Ber. 16, 1495.
Dinitrohexane	$C_6H_{12}(NO_2)_2$	1.1381, 0°	
"	"	1.1333, 5°	
"	"	1.1284, 10°	
"	"	1.1235, 15°	
"	"	1.1185, 20°	Chancel. C. R. 100, 601.
"	"	1.1135, 25°	
"	"	1.1085, 30°	
"	"	1.1034, 35°	
"	"	1.0983, 40°	
Ethyl nitroacetate	$C_4H_7NO_4$	1.133, 0°	Forcrand. C. R. 88, 975.
Nitrocaprylic acid	$C_8H_{15}NO_4$	1.093, 18°	Wirz. A. C. P. 104, 289.
Ethyl nitrocaprylate	$C_{10}H_{19}NO_4$	1.031, 18°	Wirz. A. C. P. 104, 290.
Nitrosodiethyline	$C_4H_{10}N_2O$	.951, 17°.5	Geuther. J. 16, 409.
Nitrosodipropylamine	$C_6H_{14}N_2O$	.924, 14°	Siersch. J. 20, 537.
"	"	.931, 0°	Vincent. Ber. 19, ref. 680.
Derivative of nitroethane	C_5H_7NO	1.0102, 15°	Götting. A. C. P. 243, 104.
" "	C_6H_9NO	.9750, 15°	"
" "	"	1.0	Ssokolow. Ber. 19, ref. 540.

3d. Aromatic Nitro-Compounds.

Name.	Formula.	Sp. Gravity.	Authority.
Nitrobenzene	$C_6H_5.NO_2$	1.209, 15°	Mitscherlich. P. A. 31, 625.
"	"	1.2002, 0° 1.1866, 14°.4	Kopp. A. C. P. 98, 367.
"	"	1.2159, 5°–10°	
"	"	1.2107, 10°–15°	Regnault. P. A. 62, 50.
"	"	1.2504, 15°–20°	
"	"	1.206, 20°	Naumann. Ber. 10, 2015.
"	"	1.0210, 220°	Ramsay. J. C. S. 35, 463.
"	"	1.2039, 20°	Brühl. Bei. 4, 780.
"	"	1.1740, 25°.5	Schall. Ber. 17, 2555.
"	"	1.0851, 116°.2	
"	"	1.2121, 7°.5	Gladstone. Bei. 9, 249.
"	"	1.07134, 150°.7	
"	"	1.07033, 153°.3	
"	"	1.06276, 158°.4	Taken at different pressures, each t°. being the boiling point at the pressure observed. Neubeck. Z. P. C. 1, 655.
"	"	1.04807, 173°.2	
"	"	1.04477, 186°.6	
"	"	1.03246, 189°.4	
"	"	1.03059, 189°.4	
"	"	1.01794, 200°.1	
"	"	1.00846, 207°.3	
"	"	1.00722, 208°.2	
"	"	1.00713, 208°.2	
Dinitrobenzene	$C_6H_4(NO_2)_2$	1.3690, 98°.1	Schiff. A. C. P. 223, 247.
Nitrotoluene	$C_6H_4.CH_3.NO_2$	1.18, 16°.5	Deville. Ann. (3), 3, 175.
"	"	1.1231, 54°	Schiff. A. C. P. 223, 247.
"	"	1.1649, 15°.5	Gladstone. Bei. 9, 249.
Orthonitrotoluene	"	1.162, 23° 1.163, 23°.5	Beilstein and Kuhlberg. A. C. P. 155, 17.
"	"	1.159	Leeds. Ber. 14, 483.
"	"	1.02509 1.02483 } 160°	
"	"	.99814, 186°.1	Taken at different pressures, each t°. being the boiling point at the pressure observed. Neubeck. Z. P. C. 1, 655.
"	"	.99679, 187°.1	
"	"	.98403 .98388 } 197°.7	
"	"	.97149, 208°.7	
"	"	.97087, 209°.2	
"	"	.96192 .96177 } 218°	
"	"	.96063 .96032 } 219°.8	
Metanitrotoluene	"	1.168, 22°	Beilstein and Kuhlberg. J. 22, 403.

TABLE OF SPECIFIC GRAVITIES

Name.	Formula.	Sp. Gravity.	Authority.
Metanitrotoluene	$C_6H_4.CH_3.NO_2$	1.01158 } 171°	
"	"	1.01128	
"	"	.98775 } 194°.1	
"	"	.98737	Taken at different
"	"	.97227 } 207°.8	pressures, each
"	"	.97189	t°. being the
"	"	.96027 } 218°.8	boiling point at
"	"	.96008	the pressure ob-
"	"	.95099 } 227°	served. Neu-
"	"	.95084	beck. Z. P. C. 1,
"	"	.94984, 227°.5	655.
"	"	.94933 } 228°.6	
"	"	.94914	
Paranitrotoluene	"	1.00668, 177°.5	
"	"	1.00467, 178°.5	Taken at different
"	"	.98378 } 201°	pressures, each
"	"	.98364	t°. being the
"	"	.96812, 213°	boiling point at
"	"	.95455, 225°	the pressure ob-
"	"	.94531 } 237°.5	served. Neu-
"	"	.94513	beck. Z. P. C. 1,
"	"	.94342, 239°	655.
Dinitrotoluene	$C_6H_3.CH_3(NO_2)_2$	1.3208, 70°.5	Schiff. A. C. P. 223, 247.
Nitroörthoxylene	$C_6H_3(CH_3)_2NO_2$	1.139, 20°	Jacobsen. Ber. 17, 160.
"	"	1.147, 15°	Noelting and Forel. Ber. 18, 2671.
Nitrometaxylene. 1.3.2	"	1.126, 17°.5	Tawildarow. Z. C. 13, 418
" "	"	1.126, 24°.5	Beilstein and Kuhlberg.
" "	"	1.112, 15°	Grevingk. Ber. 17, 2430.
" 1.3.4	"	1.124, 25°	Beilstein and Kuhlberg.
" "	"	1.135, 15°	Grevingk. Ber. 17, 2429.
" "	"	.98667, 176°	
" "	"	.98254, 179°.5	
" "	"	.98057, 182°	Taken at different
" "	"	.97535, 186°	pressures, each
" "	"	.95631 } 206°	t°. being the
" "	"	.95642	boiling point at
" "	"	.94078, 218°	the pressure ob-
" "	"	.92964 } 233°	served. Neu-
" "	"	.92945	beck. Z. P. C. 1,
" "	"	.91794 } 243°	655.
" "	"	.91823	
" "	"	.91634, 244°	
Nitroparaxylene	"	1.132, 15°	Noelting and Forel. Ber. 18, 2680.
Nitrocymene	$C_{10}H_{13}.NO_2$	1.0385, 18°	Landolph. C. C. 4, 596.
Dinitrocymene	$C_{10}H_{12}.(NO_2)_2$	1.206, 18°.5	" "
"	"	1.204, 21°	
Nitronaphthalene	$C_{10}H_7.NO_2$	1.321 } 4°	Schröder. Ber. 12, 1611.
"	"	1.341	

Name.	Formula.	Sp. Gravity.	Authority.
Nitronaphtholene	$C_{10}H_7 \cdot NO_2$	1.2226, 61°.5	Schiff. A. C. P. 228, 247.
Orthonitrophenol	$C_6H_4 \cdot OH \cdot NO_2$	1.443 } 4° -- { 1.451	Schröder. Ber. 12, 561.
"	"	1.2945, 45°.2	Schiff. A. C. P. 228, 247.
Paranitrophenol	"	1.467 } 4° -- { 1.469	Schröder. Ber. 12, 561.
"	"	1.2809, 114°	Schiff. A. C. P. 228, 247.
Trinitrophenol, or picric acid.	$C_6H_2 \cdot OH \cdot (NO_2)_3$	1.813	Rüdorff. Ber. 12, 251.
" "	"	1.750 } 4° -- { 1.777	Schröder. Ber. 12, 561.
Methyl orthonitrophenate	$C_6H_4 \cdot OCH_3 \cdot NO_2$	1.268, 20°	Post and Mehrtens. Ber. 8, 1552.
Methyl paranitrophenate	"	1.233, 20°	" "
Methyl α dinitrophenate	$C_6H_3 \cdot OCH_3 \cdot (NO_2)_2$	1.341, 20°	" "
Methyl β dinitrophenate	"	1.319, 20°	" "
Methyl trinitrophenate	$C_6H_2 \cdot OCH_3 \cdot (NO_2)_3$	1.408, 20°	" "
Orthonitrobenzoic acid	$C_6H_4 \cdot COOH \cdot NO_2$	1.5588	Post and Frerichs. Ber. 8, 1549.
" "	"	1.574 } 4° -- { 1.576	Schröder. Ber. 12, 1611.
Metanitrobenzoic acid	"	1.4721	Post and Frerichs. Ber. 8, 1549.
" "	"	1.492 } 4° -- { 1.496	Schröder. Ber. 12, 1611.
Paranitrobenzoic acid	"	1.5804	Post and Frerichs. Ber. 8, 1549.
Nitroanisol	$C_6H_4 \cdot OCH_3 \cdot NO_2$	1.249, 26°	Brunck. J. 20, 619.
Orthonitroisobutylanisol	$C_6H_4 \cdot OC_4H_9 \cdot NO_2$	1.1046, 20°	Riess. Z. C. 14, 39.
Paranitroisobutylanisol	"	1.1361, 20°	" "
Metanitraniline	$C_6H_4 \cdot H_2N \cdot NO_2$	1.480, 4°	Schröder. Ber. 12, 561.
Paranitraniline	"	1.415 } 4° { 1.433	" "

4th. Miscellaneous Nitrates, Nitrites, and Nitro-Compounds.

Name.	Formula.	Sp. Gravity.	Authority.
Allyl nitrite	$C_3 H_5 . N O_2$	.9546, 0°	Bertoni. G. C. I. 15, 368.
Allyl nitrate	$C_3 H_5 . N O_3$	1.09, 10°	Henry. B. S. C. 18, 232.
Ethylene nitrosonitrate	$C_2 H_4 . N O_2 . N O_3$	1.472	Kekulé. Ber. 2, 329.
Ethylene mononitrate	$C_2 H_4 . O H . N O_3$	1.31, 11°	Henry. Ann. (4), 27, 243.
Ethylene dinitrate	$C_2 H_4 (N O_3)_2$	1.4837, 8°	" "
" "	"	1.48	Champion. Z. C. 14, 470.
α Propylene dinitrite	$C_3 H_6 (N O_2)_2$	1.144, 0°	Bertoni. G. C. I. 16, 512.
Propylene dinitrate	$C_3 H_6 (N O_3)_2$	1.335, 5°	Henry. Ann. (4), 27, 243.
Ethylene acetonitrate	$C_2 H_4 . C_2 H_3 O_2 . N O_3$	1.29, 18°	" "
Glyceryl trinitrite	$C_3 H_5 (N O_2)_3$	1.291, 15°.5	Masson. Ber. 16, 1699.
Nitrolactic acid	$C_3 H_5 N O_5$	1.35, 12°.8	Henry. Ann. (4), 28, 415.
Ethyl nitroglycollate	$C_4 H_7 N O_5$	1.2112, 15°.2	" "
Ethyl nitrolactate	$C_5 H_9 N O_5$	1.1534, 13°	" "
Ethyl nitromalonate	$C_7 H_{11} N O_6$	1.149, 15°	Conrad and Bischoff. Ber. 13, 599.
Ethyl nitrotartronate	$C_7 H_{11} N O_7$	1.2778, 16°	Henry. Ann. (4), 28, 415.
Ethyl nitromalate	$C_8 H_{13} N O_7$	1.2094, 16°	" "
Nitroglycerine	$C_3 H_5 N_3 O_9$	1.595 } 15° 1.600 }	De Vrij. J. 8, 626.
"	"	1.5958	Liebe. J. 13, 453.
"	"	1.60	Sobrero. J. 13, 453.
"	"	1.60	Champion. Z. C. 14, 350.
"	"	1.6, 15°	Kern. C. N. 31, 153.
"	"	1.735, s. }	Beckerhinns. J. R. C. 4, 148.
"	"	1.599, l. }	
"	"	1.601, 14°.5	Hay and Masson. J. C. S. 48, 742.
Nitromannite	$C_6 H_8 N_6 O_{18}$	1.604, 0°, cryst.	
"	"	1.446	Sokoloff. Ber. 12, 698.
"	"	1.503 } fused	
"	"	1.537	
Trinitrolactose	$C_{12} H_{19} N_3 O_{17}$	1.479, 0°	Gé. Ber. 15, 2239.
Pentanitrolactose	$C_{12} H_{17} N_5 O_{21}$	1.684, 0°	" "
Acetonitrose	$C_{14} H_{19} N O_{12}$	1.3487, 18°	Colley. B. S. C. 19, 406.
Acetoethyl nitrate	$C_6 H_{14} N_2 O_7$	1.0451, 19°	Nadler. J. 13, 403.
Derivative of menthol	$C_{10} H_{19} N O_2$	1.061, 15°	Moriya. J. C. S. 39, 77.

5th. Miscellaneous Amido-Compounds.

NAME.	FORMULA.	SP. GRAVITY.	AUTHORITY.
Ethylhydroxylamine	$N\,H.\,O\,H.\,C_2H_5$	.8827, 7°.5	Gürke. Ber. 14, 258.
Ethylenediamine hydrate	$(NH_2)_2\,C_2H_4.\,H_2O$	.970, 15°	Rhoussopolos and Meyer. J.C.S. 42, 940.
Oxypropylpropylamine	$NH.\,C_3H_7.\,C_3H_6OH$	.9018, 18°	Liebermann and Paal. Ber. 16, 523.
Oxyisoamylamine	$NH_2.\,C_5H_{11}O$	.9265, 14°	Radziszewski and Schramm. Ber. 17, 838.
Dioxyisoamylamine	$NH.\,(C_5H_{11}O)_2$	.9500, 14°	" "
Trioxyamylamine	$N\,(C_5H_{11}O)_3$	.879, 22°	J. Erdmann. J. 17, 419.
Formamide	$NH_2.\,COH$	1.1462, 19°	Gladstone. Bei. 9, 249.
Methylformamide	$NH.\,CH_3.\,COH$	1.011, 19°	Linnemann. J. 22, 601.
Ethylformamide	$NH.\,C_2H_5.\,COH$	.967, 2°	Wurtz. J. 7, 567.
"	"	.952, 21°	Linnemann. J. 22, 602.
Diethylformamide	$N\,(C_2H_5)_2.\,COH$	.908, 19°	" "
Acetamide	$NH_2.\,C_2H_3O$	1.11 } 14° 1.13 }	Mendius. B. D. Z.
"	"	1.159, 4°	Schröder. Ber. 12, 561.
Ethylacetamide	$NH.\,C_2H_5.\,C_2H_3O$	.942, 4°.5	Wurtz. J. 7, 566.
Ethyldiacetamide	$N.\,C_2H_5.\,(C_2H_3O)_2$	1.0092, 20°	Wurtz. Ann. (2), 42, 55.
Dimethylacetamide	$N\,(CH_3)_2.\,C_2H_3O$	.9405, 20°	Franchimont. R. T. C. 2, 329.
Diethylacetamide	$N.\,(C_2H_5)_2.\,C_2H_3O$	.9248, 8°.5	Wallach and Kamensky. A. C. P. 214, 285.
Propionamide	$NH_2.\,C_3H_5O$	1.030 } 4° 1.037 }	Schröder. Ber. 12, 561.
Amidoacetic acid, or glycocoll.	$C_2H_5NO_2$	1.1607	Curtius. B. S. C. 39, 169.
Ethyl diethylglycocollate	$C_8H_{17}NO_2$	.919, 15°	Kraut. J. R. C. 4, 198.
Amidocaproic acid, or leucine.	$C_6H_{13}NO_2$	1.293, 18°	Engel and Vilmain. B. S. C. 24, 279.
" " "	"	1.282	Lippmann. Ber. 17, 2837.
Oxamide	$C_2H_4N_2O_4$	1.627 } 1.657 } 4° 1.667 }	Schröder. Ber. 12, 561.
Dimethyloxamide	$C_4H_8N_2O_2$	1.281 } 4° 1.307 }	Schröder. Ber. 12, 1611.
Diethyloxamide	$C_6H_{12}N_2O_2$	1.164 } 4° 1.173 }	" "
Asparagine	$C_4H_8N_2O_3.\,H_2O$	1.519, 14°	Watts' Dictionary.
"	"	1.552	Rüdorff. Ber. 12, 252.
Amidosuccinic, or aspartic acid. " "	$C_4H_7NO_4$	1.6613, active. 1.6632, inactive.	} Pasteur. J. 4, 389.

TABLE OF SPECIFIC GRAVITIES.

Name.	Formula.	Sp. Gravity.	Authority.
Allylsuccinimide	$C_7 H_9 N O_2$	1.1543, 0°	Moiné. J. C. S. 52, 489.
"	"	1.1432, 12°	
"	"	1.1112, 50°	
"	"	1.0677, 100°	
Ethyl amidoacetacetate	$C_6 H_{11} N O_2$	1.014, 30°	Duisberg. Ber. 15, 1386.
Ethyl amidopropiopropionate.	$C_8 H_{15} N O_2$	.9774, 15°	Israel. A. C. P. 231, 197.
Mucamide	$C_6 H_{12} N_2 O_6$	1.589, 13°.5	Malaguti. C. R. 22, 854.
Benzamide	$N H_2, C_7 H_5 O$	1.338 } 4°--	Schröder. Ber. 12, 1611.
"	"	1.344	
Amidobenzoic acid	$N H_2, C_7 H_5 O_2$	1.506 } 4°--	" "
"	"	1.515	
Amidomethylphenol	$C_7 H_9 N O$	1.108, 26°	Brunck. J. 20, 620.
Dimethylanisidine	$C_9 H_{13} N O$	1.016, 23°	Mühlhäuser. A. C. P. 207, 249.
Ethyl orthoamidophenetol	$C_{10} H_{15} N O$	1.021, 18°.3	Förster. J. P. C. (2), 21, 347.
Methylformanilide	$C_8 H_9 N O$	1.097, 18°	Pictet and Crépieux. Ber. 21, 1106.
Ethylformanilide	$C_9 H_{11} N O$	1.063, 16°	" "
Propylformanilide	$C_{10} H_{13} N O$	1.044, 16°	" "
Isoamylformanilide	$C_{12} H_{17} N O$	1.004, 16°	" "
Acetanilide	$C_8 H_9 N O$	1.099, 10°.5	Williams. J. 17, 424.
"	"	1.205 } 4°--	Schröder. Ber. 12, 1611.
"	"	1.216	
Benzanilide	$C_{13} H_{11} N O$	1.306 } 4°--	" "
"	"	1.321	
Oxethenaniline	$C_8 H_{11} N O$	1.11, 0°	Demole. J. C. S. (2), 12, 77.
α Ethylbenzhydroxamic acid.	$C_9 H_{11} N O_2$	1.209	Gürke. Ber. 14, 258.
β Ethylbenzhydroxamic acid.	"	1.185	Gürke. Ber. 14, 259.
Ethyl ethylbenzhydroxamate.	$C_{11} H_{15} N O_2$	1.0258, 17°	Gürke. Ber. 14, 257.
Ethyl α dibenzhydroxamate.	$C_{16} H_{15} N O_3$	1.2433, 18°.4	Gürke. Ber. 14, 258.
Ethyl β dibenzhydroxamate.	"	1.2395, 18°.4	" "
Tyrosine	$C_9 H_{11} N O_3$	1.456	Siber. Ber. 17, 2837.
Carbamide, or urea	$C H_4 N_2 O$	1.35	Proust.
" "	"	1.30, 12°	Bödeker. B. D. Z.
" "	"	1.35	Schabus.
" "	"	1.323 } 4°--	Schröder. Ber. 12, 561.
" "	"	1.333	
Ethyl carbamide	$C_3 H_8 N_2 O$	1.209 }	{ Two samples. Leuckart. J. P. C. (2), 21, 11.
" "	"	1.213, 18° }	
Diethyl carbamide	$C_5 H_{12} N_2 O$	1.040 }	Schröder. Ber. 18, 1070.
" "	"	1.043	
Benzyl phenyl carbamide.	$C_{14} H_{16} N_2 O$	.9168, 18°	Gladstone. Bei. 9, 249.
Ethyl carbamate, or urethane.	$C_3 H_7 N O_2$	.9862, 21°	Wurtz. J. 7, 565.

FOR SOLIDS AND LIQUIDS.

6th. Miscellaneous Cyanogen Compounds.

Name.	Formula.	Sp. Gravity.	Authority.
Ethyl cyanate	$C_3 H_5. C N O$	1.1271, 15°	Cloëz. J. 10, 886.
Tertiary butyl cyanate	$C_4 H_9. C N O$	.8676, 0°	Brauner. Ber. 12, 1875.
Cyanaldehyde	$C_2 H_3 O C N$	.881, 15°	Chautard. C. R. 106, 1168.
Ethyl cyanformate	$C_4 H_5 N O_2$	1.0139, 13°.5	Henry. C. R. 102, 768.
Ethyl cyanacetate	$C_5 H_7 N O_2$	1.0664, 13°.5	" "
Diisobutyryl dicyanide	$C_{10} H_{14} N_2 O_2$	.96	Moritz. J. C. S. 40, 13.
Ethylene cyanhydrin	$C_3 H_4. O H. C N$	1.0588, 0°	Erlenmeyer. A. C. P. 191, 276.
Ethyl acetylcyanacetate	$C_7 H_9 N O_3$	1.102, 19°	Haller and Held. Ber. 15, 2363.
Ethyl methylacetylcyanacetate.	$C_8 H_{11} N O_8$	.996, 20°	Held. B. S. C. 41, 330.
Ethyl ethylacetylcyanacetate.	$C_9 H_{13} N O_3$	.976, 20°	" "
Ethoxyacetonitril	$C_4 H_7 N O$	.918, 6°	Henry. B. S. C. 20, 186.
"	"	.9093, 20°	Norton and Tscherniak.
Phenoxyacetonitril	$C_8 H_7 N O$	1.09, 17°.5	Fritzsche. Ber. 12, 2178.
Mandelic nitril	"	1.124	Völckel. P. A. 62, 444.
Hydroxisovaleronitril	$C_5 H_9 N O$	.95612, 0°	Lipp. A. C. P. 205, 26.
Hydroxycaprylonitril	$C_8 H_{15} N O$	.9048, 17°	Erlenmeyer and Sigel. A. C. P. 177, 107.
Triethoxyacetonitril	$C_8 H_{15} N O_3$	1.0030, 15°.5	Bauer. A. C. P. 229, 163.
Valeracetonitril	$C_{13} H_{24} N_2 O_3$	.79	Schlieper. A. C. P. 49, 19.
Acetoxyacetonitril	$C_4 H_5 N O_2$	1.1003, 13°.5	Henry. C. R. 102, 768.
Acetoxypropionitril	$C_5 H_7 N O_2$	1.077, 13°.5	" "
Cyanöil	$C_6 H_{11} N O$	1.009	Rossignon. A. C. P. 44, 301.

7th. Miscellaneous Compounds.

Name.	Formula.	Sp. Gravity.	Authority.
Ethyl carbimide	$C_3 H_5 N O$	.8981	Wurtz. J. 7, 564.
Phenyl carbimide	$C_7 H_5 N O$	1.092, 50°	Hofmann. P. R. S. 19, 108.
Ethylmethyl acetoxim	$C_4 H_9 N O$	.9195, 24°	Janny. Ber. 15, 2779.
Trimethylene diethylalkin	$C_7 H_{17} N O$	.9199, 4°	Berend. Ber. 17, 510.
Tetrethylallylalkin	$C_{11} H_{26} N_2 O$	.9002, 4°	" "
Methylphenylethylalkin	$C_9 H_{13} N O$	1.08065, 0°	Laun. Ber. 17, 676.
Piperpropylalkin	$C_9 H_{17} N O$	.9456, 0°	Laun. Ber. 17, 680.
Hydroxypicoline	$C_6 H_9 N O$	1.008, 18°	Etard. J. C. S. 40, 1046.
Collidine monocarbonic ether.	$C_{11} H_{15} N O_2$	1.0315, 15°	R. Michael. A. C. P. 225, 121.
Collidine dicarbonic ether	$C_{14} H_{19} N O_4$	1.087, 15°	Hantzsch. Ber. 15, 2913.
Nitroxylpiperidine	$C_5 H_{10} N_2 O$	1.0659, 15°.5	Wertheim. J. 16, 440.
Acetpiperidid	$C_7 H_{13} N O$	1.01106, 9°	Wallach and Kamensky. A. C. P. 214, 238.
Acetylcopellidine	$C_{10} H_{19} N O$	.9787, 0°	Dürkopf. Ber. 18, 924.
"	"	.9660, 21°	
Parachinanisol	$C_{10} H_9 N O$	1.1665, 0°	Skraup. Ber. 18, ref. 631.
"	"	1.1542, 20°	
"	"	1.1402, 50°	
Base from ethylamine camphorate.	$C_{14} H_{24} N_2 O$	1.0177, 15°	Wallach and Kamensky. A. C. P. 214, 245.
Uric acid	$C_5 H_4 N_4 O_3$	1.855	Schröder. Ber. 13, 1070.
" "	"	1.893	
Hippuric acid	$C_9 H_9 N O_3$	1.308, s.	Schabus. J. 3, 410.
Ethyl hippurate	$C_{11} H_{13} N O_3$	1.043, 23°, s.	Stenhouse. A. C. P. 31, 148.
Ethyl glycocholate	$C_{28} H_{47} N O_6$	.901	Springer. A. C. J. 1, 181.
Indigotine	$C_{16} H_{10} N_2 O_2$	1.35	Weltzien's "Zusammenstellung."
Creatine hydrate	$C_4 H_9 N_3 O_2 . H_2 O$	1.34	Watts' Dictionary.
" "	"	1.35	
Caffeine	$C_8 H_{10} N_4 O_2 . H_2 O$	1.23, 19°	Pfaff. Watts' Dict.
Piperine	$C_{17} H_{19} N O_3$	1.1931, 18°	Wackenroder. Watts' Dict.
Strychnine	$C_{21} H_{22} N_2 O_2$	1.359, 18°	F. W. Clarke.
"	"	1.13	Blunt. J. C. S. 50, 1047.
Morphine	$C_{17} H_{19} N O_3 . H_2 O$	1.317	Schröder. Ber. 13, 1070.
"	"	1.326	
Morphine butyrate	$C_{21} H_{27} N O_5$	1.215, 13°	Decharme. J. 16, 445.
Morphine oxalate	$C_{36} H_{38} N_2 O_9 . 2 H_2 O$	1.286, 15°	" "
Morphine lactate	$C_{20} H_{25} N O_6$	1.3574	" "
Codeine	$C_{18} H_{21} N O_3 . N_2 O$	1.300	Hunt. J. 8, 566.
"	"	1.311	Schröder. Ber. 13, 1070.
"	"	1.323	

FOR SOLIDS AND LIQUIDS.

Name.	Formula.	Sp. Gravity.	Authority.
Thebaine	$C_{19} H_{21} N O_3$	1.282 1.305	Schröder. Ber. 13, 1070.
Laudanine	$C_{20} H_{25} N O_4$	1.255 1.256	" "
Papaverine	$C_{21} H_{21} N O_4$	1.308 1.317 1.337	" "
Cryptopine	$C_{21} H_{23} N O_5$	1.351	" "
Narcotine	$C_{22} H_{23} N O_7$	1.374 1.391 1.395	" "
Pelletierine	$C_8 H_{15} N O$	.988, 0°	Tanret. Ber. 13, 1031.
Paraffinic acid	$C_{13} H_{26} N O_5$	1.14, 15°	Champion and Pellet. B.S.C. 18, 247.

XLIX. CHLORIDES, BROMIDES, AND IODIDES OF CARBON.

Name.	Formula.	Sp. Gravity.	Authority.
Carbon tetrachloride	$C Cl_4$	1.599	Regnault. Ann. (2), 71, 383.
" "	"	1.56	Kolbe. A. C. P. 54, 146.
" "	"	1.62983, 0°	Pierre. Ann. (3), 33, 210.
" "	"	1.567, 12°	Riche.
" "	"	1.5947, 20°	Haagen. P. A. 131, 117.
" "	"	1.4658, at the boiling p't.	Ramsay. J.C.S. 35, 463.
" "	"	1.63195, 0° 1.47999, 76°.74	Thorpe. J. C. S. 37, 199.
" "	"	1.6084, 9°.5 1.4802, 75°.6	Schiff. G. C. I. 13, 177.
" "	"	1.60500, 15° 1.58873, 25°	Perkin. J.P.C. (2), 32, 523.
Tetrachlorethylene	$C_2 Cl_4$	1.619, 20°	Regnault. Ann. (2), 71, 353.
"	"	1.6490, 0°	Pierre. Ann. (3), 33, 230.
"	"	1.612, 10°	Geuther. A. C. P. 107, 212.
"	"	1.6595, 0°	Bourgoin. Ber. 8, 548.
"	"	1.6190, 20°	Brühl. Bei. 4, 780.
"	"	1.6312, 9°.4	
"	"	1.4434 1.4489 } 120°	Schiff. G. C. I. 13, 177.
Hexchlorethane	$C_2 Cl_6$	1.619	Regnault. Ann. (2), 71, 374.
"	"	2.011	Schröder. Ber. 13, 1070.

Name.	Formula.	Sp. Gravity.	Authority.
Octochlorpropane	$C_3 Cl_8$	1.860	Cahours. J. 3, 496.
Hexchlorobenzene	$C_6 Cl_6$	1.585, 228°	Jungfleisch. J. 20, 36.
"	"	1.437, 317°	
"	"	1.569, 236°	M. 226°. B. 326°.
"	"	1.5191, 266°	Jungfleisch. J. 21, 354.
"	"	1.4624, 306°	
Thiocarbonyl chloride	$C S Cl_2$	1.46	Kolbe. A. C. P. 45, 41.
" "	"	1.5498, 0°	
" "	"	1.5339, 11°	Claesson. Lund Arsskrift 1884–'5.
" "	"	1.5241, 17°	
" "	"	1.05085, 15°	Billeter and Strohl. Ber. 21, 102.
Carbon tetrabromide	$C Br_4$	3.42, 14°	Bolas and Groves. J. C. S. 24, 780.
Carbon sulphobromide	$C S_2 Br_4$	2.88, 15°	Hell and Urech. Ber. 16, 1148.
Bromo-trichlormethane	$C Cl_3 Br$	2.058, 0°	
" "	"	2.017, 19°.5	Paterno. J.P.C.(2), 5, 99.
" "	"	1.842, 100°	
" "	"	2.05496, 0°	Thorpe. J. C. S. 37, 371.
" "	"	1.82446, 104°.07	
Dibrom-tetrachlorethane	$C_2 Cl_4 Br_2$	2.3, 21°	Malaguti. Ann. (3), 16, 24.
Dibrom-hexchlorpropane	$C_3 Cl_6 Br_2$	1.974	Cahours.
Carbon tetriodide	$C I_4$	4.32, 20°.2	Gustavson. C.R. 78, 1126.

L. COMPOUNDS CONTAINING C, CL, AND O.

Name.	Formula.	Sp. Gravity.	Authority.
Carbonyl chloride	$C O Cl_2$	1.432, 0°	Emmerling and Lengyel. Z. C. 13, 189.
" "	"	1.392, 18°.6	
Trichloracetyl chloride	$C_2 Cl_4 O$	1.603, 18°	Malaguti. Ann. (3), 16, 9.
" "	"	1.6564, 0°	Thorpe. J. C. S. 37, 371.
" "	"	1.44517, 118°	
Trichloracetic anhydride	$C_4 Cl_6 O_3$	1.6908, 20°	Anthoine. J. Ph. Ch. (5), 8, 417.
Tetrachlormethyl formate	$C_2 Cl_4 O_2$	1.724, 12°	Cahours. J. 1, 676.
" "	"	1.6525, 14°	Hentschel. J.P.C. (2), 36, 99.
Hexchlorethyl formate	$C_3 Cl_6 O_2$	1.705, 18°	Cloëz. Ann. (3), 17, 299.
Hexchlormethyl acetate	"	1.691, 18°	Cloëz. Ann. (3), 17, 312.
Perchlorethyl acetate	$C_4 Cl_8 O_2$	1.79, 25°	Léblanc. Ann. (3), 10, 202.
" "	"	1.78, 22°	Léblanc. Ann. (3), 10, 208.

FOR SOLIDS AND LIQUIDS.

Name.	Formula.	Sp. Gravity.	Authority.
Hexchlormethyl oxide	$C_2 Cl_6 O$	1.594	Regnault. Ann. (2), 71, 403.
Perchlorethyl oxide	$C_4 Cl_{10} O$	1.9, 14°.5	Malaguti. Ann. (3), 16, 14.
Hexchloracetone	$C_3 Cl_6 O$	1.75, 10°	Plantamour.
"	"	1.744, 12°	Cloëz. Ann. (6), 9, 145.
Chloroxethose	$C_4 Cl_6 O$	1.654, 21°	Malaguti. Ann. (3), 16, 20.
Derivative of sodium citrate.	$C_5 Cl_{10} O_2$	1.66	Watts' Dictionary.
By action of $P Cl_5$ on succinyl chloride.	$C_4 Cl_6 O$	1.634	Kauder. J. P. C. (2), 28, 191.

LI. COMPOUNDS CONTAINING C, H, AND CL.

1st. Chlorides of the Paraffin Series.

Name.	Formula.	Sp. Gravity.	Authority.
Methyl chloride	$C H_3 Cl$	.99145, 25°.7	
" "	"	.95231, 0°	
" "	"	.92880, 13°.4	
" "	"	.91969, 17°.9	Vincent and Delachanal. Bei. 3, 332.
" "	"	.90875, 23°.8	
" "	"	.89638, 30°.2	
" "	"	.97886, 39°	
Ethyl chloride	$C_2 H_5 Cl$	.874, 5°	Thénard.
" "	"	.92188, 0°	Pierre. C. R. 27, 213.
" "	"	.9253, 0°	Darling. J. 21, 328.
" "	"	.9176, 8°	Linnemann. A.C.P. 160, 195.
" "	"	.8510, 12°	Ramsay. J. C. S. 35, 463.
" "	"	.92295, 15°	Perkin. J. P. C. (2), 31, 481.
" "	"	.91708, 25°	
Propyl chloride	$C_3 H_7 Cl$	.9156, 0°	
" "	"	.8918, 19°.75	Pierre and Puchot. Ann. (4), 22, 281.
" "	"	.8671, 39°	
" "	"	.9160, 18°	Linnemann. A.C.P. 161, 38 and 39.
" "	"	.8959, 19°	
" "	"	.8877, 14°	De Heen. Bei. 5, 105.
" "	"	.9123, 0°	Zander. A.C.P. 214, 181.
" "	"	.8536, 46°.5	
" "	"	.8561, 46°	Schiff. G. C. I. 13, 177.
" "	"	.8898, 20°	Brühl. Bei. 4, 778.
" "	"	.89296, 15°	Perkin. J. P. C. (2), 31, 481.
" "	"	.88125, 25°	
Isopropyl chloride	"	.874, 10°	Linnemann.
" "	"	.8722, 14°	Linnemann. A. C. P. 161, 18.

TABLE OF SPECIFIC GRAVITIES

Name.	Formula.	Sp. Gravity.	Authority.
Isopropyl chloride	C_3H_7Cl	.8825, 0°	Zander. A.C.P. 214, 181.
" "	"	.8326, 36°.5	
" "	"	.86884, 15°	Perkin. J. P. C. (2), 31, 481.
" "	"	.85750, 25°	
Butyl chloride	C_4H_9Cl	.880	Gerhard. J. 15, 409.
" "	"	.9074, 0°	Lieben and Rossi. A. C. P. 158, 137.
" "	"	.8874, 20°	
" "	"	.8972, 14°	Linnemann. Ann. (4), 27, 268.
" "	"	.8094, bp	Ramsay. J. C. S. 35, 463.
" "	"	.8794, 14°	De Heen. Bei. 5, 105.
Isobutyl chloride	"	.8953, 0°	
" "	"	.8651, 27°.8	Pierre and Puchot. Ann. (4), 22, 310.
" "	"	.8281, 59°	
" "	"	.8798, 15°	Linnemann. A. C. P. 162, 1.
" "	"	.8626, 19°	Gladstone. Bei. 9, 249.
" "	"	.8073, 68°	Schiff. Bei. 9, 559.
" "	"	.88356, 15°	Perkin. J. P. C. (2), 31, 481.
" "	"	.87393, 25°	
Trimethylcarbyl chloride.	"	.8658, 0°	Puchot. Ann. (5), 28, 549.
" "	"	.84712, 15°	Perkin. J. P. C. (2), 31, 481.
" "	"	.83688, 25°	
Normal pentyl chloride	$C_5H_{11}Cl$	.9013, 0°	
" " "	"	.8834, 20°	Lieben and Rossi. A. C. P. 159, 70.
" " "	"	.8680, 40°	
" " "	"	.8732, 20°	Lachowicz. A.C.P. 220, 191.
Amyl chloride	"	.8859, 0°	Kopp. A. C. P. 95, 307.
" "	"	.8625, 25°.1	
" "	"	.89584, 0°	Pierre. C. R. 27, 213.
" "	"	.8750 } 20°	Two products. Schorlemmer. J. 19, 527.
" "	"	.8777	
" "	"	.7801, bp	Ramsay. J. S. C. 35, 463.
" "	"	.8716, 14°	De Heen. Bei. 5, 105.
" "	"	.8703, 20°	Lachowicz. A. C. P. 220, 190.
" "	"	.7903, 99°.5	Schiff. Ber. 19, 560.
" "	"	.88006, 15°	Perkin. J. P. C. (2), 31, 481.
" "	"	.87164, 25°	
" " Active	"	.886	Le Bel. B. S. C. 25, 546.
" " Inactive	"	.8928, 0°	Balbiano. Ber. 9, 1437.
Methylpropylcarbyl chloride. " "	" "	.912, 0° .891, 21°	Wagner and Saytzeff. A. C. P. 179, 321.
Diethylcarbyl chloride " "	" "	.916, 0° .895, 21°	" "
Dimethylethylcarbyl chloride. " "	"	.883, 0°	Wurtz. J. 16, 516
" "	"	.889, 0°	Wischnegradsky A.C.P. 190, 334-336.
" "	"	.870, 19°	

FOR SOLIDS AND LIQUIDS. 295

Name.	Formula.	Sp. Gravity.	Authority.
Dimethylethylcarbyl chloride. " "	$C_5 H_{11} Cl$ "	.87086, 15° .86219, 25° }	Perkin. J. P. C. (2), 31, 481.
Hexyl chloride	$C_6 H_{13} Cl$	.892, 16°	Pelouze and Cahours. J. 16, 525.
" "	"	.892, 23°	Geibel and Buff. J. 21, 336.
" "	"	.895, 13°	Cahours and Demarçay. C. R. 80, 1570.
Secondary hexyl chloride.	"	.871, 24°	Domac. Ber. 14, 1712.
Chloride from tetramethylethane. " " " " "	" " "	.8943, 14° .8874, 22° .8759, 34° }	Schorlemmer. J. 20, 567.
Dimethylisopropylcarbyl chloride. "	" "	.8966, 0° .8784, 19° }	Pawlow. A. C. P. 196, 122.
Pinacolyl chloride	"	.8991, 0°	Friedel and Silva. J. C. S. (2), 11, 488.
Heptyl chloride	$C_7 H_{15} Cl$	.9983, 15°	Petersen. J. 14, 613.
" "	"	.890, 20°	Pelouze and Cahours. J. 15, 386.
" "	"	.8737, 18°.5 }	Two preparations.
" "	"	.8725, 20° }	Schorlemmer. A.
" "	"	.8965, 19°	C. P. 136, 257.
" "	"	.891, 19°	Schorlemmer.
" "	"	.881, 16°	Cross. J. C. S. 32, 123.
Isoheptyl chloride	"	.8814, 16°.5	
" "	"	.8780, 18°.5 }	Schorlemmer. A. C.
" "	"	.8757, 22° }	P. 136, 257.
Octyl chloride	$C_8 H_{17} Cl$	.892, 18°	Schorlemmer. J. 15, 386.
" "	"	.895, 16°	Pelouze and Cahours. J. 16, 528.
" "	"	.8802, 16°	Zincke. A. C. P. 152, 5.
" "	"	.850	Cahours and Demarçay. C. R. 80, 1571.
" "	"	.87857, 15° }	Perkin. J. P. C.
" "	"	.87192, 25° }	(2), 31, 481.
Isoöctyl chloride	"	.8834, 10°.5 }	Schorlemmer. J. 20,
" "	"	.8617, 36° }	567.
Methylhexylcarbyl chloride. " "	" "	.87075, 15° .86388, 25° }	Perkin. J. P. C. (2), 31, 481.
Nonyl chloride. B. 196°	$C_9 H_{19} Cl$	.899, 16°	Pelouze and Cahours. J. 16, 529.
" "	"	.8962, 14°	Thorpe and Young. A. C. P. 165, 1.
" " B. 182°	"	.911, 23° }	Lemoine. B. S. C.
" "	"	.908, 25°.8 }	41, 161.
Decatyl chloride	$C_{10} H_{21} Cl$	.908, 19°	" "
Dodecatyl chloride	$C_{12} H_{25} Cl$	.933, 22°	Pelouze and Cahours. J. 16, 530.
Cetyl chloride	$C_{16} H_{33} Cl$	.8412, 12°	Tüttscheff. J. 13, 406.

2d. Chlorides of the Series $C_n H_{2n} Cl_2$.

Name.	Formula.	Sp. Gravity.	Authority.
Methylene chloride	$C H_2 Cl_2$	1.344, 18°	Regnault. Ann. (2), 71, 378.
" "	"	1.360, 0°	Butlerow. J. 22, 343.
" "	"	1.377765, 0°	} Thorpe. J. C. S.
" "	"	1.30093, 41°.6	{ 37, 371.
" "	"	1.33771, 15° }	Perkin. J. P. C. (2).
" "	"	1.32197, 25° }	32, 523.
Ethylene chloride	$C_2 H_4 Cl_2$	1.256, 12°	Regnault. Ann. (2), 58, 307.
" "	"	1.247, 18°	Liebig. A. C. P. 214.
" "	"	1.28034, 0°	Pierre. C. R. 27, 213.
" "	"	1.2562, 20°	Haagen. P. A. 131, 117.
" "	"	1.26, 14°	Maumené. J. 22, 346.
" "	"	1.272, 14°	Gladstone and Tribe. C. N. 29, 212.
" "	"	1.1356, 84°	Ramsay. J. C. S. 35, 463.
" "	"	1.28082, 0°	} Thorpe. J. C. S. 37,
" "	"	1.15635, 83°.5	} 371.
" "	"	1.2521, 20°	Brühl. A. C. P. 203, 1.
" "	"	1.1576, 83°.2	Schiff. Ber. 15, 2973.
" "	"	1.2656, 9°.8	Schiff. G. C. I. 13,
" "	"	1.1576, 83°.3 }	177.
" "	"	1.272, 14°	Gladstone. Bei. 9, 249.
" "	"	1.25991, 15° }	Perkin. J. P. C. (2),
" "	"	1.24800, 25° }	32, 523.
" "	"	1.25014, 20°	Weegmann. Z. P. C. 2, 218.
Ethylidene chloride	"	1.174, 17°	Regnault. Ann. (2), 71, 357.
" "	"	1.24074, 0°	Pierre. C. R. 27, 213.
" "	"	1.189, 4°.3	Geuther. J. 11, 289.
" "	"	1.198, 6°.5	Darling. J. 21, 329.
" "	"	1.201, 13°	Gladstone and Tribe. C. N. 29, 212.
" "	"	1.1743, 20°	Brühl. A. C. P. 203, 1.
" "	"	1.1070, 56°	Ramsay. J. C. S. 35, 463.
" "	"	1.20394, 0°	} Two samples.
" "	"	1.10923, 59°.9	} Thorpe. J.C.S.
" "	"	1.2049, 0°	} 37,183 and 371.
" "	"	1.1895, 9°.8	
" "	"	1.11425, 56°.7	} Schiff. G. C. I. 13,
" "	"	1.11555, 56°.5	} 177.
" "	"	1.18450, 15° }	Perkin. J. P. C. (2),
" "	"	1.17120, 25° }	32, 523.
" "	"	1.17503, 20°	Weegmann. Z. P. C. 2, 218.
Propylene chloride	$C_3 H_6 Cl_2$	1.151	Cahours. J. 3, 496.

FOR SOLIDS AND LIQUIDS.

Name.	Formula.	Sp. Gravity.	Authority.
Propylene chloride	$C_3H_6Cl_2$	1.1656, 14°	Linnemann. A. C. P. 161, 18.
" "	"	1.184, 0°	
" "	"	1.155, 25°	Friedel and Silva.
" "	"	1.182, 0°	Z. C. 14, 489.
" "	"	1.153, 25°	
" "	"	1.0470, 97°.5	Schiff. Bei. 9, 559.
Trimethylene chloride	"	1.201, 15°	Reboul. J. C. S. 36, 127.
" "	"	1.1896, 17°.6	Freund. Ber. 14, 2270.
Dimethylmethylene chloride. Methylchloracetol.	"	1.117, 0°	Friedel.
" "	"	1.06, 16°	Linnemann. A. C. P. 138, 125.
" "	"	1.0827, 16°	Linnemann. A. C. P. 161, 18.
" "	"	1.1058, 0°	
" "	"	1.0744, 25°	Friedel and Silva.
" "	"	1.1125, 0°	Z. C. 14, 489.
" "	"	1.0818, 25°	
" "	"	1.09620 } 15°	
" "	"	1.09657	Perkin. J. P. C.
" "	"	1.08430 } 25°	(2), 32, 523.
" "	"	1.08476	
Propylidene chloride	"	1.143, 10°	Reboul. C. R. 82, 378.
Isobutylene chloride	$C_4H_8Cl_2$	1.112, 18°	Kolbe. J. 2, 338.
" "	"	1.0953, 0°	Kopp. A. C. P. 95,
" "	"	1.0751, 20°.7	307.
Isobutylidene chloride	"	1.0111, 12°	Oeconomides. Ber. 14, 1201.
Amylene chloride	$C_5H_{10}Cl_2$	1.058, 9°	Guthrie. J. 14, 665.
" "	"	1.2219, 0°	Bauer. J. 19, 531.
Isoamylidene chloride	"	1.05, 24°	Ebersbach. J. 11, 297.
Chloramyl chloride	"	1.194, 0°	Buff. J. 21, 333.
Hexylene chloride. B. 180°	$C_6H_{12}Cl_2$	1.087, 20°	Pelouze and Cahours. J. 16, 525.
" " B. 163°	"	1.0527, 11°	Henry. C. R. 97, 260.
Heptylene chloride	$C_7H_{14}Cl_2$	1.0295, 10°	Husemann. B. D. Z.

3d. Miscellaneous Non-Aromatic Chlorides.

Name.	Formula.	Sp. Gravity.	Authority.
Chloroform	$CHCl_3$	1.48, 18°	Liebig. A. C. P. 1, 199.
"	"	1.491, 17°	Regnault. Ann. (2), 71, 381.
"	"	1.493 / 1.497	Swan. J. 1, 681.
"	"	1.413 / 1.496, 12°	Soubeiran and Mialhe. J. 2, 408.
"	"	1.500, 15°.5	Gregory. J. 3, 454.
"	"	1.52523, 0°	Pierre. C. R. 27, 213.
"	"	1.512, 12°	Schiff. A. C. P. 107, 63.
"	"	1.49	Flückiger.
"	"	1.472, 16°.5	Geuther.
"	"	1.507, 17°	Flückiger. Z. A. C. 5, 302.
"	"	1.502	Rump. C. C. (3), 6, 84.
"	"	1.500, 15°	Remys. J. C. S. (2), 13, 439.
"	"	1.8954, 63°	Ramsay. J. C. S. 35, 463.
"	"	1.52657, 0° / 1.40877, 61°.2	Thorpe. J. C. S. 37, 371.
"	"	1.4018 / 1.40814 } 63°	Schiff. Ber. 14, 2763–2766.
"	"	1.4081, 60°.6	Schiff. Ber. 15, 2972.
"	"	1.49089, 29°	Nasini. G. C. I. 13, 135.
"	"	1.5039, 11°.8 / 1.4081, 60°.9	Schiff. G. C. I. 13, 177.
"	"	1.48978, 18°.58 / 1.45695, 35°.86	With intermediate values. Drecker. P. A. (2), 20, 870.
"	"	1.50027 / 1.50085 } 15° / 1.48432 / 1.48492 } 25°	Perkin. J. P. C. (2), 32, 523.
Trichlorethane	$CH_3.CCl_3$	1.372, 16°	Regnault. Ann. (2), 71, 364.
"	"	1.34651, 0°	Pierre. C. R. 27, 213.
"	"	1.32466, 15° / 1.31144, 25°	Perkin. J. P. C. (2), 32, 523.
Chlorethylene dichloride	$CH_2Cl.CHCl_2$	1.422, 17°	Regnault. Ann. (2), 69, 153.
" "	"	1.42234, 0°	Pierre. C. R. 27, 213.
" "	"	1.4577, 9°.4	
" "	"	1.2943 / 1.2946 } 118°.5 / 1.2947	Schiff. G. C. I. 13, 177.
" "	"	1.391	Delacre. Bull. Acad. Belg. (3), 13, 250.
" "	"	1.45527, 15° / 1.44303, 25°	Perkin. J. P. C. (2), 32, 523.

Name.	Formula.	Sp. Gravity.	Authority.
Tetrachlorethane. B.102°	$CH_2Cl.CCl_3$	1.530, 17°	Regnault. Ann. (2), 71, 366.
" B.135°	"	1.576, 19°	Regnault. Ann. (2), 68, 162.
"	"	1.61158, 0°	Pierre. C. R. 27, 213.
Acetylene tetrachloride	$CHCl_2.CHCl_2$	1.614, 0°	
" "	"	1.578, 24°.3	Paterno and Pisati.
" "	"	1.522, 100°.1	Z. C. 14, 385.
Pentachlorethane	$CHCl_2.CCl_3$	1.644	Regnault. Ann. (2), 71, 368.
"	"	1.66267, 0°	Pierre. C. R. 27, 213.
"	"	1.71, 0°	Paterno. Z. C. 12,
"	"	1.69, 13°	245.
"	"	1.70893, 0°	Thorpe. J. C. S.
"	"	1.46052, 159°.1	37, 371.
Dichlorethylene	$C_2H_2Cl_2$	1.250, 15°	Regnault. Ann. (2), 69, 155.
Trichlorpropane	$C_3H_5Cl_3$	1.347	Cahours. J. 3, 496.
Trichlorhydrin	$CH_2Cl.CHCl.CH_2Cl$	1.41, 0°	Three separate products. Linnemann.
"	"	1.40, 8°	
"	"	1.417, 15°	A. C. P. 136, 51.
"	"	1.41, 0°	Oppenheim. J. 19, 521.
"	"	1.39805 } 15°	
"	"	1.39836 }	Perkin. J. P. C.
"	"	1.38758 } 25°	(2), 32, 528.
"	"	1.38783 }	
Isotrichlorhydrin	$CH_2Cl.CH_2.CHCl_2$	1.302, 15°	Romburgh. Ber. 14, 1400.
Allylene tetrachloride	$C_3H_4Cl_4$	1.47, 18°	Borsche and Fittig. J. 18, 318.
" "	"	1.482	Ganswindt. Jena
" "	"	1.485	Inaug. Diss. 1873.
Tetrachlorglycide	"	1.496, 17°	Pfeffer and Fittig. J. 18, 504.
Allylidene tetrachloride	"	1.508, 17°.5	Hartenstein. J. P. C. (2), 7, 295.
" "	"	1.522, 15°	Romburgh. Ber. 14, 1400.
Tetrachlorpropane	"	1.548	Cahours. J. 3, 496.
"	"	1.55, s.	Berthelot.
Hexachlorpropane	$C_3H_2Cl_6$	1.626	Cahours. J. 3, 496.
Heptachlorpropane	C_3HCl_7	1.731	" "
Chloropropylene	C_3H_5Cl	.918, 9°	Linnemann. J. 19, 308.
"	"	.9307, 0°	Oppenheim. J. 19, 521.
"	"	.931, 0°	Oppenheim. J. 21, 339.
Allyl chloride	"	.934, 0°	Oppenheim. J. 19, 521.
" "	"	.9547, 0°	Tollens. A. C. P. 156, 155.
" "	"	.9610, 0°	Zander. A. C. P.
" "	"	.9002, 46°	214, 181.

Name.	Formula.	Sp. Gravity
Allyl chloride	$C_3 H_5 Cl$	.9055 } 44°.
" "	"	.9058
" "	"	.9379, 20°
" "	"	.94366, 15°
" "	"	.93228, 25°
Allylidene dichloride	$C_3 H_4 Cl_2$	1.170, 24°.5
α Dichlorpropylene. Epidichlorhydrin.	"	1.21
" "	"	1.22, 8°
β Dichlorpropylene. Epidichlorhydrin.	"	1.21, 20°
" "	"	1.233, 17°.5
" "	"	1.226, 15°
" "	"	1.25, 15°
" "	"	1.218, 25°
α Trichlorpropylene	$C_3 H_3 Cl_3$	1.387, 14°
β Trichlorpropylene	"	1.414, 20°
Propargyl chloride	$C_3 H_3 Cl$	1.0454, 5°
Crotonylene dichloride	$C_4 H_6 Cl_2$	1.131
Chlorisobutylene	$C_4 H_7 Cl$	.9785, 12°
Trichlorpentane	$C_5 H_9 Cl_3$	1.33, 13°
Tetrachlorpentane	$C_5 H_8 Cl_4$	2.4292
Chloramylene	$C_5 H_9 Cl$	.9992, 0°
"	"	.872, 5°.1
Isoprene hydrochlorate	"	.868, 16°
Isoprene dichloride	$C_5 H_8 Cl_2$	1.065, 16°
Trichlorhexane	$C_6 H_{11} Cl_3$	1.193, 21°
Hexachlorhexane	$C_6 H_8 Cl_6$	1.598, 20°
Chlorhexylene	$C_6 H_{11} Cl$	.9636, 11°
Chlordiallyl	$C_6 H_9 Cl$	.9197, 18°.2
Chlordiamylene chloride	$C_{10} H_{19} Cl_3$	1.1638, 0°
Eikosylene chloride	$C_{20} H_{38} Cl_2$	1.013, 24°
Isovinyl chloride	$(C_2 H_3 Cl)_n$	1.406
Chloronicene	$C_6 H_5 Cl$	1.141, 10°

4th. Aromatic Compounds.

NAME.	FORMULA.	SP. GRAVITY.	AUTHORITY.
Monochlorbenzene	C_6H_5Cl	1.1499, 0°	From benzene. Sokoloff. J. 18, 517.
"	"	1.1347, 10°	
"	"	1.1258, 20°	
"	"	1.1188, 30°	
"	"	1.1199, 0°	From phenol. Sokoloff. J. 18, 517.
"	"	1.1085, 10°	
"	"	1.099, 20°	
"	"	1.092, 30°	
"	"	1.118	Jungfleisch. J. 19, 551.
"	"	1.77, —40°	Jungfleisch. J. 20, 30.
"	"	.980, 133°	
"	"	1.1293, 0°	Jungfleisch. J. 21, 343.
"	"	1.12855, 0°	From benzene. Adrieenz. Ber. 6, 443.
"	"	1.11807, 9°.79	
"	"	1.10467, 22°.43	
"	"	1.04428, 77°.27	
"	"	1.12818, 0°	From phenol. Adrieenz. Ber. 6, 443.
"	"	1.11421, 9°.79	
"	"	1.10577, 22°.43	
"	"	1.04299, 77°.27	
"	"	.9817 } 132°	Schiff. G. C. I. 13, 177.
"	"	.9818	
"	"	1.1066, 20°	Brühl. Bei. 4, 780.
"	"	1.1046, 25°.2	Schall. Ber. 17, 2564.
"	"	1.0703, 52°.3	
"	"	1.106, 15°	Wallach and Heusler. A. C. P. 243, 226.
Orthodichlorbenzene	$C_6H_4Cl_2$	1.3278, 0°	Beilstein and Kurbatow. A. C. P. 176, 41.
"	"	1.3254, 0°	Friedel and Crafts. Ann. (6), 10, 416.
Metadichlorbenzene	"	1.3148	Beilstein and Kurbatow. B. S. C. 23, 179.
"	"	1.307, 0°	Beilstein and Kurbatow. J. C. S. (2), 13, 450.
Paradichlorbenzene	"	1.459, s.	Jungfleisch. J. 19, 551.
"	"	1.250, 53°	Jungfleisch. J. 20, 36.
"	"	1.123, 171°	
"	"	1.4581, 20°.5	Jungfleisch. J. 21, 347.
"	"	1.241, 63°	
"	"	1.2062, 93°	
"	"	1.1366, 166°	
"	"	1.467, 4°	Schröder. Ber. 12, 561.
"	"	1.2499, 55°.1	Schiff. A. C. P. 223, 247.

TABLE OF SPECIFIC GRAVITIES

Name.	Formula.	Sp. Gravity.	Authority.
Trichlorbenzene	$C_6H_3Cl_3$	1.457, 7°	Mitscherlich. P. A. 35, 372.
" 1.3.4	"	1.575	Jungfleisch. J. 19, 551.
" "	"	1.457, 17°, s.	Jungfleisch. J. 20, 36.
" "	"	1.227, 206°	
" "	"	1.574, 10°, s.	
" "	"	1.4658, 10°, l.	
" "	"	1.4460, 26°	Jungfleisch. J. 21, 350.
" "	"	1.4111, 56°	
" "	"	1.2427, 196°	
" "	"	1.4654, 12°, l.	Beilstein and Kurbatow. A. C. P. 192, 230.
Tetrachlorbenzene. 1.2.4.5	$C_6H_2Cl_4$	1.748	Jungfleisch. J. 19, 551.
" "	"	1.448, 139°	Jungfleisch. J. 20, 36.
" "	"	1.315, 240°	
" "	"	1.7344, 10°, s.	
" "	"	1.4339, 149°	Jungfleisch. J. 21, 352.
" "	"	1.3958, 179°	
" "	"	1.3281, 230°	
Pentachlorbenzene	C_6HCl_5	1.625, 74°	Jungfleisch. J. 20, 36.
"	"	1.370, 270°	
"	"	1.8422, 10°	
"	"	1.8342, 16°.5	
"	"	1.6091, 84°	Jungfleisch. J. 21, 353.
"	"	1.5732, 114°	
"	"	1.3824, 201°	
Monochlortoluene	$C_6H_4.CH_3.Cl$	1.080, 14°	Limpricht. J. 19, 591.
" 1.4	"	1.0735, 27°.2	Aronheim and Dietrich. Ber. 8, 1402.
" "	"	.9351, 159°.8	Schiff. G. C. I. 13, 177.
"	"	1.072, 24°.44	
"	"	1.061, 35°.48	
"	"	1.049, 48°.71	Cattaneo. Bei. 7, 584.
"	"	1.029, 67°.80	
"	"	1.013, 83°.86	
"	"	?.796, 99°.81	
"	"	1.0761, 19°	Gladstone. Bei. 9, 249.
Benzyl chloride	$C_6H_5.CH_2Cl$	1.1131	Cannizzaro. J. 8, 621.
" "	"	1.1179	
" "	"	1.107, 11°	Limpricht. J. 19, 592.
" "	"	.9452 } 175°	Schiff. G. C. I. 13, 177.
" "	"	.9453	
" "	"	1.100, 30°.01	
" "	"	1.082, 44°.37	
" "	"	1.066, 59°	Cattaneo. Bei. 7, 584.
" "	"	1.047, 75°	
" "	"	1.016, 100°.08	
" "	"	1.099, 7°	Gladstone. Bei. 9, 249.
" "	"	.9453, 178°	Schiff. G. C. I. 13, 177.

Name.	Formula.	Sp. Gravity.	Authority.
Dichlortoluene. 1.2.4	$C_6H_3.CH_3.Cl_2$	1.24597, 20°	Lellmann and Klotz. A. C. P. 231, 308.
" 1.2.5	"	1.2535, 20°	" "
" 1.3.4	"	1.2518, 16° ⎫	Aronheim and Dietrich. Ber. 8, 1403.
" "	"	1.2596, 18°.4 ⎭	
" "	"	1.2312, 20°	Lellmann and Klotz. A. C. P. 231, 308.
" B. 202°	"	1.256, 13°	Beilstein. J. 13, 412.
" B. 207°	"	1.2557, 14°	Limpricht. J. 19, 593.
Benzylidene dichloride	$C_6H_5.CHCl_2$	1.245, 16°	Cahours. J. 1, 711.
" "	"	1.295, 16°	Hübner and Bente. Ber. 6, 804.
" "	"	1.2699, 0° ⎫	
" "	"	1.2122, 56°.8 ⎪	
" "	"	1.1877, 79°.2 ⎬	Schiff. Ber. 19, 563.
" "	"	1.1257, 135°.5 ⎪	
" "	"	1.0407, 203°.5 ⎭	
Trichlortoluene	$C_6H_2.CH_3.Cl_3$	1.413, 9°	Henry. J. 22, 508.
"	"	1.4093, 19°.5	Aronheim and Dietrich. Ber. 8, 1405.
Dichlorbenzyl chloride	$C_6H_3Cl_2.CH_2Cl$	1.44, 0°	Naquet. J. 15, 419.
Benzyl trichloride	$C_6H_5.CCl_3$	1.61, 13°	Limpricht. J. 18, 538.
" "	"	1.380, 14°	Limpricht. J. 19, 594.
Tetrachlortoluene	$C_6HCl_4.CH_3$	1.495, 14°	Limpricht. J. 19, 595.
Trichlorbenzyl chloride	$C_6H_2Cl_3.CH_2Cl$	1.547, 23°	Beilstein and Kuhlberg. J. 21, 361.
Orthodichlorbenzylene dichloride.	$C_6H_3Cl_2.CHCl_2$	1.518, 22°	" "
Chlorbenzo-trichloride.1.3	$C_6H_4Cl.CCl_3$	1.74 ⎫ 13° ⎰	Limpricht. A. C. P. 134, 58.
" " "	"	1.76 ⎭ ⎱	
" " 1.2	"	1.51	Kolbe and Lautemann. A. C. P. 115, 196.
Dichlorbenzo-trichloride	$C_6H_3Cl_2.CCl_3$	1.587, 21°	Beilstein and Kuhlberg. Z. C. 21, 363.
" "	"	1.5829, 16°	Aronheim and Dietrich. Ber. 8, 1403.
Trichlorbenzylene dichloride.	$C_6H_2Cl_3.CHCl_2$	1.607, 22°	Beilstein and Kuhlberg. Z. C. 21, 362.
Tetrachlorbenzyl chloride	$C_6HCl_4.CH_2Cl$	1.634, 25°	" "
Tetrachlorbenzylene dichloride.	$C_6HCl_4.CHCl_2$	1.704, 25°	Beilstein and Kuhlberg. Z. C. 21, 364.
Chlororthoxylene	$C_6H_3.CH_3.CH_3.Cl$	1.0863, 19°	Claus and Kautz. Ber. 18, 1367.
" 1.2.4	"	1.0692, 15°	Krüger. Ber. 18, 1757.
Chlormetaxylene. 1.3.4	"	1.0598, 20°	Jacobsen. Ber. 18, 1761.
Isotolyl chloride	$C_6H_4.CH_3.CH_2Cl$	1.079, 0° ⎫	Gundelach. B. S. C. 25, 385.
" "	"	1.064, 20° ⎭	
Chlorethylbenzene	$C_6H_4.C_2H_5.Cl$	1.075, 0°	Istrati. B. S. C. 42, 115.

TABLE OF SPECIFIC GRAVITIES

Name.	Formula.	Sp. Gravity.	Authority.
Chlorethylbenzene	$C_6H_4 \cdot C_2H_5 \cdot Cl$	1.068	Istrati. Ber. 18, ref. 704.
Dichlororthoxylene	$C_6H_2 \cdot CH_3 \cdot CH_3 \cdot Cl_2$	1.333, s.	
"	"	1.150, 70°, l.	Colson. Ann. (6), 6, 86.
"	"	1.250, 20°, l.	
"	"	1.0080	Kautz. Freiburg In. Diss. 1885.
Dichlormetaxylene	"	1.302, 20°, s.	Colson. Ann. (6), 6, 86.
"	"	1.202, 40°, l.	
Dichlorparaxylene	"	1.843, s.	" "
Orthoxylene dichloride	$C_6H_4(CH_2Cl)_2$	1.393	Colson. C. R. 104, 429.
Metaxylene dichloride	"	1.370	" "
Paraxylene dichloride	"	1.417	" "
Orthoxylene tetrachloride	$C_6H_4(CHCl_2)_2$	1.601	" "
Metaxylene tetrachloride	"	1.536	Colson and Gautier. C. R. 102, 689.
Paraxylene tetrachloride	"	1.606	" "
Chlorcymene. 1.4.6	$C_6H_3 \cdot CH_3 \cdot C_3H_7 \cdot Cl$	1.014, 14°	Gerichten. Ber. 10, 1249.
Diethylmonochlorbenzene	$C_6H_3 \cdot Cl \cdot (C_2H_5)_2$	1.036	Istrati. Ber. 18, ref. 704.
Triethylmonochlorbenzene	$C_6H_2 \cdot Cl \cdot (C_2H_5)_3$	1.028	" "
Tetrethylmonochlorbenzene	$C_6H \cdot Cl \cdot (C_2H_5)_4$	1.022	" "
Pentethylmonochlorbenzene	$C_6Cl(C_2H_5)_5$	1.065	" "
β Chlorstyrolene	C_8H_7Cl	2.112, 22°.3	Glaser. A. C. P. 154, 166.
β Benzene hexchloride	$C_6H_6Cl_6$	1.89, 19°	Meunier. Ann. (6), 10, 223.
By action of ethylene on monochlorbenzene.	C_8H_9Cl	1.179	Istrati. Ber. 18, ref. 704.
α Chlornaphthalene	$C_{10}H_7Cl$	1.2052, 6°.2	Laurent. Quoted by Carius.
"	"	1.2028, 6°.4	Carius. A. C. P. 114, 146.
"	"	1.2025, 15°	Koninck and Marquart. C. N. 25, 57.
β Chlornaphthalene	"	1.2656, 16°	Rimarenko. Ber. 9, 664.
Naphthalene dichloride	$C_{10}H_8Cl_2$	1.287, 12°.5	Gladstone. Bei. 9, 249.
" "	"	1.2648, 18°	
Trichloracenaphtene	$C_{12}H_7Cl_3$	1.43, 17°	Kebler and Norton. A. C. J. 10, 218.
Camphryl chloride	$C_9H_{13}Cl$	1.038, 14°	Schwanert. J. 15, 465.
Geraniol hydrochlorate	$C_{10}H_{17}Cl$	1.020, 20°	Jacobsen. A. C. P. 157, 236.
Caoutchin hydrochlorate	"	1.433	Watts' Dictionary.
From terpene of Pinus pumilio.	"	.982, 17°	Buchner. J. 13, 479.
Terebenthene hydrochlorate. " "	" "	1.016 } 0° 1.017	Two isomers. Barbier. C. R. 96, 1066.

Name.	Formula.	Sp. Gravity.	Authority.
Isoterebenthene hydrochlorate.	$C_{10} H_{17} Cl$	.9927, 0°	Riban. C. R. 79, 225.
From terpene of Muscat nut oil.	"	.9827, 15°	Cloëz. J. 17, 536.

LII. COMPOUNDS CONTAINING C, H, O, AND CL.

Name.	Formula.	Sp. Gravity.	Authority.
Dichlorethyl alcohol	$C_2 H_4 Cl_2 O$	1.145, 15°	Delacre. Bull. Acad. Belg. (3), 13, 248.
Trichlorethyl alcohol	$C_2 H_3 Cl_3 O$	1.55, 23°.3	Garzarolli-Thurnlackh. Ber. 14, 2826.
Dichlorhexyl alcohol	$C_6 H_{12} Cl_2 O$	1.4, 12°	Destrem. Ann. (5), 27, 50.
Dichlormethyl oxide	$C_2 H_4 Cl_2 O$	1.315, 20°	Regnault. Ann. (2), 71, 398.
Tetrachlormethyl oxide	$C_2 H_2 Cl_4 O$	1.606, 20°	Regnault. Ann. (2), 71, 401.
Tetrachlormethylethyl oxide.	$C_3 H_4 Cl_4 O$	1.84, 0°	Magnanini. G. C. I. 16, 330.
Chlorethyl oxide	$C_4 H_9 Cl O$	1.0572, 0°	Henry. C. R. 100, 1007.
Dichlorethyl oxide	$C_4 H_8 Cl_2 O$	1.174, 23°	Lieben. J. 12, 446.
Tetrachlorethyl oxide	$C_4 H_6 Cl_4 O$	1.5008	Malaguti. Ann. (2), 70, 341.
" "	"	1.4379, 0°	
" "	"	1.4182, 15°.2	Paterno and Pisati. Ber. 5, 1054.
" "	"	1.3055, 99°.9	
" "	"	1.4211, 15°	Roscoe and Schorlemmer's Treatise.
Pentachlorethyl oxide	$C_4 H_5 Cl_5 O$	1.645	Jacobsen. Z. C. 14, 444.
" "	"	1.577, 8°	Henry. Ber. 7, 763.
Chloracetic acid	$C_2 H_3 Cl O_2$	1.366, 73°	R. Hofmann. J. 10, 348.
Dichloracetic acid	$C_2 H_2 Cl_2 O_2$	1.5216, 15°	Maumené. J. 17, 315.
Trichloracetic acid	$C_2 H Cl_3 O_2$	1.617, 46°	Dumas. A. C. P. 32, 109.
Chlorpropionic acid	$C_3 H_5 Cl O_2$	1.28, 0°	Clermont. Z. C. 14, 349.
Chlorbutyric acid	$C_4 H_7 Cl O_2$	1.072, 0°	Balbiano. Ber. 10, 1749.
" " γ	"	1.2498, 10°	Henry. C. R. 101, 1158.
" " ?	"	1.065, 15°	Haubst. J. C. S. (2), 1, 693.
Chlorisobutyric acid	"	1.062, 0°	Balbiano. Ber. 11, 1693.
Methyl chlorocarbonate	$C_2 H_3 Cl O_2$	1.236, 15°	Röse. Ber. 13, 2417.

Name.	Formula.	Sp. Gravity.	Authority.
Ethyl chlorocarbonate	$C_3 H_5 Cl O_2$	1.133, 15°	Dumas. Ann. (2), 54, 230.
Propyl chlorocarbonate	$C_4 H_7 Cl O_2$	1.094, 15°	Röse. Ber. 13, 2417.
Isopropyl chlorocarbonate	"	1.144, 4°	Spica. J. C. S. 52, 1028.
Isobutyl chlorocarbonate	$C_5 H_9 Cl O_2$	1.053, 15°	Röse. Ber. 13, 2417.
Isoamyl chlorocarbonate	$C_6 H_{11} Cl O_2$	1.032, 15°	" "
Dichlorethyl formate	$C_3 H_4 Cl_2 O_2$	1.261, 16°	Malaguti. Ann. (2), 70, 370.
Pentachloramyl formate	$C_6 H_7 Cl_5 O_2$	1.52	Springer. A. C. J. 3, 293.
Methyl monochloracetate	$C_3 H_5 Cl O_2$	1.22, 15°	Henry. B. S. C. 20, 448.
" "	"	1.2352, 19°.2	Henry. C. R. 101, 250.
Methyl dichloracetate	$C_3 H_4 Cl_2 O_2$	1.3808, 19°.2	" "
Dichlormethyl acetate	"	1.25	Malaguti. Ann. (2), 70, 381.
Methyl trichloracetate	$C_3 H_3 Cl_3 O_2$	1.4969, 14° ⎱ 1.4902, 20°.2 ⎰	Bauer. A. C. P. 229, 163.
" "	"	1.4892, 19°.2	Henry. C. R. 101, 250.
Ethyl monochloracetate	$C_4 H_7 Cl O_2$	1.1585, 20°	Brühl. A. C. P. 203, 1.
" "	"	.9925, 144°.5	Schiff. G. C. I. 13, 177.
" "	"	1.1722, 8°	Henry. C. R. 104, 1280.
Ethyl dichloracetate	$C_4 H_6 Cl_2 O_2$	1.301, 12°	Malaguti. Ann. (2), 70, 368.
" "	"	1.29	Forscher and Geuther. J. 17, 316.
" "	"	1.2821, 20°	Brühl. A. C. P. 203, 1.
" "	"	1.0913 ⎱ 157°.7	Schiff. G. C. I. 13, 177.
" "	"	1.0915 ⎰	
Dichlorethyl acetate	"	1.3217, 10°.6	Henry. C. R. 97, 1308.
" "	"	1.104, 15°	Delacre. Bull. Acad. Belg. (3), 13, 255.
Ethyl trichloracetate	$C_4 H_5 Cl_3 O_2$	1.3826, 20°	Brühl. A. C. P. 203, 1.
" "	"	1.1650 ⎱ 167°.1	Schiff. G. C. I. 13, 177.
" "	"	1.1651 ⎰	
Monochlorethyl dichloracetate.	"	1.200, 15°	Delacre. Ber. 21, ref. 183.
Dichlorethyl monochloracetate.	"	1.216, 15°	" "
Trichlorethyl acetate	"	1.367	Léblanc. Ann. (3), 10, 207.
" "	"	1.35, 20°	Malaguti. Ann. (3), 16, 62.
" "	"	1.3907, 28°.3	Garzarolli-Thurnlackh. Ber. 14, 2826.
" "	"	1.187, 15°	Delacre. Ber. 21, ref. 183.

FOR SOLIDS AND LIQUIDS.

Name.	Formula.	Sp. Gravity.	Authority.
Tetrachlorethyl acetate	$C_4 H_4 Cl_4 O_2$	1.485, 25°	Léblanc. Ann. (3). 10, 212.
Monochlorethyl trichloracetate.	"	1.251, 15°	Delacre. Ber. 21, ref. 183.
Dichlorethyl dichloracetate.	"	1.25, 15°	" "
Trichlorethyl monochloracetate.	"	1.25	" "
Trichlorethyl dichloracetate.	$C_4 H_3 Cl_5 O_2$	1.267	" "
Hexchlorethyl acetate	$C_4 H_2 Cl_6 O_2$	1.698, 23°.5	Léblanc. Ann. (3), 10, 215.
Heptachlorethyl acetate	$C_4 H Cl_7 O_2$	1.692, 24°.5	Léblanc. Ann. (3), 10, 208.
Propyl monochloracetate	$C_5 H_9 Cl O_2$	1.1096, 8°	Henry. C. R. 100, 114.
Butyl monochloracetate	$C_6 H_{11} Cl O_2$	1.013, 0° }	Gehring. C. R. 102, 1400.
" "	"	1.081, 15° }	
Trichlorbutyl acetate	$C_6 H_9 Cl_3 O_2$	1.3440, 8°.5	Garzarolli-Thurnlackh. Ber. 15, 2619.
Amyl monochloracetate	$C_7 H_{13} Cl O_2$	1.063, 0°	Hougounenq. B. S. C. 45, 328.
Methyl α chlorpropionate	$C_4 H_7 Cl O_2$	1.075, 4°	Kahlbaum. Ber. 12, 344.
Ethyl α chloropropionate	$C_5 H_9 Cl O_2$	1.0869, 20°	Brühl. A. C. P. 203, 1.
Ethyl β chloropropionate	"	1.1160, 8°	Henry. C. R. 100, 114.
Ethyl dichlorpropionate	$C_5 H_8 Cl_2 O_2$	1.2461, 20°	Brühl. A. C. P. 203, 1.
" "	"	1.2493, 0°	Klimenko. Z. C. 13, 654.
Dichlorethyl propionate	"	1.282, 8°	Henry. C. R. 100, 114.
Methyl chlorbutyrate	$C_5 H_9 Cl O_2$	1.1894, 10°	Henry. C. R. 101, 1158.
Methyl α β dichlorbutyrate.	$C_5 H_8 Cl_2 O_2$	1.2809, 0° }	
" "	"	1.2614, 18°.3 }	Zeisel. Ber. 19, ref. 749.
" "	"	1.2355, 41°.1 }	
Ethyl chlorbutyrate	$C_6 H_{11} Cl O_2$	1.0517, 20°	Brühl. A. C. P. 203, 1.
" "	"	1.1221, 10°	Henry. C. R. 101, 1158.
" "	"	1.063, 17°.5	Markownikoff. A.C. P. 153, 243.
Methyl trichlorpropylcarbylacetate.	$C_7 H_{11} Cl_3 O_2$	1.3048, 11°.5	Garzarolli-Thurnlackh. A. C. P. 223, 149.
Chloroenanthic ether	$C_9 H_{17} Cl O_2$?	1.2912, 16°.5	Malaguti. Ann. (2), 70, 363.
Derivative of chlorinated methyl formate.	$C_4 H_5 Cl_3 O_4$	1.4786, 14°	Guthzeit. Quoted by Hentschel.
" "	"	1.4741, 27°	Hentschel. J.P.C. (2), 36, 99.
" "	$C_6 H_9 Cl_7 O_6$	1.5191	"
Derivative of chlorinated ether.	$C_5 H_{11} Cl O$	.9482, 0°	Lieben and Bauer. J. 15, 494.

Name.	Formula.	Sp. Gravity.	Authority.
Derivative of chlorinated ether.	$C_6H_{13}ClO$	.0735, 0°	Lieben and Bauer. J. 15, 393.
Chloracetic anhydride	$C_4H_5ClO_3$	1.201, 21°	Anthoine. J. Ph. Ch. (5), 8, 417.
Trichloracetic anhydride	$C_4H_3Cl_3O_3$	1.530, 20°	" "
Tetrachloracetic anhydride.	$C_4H_2Cl_4O_3$	1.574, 24°	" "
Acetyl chloride	$C_2H_3O.Cl$	1.125, 11°	Gerhardt. J. 5, 444.
" "	"	1.1805, 0° ⎫ 1.1072, 16° ⎭	Kopp. A. C. P. 95, 307.
" "	"	1.13773, 0° ⎫ 1.05098, 50°.73 ⎭	Thorpe. J. C. S. 37, 371.
" "	"	1.1051, 20°	Brühl. A. C. P. 203, 1.
Chloracetyl chloride	$C_2H_2ClO.Cl$	1.495, 0°	Wurtz. J. 10, 346.
Propionyl chloride	$C_3H_5O.Cl$	1.0646, 20°	Brühl. A. C. P. 203, 1.
α Chloropropionyl chloride	$C_3H_4ClO.Cl$	1.2394, 7°.5	Henry. C. R. 100, 114.
β Chloropropionyl chloride	"	1.3307, 13°	" "
Butyryl chloride	$C_4H_7O.Cl$	1.0277, 20°	Brühl. A. C. P. 203, 1.
Isobutyryl chloride	"	1.0174, 20°	" "
Chlorobutyryl chloride	$C_4H_6ClO.Cl$	1.257, 17°	Markownikoff. A. C. P. 153, 241.
" "	"	1.2679, 10°	Henry. C. R. 101, 1158.
Valeryl chloride	$C_5H_9O.Cl$	1.005, 6°	Béchamp. J. 9, 429.
" "	"	.9887, 20°	Brühl. A. C. P. 203, 1.
Chloracetone	C_3H_5ClO	1.19	Linnemann.
"	"	1.14, 14°	Riche. J. 12, 339.
"	"	1.162, 16°	Linnemann. J. 18, 312.
"	"	1.18, 16°	Linnemann. J. 19, 308.
"	"	1.17	Henry. B. S. C. 19, 219.
"	"	1.158, 13°	Cloëz. Ann. (6), 9, 145.
Dichloracetone	$C_3H_4Cl_2O$	1.331	Kane.
"	"	1.236, 21°	Fittig. J. 12, 345.
"	"	1.326, 0°	Theegarten. C. C. 4, 580.
"	"	1.234, 15°	Cloëz. Ann. (6), 9, 145.
Tetrachloracetone	$C_3H_2Cl_4O$	1.482, 17°	" "
Pentachloracetone	C_3HCl_5O	1.6 ⎫ 1.7 ⎭	Städeler. J. 6, 398.
"	"	1.617, 8° ⎫	Two isomers. Cloëz. B. S. C.
"	"	1.576, 14° ⎭	39, 638 and 640.
Chloraldehyde	C_2H_3ClO	1.23	Riche. J. 12, 435.
Paradichloraldehyde	$(C_2H_2Cl_2O)_3$	1.69, s.	Jacobsen. Ber. 8, 88.
Chloral	C_2HCl_3O	1.502, 18°	Liebig. A. C. P. 1, 195.
"	"	1.5183, 0° ⎫ 1.4903, 22°.2 ⎭	Kopp. A. C. P. 95, 307.

FOR SOLIDS AND LIQUIDS.

Name.	Formula.	Sp. Gravity.	Authority.
Chloral	C_2HCl_3O	1.5448, 0° ⎫ 1.3821, 97°.2 ⎭	Thorpe. J. C. S. 37, 371.
"	"	1.5121, 20°	Brühl. A. C. P. 203, 1.
"	"	1.54179 ⎫ 1.54170 ⎬ 4° 1.3692, 97°.73 ⎭	Passavant. C. N. 42, 288.
"	"	1.5292, 9° ⎫ 1.5197, 15° ⎬ 1.5060, 25° ⎭	Perkin. J. C. S. 51, 808.
Parachloralide	$(C_2HCl_3O)_n$	1.5765, 14°	Clöez. J. 12, 434.
Chloral hydrate	$C_2H_3Cl_3O_2$	1.901	Rüdorff. Ber. 12, 252.
" "	"	1.818, 4°, pulv. ⎫ 1.848, 4°, cryst. ⎭	Schröder. Ber. 12, 561.
" "	"	1.6415, 49°.9 ⎫ 1.6274, 58°.4 ⎬ 1.6136, 66°.9 ⎭	Perkin. J. C. S. 51, 808.
" "	"	1.5704 ⎫ 1.5719 ⎬ 66°, 1. 1.5771 ⎭	Jungfleisch, Lebaigne, and Roucher. J. Ph. C. (4), 11, 208.
Chloral ethylate	$C_4H_7Cl_3O_2$	1.143, 40°, 1.	Martins and Mendelssohn-Bartholdy. Z. C. 13, 650.
" "	"	1.3286 ⎫ 66°, 1. 1.3439 ⎭	Jungfleisch, Lebaigne, and Roucher. J. Ph. C. (4), 11, 208.
Chloral amylate	$C_7H_{11}Cl_3O_2$	1.234, 25°	Martins and Mendelssohn-Bartholdy. Z. C. 13, 650.
Chloracetyl chloral	$C_4H_4Cl_4O_2$	1.4761, 17°	Meyer and Dulk. A. C. P. 171, 65.
Diacetylchloral hydrate	$C_6H_7Cl_3O_4$	1.422, 11°	" "
Acetylchloral ethylate	$C_6H_9Cl_3O_3$	1.327, 11°	" "
Derivative of chloral	$C_6H_6Cl_4O_2$	1.73, 17°	Henry. Ber. 7, 764.
" " "	$C_7H_{10}Cl_4O_3$	1.42, 11°	" "
Butyl chloral	$C_4H_5Cl_3O$	1.3956, 20°	Brühl. A. C. P. 203, 1.
" "	"	1.4111, 7°	Gladstone. Bei. 9, 249.
Butyl chloral hydrate	$C_4H_7Cl_3O_2$	1.693 ⎫ 4° 1.695 ⎭	Schröder. Ber. 12, 561.
Derivative of chloralide	$C_5HCl_7O_3$	1.7426, 20°	Anschutz and Haslam. A. C. P. 239, 300.
Chlorovaleral	C_5H_9ClO	1.108, 14°	A. Schröder. Z. C. 14, 510.
Derivative of valeral	$C_{10}H_{10}Cl_4O$	1.272, 14°	" "
" "	$C_{10}H_{12}Cl_6O$	1.397, 14°	" "
Dichlorvinyl methyl oxide	$C_3H_4Cl_2O$	1.2934, 0° ⎫ 1.1574, 100° ⎭	Denaro. G. C. I. 14, 117.
Monochlorvinyl ethyl oxide	C_4H_7ClO	1.0861, 19°	Godefroy. C. R. 102, 869.
Trichlorvinyl ethyl oxide	$C_4H_5Cl_3O$	1.3725, 0° ⎫ 1.2354, 99°.9 ⎭	Paterno and Pisati. J. C. S. (2), 11, 158.

TABLE OF SPECIFIC GRAVITIES

Name.	Formula.	Sp. Gravity.	Authority.
Trichlorvinyl ethyl oxide.	$C_4 H_5 Cl_3 O$	1.3322, 19°	Godefroy. C. R. 102, 869.
Methylene aceto-chloride.	$C_3 H_5 Cl O_2$	1.1953, 14°.2	Henry. B. S. C. 20, 448.
Ethylene aceto-chloride	$C_4 H_7 Cl O_2$	1.1783, 0°	Simpson. J. 12, 487.
" "	"	1.114, 15°	Franchimont. J. C. S. 44, 452.
Ethylene butyro-chloride.	$C_6 H_{11} Cl O_2$	1.0854, 0°	Simpson. J. 12, 489.
Ethylidene oxychloride	$C_4 H_8 Cl_2 O$	1.1376, 12°	Lieben. J. 11, 291.
" "	"	1.136, 14°.5	Laatsch. A. C. P. 218, 13.
Ethylidene aceto-chloride.	$C_4 H_7 Cl O_2$	1.114, 15°	Rübencamp. A. C. P. 225, 267.
Ethylidene propio-chloride.	$C_5 H_9 Cl O_2$	1.071, 15°	" "
Ethylidene butyro-chloride.	$C_6 H_{11} Cl O_2$	1.038, 15°	" "
Ethylidene valero-chloride	$C_7 H_{13} Cl O_2$	.997, 15°	" "
Aldehydemethyl chloride.	$C_3 H_7 Cl O$	.996, 17°	" "
Trichlordimethyl acetal	$C_4 H_7 Cl_3 O_2$	1.28	Magnanini. G. C. I. 16, 330.
Trichlormethylethyl acetal.	$C_5 H_9 Cl_3 O_2$	1.32	" "
Chloracetal	$C_6 H_{13} Cl O_2$	1.0195	Lieben. J. 10, 437.
"	"	1.0418, 0°	Paterno and Mazzara. J. C. S. (2), 11, 1217.
"	"	1.0416, 26°.3	
"	"	.9315, 99°.9	
"	"	1.026, 15°	Klien. J. C. S. 31, 291.
Dichloracetal	$C_6 H_{12} Cl_2 O_2$	1.1383, 14°	Lieben. J. 10, 436.
Trichloracetal	$C_6 H_{11} Cl_3 O_2$	1.2813, 0°	Paterno and Pisati. J. C. S. (2), 11, 258.
"	"	1.2655, 22°.2	
"	"	1.1017, 99°.96	
"	"	1.288	Byasson. C. N. 38, 46.
Trimethylene chlorhydrin	$C_3 H_7 Cl O$	1.132, 17°	Reboul. C. R. 79, 169.
Propylene chlorhydrin	"	1.1302, 0°	Oeser. J. 13, 448.
" "	"	1.247	Oppenheim. J. 21, 340.
Chlorbutylene chlorhydrin	$C_4 H_8 Cl_2 O$	1.0335, 0°	Oeconomides. Ber. 14, 1568.
Hexylene chlorhydrin	$C_6 H_{13} Cl O$	1.0143 } 11°	Henry. C. R. 97, 260.
" "	"	1.018 }	
Hexylene aceto-chloride	$C_8 H_{15} Cl O_2$	1.04, 0°	" "
Heptylene chlorhydrin	$C_7 H_{15} Cl O$	1.014, 0° }	Clermont. Z. C. 13, 411.
" "	"	1.001, 14° }	
Octylene chlorhydrin	$C_8 H_{17} Cl O$	1.003, 0° }	" "
" "	"	.987, 31° }	
Octylene aceto-chloride	$C_{10} H_{19} Cl O_2$	1.026, 0° }	" "
" "	"	1.011, 18° }	
Dichlorethoxyethylene	$C_4 H_6 Cl_2 O$	1.08, 10°	Geuther and Brockhoff. J. P. C. (2), 7, 114.
Pentachlorpropylene oxide.	$C_3 H Cl_5 O$	a1.5	Cloëz. Ann. (6), 9, 145.
Ethyl-glycollic chloride.	$C_4 H_7 Cl O_2$	1.145, 1°	Henry. J. 22, 531.
Chlorolactic ether	$C_5 H_9 Cl O_3$	1.097, 0°	Wurtz. J. 11, 254.

FOR SOLIDS AND LIQUIDS.

Name.	Formula.	Sp. Gravity.	Authority.
Ethyl chloromalonate	$C_7 H_{11} Cl O_4$	1.185, 20°	Conrad and Bischoff. A. C. P. 209, 221.
Ethyl ethylchloromalonate.	$C_9 H_{15} Cl O_4$	1.110, 17°	Guthzeit. A. C. P. 209, 233.
Ethyl chlorisobutylmalonate.	$C_{11} H_{19} Cl O_4$	1.094, 15°	Conrad and Bischoff. Ber 13, 600.
" "	"	1.091, 15°	Guthzeit. A. C. P. 209, 237.
Succinyl chloride	$C_4 H_4 Cl_2 O_2$	1.39	Gerhardt and Chiozza. C. R. 36, 1052.
Chloromaleic ether	$C_8 H_{11} Cl O_4$	1.15, 11°	Henry. A. C. P. 156, 179.
" "	"	1.178, 20°	Frank. Ber. 10, 928.
Ethyl chloracetacetate	$C_6 H_9 Cl O_3$	1.19, 14°	Allihn. Ber. 11, 569.
Ethyl dichloracetacetate	$C_6 H_8 Cl_2 O_3$	1.293, 16°	Conrad. A. C. P. 186, 234.
Ethyl chloracetopropionate.	$C_7 H_{11} Cl O_3$	1.196, 21°	Conrad and Guthzeit. Ber. 17, 2287.
Ethyl monochlormethylacetacetate.	$C_7 H_{11} Cl O_3$	1.093, 15°	Isbert. A. C. P. 234, 160.
Ethyl dichlormethylacetacetate.	$C_7 H_{10} Cl_2 O_3$	1.2250, 17°	Isbert. Jena Inaug. Diss. 1866.
Ethyl monochlorethylacetacetate.	$C_8 H_{13} Cl O_3$	1.0523, 15°	Isbert. A. C. P. 234, 160.
Ethyl dichlorethylacetacetate.	$C_8 H_{12} Cl_2 O_3$	1.183, 15°	" "
Ethyl diethylchloracetacetate.	$C_{10} H_{17} Cl O_3$	1.063, 15°	James. J. C. S. 49, 50.
Ethyl diethyldichloracetacetate.	$C_{10} H_{16} Cl_2 O_3$	1.155, 15°	" "
Acetotrichlorethylidene acetic ether.	$C_8 H_9 Cl_3 O_3$	1.342, 15°	Matthews. J. C. S. 43, 203.
Monochlorhydrin	$C_3 H_7 Cl O_2$	1.31	Berthelot. J. 6, 456.
"	"	1.4, 18°	Henry. J. C. S. (2), 13, 346.
" β	"	1.328, 0°	Hanriot. Ber. 10, 727.
Dichlorhydrin	$C_3 H_6 Cl_2 O$	1.37	Berthelot. J. 7, 449.
"	"	1.3699, 9°	Henry. A. C. P. 155, 324.
"	"	1.355, 17°.5	Gegerfeldt. Z. C. 13, 672.
"	"	1.383, 0°	} Markownikoff. J. C. S. (2), 12, 241.
"	"	1.367, 19°	
"	"	1.3799, 0°	} Tollens. A.C.P. 156, 164.
"	"	1.3681, 11°.5	
Epichlorhydrin	$C_3 H_5 Cl O$	1.204, 0°	Darmstaedter. J. 21, 454.
"	"	1.194, 11°	Reboul. J. 13, 456.
"	"	1.20313, 0°	} Thorpe. J. C. S. 37, 371.
"	"	1.05667, 116°.55	
"	"	1.0588 } 115°.8	{ Schiff. Ber. 14, 2768.
"	"	1.0598	
"	"	1.194, 11°	Clöez. Ann. (6), 9, 145.
Ethyl monochlorhydrin	$C_5 H_{11} Cl O_2$	1.117, 11°	Henry. J. C. S. (2), 13, 846.

TABLE OF SPECIFIC GRAVITIES

Name.	Formula.	Sp. Gravity.	Authority.
Diethyl monochlorhydrin	$C_7 H_{15} Cl O_2$	1.03, 10°.5	Alsberg. J. 17, 496.
" "	"	1.005, 17°	Reboul and Lourenço. J. 14, 674.
Amyl monochlorhydrin	$C_5 H_{17} Cl O_2$	1.00, 20°	Reboul. J. 13, 464.
Aceto-chlorhydrin	$C_5 H_9 Cl O_3$	1.27, 9°	Henry. J. C. S. (2), 13, 346.
Aceto-dichlorhydrin	$C_5 H_8 Cl_2 O_2$	1.283, 11°	Truchot. J. 18, 503.
" "	"	1.274, 8°	Henry. Ber. 4, 701.
Diaceto-chlorhydrin	$C_7 H_{11} Cl O_4$	1.243, 4°	Truchot. J. 18, 503.
Butyro-dichlorhydrin	$C_7 H_{12} Cl_2 O_2$	1.194, 11°	" "
Valero-dichlorhydrin	$C_8 H_{14} Cl_2 O_2$	1.149, 11°	" "
Butenyl monochlorhydrin	$C_4 H_9 Cl O_2$	1.2324, 17°	Zikes. Ber. 18, ref. 433.
Butenyl dichlorhydrin	$C_4 H_8 Cl_2 O$	1.274, 16°	" "
Butenyl epichlorhydrin	$C_4 H_7 Cl O$	1.098, 15°	" "
Diallyl dichlorhydrin	$C_6 H_{12} Cl_2 O_2$	1.4, 7°	Henry. Ber. 7, 416.
a Chlorallyl alcohol	$C_3 H_5 Cl O$	1.164, 19°	Henry. Ber. 15, 3085.
β Chlorallyl alcohol	"	1.162, 15°	Romburgh. Ber. 15, 245.
Methylchlorallylcarbinol	$C_5 H_9 Cl O$	1.08821, 14°.1	Garzarolli-Thurnlackh. A.C.P. 223, 149.
Chlorcrotyl alcohol	$C_4 H_7 Cl O$	1.1312, 15°	Garzarolli-Thurnlackh. Ber. 15, 2619.
Methyl chlorcrotonate	$C_5 H_7 Cl O_2$	1.143, 15°	Fröhlich. J. 22, 547.
" "	"	1.0933, 4°	Kahlbaum. Ber. 12, 844.
Ethyl chlorcrotonate	$C_6 H_9 Cl O_2$	1.113, 15°	Fröhlich. J. 22, 547.
" "	"	1.129, 15°	Claus. A. C. P. 191, 64.
Chlorethylacetylene tetracarbonic ether.	$C_{16} H_{25} Cl O_8$	1.076, 20°	Bischoff and Rach. Ber. 17, 2786.
Citraconyl chloride	$C_5 H_4 Cl_2 O_2$	1.40, 15°	Gerhardt and Chiozza. J. 6, 394.
" "	"	1.408, 16°.4	O. Strecker. Ber. 15, 1640.
Propylphycite trichlorhydrin.	$C_3 H_5 Cl_3 O$	1.4324, 14°	Wolff. Z. C. 12, 465.
Dichloroleic acid	$C_{18} H_{32} Cl_2 O_2$	1.082, 7°.9	Lefort. J. 6, 451.
Derivative of isobutyl alcohol.	$C_{24} H_{25} Cl O_4$	.967, 15°	Boquillon. J. C. S. 48.
Derivative of isohexic acid	$C_4 H_4 Cl_2 O$	1.471, 10°	Demarçay. Ber. 12, 380.
Chlorphenol	$C_6 H_5 Cl O$	1.306, 20°.5	Petersen and Baehr-Predari. A. C. P. 157, 125.
Chlormethylphenol	$C_7 H_7 Cl O$	1.182, 9°	Henry. Z. C. 13, 247.
Chlorparakresol	"	1.2106, 25°	Schall and Dralle. Ber. 17, 2529.
Chlormethylparakresol	$C_8 H_9 Cl O$	1.1493, 25°	" "
Chlorethylphenol	"	1.106, 9°	Henry. Z. C. 13, 247.
Methylchlorphenetol. a	$C_9 H_{11} Cl O$	1.127, 19°.5	Wroblevsky. Z. C. 13, 164.
" β	"	1.131, 18°	

Name.	Formula.	Sp. Gravity.	Authority.
Chloranethol	$C_{10} H_{11} Cl O$	1.1154, 0°	Ladenburg. Z. C. 12, 575.
"	"	1.191, 20°	Landolph. C. R. 82, 227.
Metachlorsalicylol	$C_7 H_5 Cl O_2$	1.29, 8°	Henry. J. 22, 509.
Metachlorbenzoic acid	"	1.29	St. Evre. J. 1, 529.
Ethyl metachlorbenzoate	$C_9 H_{10} Cl O_2$	.981, 10°	" "
Ethyl orthodichlorbenzoate.	$C_9 H_8 Cl_2 O_2$	1.3278, 0°	Beilstein. Ber. 8, 435.
Chlorisopropyl benzoate	$C_{10} H_{11} Cl O_2$	1.172, 19°	} Morley and Green. J. C. S. 47, 135.
" "	"	1.149, 45°	
Derivative of benzoic ether	$C_{18} H_{16} Cl_6 O_3$	1.346, 10°.8	Malaguti. Ann. (2), 70, 375.
Benzyl monochloracetate	$C_9 H_9 Cl O_2$	1.2223, 4°	Seubert. Ber. 21, 281.
Benzyl dichloracetate	$C_9 H_8 Cl_2 O_2$	1.3130, 4°	" "
Benzyl trichloracetate	$C_9 H_7 Cl_3 O_2$	1.3887, 4°	" "
Benzoyl chloride	$C_7 H_5 Cl O$	1.196	Wöhler and Liebig. A. C. P. 3, 262.
" "	"	1.250, 15°	Cahours. J. 1, 532.
" "	"	1.2324, 0°	} Kopp. A. C. P. 95, 307.
" "	"	1.2142, 19°	
" "	"	.9857, 198°	Ramsay. J. C. S. 35, 463.
" "	"	1.2122, 20°	Brühl. A. C. P. 235, 1.
Chlorodracylic chloride	$C_7 H_4 Cl_2 O$	1.377	Emmerling. Ber. 8, 881.
Toluyl chloride	$C_8 H_7 Cl O$	1.175	Cahours. J. 11, 265.
Phenylacetic chloride	"	1.16817, 20°	Anschütz and Berns. Ber. 20, 1390.
Cumyl chloride	$C_{10} H_{11} Cl O$	1.07, 15°	Cahours. J. 1, 534.
Anisyl chloride	$C_8 H_7 Cl O_2$	1.261, 15°	Cahours. J. 1, 538.
Cinnamyl chloride	$C_9 H_7 Cl O$	1.207, 16°	Cahours. J. 1, 535.
Phthalyl chloride	$C_8 H_4 Cl_2 O_2$	1.0489, 20°	Brühl. A. C. P. 235, 1.
Dichloracetophenone	$C_8 H_6 Cl_2 O$	1.338, 15°	Gautier. Ber. 20, ref. 12.
Trichloracetophenone	$C_8 H_5 Cl_3 O$	1.427, 15°	" "
Chlorobenzyl ethylate	$C_9 H_{11} Cl O$	1.121, 14°	Naquet. J. 15, 420.
Ethyl benzylchlormalonate.	$C_{14} H_{17} Cl O_4$	1.150, 19°	Conrad. Ber. 13, 2159.
Benzodichlorhydrin	$C_{10} H_{10} Cl_2 O_2$	1.441, 8°	Truchot. J. 18, 503.
Trichlorphenomalic acid	$C_7 H_7 Cl_3 O_5$	1.5	Carius. J. 1866, 561.
Tetrachlorethyl camphorate.	$C_{14} H_{20} Cl_4 O_4$	1.386, 14°	Malaguti. Ann. (2), 70, 360.
Santonyl chloride		1.1644	Carnelutti and Nasini. Ber. 13, 2210.
Derivative of bergamot oil	$6 (C_{10} H_{16}). 2 H Cl. H_2 O$	.896	Ohme. A. C. P. 31, 318.

LIII. COMPOUNDS CONTAINING C, CL, N, OR C, H, CL, N.

Name.	Formula.	Sp. Gravity.	Authority.
Chloracetonitrile	$C_2 H_2 Cl N$	1.204, 11°.2	Bisschopinck. B. S. C. 20, 450.
"	"	1.193, 20°	Engler. Ber. 6, 1003.
Dichloracetonitrile	$C_2 H Cl_2 N$	1.374, 11°.4	Bisschopinck. B. S. C. 20, 450.
Trichloracetonitrile	$C_2 Cl_3 N$	1.444	Dumas. J. 1, 593.
"	"	1.439, 12°.2	Bisschopinck. B. S. C. 20, 450.
Dichlorpropionitrile	$C_3 H_3 Cl_2 N$	1.431, 15°	Otto. J. 13, 400.
γ Chlorobutyronitrile	$C_4 H_6 Cl N$	1.1620, 10°	Henry. C. R. 101, 1158.
Dichlorethylamine	$C_2 H_5 Cl_2 N$	1.2397, 5°	Tscherniak. Ber. 9, 147.
"	"	1.2300, 15°	
Chloroxalmethylin	$C_4 H_5 Cl N_2$	1.2473, 16°	Wallach and Schulze. Ber. 14, 424.
Chloroxalethylin	$C_6 H_9 Cl N_2$	1.1420, 15°	Wallach. Ber. 7, 328.
"	"	1.142	Wallach and Stricker. Ber. 13, 512.
Chloroxalpropylin	$C_8 H_{13} Cl N_2$	1.0900	Wallach and Schulze. Ber. 14, 424.
Orthochloraniline	$C_6 H_6 Cl N$	1.2338, 0°	Beilstein and Kurbatow. Ber. 7, 487.
Metachloraniline	"	1.2432, 0°	Beilstein and Kurbatow. A. C. P. 176, 45.
Chlorotoluidine. B. 222°	$C_7 H_8 Cl N$	1.151, 20°	Wroblevsky. Z. C. 12, 322–544.
" B. 238°	"	1.1855, 20°	Wroblevsky. Z. C. 12, 684.
" B. 237°—242°	"	1.203, 19°	" "
" B. 236°	"	1.175, 18°	Henry and Radziszewski. Z. C. 12, 542.
Chlorpicoline	$C_6 H_6 Cl N$	1.146, 20°	Ost. J. P. C. (2), 27, 278.
Orthochlorchinoline	$C_9 H_6 Cl N$	1.2752, 16°.2	Bodewig. Tübingen In. Diss. 1885.
"	"	1.2754, 16°.6	
Parachlorchinoline	"	1.3768, 14°.6	" "
"	"	1.3766, 15°	
Chloride from methyluracil.	$C_5 H_3 N_2 Cl_3$	1.6273, 21°.8	Behrend. A. C. P. 229, 26.

FOR SOLIDS AND LIQUIDS. 315

LIV. COMPOUNDS CONTAINING C, CL, N, O, OR C, H, CL, N, O.

Name.	Formula.	Sp. Gravity.	Authority.
Chloronitromethane	$C H_2 Cl N O_2$	1.466, 15°	Tscherniak. Ber. 8, 609.
Dichlordinitromethane	$C Cl_2 N_2 O_4$	1.685, 15°	Marignac. Watts' Dict.
Chlorpicrin	$C Cl_3 N O_2$	1.6657	Stenhouse. J. 1, 540.
"	"	1.69225, 0°	} Thorpe. J. C. S. 37,
"	"	1.48444, 111°.9	} 371.
Dichloramyl nitrite	$C_5 H_9 Cl_2 N O_2$	1.233, 12°	Guthrie. J. 11, 404.
Trichloracetyl cyanide	$C_3 Cl_3 N O$	1.559, 15°	Hofferichter. J. P. C. (2), 20, 195.
Trichloracetic dimethylamide.	$C_4 H_6 Cl_3 N O$	1.441, 15°	Franchimont and Klobbie. Ber. 20, ref. 690.
Ethylene chloronitrin	$C_2 H_4 Cl N O_3$	1.378, 21°	Henry. Ann. (4), 27, 243.
Propylene chloronitrin	$C_3 H_6 Cl N O_3$	1.28, 12°	" "
Dichlormethoxylacetonitril.	$C_3 H_3 Cl_2 N O$	1.3885	Bauer. A. C. P. 229, 163.
Dichlorethoxylacetonitril.	$C_4 H_5 Cl_2 N O$	1.3394, 15°.5	" "
Dichlorpropoxylacetonitril.	$C_5 H_7 Cl_2 N O$	1.2382, 15°.5	" "
Dichlorisobutoxylacetonitril.	$C_6 H_9 Cl_2 N O$	1.1226, 15°.5	" "
Monochlordinitrin	$C_3 H_5 Cl N_2 O_6$	1.5112, 9°	Henry. A. C. P. 155, 168.
Dichlormononitrin	$C_3 H_5 Cl_2 N O_3$	1.465, 10°	" "
Chlorazol	$C_4 H_3 Cl_3 N_2 O_4$	1.555	Mühlhaüser. J. 7, 671.
Dichlornitrophenol	$C_6 H_3 Cl_2 N O_3$	1.59	Fischer. A. C. P., 7th Supp., 185.
Chlornitrobenzene	$C_6 H_4 Cl N O_2$	1.377, 0°	Sokoloff. J. 19, 552.
"	"	1.358, 0°	" "
"	"	1.368, 22°	Jungfleisch. J. 21, 345.
" Meta	"	1.534	Schröder. Ber. 13, 1070.
" Para	"	1.380, 22°	Jungfleisch. J. 21, 343.
Chlordinitrobenzene	$C_6 H_3 Cl N_2 O_4$	1.697; 22°	Jungfleisch. J. 21, 345.
"	"	1.6867, 16°.5	Jungfleisch. J. 21, 346.
"	"	1.72, 18°	Engelhardt and Latschinoff. Z. C. 13, 232.
Dichlornitrobenzene	$C_6 H_3 Cl_2 N O_2$	1.669, 22°	Jungfleisch. J. 21, 348.
Trichlornitrobenzene	$C_6 H_2 Cl_3 N O_2$	1.790, 22°	Jungfleisch. J. 21, 351.
Dichlordinitrobenzene	$C_6 H_2 Cl_2 N_2 O_4$	1.7103, 16°	Jungfleisch. J. 21, 348.
Trichlordinitrobenzene	$C_6 H Cl_3 N_2 O_4$	1.850, 25°	Jungfleisch. J. 21, 352.

Name.	Formula.	Sp. Gravity.	Authority.
Tetrachlornitrobenzene	$C_6 H Cl_4 N O_2$	1.744, 25°	Jungfleisch. J. 21, 353.
Pentachlornitrobenzene	$C_6 Cl_5 N O_2$	1.718, 25°	Jungfleisch. J. 21, 364.
Chlornitrotoluene	$C_7 H_6 Cl N O_2$	1.307, 18°	Wroblevsky. Z. C. 12, 683.
"	"	1.3259, 18°	" "
"	"	1.300, 20°	Wroblevsky. Ber. 7, 1062.
Parachlormetanitrotoluene.	"	1.297, 22°	Gattermann and Kaiser. Ber. 18, 2600.
Dichlornitrotoluene	$C_7 H_5 Cl_2 N O_2$	1.455, 17°	Wroblevsky and Pirogoff. Ber 3, 203.
Derivative of acetanilide.	$C_8 H_8 Cl_3 N O_2$	1.3893, 20°	Witt. Ber. 8, 1227.
Derivative of protein	$C_{12} H_{12} Cl_3 N O_2$	1.628	Mühlhäuser. J. 7, 671.
" " "	$C_{12} H_{12} Cl_3 N O_4$	1.360	" "

LV. COMPOUNDS CONTAINING C, H, AND BR.

1st. Bromides of the Paraffin Series.

Name.	Formula.	Sp. Gravity.	Authority.
Methyl bromide	$CH_3 Br$	1.66443, 0°	Pierre. C. R. 27, 213.
" "	"	1.732 } 0°	Two lots. Merrill. J. P. C. (2), 18, 293.
" "	"	1.7116 }	
" "	"	1.73306, 15°	Perkin. J. P. C. (2), 31, 481.
" "	"	1.72345, 25°	
" "	"	1.46576, 15°	
" "	"	1.45967, 18°	
" "	"	1.45554, 20°	Weegmann. Z. P. C. 2, 218.
" "	"	1.45349, 21°	
" "	"	1.44733, 24°	
" "	"	1.44122, 27°	
Ethyl bromide	$C_2 H_5 Br$	1.40	Löwig. A. C. P. 3, 292.
" "	"	1.47329, 0°	Pierre. C. R. 27, 213.
" "	"	1.4600, 20°	Hangen. P. A. 131, 117.
" "	"	1.4021, 9°	Dehn. A. C. P., 4th Supp., 85.
" "	"	1.4685, 13°.5	Linnemann. A. C. P. 160, 195.
" "	"	1.4189, 15°	Mendelejeff. J. 13, 7.
" "	"	1.4775, 5°–10°	Regnault. P. A. 62, 50.
" "	"	1.4679, 10°–15°	
" "	"	1.4582, 15°–20°	
" "	"	1.47, 15°	Gladstone and Tribe. J. C. S. (2), 12, 410.

FOR SOLIDS AND LIQUIDS.

Name.	Formula.	Sp. Gravity.	Authority.
Ethyl bromide	C_2H_5Br	1.4069, 20°	Naumann. Ber. 10, 2016.
" "	"	1.4579, 14°	De Heen. Bei. 5, 105.
" "	"	1.4134, 38°.4	Schiff. Ber. 19, 560.
" "	"	1.44988, 15° }	Perkin. J. P. C. (2),
" "	"	1.43250, 25° }	31, 481.
Propyl bromide	C_3H_7Br	1.353, 16°	Chapman and Smith. J. 22, 360.
" "	"	1.388, 0°	Rossi. A. C. P. 159, 79.
" "	"	1.3497, 0°	
" "	"	1.301, 30°.15 }	Pierre and Puchot.
" "	"	1.2589, 54°.2 }	Ann. (4), 22, 284.
" "	"	1.3577, 16°	Linnemann. A. C. P. 161, 40.
" "	"	1.3520 } 20° {	Brühl. A. C. P.
" "	"	1.3529 }	203, 1.
" "	"	1.3017, 14°	De Heen. Bei. 5, 115.
" "	"	1.3835, 0° }	Zander. A. C. P. 214,
" "	"	1.2639, 71° }	181.
" "	"	1.36110, 15° }	Perkin. J. P. C. (2),
" "	"	1.34739, 25° }	31, 481.
Isopropyl bromide	"	1.320, 13°	Linnemann. J. 18, 489.
" "	"	1.33, 21°	Linnemann.
" "	"	1.248, 20°	Linnemann. A. C. P. 161, 18.
" "	"	1.2097 }	
" "	"	1.3097 } 20° {	Three lots. Brühl.
" "	"	1.3117 }	A. C. P. 203, 1.
" "	"	1.3397, 0° }	Zander. A. C. P.
" "	"	1.2368, 60° }	214, 181.
" "	"	1.31978, 15° }	Perkin. J. P. C. (2),
" "	"	1.30522, 25° }	31, 481.
Butyl bromide	C_4H_9Br	1.305, 0°	
" "	"	1.2792, 20° }	Lieben and Rossi.
" "	"	1.2571, 40° }	A. C. P. 158, 137.
" "	"	1.2990, 20°	Linnemann. Ann. (4), 27, 268.
" "	"	1.2605, 14°	De Heen. Bei. 5, 105.
Isobutyl bromide	"	1.274, 16°	Wurtz. J. 7, 572.
" "	"	1.2702, 16°	Chapman and Smith. J. C. S. 22, 153.
" "	"	1.249, 0°	
" "	"	1.191, 40°.2 }	Pierre and Puchot.
" "	"	1.1408, 73°.5 }	Ann. (4), 22, 314.
" "	"	1.2038, 16°	Linnemann. A. C. P. 162, 1.
" "	"	1.1456, 90°.5	Schiff. Bei. 9, 559.
" "	"	1.27221, 15° }	Perkin. J. P. C. (2),
" "	"	1.25984, 25° }	31, 481.
Trimethylcarbyl bromide	"	1.215, 20°	Roozeboom. Ber. 14, 2396.
" "	"	1.20200, 15° }	Perkin. J. P. C. (2),
" "	"	1.18922, 25° }	31, 481.
Normal pentyl bromide	$C_5H_{11}Br$	1.246, 0°	
" " "	"	1.2234, 20° }	Lieben and Rossi.
" " "	"	1.2044, 40° }	A. C. P. 159, 70.

Name.	Formula.	Sp. Gravity.	Authority.
Amyl bromide	$C_5 H_{11} Br$	1.16576, 0°	Pierre. C. R. 27, 213.
" "	"	1.217, 16°	Chapman and Smith. J. 22, 367.
" "	"	1.2045, 20°	Haagen. P. A. 131, 117.
" "	"	1.2059, 15°.7	Mendelejeff. J. 13, 7.
" "	"	1.0502, 120°	Ramsay. J. C. S. 35, 463.
" "	"	1.2002, 14°	De Heen. Bei. 5, 105.
" "	"	1.0126 } 117°.1	Schiff. Ber. 14, 2766.
" "	"	1.0127	
" "	"	1.2058, 22°	Lachowicz. A. C. P. 220, 171.
" "	"	1.0881, 118°.5	Schiff. Ber. 19, 560.
" • " Active	"	1.225, 15°	Le Bel. B. S. C. 25, 546.
" " Inactive	"	1.2358, 0°	Balbiano. Ber. 9, 1437.
" "	"	1.21927, 15° }	Perkin. J. P. C. (2), 31, 481.
" "	"	1.20834, 25°	
Normal hexyl bromide	$C_6 H_{13} Br$	1.1935, 0°	
" " "	"	1.1725, 20°	Lieben and Janecek. J. R. C. 5, 156.
" " "	"	1.1561, 40°	
Normal heptyl bromide	$C_7 H_{15} Br$	1.133, 16°	Cross. J. C. S. 32, 123.
Secondary heptyl bromide	"	1.422, 17°.5	Venable. Ber. 13, 1650.
Normal octyl bromide	$C_8 H_{17} Br$	1.116, 16°	Zincke. J. 22, 371.
" " "	"	1.11798, 15° }	Perkin. J. P. C. (2), 31, 481.
" " "	"	1.10993, 25°	
Secondary octyl bromide	"	1.0089, 22°	Lachowicz. A. C. P. 220, 185.

2d. Bromides of the Series $C_n H_{2n} Br_2$.

Name.	Formula.	Sp. Gravity.	Authority.
Methylene bromide	$C H_2 Br_2$	2.0844, 11°.5	Steiner. Ber. 7, 507.
" "	"	2.4930, 0°	Henry. Ann. (5), 30, 266.
" "	"	2.49850 } 15°	
" "	"	2.49922	Perkin. J. P. C. (2), 32, 523.
" "	"	2.47849 } 25°	
" "	"	2.47745	
Ethylene bromide	$C H_2 Br . C H_2 Br$	2.164, 21°	Regnault. Ann. (2), 59, 358.
" "	"	2.128, 18°	D'Arcet. J. P. C. 5, 28.
" "	"	2.16292, 20°.1	Pierre. C. R. 27, 213.
" "	"	2.179	Butlerow. J. 14, 652.
" "	"	2.1827, 20°	Haagen. P. A. 131, 117.

FOR SOLIDS AND LIQUIDS. 319

Name.	Formula.	Sp. Gravity.	Authority.
Ethylene bromide	$CH_2Br.CH_2Br$	2.198, 10°	Reboul. Z. C. 13, 200.
" "	"	2.21324, 0°	Thorpe. J. C. S. 37, 371.
" "	"	1.93124, 131°.45	
" "	"	2.1785, 20°	Anschütz. A. C. P. 221, 133.
" "	"	2.1767, 21°.5	
" "	"	1.9246, 130°.3	Schiff. Ber. 19, 560.
" "	"	2.18895, 15°	
" "	"	2.17271 } 25°	Perkin. J. P. C. (2), 32, 523.
" "	"	2.17197	
" "	"	2.17681, 20°	Weegmann. Z. P. C. 2, 218.
Ethylidene bromide	$CH_3.CHBr_2$	2.135, 0°	Caventou. J. 14, 608.
" "	"	2.129 } 10°	Reboul. Z. C. 13, 200.
" "	"	2.132	
" "	"	2.0822, 21°.5	Anschütz. A. C. P. 221, 133.
" "	"	2.10006, 17°.5	Angelbis Freiburg Inaug. Diss. 1884.
" "	"	2.08905, 20°.5	
" "	"	2.10297, 15°	Perkin. J. P. C. (2), 32, 523.
" "	"	2.08540, 25°	
" "	"	2.05545, 20°	Weegmann. Z. P. C. 2, 218.
Trimethylene bromide	$CH_2Br.CH_2.CH_2Br$	2.0177, 0°	Geromont. A. C. P. 158, 370.
" "	"	1.9839, 13°.5	Reboul. J. C. S. 36, 127.
" "	"	1.9228	Freund. Ber. 14, 2270.
" "	"	2.0060, 0°	Zander. A.C.P. 214, 181.
" "	"	1.7101, 165°	
" "	"	1.98236, 15°	Perkin. J. P. C. (2), 32, 523.
" "	"	1.96836, 25°	
Propylene bromide	$CH_3.CHBr.CH_2Br$	1.7	Reynolds. J. 3, 495.
" "	"	1.974	Cahours. J. 3, 496.
" "	"	1.955, 9°	Reboul. Z. C. 13, 200.
" "	"	1.954, 15°	Linnemann. A. C. P. 136, 53.
" "	"	1.950, 16°	
" "	"	1.943, 179	Linnemann. A. C. P. 138, 123.
" "	"	1.972, 0°	Erlenmeyer. A. C. P. 139, 226.
" "	"	1.946, 17°	
" "	"	1.9586, 0°	Two products. Friedel and Ladenburg. B. S. C. 8, 146.
" "	"	1.9236, 20°	
" "	"	1.9710, 0°	
" "	"	1.9383, 20°	
" "	"	1.9463, 17°	Linnemann. A. C. P. 161, 42.
" "	"	1.9465, 15°	
" "	"	1.9617, 0°	Zander. A. C. P. 214, 181.
" "	"	1.6944, 141°.7	
" "	"	1.8893, 18°	Gladstone. Bei. 9, 249.
" "	"	1.910, 21°	
" "	"	1.94426 } 15°	Perkin. J. P. C. (2), 32, 523.
" "	"	1.94474	
" "	"	1.93004 } 25°	
" "	"	1.93030	

TABLE OF SPECIFIC GRAVITIES

Name.	Formula.	Sp. Gravity.	Authority.
Dimethylmethylene bromide. Methylbromacetol.	$CH_3.CBr_2.CH_3$	1.8149, 0° 1.7825, 20°	Friedel and Ladenburg. B. S. C. 8, 150.
" "	"	1.895, 9°	Reboul. Z. C. 13, 200.
" "	"	1.875, 10°	Reboul.
" "	"	1.84761, 15° 1.83140, 25°	Perkin. J. P. C, (2), 32, 523.
α Butylene bromide	$C_2H_5.CHBr.CH_2Br$	1.876, 0°	Wurtz. J. 22, 365.
" "	"	1.8503, 0° 1.8204, 20°	Grabowsky and Saytzeff. A. C. P. 179, 332.
β Butylene bromide	$CH_3.(CHBr)_2.CH_3$	1,8299 1.8119 } 0°	Wurtz. J. 20, 573.
" "	"	1.8053, 0° 1.7215, 50°.3 1.6378, 100°	Puchot. Ann. (5), 28, 543.
" "	"	1.74343 1.75586 } 15° 1.73083 1.74294 } 25°	Perkin. J. P. C. (2), 32, 523.
Isobutylene bromide	$C_4H_8Br_2$	1.798, 14° 1.809, 17° } }	Two samples. Linnemann. A. C. P. 162, 1.
" "	"	1.808, 24°	Studer. Ber. 14, 2188.
Ethylmethylethylene bromide. " "	$C_2H_5.(CHBr)_2.CH_3$	1.7087, 0° 1.6868, 14°	Wagner and Saytzeff. A. C. P. 179, 308.
Isoamylene bromide	$C_5H_{10}Br_2$	1.3443, 0°	Helbing. A. C. P. 172, 281.
" "	"	1.656, 21°	Gladstone. Bei. 9, 249.
" "	"	1.63699 1.64000 } 15° 1.62595 1.62921 } 25°	Perkin. J. P. C. (2), 32, 523.
Hexylene bromide	$C_6H_{12}Br_2$	1.582, 19°	Pelouze and Cahours. J. 16, 526.
" "	"	1.5975, 18° 1.5967, 20°	Thorpe and Young. A. C. P. 165, 1.
" "	"	1.6058, 0° 1.5809, 19°	Hecht and Strauss. A. C. P. 172, 62.
" "	"	1.6497, 0°	Helbing. A. C. P. 172, 281.
Heptylene bromide	$C_7H_{14}Br_2$	1.5146, 18°.5	Thorpe and Young. A. C. P. 165, 1.

FOR SOLIDS AND LIQUIDS. 321

3d. Miscellaneous Non-Aromatic Bromides.

Name.	Formula.	Sp. Gravity.	Authority.
Bromoform	$CHBr_3$	2.13	Löwig. A. C. P. 3, 296.
"	"	2.9, 12°	Cabours. J. 1, 501.
"	"	2.775, 14°.5	Schmidt. Ber. 10, 194.
"	"	2.81185, 8°.56	} Thorpe. J. C. S. 37,
"	"	2.43611, 151°.2	} 201 and 871.
"	"	2.90246 } 15°	
"	"	2.90450 }	} Perkin. J. P. C.
"	"	2.88253 } 25°	} (2), 32, 523.
"	"	2.88421 }	
Bromethylene dibromide.	$CH_2Br.CHBr_2$	2.620, 23°	Wurtz. J. 10, 461.
" "	"	2.663, 0°	Simpson. J. 10, 461.
" "	"	2.659, 0°	Caventou. J. 14, 608.
" "	"	2.624, 16°	Tawildarow. A. C. P. 176, 21.
" "	"	2.65, 0°	Demole. Ber. 9, 49.
" "	"	2.6189, 17°.5 }	Anschütz. A. C. P.
" "	"	2.6107, 21°.5 }	221, 61.
" "	"	2.57896, 20°	Weegmann. Z. P. C. 2, 218.
Tetrabromethane	$CH_2Br.CBr_3$	2.88, 22°	Reboul. Z.C. 13, 200.
"	"	2.93	Bourgoin. J. C. S. 32, 443.
"	"	2.9292, 17°.5 }	Anschütz. A. C. P.
"	"	2.9216, 21°.5 }	221, 133.
"	"	2.88249, 16°.6	
"	"	2.87687, 19°.1	
"	"	2.87482, 20°	
"	"	2.87214, 21°.2	} Weegmann. Z. P.
"	"	2.86512, 24°.3	} C. 2, 218.
"	"	2.85836, 27°.3	
"	"	2.85189, 30°.2	
Acetylene tetrabromide	$CHBr_2.CHBr_2$	2.848, 21°.5	Sabanejeff. A. C. P. 178, 114.
" "	"	2.9469 } 17°.5	} Anschütz. Ber. 12,
" "	"	2.9517 }	} 2075.
" "	"	2.9708 } 17°.5	
" "	"	2.9712 }	} Anschütz. A.C.P.
" "	"	2.9629, 21°.5	} 221, 133.
" "	"	2.92011, 17°.5	Eltzbacher. Bonn Inaug. Diss. 1884.
" "	"	2.96725, 20°	Weegmann. Z. P. C. 2, 218.
Bromethylene, or vinyl bromide.	C_2H_3Br	1.52	Watts' Dictionary.
" "	"	1.5286, 11°	Anschütz. A. C. P.
" "	"	1.5167, 14°	221, 133.
" "	"	1.52504, 9°.6	Perkin. J. P. C. (2), 32, 523.
Dibromethylene	$C_2H_2Br_2$	3.088, 10° }	Sawitsch. J. 13, 431.
"	"	3.053, 14°.5 }	
"	"	2.1780, 20°.6	Anschütz. A. C. P. 221, 133.

21 s G

TABLE OF SPECIFIC GRAVITIES

NAME.	FORMULA.	SP. GRAVITY.	AUTHORITY.
Acetylene dibromide	$C_2 H_2 Br_2$	2.120, 17°	Tawildarow. A. C. P. 176, 23.
" "	"	2.2023, 22°.7	Sabanejeff. B. S. C. 27, 371.
" "	"	2.268, 0°	Plimpton. Ber. 14, 1812.
" "	"	2.271, 0° }	Sabanejeff. Ber. 16,
" "	"	2.223, 19° }	1220.
" "	"	2.2714, 17°.5	Anschütz. A. C. P. 221, 133.
" "	"	2.2983, 0° }	Weger. A. C. P.
" "	"	2.0352, 110°.5 }	221, 61.
" "	"	2.22889, 20°	Weegmann. Z. P. C. 2, 218.
Tribromethylene	$C_2 H Br_3$	2.68762, 20°	" "
Tribrompropane	$CH_3. CBr_2. CH_2 Br$	2.336	Cahours. J. 3, 496.
"	"	2.392, 23°	Wurtz. J. 10, 462.
"	"	2.39, 10°	Linnemann. J. 18, 490.
"	"	2.33, 12°	Reboul. J. C. S. 36, 127.
"	$CH_3. CHBr. CHBr_2$	2.356, 18°	Reboul. C. R. 79, 317.
Tribromhydrin	$CH_2Br. CHBr.CH_2Br$	2.436, 23°	Wurtz. J. 10, 463.
"	"	2.966, 0°	Perrot. J. 11, 395.
"	"	2.407, 10°	Henry. A. C. P. 154, 370.
"	"	2.41344, 15° }	Perkin. J. P. C. (2),
"	"	2.39856, 25° }	32, 523.
Tetrabrompropane	$C_3 H_4 Br_4$	2.469	Cahours. J. 3, 496.
Allylene tetrabromide	$CH_3. CBr_2. CH Br_2$	2.94, 0°	Oppenheim. J. 17, 493.
Tetrabromglycide	$CHBr_2. CHBr.CH_2Br$	2.64	Reboul. J. 18, 462.
Pentabrompropane	$C_3 H_3 Br_5$	2.601	Cahours. J. 3, 496.
a Brompropylene	$C_3 H_5 Br$	1.364, 19°.5	Reboul. C. R. 79, 317.
"	"	1.39, 9°	Reboul. J. C. S. 36, 127.
"	"	1.42077, 15° }	Perkin. J. P. C. (2),
"	"	1.40527, 25° }	32, 523.
β Brompropylene	"	1.400, 13°	Linnemann. A. C.
"	"	1.410, 14°	P. 136, 55.
"	"	1.408, 19°	Linnemann. J. 19, 308.
"	"	1.4110, 15°	Linnemann. A. C. P. 161, 18.
"	"	1.428, 19°.5	Reboul. C. R. 79, 317.
Allyl bromide	"	1.472	Cahours. J. 3, 496.
" "	"	1.451, 0° }	
" "	"	1.4385, 15° }	Tollens. J. P.C. 107,
" "	"	1.3609, 62° }	185.
" "	"	1.4507, 0°	Tollens and Henninger. Z. C. 12, 88.
" "	"	1.461, 0° }	Tollens. A. C. P.
" "	"	1.436, 15° }	156, 153.
" "	"	1.4593, 0° }	Zander. A. C. P.
" "	"	1.3333, 70°.5 }	214, 181.

FOR SOLIDS AND LIQUIDS.

Name.	Formula.	Sp. Gravity.	Authority.
Allyl bromide	C_3H_5Br	1.396, 20°.5	Gladstone. Bei. 9, 249.
" "	"	1.3867, 24°.5	
" "	"	1.3980, 20°	Brühl. A. C. P. 235, 1.
" "	"	1.42532, 15°	Perkin. J. P. C. (2), 32, 523.
" "	"	1.41057, 25°	
Epidibromhydrin	$C_3H_4Br_2$	2.06, 11°	Reboul. J. 18, 461.
Allylene bromide	"	1.950	Cahours. J. 3, 496.
" "	"	2.05, 0°	Oppenheim. J. 17, 493.
" "	"	2.00, 15°	Borsche and Fittig. J. 18, 314.
" "	"	1.98, 15°	Linnemann. J. 18, 490.
Propargyl tribromide	$C_3H_3Br_3$	2.53, 10°	Henry. Ber. 7, 761.
Propargyl bromide	C_3H_3Br	1.52, 20°	Henry. B. S. C. 20, 452.
" "	"	1.59, 11°	Henry. Ber. 7, 761.
Propargyl pentabromide	$C_3H_3Br_5$	3.01, 10°	" "
Tribromisobutane	$C_4H_7Br_3$	2.187, 17°	Norton and Williams. A. C. J. 9, 88.
Bromamylene	C_5H_9Br	1.22, 19°	Linnemann. Z. C. 11, 58.
Isoprene bromide	"	1.175, 15°	Bouchardat. J. C. S. 38, 323.
Isoprene dibromide	$C_5H_8Br_2$	1.601, 15°	" "
Bromhexylene. B. 99°–100°.	$C_6H_{11}Br$	1.35, 12°	Destrem. Ann. (5), 27, 50.
" B. 138°	"	1.17, 15°	Reboul and Truchot. J. 20, 587.
" B. 140°	"	1.2205, 0°	Hecht and Strauss. A. C. P. 172, 62.
" "	"	1.2025, 15°	
Hexine dibromide	$C_6H_{10}Br_2$	1.6977, 0°	Hecht. Ber. 11, 1054.
" "	"	1.5543, 100°	
Hexine tetrabromide	$C_6H_{10}Br_4$	2.1625, 0°	" "
Dibromdiallyl	$C_6H_8Br_2$	1.656	Henry. J. C. S. (2), 11, 1215.
Dipropargyl tetrabromide	$C_6H_6Br_4$	2.464, 19°	Henry. Ber. 7, 761.
Conylene bromide	$C_8H_{14}Br_2$	1.5679, 16°.25	Wertheim. J. 15, 367.
Bromdecylene	$C_{10}H_{19}Br$	1.109, 15°	Reboul and Truchot. J. 28, 588.
Isovinyl bromide	$(C_2H_3Br)_2$	2.075	Baumann. A. C. P. 163, 308.
Erythrene hexbromide	$C_4H_4Br_6$	2.9, 15°, l.	Colson. B. S. C. 48, 52. Two modifications.
" "	"	3.4, solid	

4th. Aromatic Compounds.

Name.	Formula.	Sp. Gravity.	Authority.
Brombenzene	C_6H_5Br	1.519 } 0°-- { 1.522	Ladenburg. Ber. 7, 1685.
"	"	1.51768, 0°	
"	"	1.50236, 11°.46	
"	"	1.48977, 20°.96	Adrieenz. Ber. 6, 444.
"	"	1.41163, 77°.76	
"	"	1.4914, 20°	Brühl. Bei. 4, 780.
"	"	1.5203, 0°	Weger. A. C. P. 221, 61.
"	"	1.3080, 155°.6	
"	"	1.4958, 16°	Gladstone. Bei. 9, 249.
"	"	1.49225, 23°	
"	"	1.3080, 155°	Schiff. Bei. 9, 559.
"	"	1.3090, 156°	Schiff. Ber. 19, 560.
Orthodibrombenzene	$C_6H_4Br_2$	2.003, 0°	Körner. J. C. S. (3), 1, 214.
"	"	1.858, 99°	
Metadibrombenzene	"	1.955, 18°.6	" "
Paradibrombenzene	"	2.218 } 4°-- { 2.222	Schröder. Ber. 12, 561.
"	"		
"	"	1.8408, 89°.3	Schiff. A. C. P. 223, 247.
Benzyl bromide	$C_6H_5 \cdot CH_2Br$	1.438, 22°	Kekulé. J. 20, 662.
Orthobromtoluene	$C_6H_4 \cdot CH_3 \cdot Br$	1.4092, 21°.5	Glinzer and Fittig. J. 18, 538.
"	"	1.4109, 22°	Kekulé. J. 20, 663.
"	"	1.401, 18°	Wroblevsky. A. C. P. 168, 147.
"	"	1.2031, 182°.5	Schiff. Ber. 19, 560.
Metabromtoluene	"	1.4009, 21°	Wroblevsky. Z. C. 13, 239.
Parabromtoluene	"	1.3999, 30°	Hübner and Terry. Z. C. 14, 232.
Dibromtoluene. B. 236°	$C_6H_3 \cdot CH_3 \cdot Br_2$	1.8127, 19°	Wroblevsky. Z. C. 13, 239.
" B. 238°-239°	"	1.812, 19°	" "
" B. 246°	"	1.812, 22°	Wroblevsky. Z. C. 14, 272.
Ethylbrombenzene. 1.4	$C_6H_4 \cdot C_2H_5 \cdot Br$	1.34, 13°.5	Fittig and Koenig. J. 20, 609.
Bromxylene	$C_6H_3 \cdot CH_3 \cdot CH_3 \cdot Br$	1.335, 21°	Bellstein. J. 17, 530.
" 1.2.4	"	1.3693, 15°	Jacobsen. Ber. 17, 2373.
" 1.3.5	"	1.362, 20°	Wroblevsky. A. C. P. 192, 215.
Metaxylyl bromide	$C_6H_4 \cdot CH_3 \cdot CH_2Br$	1.3711, 23°	Radziszewski and Wispek. Ber. 15, 1745.
Orthoxylyl bromide	"	1.3811, 23°	Radziszewski and Wispek. Ber. 15, 1747.
Dibromorthoxylene	$C_6H_2 \cdot (CH_3)_2 \cdot Br_2$	1.7842, 15°	Jacobsen. Ber. 17, 2377.
Orthoxylylene bromide	$C_6H_4(CH_2Br)_2$	1.934, 0°, s. } 1.680, 95°, l.	Colson. Ann. (6), 6, 86.
" "	"		

Name.	Formula.	Sp. Gravity.	Authority.
Orthoxylylene bromide	$C_6 H_4 (C H_2 Br)_2$	1.988	Colson. C. R. 104, 429.
Metaxylylene bromide	"	1.734, 0°, s.	Colson. Ann. (6), 6, 86.
" "	"	1.615, 80°, l.	
" "	"	1.959	Colson. C. R. 104, 429.
Paraxylylene bromide	"	2.010, s.	Colson. Ann. (6), 6, 86.
" "	"	1.850, 155°, l.	
" "	"	2.012	Colson. C. R. 104, 429.
Brommesitylene. 1.3.5.6	$C_6 H_2 (C H_3)_3 . Br$	1.3191, 10°	Fittig and J. Storer, J. 20, 704.
Isopropylbrombenzene. 1.4.	$C_6 H_4 . C_3 H_7 . Br$	1.3223, 13°	Meusel. J. 20, 698.
" "	"	1.3014, 15°	Jacobsen. Ber. 12, 430.
Dibromcymene	$C_{10} H_{12} Br_2$	1.596	Claus and Wimmel. Ber. 13, 903.
β Bromamylbenzene	$C_{11} H_{15} Br$	1.2834, 21°	Dafert. M. C. 4, 621.
Benzene hexbromide	$C_6 H_6 Br_6$	2.5 +	Meunier. Ann. (6), 10, 223.
Bromdibenzyl	$C_{14} H_{13} Br$	1.318, 9°	Stelling and Fittig.
Bromnaphthalene	$C_{10} H_7 Br$	1.555	Glaser. J. 18, 562.
"	"	1.503, 12°	Wahlforss. J. 18, 564.
"	"	1.48875, 16°.5	Nasini and Bernheimer. G. C. I. 15, 50.
"	"	1.47496, 28°.1	
"	"	1.42572, 77°.6	
"	"	1.5678, 16°.5	
"	"	1.5403, 17°	Gladstone. Bei. 9, 249.
"	"	1.5403, 18°	
" β	"	1.605, 0°	Roux. B. S. C. 45, 514.
α Tetrabromhydrocamphene.	$C_{10} H_{14} Br_4$	2.2042	Royère. Ber. 19, ref. 438.
β Tetrabromhydrocamphene.	"	1.93711	" "

LVI. COMPOUNDS CONTAINING C, H, O, AND BR.

Name.	Formula.	Sp. Gravity.	Authority.
αβ Dibrompropyl alcohol	$C_3 H_6 Br_2 O$	2.1682, 0°	Weger. A. C. P. 221, 61.
" "	"	1.7535, 219°	
Monobromtrimethylcarbinol.	$C_4 H_9 Br O$	1.429, 0°	Guareschi and Garzino. J. C. S. 54, 437.
Dibromhexyl alcohol	$C_6 H_{12} Br_2 O$	1.99, 15°	Destrem. Ann. (5), 27, 50.
Bromethyl oxide	$C_4 H_9 Br O$	1.3704, 0°	Henry. C. R. 100, 1007.
Bromacetyl bromide	$C_2 H_2 Br_2 O$	2.317, 21°.5	Naumann. J. 17, 322.
Propionyl bromide	$C_3 H_5 O . Br$	1.465, 14°	Sestini. J. 22, 528.

TABLE OF SPECIFIC GRAVITIES

Name.	Formula.	Sp. Gravity.	Authority.
Dibromacetic acid	$C_2 H_2 Br_2 O_2$	2.25	Perkin and Duppa. J. 11, 285.
Bromobutyric acid	$C_4 H_7 Br O_2$	1.54, 15°	Schneider. J. 14, 457.
Bromisobutyric acid	"	1.5225, 60°	Hell and Waldbauer.
" "	"	1.500, 100°	Ber. 10, 448.
Dibromobutyric acid	$C_4 H_6 Br_2 O_2$	1.97	Schneider. J. 14, 458.
Bromostearic acid	$C_{18} H_{35} Br O_2$	1.0653, 20°	Oudemans. J. P. C. 89, 197.
Ethyl bromacetate	$C_4 H_7 Br O_2$	1.5250, 18°	Gladstone. Bei. 9, 249.
Dibromethyl acetate	$C_4 H_6 Br_2 O_2$	1.962, 17°	Kessel. Ber. 10, 1996.
Ethyl brompropionate	$C_5 H_9 Br O_2$	1.396, 11°	Henry. A. C. P. 156, 176.
Methyl dibrompropionate. α.	$C_4 H_6 Br_2 O_2$	1.9043, 0°	Philippi. Göttingen
" "	"	1.8973, 12°	Inaug. Diss. 1873.
" " α β	"	1.9777, 0°	Weger. A. C. P.
" " "	"	1.6140, 205°.8	221, 61.
Ethyldibrompropionate. α	$C_5 H_8 Br_2 O_2$	1.7728, 0°	Philippi. Gött. Inaug. Diss. 1873.
" "	"	1.7586, 12°	
" " β	"	1.796, 0°	Münder and Tollens.
" " "	"	1.777, 15°	A. C. P. 167, 222.
" " α β	"	1.8234 } 0°	Weger. A. C. P.
" " "	"	1.8279 }	221, 61.
" " "	"	1.4554, 214°.6	
Propyl dibrompropionate.	$C_6 H_{10} Br_2 O_2$	1.6842, 0°	Philippi. Gött. Inaug. Diss. 1873.
" " α	"	1.6632, 12°	
" " α β	"	1.7014, 0°	Weger. A. C. P.
" " "	"	1.3391, 233°	221, 61.
Butyl dibrompropionate. α	$C_7 H_{12} Br_2 O_2$	1.6008, 0°	Philippi. Gött. Inaug. Diss. 1873.
" "	"	1.5778, 12°	
Methyl brombutyrate. γ	$C_5 H_9 Br O_2$	1.450, 5°	Henry. C. R. 102, 368.
Ethyl brombutyrate	$C_6 H_{11} Br O_2$	1.33, 15°	Schneider. J. 14, 458.
" "	"	1.345, 12°	Cahours. J. 15, 248.
" " γ	"	1.363, 5°	Henry. C. R. 102, 368.
Ethyl bromisobutyrate	"	1.328, 0°	Hell and Wittekind.
" "	"	1.300, 19°.5	Ber. 7, 319.
Ethyl bromvalerate. α	$C_7 H_{13} Br O_2$	1.226, 18°	Juslin. Ber. 17, 2504.
Ethyl bromethylmethylacetate. α	"	1.2275, 18°	Böcking. A. C. P. 204, 24.
Bromal	$C_2 H Br_3 O$	3.34	Löwig. A. C. P. 3, 305.
Parabromalide	"	3.107	Cloëz. J. 12, 433.
Bromacetone	$C_3 H_5 Br O$	1.99	Sokolowsky. B. S. C. 27, 871.
Dibromacetone	$C_3 H_4 Br_2 O$	2.5	" "
Hexbromethylmethyl ketone.	$C_4 H_2 Br_6 O$	2.88, 0°	Demole. Ber. 11, 1712.
Ethylene bromhydrin	$C_2 H_4 . Br. O H$	1.66, 8°	Henry. Ann. (4), 27, 243.
Bromethylene bromhydrin	$C_2 H_3 Br. Br. O H$	2.35, 0°	Demole. Ber. 9, 50.
Bromethylene bromacetin	$C_2 H_3 Br. Br. C_2 H_3 O_2$	1.98, 0°	Demole. Ber. 9, 51.
Ethylidene bromethylate.	$C_2 H_4 . Br. O C_2 H_5$	1.0632, 12°	Henry. C. R. 100, 1007.

Name.	Formula.	Sp. Gravity.	Authority.
Trimethylene bromhydrin	$C_3 H_6$. Br. O H	1.5374, 20°	Frühling. Ber. 15, 2622.
Ethoxybromamylene	$C_5 H_8$ Br. O $C_2 H_5$	1.23, 19°	Reboul. J. 17, 507.
Hexylene bromhydrin	$C_6 H_{12}$. Br. O H	1.2959, 11°	Henry. C. R. 97, 260.
Ethyl bromacetacetate	$C_6 H_9$ Br O_3	1.511, 22°	Duisberg. Ber. 15, 1878.
Ethyl dibromacetacetate	$C_6 H_8 Br_2 O_3$	1.884, 25°	" "
Ethyl tribromacetacetate	$C_6 H_7 Br_3 O_3$	2.144, 22°	" "
Ethyl tetrabromacetacetate.	$C_6 H_6 Br_4 O_3$	2.401, 17°	" "
Dibromide of dibromacetacetic ether.	$C_6 H_8 Br_4 O_3$. ?	2.320, 21°	Conrad. A. C. P. 186, 233. Compare Ber. 15, 2133.
Ethyl bromethylacetacetate.	$C_8 H_{13}$ Br O_3	1.354	Wedel. A. C. P. 219, 102.
Ethyl dibromethylacetacetate.	$C_8 H_{12} Br_2 O_3$	1.635	Wedel. A. C. P. 219, 103.
Ethyl tribromethylacetacetate.	$C_8 H_{11} Br_3 O_3$	1.860	" "
Ethyl β bromacetopropionate.	$C_7 H_{11}$ Br O_3	1.439, 15°	Conrad and Guthzeit. Ber. 17, 2286.
Ethyl brompropiopropionate.	$C_8 H_{13}$ Br O_3	1.337, 15°	Israel. A. C. P. 231, 197.
Ethyl dibrompropiopropionate.	$C_8 H_{12} Br_2 O_3$	1.611, 15°	" "
Bromallyl alcohol	$C_3 H_5$ Br O	1.6, 15°	Henry. B. S. C. 18, 232.
Bromallyl acetate	$C_5 H_7$ Br O_2	1.57, 12°	" "
Allyldibrompropionate. β	$C_6 H_8 Br_2 O_2$	1.843, 0° ⎫	Münder and Tollens.
" " "	" "	1.818, 20° ⎭	A. C. P. 167, 222.
Dibromallyl oxide	$C_6 H_8 Br_2$ O	1.7, 17°	Henry. B. S. C. 20, 452.
Brommethylallyl oxide	$C_4 H_7$ Br O	1.35, 10°	Henry. B. S. C. 18, 232.
Bromethylallyl oxide	$C_5 H_9$ Br O	1.27, 12°	Henry. Ber. 5, 186.
Monobromhydrin	$C_3 H_5$. Br $(O H)_2$	1.717, 4°	Veley. C. N. 47, 39.
Dibromhydrin	$C_3 H_5$. Br_2 O H	2.11, 10°	Berthelot and De Luca. J. 8, 627.
"	"	2.11, 18°	Berthelot and De Luca. J. 9, 601.
"	"	2.02, 18°.5	Zotta. A. C. P. 174, 87.
Epibromhydlin	$C_3 H_5$ Br O	1.615, 14°	Berthelot and De Luca. J. 9, 600.
Bromdiethylin	$C_3 H_5$. Br $(O C_2 H_5)_2$	1.258, 8°	Henry. Ber. 4, 701.
Diethyl brommaleate	$C_8 H_{11}$ Br O_4	1.4095, 17°.5	Anschütz and Aschman. Ber. 12, 2284.
Dibromoleic acid	$C_{18} H_{32} Br_2 O_2$	1.272, 7°.5	Lefort. J. 6, 451.
Bromcitropyrotartaric anhydride.	$C_5 H_3$ Br O_5	1.935, 23°	Bourgoin. J. Ph. C. 26, 234.
Ethyl δ brompyromucate	$C_7 H_7$ Br O_3	1.528, 0°	Hill and Sanger. A. C. P. 232, 52.
Orthomonobromphenol	$C_6 H_5$ Br O	1.6606, 30°	Körner. J. 19, 574.
Paramonobromphenol	"	1.840, 15°	Hand. A. C. P. 234, 133.

Name.	Formula.	Sp. Gravity.	Authority.
Brommethylphenol	$C_7 H_7 Br O$	1.494, 9°	Henry. Z. C. 13, 247.
Bromparakresol	"	1.5468, 24°.5	Schall and Dralle. Ber. 17, 2531.
Brommethylparakresol	$C_8 H_9 Br O$	1.4182, 24°.5	" "
Bromisopropylphenol	$C_9 H_{11} Br O$	1.981, 0° } 1.957, 12°.5 }	Silva. B.S.C., Jan., 1870.
"	"		
Bromallylphenol ether	$C_9 H_9 Br O$	1.4028, 11°	Henry. Ber. 16, 1378.
Brommethyleugenol	$C_{11} H_{13} Br O_2$	1.3959, 0°	Wassermann. C. R. 88, 1207.
Benzoyl bromide	$C_7 H_5 O . Br$	1.5700, 15°	Claisen. Ber. 14, 2473.
Monobromcamphor	$C_{10} H_{15} Br O$	1.437 } 1.449 }	Schröder. Ber. 13, 1070.
"	"		
Santonyl bromide		1.4646	Carnelutti and Nasini. Ber. 13, 2210.

LVII. BROMINE COMPOUNDS CONTAINING NITROGEN.

Name.	Formula.	Sp. Gravity.	Authority.
Brompicrin	$C Br_3 N O_2$	2.811, 12°.5	Bolas and Groves. Z. C. 13, 414.
"	"	2.816, 13°	Gladstone. Bei. 9, 249.
Tetranitroethylene bromide.	$C_2 (N O_2)_4 Br_2$	1.25, 14°	Villiers. J. C. S. 42, 815.
Bromonitric glycol	$C_2 H_4 Br N O_3$	1.735, 8°	Henry. Ann. (4), 27, 248.
Bromallyl nitrate	$C_3 H_4 Br N O_3$	1.5, 13°	Henry. B. S. C. 18, 282.
Nitrobromtoluene. B. 269°	$C_7 H_5 Br N O_2$	1.612, 20°	Wroblevsky. Z. C. 13, 240.
" B. 256°	"	1.631, 18°	Wroblevsky. Z. C. 13, 166.
Bromtoluidine. B. 240°	$C_7 H_8 Br N$	1.510, 20°	Wroblevsky. A. C. P. 168, 147.
" B. 255°–260°	"	1.1442, 19°	Wroblevsky. A. C. P. 192, 208.
Brompyridine	$C_5 H_4 Br N$	1.645, 0°	Ciamician and Dennstedt. Ber. 15, 1174.
"	"	1.646, 0°	Danesi. Ber. 15, 1177.
"	"	1.632, 10°	Hofmann. Ber. 16, 589.

LVIII. COMPOUNDS CONTAINING C, H, AND I.

1st. Iodides of the Paraffin Series.

Name.	Formula.	Sp. Gravity.	Authority.
Methyl iodide	CH_3I	2.237, 22°	Dumas and Peligot. Ann. (2), 58, 80.
" "	"	2.19922, 0°	Pierre. C. R. 27, 213.
" "	"	2.2636, 20°	Haagen. P. A. 131, 117.
" "	"	2.269, 25°	Linnemann. Z. C. 11, 285.
" "	"	2.2905, 16°	Sigel. A. C. P. 170, 345.
" "	"	2.1905, 42°	Ramsay. J. C. S. 35, 463.
" "	"	2.28517, 15°	Perkin. J. P. C. (2), 31, 481.
" "	"	2.25288, 25°	
" "	"	2.3346, 0°	Dobriner. A. C. P. 243, 23.
" "	"	2.2146, 42°.8	
Ethyl iodide	C_2H_5I	1.9206, 23°.3	Gay Lussac. Ann. (1), 91, 91.
" "	"	1.92, 16°	Marchand. J. P. C. 33, 188.
" "	"	1.97546, 0°	Pierre. C. R. 27, 213.
" "	"	1.9567, 5°–10°	Regnault. P. A. 62, 50.
" "	"	1.9457, 10°–15°	
" "	"	1.9348, 15°–20°	
" "	"	1.9464, 16°	Frankland. J. 2, 412.
" "	"	1.9309, 15°	Mendelejeff. J. 13, 7.
" "	"	1.98, 4°	Berthelot. A. C. P. 115, 114.
" "	"	1.927, 20°	Linnemann. A. C. P. 144, 133.
" "	"	1.9265, 19°	Linnemann. A. C. P. 148, 251.
" "	"	1.935 } 20°	Haagen. P. A. 131, 117.
" "	"	1.938 }	
" "	"	1.979, 0°	Pierre and Puchot. Ann. (4), 22, 261.
" "	"	1.907, 30°.4	
" "	"	1.9444, 14°.5	Linnemann. A. C. P. 160, 195.
" "	"	1.944, 15°	Crismer. Ber. 17, 652.
" "	"	1.9313, 14°	Gladstone. Bei. 9, 249.
" "	"	1.8111, 72°.2	Schiff. Ber. 19, 560.
" "	"	1.96527, 4°	
" "	"	1.94332, 15°	Perkin. J. P. C. (2), 31, 481.
" "	"	1.92431, 25°	
" "	"	1.9795, 0°	Dobriner. A. C. P. 243, 23.
" "	"	1.8156, 72°.5	
Propyl iodide	C_3H_7I	1.789, 16°	Berthelot and De Luca. J. 7, 452.
" "	"	1.7012, 21°	Linnemann. J. 21, 433.

Name.	Formula.	Sp. Gravity.	Authority.
Propyl iodide	C_3H_7I	1.7343, 16°	Chapman and Smith. J. C. S. 22, 195.
" "	"	1.782, 0°	Rossi. A. C. P. 159, 79.
" "	"	1.7472, 16°	Linnemann. A. C. P. 160, 195.
" "	"	1.7377, 23°	Linnemann. A. C. P. 161, 25.
" "	"	1.7610, 16°	Linnemann. A. C. P. 161, 34.
" "	"	1.78635, 0°	
" "	"	1.75035, 19°.27	Brown. J. C. S. 32, 837.
" "	"	1.74772, 20°.79	
" "	"	1.74628, 20°.91	
" "	"	1.7427, 20°	Brühl. A. C. P. 203, 1.
" "	"	1.7483, 14°	De Heen. Bei. 5, 105.
" "	"	1.5867, 102°.5	Zander. A. C. P. 214, 181.
" "	"	1.7838, 0°	Chancel. B. S. C. 30, 648.
" "	"	1.7508, 16°	Gladstone. Bei. 9, 249.
" "	"	1.7842, 0°	
" "	"	1.7674, 9°.1	Pierre and Puchot. Ann. (4), 22, 286.
" "	"	1.6843, 52°.6	
" "	"	1.6373, 75°.3	
" "	"	1.76732, 10°	Perkin. J. P. C. (2), 31, 481.
" "	"	1.75853, 15°	
" "	"	1.7829, 0°	Dobriner. A. C. P. 243, 23.
" "	"	1.585, 102°.5	
Isopropyl iodide	"	1.70, 15°	Linnemann. J. 18, 489.
" "	"	1.714, 16°	Erlenmeyer. A. C. P. 126, 300.
" "	"	1.73, 0°	Simpson. A. C. P. 129, 128.
" "	"	1.725, 0°	Wurtz. See A. C. P. 136, 43.
" "	"	1.69, 15°	Linnemann. A. C. P., 3d Supp., 265.
" "	"	1.71, 15°	Linnemann. A. C. P., 3d Supp., 267.
" "	"	1.735, 0°	Erlenmeyer. A. C. P. 139, 229.
" "	"	1.711, 17°	
" "	"	1.71732, 17°	H. L. Buff. A. C. P., 4th Supp., 129.
" "	"	1.562442, 93°	
" "	"	1.70, 18°	Linnemann. A. C. P. 140, 178.
" "	"	1.715, 15°.5	Siersch. A. C. P. 140, 142.
" "	"	1.7109, 15°	Linnemann. A. C. P. 161, 18.
" "	"	1.744, 0°	
" "	"	1.70526, 19°.8	Brown. J. C. S. 32, 837.
" "	"	1.70506, 20°.14	
" "	"	1.70457, 21°.09	

FOR SOLIDS AND LIQUIDS.

Name.	Formula.	Sp. Gravity.	Authority.
Isopropyl iodide	C_3H_7I	1.7083, 20°	Brühl. A. C. P. 203, 1.
" "	"	1.5650, 89°	Zander. A. C. P. 214, 181.
" "	"	1.7157, 14°	Gladstone. Bei. 9, 249.
" "	"	1.71630, 15°	} Perkin. J. P. C. (2), 31, 481.
" "	"	1.70049, 25°	
Butyl iodide	C_4H_9I	1.643, 0°	} Lieben and Rossi. A. C. P. 158, 137.
" "	"	1.6136, 20°	
" "	"	1.5894, 40°	
" "	"	1.5804, 18°	Linnemann. Ann. (4), 27, 268.
" "	"	1.6166, 20°	Brühl. A. C. P. 203, 1.
" "	"	1.6172, 14°	De Heen. Bei. 5, 105.
" "	"	1.6476, 0°	} Dobriner. A. C. P. 243, 23.
" "	"	1.4308, 129°.9	
Secondary butyl iodide	"	1.632, 0°	} De Luynes. J. 17, 499.
" " "	"	1.600, 20°	
" " "	"	1.584, 30°	
" " "	"	1.6263, 0°	} Lieben. J. 21, 439.
" " "	"	1.6111, 10°	
" " "	"	1.5952, 20°	
" " "	"	1.5787, 30°	
" " "	"	1.634, 0°	Wurtz. A.C.P. 152, 23.
Isobutyl iodide	"	1.604, 19°	Wurtz. J. 7, 573.
" "	"	1.643, 0°	Wurtz. J. 20, 573.
" "	"	1.6301, 0°	} Chapman and Smith. J. C. S. 22, 156.
" "	"	1.6032, 16°	
" "	"	1.54816, 50°	
" "	"	1.6345, 0°	} Pierre and Puchot. Ann. (4), 22, 317.
" "	"	1.6214, 8°.3	
" "	"	1.6387, 56°.4	
" "	"	1.464, 98°.8	
" "	"	1.6081, 19°.5	Linnemann. A. C. P. 160, 195.
" "	"	1.592, 22°	Linnemann. Ann. (4), 27, 268.
" "	"	1.6433, 0°	} Erlenmeyer and Hell. A. C. P. 160, 257.
" "	"	1.6278, 10°	
" "	"	1.6114, 20°	
" "	"	1.6401, 0°	} Brauner. A. C. P. 192, 69.
" "	"	1.6050, 20°	
" "	"	1.6056, 20°	Brühl. A. C. P. 203, 1.
" "	"	1.5982	Gladstone. Bei. 9, 249.
" "	"	1.4335, 114°.5	Schiff. Ber. 19, 560.
" "	"	1.61385, 15°	} Perkin. J. P. C. (2), 31, 481.
" "	"	1.60066, 25°	
Trimethylcarbyl iodide. ?	"	1.587, 0°	} Two lots. Puchot. Ann. (5), 28, 546.
" " "	"	1.501, 50°.1	
" " "	"	1.571, 0°	
" " "	"	1.479, 53°	
Normal pentyl iodide	$C_5H_{11}I$	1.5435, 0°	} Lieben and Rossi. A. C. P. 159, 70.
" " "	"	1.5174, 20°	

TABLE OF SPECIFIC GRAVITIES

Name.	Formula.	Sp. Gravity.	Authority.
Normal pentyl iodide	$C_5H_{11}I$	1.4961, 40°	Lieben and Rossi. A. C. P. 159, 70.
" " "	"	1.5444, 0°	} Dobriner. A. C.
" " "	"	1.3128, 151°.7	} P. 243, 20.
Amyl iodide	"	1.51113, 11°.5	Frankland. J. 3, 478.
" "	"	1.5277, 0°	Frankland.
" "	"	1.4936, 20°	Grimm. J. 7, 543.
" "	"	1.4676, 0°	} Kopp. A. C. P. 95,
" "	"	1.4887, 22°.3	} 307.
" "	"	1.5087, 15°.8	Mendelejeff. J. 13, 7.
" "	"	1.4734, 20°	Haagen. P. A. 131, 117.
" "	"	1.5005, 14°	De Heen. Bei. 5, 105.
" "	"	1.5418, 0°	} Flawitzky. Ber. 15,
" "	"	1.5084, 23°	} 11.
" "	"	1.5048, 14°	Gladstone. Bei. 9, 249.
" "	"	1.3098, 148°	Schiff. Ber. 19, 560.
" "	"	1.5100, 15°	} Perkin. J. P. C. (2),
" "	"	1.49811, 25°	} 31, 481.
" " Active	"	1.54, 15°	Le Bel. B. S. C. 25, 545.
" " "	"	1.5425, 16°	Just. A. C. P. 220, 150.
Methylpropylcarbyl iodide	"	1.537, 0°	} Wurtz. J. 21, 446.
" "	"	1.5219, 11°	}
" "	"	1.539, 0°	{ Wagner and Saytz-
" "	"	1.510, 20°	{ eff. A. C. P. 179, 318.
" "	"	1.499, 15°	Romburgh. Ber. 16, 392.
Diethylcarbyl iodide	"	1.528, 0°	{ Wagner and Saytz-
" "	"	1.505, 16°	{ eff. A. C. P. 175, 365.
" "	"	1.4792	Gladstone. Bei. 9, 249.
" "	"	1.528, 0°	{ Wagner and Saytz-
" "	"	1.501, 20°	{ eff. A. C. P. 179, 318.
Dimethylethylcarbyl iodide.	"	1.5207, 0°	Flawitzky. A. C. P. 179, 348.
" "	"	1.4954, 19°	
" "	"	1.524, 0°	Wischnegradsky. A. C. P. 190, 334.
" "	"	1.497, 19°	
" "	"	1.522, 0°	Winogradow. A. C. P. 191, 125.
" "	"	1.498, 18°	
Hexyl iodide	$C_6H_{13}I$	1.431, 19°	Pelouze and Cahours. J. 16, 526.
" "	"	1.4115	Franchimont' and Zincke. C. N. 24, 263.
" "	"	1.4607, 0°	}
" "	"	1.4363, 20°	} Lieben and Janecek.
" "	"	1.4178, 40°	} J. R. C. 5, 156.
" "	"	1.4661, 0°	{ Dobriner. A. C. P.
" "	"	1.2165, 177°.1	{ 243, 23.
Secondary hexyl iodide	"	1.439	Wanklyn and Erlenmeyer. J. 14, 782.

Name.	Formula.	Sp. Gravity.	Authority.
Secondary hexyl iodide	$C_6H_{13}I$	1.4447, 0°	Wanklyn and Erlenmeyer. J. 16, 518.
" " "	"	1.3812, 50°	
" " "	"	1.4526, 0°	Hecht. A. C. P. 165, 146.
" " "	"	1.4589, 0°	
" " "	"	1.3938, 50°	
" " "	"	1.4477, 0°	
" " "	"	1.3808, 50°	Krusemann. Ber. 9, 1468.
" " "	"	1.4487, 0°	
" " "	"	1.3839, 50°	
" " "	"	1.4193	Gladstone. Bei. 9, 249.
" " "	"	1.42694, 15°	Perkin. J. P. C. (2), 31, 481.
" " "	"	1.41631, 25°	
Dimethylisopropylcarbyl iodide. "	"	1.3939, 0°	Pawlow. A. C. P. 196, 122.
	"	1.3725, 19°	
Pinacolic iodide	"	1.4789, 0°	Friedel and Silva. J. C. S. (2), 11, 488.
Normal heptyl iodide	$C_7H_{15}I$	1.346, 16°	Cross. J. C. S. 82, 123.
" " "	"	1.4008, 0°	Dobriner. A. C. P. 243, 23.
" " "	"	1.1344, 203°.8	
Dipropylcarbyl iodide	"	1.20, 20°	Kurtz. A. C. P. 161, 205.
Normal octyl iodide	$C_8H_{17}I$	1.338, 16°	Zincke. J. 22, 371.
" " "	"	1.355, 0°	Krafft. Ber. 19, 2218.
" " "	"	1.337, 16°	
" " "	"	1.34069, 15°	Perkin. J. P. C. (2), 31, 481.
" " "	"	1.33163, 25°	
" " "	"	1.3533, 0°	Dobriner. A. C. P. 243, 23.
" " "	"	1.075, 225°.5	
Methylhexylcarbyl iodide	"	1.310, 16°	Bouis. J. 8, 526.
" " "	"	1.330, 0°	De Clermont. J. 21, 449.
" " "	"	1.314, 21°	
Normal nonyl iodide	$C_9H_{19}I$	1.3052, 0°	Krafft. Ber. 19, 2218
" " "	"	1.2874, 16°	
Normal decyl iodide	$C_{10}H_{21}I$	1.2768, 0°	" "
" " "	"	1.2599, 16°	

2d. Miscellaneous Compounds.

Name.	Formula.	Sp. Gravity.	Authority.
Methylene iodide	CH_2I_2	3.342, 5°	Butlerow. J. 11, 420.
" "	"	3.3188, 19°	
" "	"	3.326, 15°.5	Gladstone. Bei. 9, 249.
" "	"	3.328, 15°	
" "	"	3.2343, 16°	
" "	"	3.289, 33°	Brauns. Bei. 11, 698.
" "	"	3.189, 74°	
" "	"	3.28528, 15°	Perkin. J. P. C. (2), 31, 481.
" "	"	3.26555, 25°	
Ethylene iodide	$C_2H_4I_2$	2.07	E. Kopp. J. P. C. 33, 183.
Ethylidene iodide	"	2.84, 0°	Gustavson. B. S. C. 22, 13.
Propylene iodide	$C_3H_6I_2$	2.490, 18°.5	Berthelot and De Luca. J. 7, 453.
" "	"	2.5631, 19°	Freund. J. C. S. 42, 156.
Trimethylene iodide	"	2.59617, 4°	
" "	"	2.57612, 15°	Perkin. Ber. 18, 221.
" "	"	2.56144, 25°	
Allylene dihydriodate	"	2.15, 0°	Oppenheim. J. 18, 493.
" "	"	2.4458, 0°	Semenoff. J. 18, 494.
β Butylene iodide	$C_4H_8I_2$	2.291, 0°	Wurtz. C. R. 97, 478.
Diallyl dihydriodate	$C_6H_{12}I_2$	2.024, 0°	Wurtz. J. 17, 511.
Iodoform	CHI_3	2.00	Weltzien's Zusammenstellung.
"	"	4.09	Brügelmann. Ber. 17, 2359.
Acetylene iodide	$C_2H_2I_2$	3.303, 21°, s.	Sabanejeff. A. C. P. 178, 119–121.
" "	"	2.942, 21°, l.	
Iodethylene (vinyl iodide)	C_2H_3I	1.98	Regnault.
"	"	2.09, 0°	Gustavson. Ber. 7, 731.
Allyl iodide	C_3H_5I	1.789, 16°	Berthelot and De Luca.
" "	"	1.746, 0°	Woieikoff. J. 16, 495.
" "	"	1.848, 12°	Linnemann. A. C. P., 3d Supp., 267.
" "	"	1.839, 14°	Linnemann. A. C. P., 3d Supp., 264.
" "	"	1.8696, 0°	Zander. A. C. P. 214, 181.
" "	"	1.6601, 102°.6	
" "	"	1.846, 15°	Romburgh. Ber. 16, 392.
" "	"	1.82403, 15°	Perkin. J. P. C. (2), 31, 481.
" "	"	1.80776, 25°	
Allylene hydriodate	"	1.8346, 0°	Semenoff. J. 18, 494.
" "	"	1.8028, 16°	
Allylene iodide	$C_3H_4I_2$	2.62, 0°	Oppenheim. J. 18, 493.

FOR SOLIDS AND LIQUIDS. 335

Name.	Formula.	Sp. Gravity.	Authority.
Iodallylene	$C_3 H_3 I$	1.7	Liebermann. J. 18, 495.
Propargyl iodide	"	2.0177, 0°	Henry. Ber. 17, 1132.
Diallyl hydriodate	$C_6 H_{11} I$	1.497, 0°	Wurtz. J. 17, 514.
Iodhexylene	"	1.92, 10°	Destrem. Ann. (5), 27, 50.
Iodobenzene	$C_6 H_5 I$	1.69	Schutzenberger. J. 14, 348.
"	"	1.833	Kekulé. J. 19, 554.
"	"	1.64, 15°	Ladenburg. A. C. P. 159, 251.
"	"	1.8403, 11°	⎫
"	"	1.7732, 56°.8	⎬ Schiff. Ber. 19, 560.
"	"	1.7374, 79°.2	
"	"	1.6486, 135°.5	⎭
"	"	1.8578, 0°	⎱ Schiff. Bei. 9, 559.
"	"	1.5612, 187°.5	⎰
Orthoiodtoluene	$C_7 H_7 I$	1.698, 20°	Beilstein and Kuhlberg. A.C.P. 158, 349.
Metaiodtoluene	"	1.697, 20°	Beilstein and Kuhlberg. Z.C. 13, 103.
Benzyl iodide	"	1.7335, 25°	Lieben. J. 22, 425.

LIX. COMPOUNDS CONTAINING C, H, I, O, OR C, H, I, N.

Name.	Formula.	Sp. Gravity.	Authority.
Tetraiodmethyl oxide	$C_2 H_2 I_4 O$	3.345	Brüning. J. 10, 432.
Moniodethyl oxide	$C_4 H_9 I O$	1.6924, 0°	Henry. C. R. 100, 1007.
Acetyl iodide	$C_2 H_3 O. I$	1.98, 17°	Guthrie. J. 10, 344.
Propyl iodacetate	$C_5 H_9 I O_2$	1.6794, 7°	Henry. C. R. 100, 114.
Methyl β iodpropionate	$C_4 H_7 I O_2$	1.8408, 7°	" "
Ethyl β iodpropionate	$C_5 H_9 I O_2$	1.707, 8°	" "
" "	"	1.6789, 15°	Otto. Ber. 21, 98.
Methyl γ iodbutyrate	"	1.666, 5°	Henry. C. R. 102, 368.
Iodaldehyde	$C_2 H_3 I O$	2.14, 20°	Chautard. C. R. 102, 118.
Iodacetone	$C_3 H_5 I O$	2.17, 15°	Clermont and Chautard. C.R. 100, 745.
Iodhydrodiglycide	$C_6 H_{11} I O_3$	1.783	Berthelot and De Luca.
Diiodhydrin	$C_3 H_6 I_2 O$	2.4	Nahmacher. Ber. 5, 356.
Epiiodhydrin	$C_3 H_5 I O$	2.03, 13°	Reboul. J. 13, 459.
Santonyl iodide		1.3282	Carnelutti and Nasini. Ber. 13, 2210.
Iodchinolin	$C_9 H_6 I N$	1.9323	⎱ La Coste. Ber. 18,
"	"	1.9345	⎰ 780.

LX. COMPOUNDS CONTAINING TWO OR MORE HALOGENS.

Name.	Formula.	Sp. Gravity.	Authority.
Chlorobrommethane	$CH_2 Cl Br$	1.9907, 19°	Henry. C. R. 101, 599.
Bromochloroform	$CH Cl_2 Br$	1.9254, 15°	Jacobsen and Neumeister. Ber. 15, 599.
"	"	1.983	Arnhold. A. C. P. 240, 192.
Chlorobromoform	$CH Cl Br_2$	2.4450, 15°	Jacobsen and Neumeister. Ber. 15, 599.
"	"	2.447, 20°	Dyson. J. C. S. 43, 36.
Ethylene chlorobromide	$CH_2 Cl . CH_2 Br$	1.700, 18°	Henry. A. C. P. 156, 15.
" "	"	1.705, 11°	Montgolfier and Giraud. C. R. 88, 654.
Ethylidene chlorobromide	$CH_3 . CH Cl Br$	1.61, 14°	Reboul. A. C. P. 155, 215.
" "	"	1.666, 16°	Denzel. Ber. 11, 1789.
Chlorodibromethane	$CH_3 . C Br_2 Cl$	2.134, 16°	" "
"	$CH_2 Br . CH Br Cl$	2.268, 16°	" "
Dichlorbromethane	$CH_3 . C Br Cl_2$	1.752, 16°	Denzel. Ber. 11, 1740.
"	$CH_2 Cl . CH Br Cl$	2.113, 0°	Lescoeur. J. C. S. 34, 718.
"	"	1.86850, 15°	Perkin. J. P. C. (2), 32, 523.
"	"	1.85420, 25°	
"	$CH Cl_2 . CH_2 Br$	1.238, 15°. ?	Delacre. Bull. Acad. Belg. (3), 13, 251.
Brommethylchloroform	$C Cl_3 . CH_2 Br$	1.8839, 0°	Henry. C. R. 98, 371.
Chlortribromethane	$CH_2 Br . C Br_2 Cl$	2.602, 16°	Denzel. Ber. 11, 1739.
Dichlordibromethane	$CH_2 Br . C Br Cl_2$	2.270, 16°	Denzel. Ber. 11, 1740.
"	$CH Cl_2 . CH Br_2$	2.391, 19°	Sabanejeff. Ber. 16, 1221.
Trichlordibromethane	$C_2 H Cl_3 Br_2$	2.317, 0°	Paterno. J. P. C. (2), 5, 98.
"	"	2.295, 19°.5	
"	"	2.129, 100°	
Chlortetrabromethane	$CH Br_2 . C Br_2 Cl$	3.366, 16°	Denzel. Ber. 11, 1740.
Chlordibromethylene	$C_2 H Br_2 Cl$	2.275, 16°	Denzel. Ber. 11, 1741.
Dichlorbromethylene	$C_2 H Cl_2 Br$	1.906, 16°	" "
Acetylene chlorobromide	$C_2 H_2 Cl Br$	1.8157, 0°	Plimpton. J. C. S. 41, 391.
" "	"	1.7787, 0°	Sabanejeff. Ber. 16, 1221.
" "	"	1.7467, 19°	
Propylene chlorobromide	$C_3 H_6 Cl Br$	1.62, 16°	Reboul. A. C. P. 155, 216.
" "	$CH_3 . CHCl . CH_2 Br$	1.585, 0°	Friedel and Silva. B. S. C. (2), 17, 532.
" "	"	1.475, 18°	

FOR SOLIDS AND LIQUIDS.

Name.	Formula.	Sp. Gravity.	Authority.
Propylene chlorobromide	$CH_3. CH_2. CHClBr$	1.60, 20°	Reboul. Ber. 7, 1087.
" "	$CH_3. CHBr. CH_2Cl$	1.474, 21°	" "
" "	$CH_2Br.CH_2.CH_2Cl$	1.63, 8°	" "
Dibromchlorpropylene	$CH_2.CClBr.CH_2Br$	2.064, 0°	Friedel. J. 12, 337.
Chlorodibromhydrin	$C_3H_5Cl Br_2$	2.085, 9°	Reboul. J. 13, 461.
" "	"	2.088	Oppenheim. J. 21, 341.
" "	"	2.004, 15°	Darnstaedter. J. 22, 375.
Chlorobromhydroglycide	C_3H_4ClBr	1.69, 14°	Reboul. J. 13, 461.
Derivative of chlorobromhydroglycide.	$C_3H_4ClBr_3$	2.39, 14°	Reboul. J. 13, 462.
Derivative of epidichlorhydrin.	$C_3H_4Cl_2Br_2$	2.10, 13°	" "
Bromallyl chloride	C_3H_4BrCl	1.63, 11°	Henry. B. S. C. 18, 232.
Chloracetyl bromide	$C_2H_2ClO.Br$	1.913, 9°	Wilde. J. 17, 320.
Bromacetyl chloride	$C_2H_2BrO.Cl$	1.908, 9°	Wilde. J. 17, 319.
Trichloracetyl bromide	$C_2Cl_3.O.Br$	1.900, 15°	Hofferichter. J. P. C. (2), 20, 195.
Hexchlortetrabromethyl oxide.	$C_4Cl_6Br_4O$	2.5, 18°	Malaguti. Ann. (3), 16, 25.
Chlorobromethyl acetate	$C_4H_6ClBrO_2$	1.6499, 11°.4	Henry. C. R. 97, 1308.
Dichlordibromethyl acetacetate.	$C_6H_8Cl_2Br_2O_3$	1.956, 19°	Conrad and Guthzeit. Ber. 16, 1551.
Tribromchloracetone	$C_3H_2ClBr_3O$	2.270	Cloëz. Ann. (6), 9, 145.
Bromochloral	C_2HCl_2BrO	1.9176, 15°	Jacobsen and Neumeister. Ber. 15, 599.
Chlorobromal	C_2HBr_2ClO	2.2793, 15°	" "
Chlorobromhydrin	C_2H_6ClBrO	1.740, 12°	Reboul. J. 13, 458.
" "	"	1.7641, 9°	Henry. Z. C. 13, 604.
Phycite bromodichlorhydrin.	$C_5H_5Cl_2BrO$	2.1719, 0°	Wolff. A. C. P. 150, 32.
" "	"	2.1426, 17°.5	
Chlorodibromnitromethane.	$CClBr_2NO_2$	2.421, 15°	Tscherniak. Ber. 8, 610.
Chlorobromnitrin	$C_3H_5ClBrNO_3$	1.7904, 9°	Henry. Ber. 4, 701.
Chloriodomethane	CH_2ClI	2.49, 20°	Sakurai. J. C. S. 41, 362.
"	"	2.447, 11°	Sakurai. J. C. S. 47, 198.
"	"	2.444, 14°.5	
Chloriodoform	$CHCl_2I$	1.96	Bouchardat. A. C. P. 22, 230.
"	"	2.454, 0°	Borodine. J. 15, 391.
"	"	2.403, 21°.5	
Ethylene chloriodide	C_2H_4ClI	2.151, 0°	Simpson. J. 16, 485.
" "	"	2.39, 20°	Maumené. J. 22, 345.
" "	"	2.16439, 0°	Thorpe. J. C. S. 37, 371.
" "	"	1.87915, 140°.1	

22 s G

TABLE OF SPECIFIC GRAVITIES

Name.	Formula.	Sp. Gravity.	Authority.
Chloriodethylene	$C_2 H_2 Cl I$	2.1431, 0°	Henry. C. R. 98, 742.
Acetylene chloriodide	"	2.2298	Plimpton. J. C. S. 41, 391.
" "	"	2.154, 0°	Sabanejeff. Ber. 16, 1221.
" "	"	2.1175, 19°	
Propylene chloriodide	$C_3 H_5 Cl I$	1.932, 0°	Simpson. J. 16, 494.
" "	"	1.824	Oppenheim. J. 20, 671.
β Chlorallyl iodide	$C_3 H_4 Cl I$	1.977, 15°	
α Chlorallyl iodide	"	1.880 } 15°	Romburgh. Ber. 16, 393.
" "	"	1.913 }	
Dichloriodhydrin	$C_3 H_5 Cl_2 I$	2.0476, 9°	Henry. Ber. 4, 701.
Orthochloriodobenzene	$C_6 H_4 Cl I$	1.928, 24°.5	Beilstein and Kurbatow. A. C. P. 176, 43.
Chloriodotoluene	$C_7 H_6 Cl I$	1.702, 19°	Beilstein and Kuhlberg. A. C. P. 156, 82.
"	"	1.716, 17°	Wroblevsky. Z. C. 13, 164.
"	"	1.770, 19°.5	" "
Chloriodethyl acetate	$C_4 H_6 Cl I O_2$	1.9540, 18°	Henry. C. R. 97, 1308.
Iodochlorhydrin	$C_3 H_6 Cl I O_2$	2.06, 10°	Reboul. J. 13, 458.
Bromiodomethane	$C H_2 Br I$	2.9262, 16°.8	Henry. C. R. 101, 599.
Ethylene bromiodide	$C H_2 Br. C H_2 I$	2.7, 1°	Reboul. A. C. P. 155, 214.
" "	"	2.516, 29°	Simpson. C. N. 29, 53.
" "	"	2.514, 30°	Friedel. C. R. 79, 164.
" "	"	2.705, 18°, s.	Lagermarck. Ber. 7, 907.
Ethylidene bromiodide	$C H_3. C H Br I$	2.5, 1°	Reboul. A. C. P. 155, 213.
" "	"	2.452, 16°	Lagermarck. Ber. 7, 907.
Dibromiodethane	$C_2 H_3 Br_2 I$	2.86, 29°	Simpson. C. N. 29, 53.
Bromiodethylene	$C_2 H_2 Br I$	2.5651, 0°	Henry. C. R. 98, 742.
Acetylene bromiodide	"	2.750, 0°, s. }	Plimpton. J. C. S. 41, 391.
" "	"	2.6272, 17°.5 }	
Propylene bromiodide	$C_3 H_5 Br I$	2.2, 11°	Reboul. A. C. P. 155, 214.
Paraiodorthobromtoluene	$C_7 H_6 Br I$	2.044, 20°.7	Wroblevsky. Z. C. 13, 165.
Metaiodorthobromtoluene	"	2.139, 18°	Wroblevsky. Z. C. 14, 210.
Chlorobromiodethane	$C_2 H_3 Cl Br I$	2.53, 0°	Henry. C. R. 98, 680.
Chlorobromiodhydrin	$C_3 H_5 Cl Br I$	2.325, 9°	Henry. Ber. 4, 701.

LXI. ORGANIC COMPOUNDS OF FLUORINE.*

Name.	Formula.	Sp. Gravity.	Authority.
Fluobenzene	$C_6 H_5 F$	1.024, 20°	Wallach. A. C. P. 235, 255.
"	"	1.0236, 20°	Wallach and Heusler. A. C. P. 243, 221.
Paradifluobenzene	$C_6 H_4 F_2$	1.11	Wallach and Heusler. A. C. P. 243, 219.
Parafluotoluene	$C_7 H_7 F$	.992, 25°	Wallach. A. C. P. 235, 255.
Parafluochlorobenzene	$C_6 H_4 Cl F$	1.226, 15°	Wallach and Heusler. A. C. P. 243, 219.
Parafluobrombenzene	$C_6 H_4 Br F$	1.593, 15°	" "
Parafluoanilin	$C_6 H_6 N F$	1.153, 25°	Wallach. A. C. P. 235, 255.
Parafluonitrobenzene	$C_6 H_4 N O_2 F$	1.326, l.	" "

LXII. ORGANIC COMPOUNDS OF SULPHUR.

1st. Compounds Containing C, H, and S.

Name.	Formula.	Sp. Gravity.	Authority.
Methyl sulphide	$(C H_3)_2 S$	.845, 21°	Regnault. Ann. (2), 71, 391.
Ethyl sulphide	$(C_2 H_5)_2 S$	.825, 20°	Regnault. Ann. (2), 71, 388.
" "	"	.83672, 0°	Pierre. C. R. 27, 213.
" "	"	.83676, 20	Nasini. Ber. 15, 2882.
Propyl sulphide	$(C_3 H_7)_2 S$	.814, 17°	Cahours. B. S. C. 19, 301.
Ethyl amyl sulphide	$(C_2 H_5) (C_5 H_{11}) S$	.852, 0°	Saytzeff. J. 19, 529.
Butyl sulphide	$(C_4 H_9)_2 S$	.849, 0°	Saytzeff. J. 19, 528.
" "	"	.8386, 16°	Grabowsky and Saytzeff. A. C. P. 175, 351.
" "	"	.8317, 23°	Reymann. J. C. S. (2), 13, 141.
Isobutyl sulphide	"	.8863, 10°	Beckman. J. P. C. (2), 17, 446.
Isoamyl sulphide	$(C_5 H_{11})_2 S$	.84314, 20°	Nasini. Ber. 15, 2883.
Octyl sulphide	$(C_8 H_{17})_2 S$	.8419, 17°	Möslinger. Ber. 9, 1004.

*See also under organic compounds of boron.

TABLE OF SPECIFIC GRAVITIES

Name.	Formula.	Sp. Gravity.	Authority.
Methyl disulphide	$C_2 H_6 S_2$	1.046, 18°	Cahours. Ann. (3), 18, 258.
" "	"	1.06358, 0°	Pierre. C. R. 27, 213.
Ethyl disulphide	$C_4 H_{10} S_2$	About 1.00	Morin. P. A. 48, 484.
" "	"	.99267, 20°	Nasini. Ber. 15, 2882.
Amyl disulphide	$C_{10} H_{22} S_2$	.918, 18°	O. Henry. J. 1, 700.
Methyl trisulphide	$C_2 H_6 S_3$	1.2162, 0°	
" "	"	1.2059, 10°	Klason. Ber. 20, 3415.
" "	"	1.199, 17°	
Ethyl mercaptan	$C_2 H_5 . SH$	.842, 15°	Zeise. P. A. 31, 389.
" "	"	.835, 21°	Liebig. A. C. P. 11, 15.
" "	"	.8456, 5°—10°	
" "	"	.8406, 10°—15°	Regnault. P. A. 53, 60.
" "	"	.8356, 15°—20°	
" "	"	.83907, 20°	Nasini. Ber. 15, 2882.
Butyl mercaptan	$C_4 H_9 . SH$	.858, 0°	Grabowsky and Saytzeff. A. C. P. 175, 351.
" "	"	.843, 16°	
Isobutyl mercaptan	"	.848, 11°.5	Humann. J. 8, 613.
" "	"	.8299, 17°	Reymann. J. C. S. (2), 13, 141.
" "	"	.83573, 20°	Nasini. Ber. 15, 2882.
Amyl mercaptan	$C_5 H_{11} . SH$	.835, 21°	Krutzsch. J. P. C. 31, 2.
" "	"	.8548, 0°	Kopp. A. C. P. 95, 307.
" "	"	.8405, 16°.9	
" "	"	.83475, 20°	Nasini. Ber. 15, 2883.
Hexyl mercaptan	$C_6 H_{13} . SH$	.8856, 0°	Wanklyn and Erlenmeyer. J. 17, 509.
Carbon tetramercaptide	$C(S C_2 H_5)_4$	1.01	Claesson. J. 1877, 520.
Ethylene mercaptan	$C_2 H_4 (SH)_2$	1.123, 23°.5	Werner. J. 15, 424.
Methylene dithioethylate	$C H_2 . (S C_2 H_5)_2$	.987, 20°	Claesson. J. P. C. 123, 176.
Ethylene dithioethylate	$C_2 H_4 . (S C_2 H_5)_2$	.98705, 15°.5	V. Meyer. Ber. 19, 3266.
Ethylene thiovinylethylate.	$C_2 H_4 . S C_2 H_5 . S C_2 H_3$	1.01921, 15°.5	" "
"	"	1.0167, 19°—20°	
Derivative of dithioglycol	$C_5 H_{10} S_2$	1.037, 22°	Mansfeld. Ber. 19, 2662.
Amylene sulphide	$C_5 H_{10} S$	.907, 13°	Guthrie. J. 14, 665.
Vinyl sulphide	$(C_2 H_3)_2 S$	1.015, 13°	Semmler. A. C. P. 241, 93.
Allyl sulphide	$(C_3 H_5)_2 S$	.8644, 11°	Gladstone. Bei. 9, 249.
" "	"	.88765, 4°	Nasini and Scala. Bei. 10, 696.
Allyl trisulphide	$C_6 H_{10} S_3$	1.012, 15°	Löwig. J. 13, 399.
Fusyl sulphide	$C_5 H_9 S$	.880, 13°	Guthrie. J. 12, 484.

Name.	Formula.	Sp. Gravity.	Authority.
Trisulphhydrin	$C_3 H_8 S_3$	1.391, 14°.4	Carius. J. 15, 455.
Methyl trisulphocarbonate	$C_3 H_6 S_3$	1.159, 18°	Cahours. Ann. (3), 19, 162.
Ethyl trisulphocarbonate	$C_5 H_{10} S_3$	1.152	Salomon. J. P. C. (2), 6, 433.
Amyl trisulphocarbonate	$C_{11} H_{22} S_3$	.877	Hüsemann. J. 15, 410.
Ethylene trisulphocarbonate.	$C_3 H_4 S_3$	1.4768	Hüsemann. A. C. P. 123, 87
Propylene trisulphocarbonate.	$C_4 H_6 S_3$	1.31, 20°	Hüsemann. J. 15, 434.
Butylene trisulphocarbonate.	$C_5 H_8 S_3$	1.26, 20°	" "
Amylene trisulphocarbonate.	$C_6 H_{10} S_3$	1.078	" "
Allyl trisulphocarbonate	$C_7 H_{10} S_3$	.943	Hüsemann. J. 15, 410.
Phenyl sulphide	$(C_6 H_5)_2 S$	1.119	Stenhouse. J. 18, 532.
Phenyl tetrasulphide	$(C_6 H_5)_2 S_4$	1.297, 14°.5	Otto. J. P. C. (2), 37, 209.
Phenyl ethyl sulphide	$(C_6 H_5)(C_2 H_5) S$	1.0315, 10°	Beckmann. J. C. S. 36, 37.
Ethyl paratolyl sulphide	$(C_7 H_7)(C_2 H_5) S$	1.0016, 17°.5	Gäbler. Ber. 13, 1277.
Phenyl mercaptan	$C_6 H_5 . S H$	1.078, 14°	Vogt. J. 14, 630.
Benzyl mercaptan	$C_7 H_7 . S H$	1.058, 20°	Märcker. J. 18, 543.
Xylyl mercaptan	$C_8 H_9 . S H$	1.036, 13°	Schepper. J. 18, 558.
Mesitylene mercaptan	$C_9 H_{11} . S H$	1.0192	Holtmeyer. J. 20, 708.
Cymyl mercaptan	$C_{10} H_{13} . S H$	.9975, 17°.5	Flesch. C. C. 4, 519.
" "	" "	.989	Fittica. A. C. P. 172, 826.
" "	" "	.995	Bechler. Leipzig Inaug. Diss. 1873.
Methylcymyl mercaptan	$C_{11} H_{15} . S H$	.986	" "
Naphtyl mercaptan	$C_{10} H_7 . S H$	1.146, 23°	Schertel. J. 17, 533.
Thiophene	$C_4 H_4 S$	1.062, 23°	V. Meyer. Ber. 16, 1471.
"	"	1.08844, 0°	
"	"	1.0769, 10°	
"	"	1.0651, 20°	
"	"	1.0533, 30°	
"	"	1.0413, 40°	Schiff. Ber. 18, 1605.
"	"	1.0291, 50°	
"	"	1.0169, 60°	
"	"	1.0045, 70°	
"	"	.9920, 80°	
"	"	.98741, 84°	
"	"	1.05928, 4°	Nasini and Scala. Bei. 10, 696.

TABLE OF SPECIFIC GRAVITIES

Name.	Formula.	Sp. Gravity.	Authority.
Thiophene	$C_4 H_4 S$	1.07387, 11°.8	
"	"	1.06835, 16°.5	
"	"	1.06466, 19°.7	
"	"	1.06432, 20°	
"	"	1.06045, 23°.4	Knops. V. H. V. 1887, 17.
"	"	1.05662, 26°.6	
"	"	1.05332, 29°.2	
"	"	1.0534, 32°	
Thiotolene	$C_5 H_6 S$	1.0194, 18°	Meyer and Kreis. Ber. 17, 788.
Orthothioxene	$C_6 H_8 S$	.9777, 21°	Demuth. Ber. 19, 1858.
"	"	.9938, 21°	Grünewald. Ber. 20, 2586.
Metathioxene	"	.9755, 17°.5	Messinger. Ber. 18, 1637.
"	"	.9956, 20°	Zelinsky. Ber. 20, 2017.
Ethylthiophene	"	.990, 24°	Meyer and Kreis. Ber. 17, 1558.
Normal propylthiophene	$C_7 H_{10} S$	.974, 16°	" "
Isopropylthiophene	"	.9695, 16°	Schleicher. Ber. 19, 673.
Normal butylthiophene	$C_8 H_{12} S$	.957, 19°	Meyer and Kreis. Ber. 17, 1558.
Diethylthiophene	"	.962, 14°	Muhlert. Ber. 19, 634.
Octylthiophene	$C_{12} H_{20} S$	.8118, 20°.5	Schweinitz. Ber. 19, 644.
β Methylpenthiophene	$C_6 H_8 S$	.9938, 19°	Krekeler. Ber. 19, 3271.

2d. Compounds Containing C, H, S, and O.

Name.	Formula.	Sp. Gravity.	Authority.
Methyl sulphite	$(C H_3)_2 S O_3$	1.0456, 16°.2	Carius. J. 12, 86.
Methyl ethyl sulphite	$(C H_3)(C_2 H_5) S O_3$	1.0675, 18°	Carius. A. C. P. 111, 103.
Ethyl sulphite	$(C_2 H_5)_2 S O_3$	1.085, 16°	Ebelmen and Bouquet. Ann. (3), 17, 67.
" "	"	1.10634, 0°	Pierre. C. R. 27, 213.
" "	"	1.1063, 0°	Carius. J. P. C. (2), 2, 285.
" "	"	1.0926, 12°.7	
" "	"	1.0982, 11°	Nasini. Bci. 9, 324.
Methyl sulphate	$(C H_3)_2 S O_4$	1.324, 22°	Dumas and Peligot. Ann. (2), 58, 33.
" "	"	1.385, 13°	Bödeker. B. D. Z.
" "	"	1.327, 18°	Claesson. J. P. C. (2), 19, 244.
" "	"	1.33344, 15°	
" "	"	1.32757, 20°	Perkin. J. C. S. 49, 777.
" "	"	1.32386, 25°	

NAME.	FORMULA.	SP. GRAVITY.	AUTHORITY.
Ethyl sulphate	$(C_2H_5)_2SO_4$	1.120	Wetherill. J. 1, 692.
" "	"	1.1837, 19°	Claesson. J. P. C. (2), 19, 258.
" "	"	1.167	Stempnevsky. Ber. 15, 947.
Ethyl sulphurous acid	$C_2H_5.H.SO_3$	1.3	Kopp. A. C. P. 35, 343.
Ethyl sulphuric acid	$C_2H_5.H.SO_4$	1.319	Vogel. Gmelin's Handbuch.
" " "	"	1.315 } 16° { 1.317	Marchand. Gmelin's Handbuch.
" " "	"	1.215	Duflos. Gmelin's Handbuch.
Ethyl ethylsulphonate	$C_4H_{10}SO_3$	1.1712, 0°	Carius. J. P. C. (2), 2, 269.
" "	"	1.1508, 20°.4	
" "	"	1.14517, 22°	Nasini. Ber. 15, 2884.
Isoamyl ethyl sulphone	$C_7H_{16}SO_2$	1.0315, 18°	Beckmann. J.C.S. 36, 38.
Diisobutyl sulphone	$C_8H_{18}SO_2$	1.0056, 18°	" "
Methyl methylxanthate	$CH_3O.CS.CH_3S$	1.143, 15°	Cabours. Ann. (3), 19, 160.
" "	"	1.176, 18°	Salomon. J. P. C. (2), 8, 114.
Ethyl methylxanthate	$CH_3O.CS.C_2H_5S$	1.12, 18°	" "
" "	"	1.123, 11°	Chancel. J. 3, 470.
Methyl ethylxanthate	$C_2H_5O.CS.CH_3S$	1.129, 18°	Salomon. J. P. C. (2), 8, 114.
" "	"	1.11892, 4°	Nasini and Scala. Bei. 10, 696.
Ethyl ethylxanthate	$C_2H_5O.CS.C_2H_5S$	1.0703, 18°	Zeise. A. C. P. 55, 310.
" "	"	1.07	Debus. A. C. P. 75, 125.
" "	"	1.085, 19°	Salomon. J. P. C. (2), 6, 433.
Methyl propylxanthate	$C_3H_7O.CS.CH_3S$	1.08409, 4°	Nasini and Scala. Bei. 10, 696.
Ethyl propylxanthate	$C_3H_7O.CS.C_2H_5S$	1.05054, 4°	" "
Ethyl butylxanthate	$C_4H_9O.CS.C_2H_5S$	1.003, 17°	Mylius. B.S.C.19, 221.
Butyl butylxanthate	$C_4H_9O.CS.C_4H_9S$	1.009, 12°	" "
Ethyl dithioxycarbonate	$C_2H_5S.CO.C_2H_5S$	1.084, 20°	Schmidt and Glutz. J. 21, 575.
" "	"	1.085, 19°	Salomon. J. P. C. (2), 6, 433.
Ethyl thioxycarbonate	$C_2H_5O.CO.C_2H_5S$	1.0285, 18°	" "
Ethyl dioxythiocarbonate	$C_2H_5O.CS.C_2H_5O$	1.032, 1°	Debus. J. 3, 465.
" "	"	1.031, 19°	Salomon. J. P. C. (2), 6, 433.
Ethyl butyl thioxycarbonate.	$C_2H_5S.CO.C_4H_9O$	.9939, 10°	Mylius. Ber. 6, 312.
" " "	$C_2H_5O.CO.C_4H_9S$	.9938, 10°	" "
Ethyl dioxysulphocarbonate. ?	$C_6H_{10}S_4O_2$	1.26043, 4°	Nasini and Scala. Bei. 10, 696.
Propyl dioxysulphocarbonate. ?	$C_8H_{14}S_4O_2$	1.19661, 4°	" "

Name.	Formula.	Sp. Gravity.	Authority.
Xanthurin	$C_4 H_6 S O_2$	1.012	Couërbe. A. C. P. 40, 297.
Thiacetic acid	$C_2 H_4 S O$	1.074, 10°	Ulrich. J. 12, 355.
Ethyl ethylthioglycollate	$C_6 H_{12} S O_2$	1.0469, 4°	Claesson. B. S. C. 23, 445.
Ethyl amylthioglycollate	$C_9 H_{18} S O_2$	.9797, 4°	Claesson. B. S. C. 23, 446.
Ethyl phenylthioglycollate. " "	$C_{10} H_{12} S O_2$ "	1.136, 4° } 1.1269, 15° }	Claesson. B. S. C. 23, 443.
Disulphamylene oxide	$C_{10} H_{20} S_2 O$	1.054, 13°	Guthrie. J. 12, 488.
Disulphamylene hydrate	$C_{10} H_{22} S_2 O_2$	1.049, 8°	" "
Aldehyde with sulphaldehyde.*	$C_2 H_4 O + C_2 H_4 S$	1.134	Weidenbusch. J. 1, 550.
Diheptylene sulphoxide	$(C_7 H_{14})_2 S O$	.875, 23°	Schiff. J. 21, 724.
Monosulphhydrin	$C_3 H_8 S O_2$	1.295, 14°.4	Carius. J. 15, 453.
Disulphhydrin	$C_3 H_8 S_2 O$	1.342, 14°.4	Carius. J. 15, 454.
Ethyl thioxalate	$C_6 H_{10} S O_3$	1.1446, 0°	Morley and Saint. J. C. S. 43, 400.
Oxysulphobenzid	$C_{12} H_{10} S O_4$	1.3668, 15°	Annaheim. Ber. 9, 1149.
Oxyphenyl mercaptan " "	$C_6 H_6 S O$ "	1.2373, 0° } 1.1889, 100° }	Haitinger. M. C. 4, 171.
Thiophene aldehyde	$C_5 H_4 S O$	1.215, 21°	Biedermann. Ber. 19, 1858.
Acetothienone	$C_6 H_6 S O$	1.167, 24°	Peter. Ber. 17, 2644.
Acetoethylthienone	$C_8 H_{10} S O$	1.0959, 20°	Schleicher. Ber. 19, 660.
Acetylthioxene	"	1.0910, 17°	Messinger. Ber. 18, 2302.

3d. Sulphur Compounds Containing Nitrogen.

Name.	Formula.	Sp. Gravity.	Authority.
Methyl thiocyanate	$N C . S C H_3$	1.115, 16°	Cahours. Ann. (3), 18, 261.
" "	"	1.08794, 0°	Pierre. C. R. 27, 213.
" "	"	1.06935, 4°	Nasini and Scala. Bei. 10, 696.
Ethyl thiocyanate	$N C . S C_2 H_5$	1.020, 16°	Cahours. Ann. (3), 18, 265.
" "	"	a1.00	Löwig. P. A. 67, 101.
" "	"	1.033, 0°	⎫
" "	"	1.01261, 19°	
" "	"	1.00238, 22°	} Buff. Ber. 1, 206.
" "	"	.870135 } 146°	
" "	"	.869367 }	⎭
" "	"	1.00715, 4°	Nasini and Scala. Bei. 10, 696.

*Pinner's formula. Weidenbusch calls it "sulphhydrate of acetyl mercaptan," and writes the formula $C_{12} H_{26} S_7$.

Name.	Formula.	Sp. Gravity.	Authority.
Isopropyl thiocyanate	$N\,C\,S\,C_3\,H_7$	.989, 0° }	Gerlich. Ber. 8, 651.
" "	"	.974, 15° }	
" "	"	.963, 20°	L. Henry. J. 22, 361.
Amyl thiocyanate	$N\,C\,S\,C_5\,H_{11}$	.905, 20°	O. Henry. J. 1, 700.
Hexyl thiocyanate	$N\,C\,S\,C_6\,H_{13}$	.922, 12°	Pelouze and Cahours. J. 16, 526.
Allyl thiocyanate	$N\,C\,S\,C_3\,H_5$	1.071, 0° }	Gerlich. Ber. 8, 653.
" "	"	1.056, 15° }	
Methyl thiocarbimide	$C\,S.\,N\,C\,H_3$	1.06912, 4°	Nasini and Scala. Bei. 10, 696.
Ethyl thiocarbimide	$C\,S.\,N\,C_2\,H_5$	1.01925, 0°	
" "	"	.997525, 21°.4	
" "	"	.997285, 22°	Buff. Ber. 1, 206.
" "	"	.87909 } 133°.2	
" "	"	.873513 }	
" "	"	1.0030, 18°	Gladstone. Bei. 9, 249.
" "	"	.99525, 4°	Nasini and Scala. Bei. 10, 696.
Tertiary butyl thiocarbimide. " "	$C\,S.\,N\,C_4\,H_9$	.9187, 15°	Rudneff. Ber. 12, 1023.
	"	.9003, 34°	
Amyl thiocarbimide	$C\,S.\,N\,C_5\,H_{11}$	.957538, 0° }	
" "	"	.94189, 17° }	Buff. Ber. 1, 206.
" "	"	.78749, 182° }	
Hexyl thiocarbimide	$C\,S.\,N\,C_6\,H_{13}$	.9253	Uppenkamp. Ber. 8, 56.
Allyl thiocarbimide	$C\,S.\,N\,C_3\,H_5$	1.015, 20°	Dumas and Pelouze. Ann. (2), 53, 182.
" "	"	1.009 } 15°	Will. A. C. P. 52, 4.
" "	"	1.010 }	
" "	"	1.0282, 0° }	Kopp. A. C. P. 98, 367.
" "	"	1.0173, 10°.1 }	
" "	"	.8739 } 150°.1	Schiff. Ber. 14, 2767.
" "	"	.8741 }	
" "	"	.8740, 151°.3	Schiff. Ber. 19, 560.
" "	"	1.00572, 4°	Nasini and Scala. Bei. 10, 696.
Phenyl thiocarbimide	$C\,S.\,N\,C_6\,H_5$	1.135, 15°.5	Hofmann. J. 11, 349.
" "	"	1.155, 17°.5	Billeter. C. C. (3), 6, 101.
" "	"	.9898, 219°.8	Schiff. Bei. 9, 559.
" "	"	1.12891, 4°	Nasini and Scala. Bei. 10, 696.
" "	"	1.35	Madan. C. N. 56, 257.
Sulpho-urea	$C\,H_4\,N_2\,S$	1.406, 4°	Schröder. Ber. 12, 561.
"	"	1.450	Schröder. Ber. 13, 1070.
Thialdin	$C_6\,H_{13}\,N\,S_2$	1.191, 18°	Wöhler and Liebig. A. C. P. 61, 4.
Oenanthothialdin	$C_{21}\,H_{43}\,N\,S_2$	.896, 24°	Schiff. J. 21, 724.
Diamylene dithiocyanate	$C_{10}\,H_{20}\,(C\,N)_2\,S_2$	1.07, 13°	Guthrie. J. 14, 665.
Diamylene tetrathiocyanate.	$C_{10}\,H_{20}\,(C\,N)_2\,S_4$	1.16, 13°	" "

Name.	Formula.	Sp. Gravity.	Authority.
Sulphocarbanilide	$C_{13} H_{12} N_2 S$	1.311 } 4°	Schröder. Ber. 12, 1611.
"	"	1.330 }	
Thiocyanacetone	$C_4 H_5 S N O$	1.209, 0°	Tcherniak and Hellon. Ber. 16, 350.
"	"	1.195, 20°	
Acetyl thiocyanate	$N C . S C_2 H_3 O$	1.151, 16°	Miquel. C. R. 81, 1209.
Benzoyl thiocyanate	$N C . S C_7 H_5 O$	1.197, 16°	Miquel. C. R. 81, 1210.
Ethyl thiocyanacetate	$C_5 H_7 N S O_2$	1.174	Heintz. J. 18, 347.
" "	"	1.174	Claesson. Ber. 10, 1849.
Cystic oxide	$C_3 H_7 N S O_2$	1.7143	Venables. Watts' Dict.

4th. Sulphur Compounds Containing Halogens.

Name.	Formula.	Sp. Gravity.	Authority.
Tetrachlor-methyl mercaptan.	$C S Cl_4$	1.712, 12°.8	Rathke. A. C. P. 167, 198.
" "	"	1.722, 0° }	
" "	"	1.7049, 11° }	Klason. Ber. 20, 2378.
" "	"	1.6953, 17°.5 }	
Dichlorethyl sulphide	$(C_2 H_3 Cl_2)_2 S$	1.547, 12°	Riche. J. 7, 556.
Tetrachlorethyl sulphide	$(C_2 H Cl_4)_2 S$	1.673, 24°	Regnault. Ann. (2), 71, 406.
Ethyl chlorperthiocarbonate.	$C_2 H_5 S_2 Cl_2$	1.1408, 16°	Klason. Ber. 20, 2385.
Ethylene thiodichloride	$C_2 H_4 S Cl_2$	1.408, 13°	Guthrie. J. 12, 482.
Ethylene dithiodichloride	$(C_2 H_4)_2 S_2 Cl_2$	1.346, 19°	Guthrie. J. 13, 435.
Chlorethylene dithiodichloride.	$(C_2 H_3 Cl)_2 S_2 Cl_2$	1.599, 11°	Guthrie. J. 18, 433.
Dichlorethylene thiodichloride.	$(C_2 H_2 Cl_2)_2 S Cl_2$	1.225 } 13°.5	Guthrie. J. 13, 434.
" "	"	1.219 }	
Amylene thiodichloride	$C_5 H_{10} S Cl_2$	1.188, 14°	Guthrie. J. 12, 481.
Amylene dithiodichloride	$(C_5 H_{10})_2 S_2 Cl_2$	1.149, 12°	Guthrie. J. 12, 480.
Trichloramylene thiodichloride.	$(C_5 H_7 Cl_3)_2 S Cl_2$	1.406, 16°	Guthrie. J. C. S. 13, 44.
Methylsulphonic chloride	$C H_3 Cl S O_2$	1.51	McGowan. J. P. C. (2), 30, 280.
Dichlormethylsulphonic chloride.	$C H Cl_3 S O_2$	1.71	McGowan. Leipzig In. Diss. 1884.
Ethylsulphonic chloride	$C_2 H_5 Cl S O_2$	1.357, 22°.5	Gerhardt and Chancel. J. 5, 435.
Phenylsulphonic chloride	$C_6 H_5 Cl S O_2$	1.378, 23°	Gerhardt and Chancel. J. 5, 434.
Trichlormethyl amyl sulphite.	$C Cl_3 . C_5 H_{11} . S O_3$	1.104	Carius. A. C. P. 113, 36.
Ethyl chlorosulphonate	$C_2 H_5 O . S O_2 . Cl$	1.379, 0° }	Purgold. J. 21, 416.
" "	"	1.3556, 27° }	
" "	"	1.324, 61° }	

FOR SOLIDS AND LIQUIDS. 347

Name.	Formula.	Sp. Gravity.	Authority.
Ethyl chlorosulphonate	$C_2H_5.O.SO_2.Cl$	1.3866, 0°	} Two preparations. Claesson. J. P. C. (2), 21, 377.
" "	"	1.3539, 27°	
" "	"	1.3874, 0°	
" "	"	1.3541, 27°	
Carbonyl thioethyl chloride.	$C_2H_5.S.CO.Cl$	1.184, 16°	Salomon. J. P. C. (2), 7, 254.
Carbonyl thioamyl chloride.	$C_5H_{11}S.CO.Cl$	1.078, 17°.5	Schöne. J.P.C. (2), 32, 241.
Chlorallyl thiocarbimide	$CS.N C_3H_4 Cl$	1.27, 12°	L. Henry. Ber. 5, 186.
Ethylene chlorothiocyanate.	$C_2H_4.Cl.SCN$	1.28, 15°	James. J. C. S. 43, 38.
Tetrachloroxysulphobenzid.	$C_{12}H_6Cl_4SO_4$	1.7774, 16°	Annaheim. Ber. 9, 1150.
Tetrabromoxysulphobenzid.	$C_{12}H_6Br_4SO_4$	2.3775, 17°	" "
Tetriodoxysulphobenzid	$C_{12}H_6I_4SO_4$	2.7966, 19°	" "
Monobromthiophene	C_4H_3BrS	1.652, 23°	V. Meyer. Ber. 16, 1470.
Dibromthiophene	$C_4H_2Br_2S$	2.147, 23°	" "
Octyliodthiophene	$C_4H_2S.C_8H_{17}.I$	1.2614, 20°	Schweinitz. Ber. 19, 644.

LXIII. ORGANIC COMPOUNDS OF BORON.

Name.	Formula.	Sp. Gravity.	Authority.
Boron triethyl	$B(C_2H_5)_3$	.6961, 23°	Frankland and Duppa. J. 13, 386.
Trimethyl borate	$(CH_3)_3BO_3$	.9551, 0°	Ebelmen and Bouquet. J. P. C. 38, 218.
" "	"	.940, 0°	} Schiff. A. C. P., 5th Supp., 184.
" "	"	.915, 20°	
Triethyl borate	$(C_2H_5)_3BO_3$	.8849	Ebelmen and Bouquet. J. P. C. 38, 215.
" "	"	.871	Bowman. P. M. (3), 29, 548.
" "	"	.887, 0°	} Schiff. A. C. P., 5th Supp., 161.
" "	"	.861, 26°.5	
Methyl diethyl borate	$CH_3(C_2H_5)_2BO_3$	.904, 0°	} Schiff. A. C. P., 5th Supp., 197.
" " "	"	.888, 20°	
Tripropyl borate	$(C_3H_7)_3BO_3$	.867, 16°	Cahours. C.C. 4, 482.
Triamyl borate	$(C_5H_{11})_3BO_3$	.870	Ebelmen and Bouquet. J. P. C., 38, 219.
" "	"	.872, 0°	
" "	"	.852, 24°	
" "	"	.840 } 28°	} Schiff. A. C. P., 5th Supp., 189 and 195.
" "	"	.855	
" "	"	.853, 29, another lot.	

Name.	Formula.	Sp. Gravity.	Authority.
Ethyl diamyl borate	$C_2 H_5 (C_5 H_{11})_2 B O_3$	.876, 0°	} Schiff. A. C. P., 5th Supp., 193.
" " "	"	.852, 28°	
Diethyl amyl borate	$(C_2 H_5)_2 C_5 H_{11} B O_3$	.858, 26°	" "
Amyl metaborate	$C_5 H_{11} B O_2$	.971, 0°	} Schiff. A. C. P., 5th Supp., 189.
" "	"	.949, 20°	
Tetraphenyl borate	$(C_6 H_5)_4 B_2 O_5$	1.13	Schiff and Bechi. J. 19, 493.
" "	"	1.124, 0°	Schiff. A. C. P., 5th Supp., 208.
" "	"	1.106, 20°	
Ethylene fluoborate	$C_2 H_5 B F O_2$	1.0478, 23°	Landolph. Ber. 12, 1586.

LXIV. ORGANIC COMPOUNDS OF PHOSPHORUS.

Name.	Formula.	Sp. Gravity.	Authority.
Triethylphosphin	$P (C_2 H_5)_3$	.812, 15°.5	Hofmann and Cahours. J. 10, 372.
Monoctylphosphin	$P H_2 (C_8 H_{17})$	.8209, 17°	Möslinger. Ber. 9, 1007.
Phenylphosphin	$P H_2 (C_6 H_5)$	1.001, 15°	Köhler and Michaelis. Ber. 10, 809.
Diphenylphosphin	$P H (C_6 H_5)_2$	1.07, 16°	Dörken. Ber. 21, 1508.
Triphenylphosphin	$P (C_6 H_5)_3$	1.194	Michaelis and Soden. A. C. P. 229, 302.
"	"	1.186	Soden. Tübingen In. Diss. 1885.
Dimethylphenylphosphin	$P (C H_3)_2 C_6 H_5$	.9768, 11°	Michaelis. Ber. 8, 498.
Diphenylmethylphosphin	$P C H_3 (C_6 H_5)_2$	1.0784, 15°	Michaelis and Link. A. C P. 207, 209.
Diethylphenylphosphin	$P (C_2 H_5)_2 C_6 H_5$	.9571, 18°	Michaelis. Ber. 8, 494.
Ethyl phosphite	$(C_2 H_5)_6 P O_3$	1.075	Williamson. J. 7, 563.
Methyl hypophosphate	$(C H_3)_4 P_2 O_6$	1.109, 15°	Sänger. A. C. P. 232, 1.
Ethyl hypophosphate	$(C_2 H_5)_4 P_2 O_6$	1.1170, 15°	" "
Propyl hypophosphate	$(C_3 H_7)_4 P_2 O_6$	1.134, 15°	" "
Isobutyl hypophosphate	$(C_4 H_9)_4 P_2 O_6$	1.125, 15°	" "
Methyl orthophosphate	$(C H_3)_3 P O_4$	1.2378, 0°	} Weger. A. C. P. 221, 61.
" "	"	1.0019, 197°.2	
Dimethyl ethyl orthophosphate. " "	$(C H_3)_2 C_2 H_5 \cdot P O_4$	1.1752, 0°	" "
	"	.95188, 203°.3	
Ethyl orthophosphate	$(C_2 H_5)_3 P O_4$	1.072, 12°	Limpricht. J. 18, 471.
Ethyl pyrophosphate	$(C_2 H_5)_4 P_2 O_7$	1.172, 17°	Clermont. J. 7, 562.
Amyl amylphosphite	$(C_5 H_{11})_2 H P O_3$	.967, 19°.5	Wurtz. A. C. P. 58, 77.

FOR SOLIDS AND LIQUIDS.

Name.	Formula.	Sp. Gravity.	Authority.
Diamylphosphoric acid	$(C_5H_{11})_2 HPO_4$	1.025, 20°	Fehling.
Triphenyl phosphite	$(C_6H_5)_3 PO_3$	1.184, 18°	Noack. A. C. P. 218, 99.
Phosphenyl ether	$C_6H_5PO_2(C_2H_5)_2$	1.032, 16°	Köhler and Michaelis. Ber. 10, 817.
Phenylphosphinic acid	$C_6H_5 . H_2PO_3$	1.475, 4°	Schröder. Ber. 12, 561.
Diphenylphosphinic acid	$(C_6H_5)_2 HPO_2$	1.331 } 4° / 1.347	" "
Phenoxyldiphenylphosphin.	$C_6H_5O(C_6H_5)_2 P$	1.140, 24°	Michaelis and La Coste. Ber. 18, 2111.
Triphenylphosphin oxide	$(C_6H_5)_3 PO$	1.2124, 22°.6	Michaelis and La Coste. Ber. 18, 2120.
Naphtylphosphinic acid	$C_{10}H_7 . H_2PO_3$	1.435 } 4° { / 1.445	Schröder. Ber. 12, 561.
Naphtylphosphorous acid	$C_{10}H_7 . H_2PO_2$	1.377, 4° / 1.441, 4°, after fusion.	" "
Complex ether?	$C_{14}H_{26}P_2O_6$	.960, 14°	Geuther. A. C. P. 224, 278.
Amylnitrophosphorous acid.	$(C_5H_{11})_2 HPNO_4$	1.02, 20° } / 1.00, 70°	Guthrie. J. 11, 404.
Ethylphosphorous chloride	$C_2H_5POCl_2$	1.316, 0°	Menschutkin. A. C. P. 139, 344.
" "	"	1.305265, 0° / 1.13989, 117°.5	} Thorpe. J. C. S. 37, 372.
Butylphosphorous chloride.	$C_4H_9POCl_2$	1.191, 0°	Menschutkin. J. 19, 487.
Amylphosphorous chloride.	$C_5H_{11}POCl_2$	1.109, 0°	" "
Diacetone phosphorosochloride.	$C_6H_{10}PO_2Cl$	1.209, 17°.5	Michaelis. Ber. 18, 900.
Phenylphosphorous chloride.	$C_6H_5POCl_2$	1.3549	Hölzer. Quoted by Noack.
" "	"	1.348, 18°	Noack. A. C. P. 218, 91.
" "	"	1.3543, 20°	Anschütz and Emery. A. C. P. 239, 310.
Diphenylphosphorous chloride.	$(C_6H_5)_2 PO_2Cl$	1.2494	Hölzer. Quoted by Noack.
" "	"	1.221, 18°	Noack. A. C. P. 218, 92.
Phosphenyl chloride	$C_6H_5PCl_2$	1.319, 20°	Michaelis. C. C. 4, 548.
" "	"	1.3428, 0° / 1.10415, 224°.6	} Thorpe. J. C. S. 37, 372.
Phosphenyl oxychloride	$C_6H_5PCl_2O$	1.375, 20°	Michaelis. C. C. 4, 548.
Diphenyl phosphochloride	$(C_6H_5)_2 PCl$	1.2293, 15°	Michaelis and Link. A. C. P. 207, 209.

Name.	Formula.	Sp. Gravity.	Authority.
Metachlorocarbonylphenylorthophosphoric chloride.	$C_7 H_4 P O_3 Cl_2$	1.54844, 20°	Anschütz and Moore. A. C. P. 239, 335.
Parachlorocarbonylphenylorthophosphoric chloride.	"	1.54219, 20°	Anschütz and Moore. A. C. P. 239, 344.
By action of $P Cl_5$ on salicylic acid.	$C_7 H_4 P O_2 Cl_5$	1.62019, 20°	Anschütz and Moore. A. C. P. 239, 320.
Paraxylylphosphochloride.	$C_8 H_9 P Cl_2$	1.25, 18°	Weller. Ber. 21, 1494.
Paraxylylphosphoroxychloride.	$C_8 H_9 P O Cl_2$	1.31, 18°	" "
Sulphophosphorous ether.	$(C_2 H_5)_3 P S_2$	1.24, 12°	Michaelis. C. N. 25, 57.
Ethyl pyrosulphophosphate.	$(C_2 H_5)_4 P_2 S_3 O_4$	1.1892, 17°	Michaelis. A. C. P. 164, 9.
Amyl sulphophosphate.	$(C_5 H_{11})_3 P S O_3$	.849, 12°	Chevrier. J. 22, 344.
Ethylsulphophosphorous chloride.	$C_2 H_5 P S Cl_2$	1.30, 12°	Michaelis. C. N. 25, 57.
Triethoxylpyrophosphorsulphobromide.	$(C_2 H_5)_3 Br P_2 S_2 O_5$	1.3567, 19°	Michaelis. A. C. P. 164, 9.
Phosphenyl sulphochloride.	$C_6 H_5 P Cl_2 S$	1.376, 13°	Köhler and Michaelis. Ber. 9, 1053.
Triphenyltrisulphophosphamide.	$(C_6 H_5)_3 H_2 N_3 P S$	1.34	Chevrier. J. 21, 734.

LXV. ORGANIC COMPOUNDS OF VANADIUM, ARSENIC, ANTIMONY, AND BISMUTH.

Name.	Formula.	Sp. Gravity.	Authority.
Ethyl orthovanadate.	$(C_2 H_5)_3 V O_4$	1.167, 17°.5	Hall. J. C. S. 51, 752.
Dimethylarsine oxide	$(As C_2 H_6)_2 O$	1.462, 15°	Bunsen. P. A. 40, 224.
Triethylarsine.	$As (C_2 H_5)_3$	1.151, 16°.7	Landolt. J. 6, 492.
Methyl arsenite	$(C H_3)_3 As O_3$	1.428, 9°.6	Crafts. Z. C. 14, 324.
Ethyl arsenite.	$(C_2 H_5)_3 As O_3$	1.224, 0°	Crafts. J. 20, 552.
Amyl arsenite.	$(C_5 H_{11})_3 As O_3$	1.0525, 0°	Crafts.
Methyl arsenate	$(C H_3)_3 As O_4$	1.5591, 14°.5	Crafts. Z. C. 14, 324.
Ethyl arsenate	$(C_2 H_5)_3 As O_4$	1.3264, 0° ⎫ 1.3161, 8°.8 ⎭	Crafts. J. 20, 551.
Phenylarsenic acid " " " "	$C_6 H_7 As O_3$ " "	1.760 ⎫ 1.803 ⎬ 4° 1.805 ⎭	Schröder. Ber. 12, 561.
Diphenylarsenic acid	$C_{12} H_{11} As O_2$	1.545, 4°	" "

Name.	Formula.	Sp. Gravity.	Authority.
Diphenylarsine chloride	$As(C_6H_5)_2Cl$	1.42231, 15°	La Coste and Michaelis. Ber. 11, 1885.
Phenylarsine bromide	$As(C_6H_5)Br_2$	2.0983, 15°	Michaelis. Ber. 10, 626.
Ethyl thioarsenite	$As(SC_2H_5)_3$	1.3141, 16°	Claesson. Lund Arsskrift, 1884–'5.
Trimethylstibine	$Sb(CH_3)_3$	1.523, 15°	Landolt. J. 14, 569.
Triethylstibine	$Sb(C_2H_5)_3$	1.3244, 16°	Löwig and Schweitzer. J. 3, 471.
Triamylstibine	$Sb(C_5H_{11})_3$	1.1333, 17°	Berlé. J. 8, 586.
"	"	1.0587	Cramer. J. 8, 590.
Triethylstibine chloride	$Sb(C_2H_5)_3Cl_2$	1.540, 17°	Löwig and Schweitzer. J. 3, 476.
Triethylstibine bromide	$Sb(C_2H_5)_3Br_2$	1.953, 17°	" "
Triphenylstibine	$Sb(C_6H_5)_3$	1.4998, 12°	Michaelis and Reese. A. C. P. 233, 46.
Metatritolylstibine	$Sb(C_7H_7)_3$	1.3957, 15°.7	Michaelis and Genzken. A. C. P. 242, 185.
Paratritolylstibine	"	1.35448, 15°.6	Michaelis and Genzken. A. C. P. 242, 169.
Bismuth trimethyl	$Bi(CH_3)_3$	2.30, 18°	Marquandt. Ber. 20, 1517.
Bismuth triethyl	$Bi(C_2H_5)_3$	1.82	Breed. J. 5, 602.
Bismuth triphenyl	$Bi(C_6H_5)_3$	1.5851, 20°	Michaelis and Polis. Ber. 20, 55.

LXVI. ORGANIC COMPOUNDS OF SILICON.

Name.	Formula.	Sp. Gravity.	Authority.
Silicon tetrethyl	$Si(C_2H_5)_4$	.7657, 22°.7	Friedel and Crafts. A. J. S. (2), 49, 311.
" "	"	.8341, 0°	Ladenburg. B. S. C. 18, 240.
Silicon hexethyl	$Si_2(C_2H_5)_6$	.8510, 0° }{ .8403, 20° }	Friedel and Ladenburg. A. C. P. 203, 251.
Silicon tetrapropyl	$Si(C_3H_7)_4$	.7979, 0° } .7883, 15° }	Pape. Ber. 14, 1872.
Silicoheptane	SiC_6H_{16}	.7510, 0°	Ladenburg. A. C. P. 164, 300.
Silicodecane	SiC_9H_{22}	.7723, 0° } .7621, 15° }	Pape. Ber. 14, 1872.
Silicon triethyl phenyl	$Si(C_2H_5)_3C_6H_5$	.9042, 0°	Ladenburg. C. C. 5, 312.

TABLE OF SPECIFIC GRAVITIES

Name.	Formula.	Sp. Gravity.	Authority.
Silicon tetraphenyl	$Si(C_6H_5)_4$	1.078, 20°	Polis. Ber. 19, 1012.
Para-silicon tetratolyl	$Si(C_7H_7)_4$	1.0793, 20°	" "
Meta-silicon tetratolyl	"	1.1188, 20°	" "
Silicon tetrabenzyl	"	1.0776, 20°	" "
Ethyl metasilicate	$(C_2H_5)_2 SiO_3$	1.079, 24°	Ebelmen. A. C. P. 57, 339.
Methyl orthosilicate	$(CH_3)_4 SiO_4$	1.0589, 0°	Friedel and Crafts. J. 18, 465.
Trimethyl ethyl orthosilicate.	$(CH_3)_3 C_2H_5 SiO_4$	1.023	Friedel and Crafts. J. 19, 491.
Dimethyl diethyl orthosilicate.	$(CH_3)_2 (C_2H_5)_2 SiO_4$	1.004, 0°	" "
Methyl triethyl orthosilicate.	$CH_3 (C_2H_5)_3 SiO_4$	.989, 0°	" "
Ethyl orthosilicate	$(C_2H_5)_4 SiO_4$	.932	Ebelmen. A. C. P. 52, 324.
" "	"	.933, 20°	Ebelmen. A. C. P. 57, 334.
" "	"	.9676, 0°	Friedel and Crafts. A. J. S. (2), 48, 158.
" "	"	.9330, 22°.5	Mendelejeff. J. 13, 7.
Propyl orthosilicate	$(C_3H_7)_4 SiO_4$	.915, 18°	Cahours. C. C. 4, 482.
Butyl orthosilicate	$(C_4H_9)_4 SiO_4$	.953, 15°	Cahours. C. C. 5, 20.
Triethyl amyl orthosilicate	$(C_2H_5)_3 C_5H_{11} SiO_4$	.926, 0°	Friedel and Crafts. A. J. S. (2), 48, 163.
Diethyl diamyl orthosilicate.	$(C_2H_5)_2 (C_5H_{11})_2 SiO_4$	.915, 0°	Friedel and Crafts. J. 19, 489.
Ethyl triamyl orthosilicate	$C_2H_5 (C_5H_{11})_3 SiO_4$	.913, 0°	" "
Amyl orthosilicate	$(C_5H_{11})_4 SiO_4$	.868, 20°	Ebelmen. A. C. P. 57, 344.
Hexmethyl disilicate	$(CH_3)_6 Si_2 O_7$	1.1441, 0°	Friedel and Crafts. J. 18, 465.
Hexethyl disilicate	$(C_2H_5)_6 Si_2 O_7$	1.0196, 0° } 1.0019, 19°.2 }	Friedel and Crafts. J. 19, 489.
" "			
Octethyl tetrasilicate	$C_{16}H_{40} Si_4 O_{12}$	1.071, 0° } 1.054, 14°.5 }	Troost and Hautefeuille. B. S. C. 19, 255.
" "	"		
Ethyl silicoacetate	$C_7H_{16} SiO_3$	.9283, 0°	Ladenburg. J. C. S. (2), 12, 40.
Methyl silicopropionate	$C_5H_{14} SiO_3$	.9747, 0°	Ladenburg. A. C. P. 173, 143.
Ethyl silicopropionate	$C_8H_{20} SiO_3$	.9207, 0°	Friedel and Ladenburg. A. C. P. 159, 259.
Ethyl silicobenzoate	$C_{13}H_{20} SiO_3$	1.0133, 0° } 1.0055, 10° }	Ladenburg. J. C. S. (2), 11, 1026.
" "	"		
Silicon diethyl diethylate	$C_8H_{20} SiO_2$	.8752, 0°	Ladenburg. A. C. P. 164, 300.
Triethylsilicol	$Si C_6H_{15} \cdot OH$	.8709, 0°	" "
Silicoheptyl oxide	$(Si C_6H_{15})_2 O$	.8831, 0°	Ladenburg. Ber. 4, 730.
" "	"	.8590, 0°	Ladenburg. A. C. P. 164, 300.
Silicoheptyl acetate	$Si C_6H_{15} \cdot C_2H_3 O_2$	.9039, 0°	" "
Silicoheptyl ethylate	$Si C_6H_{15} \cdot C_2H_5 O$	.8403, 0°	" "

FOR SOLIDS AND LIQUIDS.

Name.	Formula.	Sp. Gravity.	Authority.
Silicoheptyl chloride	$Si\ C_6 H_{15}\ Cl$	.9249, 0°	Ladenburg. A. C. P. 164, 300.
Methylsilicic monochlorhydrin.	$Si\ C_3 H_9\ Cl\ O_3$	1.1954, 0°	Friedel and Crafts. J. 19, 490.
Methylsilicic dichlorhydrin.	$Si\ C_2 H_6\ Cl_2\ O_2$	1.2595	" "
Ethylsilicic monochlorhydrin.	$Si\ C_6 H_{15}\ Cl\ O_3$	1.0483, 0°	Friedel and Crafts. A. J. S. (2), 43, 160.
Ethylsilicic dichlorhydrin	$Si\ C_4 H_{10}\ Cl_2\ O_2$	1.144, 0°	Friedel and Crafts. J. 19, 488.
Ethylsilicic trichlorhydrin	$Si\ C_2 H_5\ Cl_3\ O$	1.241, 0°	Friedel and Crafts. J. 19, 489.
Propylsilicic monochlorhydrin.	$Si\ C_9 H_{21}\ Cl\ O_3$	.980	Cahours. C. C. 4, 482.
Propylsilicic dichlorhydrin.	$Si\ C_6 H_{14}\ Cl_2\ O_2$	1.028	" "
Derivative of silicon triethylphenyl.	$Si\ C_{12} H_{19}\ Cl$	1.1085, 0°	Ladenburg. A. C. P. 173, 143.
Silicon iodoform	$Si\ H\ I_3$	3.362, 0°	Friedel. A. C. P. 149, 96.
" "	"	3.814, 20°	

LXVII. ORGANIC COMPOUNDS OF TIN.

Name.	Formula.	Sp. Gravity.	Authority.
Stanntetramethyl	$Sn\ (C H_3)_4$	1.8138, 0°	Ladenburg. Z. C. 13, 605.
Stanndiethyl	$Sn_2\ (C_2 H_5)_4$	1.558, 15°	Löwig. J. 5, 584.
"	"	1.192	Buckton. J. 11, 392.
"Ethylene stannethyl"	"	1.410	Löwig. J. 5, 585.
Stanntriethyl	$Sn_2\ (C_2 H_5)_6$	1.4115, 0°	Ladenburg. Z. C. 13, 604.
Stanntetrethyl	$Sn\ (C_2 H_5)_4$	1.187, 18°.6	Frankland. J. 12, 411.
Stannethyltrimethyl	$Sn\ C_2 H_5\ (C H_3)_3$	1.243	Cahours. J. 14, 551.
Stanndiethyldimethyl	$Sn\ (C_2 H_5)_2\ (C H_3)_2$	1.2319, 19°	Frankland. J. 12, 412.
"	"	1.2509, 0°	Two lots. Morgunoff. Z. C. 10, 370.
"	"	1.2603, 0°	
Stanntetrapropyl	$Sn\ (C_3 H_7)_4$	1.179, 14°	Cahours. B. S. C. 20, 190.
Stanntriethylphenyl	$Sn\ (C_2 H_5)_3\ C_6 H_5$	1.2639, 0°	Ladenburg. A. C. P. 159, 251.
Stanntriethyl ethylate	$Sn\ (C_2 H_5)_3\ C_2 H_5\ O$	1.2634, 0°	Ladenburg. A. C. P., 8th Supp., 60.
Stanndimethyl iodide	$Sn\ (C H_3)_2\ I_2$	2.872, 22°	Cahours. J. 12, 427.
Stanntrimethyl iodide	$Sn\ (C H_3)_3\ I$	2.155, 18°	Cahours. J. 12, 429.
" "	"	2.1432, 0°	Ladenburg. Z. C. 13, 605.
" "	"	2.1096, 18°	
Stanndiethyl iodide	$Sn\ (C_2 H_5)_2\ I_2$	1.8	Cahours. J. 12, 424.
" "	"	2.0329, 15°	Frankland. J. 12, 413.

Name.	Formula.	Sp. Gravity.	Authority.
Stanntriethyl chloride	Sn $(C_2 H_5)_3$ Cl	1.428, 8°	Cahours. J. 12, 425.
" "	"	1.320	Löwig. J. 5, 588.
Stanntriethyl bromide	Sn $(C_2 H_5)_3$ Br	1.630	" "
Stanntriethyl iodide	Sn $(C_2 H_5)_3$ I	1.850	" "
" "	"	1.833, 22°	Cahours. J. 12, 424.
Stanntripropyl iodide	Sn $(C_3 H_7)_3$ I	1.692, 16°	Cahours. B.S.C. 19, 301.
Stanntributyl iodide	Sn $(C_4 H_9)_3$ I	1.540, 15°	Cahours. C. C. 5, 20.
"Ethstannethyl chloride"	$Sn_2 C_{10} H_{25}$ Cl	1.30	Löwig. J. 5, 588.
"Ethstannethyl bromide"	$Sn_2 C_{10} H_{25}$ Br	1.48	" "
"Ethstannethyl iodide"	$Sn_2 C_{10} H_{25}$ I	1.724	" "

LXVIII. ORGANIC COMPOUNDS OF ALUMINUM.

Name.	Formula.	Sp. Gravity.	Authority.
Aluminum ethylate	Al $(C_2 H_5 O)_3$	1.147, 4°	Gladstone and Tribe. C. N. 42, 3.
Aluminum propylate	Al $(C_3 H_7 O)_3$	1.026, 4°	" "
Aluminum butylate	Al $(C_4 H_9 O)_3$	.9825, 4°	" "
Aluminum amylate	Al $(C_5 H_{11} O)_3$	.9804, 4°	" "
Aluminum phenylate	Al $(C_6 H_5 O)_3$	1.25, 4°	" "
Aluminum cresylate	Al $(C_7 H_7 O)_3$	1.166, 4°	" "
Aluminum thymolate	Al $(C_{10} H_{13} O)_3$	1.04, 4°	" "
Aluminum chloride and benzene.	Al Cl_3. 3 $C_6 H_6$	1.14, 0° 1.12, 20°	Gustavson. Ber. 11, 2152.
Aluminum chloride and toluene.	Al Cl_3. 3 $C_7 H_8$	1.08, 0° 1.06, 22°	" "
Aluminum chloride and cymene.	2 Al Cl_3. 3 $C_{10} H_{14}$	1.139, 0° 1.127, 18°	Gustavson. Ber. 12, 694.
Aluminum bromide and benzene.	Al Br_3. 3 $C_6 H_6$	1.49, 0° 1.47, 20°	Gustavson. Ber. 11, 1845.
Aluminum bromide and toluene.	Al Br_3. 3 $C_7 H_8$	1.37, 0° 1.35, 20°	Gustavson. Ber. 11, 1843.
Aluminum bromide and cymene.	2 Al Br_3. 3 $C_{10} H_{14}$	1.493, 0° 1.477, 16°	Gustavson. Ber. 12, 694.

LXIX. ORGANIC COMPOUNDS OF ZINC, MERCURY, THALLIUM, AND LEAD.

Name.	Formula.	Sp. Gravity.	Authority.
Zinc methyl	$Zn(CH_3)_2$	1.386, 10°.5	Frankland and Duppa. J. 16, 473.
Zinc ethyl	$Zn(C_2H_5)_2$	1.182, 18°	Frankland. J. 8, 577.
Zinc propyl	$Zn(C_3H_7)_2$	1.098, 15°	Gladstone and Tribe. J. S. C. (2), 11, 968.
Zinc amyl	$Zn(C_5H_{11})_2$	1.022, 0°	Frankland and Duppa. J. 16, 473.
Mercurmethyl	$Hg(CH_3)_2$	3.069	Buckton. J. 11, 388.
Mercurethyl	$Hg(C_2H_5)_2$	2.444	Buckton. J. 11, 390.
Mercurpropyl	$Hg(C_3H_7)_2$	2.124, 16°	Cahours. B. S. C. 19, 301.
Mercurbutyl	$Hg(C_4H_9)_2$	1.7469, 0°	Chapman and Smith. J. C. S. 22, 164.
"	"	1.7192, 16°	
"	"	1.835, 15°	Cahours. C. C. 5, 20.
Mercuramyl	$Hg(C_5H_{11})_2$	1.6663, 0°	Frankland and Duppa.
Mercuroctyl	$Hg(C_8H_{17})_2$	1.842, 17°	Eichler. Ber. 12, 1880.
Mercurdiphenyl	$Hg(C_6H_5)_2$	2.290 } 4°	Schröder. Ber. 12, 561.
"	"	2.324	
"	"	2.340	
Mercurdinaphtyl	$Hg(C_{10}H_7)_2$	1.918 } 4°	" "
"	"	1.926	
"	"	1.944	
Mercurmethyl chloride	$HgCH_3Cl$	4.063, 4°	" "
Mercurethyl chloride	HgC_2H_5Cl	3.461 } 4°	" "
" "	"	3.503	
Mercury β hexyl mercaptide.	$Hg(C_6H_{13}S)_2$	1.6502, 0°	Wanklyn and Erlenmeyer. J. 17, 510.
Thallium ethylate	TlC_2H_5O	3.480 }	Lamy. Ann. (4), 3, 373.
" "	"	3.685	
Thallium amylate	$TlC_5H_{11}O$	2.465 }	Lamy. J. 17, 466
" "	"	2.518	
Lead tetramethyl	$Pb(CH_3)_4$	2.084, 0°	Butlerow. J. 16, 476.
Lead diethyl	$Pb(C_2H_5)_2$	1.55	Buckton. J. 11, 391.
" "	"	1.62	Buckton. J. 12, 409.
Lead triethyl	$Pb_2(C_2H_5)_6$	1.471, 10°	Klippel. J. 13, 381.
Lead tetraphenyl	$Pb(C_6H_5)_4$	1.5298, 20°	Polis. Ber. 20, 716.
Para lead tetratolyl	$Pb(C_7H_7)_4$	1.4329, 20°	" "

LXX. METALLIC SALTS OF ORGANIC ACIDS.

Name.	Formula.	Sp. Gravity.	Authority.
Lithium formate	Li C H O$_2$. H$_2$ O	1.435 }	Schröder. Ber. 14, 21.
" "	"	1.479 }	
Sodium formate	Na C H O$_2$	1.907 }	" "
" "	"	1.931 }	
Potassium formate	K C H O$_2$	1.896 }	" "
" "	"	1.920 }	
Ammonium formate	Am C H O$_2$	1.264 }	" "
" "	"	1.271 }	
Zinc formate	Zn C$_2$ H$_2$ O$_4$	2.368	Schröder. Ber. 14, 23.
" "	Zn C$_2$ H$_2$ O$_4$. 2 H$_2$ O	2.339	Schröder. Ber. 8, 199.
" "	"	2.205	Schröder. Ber. 14, 23.
" "	"	2.1575, 21°.3	Breen. F. W. C.
Cadmium formate	Cd C$_2$ H$_2$ O$_4$. 2 H$_2$ O	2.429, 20°.2	" "
" "	"	2.427 }	Schröder. Ber. 14, 22.
" "	"	2.477 }	
Calcium formate	Ca C$_2$ H$_2$ O$_4$	2.021	Schröder. Ber. 8, 199.
" "	"	2.009 }	Schröder. Ber. 14, 22.
" "	"	2.015 }	" "
Strontium formate	Sr C$_2$ H$_2$ O$_4$	2.667	" "
" "	Sr C$_2$ H$_2$ O$_4$. 2 H$_2$ O	2.252, cryst. }	Schröder. Ber. 8, 199.
" "	"	2.266, pulv. }	
" "	"	2.244, m. of 3	Schröder. Ber. 14, 22.
Barium formate	Ba C$_2$ H$_2$ O$_4$	3.193, cryst. }	Schröder. Ber. 8, 199.
" "	"	3.219, pulv. }	
" "	"	3.203 }	Two lots. Schröder. Ber. 11, 2129.
" "	"	3.233 }	
Lead formate	Pb C$_2$ H$_2$ O$_4$	4.56, 11°	Bödeker and Giesecke. B. D. Z.
" "	"	4.507 }	Schröder. Dm. 1873.
" "	"	4.555 }	
" "	"	4.610, cryst. }	Schröder. Ber. 8, 199.
" "	"	4.621, pulv. }	
Manganese formate	Mn C$_2$ H$_2$ O$_4$	2.205	Schröder. Ber. 14, 23.
" "	Mn C$_2$ H$_2$ O$_4$. 2 H$_2$ O	1.947 }	" "
" "	"	1.954 }	
" "	"	1.959 }	
Nickel formate	Ni C$_2$ H$_2$ O$_4$. 2 H$_2$ O	2.1547, 20°.2	H. Stallo. F. W. C.
Cobalt formate	Co C$_2$ H$_2$ O$_4$. 2 H$_2$ O	2.1080, 20°.2 }	" "
" "	"	2.1286, 22° }	
Copper formate	Cu C$_2$ H$_2$ O$_4$. 4 H$_2$ O	1.815, 20°	Gehlen. Ann. 88, 213.
" "	"	1.811, pulv. }	Schröder. Ber. 8, 199.
" "	"	1.795, cryst. }	
" "	"	1.831 "	Schröder. Ber. 14, 23.
Strontium copper formate	Sr$_2$ Cu (C H O$_2$)$_6$	2.612	Schröder. Ber. 14, 24.

FOR SOLIDS AND LIQUIDS.

Name.	Formula.	Sp. Gravity.	Authority.
Strontium copper formate	$Sr_2Cu(CHO_2)_6 \cdot 8H_2O$	2.132 ⎫	Schröder. Ber. 14,
" " "	"	2.133 ⎭	24.
Barium copper formate	$Ba_2Cu(CHO_2)_6 \cdot 4H_2O$	2.747	" "
Didymium formate	$Di(CHO_2)_3$	3.427 ⎫ 20°	Cleve. U. N. A.
" "	"	3.433 ⎭	1885.
Samarium formate	$Sm(CHO_2)_3$	3.730 ⎫	
" "	"	3.732 ⎬ 20°	" "
" "	"	3.737 ⎭	
Sodium acetate	$NaC_2H_3O_2$	1.421, 14°	Bödeker. B. D. Z.
" "	"	1.524 ⎫	Schröder. Ber. 14,
" "	"	1.529 ⎭	1608.
" "	"	1.53	Brügelmann. Ber. 17, 2359.
" "	$NaC_2H_3O_2 \cdot 3H_2O$	1.420	Buignet. J. 14, 15.
" "	"	1.40, 12°	Bödeker. B. D. Z.
" "	"	1.450 ⎫	Schröder. Ber. 14,
" "	"	1.456 ⎭	1608.
Sodium triacetate	$NaC_6H_{11}O_6$	1.47	Lescoeur. C. R. 78, 1046.
Potassium triacetate	$KC_6H_{11}O_6$	1.34	" "
Silver acetate	$AgC_2H_3O_2$	3.1281, 15°	Liebig and Redtenbacher. P. M. (3), 19, 227.
" "	"	3.222 ⎫	Schröder. Ber. 9,
" "	"	3.259 ⎭	1888.
Magnesium acetate	$Mg(C_2H_3O_2)_2$	1.419 ⎫	Schröder. Ber. 14,
" "	"	1.422 ⎭	1610.
" "	$Mg(C_2H_3O_2)_2 \cdot 4H_2O$	1.453 ⎫	
" "	"	1.455 ⎬	" "
" "	"	1.4487 ⎭	Kubel. Ber. 19, ref. 283.
Zinc acetate	$Zn(C_2H_3O_2)_2$	1.810 ⎫	Schröder. Ber. 14,
" "	"	1.869 ⎭	1610.
" "	$Zn(C_2H_3O_2)_2 \cdot 2H_2O$	1.735	" "
" "	$Zn(C_2H_3O_2)_2 \cdot 3H_2O$	1.7175, 12°	Bödeker. B. D. Z.
Cadmium acetate	$Cd(C_2H_3O_2)_2$	2.329 ⎫	Schröder. Ber. 14,
" "	"	2.352 ⎭	1611.
" "	$Cd(C_2H_3O_2)_2 \cdot 2H_2O$	1.998 ⎫	" "
" "	"	2.021 ⎭	
Mercuric acetate	$Hg(C_2H_3O_2)_2$	3.2544, 22° ⎫	Hagemann. F.W.C.
" "	"	3.2861, 23° ⎭	
Strontium acetate	$Sr(C_2H_3O_2)_2$	2.099	Schröder. Ber. 14, 1608.
" "	$2Sr(C_2H_3O_2)_2 \cdot 3H_2O$	1.981 ⎫	" "
" "	"	2.018 ⎭	
Barium acetate	$Ba(C_2H_3O_2)_2$	2.440 ⎫	Schröder. Ber. 11, 2129.
" "	"	2.486 ⎭	
" "	"	2.316 ⎫	Two lots. Schröder. Ber. 12, 561.
" "	"	2.440 ⎭	
" "	"	2.480	Schröder. Ber. 14, 1608.
" "	$Ba(C_2H_3O_2)_2 \cdot H_2O$	2.19, 13°	Bödeker. B. D. Z.
" "	$Ba(C_2H_3O_2)_2 \cdot 3H_2O$	2.014 ⎫	Schröder. Ber. 14,
" "	"	2.026 ⎭	1608.
Lead acetate	$Pb(C_2H_3O_2)_2$	3.238 ⎫	Schröder. Ber. 14,
" "	"	3.264 ⎭	1609.

TABLE OF SPECIFIC GRAVITIES

Name.	Formula.	Sp. Gravity.	Authority.
Lead acetate	$Pb(C_2H_3O_2)_2 \cdot 3H_2O$	2.496	Buignet. J. 14, 15.
" "	"	2.559, 13°	Schröder. Dm. 1873.
" "	"	2.540	Schröder. Ber. 14, 1609.
" "	"	2.560	
" "	"	2.460	W. C. Smith. Am. J. P. 53, 145.
Manganese acetate	$Mn(C_2H_3O_2)_2$	1.737	Schröder. Ber. 14, 1610.
" "	"	1.753	
" "	$Mn(C_2H_3O_2)_2 \cdot 4H_2O$	1.588	" "
" "	"	1.590	
Nickel acetate	$Ni(C_2H_3O_2)_2$	1.797	" "
" "	"	1.799	
" "	$Ni(C_2H_3O_2)_2 \cdot 4H_2O$	1.7346, 17°.2	H. Stallo. F. W. C.
" "	"	1.7443, 15°.7	
" "	"	1.734	Schröder. Ber. 14, 1610.
" "	"	1.753	
Cobalt acetate	$Co(C_2H_3O_2)_2 \cdot 4H_2O$	1.7031, 15°.7	H. Stallo. F. W. C.
" "	"	1.7043, 18°.7	
Copper acetate	$Cu(C_2H_3O_2)_2$	1.920	Schröder. Ber. 14, 1609.
" "	"	1.930	
" "	$Cu(C_2H_3O_2)_2 \cdot H_2O$	1.914, 20°	Gehlen. Ann. (1), 83, 213.
" "	"	1.880, m. of 4	
" "	"	1.875, extreme	Schröder. Dm. 1873.
" "	"	1.885, 11°	
" "	"	1.875	Schröder. Ber. 14, 1609.
" "	"	1.890	
Didymium acetate	$Di(C_2H_3O_2)_3$	2.125, 13°.5	Cleve. U. N. A. 1885.
" "	"	2.190, 16°.5	
" "	$Di(C_2H_3O_2)_3 \cdot H_2O$	2.230, 20°	" "
" "	"	2.244	
" "	$Di(C_2H_3O_2)_3 \cdot 4H_2O$	1.881, 13°.5	" "
" "	"	1.884	
Samarium acetate	$Sm(C_2H_3O_2)_3$	2.208, 18°.3	" "
" "	$Sm(C_2H_3O_2)_3 \cdot 4H_2O$	1.942, 14°.5	" "
" "	"	1.938, 15°.5	
Calcium copper acetate	$CaCu(C_2H_3O_2)_4 \cdot 8H_2O$	1.4206	Schabus. J. 3, 393.
Lithium uranyl acetate	$LiUO_2(C_2H_3O_2)_3 \cdot 3H_2O$	2.280, 15°	Wyrouboff. B.S.M. 8, 118.
Sodium uranyl acetate	$NaUO_2(C_2H_3O_2)_3$	2.55, 12°	Bödeker and Giesecke. B. D. Z.
Sodium uranyl monochloracetate.	$NaUO_2(C_2H_2ClO_2)_3 \cdot 2H_2O$	2.748, 14°	Clarke. A. C. J. 2, 331.
Silver propionate	$AgC_3H_5O_2$	2.714	Schröder. Ber. 10, 1872.
Barium propionate	$Ba(C_3H_5O_2)_2$	2.067, 22°.3	Stern. F. W. C.
" "	"	1.970	Schröder. Ber. 11, 2129.
Didymium propionate	$Di(C_3H_5O_2)_3$	1.861, 12°.5	Cleve. U. N. A. 1885.
" "	$Di(C_3H_5O_2)_3 \cdot 3H_2O$	1.741, 12°.5	" "
" "	"	1.742, 13°	
Samarium propionate	$Sm(C_3H_5O_2)_3$	1.894, 14°	" "
" "	$Sm(C_3H_5O_2)_3 \cdot 3H_2O$	1.784	" "
" "	"	1.786, 13°.2	
" "	"	1.788	

FOR SOLIDS AND LIQUIDS. 359

Name.	Formula.	Sp. Gravity.	Authority.
Silver butyrate	$Ag\,C_4\,H_7\,O_2$	2.353, 4°	Schröder. Ber. 10, 848.
Barium butyrate	$Ba\,(C_4\,H_7\,O_2)_2$	1.768, 22°	Stern. F. W. C.
Barium isobutyrate	"	1.779	Schröder. Ber. 11, 2130.
" "	"	1.800	
Silver isovalerate. Ppt.	$Ag\,C_5\,H_9\,O_2$	2.110 } 4°–	Schröder. Ber. 10, 848.
" " Cryst.	"	2.118	
Silver caproate	$Ag\,C_6\,H_{11}\,O_2$	2.029, ppt.	From two caproic acids, probably not identical. Schröder. Ber. 10, 1872.
" "	"	2.052, cryst.	
" "	"	2.053, "	
" "	"	1.866, "	
" "	"	1.877, "	
Silver caprylate	$Ag\,C_8\,H_{15}\,O_2$	1.740, ppt.	Schröder. Ber. 10, 1873.
" "	"	1.771, cryst.	
Potassium methylsulphate	$K\,C\,H_3\,S\,O_4$	2.057	Schröder. Ber. 11, 2020.
Barium methylsulphate	$Ba\,(CH_3SO_4)_2.\,2H_2O$	2.276, 20°.2	Geppert. F. W. C.
" "	"	2.258	Schröder. Ber. 11, 2130.
" "	"	2.275	
Potassium ethylsulphate	$K\,C_2\,H_5\,S\,O_4$	1.792	Schröder. Ber. 11, 2020.
" "	"	1.809	
Barium ethylsulphate	$Ba\,(C_2H_5SO_4)_2.\,2H_2O$	2.0714, 22°.6	Geppert. F. W. C.
" "	"	2.080, 21°.7	
" "	"	2.055	Schröder. Ber. 11, 2130.
Didymium ethylsulphate	$Di\,(C_2H_5SO_4)_3.\,9H_2O$	1.860, 17°.8	Cleve. U. N. A. 1885.
" "	"	1.867, 18°	
Samarium ethylsulphate	$Sm(C_2H_5SO_4)_3.\,9H_2O$	1.874 } 20°.8	" "
" "	"	1.885	
Potassium propylsulphate	$K\,C_3\,H_7\,S\,O_4$	1.794	Schröder. Ber. 11, 2020.
" "	"	1.831	
Barium propylsulphate	$Ba\,(C_3H_7SO_4)_2.\,2H_2O$	1.839 } 20°.5	Geppert. F. W. C.
" "	"	1.844	
" "	"	1.844	Schröder. Ber. 11, 2130.
Potassium isobutylsulphate.	$K\,C_4\,H_9\,S\,O_4$	1.472	Schröder. Ber. 11, 2020.
" "	"	1.486	
Barium isobutylsulphate	$Ba\,(C_4H_9SO_4)_2.\,2H_2O$	1.714, 22°	Whetstone. F.W.C.
" "	"	1.743, 24°.3	Schuermann. F.W.C.
" "	"	1.778, 21°.2	
" "	"	1.727	Schröder. Ber. 11, 2130.
" "	"	1.758	
Potassium amylsulphate	$K\,C_5\,H_{11}\,S\,O_4$	1.401	Schröder. Ber. 11, 2020.
" "	"	1.418	
Barium amylsulphate	$Ba(C_5H_{11}SO_4)_2.\,2H_2O$	1.623, 21°.2	Whetstone. F.W.C.
" "	"	1.632, 22°	
" "	"	1.638	Schröder. Ber. 11, 2130.
" "	"	1.641	
Potassium methylxanthate	$K\,C\,H_3\,C\,O\,S_2$	1.6754, 15°.2	Bishop. F.W.C.
" "	"	1.7002	
Potassium ethylxanthate	$K\,C_2\,H_5\,C\,O\,S_2$	1.558, 21°	Geppert. F. W. C.
" "	"	1.5564, 18°.2	H. Stallo. F. W. C.
" "	"	1.5576, 21°.5	
Potassium isobutylxanthate.	$K\,C_4\,H_9\,C\,O\,S_2$	1.3718, 15°	" "
" "	"	1.3832, 14°.5	

TABLE OF SPECIFIC GRAVITIES

Name.	Formula.	Sp. Gravity.	Authority.
Lithium oxalate	$Li_2 C_2 O_4$	2.1213, 17°.5	Stolba. J. 1880, 283.
Sodium hydrogen oxalate	$Na H C_2 O_4 . H_2 O$	2.315	Buignet. J. 14, 15.
Potassium oxalate	$K_2 C_2 O_4 . H_2 O$	2.104, m. of 2	Playfair and Joule. M. C. S. 2, 401.
" "	"	2.08	Schiff. J. 12, 16.
Potassium hydrogen oxalate.	$K H C_2 O_4$	1.965, m. of 2	Playfair and Joule. M. C. S. 2, 401.
" " "	"	2.030	Schiff. J. 12, 16.
" " "	"	2.088	Buignet. J. 14, 15.
Potassium quadroxalate	$K H_3 (C_2 O_4)_2 . 2 H_2 O$	1.817	Playfair and Joule. M. C. S. 2, 401.
" "	"	1.765	Schiff. J. 12, 16.
" "	"	1.836	Buignet. J. 14, 15.
Rubidium quadroxalate	$Rb H_3 (C_2 O_4)_2 . 2 H_2 O$	2.1246, 18°	Stolba. J. 1877, 243.
Ammonium oxalate	$Am_2 C_2 O_4 . H_2 O$	1.461, m. of 2	Playfair and Joule. M. C. S. 2, 401.
" "	"	1.475	Schiff. J. 12, 16.
" "	"	1.470	Buignet. J. 14, 15.
" "	"	1.501 }	Schröder. Dm. 1873.
" "	"	1.502 }	
Ammonium hydrogen oxalate.	$Am H C_2 O_4 . H_2 O$	1.563, m. of 3	Playfair and Joule. M. C. S. 2, 401.
" " "	"	1.556	Schiff. J. 12, 16.
Ammonium quadroxalate	$Am H_3 (C_2 O_4)_2 . H_2 O$	1.589, m. of 2	Playfair and Joule. M. C. S. 2, 401.
" "	"	1.607	Schiff. J. 12, 16.
Silver oxalate	$Ag_2 C_2 O_4$	4.96, 10°	Husemann. B. D. Z.
" "	"	5.005, 4°, ppt.	} Schröder. Ber. 10, 849.
" "	"	5.029, 4°, cryst.	
Thallium oxalate	$Tl_2 C_2 O_4$	6.31	Lamy and Des Cloizeaux. Nature, 1, 442.
Thallium hydrogen oxalate.	$Tl H C_2 O_4 . H_2 O$	3.971	" "
Zinc oxalate	$Zn C_2 O_4$	2.547, 18°.3 }	
" "	"	2.562, 24°.5 }	Wilson. F. W. C.
" "	"	2.582, 17°.5 }	
Cadmium oxalate	$Cd C_2 O_4$	3.310, 17° }	Freeman. F. W. C.
" "	"	3.320, 18° }	
Calcium oxalate	$Ca C_2 O_4$	2.106	Schröder. Dm. 1873.
" "	"	2.181 }	
" "	"	2.182 } 4°	Schröder. Ber. 12, 561.
" "	"	2.200 }	
Barium oxalate	$Ba C_2 O_4$	2.6578	Schweitzer. University of Missouri, special pub., 1876.
Lead oxalate	$Pb C_2 O_4$	5.018 }	Schröder. Dm. 1873.
" "	"	5.035 }	
Manganese oxalate	$Mn C_2 O_4$	2.422, 21°.8 }	
" "	"	2.453, 20°.7 }	Freeman. F. W. C.
" "	"	2.457, 21°.8 }	
Humboldtine	$2 Fe C_2 O_4 . 3 H_2 O$	2.13	Dana's Mineralogy.
"	"	2.489	
Nickel oxalate	$Ni C_2 O_4$	2.218, 19° }	
" "	"	2.2285, 19°.5 }	Freeman. F. W. C.
" "	"	2.235, 18°.5 }	
Cobalt oxalate	$Co C_2 O_4$	2.296, 20°.5 }	" "
" "	"	2.325, 19° }	

Name.	Formula.	Sp. Gravity.	Authority.
Stannous oxalate	$Sn\ C_2\ O_4$	3.558, 18	Wilson. F.W.C.
" "	"	3.576, 22°.5	
" "	"	3.584, 23°.5	
Thorium oxalate	$Th\ (C_2\ O_4)_2$	4.687, 16°	Clarke. A.C.J. 2, 175.
Uranyl oxalate	$U\ O_2.\ C_2\ O_4.\ 3\ H_2\ O$	2.98	Ebelmen. J.P.C. 27, 391.
Potassium copper oxalate.	$K_2\ Cu\ (C_2O_4)_2.\ 2H_2O$	2.288, m. of 2.	Playfair and Joule. M.C.S. 2, 401.
Ammonium copper oxalate.	$Am_2Cu(C_2O_4)_2.\ 2H_2O$	1.923	" "
Potassium chromoxalate.	$K_2(Cr\ C_6O_{12}).\ 3H_2O$	2.1039, 23°	Bishop. F.W.C.
" "		2.1464, 24°	
Strontium chromoxalate.	$Sr_2(CrC_6O_{12})_2.\ 10H_2O$	2.148, 8°.8	Kebler. F.W.C.
Strontium potassium chromoxalate.	$SrK(CrC_6O_{12}).\ 6H_2O$	2.155, 12°.8	" "
Barium chromoxalate	$Ba_2(Cr\ C_6\ O_{12})_2$	2.570, 6°.8	" "
" "	$Ba_2(CrC_6O_{12})_2.\ 6H_2O$	2.445, 13°.9	" "
" "	$Ba_2(CrC_6O_{12})_2.\ 12H_2O$	2.372, 27°	" "
Sodium ferroxalate	$2\ Na_2\ (Fe\ C_6\ O_{12}).\ 11\ H_2O$	1.9731, 17°.5	Eder and Valenta. Ber. 14, 1106.
Ammonium ferroxalate	$Am_2(FeC_6O_{12}).8H_2O$	1.7785, 17°.5	" "
Platosoxalic acid	$Pt\ H_2\ (C_2\ O_4)_2.\ H_2\ O$	2.94, 14°	Söderbaum. Upsala Diss. 1888.
Sodium platosoxalate	$Na_2\ Pt(C_2\ O_4)_2.\ 4H_2O$	2.89, 17°.2	" "
" "	$Na_2\ Pt(C_2\ O_4)_2.\ 5H_2O$	2.92, 17°.2	" "
Potassium platosoxalate.	$K_2\ Pt\ (C_2\ O_4)_2.\ 2H_2O$	3.037, 11°.6	" "
" " Light.	"	3.036, 12°	
" " Dark.	"	3.012, 12°	
Ammonium platosoxalate. Light.	$Am_2Pt(C_2O_4)_2.2H_2O$	2.614, 11°.7	" "
" " Dark.	"	2.58, 11°.5	" "
Platodiamine platosoxalate. Light.	$Pt(NH_3)_4.Pt(C_2O_4)_2$	3.51, 13°.5	" "
" " Dark.	"	3.48, 13°.5	" "
Didymium nitratoöxalate.	$DiH_2(NO_3)_2(C_2O_4)_2.\ 11H_2O$	2.424 } 13°.2	Cleve. U.N.A. 1885.
" "		2.425	
Ammonium succinate	$Am_2\ C_4\ H_4\ O_4$	1.367, 10°	Zachariae. B.D.Z.
Silver succinate	$Ag_2\ C_4\ H_4\ O_4$	3.518, 10°	Husemann. B.D.Z.
" "	"	3.807 } 4°	Schröder. Ber. 10, 849.
" "	"	3.833	
Barium succinate	$Ba\ C_4\ H_4\ O_4$	2.696	Schröder. Ber. 11, 2129.
" "	"	2.699	
Lead succinate	$Pb\ C_4\ H_4\ O_4$	3.800, 10°	Husemann. B.D.Z.
Ammonium malate	$Am_2\ C_4\ H_4\ O_5$	1.509	Wyrouboff. Bei. 8, 24.
Ammonium hydrogen malate.	$Am\ C_4\ H_5\ O_5$	1.55	Pasteur. J. 4, 392.
Silver malate	$Ag_2\ C_4\ H_4\ O_5$	4.0016	Liebig and Redtenbacher. A.C.P. 38, 139.

TABLE OF SPECIFIC GRAVITIES

Name.	Formula.	Sp. Gravity.	Authority.
Sodium tartrate	$Na_2 C_4 H_4 O_6 . 4 H_2 O$	1.794	Buignet. J. 14, 15.
Potassium tartrate	$K_2 C_4 H_4 O_6$	1.975	Schiff. J. 12, 16.
" "	$K_2 C_4 H_4 O_6 . H_2 O$	1.960	Buignet. J. 14, 15.
Potassium hydrogen tartrate.	$K H C_4 H_4 O_6$	1.943	Schabus. J. 3, 378.
" " "	"	1.973	Schiff. J. 12, 16.
" " "	"	1.956	Buignet. J. 14, 15.
Ammonium tartrate	$Am_2 C_4 H_4 O_6$	1.566	Schiff. J. 12, 16.
" "	"	1.523	Buignet. J. 14, 15.
" "	"	1.601	Wyrouboff. Bei. 8, 24.
Ammonium hydrogen tartrate.	$Am H C_4 H_4 O_6$	1.680	Schiff. J. 12, 16.
Sodium potassium tartrate	$Na K C_4 H_4 O_6 . 4 H_2 O$	1.74	Mitscherlich.
" " "	"	1.767	Schiff. J. 12, 16.
" " "	"	1.790	Buignet. J. 14, 15.
" " "	"	1.77	W. O. Smith. Am. J. P. 53, 145.
Sodium ammonium tartrate.	$Na Am C_4 H_4 O_6 . 4 H_2 O$	1.58	Mitscherlich.
" " "	"	1.576	Pasteur. J. 2, 309.
" " "	"	1.587	Schiff. J. 12, 16.
Potassium ammonium tartrate.	$K Am C_4 H_4 O_6 . 4 H_2 O$	1.700	" "
Rubidium tartrate	$Rb_2 C_4 H_4 O_6$	2.692	Wyrouboff. Bei. 8, 24.
" "	$Rb_2 C_4 H_4 O_6 . H_2 O$	2.584	Wyrouboff. B. S. M. 6, 311.
Rubidium hydrogen tartrate.	$Rb H C_4 H_4 O_6 . \tfrac{1}{2} H_2 O$	2.399	" "
Rubidium lithium tartrate	$Rb Li C_4 H_4 O_6 . H_2 O$	2.281	Wyrouboff. B. S. M. 6, 53.
Rubidium sodium tartrate	$Rb Na C_4 H_4 O_6 . 2\tfrac{1}{2} H_2 O$	2.200	Wyrouboff. Ann. (6), 9, 221.
Silver tartrate	$Ag_2 C_4 H_4 O_6$	3.4321	Liebig and Redtenbacher. A. C. P. 38, 139.
Thallium tartrate	$Tl_2 C_4 H_4 O_6$	5.110	Wyrouboff. B. S. M. 6, 311.
" "	$Tl_2 C_4 H_4 O_6 . \tfrac{1}{2} H_2 O$	4.658	Lamy and Des Cloizeaux. Nature, 1, 142.
" "	"	4.740	Wyrouboff. B. S. M. 9, 102.
Thallium hydrogen tartrate.	$Tl H C_4 H_4 O_6$	3.496	Lamy and Des Cloizeaux. Nature, 1, 142.
" " "	$Tl H C_4 H_4 O_6 . \tfrac{1}{2} H_2 O$	3.399	Wyrouboff. B.S.M. 6, 311.
Thallium lithium tartrate	$Tl Li C_4 H_4 O_6 . H_2 O$	3.356	Wyrouboff. B.S.M. 6, 53.
Thallium sodium tartrate	$Tl Na C_4 H_4 O_6 . 2\tfrac{1}{2} H_2 O$	3.120	Wyrouboff. Ann. (6), 9, 221.
Strontium tartrate	$Sr C_4 H_4 O_6$	2.575, 17°.3	Joslin. F. W. C.
" "	"	2.579, 17°.1	
" "	"	2.593, 17°.4	
" "	$Sr C_4 H_4 O_6 . 4 H_2 O$	1.961, 19°	" "
" "	"	1.966, 19°.2	

FOR SOLIDS AND LIQUIDS.

NAME.	FORMULA.	SP. GRAVITY.	AUTHORITY.
Strontium tartrate	$Sr\ C_4\ H_4\ O_6.\ 4\ H_2\ O$	1.972, 18°.1	Joslin. F. W. C.
Barium tartrate	$Ba\ C_4\ H_4\ O_6$	2.965, 21°.5 ⎫	
" "	"	2.974, 21°.9 ⎬	" "
" "	"	2.980, 20°.8 ⎭	
Lead tartrate	$Pb\ C_4\ H_4\ O_6$	3.998, 16°.5 ⎫	
" "	"	4.001, 17°.5 ⎬	" "
" "	"	4.037, 17°.7 ⎭	
Potassium tartrantimonite, or tartar-emetic	$2K\ C_4\ H_4\ Sb\ O_7.\ H_2O$	2.5569	Pasteur. Ann. (3), 28, 86.
" "	"	2.607	Schiff. J. 12, 16.
" "	"	2.588	Buignet. J. 14, 15.
" "	"	2.597	Topsoë and Christiansen.
Ammonium tartrantimonite.	$2Am\ C_4H_4SbO_7.H_2O$	2.324	Topsoë. C. C. 4, 76.
Silver tartrantimonite	$Ag\ C_4\ H_4\ Sb\ O_7$	3.4805, 18°.2	Evans. F. W. C.
Thallium tartrantimonite	$2Tl\ C_4\ H_4\ Sb\ O_7.\ H_2O$	3.99	Lamy and Des Cloizeaux. Nature, 1, 142.
Barium tartrantimonite	$Ba\ (C_4\ H_4\ Sb\ O_7)_2.\ 2\ H_2\ O$	3.112, 19°	Joslin. F. W. C.
Potassium borotartrate	$K\ C_4\ H_4\ B\ O_7$	1.832	Buignet. J. 14, 15.
Potassium racemate	$K_2\ C_4\ H_4\ O_6.\ 2\ H_2\ O$	1.58	Mitscherlich.
Potassium hydrogen racemate.	$K\ H\ C_4\ H_4\ O_6$	1.954	Wyrouboff. B. S. M. 6, 311.
Potassium lithium racemate.	$K\ Li\ C_4\ H_4\ O_6$	1.610	Wyrouboff. B. S. M. 6, 53.
Potassium sodium racemate.	$K\ Na\ C_4\ H_4\ O_6.\ 3H_2O$	1.783	Wyrouboff. B. S. C. 45, 52.
Rubidium racemate	$Rb_2\ C_4\ H_4\ O_6$	2.640	Wyrouboff. Bei. 8, 24.
Rubidium hydrogen racemate.	$Rb\ H\ C_4\ H_4\ O_6$	2.282	Wyrouboff. B. S. M. 6, 311.
Rubidium lithium racemate.	$Rb\ Li\ C_4\ H_4\ O_6$	2.192	Wyrouboff. Bei. 8, 24.
Ammonium racemate	$Am_2\ C_4\ H_4\ O_6$	1.601	Wyrouboff. B. S. M. 9, 102.
Ammonium hydrogen racemate.	$Am\ H\ C_4\ H_4\ O_6$	1.636	Wyrouboff. B. S. M. 6, 311.
Ammonium sodium racemate.	$Am\ Na\ C_4\ H_4\ O_6.\ H_2O$	1.740	Wyrouboff. Ann. (6), 9, 221.
Silver racemate	$Ag_2\ C_4\ H_4\ O_6$	3.7752	Liebig and Redtenbacher. A. C. P. 38, 139.
Thallium racemate	$Tl_2\ C_4\ H_4\ O_6$	4.783 ⎫ 15°	Two varieties. Wyrouboff. B. S. M. 9, 102.
" "	"	4.803 ⎭	
" "	$2\ Tl_2\ C_4\ H_4\ O_6.\ H_2\ O$	4.659	Lamy and Des Cloizeaux. Nature, 1, 142.
Thallium hydrogen racemate.	$Tl\ H\ C_4\ H_4\ O_6$	3.494	Wyrouboff. B. S. M. 6, 311.
Thallium lithium racemate.	$Tl\ Li\ C_4H_4O_6.\ 2H_2\ O$	3.144	Wyrouboff. Ann. (6), 9, 221.
Thallium sodium racemate	$Tl\ Na\ C_4\ H_4\ O_6.\ 2H_2\ O$	3.289	" "

TABLE OF SPECIFIC GRAVITIES

Name.	Formula.	Sp. Gravity.	Authority.
Potassium racemantimonite.	$2 \text{ K } C_4 H_4 Sb O_7 . H_2 O$	2.4768	Pasteur. Ann. (3), 28, 86.
Potassium citrate*	$K_3 C_6 H_5 O_7 . H_2 O$	1.98	W. C. Smith. Am. J. P. 53, 145.
Trisodium citrate	$2 Na_3 C_6 H_5 O_7 . 11 H_2 O$	1.857, 23°.5	Blakemore. F.W.C.
" "	"	1.859, 24°	
Diammonium citrate	$Am_2 C_6 H_6 O_7$	1.479, 22°	" "
Uranyl oleate	$U O_2 (C_{18} H_{33} O_2)_2$	1.13	Gibbons. Ber. 16, 964.
Calcium hippurate	$2CaC_{18}H_{18}N_2O_6.3H_2O$	1.318	Schabus. J. 3, 411.
Potassium orthonitrophenate.	$K C_6 H_4 N O_3 . H_2 O$	1.682, 20°	Post and Mehrtens. Ber. 8, 1552.
Silver orthonitrophenate	$Ag C_6 H_4 N O_3$	2.661, 20°	" "
Barium orthonitrophenate	$Ba (C_6 H_4 N O_3)_2$	2.3301, 20°	" "
Lead orthonitrophenate	$Pb_2 O(C_6 H_4 NO_3)_2 . H_2 O$	2.712, 20°	" "
Potassium metanitrophenate.	$K C_6 H_4 N O_3 . 2 H_2 O$	1.691, 20°	" "
Barium metanitrophenate	$Ba(C_6 H_4 N O_3)_2 . 2 H_2 O$	2.343, 20°	" "
Lead metanitrophenate	$Pb O (C_6 H_4 N O_3)_2$	2.694, 20°	" "
Potassium paranitrophenate.	$K C_6 H_4 N O_3 . 2 H_2 O$	1.652, 20°	" "
Silver paranitrophenate	$Ag C_6 H_4 N O_3 . 2 H_2 O$	2.652, 20°	" "
Barium paranitrophenate	$Ba(C_6 H_4 NO_3)_2 . 8 H_2 O$	2.322, 20°	" "
Lead paranitrophenate	$PbO(C_6 H_4 NO_3)_2 . 2H_2 O$	2.682, 20°	" "
Potassium α dinitrophenate	$K C_6 H_3 N_2 O_5 . H_2 O$	1.778, 20°	" "
Silver α dinitrophenate	$Ag C_6 H_3 N_2 O_5$	2.755, 20°	" "
Barium α dinitrophenate	$Ba(C_6 H_3 N_2 O_5)_2 . 4 H_2 O$	2.439, 20°	" "
Lead α dinitrophenate	$PbOH(C_6 H_3 N_2 O_5) . 2 H_2 O$	2.817, 20°	" "
Potassium β dinitrophenate	$K C_6 H_3 N_2 O_5$	1.757, 20°	" "
Silver β dinitrophenate	$Ag C_6 H_3 N_2 O_5$	2.733, 20°	" "
Barium β dinitrophenate	$Ba(C_6 H_3 N_2 O_5)_2 . H_2 O$	2.406, 20°	" "
Lead β dinitrophenate	$Pb O (C_6 H_3 N_2 O_5)_2$	2.807, 20°	" "
Lithium picrate	$Li C_6 H_2 N_3 O_7$	1.716, 19°	
" "	"	1.724, 20°	Beamer. F. W. C.
" "	"	1.740, 20°	
Potassium picrate	$K C_6 H_2 N_3 O_7$	1.852, 20°	Post and Mehrtens. Ber. 8, 1552.
Silver picrate	$Ag C_6 H_2 N_3 O_7$	2.816, 20°	" "
Thallium picrate	$Tl C_6 H_2 N_3 O_7$	3.039	Lamy and Des Cloizeaux. Nature, 1, 142.
Barium picrate	$Ba(C_6 H_2 N_3 O_7)_2 . 4H_2 O$	2.518, 20°	Post and Mehrtens. Ber. 8, 1552.
Lead picrate	$Pb (C_6 H_2 N_3 O_7)_2 . H_2 O$	2.831, 20°	" "
Samarium picrate	$Sm(C_6 H_2 N_3 O_7)_3 . 8H_2 O$	1.954, 18°.5	Cleve. U. N. A. 1885.
Ammonium benzoate	$Am C_7 H_5 O_2$	1.260 } 4°	Schröder. Ber. 12, 1611.
" "	"	1.264 }	

*Smith gives this salt under the name "potassii citras," and assigns no formula.

FOR SOLIDS AND LIQUIDS.

Name.	Formula.	Sp. Gravity.	Authority.
Silver benzoate	$Ag\, C_7 H_5 O_2$	2.258	Schröder. Ber. 9, 1889.
Calcium benzoate	$Ca(C_7 H_5 O_2)_2 \cdot 3 H_2 O$	1.435 } 4°--	Schröder. Ber. 12, 1611.
" "	"	1.457	
Barium benzoate	$Ba(C_7 H_5 O_2)_2 \cdot 3 H_2 O$	1.792 } 4°--	Schröder. Ber. 12, 561.
" "	"	1.808	
Silver cinnamate	$Ag\, C_9 H_7 O_2$	2.073, 4°	" "
Mellite	$Al_2 C_{12} O_{12} \cdot 18\, H_2 O$	1.636 }	Kenngott.
"	"	1.642	

LXXI. SALTS OF ORGANIC BASES WITH INORGANIC ACIDS.*

Name.	Formula.	Sp. Gravity.	Authority.
Tetramethylammonium iodide.	$N(CH_3)_4 \cdot I$	1.827, 17° }	Owens. F. W. C.
" "	"	1.831, 19°.5 }	
" "	"	1.838 } 4°--	Schröder. Ber. 12, 561.
" "	"	1.844 }	
Tetrethylammonium iodide.	$N(C_2 H_5)_4 \cdot I$	1.556 }	
" "	"	1.559 } 4°	" "
" "	"	1.561 }	
Tetramethylammonium mercury iodide.	$N(CH_3)_4 \cdot I \cdot Hg\, I_2$	3.968, 24° }	
"	"	3.971, 24°	Owens. F. W. C.
"	"	3.976, 23°.5	
"	"	4.003, 23°.2 }	
Ethylamine platinchloride	$(NC_2 H_7 \cdot HCl)_2 PtCl_4$	2.250 } 19°	Clarke. A. C. J. 2, 175.
" "	"	2.255 }	
Ethylamine aurochloride.	$NC_2 H_7 \cdot HCl \cdot AuCl_3$	2.824	Topsoë. S. W. A. 73, 97.
Diethylamine aurochloride.	$NC_4 H_{11} \cdot HCl \cdot AuCl_3$	2.436	" "
Triethylamine aurochloride.	$NC_6 H_{15} \cdot HCl \cdot AuCl_3$	2.197	" "
Guanidine carbonate	$(CH_5 N_3)_2 H_2 CO_3$	1.238 }	Schröder. Ber. 13, 1070.
" "	"	1.251 }	
Aniline chlorhydrate	$C_6 H_7 N \cdot HCl$	1.201 }	Schröder. Ber. 12, 1611.
" "	"	1.216 } 4°--	
" "	"	1.227 }	
Aniline iodate	$C_6 H_7 N \cdot HIO_3$	1.480, 15°	Beamer. F. W. C.
Aniline nitrate	$C_6 H_7 N \cdot HNO_3$	1.356 } 4°--	Schröder. Ber. 12, 1611.
" "	"	1.360 }	
Aniline sulphate	$(C_6 H_7 N)_2 \cdot H_2 SO_4$	1.377, 4°	" "
Aniline tartrantimonite	$C_6 H_7 N \cdot C_4 H_5 SbO_7$	1.890, 18°	Evans. F. W. C.
Rosaniline chlorhydrate	$C_{20} H_{19} N_3 \cdot HCl$	1.220	Rüdorff. Ber. 12, 252.
Diazobenzene nitrate	$C_6 H_4 N_2 \cdot HNO_3$	1.37	Berthelot and Vieille. Bei.5,573.
Berberine chlorhydrate	$C_{20} H_{17} NO_4 \cdot HCl$	1.397, 19°.4	Clarke. A. C. J. 2, 174.
Berberine platinchloride	$(C_{20} H_{17} NO_4 \cdot HCl)_2 PtCl_4$	1.758, 19°	" "

*Aniline tartrantimonite is included in this table for reasons of convenience.

Name.	Formula.	Sp. Gravity.	Authority.
Strychnine platinchloride	$(C_{21}H_{22}N_2O_2 \cdot HCl)_2 \cdot PtCl_4$	1.779, 18°.5	Clarke. A. C. J. 2, 174.
Cinchonine chlorhydrate	$C_{20}H_{24}N_2O \cdot HCl$	1.234	Hesse. J. 15, 371.
Picolinic acid platinchloride.	$(C_6H_5NO_2 \cdot HCl)_2 \cdot PtCl_4 \cdot 2H_2O$	2.0672, 21°.8	Weidel. Ber. 12, 1989.
Nicotinic acid platinchloride.	$(C_6H_5NO_2 \cdot HCl)_2 \cdot PtCl_4 \cdot 2H_2O$	2.1297, 21°.8	" "
Triethylphosphin platosochloride.	$PtCl_2 \cdot (C_6H_{15}P)_2$	1.5, 10°	Cahours and Gal. Z. C. 13, 437.

LXXII. MISCELLANEOUS ORGANIC COMPOUNDS.

Name.	Formula.	Sp. Gravity.	Authority.
Ethyl selenite	$(C_2H_5)_2SeO_3$	1.49, 16°.5	Michaelis. A. C. P. 241, 159.
Glucose with sodium chloride. " "	$2C_6H_{12}O_6 \cdot NaCl \cdot H_2O$ "	1.55 } 11° 1.59	Bödeker. B. D. Z.
Cane sugar with sodium iodide.	$2C_{12}H_{22}O_{11} \cdot 3NaI \cdot 3H_2O$	1.854	Gill. J. C. S. 24, 269.
Ferrous sucrocarbonate	$3C_{12}H_{22}O_5 \cdot 2FeCO_3$	1.85	Tanret. J. C. S. 40, 157.
Salt from lead acetate and potassium triodide.	$Pb_5K_6C_{36}H_{54}O_{28}I_{17}$	3.084	Johnson. C. N. 37, 110.
Chloraurotriethylphosphorous ether.	$AuClP(OC_2H_5)_3$	2.025	Lindet. C. R. 103, 1014.

APPENDIX.

NOTE ON THE SPECIFIC GRAVITY OF WOOD.

Although wood is a substance which does not come within the scope of these tables, the following references to literature are given as a matter of convenience.

ASCHAUER.—Dove's Repertorium, 1, 142.
BRISSON.—Pesanteur Spécifique des Corps.
ESTRADA.—Cuban woods. Van Nostrand's Magazine, 29, 417. 1883.
HOH.—Beiblätter (Wiedemann's), 2, 534.
IHLSENG.—Amer. Journ. Sci. (3), 17, 125.
KARMARSCH.—Dove's Repertorium, 1, 141.
KOPP.—Dove's Repertorium, 7, 171; also Ann. Chim. Phys. (3), 6, 380.
MENDENHALL.—Ohio Agricultural and Mechanical College, Report for 1878.
OSBORNE.—"Report on Class III," Melbourne Exhibition of 1861. Many data for Australian woods and essential oils.
SHARPLES.—Vol. IX, Reports of Tenth U. S. Census. Complete as to woods of the United States.
SMITH.—Journ. Chem. Soc., June, 1880, p. 417.
WILEY.—Purdue University (Indiana) Report, No. 2, 1876.
Many figures are also given in Böttger's "Tabellarische Uebersicht."

INDEX.

A.

	PAGE
Abies Reginae-Amaliae, oil from	179
Abietene	158
Absinthol	262
Acanthite	57
Acenaphtene	179
Acetal	224
Acetamide	287
Acetanilide	288
" Derivative of	316
Acetic aldehyde	216
Acetic anhydride	204
Acetobutyl alcohol	245
Acetochlorhydrin	312
Acetocinnamone	262
Acetodichlorhydrin	312
Aceto-ethyl nitrate	286
Acetoethylthienone	344
Acetoglyceral	239
Acetone	218
Acetonitril	268
Acetonitrose	286
Acetophenone alcohol	252
Acetopropyl alcohol	245
Acetothienone	344
Acetotrichlorethylidene acetic ether	311
Acetoxyacetonitril	289
Acetoxypropionitril	289
Acetpiperidid	230
Acetyl, Chloride	308
" Iodide	335
" Thiocyanate	346
Acetylamine	280
Acetyl camphor	264
Acetylchloral ethylate	309
Acetylcopellidine	290
Acetylene	167
" Bromiodide	338
" Chloriodide	338
" Chlorobromide	336
" Dibromide	322
" Iodide	334
" Tetrabromide	321
" Tetrachloride	299
Acetylthioxene	344
Acetyltrimethylene	246
Acetyl valeryl	245
Achillea ageratum, oil of	264
Acid, Acetic	199
" Acetylformic	232
" Acetylpropionic	232
" Allylacetic	242
" Allyloctylic	242

	PAGE
Acid, Alphatoluic	257
" Amidoacetic	287
" Amidobenzoic	288
" Amidocaproic	287
" Amidosuccinic	287
" Amyldecatoic	234
" Amylglycollic	230
" Amylnitrophosphorous	349
" Anisic	257
" Arsenic	49
" Arsenious	48
" Aspartic	287
" Benzoic	256
" Boric	107
" Bromisobutyric	326
" Bromobutyric	326
" Bromostearic	326
" Butyric	200
" Camphoric	264
" Caproic	202
" Caprylic	203
" Chloracetic	305
" Chloric	72
" Chlorisobutyric	305
" Chlorobutyric	305
" Chloropropionic	305
" Chlorosulphonic	30
" Chromic	52
" Cinnamic	258
" Citraconic	237
" Citric	237
" Columbic	49
" Crotonic	234
" Cuminic	259
" Cyanic	142
" Cyanuric	142
" Diallylacetic	242
" Diamylphosphoric	349
" Dibromacetic	326
" Dibromoleic	327
" Dichloracetic	305
" Dichloroleic	312
" Diethylacetic	203
" Diethylcamphresic	265
" Diphenylarsenic	350
" Diphenylphosphinic	349
" Dipropylacetic	204
" Dithionic	75
" Ethylbenzhydroxamic	288
" Ethylcamphoric	264
" Ethylmothylacetic	202
" Ethyloxalic	226
" Ethyloxyisobutyric	230

24 s G (369)

	PAGE.
Acid, Ethylsalicylic	257
" Ethylsulphuric	343
" Ethylsulphurous	343
" Formic	199
" Gallic	257
" Glycollic	230
" Hippuric	290
" Hydrochloric	19
" Hydrocinnamic	257
" Hydrocyanic	142
" Hydrofluoric	16
" Hydrosorbic	234
" Hydrosulphocyanic	142
" Hypophosphorous	113
" Iodic	74
" Isoamylacetic	203
" Isobutyric	201
" Isocaproic	203
" Isoheptylic	203
" Isohexic, derivative of	312
" Isononylic	204
" Isoöctylic	204
" Isovaleric	201
" Itaconic	237
" Lactic	230
" Laevotartaric	236
" Laevulinic	232
" Lauric	204
" Linoleic	248
" Malic	230
" Mandelic	259
" Metachlorbenzoic	313
" Methylacrylic	234
" Methylethylacrylic	234
" Methylethylpropionic	203
" Methylglycollic	230
" Methylhexamethylenemonocarboxylic	247
" Methylisopropylacetic	203
" Methylisopropylmalonic	226
" Methylpentamethylenemonocarboxylic	246
" Methylpropylacetic	203
" Methylsalicylic	257
" Molybdic	52
" Moringic	234
" Naphtylphosphinic	349
" Naphtylphosphorous	349
" Nicotinic, chloroplatinate of	366
" Nitric	108
" Nitrobenzoic	285
" Nitrocaprylic	282
" Nitrolactic	286
" Oenanthic	203
" Oleic	234
" Orthophenyleneglyoxylic	258
" Oxalic	226
" Oxybenzoic	257
" Paraffinic	201
" Parasantonic	267
" Parasorbic	248
" Pelargonic	204

	PAGE.
Acid, Perchloric	73
" Phenylacetic	257
" Phenylacrylic	258
" Phenylarsinic	350
" Phenylphosphinic	349
" Phenylpropionic	257
" Phosphoric	114
" Phosphorous	113
" Phthalic	258
" Phycic	268
" Picolinic, chloroplatinate of	366
" Picric	285
" Pimaric	267
" Platosoxalic	361
" Propionic	200
" Propionylformic	232
" Protocatechuic	257
" Pyroracemic	232
" Pyrosulphuric	76
" Pyrotartaric	226
" Pyroterebic	234
" Pyruvic	232
" Quartenylic	234
" Quinic	259
" Racemic	236
" Ricinoleic	248
" Rutylic	204
" Salicylic	257
" Santonic	267
" Sebacic	226
" Selenic	98
" Selenious	98
" Stearic	204
" Succinic	226
" Sulphhydric	56
" Sulphuric	75
" Sulphurous	51, 74
" Sylvic	267
" Tannic	266
" Tantalic	50
" Tartaric	236
" Telluric	102
" Tetramethylenemonocarboxylic	246
" Thiacetic	344
" Trichloracetic	305
" Trichlorphenomalic	313
" Trimethylacetic	202
" Tungstic	52
" Uric	290
" Valeric	201
Acmite	139
Acrolein	235
" Diacetate	235
" Ethylate	235
Acropinacone	235
Acryl aldehyde	235
Adamite	122
Alkinite	63
Alabandite	59
Alaskaite	63
Albite	134
Aldehyde	216

INDEX. 371

	PAGE.
Aldehyde with sulphaldehyde	344
Aldehyde collidine	274
Aldehyde methyl chloride	310
Aldol	246
Alexandrite	56
Algodonite	67
Allaktite	123
Allemontite	68
Alloclasite	69
Allophane	133
Allyl, Acetacetate	242
" Acetate	242
" Alcohol	240
" Bromide	322
" Carbamine	278
" Chloride	299
" Dibrompropionate	327
" Formate	242
" Iodide	334
" Nitrate	286
" Nitrite	286
" Oxalate	243
" Oxide	241
" Santonate	267
" Sulphides	340
" Thiocarbimide	345
" Thiocyanate	345
" Trisulphocarbonate	341
Allylamine	278
Allylaniline	273
Allylanisoil	254
Allylbenzene	176
Allyldiethylcarbinol	241
" Derivative of	168
Allyldiisopropylcarbinol	241
Allyldimethylcarbinol	241
" Acetate	242
" Derivative of	168
Allyldipropylcarbinol	241
" Acetate	242
" Derivative of	168
Allylene, Bromide	323
" Dihydriodate	334
" Hydriodate	334
" Iodide	334
" Tetrabromide	322
" Tetrachloride	299
Allyleugenol	265
Allylidene, Chlorides	299, 300
Allylmethylpropylcarbinol	241
Allylpyridine	274
Allylsuccinimide	286
Almandite	138
Almond oil	261
Aloisol	268
Altaite	66
Alumian	97
Alumina	42
Aluminite	97
Aluminum	3
" Alloys of	146
" Ammonium selenate	101

	PAGE.
Aluminum, Ammonium sulphate	94
" Amylate	354
" Barium silicate	138
" Borate	108
" Bromide	32
" " with aromatic hydrocarbons	354
" Butylate	354
" Cæsium selenate	101
" " silicate	136
" " sulphate	93
" Calcium phosphate	118
" " silicates	136, 137
" " sulphate	97
" Chloride, with aromatic hydrocarbons	354
" Copper arsenate	123
" Cresolate	354
" Ethylate	354
" Fluorides	17
" Fluosilicate	140
" Glucinum silicate	138
" Hydroxides	71
" Iodide	36
" Iron silicates	138, 139
" Lead phosphate	118
" " silicate	138
" Lithium fluophosphate	124
" " silicates	134
" Magnesium phosphate	118
" " silicate	138
" " sulphate	96
" Manganese phosphate	118
" " silicate	138
" Mellitate	365
" Methylamine sulphate	94
" Oxide	42
" Phenolate	354
" Phosphates	115, 116, 117, 118
" Potassium borate	108
" " selenate	101
" " silicates	135, 136
" " sulphates	92, 97
" Propylate	354
" Rubidium selenate	101
" " sulphate	93
" Silicates	132, 133
" Sodium carbonate	130
" " fluoarsenate	124
" " selenate	101
" " silicates	134, 135
" " sulphate	92
" Strontium silicate	137
" Sulphates	87, 97
" Thallium selenate	101
" " sulphate	94
" Thymolate	354
" Titanide	70
" Zinc sulphate	97
" Zirconide	70
Alums	92, 93, 94, 95, 96, 101
Alunite	97

INDEX.

	PAGE
Amalgams	145
Amarantite	97
Amblygonite	124
Amenyl valerone	248
Amidobenzene	271
Amidobenzylamine	274
Amidodimethylaniline	274
Amidomethylphenol	268
Ammonia	70
Ammonium. Aluminum selenate	101
" " sulphate	94
" Arsenates	121
" Benzoate	364
" Bromide	31
" Cadmium selenate	100
" " sulphate	90
" Chloride	21
" Chromate	103
" Chromiodate	104
" Chromium selenate	101
" " sulphate	95
" Citrate	364
" Cobalt selenate	100
" " sulphate	91
" Copper chloride	27
" " oxalate	361
" " selenate	100
" " sulphate	91
" Dichromate	103
" " with mercuric chloride	144
" Didymium sulphate	96
" Dithionate	75
" Ferrocyanide with ammonium chloride	143
" Ferroxalate	361
" Formate	356
" Gallium sulphate	96
" Hydrogen carbonate	129
" " fluoride	16
" " malate	361
" " oxalate	360
" " racemate	363
" " selenate	98
" " sulphate	80
" " tartrate	362
" Indium sulphate	96
" Iodate	74
" Iodides	34
" Iridichloride	28
" Iron selenate	100
" " sulphates	91, 95
" Lithium sulphate	80
" Magnesium chloride	27
" " chromate	104
" " phosphate	115
" " selenate	100
" " sulphate	89
" Malate	361
" Manganese selenate	100
" " sulphate	90
" Mercury chloride	27

	PAGE
Ammonium. Molybdates	105
" Nickel selenate	100
" " sulphate	91
" Nitrate	110
" Oxalate	360
" Palladiochloride	28
" Perchlorate	73
" Phosphates	114
" Platinbromide	33
" Platinchloride	28
" Platiniodide	37
" Platosochloride	28
" Platoxalate	361
" Potassium chromate	104
" " sulphates	80
" " tartrate	362
" Quadroxalate	360
" Racemate	363
" Samarium sulphate	96
" Selenate	98
" Silicofluoride	18
" Sodium arsenate	121
" " phosphate	115
" " racemate	363
" " sulphate	89
" " tartrate	362
" Stannibromide	33
" Stannichloride	29
" Stannifluoride	19
" Stannochloride	28
" Succinate	361
" Sulphate	78
" Sulphocyanide	144
" Tartrantimonite	363
" Tartrate	362
" Tellurate	102
" Uranoxyfluoride	19
" Uranyl sulphate	96
" Vanadium vanadate	120
" Zinc bromide	33
" " chloride	27
" " selenate	100
" " sulphate	90
Amyl. Acetacetate	232
" Acetate	208, 209
" Alcohols	192, 193
" Amylphosphite	348
" Arsenite	350
" Benzoate	257
" Borate	347
" Bromide	318
" Butyrate	212
" Capryl oxide	198
" Chloride	294
" Diethyloxyacetate	231
" Disulphide	340
" Ethylacetacetate	233
" Formate	206
" Iodide	332
" Isobutyrate	212
" Isovalerate	213
" Mercaptan	340

INDEX. 373

	PAGE
Amyl, Monochloracetate	307
" Nitrate	281
" Nitrite	281
" Oxalate	227
" Oxide	198
" Phenylpropionate	258
" Propargyl oxide	242
" Propionate	210
" Sebate	229
" Silicate	352
" Sulphophosphate	350
" Thiocarbimide	345
" Thiocyanate	345
" Trisulphocarbonate	341
" Valerate	213
Amylamine	270
Amylbenzene	175
Amyl camphor	264
Amyldecaldehyde	235
Amyldimethylbenzene	175
Amylene	164
" Chloride	297
" Dithiodichloride	346
" Glycol	223
" Oxide	222
" Sulphide	340
" Thiodichloride	346
" Trisulphocarbonate	341
Amyl eugenol	265
Amyl glycide	239
Amyl glyoxalin	279
Amyl monochlorhydrin	312
Amylnapthalene	179
Amylpyrrol	279
Amylphosphorous chloride	349
Analcite	135
Anatase	45
Andalusite	132
Andesite	137
Andradite	139
Andrewsite	117
Anethol	255
Angelica lactone	235
Angelica, oil of	181
Anglesite	83
Angostura, oil of	264
Anhydrite	81
Aniline	271
" Salts of	365
Anise, oil of	182
Anisic alcohol	252
" aldehyde	261
Anisol	252
Anisyl chloride	313
Ankerite	130
Anorthite	136
Anthemene	177
Anthracene	179
Anthraquinone	266
Antiar resin	267
Antimony	7
" Arsenide	68

	PAGE
Antimony Bismuth alloys	151
" Bromide	32
" Chlorides	26
" Copper alloys	154
" Hydroxide	71, 72
" Iodide	36
" Lead alloys	149, 150
" Organic compounds	351
" Oxides	49
" Oxychloride	30
" Oxysulphide	64
" Potassium chloride	29
" Sulphides	59
" Tartrates	363, 365
" Telluride	66
" Tin alloys	149
Apatite	124
Apiol	267
Apophyllite	140
Aragonite	127
Arctolite	138
Argentite	57
Argyrodite	64
Arkansite	45
Arsenic	7
" Bromide	32
" Chloride	26
" Fluoride	17
" Iodides	36
" Organic compounds	350, 351
" Oxides	48, 49
" Selenide	65
" Sulphides	59
" Sulphobromide	33
Arseniosiderite	123
Arsenopyrite	69
Asarone	267
Asmannite	45
Asparagine	287
Atacamite	29
Atopite	125
Augelite	117
Auribromides	33
Aurichlorides	28, 365
Australene	180
Austrapyrolene	181
Autunite	116
Awaruite	152
Axinite	140
Azobenzene	280
Azurite	130

B.

	PAGE
Barcenite	125
Barite	82
Barium	3
" Acetate	357
" Aluminum silicates	138
" Amylsulphate	359
" Benzoate	365

	PAGE
Barium Bromate	73
" Bromide	32
" Butyrate	359
" Cadmium bromide	33
" " chloride	27
" Calcium carbonate	129
" " sulphate	89
" Carbonate	128
" Chlorate	72
" Chloride	23
" Chromate	104
" Chromoxalate	361
" Copper formate	357
" Dinitrophenate	364
" Dithionate	75
" Ethylsulphate	359
" Feldspars	139
" Fluoride	17
" Formate	356
" Hydroxide	71
" Hypophosphite	113
" Iodate	74
" Iodide	36
" Isobutylsulphate	359
" Isobutyrate	359
" Manganate	105
" Manganite	105
" Methylsulphate	359
" Molybdate	105
" Nitrate	111
" Nitrophenates	364
" Oxalate	360
" Oxides	42
" Picrate	364
" Platinbromide	33
" Platinchloride	28
" Platinocyanide	143
" Propionate	358
" Propylsulphate	359
" Pyrophosphate	119
" Selenate	99
" Silicofluoride	18
" Succinate	361
" Sulphate	82
" Tartrantimonite	363
" Tartrate	363
" Tellurate	102
" Thiosulphate	74
" Titanate	142
" Tungstates	106
" Uranyl phosphate	116
" Zinc chloride	27
Barnhardtite	64
Barrandite	118
Barytocalcite	129
Bastnäsite	145
Bay, oil of	182
Bayldonite	123
Beegerite	63
Benylene	168
Benzaldehyde	261
Benzamide	288

	PAGE
Benzanilide	288
Benzene	169
" Hexbromide	325
" Hexchloride	304
Benzil, isomer of	266
Benzocinnamic anhydride	266
Benzocuminic anhydride	266
Benzodichlorhydrin	313
Benzoöenanthic anhydride	266
Benzoic anhydride	266
Benzoïcin	240
Benzonitril	280
Benzoyl. Bromide	328
" Chloride	313
" Thiocyanate	346
Benzoylglycollic ether	266
Benzyl. Acetate	260
" Alcohol	251
" Benzoate	260
" Benzylacetate	260
" Benzylbutyrate	260
" Benzylisobutyrate	260
" Benzylpropionate	260
" Bromide	324
" Butyrate	260
" Chloride	302, 303
" Cinnamate	261
" Cyanide	280
" Dichloracetate	313
" Dimethylbenzylacetate	260
" Iodide	335
" Isobutyrate	260
" Mercaptan	341
" Monochloracetate	313
" Oxide	253
" Phenylacetate	260
" Propionate	260
" Trichloracetate	313
Benzylamine	271
Benzylanisol	254
Benzylcarbinol	251
Benzylcymene	177
Benzylene	177
Benzylethylbenzene	177
Benzylidene dichloride	303
Benzylidene tolylene	177
Benzylnaphthalene	179
Benzyl phenyl carbamide	288
Benzyltoluene	177
Berberine. Chlorhydrate	365
" Platinchloride	365
Bergamot, oil of	181, 313
Bergenite	244
Berlinite	115
Berthierite	63
Bertrandite	131
Beryl	138
Beryllium, see glucinum.	
Berzelianite	65
Berzeliite	122
Betula lenta, oil of	257
Beyrichite	60

INDEX.

	PAGE
Bindheimite	125
Binnite	61
Birch tar, oil of	182
Bischofite	22
Bismuth	8
" Amalgams	146
" Antimony alloys	151
" Arsenate	123
" Arsenide	68
" Bromide	32
" Cadmium alloys	150
" Carbonates	130
" Chloride	26
" Copper arsenate	123
" Fluoride	17
" Gold alloys	155, 156
" Hydroxides	72
" Iodide	36
" Lead alloys	151
" Nickel sulphide	64
" Nitrates	112
" Oxides	49
" Oxybromide	33
" Oxychloride	30
" Oxyfluoride	17
" Selenide	65
" Silicate	133
" Sulphides	59
" Tellurides	66
" Tin alloys	150, 151
" Uranyl arsenate	123
" Vanadate	120
" Zinc alloys	150
Bismuth triethyl	351
Bismuth trimethyl	351
Bismuth triphenyl	351
Bismutite	130
Bismutosphærite	130
Blende	57
Bobierrite	115
Boltonite	131
Boracite	108
Borickite	117
Bornite	64
Borofluorides	18
Boron	3
" Bromide	32
" Chloride	24
" Oxide	42
Boron triethyl	347
Botallackite	29
Boulangerite	62
Bournonite	63
Braunite	53
Breithauptite	68
Brochantite	96
Bromacetone	326
Bromacetyl. Bromide	325
" Chloride	337
Bromal	326
Bromallyl. Acetate	327
" Alcohol	327

	PAGE
Bromallyl. Chloride	337
" Nitrate	328
Bromallylphenol ether	328
Bromamylbenzene	325
Bromamylene	323
Brombenzene	324
Bromcamphor	328
Bromcitropyrotartaric anhydride	327
Bromdecylene	323
Bromdibenzyl	325
Bromdiethylin	327
Bromethyl oxide	325
Bromethyl allyl oxide	327
Bromethylene	321
" Bromacetin	326
" Bromhydrin	326
" Dibromide	321
Bromhexylene	323
Bromine	11
Bromiodethylene	338
Bromiodomethane	338
Bromisopropylphenol	328
Bromkresol	328
Bromlite	129
Brommesitylene	325
Brommethyl allyl oxide	327
Brommethylchloroform	336
Brommethyleugenol	328
Brommethylkresol	328
Brommethylphenol	328
Bromnaphthalene	325
Bromochloral	337
Bromochloroform	336
Bromoform	321
Bromonitric glycol	328
Bromotrichlormethane	292
Bromphenol	327
Brompicrin	328
Brompropylene	322
Brompyridine	328
Bromtoluene	324
Bromtoluidine	328
Bromtrimethylcarbinol	325
Bromxylene	324
Brongniardite	63
Brookite	45
Brucite	70
Brushite	115
Butallylmethylcarbin oxide	243
Butallylmethyl pinakone	243
Butane	157
Butenylanisoll	255
Butenyl chlorhydrin	312
Butenylphenol	251
Butidene diethyl ether	224
Butyl. Acetate	208
" Alcohol	190
" Benzoate	256
" Bromide	317
" Butylxanthate	343
" Butyrate	211
" Caproate	214

		PAGE
Butyl. Caprylate		216
"	Carbonate	226
"	Chloride	294
"	Cyanate	289
"	Cyanide	268
"	Dibromproplonate	326
"	Formate	206
"	Heptyl oxide	198
"	Iodide	331
"	Malonate	227
"	Mercaptan	340
"	Monochloracetate	307
"	Octyl oxide	198
"	Oenanthate	215
"	Oxalate	227
"	Oxide	198
"	Propionate	210
"	Sebate	229
"	Silicate	352
"	Sulphide	339
"	Thiocarbimide	345
"	Valerate	213
Butylamine		270
Butyl-amyl		160
Butylanisol		254
Butylbenzene		175
Butylchloral		309
"	Hydrate	309
Butylene		164
"	Bromide	320
"	Glycol	222
"	Iodide	334
"	Monacetate	225
"	Oxide	222
"	Trisulphocarbonate	341
Butylphenyl acetate		260
Butylphosphorous chloride		349
Butylthiophene		342
Butylthymol		254
Butyric aldehyde		217
"	anhydride	204
Butyro-dichlorhydrin		312
Butyrone		220
Butyrone pinakone		223
Butyronitril		268
Butyrylacetophenone		262
Butyryl chloride		308

C.

Cabrerite		122
Cacoxenite		117
Cadmammonium bromide		38
"	chloride	38
Cadmium		2
"	Acetate	357
"	Amalgam	145
"	Ammoniobromide	38
"	Ammoniochloride	38
"	Ammonium selenate	100
"	" sulphate	98

		PAGE
Cadmium. Arsenide		67
"	Barium bromide	33
"	" chloride	27
"	Bismuth alloys	150
"	Bromate	73
"	Bromide	31
"	Carbonate	127
"	Chloride	22
"	Dithionate	75
"	Fluoride	17
"	Formate	356
"	Hydroxide	70
"	Iodide	35
"	Lead alloys	149
"	Magnesium sulphate	92
"	Nitrate	110
"	Oxalate	360
"	Oxide	41
"	Platinchloride	28
"	Potassium chloride	27
"	" iodide	36
"	" selenate	100
"	" sulphate	90
"	Selenate	98
"	Selenide	65
"	Strontium chloride	27
"	Sulphate	81
"	Sulphide	57
"	Telluride	66
"	Tin alloys	147
Cæsium		1
"	Aluminum selenate	101
"	" silicate	136
"	" sulphate	93
"	Bromide	31
"	Chloride	21
"	Chromium sulphate	95
"	Cobalt selenate	100
"	Indium sulphate	96
"	Iodide	34
"	Iron sulphate	95
"	Selenate	99
"	Silicofluoride	18
"	Stannichloride	29
"	Sulphate	78
Caffeine		290
Cajeputene		183
"	Hydrate	263
Cajeputol		263
Calamine		132
Calamus, oil of		182, 184, 186
Calaverite		66
Calcioferrite		117
Calcite		127
Calcium		3
"	Aluminum phosphate	118
"	" silicates	136, 137
"	" sulphate	97
"	Antimonate	125
"	Arsenates	122
"	Barium carbonate	129
"	" sulphate	89

INDEX.

	PAGE.
Calcium, Benzoate	365
" Borates	108
" Borosilicates	140
" Bromate	73
" Bromide	32
" Carbonate	127
" Chloride	23
" Chlorophosphate	124
" Chlorosilicate	141
" Chlorovanadate	124
" Chromium silicate	139
" Copper acetate	358
" " arsenate	123
" Dithionate	75
" Fluophosphate	124
" Fluoride	17
" Formate	356
" Glucinum fluophosphate	124
" Hippurate	364
" Hydroxide	71
" Iron arsenate	123
" " oxide	56
" " phosphate	115
" " silicates	134, 130
" Magnesium borate	108
" " carbonate	129
" " silicates	134
" Manganese carbonate	129
" " phosphate	115
" " silicate	134
" Mercury antimonate	125
" Nitrate	110
" Oxalate	360
" Oxide	41
" Phosphates	115, 116, 117
" Potassium chromate	104
" " sulphate	89
" Selenate	99
" Silicates	132
" Silicofluoride	18
" Silicophosphate	141
" Sodium borate	108
" " carbonate	129
" " silicate	134
" " sulphate	80
" Sulphate	81
" Sulphide	57
" Thiosulphate	74
" Tin silicate	138
" Titanate	141
" Titanio-silicate	139
" Tungstate	106
" Uranyl arsenate	122
" " phosphate	116
" Zinc alloy	145
Callainite	115
Calophyllum resin	267
Camphene	183
" Acetate	204
Camphilene	183
Camphin	186
Camphor	262, 263

	PAGE.
Camphor, oil from	180, 182
Camphoric anhydride	264
Camphorogenol	264
Camphrene	205
Camphryl chloride	304
Cane sugar	243
" " with sodium iodide	366
Caoutchene	187
Caoutchin	183
" Hydrochlorate	304
Capraldehyde	218
Caprone	221
Capronitril	269
Caproyl alcohol	194
Capryl alcohol	195
Caraway, oil of	182
Carbamide	288
Carbon	4
" Bromide	292
" Chloride	291
" Dioxide	43
" Iodide	292
" Oxychlorides	292
" Sulphides	57
" Sulphobromide	292
" Tetramercaptide	340
Carbonyl Chloride	292
" Thioamyl chloride	347
" Thioethyl chloride	347
Carbopetrocene	187
Cardol	267
Carminite	122
Carphosiderite	97
Carrollite	64
Carvacrol	250
Carvene	182
Carvol	265
Carylnite	122
Cascarilla, oil of	182, 184
Cassiterite	46
Castorite	134
Cedar, oil of	184
Cedrene	184
Celestite	82
Cellulose	244
Cerargyrite	21
Cerium	3
" Chloride	24
" Dioxide	47
" Fluocarbonates	145
" Molybdate	105
" Phosphate	116
" Silicate	133
" Sulphate	88
" Sulphide	58
" Tungstate	107
Cerotene	167
Cervantite	49
Cetene	166
Cetyl Acetate	209
" Alcohol	196
" Butyrate	212

INDEX.

	PAGE.
Cetyl. Chloride	295
" Isovalerate	214
" Nitrate	281
Chabazite	137
Chalcomenite	98
Chalcophanite	72
Chalcophyllite	123
Chalcopyrite	64
Chalcopyrrhotite	64
Chalcosiderite	117
Chalcostibite	63
Chalk	127
Chenevixite	123
Childrenite	118
Chinaldin	280
Chinoline	277
Chiolite	17
Chiviatite	63
Chloracetal	310
Chloracetic anhydride	308
Chloracetone	308
Chloracetonitril	314
Chloracetyl bromide	337
" chloride	308
Chloracetyl chloral	309
Chloral	308
" Derivatives of	300
Chloraldehyde	308
Chloralide, derivative of	309
Chlorallyl. Alcohol	312
" Iodide	338
" Thiocarbimide	347
Chloramyl chloride	297
Chloramylene	300
Chloranethol	313
Chloranilines	314
Chlorapatite	124
Chloraurotriethylphosphorous ether	366
Chlorazol	315
Chlorbenzenes	301
Chlorbenzotrichloride	303
Chlorbutylene chlorhydrin	310
Chlorbutyronitril	314
Chlorbutyryl chloride	308
Chlorchinolines	314
Chlorcrotyl alcohol	312
Chlorcymene	304
Chlordiallyl	300
Chlordiamylene chloride	300
Chlordinitrobenzene	315
Chlorethylacetylenetetracarbonic ether	312
Chlorethylbenzene	303
Chlorethylene dichloride	298
" dithiodichloride	346
Chlorethyl oxide	305
Chlorethylphenol	312
Chlorhexylene	300
Chlorine	11
" Trioxide	53
Chloriod-ethyl acetate	338
Chloriodethylene	338
Chloriodobenzene	338

	PAGE.
Chloriodoform	337
Chloriodomethane	337
Chloriodotoluene	338
Chlorisobutylene	300
Chlorisopropyl benzoate	313
Chloritoid	130
Chlorkresol	312
Chlormethylphenol	312
Chlornaphthalene	304
Chlornitrobenzene	315
Chlornitromethane	315
Chlornitrotoluene	316
Chlorobenzylethylate	313
Chlorobromal	337
Chlorobromethyl acetate	337
Chlorobromhydrin	337
Chlorobromhydroglycide	337
Chlorobromiodethane	338
Chlorobromiodhydrin	338
Chlorobrommethane	336
Chlorobromnitrin	337
Chlorobromoform	336
Chlorocarbonylphenylorthophosphoric chloride	350
Chlorodibromethane	336
Chlorodibromethylene	336
Chlorodibromhydrin	337
Chlorodibromnitromethane	337
Chlorodracylic chloride	313
Chloroenanthic ether	307
Chloroform	298
Chloronicene	300
Chloropal	133
Chloropropionyl chloride	308
Chlorotetrabromethane	336
Chlorotoluidines	314
Chlorotribromethane	336
Chlorovaleral	309
Chloroxalethylin	314
Chloroxalmethylin	314
Chloroxalpropylin	314
Chloroxethose	293
Chlorphenol	312
Chlorpicoline	314
Chlorpicrin	315
Chlorpropylene	209
Chlorsalicylol	313
Chlorstyrolene	304
Chlortoluene	302
Chlorxylene	303
Chodneffite	17
Cholesterine	268
Christophite	64
Chrome alums	94, 95, 101
Chromite	56
Chromium	11
" Aluminum alloy	146
" Ammoniochloride	38
" Ammoniochlorobromide	38
" Ammonium selenate	101
" " sulphate	95
" Cæsium sulphate	95

INDEX. 379

	PAGE
Chromium. Calcium silicate	139
" Chlorides	24
" Chromate	52
" Magnesium borate	108
" Manganese oxide	56
" Oxalates	361
" Oxides	52
" Oxychloride	30
" Phosphide	66
" Potassium chromate	103
" " selenate	101
" " sulphate	94
" " sulphocyanide	144
" Rubidium selenate	101
" " sulphate	95
" Sulphate	86
" Sulphide	59
" Thallium selenate	101
" " sulphate	95
" Zinc oxide	56
Chrompicotite	56
Chromyl dichloride	30
Chrysoberyl	56
Chrysocolla	132
Cicutene	183
Cinacrol	267
Cinaëbene	183
Cinchonine chlorhydrate	306
Cinnabar	57
Cinnamene	176
Cinnamic acetate	261
" alcohol	252
" aldehyde	261
Cinnamyl chloride	313
Cirrolite	118
Citraconic anhydride	237
Citraconyl chloride	312
Citrene	181
Citron, oil of	181
Citronellol	262
Citron terpene	181
Citrus, oils from	181
Clarite	61
Clausthalite	65
Clinoclasite	122
Cloves, oil of	184
Cobalt	12
" Acetate	358
" Ammoniochlorides	36
" Ammoniobromide	36
" Ammonium selenate	100
" " sulphate	91
" Arsenates	122
" Arsenides	68
" Cæsium selenate	100
" Chloride	24
" Dithionate	75
" Formate	356
" Hypophosphite	113
" Iodate	74
" Nitrate	112
" Oxalate	360

	PAGE
Cobalt. Oxides	54
" Oxyhydroxide	71
" Phosphide	67
" Platinbromide	33
" Platiniodide	37
" Potassium selenate	100
" " sulphate	91
" Pyrophosphate	119
" Rubidium selenate	100
" Selenate	99
" Selenide	65
" Silicofluoride	18
" Stannifluoride	19
" Sulphate	85
" Sulphides	60
" Thallium selenate	100
" " sulphate	91
" Thiosulphate	74
Cobaltite	69
Cochlearin	268
Cocinin	240
Codeine	290
Coeruleolactite	117
Coerulignol	206
Colemanite	108
Collidine	275
" Carbonic ethers	290
Colophene	185
Colophonone	267
Coloradoite	66
Columbite	125
Columbium	8
" Aluminum alloy	146
" Hydride	69
" Oxide	49
Columboxyfluorides	19
Coniceine	277
Conichalcite	123
Conine	276
Conylene	168
" Bromide	323
" Diacetate	248
Copaiva, oil of	184, 185
Copal, oil of	182
Copellidine	277
Copiapite	97
Copper	13
" Acetate	358
" Aluminum alloys	146
" " arsenate	123
" Ammoniochlorides	38
" Ammonionitrate	112
" Ammoniosulphate	97
" Ammonium chloride	27
" " oxalate	361
" " selenate	100
" " sulphate	91
" Antimonate	125
" Antimony alloys	154
" Arsenates	122, 123
" Arsenides	67
" Barium formate	357

INDEX.

	PAGE
Copper. Bismuth alloys	154
" " arsenate	123
" Bromate	73
" Bromide	32
" Calcium acetate	358
" " arsenate	123
" Camphorate, hydrocarbon from	187
" Carbonates	130
" Chlorides	24
" Chloride, with mercuric sulphide	144
" Columboxyfluoride	19
" Formate	356
" Gold alloys	156
" Hydroxide	71
" Iodide	36
" Iron arsenate	123
" " phosphate	117
" " sulphides	64
" Lead alloys	154
" " arsenate	123
" " chromate	104
" " sulphate	97
" " vanadate	118
" Magnesium sulphate	92
" Mercury iodide	36
" Nitrates	112
" Oxides	54, 55
" Oxychloride	29
" Phosphates	117
" Phosphides	67
" Platinchloride	28
" Potassium chloride	27
" " oxalate	361
" " selenate	100
" " sulphate	91
" Rubidium chloride	27
" Selenate	99
" Selenide	65
" Selenite	98
" Silicates	132
" Silicofluoride	18
" Silver alloys	155
" " iodide	37
" Sodium sulphate	89
" Strontium formate	356
" Sulphates	85, 96
" Sulphides	60, 61
" Sulphite	75
" Tin alloys	153, 154
" Titanofluoride	19
" Uranyl arsenate	122
" " phosphate	116
" Zinc alloys	152
Coquimbite	84
Coriander, oil of	262, 263
Coridine	276
Cornwallite	123
Corundum	43
Corynite	69
Cosalite	63
Cossaite	135
Coumarin	265

	PAGE
Covellite	61
Creatine hydrate	290
Crocidolite	139
Crocoite	104
Crookesite	65
Crotonaldehyde	235
Crotonitril	278
Crotonylene dichloride	300
" glycol	248
Cryolite	17
Cryptolite	116
Cryptopine	291
Cubanite	64
Cubebs, oil of	184
Cumene	173
Cumidine	273
Cuminic aldehyde	261
Cuminol	261
Cummin, oil of	182
Cumonitril	280
Cumyl chloride	313
Cuprammonium chloride	38
" sulphate	97
Cuprite	54
Cyamelide	142
Cyanaldehyde	289
Cyanoconicine	280
Cyanogen	142
" Chloride	142
" Iodide	142
Cyanoil	289
Cymene	174
Cymhydrene	186
Cymyl alcohol	251
" mercaptan	341
Cynene	183
Cyneol	263
Cystic oxide	346

D.

	PAGE
Daleminzite	57
Danalite	141
Danburite	140
Darcet's alloy	156
Datolite	140
Daubreelite	64
Daubreite	30
Dawsonite	130
Decane	160, 161
Dechenite	120
Decyl. Alcohols	196
" Chloride	295
" Iodide	333
Dekanaphtene	186
Delafossite	55
Demantoid	139
Descloizite	120
Dextrin	244
Diacetic	240
Diacetochlorhydrin	312

INDEX. 381

	PAGE
Diacetone alcohol	245
Diacetonephosphorose-chloride	348
Diacetylchloral hydrate	309
Diallyl	167
" Dichlorhydrin	312
" Dihydriodate	334
" Hydriodate	335
" Monohydrate	241
Diallylaniline	274
Diallylcarbinol	241
Diallylcarbyl. Acetate	242
" Ethyl oxide	242
" Methyl oxide	242
Diallylene	167
Diallylethylcarbinol	241
Diallylisopropylcarbinol	241
Diallylmethylcarbinol	241
Diallylmethylcarbyl acetate	242
Diallylpropylcarbinol	241
Diamyl acetal	224
Diamylamine	270
Diamylene	165, 166
" Oxide	222
" Thiocyanates	345
Diamylin	239
Diamyl ketone	221
Diamyl valeral	224
Diaphorite	62
Diaspore	71
Diazobenzene nitrate	365
Dibenzyl	178
Dibenzylamine	274
Dibenzyltoluene	177
Dibromacetone	326
Dibromallyl oxide	327
Dibrombenzene	324
Dibromchlorpropylene	337
Dibromcymene	325
Dibromdiallyl	323
Dibrom-ethyl acetate	326
Dibromethylene	321
Dibromhexchlorpropane	292
Dibromhexyl alcohol	325
Dibromhydrin	327
Dibromiodethane	338
Dibrompropyl alcohol	325
Dibromtetrachlorethane	292
Dibromthiophene	347
Dibromtoluene	324
Dibromxylene	324
Dibutyrin	240
Dicamphene hydride	186
Dichloracetal	310
Dichloracetone	308
Dichloracetonitril	314
Dichloracotophenone	313
Dichloramyl nitrite	315
Dichlorbenzenes	301
Dichlorbenzo-trichloride	303
Dichlorbenzyl chloride	303
Dichlorbenzylene dichloride	303
Dichlorbromethane	336

	PAGE
Dichlorbromethylene	336
Dichlordibromethane	336
Dichlordibrom-ethyl acetate	337
Dichlordinitrobenzene	315
Dichlordinitromethane	315
Dichlorethoxyethylene	310
Dichlorethoxyacetonitril	315
Dichlorethyl. Acetate	306
" Alcohol	305
" Dichloracetate	307
" Formate	306
" Monochloracetate	306
" Oxide	305
" Propionate	307
" Sulphide	346
Dichlorethylamine	314
Dichlorethylene	299
" Thiodichloride	346
Dichlorhexyl alcohol	305
Dichlorhydrin	311
Dichloriodhydrin	338
Dichlorisobutoxylacetonitril	315
Dichlormethoxylacetonitril	315
Dichlormethyl acetate	306
" oxide	305
Dichlormethylsulphuric chloride	346
Dichlormononitrin	315
Dichlornitrobenzene	315
Dichlornitrophenol	315
Dichlornitrotoluene	316
Dichlorpropionitril	314
Dichlorpropoxylacetonitril	315
Dichlorpropylene	300
Dichlortoluene	303
Dichlor-vinyl methyl oxide	309
Dichlorxylenes	304
Dicinnamene	176
Dickinsonite	115
Didecene	187
Didymium	3
" Acetate	358
" Ammonium selenate	101
" " sulphate	96
" Borates	108
" Bromide	32
" Carbonate	128
" Chloride	24
" Ethylsulphate	359
" Formate	357
" Gold bromide	33
" " chloride	28
" Metaphosphate	118
" Molybdate	105
" Nitrate	112
" Nitroxalate	361
" Oxides	43
" Oxychloride	29
" Periodate	74
" Phosphates	116
" Platinchloride	28
" Potassium selenate	101
" Propionate	358

INDEX.

	PAGE.
Didymium. Selenate	99
" Sulphate	88
" Tungstate	107
" Vanadates	120
Diethoxyl ether	245
Diethyl acetamide	287
Diethyl acetone	221
Diethylamine	269
" Aurochloride	365
Diethyl amyl borate	348
Diethylaniline	273
Diethylaniline azylin	280
Diethylbenzene	173
Diethylbrommaleate	327
Diethyl carbamide	288
Diethylcarbinol	193
Diethylcarbyl acetate	208
" chloride	294
" iodide	332
Diethyl diamyl silicate	352
Diethyl ethyl oxide	198
Diethylene alcohol	223
" dioxide	222
Diethylformamide	287
Diethylglycollic ether	246
Diethylin	239
Diethyl ketone	219
Diethylmonochlorbenzene	304
Diethylmonochlorhydrin	312
Diethyloxamide	287
Diethylphenylphosphin	348
Diethylpropylcarbinol	195
Diethylthiophene	342
Diethyltoluidine	273
Diethyl valeral	224
Difellandrene	185
Difluobenzene	339
Diformin	239
Diheptylene sulphoxide	344
Dihexyl ketone	221
Dihexylene	166
Dihydrite	117
Dihydrofurfurane	248
Dihydrostilbazol	278
Diiodhydrin	335
Diisoamyl	160
Diisoamylbenzene	175
Diisobutyl	159, 160
Diisobutylene	165
Diisobutyl ketone	221
Diisobutyl sulphone	343
Diisobutyryl dicyanide	289
Diisopropyl	158
Diisopropylamine	270
Diisopropylaniline	273
Diisopropylcarbinol	194
Diisopropylethylene	165
Diisopropyl ketone	220
Dill, oil of	182
Dimercurammonium chloride	38
Dimercurosammonium "	38
Dimethoxyldiethyl acetone	245

	PAGE.
Dimethyl acetal	223
Dimethylacetamide	287
Dimethylaniline	272
Dimethylanisidine	288
Dimethylarsine oxide	350
Dimethylbutylene glycol	223
Dimethylbutylmethane	159
Dimethylcopellidine	277
Dimethyldiethylmethane	159
Dimethyl diethyl silicate	352
Dimethylethylbenzene	348
Dimethylethylcarbinol	193
Dimethylethylcarbinolamine	270
Dimethylethylcarbyl chloride	294
" iodide	332
" nitrite	281
Dimethyl ethyl phosphate	348
Dimethylethylene glycol	222
Dimethylhydrazin	278
Dimethylisopropylcarbinol	194
Dimethylisopropylcarbyl chloride	295
" iodide	333
Dimethylisopropylethylene	165
Dimethyl ketone	219
Dimethylmesidine	273
Dimethylmethylene bromide	320
" chloride	297
Dimethylnaphthalene	178
Dimethyloxamide	287
Dimethylphenylphosphin	348
Dimethylpiperidine	276
Dimethylpropylbenzene	175
Dimethylquinoline	277
Dimethylresorcin	255
Dimethyltoluidine	273
Dimethyl valeral	224
Dimethylxylidine	273
Dimorphite	59
Dinitrobenzene	283
Dinitrobutane	282
Dinitrocymene	284
Dinitroethane	282
Dinitrohexane	282
Dinitropropane	282
Dinitrotoluene	284
Dioctyl	162
Dioctylene	166
Diolein	240
Dioptase	132
Dioxyisoamylamine	287
Dipentenylbenzene	177
Diphenols	250
Diphenyl	177
Diphenylamine	274
Diphenylarsine chloride	351
Diphenylcarbyl acetate	260
" ethyl oxide	254
Diphenylmethylphosphin	348
Diphenylphosphin	348
Diphenyl phosphochloride	349
Diphenylphosphorous chloride	349
Diphenylpropane	177

INDEX. 383

	PAGE		PAGE
Dipicoline	277	Eosphorite	118
Dipiperidyl	278	Epiacetin	240
Dipropargyl	168	Epiboulangerite	62
" Bromide	323	Epibromhydrin	327
Dipropylamiue	270	Epichlorhydrin	311
Dipropylaniline	273	Epidibromhydrin	323
Dipropylcarbinol	194	Epidichlorhydrin	300
Dipropylcarbyl acetate	209	" Derivative of	337
" iodide	333	Epiiodhydrin	335
Dipropyl ketone	220	Erbium, Columbate	125
Dipyridyl	277	" Oxide	43
Disulphamylene hydrate	344	" Selenate	99
" oxide	344	" Sulphate	87
Disulphhydrin	344	Erechthidis, oil of	182
Disulphuryl chloride	30	Ericinol	262
Diterebene	185	Erigeron, oil of	182
Diterebenthyl	186	Erinite	122
Diterebenthylene	186	Erythrene hexbromide	323
Dithioglycol, derivative of	340	Erythrite	122, 243
Ditolyl	178	Erythrol	243
Ditolylethane	176	Ether	196
Divalerin	240	Etherol	166
Dixylylene	178	Ethidene ethers	223, 224, 225
Dixylylethane	176	Ethoxyacetonitril	289
Docosane	163	Ethoxybromamylene	327
Dodecane	161	Ethstannethyl compounds	354
Dodecyl alcohol	196	Ethyl. Acetacetate	232
" chloride	295	" Acetate	207
Dodecylene	166	" Acetocitrate	238
Dodecylidene	168	" Acetoglutarate	230
Dodekanaphtene	186	" Acetoglycollate	231
Dolomite	129	" Acetolactate	231
Domeykite	67	" Acetomalonate	229
Dotriacontane	163	" Acetopyruvate	233
Dreelite	89	" Acetosuccinate	229
Drybalanops camphora, oil of	184	" Acetylcyanacetate	289
Dufrenite	117	" Acetyltetramethylenecarboxylate	246
Dufrenoysite	61	" Acetyltrimethylenecarboxylate	246
Dulcite	243	" Aconitate	237
Dumortierite	133	" Acrylate	234
Durangite	124	" Adipate	229
Dyscrasite	68	" Alcohol	188
		" Allylacetacetate	242
E.		" Allylacetate	242
		" Allylmalonate	243
Ehlite	117	" Allyloctylate	242
Eicosane	163	" Allyl oxide	241
Eikosylene	168	" Amidoacetacetate	288
" Chloride	300	" Amidopropiopropionate	288
Ekdemite	124	" Amylhydroxaiate	231
Elder, oil of	182	" Amylideneacetacetate	233
Elemi, oil of	182	" Amyl oxide	197
Eliasite	72	" " sulphide	339
Embolite	37	" Amylthioglycollate	344
Emerald	138	" Angelate	234
Emplectite	63	" Arsenate	350
Enargite	61	" Arsenite	350
Endecylene	166	" Benzoate	256
Endekanaphtene	186	" " Derivative of	313
Endlichite	124	" Benzylacetacetate	259
Enstatite	131	" Benzylacetosuccinate	259
		" Benzylchlormalonate	313

	PAGE.
Ethyl. Benzylidenemalonate	259
" Benzylmalonate	259
" Benzylmethylmalonate	259
" Borate	347
" Bromacetacetate	327
" Bromacetate	326
" Bromacetopropionate	327
" Brombutyrate	326
" Bromethylacetacetate	327
" Bromethylmethylacetate	326
" Bromide	316
" Bromisobutyrate	326
" Brompropionate	326
" Brompropiopropionate	327
" Brompyromucate	327
" Bromvalerate	326
" Butenyltricarboxylate	247
" Butylmalonate	229
" Butyl oxide	197
" Butylsuccinate	228
" Butylthioxycarbonate	343
" Butylxanthate	343
" Butyrate	211
" Butyroglycollate	231
" Butyrolactate	231
" Camphocarbonate	265
" Camphorate	264
" Camphresate	265
" Caproate	214
" Caprylate	215
" Capryl oxide	198
" Carbacetacetate	233
" Carbamate	288
" Carbonates	225, 226
" Chloracetacetate	311
" Chloracetate	306
" Chloracetopropionate	311
" Chlorbutyrate	307
" Chlorcrotonate	312
" Chloride	293
" Chlorisobutylmalonate	311
" Chlorocarbonate	306
" Chloroenanthate	307
" Chlorolactate	310
" Chloromaleate	311
" Chloromalonate	311
" Chloropropionate	307
" Chlorosulphonate	346
" Chlorperthiocarbonate	346
" Cinnamate	258
" Citraconate	238
" Citrates	237
" Crotonate	234
" Cyanacetate	289
" Cyanate	289
" Cyanformate	289
" Cyanide	268
" Diacetylacetate	233
" Diallylacetacetate	242
" Diallylmalonate	243
" Diallyloxyacetate	242
" Diamyl borate	348

	PAGE.
Ethyl. Diamyloxalate	231
" Dibenzylhydroxamate	288
" Dibromacetacetate	327
" Dibromethylacetacetate	327
" Dibrompropionate	326
" Dibrompropiopropionate	327
" Dicarboxylglutaconate	247
" Dichloracetacetate	311
" Dichloracetate	306
" Dichlorbenzoate	313
" Dichlorethylacetacetate	311
" Dichlormethylacetacetate	311
" Dichlorpropionate	307
" Diethylacetate	214
" Diethylchloracetacetate	311
" Diethyldichloracetacetate	311
" Diethylglycocollate	287
" Diethylglyoxylate	231
" Diethylmalonate	229
" Diethyloxyacetate	231
" Diheptylacetacetate	233
" Diisobutylacetacetate	233
" Dimethylacetacetate	233
" Dimethylacetosuccinate	230
" Dimethylacetylenetetracarboxylate	247
" Dimethylethenyltricarboxylate	247
" Dimethylmalonate	228
" Dimethylsuccinate	229
" Dioctylacetacetate	233
" Dioctylmalonate	229
" Dioxysulphocarbonate	343
" Dioxythiocarbonate	343
" Dipropylacetacetate	233
" Disulphide	340
" Dithioxycarbonate	343
" Elaidate	215
" Ethenyltricarboxylate	247
" Ethidenemalonate	230
" Ethoxylethylacetacetate	233
" Ethoxylmethylacetacetate	233
" Ethylacetacetate	233
" Ethylacetosuccinate	230
" Ethylacetylcyanacetate	289
" Ethylamylhydroxalate	231
" Ethylbenzhydroxamate	288
" Ethylchloromalonate	311
" Ethylcrotonate	234
" Ethylglycollate	230
" Ethylideneacetacetate	233
" Ethyllactate	231
" Ethylmalonate	228
" Ethylmethylacetate	213
" Ethyloxybenzoate	257
" Ethyloxybutyrate	231
" Ethylpropiopropionate	233
" Ethylsalicylate	257
" Ethylsuccinate	229
" Ethylsulphonate	343
" Ethylthioglycollate	344
" Ethylxanthate	343
" Formate	205
" Fumarate	236

		PAGE
Ethyl.	Glycerate	240
"	Glycocholate	290
"	Glycollate	230
"	Heptylacetacetate	233
"	Heptyl oxalate	227
"	" oxide	198
"	Heptylsuccinate	228
"	Hexyl oxide	198
"	Hippurate	290
"	Hypophosphate	348
"	Iodide	329
"	Iodpropionate	335
"	Itaconitate	237
"	Isoallylenetetracarboxylate	247
"	Isoamyl oxide	197
"	Isobutenyltricarboxylate	247
"	Isobutylacetacetate	233
"	Isobutylmalonate	229
"	Isobutyl oxide	197
"	Isobutyrate	211
"	Isobutyroglycollate	231
"	Isocaproate	214
"	Isononylate	216
"	Isoöenanthate	215
"	Isopropylacetacetate	233
"	Isopropylmalonate	229
"	Isopropyl oxide	197
"	Isovalerate	213
"	Itaconate	237
"	Lactate	231
"	Lactosuccinate	230
"	Laevulinate	232
"	Laurate	216
"	Maleate	236
"	Malonate	227
"	Mercaptan	340
"	Mesaconate	238
"	Metachlorbenzoate	313
"	Metasilicate	352
"	Methenyltricarboxylate	247
"	Methoxyldialkylacetate	242
"	Methylacetacetate	232
"	Methylacetoglutarate	230
"	Methylacetosuccinate	230
"	Methylacetylcyanacetate	289
"	Methylbenzylacetacetate	259
"	Methyldehydrohexonecarboxylate	247
"	Methylethenyltricarboxylate	247
"	Methylethylacetacetate	233
"	Methylethylmalonate	229
"	Methylglycollate	230
"	Methylisopropylmalonate	229
"	Methyllactate	231
"	Methylmalonate	228
"	Methyloxybutyrate	231
"	Methylpropylacetacetate	233
"	Methylpropylacetate	214
"	Methylxanthate	343
"	Monochloracetate	306
"	Monochlorethylacetacetate	311
"	Monochlormethylacetacetate	311
"	Mucate	248

		PAGE
Ethyl.	Myristate	216
"	Nitrate	281
"	Nitrite	281
"	Nitroacetate	282
"	Nitrocaprylate	282
"	Nitroglycollate	286
"	Nitrolactate	286
"	Nitromalate	286
"	Nitromalonate	286
"	Nitrotartronate	286
"	Octylacetacetate	233
"	Octyl oxide	198
"	Oenanthate	215
"	Oleate	234
"	Orthocarbonate	226
"	Orthoformate	245
"	Oxalate	227
"	Oxide	196
"	Oxyisobutyrate	231
"	Oxyphenylacetate	258
"	Oxyphenylacrylate	259
"	Oxyphenylpropionate	258
"	Paracamphorate	264
"	Parasantonate	267
"	Pelargonate	216
"	Phenylacetacetate	259
"	" Derivative of	266
"	Phenylacetate	257
"	Phenyl carbonate	261
"	Phenylglyoxylate	259
"	Phenylpropionate	258
"	Phenylthioglycollate	344
"	Phosphate	348
"	Phosphite	348
"	Phthalate	258
"	Propargyl oxide	241
"	Propionate	210
"	Propionylglycollate	231
"	Propionylpropionate	233
"	Propyl carbonate	226
"	" malonate	227
"	" oxide	197
"	" succinate	228
"	Propylethenyltricarboxylate	247
"	Propylglycollate	231
"	Propylmalonate	229
"	Propylxanthate	343
"	Pyromucate	248
"	Pyrophosphate	348
"	Pyrosulphophosphate	350
"	Pyrotartrate	228
"	Racemate	237
"	Rutylate	216
"	Santonate	267
"	Sebate	229
"	Selenite	366
"	Silicate	352
"	Silicoacetate	352
"	Silicobenzoate	352
"	Silicopropionate	352
"	Suberate	229
"	Succinate	228

25 s G'

	PAGE.
Ethyl. Succinosuccinate	230
" Sulphate	343
" Sulphide	339
" Sulphite	342
" Sulphophosphite	350
" Tartrate	236
" Terebate	238
" Tetrabromacetacetate	327
" Tetramethylenedicarboxylate	246
" Tetramethylsuccinate	229
" Thioarsenite	351
" Thiocarbimide	345
" Thiocyanacetate	346
" Thiocyanate	344
" Thioxalate	344
" Thioxycarbonate	343
" Tiglate	234
" Triamyl silicate	352
" Tribromacetacetate	327
" Tribromethylacetacetate	327
" Trichloracetate	306
" Trimethylacetate	213
" Trimethylenedicarboxylate	246
" Trimethylenetricarboxylate	246
" Trisulphocarbonate	341
" Valerate	212
" Vanadate	350
" Veratrate	259
Ethylacetamide	287
Ethylamidobenzene	272
Ethylamine	269
" Aurochloride	365
" Camphorate, base from	290
" Platinchloride	365
Ethyl amyl	159
Ethyl amylin	239
Ethyl amyl pinacolin	221
Ethylaniline	272
Ethylbenzene	172
Ethylborneol	264
Ethylbrombenzene	324
Ethyl butyl pinacolin	221
Ethylbutyric lactone	232
Ethylcamphene	186
Ethylcamphor	264
Ethyl carbamide	288
Ethyl carbamine	268
Ethyl carbimide	290
Ethyldiacetamide	287
Ethyldiacetone carbonate	245
Ethyldimethylethylene	165
Ethyldipropylcarbinol	195
Ethyldipropylcarbyl acetate	209
Ethylene	164
" Acetate	224
" Acetochloride	310
" Acetonitrate	286
" Bromhydrin	326
" Bromide	318
" Bromiodide	338
" Butyrate	224
" Butyrochloride	310

	PAGE.
Ethylene. Chloride	296
" Chloriodide	337
" Chlorobromide	336
" Chloronitrin	315
" Chlorothiocyanate	347
" Cyanhydrin	239
" Cyanide	278
" Diamine	276
" " Hydrate	287
" Diethyl ether	223
" Dinitrate	286
" Diphenate	255
" Dithiodichloride	346
" Dithioethylate	340
" Ethylidene dioxide	222
" Fluoborate	348
" Glycol	222
" Iodide	334
" Mercaptan	340
" Monethyl ether	223
" Mononitrate	286
" Nitrosonitrate	286
" Oxide	222
" Propionate	224
" Thiodichloride	346
" Thiovinylethylate	340
" Trisulphocarbonate	341
Ethylene stannethyl	353
Ethylethylene glycol	222
Ethyleugenol	265
Ethylformamide	287
Ethylformanilide	288
Ethylfurfurcarbinol	248
Ethyl glycide	239
Ethylglycollic chloride	310
Ethylglyoxalin	279
Ethylhexylcarbinol	196
Ethylhydroxylamine	287
Ethylidene. Acetochloride	310
" Bromide	319
" Bromethylate	326
" Bromiodide	338
" Butyrochloride	310
" Chloride	296
" Chlorobromide	336
" Iodide	334
" Oxychloride	310
" Propiochloride	310
" Valerochloride	310
Ethylisobutylcarbinol	195
Ethylmethylacetoxim	290
Ethylmethylethylene	164
" Bromide	320
" Glycol	223
Ethyl monochlorhydrin	310
Ethylnapthalene	178
Ethylorthoamidophenetol	288
Ethyl paratolyl sulphide	341
Ethylphenetol	254
Ethylphenol	250
Ethylphenyl acetate	260
Ethylphenylacetylene	176

	PAGE
Ethylphenylacetylene alcohol	252
Ethylphenylcarbinol	251
Ethylphenylpyrazol	279
Ethylphosphorous chloride	349
Ethylpiperidine	276
Ethylpropylacetylene	168
Ethylpropylbenzene	175
Ethylpropylcarbinol	194
Ethylpropylcarbyl acetate	209
Ethyl propyl ketone	220
Ethylpyridine	275
Ethyl pyruvyl ether	247
Ethyl pyrrol	279
Ethylsilicic chlorhydrins	353
Ethylsulphonic chloride	346
Ethylsulphophosphorous chloride	350
Ethylthiophene	312
Ethylthymol	254
Ethyltoluidine	273
Ethylvinyl acetate	242
" alcohol	241
Ethylvinylcarbinol	241
Ettringite	97
Eucairite	65
Eucalyptene	187
Eucalyptol	264
Eucalyptus amygdalina, oil of	182
" oleosa, "	263
Euchroite	122
Euclase	138
Eucryptite	134
Eudnophite	135
Eugenol	265
Eulytite	133
Euodyl aldehyde	218
Eusynchite	120
Evansite	117

F.

	PAGE
Fairfieldite	115
Famatinite	63
Faujasite	137
Fauserite	92
Fayalite	132
Fellandrene	184
Felsobanyite	97
Ferberite	106
Fibroferrite	97
Fibrolite	133
Fillowite	115
Fischerite	117
Fluoaniline	339
Fluobenzene	339
Fluobrombenzene	339
Fluocerite	18
Fluochlorbenzene	339
Fluonitrobenzene	339
Fluorapatite	124
Fluorite	17
Fluor apar	17
Fluotoluene	339

	PAGE
Forbesite	122
Formamide	287
Forsterite	131
Franklandite	109
Freieslebenite	62
Frenzelite	65
Friedelite	132
Fuchsine	365
Fucusol	248
Furfurane	248
Furfurbutylene	248
Furfurol	248
Fusyl sulphide	340

G.

	PAGE
Gahnite	55
Galbanum, oil of	182
Galena	58
Galenobismutite	63
Gallium	3
" Alums	96
" Chloride	24
Gaultherilene	184
Gaylussite	129
Gehlenite	136
Geocronite	62
Geraniene	184
Geraniol	263
" Hydrochlorate	304
Gerhardtite	112
Germanium	4
" Chloride	25
" Oxide	46
Gersdorffite	69
Gibbsite	71
Ginger, oil of	264
Glauberite	89
Glaucodot	69
Glaucopyrite	69
Glucinum	1
" Aluminum silicates	138
" Calcium fluophosphate	124
" Oxide	40
" Selenate	98
" Silicates	131
" Sulphate	79
Glucose	244
" With sodium chloride	366
Glucosine	279
Glycerin	239
" Cinnamate	240
" Salicylate	240
Glycerin ether	239
Glyceryl trinitrite	286
Glycide	239
Glycocoll	287
Gmelinite	137
Gold	14
" Amalgam	146
" Arsenide	68
" Bismuth alloys	155, 156

INDEX.

Gold. Copper alloys ... 156
" Didymium bromide ... 33
"   " chloride ... 28
" Diethylamine " ... 365
" Ethylamine " ... 365
" Hydrogen nitrate ... 112
" Lead alloys ... 155
" Phosphide ... 67
" Samarium bromide ... 33
"   " chloride ... 28
" Silver alloys ... 156
"   " sulphide ... 64
" Telluride ... 66
" Tin alloys ... 155
" Triethylamine chloride ... 365
Göthite ... 71
Graminin ... 245
Grape sugar ... 244
Greenockite ... 57
Greenovite ... 139
Grossularite ... 136
Grunerite ... 132
Guadalcazarite ... 64
Guaiacol ... 251
Guajol ... 235
Guanajuatite ... 65
Guanidine carbonate ... 365
Guanovulite ... 89
Guarinite ... 139
Guayacanite ... 61
Guejarite ... 63
Guitermannite ... 61
Gum ... 244
Gummite ... 72
Gurgun balsam ... 184
Guyaquillite ... 267
Gypsum ... 82

H.

Haidingerite ... 122
Halite ... 20
Hamartite ... 145
Hanksite ... 145
Hannayite ... 115
Harmotome ... 138
Hartin ... 267
Hartite ... 187
Hauerite ... 60
Hedenbergite ... 134
Helvite ... 141
Hematite ... 54
Hemp, oil of ... 184
Heneicosane ... 163
Hentriacontane ... 163
Heptachlor-ethyl acetate ... 307
Heptachlorpropane ... 299
Heptocosane ... 163
Heptadecane ... 162
Heptane ... 158, 159
Heptanaphtene ... 186
Heptidene ... 168

Heptolactone ... 232
Heptyl. Acetate ... 200
" Alcohols ... 194, 195
" Bromide ... 318
" Butyrate ... 212
" Caproate ... 214
" Caprylate ... 216
" Chloride ... 295
" Cyanide ... 269
" Formate ... 206
" Iodide ... 333
" Octyl oxide ... 198
" Oenanthate ... 215
" Oxide ... 198
" Propionate ... 210
" Succinate ... 228
" Valerate ... 214
Heptylene ... 165
" Bromide ... 320
" Chlorhydrin ... 310
" Chloride ... 297
Heptylthymol ... 254
Hercynite ... 56
Herderite ... 124
Herrengrundite ... 96
Hesperidene ... 181
Hessite ... 66
Hetaerolite ... 56
Heterogenite ... 71
Heulandite ... 136
Heveéne ... 185
Hexadecylidene ... 168
Hexane ... 156, 158
Hexbrom-ethyl methyl ketone ... 326
Hexchloracetone ... 293
Hexchlorbenzene ... 292
Hexchlorethane ... 291
Hexchlor-ethyl acetate ... 307
Hexchlor-ethyl formate ... 292
Hexchlorhexane ... 300
Hexchlor-methyl acetate ... 292
Hexchlor-methyl oxide ... 293
Hexchlorpropane ... 299
Hexchlortetrabrom-ethyl oxide ... 337
Hexdecane ... 162
Hexdecyl alcohols ... 193, 194
Hexethyl silicate ... 352
Hexhydrobenzene ... 177
Hexhydrocumene ... 177
Hexhydrocymene ... 177
Hexhydrotoluene ... 177
Hexhydroxylenes ... 177
Hexine bromides ... 323
Hexmethyl silicate ... 352
Hexoylene ... 167
Hexyl. Acetates ... 209
" Alcohols ... 193, 194
" Benzoate ... 257
" Bromide ... 318
" Butyrate ... 212
" Caproate ... 214
" Chloride ... 295

INDEX. 389

	PAGE.
Hexyl. Formate	206
" Iodide	332
" Mercaptan	340
" Thiocarbimide	345
" Thiocymate	345
" Valerate	214
Hexylamine	270
Hexylene	164
" Acetochloride	310
" Bromhydrin	327
" Bromide	320
" Chlorhydrin	310
" Chloride	297
" Diacetate	225
" Glycol	223
" Oxide	222
Hexyl glycerin	239
Hexylpentylacrylic compounds	235
Hiddenite	134
Hitchcockite	118
Hoernesite	121
Hohmannite	97
Homilite	140
Hopeite	115
Horba chite	64
Horsfordite	154
Howlite	140
Hübnerite	106
Huntilite	67
Hureaulite	115
Hyalotekite	134
Hydroboracite	108
Hydrodolomite	120
Hydrogen	1
" Chloride	19
" Fluoride	16
" Oxides	39, 40
" Sulphides	56
Hydroglobertite	130
Hydrolutidine	277
Hydromagnesite	130
Hydronephelite	135
Hydronicotine	278
Hydroquinone	250
Hydrorhodonite	132
Hydrotalcite	72
Hydrotropidine	277
Hydroxycaprylonitril	289
Hydroxyisovaleronitril	289
Hydroxypicoline	290
Hydrozincite	130

I.

	PAGE.
Ice	39
Idocrase	136
Ihleite	84
Ilesite	92
Illicium religiosum, oil of	182
Ilmenite	142
Indigotine	290
Indium	3

	PAGE.
Indium. Ammonium sulphate	96
" Cæsium "	96
" Oxide	43
" Rubidium sulphate	96
" Sulphate	87
Inosite	244
Inulin	244
Iodacetone	335
Iodaldehyde	335
Iodallylene	334
Iodammonium iodide	34
Iodbenzene	335
Iodbromtoluene	338
Iodchinoline	335
Iodchlorhydrin	338
Iodethylene	334
Iodethyl oxide	335
Iodhexylene	334
Iodhydrodiglycide	335
Iodine	11
" Chlorides	26, 27
" Pentoxide	53
Iodobromite	87
Iodoform	334
Iodtoluene	335
Iolite	138
Iridichlorides	28
Iridium	15
" Phosphide	67
Iridosmium	156
Iron	12
" Aluminum phosphate	118
" " silicates	138, 139
" Ammonium oxalate	361
" " selenate	100
" " sulphate	91, 95
" Antimonate	125
" Arsenates	122, 123
" Arsenides	68
" Cæsium sulphate	95
" Calcium arsenate	123
" " borosilicate	140
" " oxide	56
" " phosphate	117
" " silicates	134, 139
" Carbonate	128
" Chlorides	24
" Columbate	125
" Copper arsenate	123
" " phosphate	117
" " sulphides	64
" Dithionate	75
" Hydroxides	71
" Iodide	36
" Lead silicate	134
" Lithium phosphate	115
" Magnesium borates	108
" " carbonate	129
" " sulphate	92
" Manganese phosphates	115, 116
" " silicates	134
" " tungstate	106, 107

INDEX.

Iron. Nickel alloy 152
" Nitrate 112
" Nitride 70
" Oxides 53, 54
" Phosphates 115, 116
" Phosphides 67
" Platinchloride 28
" Platiniodide 37
" Potassium chloride 27
"   " sulphate 90, 95, 97
"   " sulphide 64
" Rubidium sulphate 95
" Selenate 90
" Selenide 65
" Silicates 132, 133, 139
" Silicide 70
" Silico carbide 70
" Silicofluoride 18
" Sodium oxalate 361
"   " silicates 139
"   " sulphates 97
" Sucrocarbonate 366
" Sulphates 84, 96, 97
" Sulphides 60
" Tantalate 125
" Tin alloy 152
" Titanates 142
" Tungstate 106
" Zinc oxide 56
Isoamyl. Acetate 208
"   Carbonate 226
"   Chlorocarbonate 306
"   Cyanide 269
"   Formate 206
"   Orthoformate 245
"   Succinate 228
"   Sulphide 339
Isoamylallylamine 278
Isoamylaniline 273
Isoamylbenzene 175
Isoamylene bromide 320
Isoamyl ethyl sulphone 343
Isoamylformanilide 288
Isoamylidene chloride 297
Isobenzpinakone 266
Isobutyl. Acetacetate 232
"   Acetate 208
"   Alcohol 191
"   " Derivative of 312
"   Benzoate 256
"   Bromide 317
"   Butyrate 212
"   Carbonate 226
"   Chloride 294
"   Chlorocarbonate 306
"   Cyanide 268
"   Formate 206
"   Hypophosphate 348
"   Iodide 331
"   Isobutyrate 212
"   Isovalerate 213
"   Mercaptan 340

Isobutyl. Nitrate 281
"   Nitrite 281
"   Orthocarbonate 226
"   Orthoformate 245
"   Oxide 198
"   Propionate 210
"   Santonate 267
"   Succinate 228
"   Sulphide 339
Isobutyl acetal 224
Isobutyl aldehyde, derivative of 245
Isobutylamine 270
Isobutylaniline 273
Isobutylbenzene 175
Isobutylcamphene 186
Isobutyl carbamine 269
Isobutylene. Bromide 320
"   Chloride 297
"   Glycol 222
"   Oxide 222
Isobutyleugenol 265
Isobutylidene chloride 297
Isobutyl phenyl ketone 262
Isobutyric aldehyde 217
"   anhydride 205
Isobutyryl chloride 308
Isocajeputene 183
Isoclasite 117
Isodecyl alcohol 196
Isodibutol 195
Isodipyridine 277
Isoeugenol 265
Isoheptane 150
Isoheptyl. Acetate 209
"   Alcohol 194
"   Chloride 295
Isohexane 158
Isohexyl alcohol 194
Isohexylbenzene 175
Isoöctonaphtene 186
Isoöctyl. Alcohol 195
"   Chloride 295
"   Cyanide 269
Isoprene 167
"   Bromides 323
"   Dichloride 300
"   Hydrochlorate 300
"   Polymer of 184
Isopropyl. Alcohol 190
"   Benzoate 356
"   Bromide 317
"   Butyrate 211
"   Chloride 293
"   Chlorocarbonate 306
"   Iodide 330
"   Isoöenanthate 215
"   Isovalerate 213
"   Nitrate 281
"   Nitrite 281
"   Oxide 197
"   Succinate 228
"   Tartrate 237

	PAGE.
Isopropyl. Thiocyanate	345
Isopropylacetylene	167
Isopropylallylbenzene	176
Isopropylallyldimethylcarbinol	241, 242
Isopropylamine	270
Isopropylbenzene	173
Isopropylbrombenzene	325
Isopropylbutenylbenzene	176
Isopropyl carbamine	268
Isopropylethylene	164
" Glycol	223
Isopropyl isobutyl ketone	221
Isopropylkresol	250
Isopropylnaphthalene	178
Isopropylphenol	250
Isopropylphenyl. Acetate	260
" Ethyl oxide	254
" Methyl "	254
Isopropyl phenyl ketone	262
Isopropylpiperideine	277
Isopropylpiperidine	276
Isopropylpyridine	275
Isopropylthiophene	342
Isopropylvinylbenzene	176
Isoterebenthene	180
" Hydrochlorate	305
Isoterpene	180
Isotolyl chloride	303
Isotrichlorhydrin	299
Isovaleric aldehyde	217
Isovaleronitril	268
Isovinyl bromide	323
" chloride	300
Ivaol	268

J.

Jacobsite	56
Jadeite	135
Jalpaite	64
Jamesonite	62
Jarosite	97
Jeremejewite	108
Joseite	66
Julianite	61

K.

Kaneite	68
Kaolinite	133
Karpholite	138
Kauri gum, oil from	182
Kentrolite	134
Kermesite	64
Kiaprotholite	63
Knebelite	134
Kobellite	63
Koninckite	115
Könlite	187
Köttigite	122
Kreosol	251

	PAGE.
Kresol	250
Kresyl. Acetate	260
" Allyl oxide	255
" Butyl "	253
" Ethyl "	253
" Heptyl "	253
" Methyl "	253
" Octyl "	253, 254
" Oxide	253
" Propyl oxide	253
Krönnkite	89
Krugite	89
Kyanite	132

L.

Labradorite	137, 138
Lactose	244
Lactyl ethyl lactate	231
Lanarkite	97
Langite	96
Lanthanite	128
Lanthanum	3
" Carbonate	128
" Oxide	43
" Selenate	99
" Sulphate	87
Laudanine	291
Laumontite	137
Laurel camphor	202
" . turpentine	182
Laurene	175
Laurone	221
Lauronitril	269
Laurus nobilis, oil of	184
Lazulite	118
Lead	5
" Acetate	357
" Aluminum phosphate	118
" " silicates	138
" Amalgam	145
" Antimonates	125
" Antimony alloys	149, 150
" Arsenides	67, 68
" Arsenite	123
" Bismuth alloys	151
" Borates	108
" Bromate	73
" Bromide	32
" Cadmium alloys	149
" Carbonate	128
" Chlorate	72
" Chloride	24
" Chloroarsenate	124
" Chlorobromide	37
" Chlorocarbonate	145
" Chlorophosphate	124
" Chlorovanadate	124
" Chromates	104
" Copper alloys	154
" " arsenate	123
" " chromate	104

	PAGE
Lead. Copper sulphate	97
" " vanadate	120
" Dinitrophenates	364
" Dithionate	75
" Feldspars	138
" Fluoride	17
" Formate	356
" Gold alloys	155
" Hydroxides	71
" Iodate	74
" Iodide	36
" Iron arsenate	122
" " silicate	134
" Manganese silicate	134
" Molybdate	105
" Nitrates	111, 112
" Nitrophenates	364
" Oxalate	360
" Oxides	47
" Oxychloride	29
" Oxyiodide	37
" Palladium alloy	156
" Picrate	364
" Platinbromide	33
" Platinchloride	28
" Platinum alloy	156
" Selenate	99
" Selenide	65
" Silver alloys	155
" " iodide	37
" Succinate	361
" Sulphates	63, 97
" Sulphatocarbonate	145
" Sulphides	58
" Sulphocyanide	144
" Tartrate	363
" Telluride	66
" Tin alloys	147, 148, 149
" Tungstate	106
" Zinc vanadates	120
Lead diethyl	355
Leadhillite	145
Lead tetramethyl	355
Lead tetraphenyl	355
Lead tetratolyl	355
Lead triethyl	355
Ledum palustre, oil of	185
Lehrbachite	65
Lekene	187
Lemon, oil of	181
Lepidine	277
Lepidolite	140
Leucine	287
Leucite	135
Leucophane	140
Leucopyrite	68
Libethenite	117
Licarene	184
Licari kanali, oil of	263
Lievrite	139
Lime	41
Limnite	71

	PAGE
Limonite	71
Linarite	97
Lintonite	137
Lipowitz' alloy	156
Liroconite	123
Litharge	47
Lithiophilite	115
Lithium	1
" Aluminum fluophosphate	124
" " silicates	134
" Ammonium sulphate	89
" Bromide	31
" Carbonate	126
" Chloride	19
" Dithionate	75
" Fluoride	16
" Formate	356
" Iodide	34
" Iron phosphate	115
" Manganese phosphate	115
" Nitrate	109
" Oxalate	360
" Oxide	40
" Perchlorate	73
" Picrate	364
" Potassium racemate	363
" Rubidium "	363
" " tartrate	362
" Selenate	98
" Silicofluoride	18
" Sulphate	76
" Thallium racemate	363
" " tartrate	362
" Uranyl acetate	358
Livingstonite	62
Loewite	89
Löllingite	68
Lowigite	97
Ludlamite	117
Ludwigite	108
Luteocobalt chloride	38
Lutidine	275
Luzonite	61

M.

	PAGE
Macene	184
Magnesioferrite	56
Magnesium	1
" Acetate	357
" Aluminum phosphates	118
" " silicates	138
" " sulphate	96
" Ammonium chloride	27
" " chromate	104
" " phosphates	115
" " selenate	100
" " sulphate	89
" Arsenates	121, 122
" Borates	108
" Bromate	73
" Cadmium sulphate	92

INDEX. 393

	PAGE.
Magnesium. Calcium arsenate	122
" " borate	108
" " carbonate	129
" " silicate	134
" Carbonate	126, 130
" Chloride	22
" Chromate	103
" Chromium borate	108
" Columbate	125
" Copper sulphate	92
" Dithionate	75
" Fluophosphate	124
" Fluoride	16
" Hydroxide	70
" Hypophosphite	113
" Iodate	74
" Iron borate	108
" " carbonate	129
" " sulphate	92
" Manganese borate	108
" " sulphate	92
" Nitrate	110
" Oxide	40
" Palladichloride	28
" Phosphates	115
" Platinbromide	33
" Platinchloride	28
" Platiniodide	37
" Potassium chromate	104
" " selenate	100
" " sulphate	89
" Pyroarsenate	123
" Pyrophosphate	119
" Selenate	98
" Silicates	131
" Silicofluoride	18
" Sodium sulphate	89
" Stannichloride	29
" Sulphate	79
" Thiosulphate	74
" Titanates	142
" Vanadates	120
" Zinc sulphate	92
Magnetite	53
Malachite	130
Malacolite	134
Mandelic nitril	239
Mangancolumbite	125
Manganese	12
" Acetate	356
" Aluminum alloy	146
" " phosphate	118
" " silicate	139
" Ammonium selenate	100
" " sulphate	90
" Arsenate	123
" Arsenide	68
" Calcium phosphate	115
" Carbonate	128
" Chloride	24
" Chromium oxide	56
" Columbates	125

	PAGE.
Manganese. Dithionate	75
" Garnet	138
" Hydroxides	71
" Iron fluophosphate	124
" " phosphates	115, 118
" " silicate	134
" " tungstates	106, 107
" Lead silicate	134
" Lithium phosphate	115
" Magnesium borate	108
" " sulphate	92
" Nitrate	111
" Oxalate	360
" Oxides	53
" Phosphide	66
" Platinbromide	33
" Platinchloride	28
" Platiniodide	37
" Potassium selenate	100
" " sulphate	90
" Pyroarsenate	123
" Pyrophosphate	119
" Selenate	99
" Silicates	132
" Silicofluoride	18
" Stannifluoride	19
" Sulphate	83
" Sulphides	59, 60
" Tantalate	125
" Tungstate	106
Manganite	71
Manganocalcite	129
Manganitantalite	125
Mannite	243
" Derivative of	246
Maracaibo balsam	185
Marcasite	60
Margarite	137
Marialite	141
Marjoram, oil of	182
Martinite	115
Mascagnite	79
Matlockite	29
Meionite	136
Melaconite	55
Melaleuca, oil of	263
Melanotekite	134
Melene	167
Melezitose	244
Melilite	136
Melinophane	140
Mellite	365
Mendipite	29
Meneghinite	62
Mentha pulegium, oil of	262
Menthene	186
Menthol	264
" Derivatives of	183, 263, 286
Menthone	263
Mercaptan	340
Mercury	2
" Acetate	357

INDEX.

	PAGE
Mercury. Ammoniochlorides	38
" Ammonionitrate	112
" Ammoniosulphate	97
" Ammonium chloride	27
" Bromate	73
" Bromides	32
" Calcium antimonite	125
" Chlorates	73
" Chlorides	22
" Chloride with ammonium dichromate	144
" Chlorocyanide	143
" Chromate	103
" Cyanide	143, 144
" Hexyl mercaptide	355
" Hydrogen bromide	33
" Iodides	35
" Nitrates	110, 112
" Organic compounds	355
" Oxides	41
" Oxychloride	29
" Oxycyanide	143
" Potassium bromide	33
" " chloride	27
" " cyanide	143
" " iodide	36
" Selenide	65
" Selenate	98
" Silver iodide	36
" Sodium chloride	27
" Sulphates	81, 96
" Sulphide	57
" " with copper chloride	144
" Telluride	66
Mesitite	129
Mesityl. Acetate	260
" Oxide	245
Mesitylene	172
" Acetate	261
" Glycol	252
" Mercaptan	341
Metabrushite	115
Metacinnamene	176
Metacrolein	235
Metasantonid	267
Metasantonine	267
Metatempiene	185
Metaterebenthene	185
Metaxylene	174
Methane	157
Methoxylmethyl ethyl acetone	245
Methyl. Acetacetate	232
" Acetate	206
" Acrylate	234
" Alcohol	187
" Allyl oxide	241
" Amyl "	197
" Arsenate	350
" Arsenite	350
" Benzoate	256
" Borate	347
" Brombutyrate	326

	PAGE
Methyl. Bromide	316
" Butyloxide	197
" Butyrate	210
" Caproate	214
" Caprylate	215
" Capryl oxide	198
" Carbonate	225
" Chlorbutyrate	307
" Chlorcrotonate	312
" Chloride	293
" Chlorocarbonate	305
" Chlorpropionate	307
" Cinnamate	258
" Citraconate	238
" Crotaconate	238
" Crotonate	234
" Cyanide	268
" Dibrompropionate	326
" Dichloracetate	306
" Dichlorbutyrate	307
" Diethyl borate	347
" Diethylmethylethenyltricarboxylate	247
" Diethyloxyacetate	231
" Dimethylsuccinate	228
" Dinitrophenate	285
" Elaidate	235
" Ethylacetacetate	233
" Ethyl carbonate	225
" Ethylglycollate	230
" Ethyl oxalate	227
" Ethyl oxide	196
" " succinate	228
" Ethylsuccinate	228
" Ethyl sulphite	342
" Ethylxanthate	343
" Formate	205
" Glycollate	230
" Heptyl oxide	198
" Hypophosphate	348
" Iodbutyrate	335
" Iodide	320
" Iodpropionate	335
" Isobutyrate	211
" Isoöenanthate	215
" Isopropylsalicylate	257
" Isovalerate	212
" Itaconate	237
" Lactate	231
" Laevulinate	232
" Maleate	236
" Malonate	227
" Mesaconate	238
" Methylacetacetate	232
" Methylglycollate	230
" Methyloxyphenylacrylate	250
" Methyloxyphenylangelate	259
" Methyloxyphenylcrotonate	250
" Methylpropylpyrogallate	259
" Methylxanthate	343
" Monochloracetate	306
" Mucate	246

INDEX. 395

	PAGE
Methyl. Naphtyl oxide	266
" Nitrate	281
" Nitrite	281
" Nitrophenate	285
" Oenanthate	214
" Oleate	234
" Orthoformate	245
" Oxalate	226
" Oxyphenylacetate	258
" Parasantonate	267
" Pelargonate	216
" Phenylacetate	257
" Phenylpropionate	257
" Phosphate	348
" Phthalate	258
" Propargyl oxide	241
" Propionate	209
" Propylglycollate	231
" Propyl oxide	197
" Propylxanthate	343
" Pyruvate	232
" Salicylate	257
" Santonate	267
" Sebate	229
" Silicate	352
" Silicopropionate	352
" Suberate	229
" Succinate	228
" Sulphate	342
" Sulphides	339, 340
" Sulphite	342
" Tartrate	236
" Thiocarbimide	345
" Thiocyanate	344
" Trichloracetate	306
" Trichlorpropylcarbylacetate	307
" Triethyl silicate	352
" Trinitrophenate	285
" Trisulphocarbonate	341
" Valerate	212
Methylacetone	219
Methylal	223
Methylamine alum	94
Methylamylaniline	273
Methylamylcarbinol	195
Methyl amyl ketone	220
Methyl amyl pinacolin	221
Methylaniline	271
Methyl benzyl ketone	262
Methylborneol	264
Methylbromacetol	320
Methylbutylcarbinol	194
Methyl butyl ketone	220
Methyl butyrone	221
Methylcarbamine	268
Methyl caprinol	221
Methylchloracetol	297
Methylchlorallylcarbinol	312
Methylchlorphenetol	312
Methylcopellidine	277
Methylcymyl mercaptan	341
Methyldehydrohexone	247

	PAGE
Methyldiethylbenzene	175
Methyldiethylcarbinol	194
Methyldiethylcarbyl acetate	209
Methyldiethylcarbyl ketone	221
Methyldiethylmethane	158
Methyldiheptylcarbyl ketone	221
Methyldipropylcarbinol	195
Methyldipropylcarbyl acetate	209
Methyldiphenylamine	274
Methylene. Acetochloride	310
" Bromide	318
" Chloride	296
" Dithioethylate	340
" Ethers of	223, 255
" Iodide	334
Methylethyl acetal	224
Methylethylbenzene	173
Methylethylcarbinol	191
Methyl ethyl ketone	219
Methylethylpiperidine	276
Methylethylpropyl alcohol	194
Methylethylpropylbenzene	175
Methylethylpropylcarbinol	195
Methylethylpropylethylene	165
Methylethylpropylmethane	159
Methylethylpropyl methylethylpropionate	214
Methyleugenol	265
Methylformamide	287
Methylformanilide	288
Methylglyoxalin	279
Methylhexylcarbinol	195
Methylhexylcarbyl chloride	295
" iodide	333
" nitrite	281
Methyl hexyl ketone	221
Methylindol	280
Methylisoamylbenzene	175
Methylisoamylcarbyl acetate	209
Methyl isoamyl ketone	220
Methylisobutylcarbinol	194
Methylisobutylcarbyl acetate	209
Methyl isobutyl ketone	220
Methylisocrotyl acetate	242
" alcohol	241
Methylisopropenylcarbinol	247
Methylisopropylacetone	221
Methylisopropylbenzene	175
Methylisopropylcarbinol	193
Methyl isopropyl ketone	220
Methylisopropylpiperidine	277
Methylnaphthalene	178
Methyl naphtol	266
Methyl naphtyl ketone	266
Methylnonylcarbinol	196
Methyl nonyl ketone	221
Methyl octyl ketone	221
Methylpentamethylene methyl ketone	247
Methylpenthiophene	341
Methylphenylcarbyl acetate	260
Methylphenylethylalkin	290
Methyl phenyl ketone	262
Methylphenylpyrazol	279

	PAGE.
Methylpiperidine	276
Methylpropylallylene	188
Methylpropylbenzene	173, 174
Methylpropylcarbinol	193
Methylpropylcarbyl acetate	208
" chloride	294
" iodide	332
Methylpropylcarbylcarbinol	194
Methylpropylethylene glycol	223
" oxide	222
Methylpropylethol acetate	209
Methyl propyl ketone	219
Methylpyrrol	279
Methylpyrrolidine	279
Methylquinoline	277
Methylsaligenin	252
Methylsilicic chlorhydrins	353
Methylsulphonic chloride	346
Methyltetramethylene diamine	278
Methylthymol	254
Methyltoluidine	272
Methyl tolyl ketone	262
Methyluracil, chloride from	314
Methyl xylyl ketone	262
Miargyrite	62
Mica	136
Milarite	137
Milk sugar	244
Millerite	60
Mimetite	124
Minium	47
Minjak-lagam oil	185
Mint, oil of	182
Mixite	123
Molybdenite	59
Molybdenum	11
" Oxides	52
" Phosphide	67
" Sulphide	59
Monacetin	239
Monallylin	239
Monamylin	239
Monazite	116
Monimolite	125
Monobromcamphor	328
Monobromhydrin	327
Monobromthiophene	347
Monobutyrin	240
Monochlorbenzene	301
" Derivative of	304
Monochlordinitrin	315
Monochlorethyl dichloracetate	306
" trichloracetate	307
Monochlorhydrin	311
Monochlortoluene	302
Monochlor-vinyl ethyl oxide	309
Monolein	240
Monosulphhydrin	344
Monovalerin	240
Monticellite	134
Morenosite	85
Morphine	290

	PAGE.
Morphine. Salts of	290
Mottramite	120
Mucamide	288
Muscat nut oil, derivative of	305
Muscovite	136
Myristic acetate, isomer of	209
" alcohol, "	196
" aldehyde, "	218
Myristicol	262
Myristone	221
Myristonitril	269
Myrtle, oil of	183
Myrtus pimenta, oil of	185

N.

	PAGE.
Nadorite	125
Namaqualite	72
Nantoquite	24
Naphthalene	178
" Dichloride	304
" Hydrides	178, 179
Naphtol	266
Naphtyl mercaptan	341
Narcotine	291
Natrolite	135
Naumannite	65
Nephelite	135
Neroli, oil of	181
Newjanskite	156
Ngai camphor	263
Niccolite	68
Nickel	12
" Acetate	358
" Aluminum alloy	146
" Ammonio-bromide	38
" Ammonio-chloride	38
" Ammonium selenate	100
" " sulphate	91
" Arsenates	122
" Arsenides	68
" Bromate	73
" Bismuth sulphide	64
" Chloride	24
" Dithionate	75
" Fluoride	17
" Formate	356
" Hydrocarbonate	130
" Hypophosphite	113
" Iodate	74
" Iron alloy	152
" Nitrate	112
" Oxalate	360
" Oxides	54
" Oxyhydroxide	71
" Palladiochloride	28
" Phosphide	67
" Platinbromide	33
" Platiniodide	37
" Potassium selenate	100
" " sulphate	91
" Pyrophosphate	119

INDEX.

	PAGE.
Nickel. Selenate	99
" Selenide	65
" Silicofluoride	18
" Sulphate	84
" " with potassium selenate	101
" Sulphide	60
" Thallium selenate	100
" Tungstate	107
" Zircofluoride	19
Nicotine	278
Niobium, see columbium	8
Nitranilines	285
Nitroanisol	285
Nitrobenzene	283
Nitrobromtoluene	328
Nitrocymene	284
Nitroethane	282
Nitrogen	6
" Chloride	25
" Chlorophosphide	144
" Oxides	48
" Oxybromide	33
" Oxychloride	29
" Sulphide	58
Nitroglycerin	286
Nitroheptane	282
Nitroisobutylanisol	285
Nitromannite	286
Nitromethane	282
Nitronaphthalene	284
Nitrophenols	285
Nitrosodiethylin	282
Nitrosodipropylamine	282
Nitrosyl bromide	33
Nitrotoluenes	283, 284
Nitrous oxide	48
Nitroxyl chloride	29
Nitroxylenes	284
Nitroxylpiperidine	290
Nonane	160
Nondecane	163
Nononaphtene	186
Nononaphtylene	186
Nontronite	133
Nonyl. Alcohol	195, 196
" Chloride	295
" Iodide	333
Nonylene	165
Nosean	141
Nutmegs, oil of	183

O.

	PAGE.
Octaceto-diglucose	245
Octaceto-saccharose	245
Octadecane	163
Octane	159, 160
Octochlorpropane	292
Octodecylene	167
Octodocylidene	168
Octonaphtene	186
Octyl. Acetate	209

	PAGE.
Octyl. Alcohols	195
" Bromide	318
" Butyrate	212
" Caproate	214
" Caprylate	216
" Chloride	295
" Cyanide	269
" Formate	206
" Iodide	333
" Isovalerate	214
" Nitrite	281
" Oenanthate	215
" Oxide	198
" Propionate	210
" Sulphide	339
" Valerate	214
Octylamine	270
Octylene	165
" Acetate	209
" Acetochloride	310
" Chlorhydrin	310
" Glycol	223
" Hydrate	195
" Oxide	222
Octylphosphin	348
Octylthiophene	342
Octylthymol	254
Oenanthic aldehyde	218
" anhydride	205
Oenanthol	218
" Derivative of	245
Oenanthone	221
Oenanthonitril	269
Oenanthothialdin	345
Okenite	132
Oldhamite	57
Olibene	184
Oligoclase	137, 138
Olivenite	122
Orange, oil of	181
Orangite	133
Orcin	251
O'Rileyite	68
Orpiment	59
Orthoclase	135
Oemiridium	156
Osmitopsis, oil of	203
Osmium	15
Ouvarovite	130
Owenite	139
Oxalethylethylin	279
Oxalethylisoamylin	279
Oxalethyloenanthylin	280
Oxalethylpropylin	279
Oxalisoamylisoamylin	279
Oxalisobutylisoamylin	279
Oxalmethylethylin	279
Oxalmethyloenanthylin	280
Oxalpropylethylin	279
Oxalpropylisoamylin	279
Oxalpropyloenanthylin	280
Oxalpropylpropylin	279

	PAGE
Oxamide	287
Oxethenaniline	288
Oxybutyric lactone	231
Oxygen	8
Oxyisoamylamine	287
Oxyphenyl mercaptan	344
Oxypropylpropylamine	287
Oxysulphobenzid	344

P.

Pachnolite	17
Pacite	69
Palladiochloride	28
Palladium	14
" Lead alloy	156
" Phosphide	67
" Sulphide	61
Palmitone	221
Palmitonitril	269
Pandermite	108
Papaverine	291
Parabromalide	326
Parachinanisol	290
Parachloralide	300
Paradichloraldehyde	308
Paradiconiine	277
Paraffin	163, 164
Paragonite	135
Paraldehyde	217
Paranicene	187
Parasantonid	267
Parisite	145
Parsley, oil of	183
Parsnip, oil of	183
Partschinite	139
Parvoline	275
Patchouli camphor	264
Patchouli, oil of	185
Pectolite	134
Pegmatite	117
Pelletierine	291
Pentabrompropane	322
Pentachloracetone	308
Pentachlor-amyl formate	306
Pentachlorbenzene	302
Pentachlorethane	299
Pentachlor-ethyl oxide	305
Pentachlornitrobenzene	316
Pentachlor-propylene oxide	310
Pentadecane	162
Pentadekanaphtene	186
Pentamethylene diamine	278
Pentane	157
Pentanitrolactose	286
Pentatriacontane	163
Pentethylmonochlorbenzene	304
Pentlandite	64
Pentyl. Bromide	317
" Chloride	294
" Iodide	331
Penwithite	132

	PAGE
Peppermint, oil of	183
Perchlor-ethyl acetate	292
Perchlor-ethyl oxide	293
Periclase	40
Persea lingue, tannin from	207
Petalite	134
Petit grain, oil of	181
Petzite	66
Pharmacolite	122
Pharmacosiderite	123
Phenakite	131
Phenanthrene	179
" Hydride	179
Phenanthrene quinone	266
Phenetol	252
Phenol	249
Phenoxyacetonitril	289
Phenoxyldiphenylphosphin	349
Phenyl. Acetate	260
" Allyl oxide	255
" Borate	348
" Butyl oxide	253
" Carbimide	290
" Ethyl oxide	252
" " sulphide	341
" Heptyl oxide	253
" Isobutyl "	253
" Isopropyl "	253
" Mercaptan	341
" Methyl oxide	252
" Octyl "	253
" Oxide	252
" Phosphite	349
" Propargyl oxide	255
" Propyl "	253
" Sulphides	341
" Thiocarbimide	345
Phenylacetic aldehyde	261
" chloride	313
Phenylacetylene	176
Phenylarsine bromide	351
Phenylbutylene	176
Phenylcymene	177
Phenyl hydrazin	280
Phenylpentylenes	176
Phenylphosphin	348
Phenylphosphorous chloride	349
Phenylpropionitril	280
Phenylpropyl alcohol	251
Phenylsulphonic chloride	346
Phenyltoluene	177
Phenyltolylethane	176
Phenylvinyl ethyl oxide	254
Phillipsite	137
Phlein	245
Phlogopite	141
Phloretol	250
Phlorol	265
Phloryl ethyl oxide	254
Phoenicochroite	104
Phorone	246
Phosgenite	145

INDEX. 399

	PAGE
Phosphenyl chloride	349
" ether	349
" oxychloride	349
" sulphochloride	350
Phosphorus	6
" Bromide	32
" Chlorides	25
" Oxybromide	33
" Oxychloride	29, 30
" Oxychlorobromide	27
" Pentoxide	48
" Sulphides	58
" Sulphobromide	33
" Sulphochloride	30
" Sulphocyanide	144
Phthalic anhydride	266
Phthalyl chloride	313
Phycite bromodichlorhydrin	337
Picamar	259
Picite	117
Picoline	274, 275
Picrolichenin	268
Pinacolic chloride	295
" iodide	333
Pinacoline	220
Pinacolyl alcohol	194
Pinakone	223
Pinite	243
Pinnoite	108
Pinus, oils from	179, 180, 304
Pipecoleine	277
Pipecoline	277
Piperidine	276
Piperine	290
Piperpropylalkin	290
Piperyl hydrazin	280
Pistomesite	129
Plagionite	62
Planerite	118
Platinbromides	33
Platinchlorides	28, 365, 366
Platiniodides	37
Platinum	15
" Boride	70
" Chloride	27
" Hydride	69
" Lead alloy	156
" Phosphide	67
" Potassium sulphide	64
" Silicide	70
" Sodium sulphide	64
" Sulphides	61
Platodiamine platosoxalates	361
Platosochlorides	28
Plumbogummite	118
Polianite	53
Pollucite	136
Polyargyrite	62
Polybasite	62
Polydymite	60
Polyhalite	89
Poplar, oil of	185

	PAGE
Potassium	1
" Aluminum borate	108
" " selenate	101
" " silicates	135, 136, 137
" " sulphates	92, 97
" Ammonium chromate	104
" " sulphate	89
" " tartrate	362
" Amylsulphate	359
" Antimony chloride	29
" Arsenate	122
" Borate	108
" Borofluoride	18
" Borotartrate	363
" Bromate	73
" Bromide	31
" Cadmium chloride	27
" " iodide	36
" " selenate	100
" " sulphate	90
" Calcium chromate	104
" " sulphate	89
" Carbonates	126, 129
" Chlorate	72
" Chloride	20
" Chlorochromate	104
" Chromates	102, 103
" Chromate with mercuric cyanide	144
" Chromiodate	104
" Chromium selenate	101
" " sulphate	94
" " sulphocyanide	144
" Chromocyanide	143
" Chromoxalate	361
" Citrate	364
" Cobalt selenate	100
" " sulphate	91
" Cobalticyanide	143
" Columboxyfluoride	19
" Copper chloride	27
" " oxalate	361
" " selenate	100
" " sulphate	91
" Cyanate	144
" Cyanide	143
" Dinitrophenates	364
" Dithionate	75
" Ethylsulphate	359
" Ethylxanthate	359
" Ferricyanide	143
" Ferrocyanide	143
" Fluoride	16
" Formate	356
" Gallium sulphate	96
" Hydrogen oxalate	360
" " racemate	363
" " sulphate	88
" " tartrate	362
" Hydroxide	70
" Iodate	74
" Iodides	34
" Iridichloride	28

		PAGE.
Potassium.	Iron chloride	27
"	" sulphates	90, 95, 97
"	" sulphide	64
"	Isobutylsulphate	359
"	Isobutylxanthate	359
"	Lithium racemate	363
"	Magnesium chromate	104
"	" selenate	100
"	" sulphate	89
"	Manganese selenate	100
"	" sulphate	90
"	Manganicyanide	143
"	Mercury bromide	33
"	" chloride	27
"	" cyanide	143
"	" iodide	36
"	Metaphosphate	118
"	Methylsulphate	359
"	Methylxanthate	359
"	Nickel cyanide	143
"	" selenate	100
"	" sulphate	91
"	Nitrate	109
"	Nitrato-sulphate	145
"	Nitrophenates	364
"	Oxalate	360
"	Oxide	40
"	Palladiochloride	28
"	Perchlorate	73
"	Permanganate	105
"	Phosphate	114
"	Phosphato-sulphate	145
"	Picrate	364
"	Platinbromide	33
"	Platinchloride	28
"	Platiniodide	37
"	Platinocyanide	143
"	Platinum seleniocyanide	144
"	" sulphide	64
"	" sulphocyanide	144
"	Platosochloride	28
"	Platoxalate	361
"	Propylsulphate	359
"	Pyrophosphate	119
"	Pyrosulphate	78
"	Quadroxalate	360
"	Racemate	363
"	Racemantimonite	364
"	Selenate	98
"	Silicofluoride	18
"	Silver carbonate	129
"	Sodium alloy	145
"	" carbonate	120
"	" phosphate	115
"	" selenate	98
"	" sulphate	89
"	" tartrate	362
"	" tungstate	106
"	" vanadate	122
"	Stannate	142
"	Stannibromide	33
"	Stannichloride	29

		PAGE.
Potassium.	Stannifluoride	19
"	Stannochloride	28
"	Strontium chromoxalate	361
"	Sulphate	77
"	Sulphide	56
"	Sulphocyanide	144
"	Tantalofluoride	19
"	Tartrantimonite	363
"	Tartrate	362
"	Thallium sulphide	64
"	Thiosulphate	74
"	Thorium phosphate	116
"	Titanofluoride	19
"	Triacetate	357
"	Tungstates	106
"	Uranoxyfluoride	19
"	Uranyl sulphate	96
"	Vanadium vanadate	120
"	Zinc chloride	27
"	" selenate	100
"	" sulphate	90
"	Zircofluoride	19
"	Zirconium phosphates	116
"	" silicate	139
Pregrattite		135
Prehnite		136
Priceite		108
Propane		157
Propargyl. Acetate		242
"	Alcohol	241
"	Bromides	323
"	Chloride	300
"	Iodide	335
Propidene acetic acid		246
Propidene dipropyl ether		224
Propionamide		287
Propione		219
Propionic aldehyde		217
"	anhydride	204
Propionitril		268
Propionylacetophenone		262
Propionyl bromide		325
"	chloride	308
Propyl. Acetate		207
"	Acrylate	234
"	Alcohol	189
"	Benzoate	256
"	Borate	347
"	Bromide	317
"	Butyl oxide	197
"	" succinate	228
"	Butyrate	211
"	Camphorate	264
"	Caproate	214
"	Caprylate	216
"	Carbonate	226
"	Chloride	293
"	Chlorocarbonate	306
"	Cinnamate	258
"	Cyanide	268
"	Dibrompropionate	326
"	Dioxysulphocarbonate	343

	PAGE.
Propyl. Ethylacetacetate	233
" Ethylglycollate	230
" Formate	206
" Fumarate	236
" Glycollate	230
" Heptyl oxalate	227
" " oxide	198
" Hypophosphate	348
" Iodacetate	335
" Iodide	329
" Isobutyrate	211
" Isoöenanthate	215
" Isovalerate	213
" Laevulinate	232
" Maleate	236
" Malonate	227
" Methylglycollate	230
" Monochloracetate	307
" Nitrite	281
" Octyl oxalate	227
" " oxide	198
" Oenanthate	215
" Orthocarbonate	226
" Orthoformate	245
" Oxalate	227
" Oxide	197
" Parasantonate	267
" Phenylacetate	257
" " Derivative of	266
" Phenylpropionate	258
" Propionate	210
" Propylglycollate	231
" Salicylate	257
" Santonate	267
" Silicate	352
" Succinate	228
" Sulphide	339
" Tartrate	237
" Valerate	213
Propylacetal	224
Propylallylamine	278
Propylamine	270
Propylaniline	273
Propylbenzene	173
Propylene. Acetate	224
" Bromide	319
" Bromiodide	338
" Chlorhydrin	310
" Chloride	296
" Chloriodide	338
" Chlorobromide	336
" Diamine	278
" Dinitrate	286
" Dinitrite	286
" Ethylphenylketate	266
" Glycol	222
" Iodide	334
" Oxide	222
" Trisulphocarbonate	341
" Valerate	225
Propyleugenol	265

	PAGE.
Propylglyoxalin	279
Propylhexylcarbinol	196
Propylidene chloride	297
Propylisopropylbenzene	175
Propylkresol	250
Propylnaphtol	266
Propylphenol	250
Propylphenyl acetate	260
Propyl phenyl ketone	262
Propylphenyl methyl oxide	254
Propylphenylpyrazol	279
Propylphycite trichlorhydrin	312
Propylpiperidine	276
Propylpyridine	275
Propylsilicic chlorhydrins	353
Propylthiophene	312
Propylthymol	254
Prosopite	17
Proteine, derivatives of	316
Proustite	61
Pseudocumene	173
Pseudohexylene acetate	225
" glycol	223
Pseudomalachite	117
Ptomaine	280
Ptychotis ajowan, oil of	183
Pucherite	120
Pulegium micranthum, oil of	263
Purpureochromium. Chloride	38
" Chlorobromide	38
" Chloronitrate	112
Purpureocobalt. Bromide	38
" Bromonitrate	112
" Chloride	38
" Chlorobromide	38
" Chloronitrate	112
Purpureorhodium. Bromide	38
" Chloride	38
" Iodide	38
Pyrargyrite	62
Pyridine	274
Pyrite	60
Pyrocatechin	250
Pyrogallol	250
Pyrolusite	53
Pyromorphite	124
Pyrophosphoric chloride	30
Pyrophyllite	133
Pyrosmalite	141
Pyrrhotite	60
Pyrrol	279
Pyrrolidine	279
Pyrotartronitril	278
Pyruvic acetate	247

Q.

Quartz	44
Quercite	243
Quinoline	277
Quinone	266

R.

	PAGE
Raimondite	97
Ralstonite	17
Rämmelsbergite	68
Realgar	59
Reddingite	115
Reinite	106
Resorcin	250
Retene	179
Rezbanyite	63
Rhabdophane	116
Rhagite	123
Rhodium	14
" Ammoniobromide	38
" Ammoniochloride	38
" Ammoniojodide	38
Rhodizite	106
Rhodonite	132
Ripidolite	138
Roemerite	96
Romeite	125
Rosaniline chlorhydrate	305
Roselite	122
Rosemary, oil of	183
Roseocobalt iodosulphate	97
Rose's alloy	156
Rosewood, oil of	185
" resin from	267
Rubidine	276
Rubidium	1
" Aluminum selenate	100
" " sulphate	93
" Bromide	31
" Chloride	21
" Chromium selenate	100
" " sulphate	95
" Cobalt selenate	100
" Copper chloride	27
" Fluoride	16
" Gallium sulphate	96
" Hydrogen racemate	363
" " tartrate	362
" Indium sulphate	96
" Iodide	34
" Iron sulphate	95
" Lithium racemate	363
" " tartrate	362
" Platinchloride	28
" Quadroxalate	300
" Racemate	363
" Selenate	98
" Silicofluoride	18
" Sodium tartrate	362
" Sulphate	74
" Tartrate	362
Ruby	42
Ruthenium	14
" Dioxide	55
Rutile	45

S.

	PAGE
Saccharose	243
Safrene	184
Safrol	206
Sage, oil of	183, 185
Salicin	207
Saligenin	252
Salicylol	261
Saliretin	206
Salt	19
Salviol	203
Samarium. Acetate	358
" Ammonium selenate	101
" " sulphate	96
" Borate	108
" Bromide	32
" Chloride	25
" Ethylsulphate	359
" Formate	357
" Gold bromide	33
" " chloride	28
" Metaphosphate	118
" Metavanadate	120
" Molybdate	105
" Nitrate	112
" Oxide	43
" Oxychloride	29
" Periodate	74
" Phosphate	116
" Picrate	364
" Platinchloride	28
" Platinocyanide	144
" Potassium selenate	101
" Propionate	358
" Selenate	100
" Sodium molybdate	105
" Sulphate	88
" Sulphocyanate with mercuric cyanide	144
" Tungstate	107
Sandal wood, oil of	185
Santonid	267
Santonine	207
Santonyl. Bromide	328
" Chloride	312
" Iodide	335
Sapphire	43
Sartorite	61
Satureja, oil of	183
Scandium. Oxide	43
" Sulphate	87
Scheelite	106
Schwartzembergite	37
Scolezite	137
Scorodite	122
Scovillite	116
Selenium	9
" Bromide	32
" Chloride	26
" Oxychloride	30
" Dioxide	51
" Sulphide	59

INDEX.

	PAGE.
Sellaite	16
Semseyite	62
Senarmontite	40
Sequoia, oil of	180, 207
Serpentine	131
Sesquiterpene	185
Sideronatrite	97
Silica	44
Silicofluorides	18
Silicoheptyl compounds	351, 352
Silicon	4
" Bromide	32
" Chlorides	25
" Chlorobromide	37
" Organic compounds of	351, 352, 353
" Oxides	44
" Pyrophosphate	119
Silver	13
" Acetate	357
" Aluminum alloys	146
" Amalgam	146
" Ammonio-chromate	103
" Ammonio-ferricyanide	143
" Ammonio-selenate	98
" Ammonio-sulphate	97
" Antimonides	68
" Arsenides	67
" Benzoate	365
" Bismuth glance	63
" Bromate	31
" Bromide	73
" Butyrate	359
" Caproate	359
" Caprylate	359
" Carbonate	126
" Chlorate	72
" Chloride	21
" Chlorobromide	37
" Chlorobromiodide	37, 38
" Chromates	103
" Cinnamate	365
" Copper alloys	155
" " iodide	37
" Cyanate	144
" Cyanide	143
" Dinitrophenate	364
" Dithionate	75
" Fluoride	16
" Gold alloys	156
" " sulphide	64
" Iodate	74
" Iodide	34
" Iron ammonio-cyanide	143
" Isovalerate	359
" Lead iodide	37
" Malate	361
" Mercury iodide	36
" Nitrate	110
" Nitrophenates	364
" Oxalate	360
" Oxides	40
" Phosphate	115

	PAGE.
Silver, Phosphide	66
" Picrate	364
" Potassium carbonate	129
" Propionate	358
" Pyrophosphate	119
" Racemate	363
" Selenate	98
" Selenide	65
" Succinate	361
" Sulphate	79
" Sulphide	57
" Tartrantimonite	363
" Tartrate	362
" Telluride	66
" Tin alloys	154, 155
" Vanadate	120
Simonyite	89
Sipylite	125
Sisserskite	156
Skutterudite	68
Smaltite	68
Sodalite	141
Sodium	1
" Acetate	357
" Aluminum carbonate	130
" " selenate	101
" " silicates	134, 135, 137
" " sulphate	92
" Ammonium arsenate	121
" " phosphate	115
" " racemate	363
" " sulphate	89
" " tartrate	362
" Antimonites	125
" Arsenates	121
" Borates	107
" Bromate	73
" Bromide	31
" Calcium borates	108
" " carbonate	129
" " silicate	134
" " sulphate	89
" Carbonates	126, 129
" Chlorate	72
" Chloride	19
" Chromates	102
" Chromiodate	104
" Citrate	364
" " Derivative of	293
" Copper sulphate	89
" Dithionate	75
" Ferrocyanide	143
" Ferroxalate	361
" Fluoarsenate	124
" Fluophosphate	124
" Fluoride	16
" Formate	356
" Hydride	69
" Hydrogen oxalate	360
" " sulphate	88
" Hydroxide	70
" Hypophosphates	113

	PAGE.
Sodium. Iodate	74
" Iodide	34
" Iron sulphates	97
" Magnesium sulphates	89
" Manganese phosphate	115
" Mercury chloride	27
" Metaphosphate	118
" Metasilicate	131
" Nitrate	109
" Nitroprusside	143
" Oxide	40
" Phosphates	114
" Platinbromide	33
" Platinchloride	28
" Platiniodide	37
" Platinum sulphide	64
" Platoxalate	361
" Potassium alloy	145
" " arsenate	121
" " carbonate	129
" " phosphate	115
" " racemate	363
" " selenate	98
" " sulphate	89
" " tartrate	362
" " tungstate	106
" Pyrophosphates	118, 119
" Rubidium tartrate	362
" Samarium molybdate	105
" Selenate	98
" Silicofluoride	18
" Sulphantimonate	62
" Sulphate	76, 77
" Sulphite	75
" Sulphide	56
" Tartrate	362
" Thallium racemate	363
" " tartrate	362
" Thiosulphate	74
" Thorium phosphates	116
" Triacetate	357
" Tungstates	106
" Uranium oxide	55
" Uranyl acetate	358
" " monochloracetate	358
" Vanadates	120
" Zirconium phosphates	116
" " silicate	139
Sonomalte	96
Sorbite	243
Sphærite	118
Sphene	139
Spinel	65
Spodumene	134
Stannibromides	33
Stannichlorides	29
Stannifluorides	19
Stannochlorides	28
Stannorganic compounds	353, 354
Starch	244
Stearin	240
Stearone	221

	PAGE.
Stearonitril	209
Stephanite	62
Sternbergite	64
Stibiconite	71
Stibioferrite	125
Stibiohexargentite	68
Stibiotriargentite	68
Stibnite	59
Stilbazoline	278
Stilbene	179
Stilbite	136
Stolzite	106
Strengite	115
Stromeyerite	64
Strontianite	127
Strontium	3
" Acetate	357
" Aluminum silicates	137
" Bromate	73
" Bromide	32
" Cadmium chloride	27
" Carbonate	127
" Chlorate	72
" Chloride	23
" Chromate	103
" Chromoxalate	361
" Copper formate	356
" Dithionate	75
" Feldspars	137
" Fluoride	17
" Formate	356
" Hydroxide	71
" Iodide	36
" Molybdate	105
" Nitrate	111
" Oxide	41
" Platinbromide	33
" Potassium chromoxalate	361
" Selenate	99
" Silicofluoride	18
" Sulphate	82
" Tartrate	362
" Thiosulphate	74
" Titanate	141
Struvite	115
Strychnine	290
Styracin	267
Styrolene	176
Styrolyl ethyl oxide	254
Succinyl chloride	311
" " Derivative of	293
Sulphocarbanilide	346
Sulpho-urea	345
Sulphur	8
" Bromide	32
" Chloride	26
" Oxides	51
" Oxychloride	30
Sulphuryl chloride	30
Sussexite	108
Sylvanite	66
Sylvestrene	181

	PAGE.
Syngenite	89
Szabolte	133
Szaibelyite	108
Szmikite	83

T.

	PAGE.
Tagilite	117
Talc	131
Tallingite	29
Tannin	267
Tansy, oil of	263
Tantalite	125
Tantalofluorides	19
Tantalum	8
" Aluminum alloy	146
" Pentoxide	50
Tapalpite	66
Tellurium	10
" Oxides	51, 52
Tennantite	61
Tephroite	132
Terebangelne	182
Terebene	180
" Acetate	264
Terebenthene	180
" Acetate	264
" Hydrochlorate	304
Terpane	263
Terpene	180, 181
Terpilene	181
" Acetate	264
" Formate	264
" Hydride	186
Terpilenol	263
Terpinene	181
Terpinol	263
Terpinylene	181
Tetrabromethane	321
Tetrabromglycide	322
Tetrabromhydrocamphene	325
Tetrabromoxysulphobenzid	347
Tetrabrompropane	322
Tetrachloracetone	308
Tetrachloracetic anhydride	308
Tetrachlorbenzene	302
Tetrachlorbenzyl chloride	303
Tetrachlorbenzylene dichloride	303
Tetrachlorethane	299
Tetrachlor-ethyl acetate	307
Tetrachlor-ethyl camphorate	313
Tetrachlorethylene	291
Tetrachlor-ethyl oxide	305
Tetrachlor-ethyl sulphide	346
Tetrachlorglycide	299
Tetrachlor-methyl ethyl oxide	305
Tetrachlor-methyl formate	292
Tetrachlor-methyl mercaptan	346
Tetrachlor-methyl oxide	305
Tetrachlornitrobenzene	316
Tetrachloroxysulphobenzid	347
Tetrachlorpentane	300

	PAGE.
Tetrachlorpropane	299
Tetrachlortoluene	303
Tetracosane	161
Tetradecane	162
Tetradecyl alcohol	196
Tetradecylene	166
Tetradecylidene	168
Tetradymite	66
Tetrahydrotoluene	177
Tetrahydroxylene	177
Tetraiod-methyl oxide	335
Tetraiodoxysulphobenzid	347
Tetramercurammonium chloride	38
" sulphate	97
Tetramethylallylene	168
Tetramethylammonium iodide	365
" mercury iodide	365
Tetramethylaniline	273
Tetramethylbenzene	173
Tetramethylbutane	159, 160
Tetramethylethane	158
Tetramethylethylene	164
Tetramethylpentane	160
Tetramylene	167
Tetranitroethylene bromide	328
Tetraphenylethane	176
Tetraterebenthene	185
Tetrethylallylalkin	290
Tetrethylammonium iodide	365
Tetrethyl citrate	237
Tetrethylmonochlorbenzene	304
Thallium	3
" Aluminum selenate	101
" " sulphate	94
" Amylate	355
" Bromides	31
" Carbonate	126
" Chlorate	72
" Chlorides	22
" Chromium selenate	101
" " sulphate	95
" Cobalt selenate	100
" " sulphate	91
" Ethylate	355
" Ferrocyanide	143
" Hydrogen oxalate	360
" Hydrogen racemate	363
" " tartrate	362
" Iodide	35
" Iron sulphate	96
" Lithium racemate	363
" " tartrate	362
" Nickel selenate	100
" Nitrate	110
" Oxalate	360
" Perchlorate	73
" Phosphates	115
" Picrate	364
" Platinchloride	28
" Potassium sulphide	64
" Pyrophosphate	119
" Racemate	363

	PAGE
Thallium. Selenate	98
" Sodium racemate	363
" " tartrate	362
" Sulphate	79
" Sulphide	57
" Tartrantimonite	363
" Tartrate	362
" Tellurate	102
" Vanadates	120
Thaumasite	141
Thebaine	291
Thermonatrite	120
Thialdin	345
Thiocarbonyl chloride	292
Thiocyanacetone	346
Thionyl chloride	30
Thiophene	341
" Aldehyde	344
Thiotolene	342
Thioxene	342
Thomsonite	137
Thorite	133
Thorium	6
" Metaphosphate	118
" Oxalate	361
" Oxide	48
" Platinocyanide	144
" Potassium phosphates	116
" Selenate	100
" Silicates	133
" Sodium phosphates	116
" Sulphate	88
" Sulphide	58
Thrombolite	125
Thuja terpene	190
Thujol	263
Thuringite	139
Thymene	183
Thyme, oil of	183
Thymol	250
Thymyl acetate	260
Tiemannite	65
Tiglic aldehyde	235
Tin	4
" Aluminum alloys	146
" Amalgams	145, 146
" Ammonium chlorides	28, 29
" Antimonides	68, 149
" Arsenides	67
" Bismuth alloys	150
" Bromide	32
" Cadmium alloys	147
" Calcium silicate	139
" Chlorides	25
" Chlorobromide	37
" Copper alloys	153, 154
" Fluorides	19
" Gold alloys	155
" Iodide	36
" Iron alloys	152
" Lead "	147, 148, 149
" Organic compounds of	353, 354

	PAGE
Tin. Oxalate	361
" Oxides	46
" Phosphides	66
" Potassium chlorides	28, 29
" Pyrophosphate	119
" Selenides	65
" Silver alloys	154
" Sulphides	58
" Telluride	66
" Zinc alloys	147
Titanofluorides	19
Titanium. Bromide	32
" Calcium silicate	139
" Carbide	70
" Chloride	25
" Dioxide	45
" Nitride	70
" Nitrocyanide	144
" Pyrophosphate	119
Tolene	184
Toluene	170
Toluic aldehyde	261
" nitril	280
Toluidines	271, 272
Toluyl chloride	313
Tolyl phenyl ketone	262
Tolylpropyl aldehyde	261
Topaz	140
Torbernite	116
Tourmaline	140
Tremolite	134
Triacetin	240
Triallylamine	278
Triamylamine	270
Triamylene	166
Triamylstibine	351
Tribromchloracetone	337
Tribromethylene	322
Tribromhydrin	322
Tribromisobutane	323
Tribrompropane	322
Tributylamine	270
Tributyrin	240
Trichloracenaphtene	304
Trichloracetal	310
Trichloracetic anhydride	292
Trichlor-acetic anhydride	308
Trichloracetic dimethylamide	315
Trichloracetonitril	314
Trichloracetophenone	313
Trichloracetyl bromide	337
" chloride	292
" cyanide	315
Trichloramylene thiodichloride	346
Trichlorbenzene	302
Trichlorbenzyl chloride	303
Trichlorbenzylene dichloride	303
Trichlorbutyl acetate	307
Trichlordibromethane	336
Trichlordimethyl acetal	310
Trichlordinitrobenzene	315
Trichlorethane	298

INDEX. 407

	PAGE.
Trichlor-ethyl acetate	306
Trichlor-ethyl alcohol	305
Trichlorethyl chloracetates	307
Trichlorhexane	300
Trichlorhydrin	299
Trichlor-methyl amyl sulphite	346
Trichlormethylethyl acetal	310
Trichlornitrobenzene	315
Trichlorpentane	300
Trichlorpropane	299
Trichlorpropylene	300
Trichlortoluene	303
Trichlorvinyl ethyl oxide	309
Tricosane	163
Tridecane	162
Tridecylene	166
Tridymite	45
Triethoxyacetonitril	289
Triethoxylpyrophosphorsulphobromide	350
Triethylamine	269
" Aurochloride	365
Triethyl amyl orthosilicate	352
Triethylarsine	350
Triethylcarbinol	195
Triethyl citrate	237
Triethyl diglycerin	239
Triethylene alcohol	223
Triethylin	239
Triethylmethane	159
Triethylmonochlorbenzene	304
Triethylphosphin	348
" Platosochloride	366
Triethylpropylphycite	248
Triethylsilicol	352
Triethylstibine	351
" Bromide	351
" Chloride	351
Triglycerin tetrethylin	239
Triisobutylamine	270
Triisobutylene	166
Trimethylamine	269
Trimethylbenzene	172
Trimethylcarbinol	191
Trimethylcarbinolamine	270
Trimethylcarbyl. Bromide	317
" Chloride	294
" Iodide	331
" Nitrite	281
Trimethylcarbylmethylcarbinol	194
Trimethyldiethylaniline	273
Trimethylene. Bromhydrin	327
" Bromide	319
" Chlorhydrin	310
" Chloride	297
" Glycol	222
" Iodide	334
Trimethylenediethylalkin	290
Trimethylethylene	164
" Oxide	222
Trimethyl ethyl orthosilicate	352
Trimethylin	239
Trimethylstibine	351

	PAGE.
Trinitrolactose	286
Trinitrophenol	285
Triphenols	250
Triphenylbenzene	177
Triphenylphosphin	348
" Oxide	349
Triphenyltrisulphophosphamide	350
Triphenylstibine	351
Triphylite	115
Triplite	124
Triploidite	117
Tripropylamine	270
Tristearin	240
Trisulphhydrin	341
Tritolylstibine	351
Trivalerylene	168
Trögerite	122
Troilite	60
Trolleite	117
Tropilene	267
Tropilidene	187
Tungsten	11
" Aluminum alloy	146
" Oxides	52
" Phosphide	67
" Sulphide	59
Turgite	71
Turmerol	207
Turpentine	179
" Hydrate	204
Turpeth mineral	96
Turquoise	117
Tyrolite	123
Tyrosine	288
Tysonite	18

U.

Ulexite	108
Ullmannite	69
Undecane	161
Uranium	11
" Arsenate	122
" Barium phosphate	116
" Bismuth arsenate	123
" Calcium "	122
" " phosphate	116
" Copper arsenate	122
" " phosphate	116
" Hydroxides	72
" Lithium acetate	359
" Nitrate	112
" Oleate	364
" Oxalate	361
" Oxides	52
" Sodium acetate	358
" " monochloracetate	358
" " oxide	55
" Sulphate	88
Uranocircite	116
Uranospinite	122

	PAGE
Uranoxyfluorides	19
Urao	129
Urea	288
Urethane	288
Urusite	97

V.

	PAGE
Valentinite	49
Valeracetonitril	289
Valeral. Derivatives of	245, 309
" Polymer of	218
Valeric anhydride	205
Valeroglyceral	239
Valerone	221
Valeronitril	268
Valeryl chloride	308
Valerylene	167
" Diacetate	248
" Polymer of	184
Vanadinite	124
Vanadium	7
" Chlorides	26
" Oxides	48
" Oxybromide	33
" Oxychloride	30
" Sulphides	59
Vanadium-wagnerite	124
Variscite	115, 116
Vauquelinite	104
Venasquite	139
Veratrol	255
Veszelyite	117
Vinyl. Bromide	321
" Ethyl oxide	241
" Iodide	334
" Sulphide	340
Vinyl-anisoil	254
Viridine	276
Vitivert, oil of	185
Vivianite	115
Volbortbite	120
Voltzite	64

W.

	PAGE
Wagnerite	124
Waldivine	268
Walpurgite	123
Warringtonite	96
Water	39
Wavellite	118
Wehrlite	65
Werthemanite	97
Whitneyite	67
Willemite	132
Wittichenite	63
Wolfachite	60
Wolfram	107
Wollastonite	132
Wood	367
Wood's alloy	156

	PAGE
Wormseed, oil of	263
Wormwood, oil of	183
Wulfenite	105

X.

	PAGE
Xanthil	268
Xanthoconite	61
Xanthurin	344
Xenolite	133
Xenotime	116
Xonaltite	132
Xylene	171, 172
" Dichloride	304
" Glycols	252
" Tetrachloride	304
Xylenol	250
Xylidines	272, 273
Xylyl. Acetate	260
" Alcohols	251
" Bromides	324
" Cyanide	280
" Ethyl oxide	254
" Mercaptan	341
" Phosphochloride	350
" Phosphoroxychloride	350
Xylylene bromides	324, 325

Y.

	PAGE
Ytterbium. Oxide	43
" Sulphate	87
Yttrium. Oxide	43
" Phosphate	116
" Selenate	99
" Sulphate	87
Yttrocerite	18

Z.

	PAGE
Zaratite	130
Zepharovichite	116
Zeunerite	122
Zinc	2
" Acetate	357
" Aluminum alloy	146
" " sulphate	97
" Amalgam	145
" Ammonio-sulphate	97
" Ammonium bromide	33
" " chloride	27
" " selenate	100
" " sulphate	99
" Antimonides	68
" Arsenates	122
" Barium chloride	27
" Bromate	73
" Bromide	31
" Calcium alloy	145
" Carbonates	127, 130
" Chloride	22
" Chromium oxide	56

INDEX.

	PAGE.
Zinc, Copper alloys	152
" Dithionate	75
" Fluoride	16
" Formate	356
" Hydroxide	70
" Hypophosphite	113
" Iodide	35
" Iron oxide	56
" Lead vanadates	120
" Magnesium sulphate	92
" Nitrate	110
" Oxalate	360
" Oxide	41
" Oxysulphide	64
" Palladiochloride	28
" Phosphate	115
" Phosphide	66
" Platinbromide	33
" Platiniodide	37
" Potassium chloride	27
" " selenate	100
" " sulphate	90
" Pyroarsenate	123
" Pyrophosphate	119
" Selenate	98
" Selenide	65
" Silicates	132

	PAGE.
Zinc, Silicofluoride	18
" Sulphate	80, 96
" Sulphide	57
" Telluride	66
" Tin alloy	147
" Titanate	142
" Zircofluoride	19
Zincaluminite	97
Zinc amyl	355
Zinc ethyl	355
Zincite	41
Zinc methyl	355
Zinc propyl	355
Zinkenite	62
Zircofluorides	19
Zircon	133
Zirconium	4
" Oxide	46
" Potassium phosphates	116
" " silicate	139
" Pyrophosphate	119
" Silicate	133
" Sodium phosphates	116
" " silicate	139
Zoisite	137
Zorgite	65

www.ingramcontent.com/pod-product-compliance
Lightning Source LLC
Chambersburg PA
CBHW030550300426
44111CB00009B/932